马克思主义理论研究
和建设工程重点教材

中国社会思想史

《中国社会思想史》编写组

主　编　王处辉

副主编　桂　胜　田毅鹏

主要成员

（以姓氏笔画为序）

刘集林　邹千江　孟天运

胡翼鹏　娄章胜　宣朝庆

曾　亦

高等教育出版社·北京

二维码资源访问

使用微信扫描本书内的二维码,输入封底防伪二维码下的20位数字,进行微信绑定,即可免费访问相关资源。注意:微信绑定只可操作一次,为避免不必要的损失,请您刮开防伪码后立即进行绑定操作!

图书在版编目(CIP)数据

中国社会思想史/《中国社会思想史》编写组编. -- 北京:高等教育出版社,2021.8(2023.8重印)
马克思主义理论研究和建设工程重点教材
ISBN 978-7-04-054762-7

Ⅰ.①中… Ⅱ.①中… Ⅲ.①政治思想史-中国-高等学校-教材 Ⅳ.①D092

中国版本图书馆 CIP 数据核字(2020)第 137150 号

责任编辑　贾高操　　封面设计　王　鹏　　版式设计　于　婕　　责任校对　王　雨
责任印制　赵义民

出版发行	高等教育出版社	网　　址	http://www.hep.edu.cn
社　　址	北京市西城区德外大街4号		http://www.hep.com.cn
邮政编码	100120	网上订购	http://www.hepmall.com.cn
印　　刷	北京中科印刷有限公司		http://www.hepmall.com
开　　本	787mm×1092mm　1/16		http://www.hepmall.cn
印　　张	30		
字　　数	500千字	版　　次	2021年8月第1版
购书热线	010-58581118	印　　次	2023年8月第4次印刷
咨询电话	400-810-0598	定　　价	59.00元

本书如有缺页、倒页、脱页等质量问题,请到所购图书销售部门联系调换
版权所有　侵权必究
物　料　号　54762-00

目 录

绪 论 …………………………………………………………………… 1
 第一节　中国社会思想史的研究对象 ……………………………… 1
 第二节　中国社会思想史的研究方法 ……………………………… 3
 第三节　中国社会思想的基本特征 ………………………………… 10
 第四节　学习与研究中国社会思想史的意义 ……………………… 15

先秦编：社会思想的发端与百家争鸣时代

引言　先秦时期社会思想的发展趋势与特点 …………………………… 25

第一章　原始社会至夏商西周时期的社会思想 ………………………… 29
 第一节　原始神话传说中的社会观念 ……………………………… 29
  一、神话中的人类及社会起源观念 ………………………………… 30
  二、原始宗教中的社会秩序观念 …………………………………… 37
 第二节　夏商西周时期的社会思想 ………………………………… 43
  一、夏商时期以神巫文化主导的社会思想 ………………………… 44
  二、西周时期以德礼文化主导的社会思想 ………………………… 47

第二章　儒家的社会思想 ………………………………………………… 51
 第一节　人性论与欲望论 …………………………………………… 52
  一、子思、孟子论性善及欲望 ……………………………………… 52
  二、荀子论性恶及欲望 ……………………………………………… 57
 第二节　社会规范论 ………………………………………………… 60
  一、孔子的"克己复礼""正名"论 ………………………………… 61
  二、荀子的"隆礼""重法"论 ……………………………………… 63
 第三节　社会交往论 ………………………………………………… 66
  一、孔子的"忠恕"之道 …………………………………………… 66

二、孟子"推己及人"的仁爱观 …………………………………… 68
三、荀子的"修身正己"论 ………………………………………… 69

第四节 社会群体论 ……………………………………………………… 69
一、孟子的"通功易事"论 ………………………………………… 70
二、荀子的"明分使群"论 ………………………………………… 71

第五节 理想社会构想 …………………………………………………… 73
一、孔子及《礼记·礼运》的大同、小康社会理想 ……………… 73
二、孟子的社会理想 ………………………………………………… 78
三、荀子的社会理想 ………………………………………………… 79

第三章 道家的社会思想 …………………………………………………… 84

第一节 尚"自然"的社会观 …………………………………………… 85
一、老子庄子的社会变迁观 ………………………………………… 85
二、大道出于自然的社会观 ………………………………………… 89

第二节 社会问题论 ……………………………………………………… 92
一、老子的道废仁现论与君上致乱论 ……………………………… 93
二、庄子的德衰朴散与规范致乱论 ………………………………… 95

第三节 社会行为与处世态度论 ………………………………………… 97
一、老子的"见素抱朴,少私寡欲"论 …………………………… 97
二、庄子的"为善无近名,为恶无近刑"论 ……………………… 99
三、杨朱的"为我"与"贵己"论 ……………………………… 101

第四节 社会治理论 …………………………………………………… 104
一、老子"为无为"论 …………………………………………… 104
二、庄子"任自然"论 …………………………………………… 106

第五节 理想社会构想 ………………………………………………… 107
一、老子的"小国寡民" ………………………………………… 107
二、庄子的"至德之世" ………………………………………… 109

第四章 墨家的社会思想 ………………………………………………… 113

第一节 社会问题论 …………………………………………………… 114
一、论社会问题造成的危害 ……………………………………… 114

二、论社会问题产生的原因 …………………………………………… 117
第二节　社会治理与社会控制思想 ……………………………………… 118
　　一、"天志""明鬼"的社会控制观 …………………………………… 118
　　二、"尚同""尚贤"的社会治理观 …………………………………… 120
　　三、"节用""非攻"的社会行为观 …………………………………… 122
第三节　理想社会构想 …………………………………………………… 126

第五章　法家的社会思想 …………………………………………………… 129
第一节　人性论 …………………………………………………………… 130
　　一、商鞅的好利恶害论 ………………………………………………… 130
　　二、韩非子的人性唯利论 ……………………………………………… 134
第二节　社会控制论 ……………………………………………………… 136
　　一、管仲的礼、法兼用论 ……………………………………………… 136
　　二、商鞅的明法论 ……………………………………………………… 141
　　三、韩非的严刑峻法论 ………………………………………………… 143
第三节　社会结构与组织论 ……………………………………………… 148
　　一、管仲的"四民定业"社会结构论 ………………………………… 148
　　二、商鞅、韩非"民为什伍"的社会组织思想 ……………………… 151
第四节　社会进化论 ……………………………………………………… 153
　　一、商鞅的"不法古"论 ……………………………………………… 153
　　二、韩非的"不法常可"论 …………………………………………… 155
第五节　理想社会构想 …………………………………………………… 156
　　一、齐法家的"尊君顺民"理想 ……………………………………… 157
　　二、韩非的"至治"理想 ……………………………………………… 158

秦汉魏晋南北朝隋唐编：儒学经学化与三教并立时代

引言　秦汉到隋唐时期社会思想的发展趋势与特点 ……………………… 163

第六章　儒学经学化的社会思想 …………………………………………… 166
第一节　人性论 …………………………………………………………… 166

一、董仲舒的性三品说 …………………………………………… 166
　　二、王充的善恶互变说 …………………………………………… 169
　　三、韩愈的性、情三品说 ………………………………………… 170
第二节　社会规范论 …………………………………………………… 172
　　一、董仲舒的"纲纪"说 ………………………………………… 172
　　二、《白虎通》的"太平制礼"说 ………………………………… 174
第三节　社会变迁论 …………………………………………………… 177
　　一、董仲舒、何休的三世说 ……………………………………… 177
　　二、王充的社会循环论 …………………………………………… 179
　　三、柳宗元的社会进化论 ………………………………………… 181
第四节　理想社会模式 ………………………………………………… 183
　　一、董仲舒的理想社会 …………………………………………… 183
　　二、《白虎通》的理想社会 ………………………………………… 185
　　三、韩愈的理想社会 ……………………………………………… 187

第七章　黄老道家及玄学家的社会思想 ……………………………… 190
第一节　社会秩序论 …………………………………………………… 190
　　一、《吕氏春秋》的社会秩序观 …………………………………… 190
　　二、《淮南子》的社会秩序观 ……………………………………… 194
第二节　社会问题论 …………………………………………………… 199
　　一、阮籍的礼法致乱论 …………………………………………… 199
　　二、嵇康的名教致乱论 …………………………………………… 202
第三节　社会治理论 …………………………………………………… 205
　　一、王弼的"圣人无为"论 ……………………………………… 205
　　二、嵇康的"越名教而任自然"论 ……………………………… 209
第四节　理想社会模式 ………………………………………………… 212
　　一、阮籍、嵇康的理想社会 ……………………………………… 212
　　二、陶渊明的"桃花源"社会理想 ……………………………… 216

第八章　道教的社会思想 ……………………………………………… 222
第一节　《太平经》的社会思想 ………………………………………… 222

一、对理想社会秩序的向往 ·· 223
　　二、社会治理论 ·· 225
　　三、平等相爱的人际关系论 ·· 227
　第二节　葛洪的社会思想 ·· 228
　　一、游仙避世论 ·· 229
　　二、社会控制论 ·· 232
　　三、理想中的神仙社会 ··· 235
　第三节　灵宝派的社会思想 ·· 238
　　一、灵宝派的由来与传承 ··· 239
　　二、《度人经》的济世度人观 ··· 241
　　三、陆修静的行善成德思想 ·· 244
　　四、灵宝派的社会理想 ··· 247

第九章　佛教的社会思想 ·· 251
　第一节　佛教社会思想的基本理念和早期传播 ··············· 251
　　一、佛教社会思想的基本理念 ·· 251
　　二、佛教社会思想在中国的最初传播 ······························ 255
　　三、佛教社会思想融入中国的最初尝试 ·························· 256
　第二节　佛教社会思想的初步中国化 ································ 258
　　一、魏晋南北朝时期佛教社会思想的传播与初步中国化 ·· 258
　　二、大乘般若学说的传播及其社会理念 ·························· 259
　　三、佛玄汇融与佛教社会思想的进一步中国化 ··············· 264
　第三节　佛教社会思想的本土化与去宗教化转向 ············ 266
　　一、隋唐五代时期佛教社会思想的本土化 ····················· 266
　　二、天台宗对般若学说与涅槃学说的综融 ····················· 268
　　三、禅宗的顿悟思想与去宗教化倾向 ······························ 270
　　四、净土信仰的流行与佛教的社会理想 ·························· 273
　第四节　佛教社会思想的社会功能 ···································· 274

宋元明清编：儒学为主导与三教合流走向民间化时代

引言　宋元明清时期社会思想的发展趋势与特点 ··············· 281

第十章 功利派儒家和理学家的社会思想 ………………………………… 283
第一节 功利派儒家的社会思想 …………………………………… 283
一、功利派的欲望论 ……………………………………………… 285
二、"礼""刑"并举的社会控制论 ……………………………… 287
三、重商富民的社会整合与发展观 ……………………………… 289

第二节 程朱理学的社会思想 ……………………………………… 292
一、人性论及修身论 ……………………………………………… 294
二、社会整合与社会控制论 ……………………………………… 297
三、"存天理灭人欲"的社会规范论 ……………………………… 299
四、"为万世开太平"的理想社会论 ……………………………… 301

第三节 陆王心学的社会思想 ……………………………………… 304
一、理想人格论 …………………………………………………… 306
二、社会规范论 …………………………………………………… 308
三、基层社会建设思想 …………………………………………… 310
四、泰州学派的儒学民间化思想 ………………………………… 313
五、阳明及其后学的社会理想 …………………………………… 315

第十一章 三教融合中的道教、佛教与民间社会思想 …………………… 320
第一节 三教融合趋向中的道教和佛教社会思想 ………………… 320
一、道教社会思想的"三教合一"趋向 ………………………… 321
二、道教社会思想与君权统一、与民间汇融的世俗化趋向 …… 324
三、佛教社会思想的"三教合一"趋向 ………………………… 326
四、藏传佛教与西南地区上座部佛教的社会思想 ……………… 328

第二节 蒙学、家训、善书体现的社会生活理念 ………………… 332
一、蒙学中体现的人的社会化思想 ……………………………… 333
二、家训中的家庭和家族生活秩序观 …………………………… 336
三、善书中的社会生活秩序观 …………………………………… 340

第三节 戏曲、歌谣与小说中的民间社会思想 …………………… 344
一、"忠""孝""节""义"的社会规范理念 …………………… 345
二、"命""缘""报"等社会控制观 …………………………… 346
三、侠客精神向往 ………………………………………………… 349

四、清官情结 ·· 350
　　五、民间的日常幸福生活理想 ·············· 352

第十二章　明末清初思想家的社会思想 ·············· 355
第一节　社会重建观 ·············· 356
　　一、欲望论 ·· 357
　　二、君主专制批判论 ································ 359
　　三、社会经济结构论 ································ 361
　　四、社会问题与社会治理论 ···················· 363
　　五、理想社会模式 ···································· 372
第二节　"乡约"的社区治理思想 ·············· 377
　　一、乡约的组织设计 ································ 378
　　二、社区组织与政府关系论 ···················· 380
　　三、社区规范与控制观 ···························· 381
　　四、公共事业与乡村救济 ························ 383
　　五、乡村治理的理想模式 ························ 384

晚清民初编：西学东渐、文化碰撞下的社会思想巨变时代

引言　晚清民初社会思想的发展趋势与特点 ·············· 391

第十三章　晚清改良派的社会思想 ·············· 394
第一节　早期维新派的社会思想 ·············· 394
　　一、"开眼看世界"思想 ··························· 394
　　二、发展经济整合社会的"商战"观 ······ 398
　　三、社会批判思想 ···································· 402
　　四、"器可变道不可变"的社会变革观 ··· 404
第二节　维新、立宪派的社会思想 ·············· 405
　　一、社会进化与社会变迁思想 ················ 406
　　二、社会批判与体制改革思想 ················ 410
　　三、开民智、做新民的国民改造思想 ····· 414

四、《大同书》的社会理想 ·· 416
　第三节　开明官僚的社会思想 ·· 420
　　　一、"中体西用"的社会变革观 ·· 420
　　　二、废科举、兴新学的教育改革思想 ·· 423
　　　三、地方自治的社会治理思想 ·· 426

第十四章　晚清民初革命派和早期马克思主义者的社会思想 ················ 431
　第一节　太平天国的社会思想 ·· 431
　　　一、社会平等观 ·· 432
　　　二、《天朝田亩制度》的社会理想 ·· 435
　　　三、《资政新篇》的社会治理方案 ·· 437
　第二节　资产阶级革命派的社会思想 ·· 440
　　　一、"五族共和"的国族一体观 ·· 441
　　　二、自由平等的人权观 ·· 442
　　　三、民生主义社会建设观 ·· 444
　　　四、新三民主义社会理想 ·· 446
　第三节　无政府主义者与早期马克思主义者的社会思想 ···························· 448
　　　一、无政府主义者与早期马克思主义者的社会批判论 ··························· 449
　　　二、无政府主义者的社会理想 ·· 451
　　　三、早期马克思主义者对无政府主义的批判 ··································· 454
　　　四、早期马克思主义者的文化自觉思想 ······································ 456
　　　五、早期马克思主义者的社会改造思想 ······································ 461

阅读文献 ··· 466

后　记 ··· 468

绪 论

第一节 中国社会思想史的研究对象

社会思想史是社会学的基础理论学科之一。什么是"社会思想"或"社会思想史"？中外学者曾做过大量研究，而对社会思想的定义，国内外社会思想史专家众说纷纭，莫衷一是。至今我们所见到的关于"社会思想"的定义有七十多种。

据我们所见的资料，问世最早的社会思想史专著，当推波格达斯于1922年所著的《社会思想史》一书。至20世纪80年代初我国重建社会学学科以前，给"社会思想"下定义的中外学者已经很多。

我们在对中外学者的社会思想史论著及其定义的内容加以分析，并用马克思主义的立场、观点和方法对前人的成果批判地继承的基础上，对"社会思想"作出如下定义：

社会思想是人们在社会生产和生活实践中形成的关于社会生活秩序的构建、整合和理想社会模式发生、发展及其变革的观念、构想或理论。

"社会思想"的定义明确之后，便可以知道，所谓"社会思想史"，就是历代社会思想发生、发展、变革的历程、特点及规律。它是社会学的基础理论学科之一。因此，我们对"中国社会思想史"作出如下定义：

中国社会思想史就是研究历代中国人在社会生产和生活实践中所形成的关于社会生活秩序的构建、整合及理想社会模式的观点、构想或理论发生、发展、变革的历程及其特点与规律的社会学基础理论学科。

社会思想是与人类社会的产生同时产生的，从人类开始进行群体生活时起，就已经有社会思想。或者说人类选择群体性生活方式，即是一种原始社会思想的体现。从远古至现代以至未来，只要有人类群体生活存在，就有社会思想存在。不同群体生活方式，或不同的群己关系模式，会产生不同的社会思想；不同的社会思想会催生不同的群体生活方式和不同的群己关系模式。

中国社会思想史是中华民族在长期生产生活实践中形成的，是从社会学视角研究总结中华民族有史以来社会生产力与生产关系发展实践，生发出来的关于社会的所有思想中，人们对于社会生活秩序构建、整合及理想社会模式方面的观念、构想或理论。

对这个定义的理解应包括以下几个方面：

其一，社会思想来源于社会的生产和生活实践。这是坚持了历史唯物主义的基本观点。定义中所使用的"社会"一词，是指社会学学科范式及其意义上的"社会"概念。

其二，"社会生活秩序构建"思想是人们关于维系群体共同生活的规则构建与如何使之更适合个人及群体协调发展的思想。是指在社会生产和生活实践过程中，人们为什么要共同生活，这种共同生活秩序靠什么维系，以及人们应当如何对待共同生活的思想。它应包括以下几个方面：

（1）关于人的修养与社会化的思想；

（2）关于人性与人的欲望及其达成机制的思想；

（3）关于人与人、人与组织、组织与组织之间的关系的思想；

（4）关于人们的处世、社交态度及社会价值取向的思想；

（5）关于社会组织与社会结构建设的思想；

（6）关于社会生活方式建设与变革的思想；

（7）关于社会群体形成、发展与变迁的思想；

（8）关于制定社会规范的规则及其社会和谐目标的思想等。

其三，"社会生活秩序整合"思想是人们对于社会生活秩序如何进行管理与治理，对社会秩序运行和发展中遇到的障碍如何克服的思想，以及对现实社会运行机制的改良、改造思想等。社会生活秩序整合思想至少应包括以下几个方面：

（1）对社会问题的认识及成因分析。"社会问题"，是指人们在社会的共同生活中所出现的对共同生活或人们所向往的美好生活产生障碍的问题。考察并解决社会问题的过程即是社会生活秩序管理与治理的过程。不同时代或同一时代，不同阶级、不同立场的思想家发现或关注的社会问题是不尽相同的，分析路径也不尽相同。我们的任务是要研究他们是如何对社会问题之发生原因进行考察和分析的。

（2）解决社会问题的方案设计。面对同一社会问题，不同阶级、不同立场的思想家提出的解决方案也会有所不同，我们的任务是研究他们提出方案的动机及目的、特点及其当代启示。

（3）社会控制与社会调适问题。对于社会群体生活秩序中出现的不和谐要进行调适，对于违反社会规范，影响社会群体生活发展目标的行为要进行控制，与此相关的观点或思想，即属社会生活秩序管理与治理思想范畴。

（4）社会改革、改造思想。社会改革、改造过程即是改善社会管理与治理的过程，所要达到的状态即是主导社会改革、改造的阶级群体所期望的某种理想的社会状态。

其四，"理想社会模式"是人们对于理想的社会结构体系方面的憧憬，亦即人们对于更美好社会生活的向往。它主要包括对现实社会及其结构"应然"状态的认知，以及对未来美好社会生活状态的构想等。人们对理想社会模式的构想至少应包括以下内容：

（1）对现实社会的"应然"状态的认知。它是人们解释社会生活秩序的合理性或不合理性，提出解决社会问题方案乃至进行现实社会改革、改造的依据和近期目的的思想理论依据。

（2）促进一个社会、一个社区或一个社会群体保持社会生活秩序良性运行、和谐发展的方法与理念，以及达成一个令人满意的美好社会生活状态的条件认知。

（3）对未来理想的美好社会生活样态的憧憬。它是人们社会价值观的核心，是人们社会生活中的信仰及进行现实社会改革、改造的根本思想理论之原动力和终极目标。

其五，我们在定义中使用"观点、构想或理论"的说法，旨在表明两重意义：一是不苛求古人对上述这些方面形成"理论体系"，也不用现代的所谓"实证科学"的尺度去要求中国历代社会思想家，所以称之为"观点"；二是由于历代社会思想家的很多思想，虽然都是因社会而发的，但有很多不是建立在经验材料或实证研究的基础之上的，所以称之为"构想"。换言之，在中国历代思想家的论述中或人们在社会实践中所表现出来的各种思想中，凡涉及我们上述所指任何一点的，都堪称"社会思想"，而不必是一套系统的理论。当然，如果他们已成为系统的理论则最好，而且事实上很多社会思想家的思想确实是自成一套系统理论的。

综上所述，本书所界定的"社会思想"，不是中国人民在悠久的生产生活实践中形成的关于社会的所有思想，而是在社会学学科视域下，与社会学学科范式相同或直接相关的思想，它属于社会学必备的知识及理论范畴之一。

第二节 中国社会思想史的研究方法

中国社会思想史是一门科学，而科学的研究必须建立在科学研究方法之上。研究方法又可分为两个层次，一是总体研究方法，二是具体研究方法。

一、总体研究方法

所谓总体研究方法，是一个方法论问题，也就是要用马克思主义的立场、观点和方法指导我们的具体研究。马克思主义的唯物史观使历史学变成了科学，为我们今天的社会思想史研究提供了科学的思想理论。我们只有在唯物史观的指导下，才能深入地研究中国社会思想发展的特殊规律性。这些指导性方法最基本的有如下几个方面：

第一，要历史地看问题。社会思想的发展过程受社会历史条件的制约，社会历史条件的变化不能不反映到社会思想当中。从现象上看，社会思想的发展表现为思想更替的历史。但是，如果我们寻找这种思想更替的根源及其规律性的话，就会发现，单从社会思想自身的发展来说明社会思想的历史是远远不够的，也是说不清楚的。社会思想是一种社会意识，作为社会意识，它的发生和发展的根源深藏于社会存在之中，所以社会思想发展的根源不在它的自身之中，而在于劳动人民在认识世界、改造世界的社会生产生活实践之中。马克思主义经典作家告诉我们："人们首先必须吃、喝、住、穿，然后才能从事政治、科学、艺术、宗教等等；所以，直接的物质的生活资料的生产，从而一个民族或一个时代的一定的经济发展阶段，便构成基础，人们的国家设施、法的观点、艺术以至宗教观念，就是从这个基础上发展起来的，因而，也必须由这个基础来解释，而不是像过去那样做得相反。"① 这就是说，我们不应当首先用社会思想解释社会生产生活，恰恰相反，应该首先用人们的社会生产生活实践去解释社会思想的发生与发展，这就是社会思想的实践特性。背离这种实践性，把社会思想从活生生的现实社会生活中游离出来，社会思想史就变成一部空洞抽象、贫乏无味的思想的更替史了。而这样的社会思想史是毫无价值的。

第二，要阶级地看问题。社会思想既然是社会意识，它必须严格遵循社会意识形态的运动规律。我们知道，除了原始社会，"人类的全部历史（从土地公有的原始氏族社会解体以来）都是阶级斗争的历史"②，是社会被划分为不同等级和阶梯的历史。在各种等级社会中，人们有着不同的物质利益和政治利

---

① 《马克思恩格斯文集》第3卷，人民出版社2009年版，第601页。
② 《马克思恩格斯文集》第2卷，人民出版社2009年版，第14页。

益。一定的思想是一定的阶级或阶层利益和阶级或阶层目的的体现。在阶级社会中，各种社会思想无不带有深刻的阶级烙印。社会的意识形态就是这种社会阶级以及社会阶层矛盾的反映。这就是阶级社会现实生活的真实写照。科学的目的正是在于提供世界的真实情况，社会思想史作为一门科学应当反映社会的阶级以及阶层斗争的情况。也就是说，社会思想史作为一门科学，是有阶级性的。我们认为，在社会思想史研究中企图寻找某种超阶级或超阶层的东西终究是徒劳的，这种做法必然会为历史事实所否定。那种所谓"为一切时代、一切民族、一切情况而设计出来"的社会思想和理论，"在任何时候和任何地方都是不适用的"[1]。社会思想发展的全部历史证明，社会思想在其发展的进程中，本身就包含着阶级性原则，这就要求我们"在对事变作任何评价时都必须直率而公开地站到一定社会集团的立场上"[2]。必须指出，真正的阶级分析或阶层分析不应当停留在外部的形式上，而应当深入到社会思想的内容里面去。我们应该在中国社会思想史的研究与教学实践中真正贯彻马克思主义的阶级及阶层分析的立场与方法。

第三，要辩证地看问题。我们所说的辩证地看问题，就是用马克思主义的辩证唯物论为指导，用联系的观点、发展的观点、矛盾的观点和内外因的观点分析社会思想发生发展与变迁的内在规律。我们在学习和研究中国社会思想史时，要注意到各种社会思想之间是相互联系着的，即使是不同学派之间也有千丝万缕的联系，如先秦时期诸子百家的社会思想，表面看来是相互诘难，其实却有诸多内在联系，其间存在着矛盾的对立统一关系。要注意到任何社会思想的发生与发展，都有其内因与外因。内因是社会思想发生发展的根据，外因是社会思想发生发展的条件，外因通过内因起作用。人民群众社会生产生活实践的新发展新需要是社会思想发生发展最主要的内因。当一种社会思想不能适应时代要求，或不能有效解释社会生产生活实践中提出的新问题时，就表明这种社会思想已经失去了社会功能，如果其不能进行创新性发展，就必然会被新的适应时代与社会发展需要的社会思想所取代。社会思想作为理论研究的对象，有自己的逻辑发展规律，社会思想的发展受它的逻辑发展规律的制约，我们要把握社会思想产生、发展的规律性，必须研究它的逻辑发展规律。我们知道，

---

[1] 《马克思恩格斯文集》第4卷，人民出版社2009年版，第294页。
[2] 《列宁全集》第1卷，人民出版社2013年版，第369页。

在社会思想的发展过程中,各种社会思想是相互发生作用的,这种相互的作用与一定的历史条件相结合便产生了社会思想自身的发展逻辑。逻辑发展的规律其实就是历史发展规律。研究社会思想自身发展的逻辑规律性,不能不研究社会思想自身发展的客观历史过程。恩格斯曾经明确地指出:"历史从哪里开始,思想进程也应当从哪里开始,而思想进程的进一步发展不过是历史过程在抽象的、理论上前后一贯的形式上的反映;这种反映是经过修正的,然而是按照现实的历史过程本身的规律修正的……"① 因此,社会思想发展的逻辑过程与它的历史发展过程是同一的。社会思想的逻辑发展过程并不完全等于它的历史的自然过程,是撇开了无关紧要的偶然现象的自身的矛盾运动过程。这个矛盾运动过程已经对它的自然历史过程进行了理论的抽象。所以,社会思想史作为社会学领域内的一个基础理论学科,需要用社会学本身的范畴和概念体系以抽象的理论形式再现它的历史发展过程。当然,这种抽象的再现绝不是把社会思想自身发展的历史过程描绘成纯逻辑的抽象过程。在社会思想史中,我们考察的不是只在我们头脑中发生的抽象的思想过程,而是在某个时候确实发生过或者还在发生的现实过程,这就是说,抽象的逻辑作为社会思想发展的内部属性是现实的思想内容的具体抽象。全部的社会思想发展的逻辑应该说明,社会思想史是一部经验的历史,是认识和改造现实社会生产生活秩序的历史。

第四,要比较地看问题。人们常说"没有比较就没有鉴别"。比较研究的方法用之于中国社会思想史研究,就是要将两个或多个社会思想家的思想进行对比分析,找出它们之间的相似性与差异性。如:我们可以将同一时期不同阶级、不同学派的思想家的社会思想进行比较分析,也可以对不同时期的同一思想学派的思想家的社会思想进行比较分析;可以对中华民族大家庭中不同民族的社会思想进行比较分析,也可以将中国社会思想与世界其他国家或民族的社会思想进行比较分析等等。对社会思想的发展变迁,可以进行长时段的比较分析,也可以进行中短时段的比较分析。也就是说,在采用比较的方法对中国社会思想的发展变迁进行分析研究的过程中,有必要借鉴法国历史学家布罗代尔的时段理论。这一理论突出的特点是重视了长时段的特殊价值。其最核心的概念是结构。认为构成历史的要素是多样性的,结构是一种人类深层持久的长期

---

① 《马克思恩格斯文集》第 2 卷,人民出版社 2009 年版,第 209 页。

延续的存在。社会的结构以变化极其缓慢、时间跨度很大为其基本特征。① 马克思主义唯物史观的基本原理是社会存在决定社会意识。社会结构属于社会存在范畴，社会思想则属于社会意识范畴。所以我们在采用比较研究的方法对社会思想进行分析研究时，也应注重社会思想发展与社会结构变迁的比较，以探寻社会思想发展变迁的社会动因，认识不同阶级、不同学派、不同时期社会思想的特性与共性，把握中国社会思想与世界其他国家及民族的社会思想的共性与区别，并提取出中国传统优秀社会思想的现代性因素，以增强中华民族的文化自信。

二、具体研究方法

对于中国社会思想史，要进行资料的收集、归纳、分析和研究，尚需一套具体的切入问题的方法，我们将之称为具体研究方法。主要包括以下十种：

第一，区域法。这是一种以一定的社会区域为研究的整体对象，一个区域一个区域地进行研究的方法。中国社会是一个宏大的整体，社会思想具有"一主多元"的特征②，我们过去研究社会思想的"一主性"多，而对"多元性"的关注不够。而实际上同一历史时期的不同社会区域，社会思想存在着不尽相同的特征，如从春秋战国时期开始及以后很长时期内，齐鲁地区、燕赵地区、湘楚地区、巴蜀地区、闽越地区的社会思想文化都有所不同。而且我们还可把这种方法应用于中国历史上的分治或分裂时期，如魏晋南北朝时期、宋辽金元时期。不同统治体之下的不同地域，其社会思想也可能有所不同，如鲜卑人、党项人、女真人、蒙古人生活与统治的地域，其社会思想就会存在差异。即使是对当代中国社会思想的研究，也可以采用"区域法"对不同地区之社会思想特点进行发掘。

第二，阶段法。这是以一定的历史发展阶段作为一个研究的整体对象，一个阶段一个阶段地进行研究的方法。在几千年的中国历史中，我们可以按朝代划分为若干个时期，如春秋时期、汉朝时期、唐朝时期、明朝时期、清朝时期等，这是一种阶段的划分方法；而且我们还可按社会发展阶段，以原始社会、奴隶社会、封建社会等为单位去研究，这也是一种阶段的划分方法；根据政

---

① 参见［法］布罗代尔：《历史和社会科学：长时段》，《史学理论》1987年第3期。
② 参见王处辉：《论中国社会价值系统的一主多元特性》，《江海学刊》2008年第5期。

治、经济思想等方面的情况，分为若干个阶段去研究，如战国时期、魏晋南北朝时期等，这又是一种阶段的划分方法。总之，阶段的划分是可以根据不同的标准，形成各种各样的划分方法的，利用"阶段法"进行社会思想史研究，便于把握社会思想与当时社会历史的全面状况的关系。

第三，学派法。这是一种以学派作为研究的整体对象，一个学派一个学派地进行研究的方法。春秋战国时期有诸子百家，学派林立；秦汉以降，中国思想界主要有儒、道、佛三大思想流派，而且每个学派之内还各有很多低一层次的分支学派。我们可以以学派为线索，研究每个学派产生、发展、分化的不同阶段的社会思想，研究各学派之内的各分支学派的社会思想之异同，研究各学派之间的社会思想之异同，从中发现其规律性。新中国成立以前，著名社会学家潘光旦开设的"儒家社会思想"的课程就运用了"学派法"。利用"学派法"研究社会思想史，便于把握一个思想学派的社会思想的发展和继承性，利于鉴别各学派之间的异同。

第四，阶层法。这是以一个社会阶层作为研究的整体对象，一个阶层一个阶层地进行研究的方法。如人类进入阶级社会之后的任何一个历史时期，社会上都同时存在着若干社会阶层，他们的社会地位不同，行为方式及社会价值取向也就会有所不同，值得我们按阶层对其社会思想进行研究。如春秋战国时期的"士"阶层，历代的"隐士""侠士"阶层，官僚、商人、农民、僧侣等各阶层，都可以采用这种研究方法对其社会思想分别进行研究。

第五，群体法。这是以一个社会群体为研究的整体对象，一个社会群体一个社会群体地进行研究的方法。社会群体比阶层更具体、更微观。社会群体成员之间比同一社会阶层成员之间具有更多直接互动性和利害关联性，采用群体法进行研究，更便于深入解读某一特定社会群体之社会思想的特性。如对《水浒传》中梁山好汉群体的社会思想研究，对义和团、白莲教等群体社会思想的研究，或对某一时代的任何一个体制内社会群体或体制外社会群体社会思想的研究，都可采取这种研究方法。

第六，人物法。这是一种以思想家为研究的整体对象，一个思想家一个思想家地进行研究的方法。任何思想学派都是由一些思想家为代表构成的，只有分别研究每个思想家的社会思想，才能审定他们的思想对前人有什么重大发展，而且这些思想家的论述，都是代表了一定时期中一定阶级或阶层的社会思想的，因此它是最具体最现实的。只有运用"人物法"，才利于我们更深入更细致地进行社会思想史研究。

第七，著作法。这是一种以一部著作为研究的整体单位进行研究的方法。现存的中国古代史料中常有这样的情况：一部著作很有价值，但著者不详，或是在一定时期内很多人合著的作品，对于这种情况，我们就可采用"著作法"去研究，我们无须考证其作者为谁，只要它反映了一定时期的某种有价值的社会思想，我们就应对它进行深入研究，如《淮南子》《太平经》等。

第八，观念法。这是一种以某种特定的关于社会的观念为整体单位，一个观念一个观念地进行研究的方法。人类在社会发展过程中形成了诸多关于社会生活秩序、社会整合治理与理想社会的观念，我们可以打破区域、时段、学派、阶层、群体或人物的界限，对某一特定社会思想观念进行研究，如公私观、社会和谐观、社会控制观、群己观、家国观、兼爱观、中庸观、人性观、生死观、诚信观、社会交往与处世观、廉耻观、忠孝观、成就观等，都可以采用这种方法进行专门研究。这种方法能够具体深入地揭示特定社会思想观念的源流脉络、内涵特征及社会影响等，对于我们准确地把握思想与社会的关系，具有十分重要的意义。

第九，民族法。这是一种以民族为单位的研究方法。中国是一个统一的多民族国家，民族关系具有"多元一体"特性，而中国社会思想则具有"一主多元"特性。由于不同民族聚集地不同，其面对的生产生活环境也会有所不同，在此基础上所形成的社会生活秩序建构与整合治理的理念以及社会理想等也就会有所差异。但以往的中国社会思想史研究，对少数民族的社会思想关注相对较少。如果我们以某个少数民族的社会思想为研究对象，并比较不同少数民族之间，不同时期少数民族与汉族之间社会思想的异同，从而汲取少数民族社会思想中的精华，阐释整个中华民族社会思想在不同的历史时期中之主导性社会思想与以多元状态并存的非主导性社会思想的和合关系，那么对推进中国社会思想研究的发展，对促进当下中国各民族和谐共处，将是大有裨益的。

第十，田野法。这里所谓田野法，不是单指人类学中的"田野调查法"，而是指到现实社会中去，采用任何一种或同时采用多种现代社会学实证调查技术，对当下民众社会生活实践及社会生活秩序理念进行调查研究，考察其社会思想的传统性与现代性之间的关系的方法。孔子曾有"礼失求诸野"之说。中国社会思想史研究者不应只做文献分析，还应到现实社会中去考察民众生活理念、行为方式、民俗习惯、信仰与价值观等，发现其中的传统文化因素与现代的或西方化的因素，总结传统社会思想中仍被当代中国民众广泛接受的，对当下中国社会建设具有正能量的传统社会理念与社会价值观，以之为建设中华民族共有精神家园服务，为建设具有中国特色、中国气派、中国风格的社会学提供基础理论服务，为增强社会主义中国的道路自信、理论自信、制度自信、文化自信做出贡献。

在中国社会思想史研究中，以上这十种较常用的方法虽各有不同侧重，但又是可以搭配使用的。现代的社会科学研究方法本是多样的，而且常常是各种方法综合使用，哪种方法最便利就采用哪种方法。我们也不能被这些方法束缚手脚，因为方法只是研究的手段，得出科学的研究成果为中国的社会建设和社会学学科建设服务才是中国社会思想史的最根本的研究目的。

第三节　中国社会思想的基本特征

中国社会思想是人类社会的几个原生思想之一。中外学界对人类文化体系的划分有很多说法，如有"四大文化体系"之说，将人类文化划分为中国文化体系、印度文化体系、阿拉伯文化体系、古希腊罗马直到今天的欧美文化体系。有"五大文化圈"之说，将人类文化划分为希腊文化圈、希伯来基督教文化圈、汉文化圈、印度文化圈、伊斯兰阿拉伯文化圈。有"六大文化区"之说，将人类文化划分为中国、西亚、印度、埃及、墨西哥、秘鲁等六个文化区。有"七大母文化"之说，认为人类有中国、埃及、苏美尔、米洛斯、玛雅、安第斯、哈拉巴等七大母文化。也有"八大文明中心"之说，将人类文明划分为中国、埃及、印度、巴比伦、雅典、伊斯兰、欧洲、墨西哥等八个文明中心。英国历史学家汤因比更将人类的文明中心划分为包括中国在内的二十六个。由此可见，无论怎么划分人类的原生文化，中国文化都名列其中。

人类文化的核心是人类的思想，人类思想的核心之一是社会价值观，而人类对于社会生活秩序构建、整合及理想社会模式方面的观念、构想或理论，亦即我们所说的社会思想，即属于社会价值观的范畴。中国文化作为人类的几大原生文化之一，必有与其他文化不同的特性。充分认识与了解中国文化或社会思想的特性，有助于增强中国人的文化自信。与其他原生文化与社会思想相比，中国社会思想有诸多特性，而其最主要的特性表现在以下几方面。

其一，从时间维度上考察，中国社会思想是唯一从古至今延绵不断的社会思想体系，具有连续发展的特性。

中国之外的其他原生文化中的社会思想，要么中断或衰落，如古埃及、古印度、古巴比伦的社会思想，要么是沿着中断后再重建的路径发展至今，如古希腊罗马的社会思想，是欧洲在宗教改革、文艺复兴、启蒙运动后被人为重建的。而中国社会思想的发展则是连续的，每一种新思想的出现，都能找到其原生的文化基因，五千年中国社会的发展变迁，无论是哪个民族作为社会最高统治集团，中华民族的思想文化传统都从未中断过。中国社会思想的这种连续发展的特性，在人类社会思想史上是独一无二的。

其二，从思想体系格局考察，中国社会思想具有一主多元的特性。

中国五千年的文明史上，社会思想从来都具有一家主导、多元并存特征，多元价值观相互之间的排斥现象虽时有发生，但多限于口诛笔伐层次的攻讦，很少是强制性或毁灭性的生死斗争。所不同的是，相互之间的地位有时会出现转换，在不同时期，其中之一家处于制度化形态和主导社会思想的地位，其他各种社会思想则是以知识化形态存在；并且在多数时期，其多元并存不但是被默许，而且是受到尊重或尊奉的。从夏商时期以来，中国社会思想系统在一家主导、多元并存格局下，多元社会价值之间的相互借鉴、相互吸收是主要趋势。孔子都曾承认夏、商、周社会思想之间存在损益关系，亦即在相互吸收借鉴中发展的关系。汉代以后，各派各种社会思想之间的相互吸收借鉴更是随处可见。直至儒家的宋明理学、禅宗大师的儒释会通、全真道的三教合一，各派社会思想之间在核心价值层次的冲突几乎已不复存在，它们融为一体，被当代人合称为"中国传统社会价值观"。而这种一家主导、多元并存的价值取向及其体现的宽容和谐精神，也同时融入其中，成为中国传统价值观的有机组成部分。费孝通认为中国这个多民族国家的民族关系有"多元一体"的特点，而就中国社会思想史而言，一家主导、多元并存才更符合事实，在很长时间里，多元并存的各种社会价值观确有一体化趋势，但并没有实现"一体性"，只是表现为处于主导地位的价值观与多元并存的价值观之间的相互吸收或互不否定、互不排斥的和谐性。无论是处于官方主导的占有制度化形态地位的社会价值观，还是不具主导地位的多元并存的各种社会价值观，都是朝着与民众生产生活实践相结合的大众化方向发展。中国经几千年生产生活实践而形成的社会思想系统之一家为主、多元并存特性的内涵是，既不能没有一个主导者，也不能没有多元并存。只有一家主导，排斥和否定其他各种社会思想与价值观的多元并存，不符合中国价值观的基本精神；只有多元并存，排斥和否定主导者的合理存在，也不符合中国价值观的基本精神。我们建设中华民族共有精神家园的核心任务，就是在一主多元格局下，从各种社会价值观之间的和合性中概括出属于中华民族共同认知的新的核心价值体系。

其三，从对待外来思想文化的态度考察，中国社会思想具有开放与兼容的特性。

中国作为统一的多民族国家，思想文化五千年延绵不断的重要原因就是它所具有的开放与兼容性。自古以来，各种外来的社会思想与文化在中国都很容易得到生存和发展的空间。无论是西汉晚期以后传入的佛教，还是隋唐时期其他各种外来宗教所体现的社会思想，或西方文艺复兴后出现的各种社会思想与价值观，传到中国后都没有受到颠覆性的排斥，而是很快地被一些人所接受或喜爱。其根本原因就是中国的社会思想系统历来都是一主多元的，外来社会价值观只要不危及主导性社会思想的地位，不与中国的核心价值观发生根本对立，就能得到来中国的"准入证"。以佛教传入中国的历史为例，两千年间，只出现过为数很少的几次排佛的声音，其原因都是有些人认为佛教的社会思想与中国处于主导性地位的儒家社会思想的核心价值有冲突，但同时反对排佛的声音也很强，即使有几次动用行政手段排佛，为时也都不长，且均不成功。这充分显示了中国社会思想与文化基因中的开放与兼容的特性。

中国社会思想的开放与兼容的特性，与西方社会思想系统中的强烈排异特性形成显著对照。西方自罗马帝国以后，基督教的社会价值观被定为一尊，就开始极力铲除"异教"，把与他们不同的社会价值观都视为"魔鬼"，必以极端方式铲除之而后快。西方社会价值观的严格排他性特点，在其殖民时代以降的数百年来，不知剥夺了多少人类不同社会群体经长期生产生活实践积淀而成的社会价值观的生存权。他们不仅要让他们的社会价值观处于官方主导地位，成为制度化形态的社会价值观的唯一存在，而且还要成为知识化形态与生活化形态的社会价值观的唯一存在。与之不同即是"魔鬼"，是可以格杀勿论的。正如中国台湾人类学家李亦园所说，西欧民族国家缺乏兼容不同文化与价值存在的理论："他们的文化思维中只存在如何分辨'你群'与'我群'之别，而忽略掉别的文化中却是一直在思考如何成为一群的'另类'想法。因此用这种不知有'另类'想法的族群理论来看中国民族文化的过程与现象，就觉得是格格不入，认为有背常规。"① 西方人心目中所谓的"常规"与中国千百年来行之有效并共同认知的常规之间的显著差异，恰好表明中国与西方人的社会价值观念不同，特别是社会价值的核心层是存在着显著区别的。

其四，从与人类其他原生文化中之社会思想进程比较上考察，中国社会思想具有早熟的特性。

中华民族是人类最早留下"信史"的民族。公元前841年，即共和政治第一年，中国历史的文字记载即已经得到保存，直到今日，从来不曾中断过，这是中华民族对人类文明的最伟大贡献之一。因为同时代的其他所有原生性文明古国，或者根本没有记载，或者虽有记载但记载已经湮没，全靠考古学家辛苦的发掘才能得到一些片断。印度的中世纪历史，甚至要靠唐玄奘的《大唐西域记》作为重要支撑，这一情况本身即可表明中国社会思想所具有的"早熟性"特点。早在20世纪前半叶，梁漱溟就总结出人类文明的"三种路向"之说，认为中国文化是比欧洲更为早熟的文化。他对西洋、中国、印度三种文化进行了详尽的比较分析，认为所有人类的生活表现为三个不同的路向：向前面要求；对于自己的意思变换、调和、持中；转身向后去要求。而西方、中国、印度文化则分别代表了这三种路向，即"西方文化是以意欲向前要求为其根本精神的"，"中国文化是以意欲自为、调和、持中为其根本精神的"，"印度文化是以意欲反身向后要求为其根本精神的"。② 在梁漱溟看来，人类社会正常的路径应该是上述三种路向的依次推进。中国文化却在第一条没有走完的时候就提前进入了第二条，虽然难免出现某些偏弊或缺陷，但确也体现了中国社会思想与文化的早熟特性。而目前的情形是西方文化正由第一条路向转入以中国为代表的第二条路向。所以中国只要在保持对传统文化自信的同时，学习西方的长处，就可引领时代的发展。如前文所论，费孝通多次强调说，早在二千五百多年前，中国古代的社会思想家们对于"人与人的相处，怎样处得好"等问题的思考与研究就已很发达了。这也充分证明中国社会思想具有的早熟特性。他于2003年发表的《试谈扩展社会学的传统界限》一文，专论中国传统社会思想与文化对当代中国社会及中国社会学发展的重要性，也认为中国传统社会思想与文化中，虽有造成了后来技术方面脆弱、在与西方对抗中不堪一击的问题，但

---

① 费孝通、李亦园：《从文化反思到人的自觉》，《战略与管理》1998年第6期。
② 梁漱溟：《东西文化及其哲学》，《中国现代学术经典·梁漱溟卷》，河北教育出版社1996年版，第34、64、65页。

中国社会思想中的很多传统确实表现出早熟的特征。

其五，从人与神的关系上考察，中国社会思想具有重人轻神、以人为本的世俗功利特性。

马克思在《〈黑格尔法哲学批判〉导言》中写道："反宗教的批判的根据是：人创造了宗教，而不是宗教创造人。""这个国家、这个社会产生了宗教，一种颠倒的世界意识，因为它们就是颠倒的世界。""一个人，如果曾在天国的幻想现实性中寻找超人，而找到的只是他自身的反映。"[①] 在马克思主义者看来，是人创造了神，而不是神创造了人，宗教是颠倒的世界观。

人类历史上，无论任何原生文化，开始都有一个认为人是神的附庸，认为人类及整个世界都由神意安排的时代。中国也不例外，但中华民族的祖先们是人类最早从对神的绝对崇拜中自我解放出来的民族。夏商及以前的中国，是以神巫文化为主导的，而到了周代，则开展了一场思想革命，认为"天视自我民视，天听自我民听"，将社会治理的重心转变为对世俗社会的人的治理，主导性社会思想也改为以德礼文化为主导。到春秋战国时期，重民轻天、重人轻神的思想几乎成为那个时期的主导性社会思想之一。如《论语》中说"子不语怪、力、乱、神"，就是说孔子只谈论人间事，不谈论关于神的事。叔孙豹则有著名的以立德、立功、立言为人生追求的"三不朽"之说（《左传》襄公二十四年）；子产则有"天道远，人道迩，非能及也"之说（《左传》昭公十八年）；管仲则有"君人者，以百姓为天，百姓与之则安，辅之则强，非之则危，背之则亡"（《说苑》建本篇）之说；季梁则有"夫民，神之主也，是以圣人先成民而后致力于神，……民和而神降之福"（《左传》桓公六年）之说；史嚚则有"国将兴，听于民，将亡，听于神"（《左传》庄公三十二年）之说。这种天与神必须按照民事的状况行事的思想，就是重民轻天、重人轻神的社会思想。到秦汉以后，神在中国社会思想中几乎成了被人们雇佣和驱使的特殊使者了。而被中国人奉为神的，几乎都是曾经为世俗社会的生产生活与社会秩序建设做出过杰出贡献的先贤们，而且中国历来是同时信奉多神的，并没有一位像基督教中之上帝那样的唯一的全知全能的神明。所以说，中国社会思想在具有早熟性的同时，还具有重人轻神、以人为本的世俗功利特性。

西方社会思想则与中国大为不同。培根在其《人生论》中作过这样的分

[①] 《马克思恩格斯文集》第 1 卷，人民出版社 2009 年版，第 3 页。

析:"在人类历史上,恐怕还从来没有任何国家比罗马更伟大。但是罗马之所以如此伟大,其原因西塞罗(罗马共和国时期著名执政官、演说家——编者注)在一次对罗马人的演说中作过很精彩的论述。他是这样讲的:'无论我们多么自豪,我们还是应该承认,我们在人数上少于西班牙人;在体质上弱于加洛人;在机敏上不如迦太基人;而在文化上则低于希腊人;而就爱国心和乡土观念论,我们也无法和本地那些土著人相比。但是我们有一点却超过了所有这些民族——这就是我们的仁德、虔诚和对神的信仰。我们确信我们来自于神,并且服从神意安排世界,就这一点而言,我们优越于世界上的任何人!'"① 可见罗马时期的欧洲社会思想中,将是否来自于神,是否服从神意的安排作为一个民族是否"伟大"的最重要标准。到欧洲的漫长中世纪时期,教会的权力高于一切,以"原罪"与"灵魂救赎"为主导性社会思想。所谓"原罪",是认为人类的祖先是犯了罪并带着罪来到这个世界的,其原始教义说,是救世主耶稣以自己的流血牺牲才在上帝面前替人类赎了罪,人并没有自救能力,只能依靠上帝的恩典与启示,所以人只有信仰上帝,信奉耶稣才能得到灵魂救赎,因此人就好像是上帝的附庸品,只能听任上帝的施舍,根本就不具备自主地改变命运的主体性行为能力。从文艺复兴开始,到宗教改革及启蒙运动,开始不断反思和批判教会的社会思想,并反对教会的权威,唤醒对人自身的重视,才开始了将主导性社会思想从神的世界向世俗社会中的人转移的进程。而这比中国至少晚了两千多年。

以上是中国传统社会思想与西方社会思想相比较体现出来的几个显著特性。其实,中国传统社会思想的特点或特性还有很多。诸如中国传统社会思想体现出的天人合和的特性、大群优先的特性、上位优先的特性、角色至上的特性、爱有差等的特性等等,限于篇幅,本书将在相关章节加以论述。

第四节 学习与研究中国社会思想史的意义

社会学作为一个学科,是由西方率先创立的,但人类对社会生活秩序的构建、整合和理想社会模式发生、发展与变革的思考或构想,即"社会思想"则

---

① [英]培根:《人生论》,何新译,华龄出版社1996年版,第168页。

由来已久，绝不是从有了社会学之后才开始的。具有几千年无间断地思想文化积淀的中国，在历史发展中形成了丰富的具有中国特色、中国风格、中国气派的社会思想，其中有诸多精华至今仍有世界性意义。社会学要在中国生根，建设中国特色的社会学，就不能割裂中国的传统与现代的关系；如果我们要解读现代中国社会，就不能忽视中国几千年的社会基础和文化积淀；如果我们要建设中国的社会学理论，就不能不加强对中国社会思想史的研究。对于这个问题，我国诸多社会学大家都曾反复强调过。

新中国成立以前的中国社会学界，已有不少社会学家提出了中国社会思想史研究的重要性，并做了一些有益的努力。如孙本文在《社会学原理》指出："中国社会思想，为研究中国社会学者必须研究之材料"[①]，20世纪40年代中期，他发表了一篇名为《五十年来的中国社会学》的论文，又于1948年出版《当代中国社会学》一书，均提出了关于中国社会学学科建设的建议。作为当时中国社会学界最杰出的学者之一，他的这个建议可以代表当时中国社会学界对"今后应从事的工作"（孙本文语）的一个蓝图。这个蓝图分为两个方面：第一是"中国理论社会学的建立"，第二是"中国应用社会学的建立"。在第一个方面提出三项工作，他说："今后社会学者应致力于中国化的社会学之建立，其重要工作有三：一、整理中国固有的社会史料……二、实地研究中国社会的性质……三、系统编辑社会学基本用书……"在其所说的第一项重要工作，即"整理中国固有的社会史料"一项中，又开列出五项具体工作目标，孙本文说，其中的第一、二项具体工作为：

（一）关于社会学说者。凡古人对于社会生活或社会问题的各种思想，均应加以搜集与整理，依历代顺序，编成有系统的中国社会思想史。（二）关于社会理想者。古今贤哲发表有关社会组织及社会生活的各种理想与计划，亦应加以搜集与整理，编成一部中国社会理想史。

也就是说，在这个中国社会学发展规划中，孙本文是把"中国社会思想史"与"中国社会理想史"作为"中国理论社会学的建立"中的首要任务提出来的。由此可知，中国第一代社会学家把中国社会思想史教学与研究放到了

---

① 孙本文：《社会学原理》，商务印书馆1935年版，第684页。

何等重要的地位。

中国社会学学科恢复重建以来，以费孝通为代表的老一代社会学家反复强调中国传统文化与社会思想在社会学研究中的重要性。他在20世纪90年代初所写的《略谈中国社会学》一文中就曾强调说："社会学是人们对社会有系统的科学思考。对于人同人的相处，怎样处得好，这个问题的研讨，我们中国在2500年前就已经很发达了。"他在《孔林片思》一文中指出，21世纪是一个世界范围内的新的战国时代，这个时代需要"新的孔子"，认为历代中国人在人际关系方面的思想对解决当今世界性的纷争和冲突具有重要意义，值得认真发掘。在此基础上，他提出中国的"文化自觉"问题，要求社会学家不但要关注社会的"生态"问题，更要关注社会的"心态"问题，以开创人类社会"美美与共，天下大同"的新局面。2003年他又发表《试谈扩展社会学的传统界限》一文，专论中国传统社会思想与文化对当代中国社会及中国社会学发展的重要性。他指出："中国丰厚的文化传统和大量社会历史实践，包含着深厚的社会思想和人文精神理念，蕴藏着推动社会学发展的巨大潜力，是一个尚未认真发掘的文化宝藏。从过去二十多年的研究和教学的实践来看，深入发掘中国社会自身的历史文化传统，在实践中探索社会学的基本概念和基本理论，是中国学术的一个非常有潜力的发展方向，也是中国学者对国际社会学可能做出贡献的重要途径之一。"并告诫社会学界说："我们研究社会也好，改革社会也好，绝不能抛开历史，没有一个社会结构是完全凭空构建的，它总是要基于前一个社会结构，继承其中的某些要素，在此基础上建立新的东西。"他举中国当代社会为例，说："像我们今天的这个'中国'，虽然是在一场摧枯拉朽的革命之后建成，但我们今天的社会结构，并不都是1949年建国时一下子凭空创造出来的，它是过去几千年社会结构演化的继续，是和过去的社会有密切相关的。建国时期几亿人口的思想、文化、价值、理念都是从此前的历史中延续下来的，谁也不可能把一个社会中旧的东西突然'删除''清洗'，变成空白，再装进去一个全新的东西。我们中国的革命，形式上是'天翻地覆''开天辟地'，实际上，它是建立在中国社会自身演化的内在逻辑之上的，也是中国文明演进的一个连续过程的一个阶段。建国五十年后的今天的中国社会，还是跟过去的社会密切相关，社会的方方面面的历史文化积累过程是不间断的、永恒的、全方位的。"费孝通在该文结论中指出：中国传统社会思想与文化中，在诸如处理人与人，我与我，心与心，人与群体，人与自然等方面的思想确有

"先见性"和"超前性",而这些常常是我们真正理解中国社会的关键,也蕴含着建立一个美好的、优质的现代社会的人文价值。社会学的研究,应该达到这一个层次,不达到这个层次,不是一个成熟的"学"(science)。如果我们能够真正静下心来,坐下来,潜心梳理这些传统的宝贵遗产,真正在这方面获得一些突破,那将是社会学发展的一个重要的跃进。

费孝通治社会学、人类学达七十多年,为中国社会学的发展投入了毕生精力,他在晚年所写的一系列学术反思性的文章中,反复强调中国社会学界要加强对中国传统社会思想与文化的研究,自然是有其深意的。因为他已清楚地看到,真正"中国的"社会学的发展,必须要以中国丰富的社会思想为基础,才能继往而开来,自立于世界社会学之林。如果我们从世界社会学发展的视角鸟瞰中国社会思想史,则正如有的学者所说的那样:"世界社会学如果没有中国这'半个世界'(汤因比语)的社会史和社会思想史,就是最大的缺憾。继往开来,认真下功夫挖掘、整理中华民族源远流长、蕴涵丰富的社会思想的历史遗产,予以科学的阐释,并奉献于世界,使人类社会思想发展史逐步趋向完备,是中国社会学者责无旁贷的使命。"① 近三十多年来为中国社会学发展做出突出贡献的几任中国社会学会会长如袁方、陆学艺、郑杭生等,也反复指出加强中国社会思想史研究的重要性。陆学艺自"中国社会学会社会思想史专业委员会"成立即担任理事长,直到逝世。他主编出版了多卷本《中国社会思想史资料选辑》,还曾组织全国力量撰写多卷本《中国社会思想史》专著,他的这一未竟事业正待我们后人完成。郑杭生一直重视作为社会学学科基础构成部分的中国社会思想史的研究,他曾多次提到,"史"与"论"是社会学学科的两翼,如果不深入研究学科的历史,一个学科就没有根基。"只有加强对中国社会思想史的研究,将中国社会文化特征和民族性容纳到社会学里,才能使社会学在中国生根发展,才能创立出与中国国情和社会文化相吻合的社会学。"郑杭生还曾主编出版了《中国社会思想史新编》一书。

作为社会学专业的学生,必须学习与研究中国社会思想史的意义,主要体现在以下两个方面:

其一,传统优秀社会思想是增强中华民族"文化自信"的重要基石之一。

自党的十八大以来,习近平总书记曾反复强调我国的文化建设及核心价值

---

① 张琢:《社会学之国学寻踪》,《社会学研究》1995年第4期。

观建设必须继承中国优秀传统文化。习近平总书记说:"中国传统文化博大精深,学习和掌握其中的各种思想精华,对树立正确的世界观、人生观、价值观很有益处。"①还说:"宣传阐释中国特色,要讲清楚每个国家和民族的历史传统、文化积淀、基本国情不同,其发展道路必然有着自己的特色;讲清楚中华文化积淀着中华民族最深沉的精神追求,是中华民族生生不息、发展壮大的丰厚滋养;讲清楚中华优秀传统文化是中华民族的突出优势,是我们最深厚的文化软实力;讲清楚中国特色社会主义植根于中华文化沃土、反映中国人民意愿、适应中国和时代发展进步要求,有着深厚历史渊源和广泛现实基础。"②他明确指出:"培育和弘扬社会主义核心价值观必须立足中华优秀传统文化。牢固的核心价值观,都有其固有的根本。抛弃传统、丢掉根本,就等于割断了自己的精神命脉。博大精深的中华优秀传统文化是我们在世界文化激荡中站稳脚跟的根基。……要认真汲取中华优秀传统文化的思想精华和道德精髓,……深入挖掘和阐发中华优秀传统文化讲仁爱、重民本、守诚信、崇正义、尚和合、求大同的时代价值,使中华优秀传统文化成为涵养社会主义核心价值观的重要源泉。要处理好继承和创造性发展的关系,重点做好创造性转化和创新性发展。"③习近平总书记还不断强调要增强中华民族的"文化自信"。在党的十九大报告中提到"没有高度的文化自信,没有文化的繁荣兴盛,就没有中华民族伟大复兴"。并明确指出"四个自信"中,文化自信是更基础、更广泛、更深厚的自信,文化自信是最根本的自信。学术界常常把文化划分为物质文化、制度文化、思想文化三个层次。如果说物质文化处于基础地位的话,那么思想文化则是处于核心的指导地位。中国传统优秀社会思想,属于思想文化范畴。所以学习中国社会思想史,对增强中国社会学研究者与社会学专业学生的文化自信具有不可替代的作用。

其二,传统优秀社会思想是中国社会学学科建设的重要基础。

自从 1979 年恢复重建社会学学科以来,中国社会学经过四十余年的快速发展,已经从最初的移植西方理论与方法粗浅地研究中国社会,发展成为以中国特色社会主义理论为指导,借鉴西方社会学理论与方法,深入地研究中国社会。随着中国改革开放后中国经济与社会的快速发展,当下的中国已经成为全

---

① 《习近平谈治国理政》,外文出版社 2014 年版,第 405 页。
② 《习近平谈治国理政》,外文出版社 2014 年版,第 155—156 页。
③ 《习近平谈治国理政》,外文出版社 2014 年版,第 163—164 页。

世界公认的第二大经济体，中国人民的生活明显改观，中华民族的文化自信心显著提高，中国社会学界当初那种照搬西方理论与概念的时代也随之成为过去。特别是自党的十七大提出四大建设和十八大扩充为五大建设以来，中国社会学界服务于社会建设的热情非常高涨。培养"知世界、知中国、服务中国"的新一代社会学工作者，已成为我国高校社会学院系的共同目标。我国社会学界前辈们自 20 世纪 30 年代即提出的"中国化"目标，经过八十多年的努力，尤其是近四十多年来社会学界的努力，我们的更高目标已经不再是"社会学的中国化"，而是建设"中国特色的社会学"了。

中国的社会学应当如何建设？学者们在思考，在探索，在实践。但无论如何，有一点可以肯定，即中国特色的社会学必定是以形成中国的社会学理论为标志的。中国社会学学科建设与发展，坚持习近平总书记在党的十九大报告所提出的"不忘本来、吸收外来、面向未来"的原则与精神，是最为正确的方法与路径。也就是说，中国的社会学理论必须同中国传统优秀社会思想与当下中国的社会建设实践、发展目标有机结合，并吸收人类一切优秀社会思想与理论才能形成。照搬西方的社会学，决不可能发展出"中国的"社会学学科。

习近平新时代中国特色社会主义思想的重要特征之一就是高度重视中国优秀传统文化的现代价值。习近平总书记 2014 年 4 月在欧洲学院演讲时曾指出：中国如全盘照搬西方制度和思想文化，"不仅会水土不服，而且会带来灾难性后果"。所以说，以服务于中国的社会建设与文化建设发展需要为目标，在虚心学习借鉴人类社会创造的一切文明成果的同时，认真发掘中国传统优秀社会思想的现代性元素，并将其融会贯通，实现"创造性转化"和"创新性发展"，才是中国的社会学学科建设的必由之路。

我们从习近平新时代中国特色社会主义思想中，不但可以看到党和政府对中国传统文化之现代性意义的高度重视，也可以从中引发我们对中国的社会学理论发展方向的新认识，以及对中国社会思想史研究与教学之重要性的认识。特别是习近平总书记提出的加强对中华优秀传统文化的挖掘和阐发，并努力实现"创造性转化、创新性发展"的要求，应当成为我们今后很长时间里从事中国社会思想史教学与研究工作的努力方向，并应当成为中国社会学发展的努力方向，甚至可以说应当成为中国当代文化建设与社会建设的努力方向。

总之，中国传统社会思想具有其重要现代价值，是建设中国社会学不可或缺的基础，是当代中华民族文化自信及对传统文化实现"创造性转化、创新性发展"的重要基石。

思考题：

1. 中国社会思想史的研究对象是什么？
2. 中国社会思想史研究有哪些总体研究方法和具体研究方法？
3. 本书指出了中国社会思想的若干基本特征，你能在此外总结出其他特征吗？
4. 社会学家对中国社会思想史的重要性有哪些论述？
5. 学习研究中国社会思想史的当代意义是什么？

▶ 答题要点

先秦编 | 社会思想的发端与百家争鸣时代

引言　先秦时期社会思想的发展趋势与特点

先秦社会思想的发展，犹如一条河流，发端时为涓涓细流，后乃逐渐开拓发展，至春秋战国之际，浩浩荡荡，扬波咆哮，蔚成大观，成就中国思想史上一大辉煌高峰。根据社会思想史的特点，人类既成社会，人与社会、人与自然相与，则就须调适各种关系，就有社会思想产生。但在早期社会中国先民并没有形成系统社会思想，对于社会的有意识的深入思考还处于蒙蒙昧昧状态，难于考证，只能根据考古资料与极少数的文献资料做碎片式的整理。只有到后来有了比较可信的文字资料和丰富的地下考古资料，对于史前的早期社会思想才可以做出比较切实的梳理。

在远古时代，社会思想体现在神巫文化、神话传说、英雄崇拜之中。先民在自然和社会中构建秩序，以神巫文化调适与他们不可理解或控制的自然世界的关系，用英雄崇拜表述对社会生活方向的向往，即使有了文字之后到殷商时代，也还是崇信鬼神。

但是自从有了文字之后，文化传播和传承手段有了很大进步，人们对自然和社会的认识有了飞跃发展，《尚书》等文献比较系统地记载了西周以前社会规范如五伦、孝道是怎么建立和运行的，政权的社会功能是如何发挥的。到了西周时代，随着社会生产力的发展，人类文明更上了一个大台阶。西周统治者建立了周密的德礼文化来规范社会秩序，建立了宗法制、分封制、井田制等蕴含着古代社会思想的制度，体现了那个时代的家族观念、社会观念和国家观念，初步构建起系统的社会思想体系。

真正精彩的发展出现在春秋战国时期。这个时期由于社会生产力的发展和生产关系的变化，西周没落沦陷，王室东迁，出现了王纲解纽、礼崩乐坏的状况，社会失范，官学散落，诸侯兼并，争霸争雄，旧的统一的社会秩序解体，"士"阶层日益活跃，思想界获得了解放，为社会思想的全面发展创造了条件。德国历史学家雅斯贝斯曾经提出了一个"轴心时代"的概念，是说在公元前800年到前200年之间，东西方以及印度等地几乎同时出现了一些彪炳千古的大思想家，他们的思想学说就像暗夜中的火炬一样照亮了天空，他们的思考和思想甚至影响到现在，我们现代人之所以这样说这样想这样行动，就是他们的思想指引的结果。这个时代是这样重要，以至于我们现在遇到问题，还要常常回头去看看他们是如何说的,这就是轴心时代的意义。这个时代在中国就是春秋战国时期,他所指的中国的大思想家就是老子、孔子这些人。

西周以前的社会思想是以神巫文化为主导的。殷商时虽已开始重"德",但主导性社会思想未变。至西周时期社会思想发生变革,德礼文化跃升至主导性地位,但到春秋战国时期随着社会生产力的发展及生产关系的变革,社会思想也形成反思、发展与创新的"百家争鸣"景象。变化首先出现在齐国。齐国文化是开放的、比较务实的文化,所以思想的突破首先出现在齐国,代表人物就是管仲。

管仲的突破是在传统思想上的变革,他的变革是因为传统的礼制已经千疮百孔,失去了对社会的约束控制能力,所以需要新的更加强有力的社会治理体制,这就是管仲的法治思想。正是由于管仲是在传统礼治社会思想的基础上做的变革,所以他思想的特色是法出于礼,礼法兼重,还是在强调以"礼义廉耻"为"国之四维"的同时,也强调政令的社会功能,对社会进行有力的整合,这是从德礼社会过渡到法理社会过渡期的应然状态。在管仲思想影响下,到战国时期,齐国形成了阵营庞大的齐法家学派。

春秋末期,孔子创立了儒家学派,这个学派继承了三代社会思想的主流,孔子自称祖述周公,"述而不作",实际上是有选择性地传承发展了三代以来的统治思想精髓和社会思想精华。孔子想整顿社会失范,归复社会秩序,正名复礼,让社会恢复西周初期那样的和谐健康状态。他认为恢复的关键是人们的内在仁德的修养和外在礼义行为的实施,而实施的关键在于统治者上层的身体力行,所以他强调上层的"为政以德",试图用教育来打造一个能够影响社会的君子阶层。儒家重视修身,重视家庭伦理,形成了一套"修、齐、治、平"的治理序列,开启了平民参与社会治理的思想路径。

孔子思想的核心有两个字:"仁"与"礼"。孔子之后最伟大的儒家思想家是孟子和荀子。孟子沿着"仁"的方向发展开拓,发展了"仁政"学说,主张"人性善",所以他要求统治者行王道仁政,推己及人,减轻百姓负担,为民众创造稳定的生活条件。在社会控制方面主要依靠修身自律,在社会组织方面肯定社会分工,在社会治理方面强调积极有为。但是孟子对周礼的强调少了,对刑更是几乎不提。

荀子则从礼的角度出发,强调人性恶,主张外在的礼法对人的约束和对社会秩序的治理。他提出和重视"群"的概念,论述"分"在社会生活中的重要性。除了依旧重视"王道"社会的建设，还肯定"霸道"也是可取的。在儒家学者中，他继承了齐法家的法的一些合理因素，把法纳入了他的理论体系，成了儒法合流的人物。

以上我们虽然重点强调了孔孟荀三个重要的儒家人物，但是其实儒家在整个战国时期一直是一个阵营庞大且影响深广的学派。

与儒家形成明显对立的是法家，主要分为齐法家和三晋法家。齐法家一方面重视礼义廉耻对社会的规范作用，另一方面又重视法治建设，他们注重发展生产、遵从民意，富民教民，富国强兵。而以商鞅、韩非为代表的三晋法家则从根本上排斥和否定德礼的社会治理作用，从人性恶的立论出发，反对儒家的德治、人治和礼治，主张纯行法治，严刑重法，重刑轻罪，以刑去刑。他们主张愚民，独尊法制，排斥其他学说，专注耕战，思想专制，什伍连坐，深化君与臣民、国与社会的对立关系，把目标限定在富国强兵上。法家的出现是春秋战国时期中国社会转型的必然结果，是社会生活秩序治理模式的创新发展，法家深入论述了法治的学说，发展了法治理论，为社会学说做出了重大突破。可以说，相对儒家社会思想的礼治传统模式来说，法家社会思想开创了社会生活秩序治理的法治模式。

与儒法两家积极有为的社会思想相较，道家则是另一家特色鲜明的学派。以老子和庄子为代表的道家学派，反对严厉的社会控制，认为仁、义、道、德、礼、政、刑这些规范都是对人性及社会生活秩序的束缚，应该用无为而治的方式治理社会。他们在社会理想模式方面提倡一种小国寡民的简朴生活，倡导人性自由，希望回归自然。

三大派别之外又有墨家。墨家反对儒家的许多主张。墨家站在普通劳动者阶层的立场上，主张缩小等级差别，发展生产，解决人民生活问题，反对铺张浪费，提倡兼爱互利，反对战争。墨家与道家社会思想的本质区别在于：道家主张解构社会，墨家则主张尚同，即社会的统一。

以上四大派别之外，还有阴阳家学派、农家学派、名家学派等，分别提出了各自关于如何才能重建良好社会生活秩序的见解与主张，丰富了先秦社会思想。

以上学派的思想实践，在不同的时代发挥了影响。法家思想学说的实践最先奏效，在秦国有比较彻底的实施和持久贯彻，为秦国统一六国奠定了基础；道家的无为思想在汉初成了主导的统治思想，休养生息，经过七八十年的发展,汉朝发展成了人口众多、国力雄厚的大王朝;秦朝统一以后,墨家思想逐渐式微,它虽从未被统治集团采纳为主导性社会思想,但在体制外社会,墨家社会思想堪称处于主导地位,如被司马迁称为"以武犯禁"的侠,亦被称为"墨侠"。儒家社会思想则在汉武帝即位以后获得了独尊地位,整合了阴阳家等学派,形成了中国两千年封建社会的主导思想。

第一章　原始社会至夏商西周时期的社会思想

中华文明的起源、形成、发展，经历了一个漫长的过程。从传说上来看，这个阶段是从黄帝开始的，经过尧、舜、禹时代和夏、商的发展，到周代发展成为以礼制为核心的王权国家。中国早期社会已经具备了独特的文化特质，表现在重孝、亲人、贵民、崇德等方面。这种强调家族向心性而被人类学家称为亲族连带的现象，体现出古人对自身所处世界的一种价值态度。与追求自然取向的文化不同，中国文化更倾向于积极的、社会性的、热忱而人道的价值取向。这些文化特质和思想观念是中国社会思想发展的重要基石。

第一节　原始神话传说中的社会观念

中国的远古时代起自这片土地上人类的诞生，止于文明产生的夏商之前，一般称这段时期为"史前社会"。在这数百万年的漫长时光中，我们的先民们不断地改造着自身，改造着所生活的社会，也不断改造与适应着他们赖以生存的自然界。在一代一代的磨砺中，他们的精神火花开始闪现，逐渐有了对人类自身与生存环境的思考和认识。一些认识所形成的观念为某一地或某一群体所共同拥有，它规范着远古人类的生产与生活。这些观念是"史前社会"人类社会生产生活的产物，是史前时期的社会思想存在。神话是反映这一时期的社会思想内容的重要形式，"当人们追踪自然科学史、史学史、文学史、艺术史、宗教史、哲学史的源头时，无一例外地要上溯到神话这块'圣地'"[①]。

当试图了解神话的含义时，我们发现它涵盖了一个异常宽广的领域。我们认为理解神话要把它放在具体历史背景和社会背景里来看，既要看到神话与科学的关系，又要看到神话具有宗教神圣性的特质，科学主义和功能主义视角对神话的认识不可或缺，但作为社会思想研究的对象而言，我们所探究的是初民如何看待所生活的世界、如何认识"天人之际"、如何建构社会生活秩序的思想。从事文化创造也正是人与动物的根本区别所在，神话是人类史前时期的精

---

① 冯天瑜：《上古神话纵横谈》，上海文艺出版社1983年版，第217页。

神文化创造,是了解和研究史前时期的社会思想的途径之一。

一、神话中的人类及社会起源观念

世界各民族都有关于开天辟地、万物起源的创世神话,但具体内容却各有不同。创世神话实是初民宇宙观和世界观的反映,是他们对天地万物和人类及社会起源的原始解释,从这个意义上说,创世神话实为初民原始社会思想的体现。

(一) 对世界起源的认知

远在两千三百多年以前,诗人屈原在他的著名诗篇《天问》里,就天地、自然和人世等事物现象进行了发问。从天地离分、阴阳变化、日月星辰等自然现象到圣贤凶吉和战乱兴衰,都糅混有中国古代神话传说的影子。

> 上下未形,何由考之?冥昭瞢暗,谁能极之?冯翼惟象,何以识之?明明暗暗,惟时何为?阴阳三合,何本何化?圜则九重,孰营度之?惟兹何功,孰初作之?(《楚辞·天问》)

朱熹说:"上下,天地也","冥昭,昼夜也"。"冯翼",高诱说,"无形之貌"。"象"之意为"意想"。《韩非子·解老》:"故诸人之所以意想者,皆谓之象也。""意想"正对"未形"而言。开天辟地之前的情形只能依靠想象来理解:混元之初,天地未形,昼夜不分,一片瞢暗冥默,无形无状。

《天问》对上古史料贡献不少,它使我们知道初民对于自然界的想象与解释,从"上下未形"到"曜灵安藏",对这些问题的回答或解释正是神话的主要功能。这样浑沌未开的景象在《淮南子·精神训》也有所记:

> 古未有天地之时,惟象无形,窈窈冥冥,芒芠漠闵,澒濛鸿洞,莫知其门。有二神混生(高诱注:二神,阴阳之神也。混生,俱生也),经天营地,孔乎莫知其所终极,滔乎莫知其所止息。于是乃别为阴阳,离为八极(高诱注:离,散也。八极,八方之极),刚柔(高诱注:刚柔,阴阳也)相成,万物乃形,烦(高诱注:烦,乱也)气为虫,精气为人。

这段文献的大体意思是说:上古还没有形成天地的时候,世界只是昏暗幽深、混沌不清的景象,看不出一点形迹。混冥之中,慢慢生出了两个大神,一个是阴神,一个是阳神。二神苦心营造了天地;深远得不知它的尽头,宽广得不知它的边缘。后来便分出天地阴阳,四方八极的位置也确定了,阴阳二气互相作用,万物才从中产生形成。"烦气"生虫(物),"精气"生人。万物是"经天营地"的二神所创造的,用"烦气"造万物,"精气"造人。这种"气形为物"的说法,不是初民应有的思想,是哲学化了的神话遗形。

天地开辟之前的浑濛瞢暗的景象和《天问》对所问对象的描述一致。《天问》所问和《淮南子》所记,必非当世新起的故事,而实为古老的神话。我们的远祖们认为,阴阳出现,创造天地,创造万物和人类。阴阳的产生之前是一片浑沌景象。在他们的思想里,浑沌(浑敦)不是今人所认为的一种状态,而是中国古代神话中的一位神灵。

> 有神焉,其状如黄囊,赤如丹火,六足四翼,浑敦无面目,是识歌舞,实为帝江也。(毕沅注:江读如鸿,《春秋传》云:帝鸿氏有不才子,天下谓之浑沌。)(《山海经·西山经》)

> 南海之帝为儵,北海之帝为忽,中央之帝为浑沌。儵与忽时相与遇于浑沌之地,浑沌待之甚善。儵与忽谋报浑沌之德,曰:"人皆有七窍以视听食息,此独无有,尝试凿之。"日凿一窍,七日而浑沌死。(《庄子·应帝王》)

西方的天山上,有只神鸟,形状像个黄布口袋,红得像一团火,六只脚四只翅膀,耳口鼻都没有,却懂得歌舞,名字叫做"帝江"。帝江就是帝鸿,也就是作为中央天帝的黄帝。有人说浑沌是黄帝的儿子,应该是较后起的传说。

天地未分为"浑沌之象"。浑沌被儵和忽——代表迅疾的时间——凿了七窍。[①]"窍"字似乎有开辟通达、分解秩序(视听嗅味各领其职)之意。凿出窍,其实就是开通。《淮南子》中的《俶真训》篇中有"窍领天地",《览冥训》篇中有"阴阳之所壅沈不通者,窍理之"的记述。

浑沌之死,意味着"如是者永久焉"的"冥昭瞢暗""惟象无形,窈窈冥冥,芒芠漠闵,澒濛鸿洞"状态结束,天地分离,昼夜分明,万物生化,宇宙、世界形成了。

[①] 袁珂:《中国神话传说》,世界图书出版公司2012年版,第46页。

在中国的神话传说中，关于开辟天地的神并不唯一，"烛龙神"也是其中之一。

> 钟山之神，名曰烛阴，视为昼，瞑为夜，吹为冬，呼为夏。不饮，不食，不息，息为风。身长千里，在无晵之东。其为物，人面蛇身赤色，居钟山下。(《山海经·海外北经》)
>
> 西北海外，赤水之北，有章尾山。有神，人面蛇身而赤，直目正乘。其瞑乃晦，其视乃明。不食，不寝，不息；风雨是谒。是烛九阴，是谓烛龙。(《山海经·大荒北经》)

"烛阴"即"烛龙"，中国古代神话传说中的造物神之一。他人脸蛇身，红色皮肤，身长千里。此神掌管昼夜，四时之分。他视瞑为昼夜，吹呼为冬夏，气息能成风雨。他蜷伏在那里，不吃不喝，不睡觉，不歇息。他的神力可以烛照九重泉壤的阴暗，衔烛照在北方幽暗的天门。烛龙半人半兽的形象说明其起源较早，是古旧神话的残余，由于没有人化，流传不广，造物神慢慢退为山神。他的造物神形象被另一个开天辟地的大神——盘古所替代。

> 盘古之君，龙首蛇身，嘘为风雨，吹为雷电，开目为昼，闭目为夜。死后骨节为山林，体为江海，血为淮渎，毛发为草木。(《广博物志》卷九引《五运历年纪》)
>
> 天地浑沌如鸡子，盘古生其中。万八千岁，天地开辟。阳清为天，阴浊为地。盘古在其中，一日九变，神于天，圣于地。天日高一丈，地日厚一丈，盘古日长一丈，如此万八千岁。天数极高，地数极深，盘古极长。后乃有三皇。数起于一，立于三，成于五，盛于七，处于九，故天去地九万里。(《艺文类聚》卷一引《三五历纪》)

当天地浑沌未开之时，盘古已孕育其中，而且他是随着天地的形成、变化而成为开天辟地的神圣巨人的。而传说中的"三皇"① 则在盘古之后。

---

① "三皇"之说不一：《河图·三五历纪》以天皇、地皇、人皇为三皇；《尚书大传》以遂人、伏羲、神农为三皇；《白虎通》以伏羲、神农、燧人或伏羲、神农、祝融为三皇；《春秋·运斗枢》以伏羲、神农、女娲为三皇。

> 元气濛鸿，萌芽兹始，遂分天地，肇立乾坤，启阴感阳，分布元气，乃孕中和，是为人也。首生盘古，垂死化身：气成风云，声为雷霆，左眼为日，右眼为月，四肢五体为四极五岳，血液为江河，筋脉为地里（理），肌肉为田土，发髭为星辰，皮肤为草木，齿骨为金石，精髓为珠玉，汗流为雨泽，身之诸虫，因风所感，化为黎甿。（《绎史》卷一引《五运历年纪》）

> 昔盘古氏之死也，头为四岳，目为日月，脂膏为江海，毛发为草木。（《述异记》卷上）

盘古开辟神话是在中原、西南、南方等区域都有流传的古老"宇宙神话"，但从古代文献记录来看较晚，并且较为简单。天地、万物、山川、气象、草木等等由盘古身体变化而成。盘古"垂死化身"的开辟神话和《山海经》等书所说有很多相像之处。这个神话比起阴阳二神经天营地之说，更粗野，更原始，更合于初民的想象。

（二）人类起源和社会制度的形成

人类是怎样诞生的？这个问题和世界起源一样重要，甚至可以说比世界起源更重要。人类认识自我的观念就在于如何看待人类与世界的关系，世界诞生是为人类诞生作铺垫。

比较早的说法，人类诞生是我们前面所提及的神的功劳。他们开创了天地之后，用残留在天地间浑沌的气造了虫鱼鸟兽，用清明的气造了人类。这样的说法比较抽象化，应该是后来道家用原始神话残余重新讲述的开天辟地的故事，故后来没多大影响。较晚的说法是盘古在"垂死化身"中"汗流为雨泽，身之诸虫，因风所感，化为黎甿"。再后来，盘古也有妻子，人类就这样繁衍开来。神话越来越合情理，但破坏了盘古作为创世大神的神圣性和初民对其的幻想性。故在古代神话中又有了女娲造人和伏羲女娲造人之说。

> 娲，古之神女也，化万物者也。（《说文解字·女部》）
> 俗说天地开辟，未有人民。女娲抟黄土作人，剧务，力不暇供，乃引绳于缅泥中，举以为人。故富贵者，黄土人也；贫贱凡庸者，引缅人也。（《太平御览》卷七八引《风俗通》）
> 女娲，伏希（羲）之妹。（《路史后纪》二注引《风俗通》）

昔宇宙初开之时，只有女娲兄妹二人，在昆仑山，而天下未有人民。议以为夫妻，又自羞耻。兄即与其妹上昆仑山，咒曰："天若遣我兄妹二人为夫妻，而烟悉合；若不，使烟散。"于是烟即合。其妹即来就兄，乃结草为扇，以障其面。（《独异志》）

女娲化生万物，并创造人类。又有伏羲参与人的创造，造人之功不独女娲。又有伏羲女娲兄妹（夫妻）造人的说法。女娲造人盖母系制度时代的说法，等到以后父系代替母系，伏羲的人格才渐渐重要起来，最后他几乎掩盖了女娲。造人也由女方主动的事迹逐渐变成男方主动的事迹。天地万物人类创造以后，曾发生过两次天灾地变；两次灾变的先后，没有一定的次序。

其一是天上生出十个太阳来，万物焦枯，有后羿射日之举。

尧之时，十日并出，焦禾稼、杀草木，而民无所食。（《淮南子·本经训》）

帝俊赐羿彤弓素矰，以扶下国。羿是始去恤下地之百艰。（《山海经·海内经》）

尧命羿仰射十日，中其九。乌皆死，堕羽翼。（《艺文类聚》卷一引《淮南子》）

另一次天灾地变是共工氏怒触不周之山，把天撞缺了一大块，引起洪水，女娲氏炼石补天，积灰止水，才恢复世界的秩序。

昔者，共工与颛顼争为帝，怒而触不周之山，天柱折，地维绝。天倾西北，故日月星辰移焉；地不满东南，故水潦尘埃归焉。（《淮南子·天文训》）

自然秩序确立，但人类社会依然处于混乱状态。

昔太古尝无君矣，其民聚生群处，知母不知父，无亲戚兄弟夫妻男女之别，无上下长幼之道，无进退揖让之礼，无衣服履带宫室畜积之便，无器械舟车城郭险阻之备。（《吕氏春秋·恃君》）

合雒纪世，民始穴居、衣皮毛。（《春秋命历序》）

于是有文化英雄，教民制作制度。教民居者为有巢氏：

> 古者禽兽多而人少，于是民皆巢居以避之，昼拾橡栗，暮栖木上，故命之曰有巢氏之民。(《庄子·盗跖》)

教民耕织市易者为神农氏：

> 神农耕而作陶。(《太平御览》卷八三三引《周书》)
> 神农氏作，斫木为耜，揉木为耒。耒耜之利，以教天下……日中为市，致天下之民，聚天下之货，交易而退，各得其所。(《周易·系辞》)

教民嫁娶者为伏羲氏：

> 伏羲制以俪皮嫁娶之礼。(《世本·作篇》)

而被后人尊为华夏始祖的黄帝，则为女娲所化。

> 黄帝生阴阳，上骈生耳目，桑林生臂手，此女娲所以七十化也。(《淮南子·说林训》)

至黄帝出而用刑政甲兵，诸国相争，启后世社会治理思想之端绪：

> 神农之世，男耕而食，妇织而衣，刑政不用而治，甲兵不起而王。神农既没，以强胜弱，以众暴寡。故黄帝……内行刀锯、外用甲兵。(《商君书·画策》)

中国古代的创世神话，从开天辟地，到后世制度的出现，历经波折，终于确立了世界人间的社会秩序。①

---

① 从世界的诞生、人类被创造到社会制度的制定，是依据神话内容整理而成，古人的观念中，并没此种秩序。

（三）社会起源观

1. 世界生成是"超级力量"所为

人类对开天辟地的问题并不是在观察环境之初便提出来，而是在他们对自然的事物生成演变特性有了普遍的认识之后，视野宽广，才能提出这个没有功能意义却有思想价值的问题。对于世界本源的思考是人类意识形态发展的里程碑，反映了人类对于终极真理与基本价值的追求。这种追求是推进文明发展的基本动力之一。

生活环境直接影响人类的物质生活。如山林河湖、动植物之属，人们在劳作期间，它们是人类基本的认识对象，认识由此不断积累。白天劳作，夜晚歇息下来，初民的无限想象转化为先人们的各类创世传说。首先体现了古人的一项重要看法：这世界原本是没有的，只是在一种神秘的"超级力量"的推动下，世界才一步步生成。这样的认识必然导致古人对这种超级力量的膜拜。这种超级力量往往具有一种特别属性，或者神力，或者是阴阳互力等。这些属性赋予这个世界以特殊意义，人类正是从这些特殊意义出发，确定自身与这个环境世界的关系，继而引发天人之际的思考，继而构建社会秩序。这些都表明了初民对自然现象起因的探索意识，而起因都与神、帝这些非比寻常的力量有关。

2. 起源神话是初民社会化的意识

人类生存离不开社会，但是为了构建良好的社会生活秩序，人们必须接受一些远离经验或感觉的原则，接受某些他们在现实生活中难以证明的东西，这就是所谓社会化的意识。在人类发展早期，创世神话的象征、价值原则与行为准则，有助于人们接受某些有关社会组织的抽象原则和信仰。这些代代相传的神话巩固了群体的共同社会价值观念，凝聚为一定的社会结构、增强了社会控制。

3. "万物化生"是朴素的唯物观

创世神话是自然性神话发展到最高阶段的产物[①]，它形成于原始社会末期至阶级社会早期，是自然崇拜的总结。创世神话视世界万物为物，这种朴素的唯物观非常可贵。袁珂认为，最早的原始神话"实在便是一批动物、植物故事，尤其是描述禽言兽语的动物故事是神话的核心"。[②] 将生物、非生物都想象

[①] 刘城淮：《中国上古神话通论》，云南人民出版社1992年版，第321页。
[②] 袁珂：《中国神话史》，上海文艺出版社1988年版，第9页。

为能讲话的灵物,是最早的神话形态,神话学家称其为"活物论",而"活物论"的思想实质是物我同一。

本书把开辟神话放在最前面是作者的安排,不是神话原生的次序,这样的安排基于神话所构建社会的历时性假设认识,从无到有,正如从神话中所看到的无形生有形。在史前时代,只有当人们对生活和环境有了一定认识并将形成的知识扩展到对天地空间的思考以后,才可能将世界诞生的问题提出来。初民生活和生产条件有了进步,人类的思维越来越复杂,对环境的了解越来越多,人类进入文明阶段具备了基本条件,如较发达的渔猎农牧业,精细的石器、陶器和铜器等,这时候前人所创造的神话也为创世神话的诞生提供丰富素材,为他们的再创造提供基本内容和借鉴。这样才能创造出全面的神话、具有思想性意义的创世神话以及对于人类一些终极问题的追问。

同样,创世神话也道出了初民有控制大自然的强烈愿望及其与自身能力和认识上存在不足的矛盾心态。创世神话中,一方面划分了神与人的明确界限,从而宣告了神与人的对立;另一方面,又暗含着一个潜概念,即认为人与神具有原始的同一性,这种同一关系通常以两种形式表现在神话的故事内容中:一、人类是天神的作品(女娲造人);二、人类是天神的嫡系子孙(历代帝王均认为自己是天神的嫡系子孙——天子)。这实际上正是一种自身分裂的矛盾意识。在它的深层结构上,映射着人类力图脱离大自然而走向自由独立,同时又不能不依托于大自然而存在的矛盾本体地位。

古人所谓"混沌""秩序",其本质是人的思维中的东西。把混沌世界(没有弄明白世界是什么样子的混沌思想)理出一个秩序,是人的社会思想史中的头一个要做的大事。世界之所以混沌,原因是知识的混乱性,由于对自然环境和日常活动知识的分门别类,世界才出现秩序。初民对周围环境、群体生活知识的范围扩大,对环境和群体的观察与整理,是世界大秩序意识产生的根本原因。开辟神话实际上是对天地秩序的一种解释方式。人们一旦对自己生存的大环境有所认识,秩序感便开始形成。这是人脑思维的特点和能力。

二、原始宗教中的社会秩序观念

初民在自然的物质世界里,运用物质的知识机械地对付生存与发展事物,日常生活似应很平常。但原始生活又太缺乏保障,危机时时发生,饥饿、疾病、生育、战争、死亡等,但凡事物发生此前不熟悉、不适应的转变,都会给生存与发展带来危机。由心理状态而言，危机是一个人智穷力竭的时候，由平常习熟的情状突然进入不能了解的情况，不能用平常的方法应付，觉得恐惧和痛苦。无可避免的危机来临，初民群体面对危机所作的努力，其结果就是原始宗教的出现。

马克思主义认为，宗教是人们对客观世界的颠倒的反映。故此，我们必须承认宗教具有社会性，用于满足人们维护社会生活秩序的某些需要。它同时还具有传承性，一代一代传下去。原始宗教里面包含了初民的信仰、神权政治、宗法制度，也包含了生产、死亡、婚姻、战斗、耕猎、畜牧、衣食等方面的习惯。

（一）自然崇拜

初民对自然力束手无策，便利用神话的形式把自然物人格化（神话中的一些神都是自然物的人格化），把自然现象神化（尤其是日、月、星辰、水、火、风、雨、雷、电的神化）。

> 山林川谷丘陵，能出云，为风雨，见怪物，皆曰神。（《礼记·祭法》）
> 前望舒使先驱兮，后飞廉使奔属。（王逸注：飞廉，风伯也。）（《楚辞·离骚》）
> 以槱燎祀司中、司命、飌师、雨师。（郑玄注：风师，箕也。贾公彦疏：月离于箕，风扬沙，故知风师，箕也。）（《周礼·大宗伯》）

上古社会人们信奉"万物有灵"，对所见现象和事物产生崇拜。关于自然气象诸神中，最受重视的，莫过于风神和雨神。上古时代，干旱不雨或淫雨成潦，直接关及农作物生长收成、田猎渔牧生产、土木工程建设、军事行动胜负等，足以影响社会经济生活和政治生活的稳定，乃至氏族、部落（国家）的安危。因此，雨神风神受到崇拜不难理解。为了讨好神灵，希望风调雨顺，达到初民的对美好生活的期望，便形成了对这些自然现象的崇拜。

自然崇拜是初民屈从于大自然的强大力量的表现。但是，"人的崇拜对象，包括动物在内，所表现的价值，正是人加于自己，加于自己的生命的那个价值"[①]。自然崇拜也透示了初民加于自己的价值，那就是他们控制大自然的理

[①] ［德］费尔巴哈：《费尔巴哈哲学著作选集》（下卷），荣震华等译，生活·读书·新知三联书店1962年版，第541页。

想。初民没有在神秘的自然现象面前不闻不问，视而不见，而是力求了解它，尽管其了解常常发生错误，他们没有在自然现象面前逃跑投降，而渴望驾驭它，希冀充当大自然的主人，让所有自然神灵逐渐人化，并鲜明地显示在人类面前，予以驾驭。初民之所以创作自然性神话，其目的就在于假借它们以控制大自然，实现美好的生活。

（二）动物崇拜

当神话刚产生的时候，初民处于旧石器时代晚期的渔猎经济时期，动物是其重要的生活资料来源，同时动物也是人类危险的敌人。另外动物有与人相近的地方，如会动，会发声音，有身体与面孔等，动物有较人占优势的技能，如鸟能飞，鱼能游，爬虫能脱皮、能避居地下等；再加上动物是人与自然界的中间系结，常在体力、机警、诡诈等方面超越于人，凡此种种，都使动物在当时人们的世界观里占有特别的地位。反映在神话中，即是动物崇拜思想。

> 有兽焉，其状如牛，苍身，其音如婴儿，是食人，其名曰犀渠。（《山海经·中山经》）
> 是有大蛇，赤首白身，其音如牛，见则其邑大旱。（《山海经·北山经》）
> 其上有兽焉，其状如牛，蝟毛，名曰穷奇，音如獆狗，是食人。（《山海经·西山经》）
> 有赤犬，名曰天犬，其所下者有兵。（《山海经·大荒西经》）

初民把一些自然灾害与动物的特征联系在一起。凶恶的动物常常是灾祸的征兆。犀渠、大蛇、天犬等都是幻想的产物，是对给人带来灾祸的动物的夸饰。

> 有兽焉，其状如犬而豹文，其角如牛，其名曰狡，其音如吠犬，见则其国大穰。（《山海经·西山经》）
> 钦山……有兽焉，其状如豚而有牙，其名曰当康，其名自叫，见则天下大穰。（《山海经·东山经》）
> 翼望之山……有鸟焉，其状如乌，三首六尾而善笑，名曰鵸䳜，服之使人不厌，又可以御凶。（《山海经·西山经》）

又北三百八十里，曰虢山……。其兽多橐驼，其鸟多寓。状如鼠而鸟翼，其音如羊，可以御兵。(《山海经·北山经》)

有鸾鸟自歌，凤鸟自舞。凤鸟首文曰德，翼文曰顺，膺文曰仁，背文曰义，见则天下和。(《山海经·海内经》)

在初民的认识中，动物有凶恶，有善良，有降灾祸，有降福瑞。善良的动物给人带来福瑞。动物能供给人们丰美的食物，有的动物（如犬、马）能帮助人们打击敌人。经过理想化，便成了"狡"为人们带来丰裕生活，而"当康"能给农业带来丰收。这类神话比较现实，所需的想象力较小。随着想象力的增强，初民创作出超越动物本能，以佑人类的神话。"凤鸟"是吉祥动物，给人带来祥和美好的生活；"寓"帮助人们抗御入侵的军队。这类神话应该是后起，因为抗击社会敌人和祈求社会祥和美好的意识晚出于获取自然资料的意识。但不论早晚，神话主题已经关注到社会整体意识，具有更为强烈的社会性意识。所有这些，均寄托了上古人民对动物、动物神灵的期望，对人类美好生活的祈求和向往。

（三）植物崇拜

人类依赖采集植物的果、根、花、叶为食，植物是初民生存、发展所必不可少的东西。植物的枯而复荣、长寿永年、高大等，其原因为人所不如，引起初民的景仰和想象，某些植物则能毒害人畜，因而，上古时期的先民们即开始对植物相当敬畏、崇拜。

东方荒外有豫章焉。此树主九州，其高千丈，围百尺。本上三百丈，木如（始）有条枝，敷张如帐，上有玄狐黑猿。枝主一州，南北并列，面向西南。有力士操斧伐之，以占九州吉凶。斫之复生，其州有福；刲者，州伯有病，积岁不复者其州（伯）灭亡。(《神异经·东荒经》)

在这则神话里植物具有了预测人类社会之福祸的能力，由此可知，在上古人民的想象之中，植物或者植物神对人有超自然的神圣作用。

白民之南，建木之下，日中无影，呼而无响，盖天地之中也。(《吕氏春秋·有始》)

> 建木在都广，众帝所自上下。（《淮南子·墬形训》）
>
> 有木，青叶紫茎，玄华黄实，名曰建木，百仞无枝，有九欘，下有九枸，其实如麻，如叶如芒。大暤爰过，黄帝所为。（《山海经·海内经》）

黄帝所栽的建木，大暤通过它上下于天地之间，树高到"可与天通"。建木，成为天地的中心，沟通天地的桥梁，深受初民的敬重和崇拜。初民们试图借助任何可以感知的事物来表达自己的诉求，希望摆脱尚不可知的自然力给他们带来的危险和灾难，过上丰衣足食的生活，故此才会依高大的树的具象来投射其生活愿望。

> 又东二百里，曰姑媱之山。帝女死焉，其名曰女尸，化为䔄草。其叶胥成，其华黄，其实如菟丘，服之媚于人。（《山海经·中山经》）

䔄草是帝女"精魂所化"，服用有取媚于人的特殊功效，纯粹是虚构的神话。但其意义不容忽视。这表明当时的人们想借助一些特别植物的功效达成人与人之间，群体与群体之间的关系的愿望。由此也可看出，随着社会的发展，人的主动意识和控制能力在不断增加，人们的主体性意识在不断加强。

在中国古代神话中植物神话数量比动物神话要少，但这并不代表植物对初民不重要，也不能说明植物崇拜无足轻重，而是因为神话发展阶段和人类社会生产生活直接相关。尽管人类在最初的两三百万年当中，采集是满足人类食物需要的重要部分，但尚无神话，到神话出现时，人类已基本上过着渔猎生活了，以后又以农牧业为主，一般的植物始终未能成为人们关注的中心。

（四）图腾崇拜

初民把自己氏族或部落的来源与某种植物、动物或某种虚构的东西建立血缘或亲缘上的联系，以求保佑求丰裕为目的的观念和行为，便是图腾崇拜。

> 又东五百里，曰丹穴之山，其上多金玉，丹水出焉，而南流注于渤海。有鸟焉，其状如鸡，五采而文，名曰凤皇。首文曰德，翼文曰义，背文曰礼，膺文曰仁，腹文曰信。是鸟也，饮食自然，自歌自舞，见则天下安宁。（《山海经·南山经》）

凤是虚构的动物。这则神话故事体现的是对凤凰的图腾崇拜思想。

> 娲，古之神圣女，化万物者也。（《说文解字·女部》）

传说中女娲是以蛙为图腾的部落的神。杨堃认为"娲"同"蛙"，女娲是蛙图腾氏族的女氏族长。何星亮认为"女"与"雌"同义，所谓"女娲"其实就是"雌蛙"，雌蛙原是某氏族部落的图腾。

> 氐人国在建木西，其为人，人面而鱼身，无足。（《山海经·海内南经》）
>
> 羽民国在其东南，其为人，长头，身生羽。一曰在比翼鸟东南，其为人长颊。（《山海经·海外南经》）
>
> 谨头国在其南。其为人，人面有翼，鸟喙，方捕鱼。一曰在毕方东。或曰谨朱国。（《山海经·海外南经》）

"国"，似与部落相类。这里表明鱼是氐人国的图腾。半人半兽的形象可能是部落把图腾和祖先结合的结果。羽民国、谨头国是以鸟为图腾的部落。

> 轩辕之时，神农氏世衰。诸侯相侵伐，暴虐百姓，而神农氏弗能征。于是轩辕乃习用干戈，以征不享，诸侯咸来宾从。而蚩尤最为暴，莫能伐。炎帝欲侵陵诸侯，诸侯咸归轩辕。轩辕乃修德振兵，治五气，艺五种，抚万民，度四方，教熊罴貔貅貙虎，以与炎帝战于阪泉之野。（《史记·五帝本纪》）

轩辕即黄帝，中国远古华夏民族的共主。"五帝"之首。由上列历史记载可知黄帝部落初期，图腾可能是熊，[①] 史称黄帝为有熊氏。熊、罴、貔、貅、貙、虎六个不同图腾的氏族部落联合中以熊图腾部落为首。

图腾崇拜的产生有其多方面的原因，它发生的基础是社会生产力低下和人们对自然的知识匮乏。

[①] 何星亮：《中国图腾文化》，中国社会科学出版社1992年版，第334页。

图腾崇拜的产生是社会发展的需要。其一，图腾意识是氏族成员的共同意识，是维系、联结氏族成员心灵的纽带。图恩瓦尔德认为，图腾是原始氏族统一和团结的物质象征，图腾崇拜是"群体自我崇拜"。图腾是一种黏合剂，紧紧把氏族成员凝合在一起，无论是否有血缘关系，只要图腾相同，彼此便视为亲属。所以图腾崇拜加强了氏族内部团结，巩固了氏族社会组织。其二，图腾还具有区分群体的重要功能。社会发展，各个氏族、部落之间交往也逐渐频繁。各个群体之间互相混杂，难以分辨，图腾的存在使得群体之间界限明显，成员能够识别群体，确保自己群体壮大，而不是流向其他群体。其三，图腾崇拜也是维护氏族、部落社会安定的需要。图腾民族认为，相同图腾的民族成员皆为兄弟姐妹，无论哪一个部落，只要图腾相同，便是同一个祖先。不同部落只要图腾相同，那么之间就不会发生混战，而是合并或者联盟。从家族、氏族、部落到国家，正是图腾意识不断趋于同一而逐渐扩大。有效地避免组织分裂，这无疑是图腾意识的作用。其四，图腾建立起了较为严格的社会制度和婚姻规范。婚姻制度是任何一个社会都存在的制度，图腾意识确立了较早的婚姻规范：图腾外婚制。图腾外婚制是最早的婚姻法之一，其核心思想便是禁止同一图腾群体成员之间相互通婚，亦即不同图腾之间方可通婚。典型的图腾民族中，图腾外婚是人人必须遵守的规则，以公共强制的办法保证执行。

第二节　夏商西周时期的社会思想

中国历史上原始社会向阶级社会过渡的时代，大致相当于考古学中的中原龙山文化时代或历史记载的"五帝"时代，这也就是文明和国家逐渐形成的时代。神巫之兴，大约是在此世此时，即神巫出现的时代早于文明史。

史学上所称之"三代"，即以夏商周为一系，归为上古史系统。夏商的政治格局主要表现为取代的关系，社会深层结构的变化是循序渐进的，土生土长的本土文化因素一直占据主导位置；周代则属于征服王朝，国家体制建立在分封殖民基础上，社会构成因政治剧变和外来因素的强力介入而大大加速了分化再组合进程，社会观念也因封闭地域被打破而大大有异于夏商两代。国家、种族、个人、文化积淀的社会运作机制，所凸现的社会生活节奏，夏商两代与周代之间有较大的不同。

一、夏商时期以神巫文化主导的社会思想

大约在我国古史传说中作为"五帝"之一的颛顼以后的时期,夏族逐渐兴起。夏代奴隶主阶级已开始利用宗教迷信来维护其统治。《尚书·召诰》说:"有夏服天命";《论语·泰伯》中也曾说夏禹"致孝乎鬼神"。由此可见,夏代统治者是认为天命鬼神主宰着人们的社会生活的。同时也说明夏代仍然是神巫文化占主导地位的。① 到了商代,神权主宰社会的思想获得进一步发展。

> 颛顼生鲧,鲧生高密,是为禹。
> 鲧娶有莘氏女,谓之女志,是生高密。(宋衷曰:高密,禹所封国。)
> 禹母修已,吞神珠如薏苡,胸折生禹。(《世本·帝系篇》)

女志即修已,吞神珠而生禹是通感巫术。夏禹,有可能本身就是一个"巫"。《帝王世纪》:"故世传禹病偏枯,足不相过,至今巫称禹步是也。"《国语·鲁语下》:"昔禹致群神于会稽之山。"《史记·夏本纪》则言禹"致孝于鬼神","天下皆宗禹之明度数声乐,为山川神主"。众所周知,歌舞敬神,这正是"巫"的本职。有人认为禹"本身就是巫师","可能也是业巫的世家"。② 一说禹在治水过程中也运用巫术。

> 禹步者,盖是夏禹所为术,召役神灵之行步。此为万术之根源,玄机之要旨。昔大禹治水,不可预测高深,故设黑矩重望,以程其事。或有伏泉磐石,非眼所及者,必招海若河宗山神地祇,问以决之。然禹届南海之滨,见鸟禁咒,能令大石翻动。此鸟禁时,常作是步。禹遂模写其行,令之入术。自兹以还,术无不验。因禹制作,故曰禹步。(《洞神八帝元变经·禹步致灵》)
>
> 西南海之外,赤水之南,流沙之西,有人珥两青蛇,乘雨龙,名曰夏后开(启)。开上三嫔于天,得《九辩》与《九歌》以下。此天穆之野,

---

① 王处辉:《中国社会思想史》,中国人民大学出版社2002年版,第44页。
② 童恩正:《中国古代的巫》,《新华文摘》1995年第11期。

> 高二千仞，开焉得始歌《九招》。（《山海经·大荒西经》）

郭璞注：《九辩》《九歌》，皆天帝乐名。关于《九歌》的内容，春秋时人认为"九功之德皆可歌也，谓之《九歌》。并且以"六府三事"来解释"九功"，其解释里面有"五行"和"德"的观念，不当为夏代所有。故"九功"可能是夏人对于夏后启功绩的颂扬，至春秋时，人们又加以附会衍变而成。尽管如此，还是可以说明古人认为启以其功绩而得天神之助以及下民拥戴的情况。

> 蚩尤作兵伐黄帝，黄帝乃令应龙攻之冀州之野。应龙畜水，蚩尤请风伯、雨师纵大风雨。黄帝乃下天女曰魃，雨止，遂杀蚩尤。（《山海经·大荒北经》）

蚩尤和黄帝大战中，请风伯雨师兴风起雨使用的也是巫术。而黄帝也有巫师来帮助，巫咸便是辅助黄帝的神巫。

当时的我国先民们对于自然界的规律知道较少，面对生活的困扰感到无力，自然界时时不遂人愿，甚至不时给人们的生存与发展带来灾祸，因此先民们幻想在自然界有一些和人一样具有意识的小鬼小神们[①]，人们又不甘被操控的命运，于是希望一些有特别能力的人运用他们的技能来控制这些小鬼小神，以实现人们对社会生产与社会生活的控制。

上古诸多神话都记载了一些具有沟通天地的巫师和他们的巫术。所谓"女娲抟土造人"，实际就是模仿巫术；"华青履迹生伏羲"，又是足迹巫术，即交感巫术中重要的一种。巫术，在伏羲时已经形成，伏羲实际也是一个男巫。

> 庖牺氏作，始有筮。（《艺文类聚》卷七十五引《古史考》）
> 仰则观象于天，俯则观法于地，观鸟兽之文与地之宜，近取诸身，远取诸物，于是始作八卦，以通神明之德，以类万物之情。作结绳而为网罟，以佃以渔。（《周易·系辞》）

---

① 王处辉：《中国社会思想史》，中国人民大学出版社2002年版，第40页。

伏羲氏应当是一个善于占卜并以渔猎著称的氏族头领。

商代社会思想以神巫文化为主导，故此巫风盛行。巫师有男有女。《说文解字》释"巫"："巫，祝也（段玉裁注：按祝乃觋之误）。女能事无形，以舞降神者也。象人两袖舞形。与工同意，古者巫咸初作巫。"又释"觋"："觋，能斋肃事神明也。在男曰觋，在女曰巫。"

巫的主要职责是贯通天地，即上天见神，或使神降地，祈福免灾，为民治病。《国语·楚语下》形容原始社会后期"民神杂糅，不可方物；夫人作享，家为巫史"，说明了当时巫师的业余性和普遍性，可见当时"巫风"盛行。故我们认为商代以前的先民及其社会思想皆以神巫文化为主导。关于巫的主观条件，《汉书·郊祀志》有一段很好的概括："民之精爽不贰，齐肃聪明者，神或降之。在男曰觋，在女曰巫。"这也就是说，他们都是天生异察之人。关于"巫"在古代中国社会生活中的作用，司马迁曾有一段说明。《史记·龟策列传》中太史公曰："自古圣王将建国受命，兴动事业，何尝不宝卜筮以助善！唐虞以上，不可记已。自三代之兴，各据祯祥。涂山之兆从而夏启世，飞燕之卜顺故殷兴，百谷之筮吉故周王。王者决定诸疑，参以卜筮，断以蓍龟，不易之道也。"可见神巫文化在当时社会生产生活中具有不可替代的主导性地位。

《礼记·表记》说："夏道尊命……殷人尊神，率民以事神，先鬼而后礼。……周人尊礼尚施，事鬼敬神而远之。"夏商周三代，殷人与鬼神打交道最多。殷人重视祭祀，一次奉献所牺牲的牛羊可达上千头。据甲骨文记载，因为耳鸣这件事，殷王用了一百五十八只羊祭祀神明，祈求平安。①

> 昔黄神与炎神争斗涿鹿之野，将战，筮于巫咸，曰："果哉，而有咎。"（《太平御览》卷七十九引《归藏》）

"黄神"是指黄帝，"炎神"是指炎帝，巫咸是辅助黄帝的。《楚辞·离骚》云："巫咸将夕降兮，怀椒糈而要之。"王逸注："巫咸，古神巫也。"显然是由神巫来调和社会矛盾。

由此可知，中国远古的巫师，对未来的生活也充满了优美的幻想，他们的

---

① 谢选骏：《神话与民族精神》，山东文艺出版社1986年版，第351页。

巫术，也正是围绕着争取提高自身物质条件和生活水平而努力，以上的巫术幻想正是推动巫师家族生活进步的动力。这也构成了巫师进步因素之一环，但这些巫师幻想也是不自觉的创造性之流露，是巫师的空想而已。

总之，原始社会是神巫文化占主导地位的社会。巫师还将他们巫术的触角，渗透到人群社会中的生老病死、婚丧嫁娶、衣食住行等一切方面。酋长也要听从巫师的意见，连黄帝与炎帝争斗，也要先将巫咸找来给他占卜，先来听听巫咸的意见，这就说明巫师对酋长是多么重要。

夏商时代，早先的社会信仰系统已趋规范化和制度化。《尚书·舜典》记虞舜"禋于六宗"，贾逵云："六宗者，天宗三：日、月、星也；地宗三：河、海、岱也。"分野规范明简。夏商自然神中，又细分出天象、气象或气候神，属之天神，与地上的四方神、地祇、动植物神相对应。此外还有鬼魂崇拜，而鬼魂崇拜的本质是祖先崇拜。与此同时，与王权的建立和强化相对应，社会生活中逐渐产生了一个比原有诸神更强有力的大神，即超自然色彩的上帝崇拜。殷人为了保证自己统治的合法性，把"上帝"和祖神等同崇拜，自视为"上帝"嫡传。

上帝崇拜的出现，是原始自发宗教向早期人为宗教过渡的分水岭，也是社会形态变革和人间关系在信仰系统的反映。《楚辞·天问》有云："帝降夷羿，革孽夏民。"《尚书·汤誓》有云："夏氏有罪，予畏上帝，不敢不正。"《墨子·非乐上》有云："上帝弗常，九有以亡，上帝不顺，降之百殃。"似上帝观念的产生，起自夏代，而深化于商代。到了西周，殷人的"上帝"崇拜逐渐被周人"天命"观与德礼文化所替代。

二、西周时期以德礼文化主导的社会思想

周族历史悠久，一般认为兴起于"陶唐、虞、夏之际"（《史记·周本纪》）。相传周的始祖弃曾被舜命为"后稷"，"播时百谷"（《尚书·尧典》），并和大禹一起治水（《史记·夏本纪》）。随着周人取代殷人成为中原的统治者，社会思想意识领域里也掀起了巨大的波澜，新的"德礼文化"取代了殷人的"神巫文化"。

周民族在太王迁徙岐山之前，还是一个经济文化落后、过着原始质朴生活的部落集团，而同时代的殷人已有较高级的宗教和繁琐的仪式了。周人信奉"天"，与东方部落（包括殷人）奉"帝"，在宗教和传统上都有不同。"天"

与"帝"比较而言,更少人格意味,更接近自然。周人通过牧野一役取得了对文化先进的中原地区的控制权,面临诸多方面的挑战,社会思想方面压力尤为突出,因为这关系到周人"殪商"是否正义,周人的新统治秩序是否合理的根本问题。为解释自己的武力灭商而代之的正当性,周人在社会生活秩序建构与管理问题上进行大胆的理论创新。

他们放弃商代以神巫文化为主导的社会思想而改用"德礼文化"为主导。周人创造性地阐释了信奉的"天命"思想,认为"天命靡常,惟德是辅"(《尚书·多士》)。谁能以德配天,谁才是合法的最高统治者。

> 闻于上帝,帝休,天乃大命文王,殪戎殷,诞受厥命。(《尚书·康诰》)

周人的德行上达天庭,上帝赐福,天命文王,打败殷,算是接受了这个天命。"上帝"是殷人的至上神,"天"和"厥命"是周人的固有观念,周人将天命观念揳入殷人的信仰系统里面,企图融成一个新的信仰系统,从宗教理论上论证周王代替殷王的合理性。

> 皇天上帝,改厥元子。兹大国殷之命,惟王受命,无疆惟休。(《尚书·召诰》)

上帝对他在地上的代表重新任命。殷王以"上帝元子"自居,周人借用殷人的宗教神话体系的术语,剥夺了这个"天赋权利",并宣布了新的继承条件,即道德继承而非血统继承的法则,这一法则就是原始的天命观。

> 天降丧于殷……我亦不敢宁于上帝。(《尚书·君奭》)
> 天不可信,我道惟宁王德延,天不庸释于文王受命。(《尚书·君奭》)

天命,并不神秘,它隐藏在政治行动者的道德努力之中。"上帝"已经伦理化,从殷人的祖先神变成了周人的道德监护者。"天"或"天命"并不是永恒不变,而是随其"德"的变化而有变化,殷人得天命便高枕无忧、恣意妄为，最终因为"天降丧"的严厉惩罚而毁灭。武王能受天命，是因为武王的统治之道以"德"维持，所以能把"文王受命"的历史延续下来。何为"德"？"德"在中国思想史上前后变化大，意义复杂，但在周初《诗》《书》文本中，"德"大致是指统治阶级的良好行为或行动，最后使得一个为"天"所认可的社会秩序出现。《左传·文公十八年》记载有关于周公制礼的话："则以观德，德以处事，事以度功，功以食民。""礼者德之则"，可以看出"礼""德"是互为表里，"德"是"礼"的终极目的，以"德"行"人事"，从"事"到"功"，最后归于"食民"；这个过程是符合"德行"的要求。

原始天命观的兴起，使"人事"的因素得到比"神事"更大的重视，周武王就曾说："天视自我民视，天听自我民听。"（《尚书·泰誓》）意思是说，民心所向即是天命所在，谁的言行符合民心民意，天就会把治理社会的权力交付给谁。这种社会思想体现在社会制度层面，是重视人事和社会实践的"礼"的范畴，① 比注重神事的宗教祭祀受到更大重视。

《说文·示部》："礼，履也，所以事神致福也。"《史记·封禅书》引《周官》曰："冬日至，祀天于南郊，迎长日之至；夏日至，祭地祇。皆用乐舞，而神乃可得而礼也。"据这两条记载，礼以"事神"，乐以"礼神"，礼乐的主要功能在于沟通"天"与"人"。但经过长期的演进，在西周时期，以崇德为基础的礼乐逐渐从"天""人"之际的领域扩展到人际关系的一切方面。礼乐从宗教领域发展为整套的社会生活秩序的准则，我们通常把这一历程看作"天道"向"人道"的转移。这是一个划时代的变化，其后果就是"礼乐"从早期"事神"或"礼神"的媒介扩大为一套"人道"的秩序，"礼以顺天，天之道也"，周代这个宗教—政治—伦理的"人道"秩序依然保持了宗教向度。

思考题：

    1. 古代神话中反映的社会思想有哪些特点？

    2. 如何评价夏商时期"德"的社会整合功能？

    3. "礼"的观念是如何形成的？其在当时是否属于进步的社会思想？

---

① "礼乐"在古籍中往往简称为"礼"。

4. 西周礼治思想中反映的社会思想有什么特点?

5. 试述从神巫文化主导发展为德礼文化主导的进步性及其社会学意义。

▶ 答题要点

第二章 儒家的社会思想

儒家的社会思想，是中国古代社会思想体系中最主要的流派之一，由孔子创立，子思、孟子发展，荀子集大成，秦汉以后延绵不断。儒家社会思想具有积极入世的情怀与人文精神，不仅在两千多年的封建社会几乎一直占据主导性社会思想的地位，而且对当今中国社会仍然发生一定作用。

儒家的创始人是孔子。孔子（前551—前479）姓孔名丘字仲尼，先秦时代大思想家、大教育家。祖上是宋国的贵族，后迁居鲁国。父叔梁纥做过鲁国的陬邑宰。孔子三岁丧父，十七岁丧母。他自幼聪颖好学，志向远大，醉心于西周礼乐的学习研究，因其博学多才，受到时人的尊崇。从三十岁开始设立私学，授徒讲学，吸引和培养了大批士人，据说有"贤人七十，弟子三千"。他率领弟子周游列国，到处宣传和实践他的学说，于鲁哀公十年（前485年）返鲁，从事文化典籍整理和教育。

孔子一生关注社会问题，致力于社会秩序的恢复、社会模式的构建和崇高人格的塑造。其思想主要保存于《论语》《春秋》《诗经》《易经》《礼记》等典籍中。

孔子之后，儒家学派一分为八，"有子张之儒，有子思之儒，有颜氏之儒，有孟氏之儒，有漆雕氏之儒，有仲良氏之儒，有孙氏之儒，有乐正氏之儒"（《韩非子·显学》）。据考证，《礼记》中的《缁衣》《中庸》是子思的作品，近年出土的郭店楚简中的儒家文献也多反映了子思一系的思想。子思之后，影响最大的就是孟子和荀子两派。

孟子（约前372—前289）名轲，邹（今山东邹城）人。相传是鲁国贵族孟孙氏之后。孟轲少贫穷，"受业子思之门人"（《史记·孟子荀卿列传》），所以后来人们经常把他和子思并提，称为"思孟学派"。他一生以孔子为楷模，以传播光大儒学为己任，四十岁学成，周游鲁、梁、周、滕、薛、宋、齐等国，"后车数十乘，从者数百人，以传食于诸侯"（《孟子·滕文公下》）。所到之处，与国君抗礼。但是，当时"天下方务于合纵连横，以攻伐为贤，而孟轲乃述唐虞三代之德"，因此被诸侯视为"迂远而阔于事情"（《史记·孟子荀卿列传》）。所以尽管他到处受到尊重，但他的学说却没有人实行。于是退而著《孟子》。

荀子名况，字卿，又称孙卿。约公元前336年生，卒年不详。赵国人，十五岁游学于齐，在齐国稷下学宫曾"三为祭酒"，作为学界领袖。著有《荀子》一书。荀子是百家争鸣学术的总结性的人物，其学术不拘一派，兼收并蓄，既以儒家为主，但也吸收了墨家、道家、法家思想成分，著名的法家代表人物李斯和韩非就是荀子的学生。

儒家的社会思想继承和发扬了夏、商、周三代以来不断形成和发展的德礼文化传统。孔子自称"述而不作"，他祖述的是夏、商、周的德礼文化，尤其是西周的礼乐文化思想。孔子思想的核心是内"仁"外"礼"，这两个核心概念分别由孟子和荀子发扬光大。孟子重点发扬了孔子"仁"的思想，形成了以"仁政"为主要特色的社会思想；而荀子则沿着"礼"的方向发展，并吸收了管仲的"法"的思想，形成了"隆礼重法"的社会思想。

第一节 人性论与欲望论

对于人性是善是恶的基本判断，是制定社会政策的依据，是进行社会控制和社会治理的理论基础。在中国社会思想史上，人性论从来都是社会思想家非常关注的一个问题。从社会学的视角考察，人性论关系到人为什么要社会化、对人的教化为什么是必要的、对人的惩罚和鼓励为什么是必要的和该以哪一个为主、社会法律和规范是否必要、法律与社会规范对社会控制到什么程度是适当的等问题。

究竟人性是善是恶？孔子说"性相近也，习相远也"（《论语·阳货》）。意思是人在刚出生时，性情相差不大，但随着学习修养的不同和各自生存环境影响的不同，人与人的习性就会产生差异。但是他只说过"性相近"，这个"性"更接近善还是接近恶，却没有明确阐明。虽然如此，还是可以看出他的基本认识，这就是人性不是单向的，善的程度是不一样的。正是这样，他才"因材施教"，才特别重视后天的教育和个人的自觉学习。可以说，孔子并不太强调先天因素，而认为后天的教育和学习才是成为"君子"还是"小人"的决定因素。正因如此，后来儒家在对人性的探讨上就出现了数种不同的观点：一种是人性善论，以孟子为代表；一种是人性恶论，以荀子为代表；一种是人性不分善恶论，以告子为代表。

一、子思、孟子论性善及欲望

在思想史上，学者一向认为子思与孟子一脉相承，称为"思孟学派"，子思的思想是孔子和孟子之间的桥梁,在人性论思想上也有着传承关系。

(一)子思的人性论思想

子思是孔子的孙子。大约公元前483年至公元前402年在世,享年82岁。他受教于孔子的高足曾参。孔子到孟子的学术传承是这样的:孔子—曾参—子思—子思的门人—孟子。

从孔子到孟子之间,思想的发展呈现出很大的跨越性,郭店楚简的出土填补了这之间的空白,架起了连接两个思想巨人之间的桥梁。郭店楚简1993年出土于湖北荆门市郭店一号楚墓,后经整理,1998年5月由文物出版社出版《郭店楚墓竹简》一书。据考证,《缁衣》《五行》《鲁穆公问子思》《成之闻之》《尊德义》《性自命出》《六德》等篇就是子思或子思一派的作品。而后四篇均包含"性与天道"的内容。

在据信是子思所作的《中庸》一文中,开宗明义就说:"天命之谓性,率性之谓道,修道之谓教。"以前这句话特别突兀,因为郭店楚简中《性自命出》的内容才展现了孔孟之间人性思想的发展联系。

> 凡人虽有性,心亡奠志,待物而后作,待悦而后行,待习而后奠。喜怒哀悲之气,性也。及其见于外,则物取之也。性自命出,命自天降。道始于情,情生于性。①

在这个天—命—性—情—道的序列中,"天"是指外在社会的自然力。"道",指的是人道。"情"则有动机、意向的意思。这段话的意思是,人虽然有性,但是心却没有定志,必须由外因引发,由喜悦而付诸行动,经过习练而后定。之所以能表现出来,也需要外物的引发。性是从命来的,命是天赋的。道生于情,情生于性。文中还认为,性在每个人身上都是存在的,所谓"四海之内,其性一也。其用心各异,教使然也。……教,所以生德于中者也"②。形成善性,是后天的条件使然,是教育的结果。《性自命出》中还说:

---

① 郭店楚墓竹简整理小组:《性自命出》第1—2简,《郭店楚墓竹简》,文物出版社1998年版,第179页。释文用通行文字写出。
② 郭店楚墓竹简整理小组:《性自命出》第9、17简,《郭店楚墓竹简》,文物出版社1998年版,第179页。

> 好恶，性也。所好所恶，物也。善不［善，性也］，所善所不善，势也。凡性为主，物取之也。金石之有声，［弗扣不鸣，人之］虽有性，心弗取不出。凡心有志也，无与不［可，性不可］独行，犹口之不可独言也。①

也就是说，"好恶"，"善不善"，"喜怒哀悲之气"，都是"性"。但是性要表现出来，却要取决于"取"。如何"取"，就要取决于"势"，即主客观力量趋向，就像金石发声要由外力敲击一样。人性的表现要有动机，取决于心志，就像说什么话要由思想支配一样。人性都是一样的，至于他的表现如何，却都是后天教育的结果。"习"就是"性"成长的条件。"养性"靠"习"，"长性"靠"道"。

> 凡人情为可兑（悦?）也。苟以其情，虽过不恶；不以其情，虽难不贵。苟有其情，虽未之为，斯人信之矣。未言而信，有美情者也。未教而民恒，性善者也。未赏而民劝，含福者也。未刑而民畏，有心畏者也。贱而民贵之，有德者也。贫而民聚焉，有道者也。②

真情流露就是"率性"，"率性之谓道"。这与以前孔子的"性相近也，习相远也"比较接近，可以看作是对孔子的继承。"未教而民恒，性善者也"一句，非常重要，说的是有些人没经过教化就做得很好，这就是性善的人。这说明有的人本性就是善的，这就为性善论开了先河。后来孟子的性善论可能就是由此而发生。所以，《中庸》"天命之谓性，率性之谓道，修道之谓教"与《性自命出》一文是统一的，其心性论是从孔子到《中庸》的桥梁，对后来孟子荀子的人性论也颇有影响。③

---

① 郭店楚墓竹简整理小组：《性自命出》第3—5简，《郭店楚墓竹简》，文物出版社1998年版，第179页。"［］"内的字原简残缺，今据文意拟补。
② 郭店楚墓竹简整理小组：《性自命出》第49—52简，《郭店楚墓竹简》，文物出版社1998年版，第180页。
③ 廖名春：《荆门郭店楚简与先秦儒学》，《郭店楚简研究》（《中国哲学》第二十辑），辽宁教育出版社1999年版，第60页。

子思"情生于性，礼生于情""爱生于性""智生于性"① 等思想已经蕴含发展为性善论的倾向，说明关于人性的讨论已经从孔子的人性思想大大向前推进了一步，"性善"的提法，给孟子的性善说作了铺垫。

（二）孟子的人性论思想

在孟子时代，对人性的讨论已经成为一个热点问题。王充《论衡·本性》说："周人世硕，以为人性有善有恶，……故世子作《养〔性〕书》一篇。"又"密子贱、漆雕开、公孙尼子之徒，亦论情性，与世子相出入，皆言性有善有恶"。《孟子》中的《告子》几乎就是一篇人性论专章。而告子也有自己的观点，就是"性犹湍水也，决诸东方则东流，决诸西方则西流。人性之无分于善不善也，犹水之无分于东西也"（《孟子·告子上》）。《孟子》的同篇书中还提到另两种观点："或曰：'性可以为善，可以为不善，是故文武兴，则民好善；幽厉兴，则民好暴。'或曰：'有性善，有性不善，是故以尧为君而有象，以瞽瞍为父而有舜。'"综合前面的说法，已经有了"性有善有恶""无分善不善""可善可不善"等几种说法。

在孟子那里，人性论形成了系统鲜明的学说，这就是"性善论"。"孟子道性善，言必称尧舜。"（《孟子·滕文公上》）这说明在孟子学说中性善论占有重要地位。孟子的性善理论主要可以归纳为这几点：

第一，善是人性的共同的普遍的属性，不善只是偶然的。告子说，水可以流向东也可以流向西，所以水不能分东西；人性就像水一样有的善有的不善，所以不能分善和不善。孟子反驳说：

水信无分于东西，无分于上下乎？人性之善也，犹水之就下也。人无有不善，水无有不下。今夫水，搏而跃之，可使过颡；激而行之，可使在山，是岂水之性哉？其势则然也。人之可使为不善，其性亦犹是也。"（《孟子·告子上》）

孟子说，水性是趋下的，不是可上的。人性是向善的，不是向恶的。水被泼到山上，难道是水的本性吗？人出现了不善，也是外力导致的呀！

---

① 郭店楚墓竹简整理小组：《语丛二》第1、8、20简，《郭店楚墓竹简》，文物出版社1998年版，第203—204页。

第二，人性善的原因，是因为人都有一种内在的先天固有的良知和道德禀赋。

> 孟子曰："人之所不学而能者，其良能也；所不虑而知者，其良知也。孩提之童，无不知爱其亲者，及其长也，无不知敬其兄也。亲亲，仁也；敬长，义也。无他，达之天下也。"（《孟子·尽心上》）

> 若夫为不善，非才之罪也。恻隐之心，人皆有之；羞恶之心，人皆有之；恭敬之心，人皆有之；是非之心，人皆有之。恻隐之心，仁也；羞恶之心，义也；恭敬之心，礼也；是非之心，智也。仁义礼智，非由外铄我也，我固有之也，弗思耳矣。故曰，求则得之，舍则失之。（《孟子·告子上》）

爱亲敬长，都是善的体现，都是自然而然的。正因为人都有内在的天赋的道德意识，就像味觉、听觉、视觉和审美都是天生的一样，心性也是这样，所以人性都是善的。

第三，人们的行为是有不善的，但不是人性本身不善，而是由于外在环境因素造成的。

那些为不善的，都不是本身品质的问题，所谓"非才之罪也"，"才"就是本身品质。外在社会环境造成人的行为善恶各异，并非人的本性有什么本质区别。"富岁，子弟多赖；凶岁，子弟多暴。非天之降才尔殊也，其所以陷溺其心者然也。"（《孟子·告子上》）西方经济学家马斯洛的社会需求理论认为人的需求可以分为五个层次，第一个层次是生理需求，即衣、食、住、行、性；第二个层次是安全需求。只有满足了第一需求，人们才会去满足第二层次的需求。如果第一需求满足不了，人们就会铤而走险。孟子说凶岁子弟容易犯罪，也是一个意思。孟子反对告子性无善恶的主张，更反对把人的自然性等同于人性，反对告子"食色，性也"（《孟子·告子上》）的看法。他说："生之谓性也，犹白之谓白欤?"（《孟子·告子上》）如果把人的自然性看作人的本性，那人和禽兽就没有什么区别了。

第四，人的这种善性，必须小心保护，认真培养，加以发扬，"求则得之，舍则失之"，不保护就会消磨下去。"从其大体为大人，从其小体为小人。"（《孟子·告子上》）培养的方法和途径，就是专心致志地存心养性。

孟子之所以极力强调性善，不仅仅是为了分辨一个学术问题。对于个人道德伦理的讨论最终要落实到社会生活秩序的建构与管理上，为他的仁政学说张目。"性善论是孟子全部思想的出发点，效法尧舜实行仁政是从性善说推导出的政治理论，也可以说是孟子全部思想的逻辑终点。"① 性善说是孟子整个理论体系的一块基石，是实行仁政的基础，是整个社会治理理论的依据。既然善性是每个人都具有的，仁义礼智等道德素质是先天固有的，那么人就是可教育的。统治者在制定社会规范、进行社会惩罚时就要从人性善的基点出发，教化为主，依靠和发扬人的积极的一面。孟子很少讲到刑罚，这不是偶然的，因为孟子认为刑罚是消极的、被动的、残忍的。儒家在与君主对话时经常强调要行仁政，什么是仁政？主要就是从关心下层百姓的立场出发，省刑法、薄赋敛，减轻农民负担，缓和阶级矛盾和社会冲突。

在孔子"性相近，习相远"的人性论基础上，孟子沿着性善说的路向前开拓，提倡人的积极的自我约束，提出自我修省的道德要求。每个人都可以在自己的善性基础上加强修养，把自己造就成具有高尚道德境界的人，这就是孟子"人皆可以为尧舜"（《孟子·告子下》）的著名主张。

曹交问孟子，人人都可以成为尧舜，是这样吗？孟子说，慢慢地前行，谁做不到呢？尧舜之道，说到底就是孝悌而已，只要你努力践行孝悌之道，你就是尧舜。孟子极力把圣人世俗化，把"尧舜"的道德内涵平凡化，使之成为人人可行的道德准则。既然性善是人性的基本共同属性，仁义礼智等道德意识是大家共有的，这些就应该成为制定社会规范的基础，人们在社会中就要遵守仁、礼、义等准则行事，只要大家都行仁义，社会和谐就可以实现了。

要做到长久保持善行，甚至日新其善，就要尽心知性，存心养性，养浩然之气，发扬善根。这样，一个人就会把一些美好的东西内化为自己的道德自觉，从而成为行为的内控规范。这样，也就发扬了孔子"道之以德，齐之以礼"（《论语·为政》）的社会治理思想，为他"省刑罚"的主张提供了理论基础。

二、荀子论性恶及欲望

与孟子截然相反，荀子充分发展了另一路向，断定人性恶，并专文阐述了

---

① 孟祥才、胡新生：《齐鲁思想文化史》，山东大学出版社2002年版，第290页。

人性恶理论。在孔子"性相近，习相远"的两方面中，孟子重视"性"的一面，荀子则重视"习"的一方面，并且极为重视外在的社会规范对人社会行为的制约作用，体现出他社会思想的核心更重视礼乐教化和刑罚的价值，突出社会教化与社会规范的功能。

荀子的《性恶》开篇就明确指出："人之性恶，其善者伪也。"随后论证说：

> 今人之性，生而有好利焉，顺是，故争夺生而辞让亡焉；生而有疾恶焉，顺是，故残贼生而忠信亡焉；生而有耳目之欲，有好声色焉，顺是，故淫乱生而礼义文理亡焉。然则从人之性，顺人之情，必出于争夺，合于犯分乱理而归于暴。故必将有师法之化，礼义之道，然后出于辞让，合于文理，而归于治。用此观之，然则人之性恶明矣，其善者伪也。

荀子所说的"性"和"伪"，实际上就是指人的自然性和社会性。荀子认为人从一出生就有天然的生理欲望，这种欲望，圣人和普通人并无什么区别，人和禽兽也没有什么区别，都是与生俱来的。"今人之性，饥而欲饱，寒而欲暖，劳而欲休，此人之情性也。"（《荀子·性恶》）这些与马斯洛需求五层次说的第一层次的需求是一致的，是自然性的东西，而礼义辞让等都是社会性的东西，是社会化的结果，是人类后天学来的。要做到礼义辞让，就要利用外在条件，克制自己的自然欲求，"化性起伪"，通过后天的社会教化改造先天的生物性欲求，使自己的行为符合社会规范的要求。

荀子要树立性恶的理论，必然要与主张性善的孟子的理论发生冲突，故在论述性恶的同时，也对性善说展开了批驳。荀子说，孟子谈人性善，是没有认识到人的性和伪的区别，"性"是天赋、本能，"伪"是社会文化，是教养结果，如礼义之类。

> 凡性者，天之就也，不可学，不可事。礼义者，圣人之所生也，人之所学而能、所事而成者也。不可学、不可事而在人者，谓之性；可学而能、可事而成之在人者，谓之伪。是性伪之分也。（《荀子·性恶》）

客观来说，荀子的认识比孟子更为科学，更深入。他区分了人的先天因素和后天因素的区别，天赋的和人为的区别，自然性和社会性的区别，从而在理论上就更具说服力。他认为，人的先天的本能、自然的性是动物性，与动物没有区别，而人的社会性是后天社会化的结果，是学习社会规范和文化的结果，所以需要礼义教化，需要政令刑法的规范和制约，需要对人性的恶进行"化性起伪"。他说，人性里没有礼义，而没有礼义会导致混乱，所以社会才会寻求礼义，圣人正是在这种客观需要的情况下"化性起伪"，制定了礼义法度。

荀子说，人初生不知礼义，"人无礼义则乱，不知礼义则悖"。"故圣人化性而起伪，伪起而生礼义，礼义生而制法度。然则礼义法度者，是圣人之所生也。"（《荀子·性恶》）如果如孟子所言，人生而具备仁、义、礼、智，人性都"正理平治"，圣王礼义的价值和作用又在哪里呢？教化与学习的必要性又在哪里呢？正因为人性恶，才需要礼义法禁，如果去掉礼仪制度这些社会规范，社会还能够维持秩序和稳定吗？他做个假设说："今当试去君上之势，无礼仪之化，去法正之治，无形罚之禁，倚而观天下民人之相与也，若是，则夫强者害弱而夺之，众者暴寡而哗之，天下之悖乱而相亡不待顷矣。"（《荀子·性恶》）即如果废去规范，放任自流，袖手旁观，社会马上就会乱了套，这就是人性恶的证明。

荀子认为，性和伪虽然是对立的，但是也是互相依存的。恰当处理好性和伪的关系，是治理天下的一大关键。他说："性者，本始材朴也；伪者，文理隆盛也。无性则伪之无所加，无伪则性不能自美。性伪合，然后成圣人之名，一天下之功于是就也。故曰：天地合而万物生，阴阳接而变化起，性伪合而天下治。"（《荀子·礼论》）意思是说，没有自然人性，那么人的社会性无处可附，如果没有社会文化，那么人的本性也得不到升华。只有性伪结合，才能相得益彰，天下太平。

从性恶论出发，荀子不但进一步发展了"化性起伪"、积善不息的道德修养学说，而且对社会规范——礼制起源以及礼制、法制的必要性与合理性做了论证。

荀子认为，人生有欲望，有欲望就有需求，有需求，所求物质不足就会引起纷争，争则乱，乱则穷，社会就无法运行。所以就要有礼义来教化，有社会规范来制约，就要有法制来禁止。

> 今人之性恶，必将待师法然后正，得礼义然后治。今人无师法，则偏

险而不正；无礼义，则悖乱而不治。古者圣王以人之性恶，以为偏险而不正，悖乱而不治，是以为之起礼义、制法度，以矫饰人之情性而正之，以扰化人之情性而导之也。始皆出于治、合于道者也。(《荀子·性恶》)

在这里，荀子已经正确地认识到，古代礼仪法度的产生，都是人类自身文明发展自我规范的结果，如果想治理当下的社会，同样离不开礼义法度。人与动物的自然性是相同的，但人类社会与自然界动物界是不同的，这就是人与禽兽的区别。

应该着重指出的是，荀子并没有否定人的欲望，而是肯定了人欲的必然性和合理性。荀子说：

礼起于何也？曰：人生而有欲，欲而不得，则不能无求；求而无度量分界，则不能不争；争则乱，乱则穷。先王恶其乱也，故制礼义以分之，以养人之欲，给人之求。使欲必不穷乎物，物必不屈于欲，两者相持而长，是礼之所起也。(《荀子·礼论》)

这就是说，人的欲望追求是天赋的合理的本能，礼是为了制约人过分的欲望而产生的。但礼法的制定，不是为了禁止人的欲求，而是规定合理的边界，同时在合理的界限内，保障人的合理欲求，使人的欲求与社会秩序形成合理的发展。如果你想健康地发展一个事物，常常需要适当地限制它，才能促使它健康地存在发展，"孰知夫恭敬辞让之所以养安也！孰知夫礼义文理之所以养情也"(《荀子·礼论》)。如果人们放纵私欲，那么就会招来祸患，想求生的，反而会死；想谋利的，必然会害；想偷安的，必然危险；想安乐的，必然灭亡。只有用礼义统一人们的性情和礼义，才能够两全其美，"故人一之于礼义，则两得之矣；一之于性情，则两丧之矣"(《荀子·礼论》)。荀子特别强调了社会理性的重要性。

第二节　社会规范论

孔子之时，礼崩乐坏，社会处于一个严重的失范状态，用今天的话来说就是剧烈社会变迁引起了社会转型。对于任何思想家——尤其是社会思想家，社会秩序的建构与管理都是其关注的重要问题。《盐铁论·论儒》说："天下不平，庶国不宁，明主之忧也。上无天子，下无方伯，天下烦乱，贤圣之忧也。是以尧忧洪水，伊尹忧民，管仲束缚，孔子周流，忧百姓之祸而欲安其危也。"一切生活于社会严重动荡失范时期的大思想家，首先面对的都是回应如何安定社会的问题。

一、孔子的"克己复礼""正名"论

孔子自幼学习礼仪，熟知周代及以前的礼制，他认为自从进入"天下为家"的"小康"社会以来，文王、武王、周公就是最英明的圣王圣人，周朝就是最理想的社会，周礼就是最完美的社会制度。当时社会之所以出现混乱，是因为执政者背离了圣王所制定的一套社会准则，破坏了周礼，"亡国乱君相属"，于是破坏了社会秩序，引起了天下大乱。

儒家对于社会秩序是极为重视的，他们学说的核心便是如何建立或者恢复、维持社会秩序。对于如何克服社会失范，恢复社会秩序，孔子提出了"克己复礼"和"正名"两个办法。

（一）"克己复礼"

在中国历史上，礼是很古老的社会规范。孔子说过："殷因于夏礼，所损益，可知也；周因于殷礼，所损益，可知也。其或继周者，虽百世可知也。"（《论语·为政》）到了西周，周初统治者继承和发挥以前的古礼，进行了周密的构建，形成了一个复杂周密的礼乐规范体系，礼制以宗法制度为核心，对每个阶级阶层都规定了明确的等级名分，以及相应的行为规范。所起的作用，经天纬地，对人们的社会生活进行了全面的规范，形成了有效的社会控制。礼的核心原则，是"亲亲、尊尊"，其根本功能，是"经国家，定社稷，序民人，利后嗣者也"（《左传·隐公十一年》）。在历史上，礼治确实曾经非常有效，西周建立后大约二百年内，没有发生过大的社会混乱，基本属于礼治社会。东周时期礼崩乐坏，社会才开始陷入乱局。孔子认为，只有全面恢复礼乐制度的社会功能，使社会各阶层的人都能各安其分，各尽其应尽的责任和义务，才能使社会恢复秩序。所以，孔子极为重视礼，认为礼是治理社会的一个总纲。

孔子认为，礼的规范已经在人们心中淡忘，应该重新让人们习得礼仪。所以他教育弟子时，把礼作为一项重要内容。他说："克己复礼为仁。一日克己

复礼，天下归仁焉。……非礼勿视，非礼勿听，非礼勿言，非礼勿动。"（《论语·颜渊》）就是说，人们的一举一动、一言一行都要恪守礼仪规范。他自己更是身为表率，处处以身作则。君主若是有命来召，他不等马车备好，就要先行一步。到了朝廷上，远远看到君主，他就会快步趋前，毕恭毕敬。

孔子还认为，老百姓服从礼，固然是好的，而社会上层尤其是统治者遵循礼，是更重要的，是恢复与重建良好社会秩序的关键。他说："上好礼，则民莫敢不敬。"（《论语·子路》）"上好礼，则民易使也。"（《论语·宪问》）当然，外在的礼只是一个方面，孔子认识到，当时的社会虽然表面上是秩序的破坏，深层的问题则是指导人们行为的价值准则出了问题，所以他提出了一个核心的价值观念——"仁"。统治者们不"仁"，不爱人，于是丧失了"德"，破坏了礼，自己的行为失去了道德规范。事情的破坏来自上层社会成员价值取向出现的混乱，下层社会自然靡然成风，遂至于难以收拾。要真正扭转社会风气，恢复秩序，统治者们内心的道德修养才是根本的。统治者们要克己爱人，对内追求"仁"，对外"复礼"，即重新回归礼治的轨道。孔子的学说，分为内外两途，即"内圣外王"，用荀子的话来解释："圣也者，尽伦者也；王也者，尽制者也。两尽者，足以为天下极矣。故学者以圣王为师。"（《荀子·解蔽》）即在社会层面上，要制定万物伦序；在政治层面上，要建立稳定的秩序；对个人来说，就是要做一个完人；对国家来说，要创造完美的制度。内外皆不可偏废，才能达到社会生活秩序的最佳状态。这大致是孔子儒家社会思想的核心所在。

（二）"正名"

春秋以来，由于社会的深刻变迁，原有的名分秩序遭到了严重破坏，社会现实与原有的制度规范之间出现了严重脱节，这就是名分不正。于是孔子提出另一个办法："正名"。这里的"名"是名物制度，是名分，也是人们的社会地位和等级关系。"正名"，就是要遵循礼法所规定的名分，恢复和重新校正各种人等的社会角色和相应的社会规范，拨乱反正，澄清混乱状态，厘清社会关系，如此内修"君子之道"，外用"正名"之术，重申礼制名分，重建礼治社会秩序。

《论语·八佾》中讲了这样一个例子：天子乐舞的规格最高，用八佾，就是八人的方阵共六十四人，诸侯大夫则依次减等，不得僭越。但是鲁国的季氏则"八佾舞于庭"，所以孔子愤怒地说"是可忍也，孰不可忍也"。《论语·子路》篇中载，子路问孔子，如果卫国的君主用孔子执政，应该先做什么呢？孔子回答说，必须先正名。因为"名不正则言不顺，言不顺则事不成，事不成，则礼乐不兴，礼乐不兴，则刑罚不中，刑罚不中，则民无所措手足"（《论语·子路》）。孔子所谓"正名"，就是确定社会各成员的社会角色及其责任义务。在一般人看来，孔子的回答似乎有些不切实际，但对他来说，"名不正"意味着社会基本准则和规范的丧失，"正名"是一个前提，是正本清源，如果名不正，则一切无从开展，良好的社会秩序无由建立。孔子到齐国，齐景公问政于孔子，孔子说："君君、臣臣、父父、子子。"（《论语·颜渊》）意思是说，君主就要扮演好君主的社会角色，臣子要扮演好臣子角色，做父亲的要按照父亲的角色规范行事，做儿子的要按照儿子的角色规范行事，这样才能形成君臣父子上下尊卑的名分秩序。

二、荀子的"隆礼""重法"论

比商鞅和孟子晚出的荀子吸收了两者的社会治理思想又拒绝了双方的极端主义。他认为，过分强调人性善的孟子一路过于偏重内在控制，统治者与被统治者都要面向自身探求自律的理性控制力量，这显然不现实，故遭到时君世主的冷落；而过分依赖严刑峻法控制的商鞅一路必然走向现实的功利主义，"道之以政，齐之以刑"（《论语·为政》），漠视人的情感，抹杀人性。葛兆光说："作为儒者，荀子一面坚持礼乐的象征意味对社会的垂戒示警意义和理性的自我调节对人类行为的控制能力，但另一方面也重视了现世治理中的实用功利，他并不赞成子思、孟子的想法，尽管他们的出发点很接近。"① 荀子的社会治理思想，继承了管仲和齐法家学派的传统，不但强调礼乐教化的社会治理功能，而且同样地强调刑赏的社会治理功能，把礼与法看作社会治理的两大主要手段，既隆礼，也重法，体现了儒法合流的思想特色。荀子是主张性恶论的，所以他特别重视社会治理机制的建设和对人的外部控制。尽管如此，如果拿他对礼乐教化的重视与他的对法的重视相比，还是对礼的重视要更多一些，这就是应当把他列为儒家的缘故。

（一）"隆礼"

荀子对礼乐的社会治理功能给以高度重视和评价。他指出礼的社会控制作

---

① 葛兆光：《中国思想史》第1卷，复旦大学出版社2001年版，第165页。

用是区分社会成员的等级贵贱，使之各安其分。"先王恶其乱也，故制礼义以分之，使有贫、富、贵、贱之等，足以相兼临者，是养天下之本也。"（《荀子·王制》）"礼者，法之大分，类之纲纪也。"（《荀子·劝学》）"国无礼则不正，礼之所以正国也，譬之犹衡之于轻重也，犹绳墨之于曲直也，犹规矩之于方圆也，既错之而人莫之能诬也。"（《荀子·王霸》）"礼者，贵贱有等，长幼有差，贫富轻重皆有称者也。……由士以上必以礼乐节之，众庶百姓则必以法数制之。"（《荀子·富国》）

以上的有关论述，都是论述礼的社会功能，他坚信"礼"可以使社会的各阶层的人形成高下有序的等级秩序；礼是法和类的根本；国家有礼才能够得到端正，礼对于国家来说，就像没有秤就不明轻重，没有绳墨就不明曲直，没有规矩就不成方圆，在礼面前，人们将不会发生争议。礼义不仅给人们提供了是非标准，还能培养人们的正直道义，形成正确的价值观念，遵循正确的社会规范。一个国家如果舍弃礼义，不隆礼义，"则夫朝廷群臣亦从而成俗于不隆礼义，而好倾覆也。朝廷群臣之俗若是，则夫众庶百姓亦从而成俗于不隆礼义，而好贪利矣。君臣上下之俗莫不若是，则地虽广，权必轻；人虽众，兵必弱；刑罚虽繁，令不下通。夫是之为危国，是伤国者也"（《荀子·王霸》）。如果按照他的主张，隆礼义而审贵贱，士大夫都将敬节守法，商人百工都将忠信不欺，农民都将勤于农耕，国家也将富强稳固。

值得注意的是，荀子所强调的高低上下贫富贵贱，不是那种封闭社会的世袭的等级制度，而是在合理社会流动下的社会分层。个人处于什么社会地位取决于自己的努力和能力，而不是门第世荫。《荀子·王制》篇说："无德不贵，无能不官，无功不赏，无罪不罚。"又说："虽王公士大夫之子孙也，不能属于礼义，则归之庶人。虽庶人之子孙也，积文学，正身行，能属于礼义，则归之卿相士大夫。"这种思想已经使礼注入了时代精神。

（二）"重法"

与孔、孟非常强调仁德礼义的社会功能不同，荀子更强调政令法制的社会治理功能，这是对齐法家学说继承的结果。他在多处礼法并提，重视赏罚的作用。如"至道大形，隆礼至法则国有常，尚贤使能则民知方"（《荀子·君道》）。他的这种社会思想，再向更为重法的方向发展一步，就会成为法家思想，著名的法家人物李斯、韩非，都是荀子的学生，其原因即在于此。

为什么荀子重法呢？这与荀子所处的时代背景有关，与荀子的主张有关，也与齐学的传统有关。

荀子所处环境，与孔子、孟子都有很大的区别。孔子的时候，礼治的传统尚在，虽然礼崩乐坏，但是孔子还想在旧的基础上修补维持，恢复旧的礼治秩序。孟子时，旧的基础已经崩坏殆尽，新的统治秩序还没有建立，这就给了孟子极大的发挥空间，所以孟子的思想很开放，无拘无束，他可以树立很高的目标，所以他总是提倡王道仁政，鄙视刑罚。但是到了荀子的时代，统一的趋势日渐明朗，法家的治理方式显示出它强大的现实功效，荀子不得不承认，王道固然高尚，但难以实现，霸道是一条仅次于王道的现实道路。王道的特点是仁义，霸道的特点是信力，"义立而王，信立而霸""粹而王，驳而霸，无一焉而亡"（《荀子·王霸》）。从齐法家的传统来看，管仲在齐国有巨大影响，管仲的霸业是齐国人的骄傲，荀子自少年起就在齐国游学，必然深受其影响。

与管仲在礼、法二者中更重视礼一样，荀子也把礼作为法的根本。他说："礼者，法之大分，类之纲纪也。"（《荀子·劝学》）即礼是法的纲领和指导原则，法是在礼的基础上产生的。"故人之命在天，国之命在礼。人君者，隆礼尊贤而王，重法爱民而霸。"（《荀子·强国》）

孔子曾经说："道之以政，齐之以刑，民免而无耻；道之以德，齐之以礼，有耻且格。"（《论语·为政》）荀子也继承了这种观点，他批评法家的方式说："故赏庆、刑罚、势诈之为道者，佣徒鬻卖之道也，不足以合大众、美国家，故古之人羞而不道也。"（《荀子·议兵》）所以，重要的还在于用礼义来教化民众。在荀子看来，礼是积极的防御，能够化民成俗，如果能使人们把礼内化为自身的行为意识，就能达到个人自律，达成社会秩序良性运行的效果。

既然礼这样重要，为什么还需要重法呢？这是因为人性恶，一些人是不遵守礼的，是不自觉的，即使是尧的儿子丹朱、舜的弟弟象，也没有教化好。因此，荀子还主张一边注重礼义教化，一边注重刑罚对礼的保障，在"明礼义以教化"的同时，还要"起法正以治之，重刑罚以禁之"（《荀子·性恶》）。"以善至者待之以礼，以不善至者待之以刑。两者分别，则贤不肖不杂，是非不乱。"（《荀子·王制》）荀子有一段话阐述了教化和刑罚的关系：

> 故不教而诛，则刑繁而邪不胜；教而不诛，则奸民不惩；诛而不赏，则勤属之民不劝；诛赏而不类，则下疑俗俭而百姓不一。故先王明礼义以壹之，致忠信以爱之，尚贤使能以次之，爵服庆赏以申重之。时其事、轻

其任以调齐之；潢然兼覆之，养长之，如保赤子。若是，故奸邪不作，盗贼不起，而化善者劝勉矣。(《荀子·富国》)

意思是说，不先进行教化就诛杀犯罪者，即使刑法严峻也不能控制犯罪；光教化不诛杀，犯罪分子就不会受到惩处；光杀不赏，勤恳的人得不到鼓励，而赏罚不得当，也会引起混乱。所以，既要制定和申明礼法，又要忠信爱民，选贤使能，保养百姓，这样才能社会安定，消除犯罪。

孔子是主张人治、德治和礼治的，荀子则一面承认礼治人治，一面重视法治，他辩证地阐述了人治与法治的关系，认为人还是根本的因素。他说："有乱君，无乱国；有治人，无治法。……故法不能独立，类不能自行，得其人则存，失其人则亡。法者，治之端也；君子者，法之原也。故有君子，则法虽省，足以遍矣；无君子，则法虽具，失先后之施，不能应事之变，足以乱矣。"(《荀子·君道》) 荀子看到了法令是死的，人是活的，法令要靠人来执行，如果没有好人来执行，法令再好也会引起混乱。还说："有法者以法行，无法者以类举。以其本知其末，以其左知其右，凡百事异理而相守也。庆赏刑罚，通类而后应；政教习俗，相顺而后行。"(《荀子·大略》) 这就是说，法律的规定肯定不能周遍，有些情况，没有现成的法条，那么根据现有的法条予以斟酌类举就是必要的，君子能够斟酌情理，做出正确的判断，不会误事。

人治与法治从来都是儒法两派争论的焦点，双方各执一偏，从孟子开始，已有政令和善人不可偏废的意识，在荀子这里给出了比较公允的、辩证的分析论断。

第三节 社会交往论

与其他各家相比，儒家最重视社会关系和社会交往，在人际交往方面，进行了详尽的探讨，孔子、孟子、荀子都提出了社会交往的原则。

一、孔子的"忠恕"之道

孔子的社会互动规范理论，主要有以下三方面：即"礼"与"敬"、"忠"与"信"、"仁"与"恕"。

第一,"礼"与"敬"。礼,在儒家那里一直作为一个核心价值和行为规范看待。其作用似乎无论怎样强调都不过分,人的一切言行都要遵循礼仪,"非礼勿视,非礼勿听,非礼勿言,非礼勿动"(《论语·颜渊》)。礼的要旨在于"敬"。孔子认为,人际关系的一举一动,都应该恪守礼仪规范,举止要稳重得体,要尊重别人,互相尊敬,这样社会生活就会获得和谐的秩序。所以有子说:"恭近于礼,远耻辱也。"(《论语·学而》)礼的社会功能是和谐,"礼之用,和为贵"(《论语·学而》)。"君子敬而无失,与人恭而有礼,四海之内,皆兄弟也。"(《论语·颜渊》)为什么礼敬能够和谐社会关系呢?因为礼的具体作用是区别,就是确定和维护人的等级秩序,使人们安分守己,不争不斗,社会有序运行,井井有条。

第二,"忠"与"信"。孔子教学的主要内容就包括了这两点。"子以四教:文、行、忠、信。"(《论语·述而》)当然,多数的场合,孔子都把"忠"用作对待长上的要求,"君使臣以礼,臣事君以忠"(《论语·八佾》)。但是对待别人委托自己的事情,自己也要忠于自己的承诺,这就是"忠人之事"。在这个方面,相似的还有"孝""悌",主要也是针对年长的人而言。孔子认为,如果一个人恪守"孝""悌"之道,那么他就会忠诚,"临之以庄则敬,孝慈则忠,举善而教不能则劝"(《论语·为政》)。忠诚,就学会了服从,就不会轻易地"犯上作乱"。孔子把"信"作为人际交往的重要准则,《论语·学而》说:"吾日三省吾身:为人谋而不忠乎?与朋友交而不信乎?传不习乎?"又说:"弟子入则孝,出则弟,谨而信,泛爱众,而亲仁,行有余力,则以学文。"可见与朋友交往互动,一个最重要的原则就是"信"。此外,从社会层面来说,"信"还是社会秩序运行的必要条件。"人而无信,不知其可也。大车无輗,小车无軏,其何以行之哉?"(《论语·为政》)

第三,"仁"与"恕"。孔子的理论中,"仁"是核心价值之一,"仁"是内在的道德修养,经典的解释是"仁者爱人"。但是正如"仁"这个字的本身体现的二人互动的意思一样,只有通过外在的人际互动行为才能体现出内在的"仁"。在与人互动的规范中,"仁"的价值主要体现在"与人为善"方面。要换位思考,设身处地为对方着想。"夫仁者,己欲立而立人,己欲达而达人。"(《论语·雍也》)其他如君子成人之美,隐恶扬善等,都是这个意思。"恕"也包含着这个意思。"恕"是指交往中对别人的态度,对自己要严,对别人要宽大原谅,子贡问孔子,什么字可以终身奉行的呢?孔子说:"其'恕'乎!

己所不欲，勿施于人。"（《论语·卫灵公》）

二、孟子"推己及人"的仁爱观

孟子的社会交往规范学说，也可以归结为三条：怀仁义以相接、推己及人、反求诸己。

第一，怀仁义以相接。孟子主张，人际交往中不要总是怀着谋利的动机，而要怀着"仁义"去交往，要做"道义之交"。梁惠王见到孟子，迫切地说，老先生，你不远千里而来，能给我国带来什么好处呢？孟子说，怎么一见面就谈利呢？我也不过有仁义罢了。如果大王只关心怎么利我国，大夫只关心怎么利我家，庶人只关心怎么利我身，上下唯利是求，这个国家就危险了。为什么不先义后利呢？（参看《孟子·梁惠王上》）孟子认为，不管黑白，一切向利看，是祸乱的本原。"为人臣者怀利以事其君，为人子者怀利以事其父，为人弟者怀利以事其兄，是君臣、父子、兄弟终去仁义，怀利以相接，然而不亡者，未之有也。……为人臣者怀仁义以事其君，为人子者怀仁义以事其父，为人弟者怀仁义以事其兄，是君臣、父子、兄弟去利，怀仁义以相接也，然而不王者，未之有也。何必曰利？"（《孟子·告子下》）

第二，推己及人。齐宣王问孟子："王政"是什么样子？孟子以周文王的政策和做法告诉他，齐宣王听了，感叹自己做不到。孟子问为什么，宣王说我有几种毛病，好货、好色、好乐、好猎。孟子说，这是人的本性，算不得毛病，关键是你自己喜好这些，你也要想到百姓们也一样喜好，只要你也为他们着想，就成了为民造福的动力了。（参看《孟子·梁惠王下》）"老吾老以及人之老，幼吾幼以及人之幼，天下可运于掌。《诗》云：'刑于寡妻，至于兄弟，以御于家邦'，言举斯心加诸彼而已。故推恩足以保四海，不推恩无以保妻子。古之人所以大过人者无他焉，善推其所为而已矣。"（《孟子·梁惠王上》）就是说，从自己的身边做起，把自己珍视的价值和好处依次推广开去，大爱于天下。这就是孟子著名的推己及人理论。

第三，反求诸己。孟子这种思想，与孔子的"克己"思想有着继承性关系。在社会交往、互动的过程中，如果出现了问题，没有达到目的，或者沟通遇到障碍，怎么办？孟子的主张是：先检讨自己！孟子打比方说，你射箭没射中，你埋怨靶子没摆好么？还是埋怨风太大了呢？都不行。"仁者如射。射者正己而后发，发而不中，不怨胜己者，反求诸己而已矣。"（《孟子·公孙丑上》)要注意调适自己与他人的关系,主要从自己方找原因,做出调整。做出调整的目的,不是去随波逐流,同流合污,而是改正自己的错误,摆正自己的位置、心态和动机。"行有不得者,皆反求诸己,其身正而天下归之。"(《孟子·离娄上》)一些人遇到不如意事,总是怨天尤人,归咎于别人,从不检讨自己的过失,这样是无法进行顺畅良性的社会互动的。

三、荀子的"修身正己"论

荀子的社会规范思想,与孟子也有明显的继承。对于与他人的互动原则,讲究自身修养,以正待人,"君子博学而日参省乎己,则知明而行无过矣"(《荀子·劝学》)。有一段话是很经典的表述:

> 物类之起,必有所始。荣辱之来,必象其德。肉腐出虫,鱼枯生蠹。怠慢忘身,祸灾乃作。强自取柱,柔自取束。邪秽在身,怨之所构。施薪若一,火就燥也。平地若一,水就湿也。草木畴生,禽兽群焉,物各从其类也。是故质的张而弓矢至焉,林木茂而斧斤至焉,树成荫而众鸟息焉,醯酸而蜹聚焉。故言有召祸也,行有招辱也,君子慎其所立乎!(《荀子·劝学》)

尽管荀子很重视外在环境对人的成长的影响,但是他在人际关系方面则很强调个人的修养。他认为人的一切遭遇,都和自己的行为有着因果关系,都是自己的行为所导致的结果。在同样的条件下,无论祸和福,都会先找上那些本身具有一定诱因的人。福也罢,祸也罢,都是自己招惹的。人们的轻佻不当的言行都可能招致羞辱和灾祸,所以,一个人一定要严以律己,谨言慎行。

第四节 社会群体论

在社会群体、社会整合和社会分工方面,儒家有着丰富的社会思想。孔子即非常讲究人们的层级关系,指出社会中的人们需要分工合作,各尽其责,他认为士人阶层和农民承担着不同的社会职责,不可交叉干预。礼就是将人们分成不同层次的人群，承担不同的社会功能。孟子更是明确地论述了社会分工的意义和必然性、必要性。荀子则强调了"明分""使群"的社会意义，最早提出了社会学意义上的群体理论。

一、孟子的"通功易事"论

孟子的社会分工论曾经受到一些人的质疑，认为孟子轻视劳动，歧视劳动人民。按照社会历史的发展规律和阶段来看，恰恰说明孟子站到了社会发展的前沿，正确阐述了社会秩序运行的机制与意义，论述了社会分工的必然性和必要性。

孟子时代，有一个农家学派，倡导人人平等，自给自足，其代表人物许行主张"贤者与民并耕而食"。孟子曾经对他的主张进行了详细的批驳，同时阐述了自己的社会分工思想。

> 孟子曰："许子必种粟而后食乎？"曰："然。""许子必织布而后衣乎？"曰："否。许子衣褐。""许子冠乎？"曰："冠。"曰："奚冠？"曰："冠素。"曰："自织之与？"曰："否。以粟易之。"曰："许子奚为不自织？"曰："害于耕。"曰："许子以釜甑爨，以铁耕乎？"曰："然。""自为之与？"曰："否。以粟易之。""以粟易械器者，不为厉陶冶。陶冶亦以其械器易粟者，岂为厉农夫哉？且许子何不为陶冶，舍皆取诸其宫中而用之？何为纷纷然与百工交易？何许子之不惮烦？"曰："百工之事，固不可耕且为也。""然则治天下独可耕且为与？有大人之事，有小人之事。且一人之身，而百工之所为备。如必自为而后用之，是率天下而路也。故曰：或劳心，或劳力；劳心者治人，劳力者治于人；治于人者食人，治人者食于人。天下之通义也。（《孟子·滕文公上》）

许行的主张大意是，人不分贵贱，都必须从事体力劳动。统治者也不能脱离生产劳动，而要一面从事政治，一面从事生产，用自己的劳动直接换取生活物资。那些自己不从事农业生产，却不劳而获有吃有喝的人，都是一些剥削老百姓的寄生虫。按照许行的认识，只有体力劳动才是劳动，只有从事体力劳动的人才是社会财富的创造者。孟子则认为，许行的言论是矛盾的，他自己虽然亲自耕织，但是头戴的帽子，做饭用的炊具，都是用粟交换来的，这说明人不能兼做百工之事，还需要交换来获得其他生活必需品。许行不自己做这些衣冠工具的理由是妨碍农业生产，以粟交换是为了提高效率。孟子便反问说：难道治理天下不是一个道理吗？难道可以一边治理天下、一边做着农活吗？难道做农活就不妨碍治理天下吗？难道治理天下不比做农活更重要吗？天下的工作有大事有小事，有管理社会的事，有农活和百工之事。所以他下结论说：社会有分工，或者劳心，或者劳力，劳心者管理人，劳力者被管理，被管理的人要生产供养管理者，管理者被供养，这是天下不易的道理。孟子社会分工理论的可取之处，就在于他把社会管理工作也看做劳动，社会群体按照工作性质形成不同的职业，发挥不同的社会功能，"通功易事"促使社会秩序的良性运行，发挥更高的效率，这是社会发展的必然。劳心者不直接从事生产性劳动，而专心从事学术活动、管理活动或者政治活动，这是社会的进步和发展。

二、荀子的"明分使群"论

在中国学术史上，荀子第一个提出了具有社会学意识的"群"的思想，他关注到了人与社会的关系，注意到了社会的存在和群体力量，论述了群体组织与人类发展的关系。荀子说人"力不若牛，走不若马，而牛马为用，何也？曰：人能群，彼不能群也"（《荀子·王制》）。他从人与动物界的关系考察，人比动物有许多不如的地方，但是各种动物都受人的驱使，什么原因？主要是人类有群体的力量，是一个社会，人类生存的关键在于群体生活。那么，人类群体靠什么来维持？靠什么使之良性运行？他提出一个关键的概念："分"。

> 人何以能群？曰：分。分何以能行？曰：义。故义以分则和，和则一，一则多力，多力则强，强则胜物，故宫室可得而居也。故序四时，裁万物，兼利天下，无它故焉，得之分义也。故人生不能无群，群而无分则争，争则乱，乱则离，离则弱，弱则不能胜物。（《荀子·王制》）

"分"的现代意义，相当于名分、社会角色和社会关系。一个人在社会中各有自己的职业和社会地位，扮演着特定的社会角色，发挥着独特的社会功能。互相配合、各守其分、各安其位，这个社会就稳定，就有秩序，就有力量,就能维持和运行。"分"怎样得到执行和发挥其作用呢?要借助"义"。"义"就是正义,正当,合理。在正当合理的原则下形成的"分",就能被群体中的人所认可,能够贯彻执行下去,才能够达到群体内的和谐一致。群体内和谐了,才能发挥群体的力量,在与自然界的斗争中胜出。他说,人们之所以能够驾驭自然,不是别的原因,关键就在于人类把握了"分"。所以人离不开群体,群体离不开"分",否则就会互相争执离散,在与自然的斗争中败下阵来。

荀子"群"的理论中包含着社会分工的理论。他引用古代文献说:"《传》曰:'农分田而耕,贾分货而贩,百工分事而劝,士大夫分职而听,建国诸侯之君分土而守,三公总方而议,则天子共己而已矣。'"(《荀子·王霸》)荀子知道,随着社会分工,人们只能专务一事,各有所长,互相依赖,才能维持正常生活,所以社会分工可以提高效率。晚于荀子两千多年的亚当·斯密《国富论》及涂尔干《社会分工论》中的社会分工思想,是与荀子的群论及社会分工思想基本一致的。荀子认为,在所有社会分工中,社会分成管理者和被管理者是最重要的分工。他说:"君子以德,小人以力。力者,德之役也。"(《荀子·富国》)而在管理者之中,也是形成了不同的阶层和权力秩序,最高处就是君。在群体之中,君主角色发挥着重要功能,"君者,何也?能群也"(《荀子·君道》)"君者,善群者也"(《荀子·王制》)。君的任务就是将人们有效地组织起来,形成良性社会生活秩序,实现共同发展,而不应是只会骑在人民头上作威作福的人。此外,社会角色在荀子那里也体现为人伦关系的"定分",即荀子所说的"辨"。"人之所以为人者,何已也?曰:以其有辨也。""人道莫不有辨,辨莫大于分。"(《荀子·非相》)这个人道之分,就是君臣、父子、夫妇等伦理关系。这就把社会政治领域的上下尊卑等级关系也视为人伦关系,后来更当做社会主导性价值准则,中国传统社会之所以称为"伦理社会",即与此有关。在荀子看来,这种关系是天经地义的。并且,荀子沿袭了孔子的思想,对于这种人伦关系中的各种角色的行为规范都做了规定:比如说人君要"以礼分施,均遍而不偏"(《荀子·君道》);为人夫要"致功而不流,致临而有辨"(《荀子·君道》)。这些伦理关系的任何一方都不可偏废,"使有贵贱之等,长幼之差,知愚、能不能之分,皆使人载其事,而各得其宜。然后使悫禄多少厚薄之称,是夫群居和一之道也"(《荀子·荣辱》)。

荀子这一思想对中国悠久的传统社会影响深远，以至于郭沫若说荀子"开启了此后两千余年的封建社会的所谓纲常名教"[①]。

第五节　理想社会构想

社会理想，就是思想家们对于社会应然状态的构想设计。其中包含着他们对以往社会经验的总结和对未来社会发展建设的设想。凡是社会思想家，总会注重对现实社会的观察，观察后就会提出他的见解，提出社会治理意见、提出解决社会问题的办法，他们所要达到的目标就是理想中的社会状态。因为社会思想家特别关注社会所表现出来的弊病，并以消除这些弊病为己任。于是他们心中都有一个对理想社会的构想，并期望通过努力将其变为社会现实。我国先秦百家争鸣时期，各家学派的代表人物大都在自己的思想体系中对理想社会作了描述，这些描述有的称为"大同社会""小康社会"，有的称为"至治之世"，有的称为"至德之世"。这些设想，既是自己学派奋斗的目标，也是吸引人们信仰这个学说、投身实现这个理想社会的号召力所在。

儒家的理想社会制度，在《礼记·礼运》《孟子》《荀子》中都有表述，以下分别论述。

一、孔子及《礼记·礼运》的大同、小康社会理想

儒家的社会思想非常丰富，几乎涉及了社会的各个层面、各种社会问题。在诸多社会问题中，社会秩序与社会控制、社会组织与社会结构、贫富关系与社会均平、社会发展与社会问题等，都是儒家关注的重点。

（一）孔子关于贫富关系的思想

我们以往说起孔子，说起孔子的财富观点，一般都强调孔子重仁义，轻财利。人们会举出孔子说过"君子喻于义，小人喻于利"（《论语·里仁》）来说明孔子的观点，似乎孔子轻视劳动，否定功利，甚至有人把中国经济的落后归因于儒家空谈仁义，不重视经济。实际并非如此。

---

① 郭沫若：《十批判书·荀子的批判》，《郭沫若全集》历史编第2卷，人民出版社1982年版，第227页。

孔子也认为，追求富贵是人的基本欲望，是人性决定的。人们活着需要吃饭，这是人之常情，不应苛责。他说过："富与贵，是人之所欲也，不以其道得之，不处也。贫与贱，是人之所恶也，不以其道得之，不去也。"（《论语·里仁》）"富而可求也，虽执鞭之士，吾亦为之。如不可求，从吾所好。"（《论语·述而》）的确，孔子更看重精神层面的追求，认为如果违背了仁义的原则，为富不仁，这是不能去做的，即使贫贱也不能违反社会规范与道义去苟得富贵。

饮食是人类生存的基本条件，是社会的稳定与和谐的前提，孔子对此非常重视。他的学生有许多出仕做官，他都教他们要使老百姓过上富裕日子。在一次去卫国的途中，他慨叹这里人烟稠密。冉有问，"庶"之后再做什么？他说："富之。"冉有问，富了之后再做什么呢？孔子回答说："教之。"（《论语·子路》）还有一次子贡请教政务。孔子说："足食，足兵，民信之矣。"子贡说，如果必须去掉一样，按什么次序减去呢？孔子先说去兵，又说去食，并说"自古皆有死，民无信不立"（《论语·颜渊》）。通过以上的材料，我们可以看出，孔子是把民众的富裕排在第一位的，这和管仲的"仓廪实则知礼节，衣食足则知荣辱"（《管子·牧民》）是一致的。但是在重要程度上，"信"当然最重要，因为"信"是社会秩序良性运行和社会凝聚力的关键。如果没有了诚信，社会就如一盘散沙，人们就会离散而去。

他还指出，在一个社会中，维持社会稳定和谐的，主要的还不是富裕程度，而是社会公正。要保证一个国家不出乱子，内部没有尖锐矛盾，维持社会和谐，公正是比财富更为重要的基石。他说：

丘也闻有国有家者，不患寡而患不均，不患贫而患不安。盖均无贫，和无寡，安无倾。（《论语·季氏》）

也就是说，对于国家的统治者来说，动乱的危险不在于物资太少，而在于分配不均；不在于老百姓太贫困，而在于不安定。因为分配的均平合理，就不会有谁更穷；因为大家都很和谐，就不会有谁太少；社会安定了，就不会有倾覆之患。这也能看出，社会分配的公正均平是孔子的社会理想的一部分。

（二）《礼运》中的大同、小康思想

儒家的社会理想，许多思想史著作都以《礼记》中记载的大同社会思想为代表。《礼记·礼运》中说：

> 孔子曰："大道之行也，与三代之英，丘未之逮也，而有志焉。大道之行也，天下为公，选贤与能，讲信修睦。故人不独亲其亲，不独子其子，使老有所终，壮有所用，幼有所长，矜寡孤独废疾者皆有所养。男有分，女有归。货恶其弃于地也，不必藏于己；力恶其不出于身也，不必为己。是故谋闭而不兴，盗窃乱贼而不作，故外户而不闭，是为大同。今大道既隐，天下为家，各亲其亲，各子其子，货力为己，大人世及以为礼，城郭沟池以为固，礼义以为纪，以正君臣，以笃父子，以睦兄弟，以和夫妇，以设制度，以立田里，以贤勇知，以功为己。故谋用是作，而兵由此起。禹汤文武成王周公，由此其选也。此六君子者，未有不谨于礼者也。以著其义，以考其信，著有过，刑仁讲让，示民有常。如有不由此者，在势者去，众以为殃，是谓小康。

这段话述礼之起和礼之用，与后一篇《礼器》是姊妹篇，后世有"礼运大同"之称。"大同"与"小康"，一公一私，两相对立，相得益彰。"大同"思想是相对"小康"而言，"小康"说的是禹、汤、文、武、成王、周公代表的时代，"大同"则反映了人们追求幸福生活的善良愿望。元陈澔《礼记集说》认为："此篇记帝王礼乐之因革及阴阳造化流通之理，疑出于子游门人之所记，间有格言，而篇首大同小康之说，则非夫子之言也。"郭沫若则认为："《礼运》篇毫无疑问，是子游氏之儒的主要经典，那不必一定是子游所记录，就在传授中著诸竹帛也一定是经过了润色附益的。但要说孔子不能有那样的思想，子游也不能有那样的思想，那是把它的内容太看深远了。"[①] 我们认为，虽然现存文字可能是汉代人所润色，但主体思想应是孔子的。

孔子在描绘"大同"社会理想时，使用了"天下"这个概念。而"天下"概念早在《尚书》中就出现多次，如"光宅天下"（《尧典》）、"天下咸服"（《舜典》）、"天下莫与汝争功"（《大禹谟》）、"用昭明于天下"（《康王之诰》）、"方行天下"（《立政》）等等。可见"天下"作为一个表达地理空间

[①] 郭沫若：《十批判书·儒家八派的批判》，《郭沫若全集》历史篇第2卷，人民出版社1982年版，第133、135页。

和社会政治文化的概念,早在西周以前的中国即已形成。孔子及其以后的儒家,遂将其发展为一种表达宏大地理空间和整体社会政治文化的社会思想观念。其狭义指普天之下的全人类,其广义则涵盖天覆地载的所有万事万物。钱穆曾认为,"天下"作为中国独有的概念,甚至无法对译成英文,因为西方思想文化中只有"国家""国际"概念,并没有可与中国的"天下"观相匹配的思想观念。他还在《略论中国社会学》一文中认为"中国本无社会一名称,家国天下皆即一社会"[①]。正如《礼记》的《大学》篇之八条目中以"平天下"为社会治理的最高理想诉求一样,意即中国的"天下"是指比"国"更为宏大的整体社会。从社会学意义上我们即可以将中国的"天下"概念,理解为"整体人类社会"。其实,中国社会思想中的"天下"观,不仅仅是儒家才有的,其他各家各派社会思想家也怀有类似的"天下"观。但"大道之行,天下为公"的大同社会,则是出于儒家的社会理想。

在孔子的大同理想里,包含了丰富的社会思想内容,有政治理想,有老年福利、儿童福利、残疾人福利保障,也有就业思想和社会安宁状态。具体来说,可分为以下几个内容:

第一,大同社会总的原则是"天下为公",而不是被一家一姓长期独占。

第二,财产公有。这是这个社会的经济基础。"货恶其弃于地也,不必藏于己",是说人们具有朴素的道德,珍惜劳动成果,又不自私,所有财产都归公有。从财产公有推断,生产资料也是公有的,这与"天下为家"后的私有社会体制有根本不同。

第三,各尽其力,奉献社会。社会财富和生产成果既然都归社会所有,社会成员也必然要为社会尽力,所以"力恶其不出于身也,不必为己"。一个"恶"字,说明人们把劳动看作理所当然的事情,成为人们生活的必要内容,鄙视懒惰,自觉为社会各尽所能,维护社会的共同利益。在这里,人们的关系是平等的,劳动是自觉的,不劳动是受到社会谴责的。

第四,"男有分,女有归",各得其所。社会处于合理的状态,男女都有自己的恰当位置,男的有自己的劳动岗位,女的则都嫁有丈夫。元陈澔《礼记集说》认为,这句话说的是:"男则各有士、农、工、商之职分,女则得归于良奥之家。"关于这种说法,林其锬认为:"这种解释看来是带着封建社会的脑袋

[①] 钱穆:《现代中国学术论衡》,生活·读书·新知三联书店出版社2001年版,第218页。

在想象原始公社社会的情景。由于《礼运》还多少保留着远古时代的史影，它所说的社会分工仍处于萌芽状态，不可能出现'士、农、工、商'所谓'四民'的职分，'四民'职分的出现应是在私有制出现后社会经济已经有了相当发展才有可能。至于'女则得归于良奥之家'，则是封建制度确立、夫权已占统治地位、女人被当作男子的附属品时才有的观念。"① 当然，《礼运》作者说的是一种社会理想，不可完全作为他的一种历史描述来看待。

第五，选贤与能，社会民主。管理社会的人都是有能力的人，不是靠世袭获取管理职位。

第六，讲信修睦，社会和谐。人们有很纯朴的道德水平，不欺诈，不争斗，讲信用，讲和谐，没有盗贼，没有战争，社会秩序良好。

第七，全体社会成员互相友爱，互相关心，像一个大家庭那样相处，充满了博爱精神。

第八，有良好的社会福利办法，老有所养，幼有所长，连孤寡残疾人都有生活保障，社会的关照是全方位的。

"大同"理想虽只107字，但描述的社会状态则是非常诱人的，设计的社会制度是比较完善的。

"大同"思想是因为对现实的失望而产生出来与现实相反的理想，寄托着儒家对和谐社会的美好愿望，与儒家历来强调的和谐观念是一致的。但是这种美好愿望毕竟与现实相去太远，只能是一种美好设想而已。

同样值得重视的是关于"小康"社会的描述。小康社会所构想的是比较现实的情况，是"天下为家"的状况。以往人们对此都不太重视，没有注意到"小康"社会仍然是孔子所肯定的。尽管他讲到了与"大同"社会相反的许多情况，但也讲到了六位传统上认为是圣人的人物。这六位"君子"都是讲礼义的，"礼义"成为小康社会中的社会组织原则，尽管没有"大同"那么完美，但仍是仅次于"大同"的理想社会状态。西周之后，孔子没有说，但显然不属于小康社会，而且比小康的社会要混乱得多。孔子毕生所作的努力，就是克己复礼，恢复到小康状态。

除了以上整体性社会理想之外，孔子对社会的多个层面应然的状况也做出过描述，可以说，这是对小康社会的不系统的补充。比如，天下恢复周礼，回

---

① 陈正炎、林其锬：《中国古代大同思想研究》，上海人民出版社1986年版，第88、89页。

归到"天下有道"社会。"天下有道，则礼乐征伐自天子出。"(《论语·季氏》)君仁、臣忠、父慈、子孝、兄良、弟悌，上下有序，朋友有信，民众和乐，社会和谐，诸侯不攻伐等，这都是小康社会阶段下的理想状态。

二、孟子的社会理想

孟子理想的社会，是一个王道的社会，他多次说起尧舜，称道周文王，认为周文王治下的周，就是很理想的社会。这个社会最大的特点就是社会成员的普遍温饱、安宁。在行政管理层面，君应当是行王道的仁君，"贤君必恭俭礼下，取于民有制"(《孟子·滕文公上》)。君主一定要以百姓之心为心，以百姓之欲为欲，推己及民，与民同乐，至于追求财富、满足衣、食、住、行、性的要求，都一与民同。这里并不是同等待遇，而是要君主有这种施治理念。"老吾老以及人之老，幼吾幼以及人之幼，天下可运于掌。……言举斯心加诸彼而已。"(《孟子·梁惠王上》)这样才能得百姓之心，使民亲之如父母。这就是说，当政者像父母一样爱护百姓，百姓像子女一样敬奉统治者，社会上人际关系像家庭成员一样互敬互爱，秩序井然，天下和谐。

臣也是助君行仁政，臣要以道事君，不能只是顺君所欲。大臣应该负起匡正职责，君有大过则谏，谏而不改则易位换人。要以民为重，社稷次之，不能一味想到富国强兵而不顾百姓的死活。他与法家在如何统一天下的战略上有根本区别，法家是以强制性的行政管理手段富国强兵，孟子主张以行王道、保证民众的生活质量、提高文明程度来争取民心。儒家着眼于人、人心和人际关系的和顺上；法家则着眼于国家富强和政法的有效上。在社会层面，孟子设想了一个比较现实的、秩序和谐、民生温饱、安定、文明的社会，并提出了基本的社会指标。

在社会治理上，要求减轻民众负担，减少税收，减轻徭役负担，给民众创造生产条件。斧斤以时入山林，网罟以时下湖泽，农民不误季节耕种，取得民众的拥护。

> 尊贤使能，俊杰在位，则天下之士皆悦而愿立于其朝矣。市，廛而不征，法而不廛，则天下之商皆悦而愿藏于其市矣。关，讥而不征，则天下之旅皆悦而愿出于其路矣。耕者助而不税，则天下之农皆悦而愿耕于其野矣。廛，无夫里之布，则天下之民皆悦而愿为之氓矣。信能行此五者，则

邻国之民仰之若父母矣。(《孟子·公孙丑上》)

在经济制度上，主张使耕者有其田，制民恒产，使百姓有稳定的生活根基。"若民则无恒产，因无恒心。苟无恒心，放辟邪侈，无不为已。……是故明君制民之产，必使仰足以事父母，俯足以畜妻子，乐岁终身饱，凶年免于死亡。然后驱而之善，故民之从之也轻。"(《孟子·梁惠王上》)

在生活质量方面，孟子提出了一系列指标：

> 五亩之宅，树墙下以桑，匹妇蚕之，则老者足以衣帛矣。五母鸡，二母彘，无失其时，老者足以无失肉矣。百亩之田，匹夫耕之，八口之家足以无饥矣。所谓西伯善养老者，制其田里，教之树、畜，导其妻子，使养其老。五十非帛不暖，七十非肉不饱。不暖不饱，谓之冻馁。(《孟子·尽心上》)

五十岁穿得上帛，七十岁能经常吃得上肉，这虽是一个基本的生活指标，但在战祸连年、民不聊生的当时，也是普通民众难得的。更可贵的是，孟子在这里说的，所关注的，是处于社会下层庶民的生活，这是在先秦所有的社会思想家中都极为难得的。

在社会福利政策方面，重视对贫苦无依的鳏寡孤独弱势群体的社会关照。"王曰：'王政可得闻与？'对曰：'昔者文王之治岐也，耕者九一，仕者世禄，关市讥而不征，泽梁无禁，罪人不孥。老而无妻曰鳏，老而无夫曰寡，老而无子曰独，幼而无父曰孤。此四者，天下之穷民而无告者。文王发政施仁，必先斯四者。……当是时也，内无怨女，外无旷夫。'"(《孟子·梁惠王下》)

在社会文化方面，主张富而教之。认为只有使民懂得礼义，懂得伦理，了解社会秩序，社会才能更好地运行。这就是"谨庠序之教，申之以孝悌之义"(《孟子·梁惠王上》)。孟子把它看作"王天下"的一个条件。

总之，与"大同"思想比较，孟子的社会理想已比较现实，基本是从当时的社会现实出发，想恢复良性社会秩序，使民众得以安居乐业。由此可见，孟子是有平民情怀的。

三、荀子的社会理想

荀子在儒家人物中，其思想表现出更多的综合性，总体上来看，他以儒为主，吸收了管仲以来齐法家的思想，创立了自己的思想体系，其社会理想体现出综合的特性。

荀子认为治理社会有三种模式：王道、霸道、权谋。

"故用国者，义立而王，信立而霸，权谋立而亡。"像汤、武这样的人物，"天下为一，诸侯为臣，通达之属，莫不从服，无它故焉，以济义矣。是所谓义立而王也"。像齐桓、晋文、楚庄、吴阖闾、越勾践这些人，虽然没做到德义，但是刑赏信于天下，不欺百姓，不欺与国，威动天下，"是所谓信立而霸也"。不顾信义，只顾功利，"上诈其下，下诈其上，则是上下析也"。像齐闵王、薛公这样的人物，就是这样的。所以，王者要以道义为立国之基。（参看《荀子·王霸》）

关于理想的社会模式，荀子继承了孟子比较现实的传统，也继承了孟子的许多思想因素并有所创新与发展。他的理想社会模式，有两种提法，分别是"至平之世"和"政教之极"。

> 故仁人在上，则农以力尽田，贾以察尽财，百工以巧尽械器，士大夫以上至于公侯，莫不以仁厚知能尽官职，夫是之谓至平。（《荀子·荣辱》）

> 至道大形，隆礼至法则国有常，尚贤使能则民知方，纂论公察则民不疑，赏克罚偷则民不怠，兼听齐明则天下归之。然后明分职，序事业，材技官能，莫不治理，则公道达而私门塞矣，公义明而私事息矣。如是，则德厚者进而佞说者止，贪利者退而廉节者起。《书》曰："先时者杀无赦，不逮时者杀无赦。"人习其事而固，人之百事，如耳目鼻口之不可以相借官也；故职分而民不慢，次定而序不乱，兼听齐明而百事不留。如是，则臣下百吏至于庶人莫不修己而后敢安止，诚能而后敢受职；百姓易俗，小人变心，奸怪之属莫不反悫。夫是之为政教之极。故天子不视而见，不听而聪，不虑而知，不动而功，块然独坐而天下从之如一体，如四胑之从心。夫是之谓大形。（《荀子·君道》）

荀子的社会思想，注重秩序整合，主张礼法并重，在一种严整的社会秩序之下，官员守法尽职，士民工商各安其业，各守其分，各尽其能，社会结构都呈现一种协调、高效的状态。所谓"平",实际说的是一种和谐、全面。

荀子所说的"至道大形",或"政教之极",其中包括这样几个要点:朝廷管理方面隆礼重法,尚贤使能,赏罚分明;社会管理层面公义明、公道达,士农工商各安其业,各展其能;社会秩序方面风俗淳化,遵礼守法。

在荀子的理论中,我们可以明显地感觉到法家的气息,荀子在《王制》中从四个方面描述了一个王道国家的状态:王者之人、王者之制、王者之论、王者之法。四者中就有法家重视的法和制。另外,"王者之论"中的内容也与法制有关:"王者之论,无德不贵,无能不官,无功不赏,无罪不罚,朝无幸位,民无幸生。尚贤使能,而等位不移;析愿禁悍,而刑罚不过。百姓晓然皆知夫为善于家而取赏于朝也,为不善于幽而蒙刑于显也。夫是之谓定论,是王者之论也。"(《荀子·王制》)荀子非常重视的就是赏罚考核,明定赏罚而信赏必罚。并且,主张在控制社会秩序方面采取严格措施,树立礼法的绝对权威,把一切置于礼法控制之下。

> 圣王在上,分义行乎下,则士大夫无流淫之行,百吏官人无怠慢之事,众庶百姓无奸怪之俗,无盗贼之罪,莫敢犯上之禁。天下晓然皆知夫盗窃之不可以为富也,皆知夫贼害之不可以为寿也,皆知夫犯上之禁不可以为安也,……故莫不服罪而请。(《荀子·君子》)

但是,荀子毕竟不失儒家本色,对于孟子以来所阐发的仁政还是作为基本内容体现在其社会理想之中。不同之处在于,在孟子称为"王政",在荀子则称为"王法"。"王者之法,等赋,政事,财万物,所以养万民也。田野什一,关市几而不征,山林泽梁,以时禁发而不税,相地而衰政,理道之远近而致贡,通流财物粟米,无有滞留,使相归移也。四海之内若一家,故近者不隐其能,远者不疾其劳,无幽闲隐僻之国,莫不趋使而安乐之。夫是之谓人师,是王者之法也。"(《荀子·王制》)其中的"田野什一,关市几而不征,山林泽梁,以时禁发而不税",我们在孟子的社会理想中,曾经见过类似的提法,由此可见荀子的社会理想与孟子社会理想有继承关系。

其实,荀子对孟子社会思想的继承还不止于此,在对民的礼仪教化方面,荀子也同样继承了孟子的设想(当然也是儒家的一贯传统)。

> 不富无以养民情，不教无以理民性。故家五亩宅，百亩田，务其业而勿夺其时，所以富之也。立大学，设庠序，修六礼，明七教，所以道之也。《诗》曰："饮之食之，教之诲之。"王事具矣。（《荀子·大略》）

荀子强调了儒家的一贯主张，把礼与教的关系，比作"车"与"挽"的关系，礼的教化会起到拉"政"这个车的作用，如果没有礼，政就行不通。

在社会福利政策方面，荀子一如儒家过去所强调的，非常注重养老，对高龄的人给以特殊的尊重和优待，提出了明确的优惠政策：

> 八十者一子不事，九十者举家不事，废疾非人不养者一人不事。父母之丧，三年不事；齐衰大功，三月不事；从诸侯不与新有昏，期不事。（《荀子·大略》）

就是说，如果家中有一人年龄达到八十岁，就可以免除一个家庭成员的徭役事务；家中有了九十岁的人，就可以全家免役；家中有残疾人生活不能自理的，可免一人；家里有了丧事，如果是父母之丧，免除三年徭役；血缘关系远一层的可减少至三个月；由别的国度结婚来的，免一年。这与《周礼》中的养老规定是一致的。

总的看，儒家的社会理想模式有这样几个特点：

（1）上下和谐，上则圣君在位，爱民重民，实行德治仁政，下则物质生活富足，拥戴统治者；

（2）注重社会秩序的和谐，礼乐等社会规范充分发挥社会功能；

（3）注重社会教化教育，力图提高民众精神文明程度；

（4）关注弱势人群，重视社会福利制度；

（5）注意保证发展生产条件和民众安定生活的环境，保持自然环境的和谐。

思考题：

1. 孔子与荀子社会思想中，对仁与礼之关系的认识有什么区别？
2. 孟子和荀子的人性论有什么不同？

3. 孟子的社会思想与孔子相比有什么异同?
4. 荀子"群"论的社会学意义?
5. 如何评价儒家的社会理想?

▶ 答题要点

第三章 道家的社会思想

道家社会思想是对中国社会产生了深远影响的思想文化之一，但道家之名称却始于汉代①。《汉书·艺文志》称"道家者流，盖出于史官"。从现存道家经典所尊崇的人格及其思想源流来看，道家之流多为遁世的"隐君子"。这类人群自古有之，如传说中的许由、伯夷、叔齐皆此类。周朝中后期，政治动荡、社会黑暗，有真知而隐居的人很多。孔子周游列国时也常常遇上类似的人，如楚狂接舆、长沮、荷蓧丈人等。他们的共同特点是淡泊名利，亲近自然，不尚礼法，以清静无为为最高追求，因此也未曾有建立学派的想法，将他们称为道家，多是因为其思想言行相近、追求旨趣相同。

从道家思想产生的地域文化上看，道家大概源出于楚文化的土壤，主要证据有，春秋战国时期的隐者，以楚国为最多，道家现存文本的创始人，如老子、杨朱、环渊、楚狂接舆、汉阴丈人都是楚国人，楚国统治阶级也欣赏并推崇道家文化，如楚威王曾派人请庄子为相。另外，随着马王堆帛书的出现、郭店竹简的出土，越来越多的学者认为，道家学说是楚文化的土壤里孕育出来的文化硕果。

道家思想在春秋战国时期达到很高的水平，其中以老子、庄子、杨朱为代表人物。

老子（前581—?），姓李，名耳，字聃，春秋末年楚国苦县（今河南鹿邑）人。传说他曾做过周朝"守藏室之史"（管理藏书的史官），后因避内乱，骑青牛出函谷关，不知所终。他著书名《老子》，又名《道德经》。相传老子学问很高，孔子曾向老子请教过有关周礼的学问。② 老子是中国道家思想的创始人，也被认为是中国道教的祖师。《老子》一书，大概是汉代以前学者对民间

---

① 依据胡寄窗等人考证，《史记·陈平列传》始有道家之称，其他或称"黄老道德之术"，或称"黄老言"，或称"黄老道"，独无道家之名。
② 《史记·老子韩非列传》记载：孔子适周，将问礼于老子。老子曰："子所言者，其人与骨皆已朽矣，独其言在耳。且君子得其时则驾，不得其时则蓬累而行。吾闻之，良贾深藏若虚，君子盛德容貌若愚。去子之骄气与多欲，态色与淫志，是皆无益于子之身。吾所以告子，若是而已。"孔子去，谓弟子曰："鸟，吾知其能飞；鱼，吾知其能游；兽，吾知其能走。走者可以为罔，游者可以为纶，飞者可以为矰。至于龙，吾不能知，其乘风云而上天。吾今日见老子，其犹龙邪！"

流传的老子言论整理的成果。汉代时有河上公本，魏晋时王弼作注，对老子文本有所整理，学术界称"王本"，1973年湖南长沙马王堆汉墓帛书《老子》甲本、乙本出土，1993年湖北郭店楚墓竹简出土，为理解老子的社会思想提供新的依据。本章内容以王弼《老子道德经注》为基础，兼而吸收帛书甲乙本的内容。

在先秦时期，对老子的社会思想继承并发扬光大的是庄子。所以道家社会思想有时也称老庄社会思想。庄子（约前369—前286），名周，字子休，大概稍后于孟子，宋国蒙人（今河南商丘东北），曾在家乡做过一小段管漆园的小官，没过多久就归隐了，其思想来源驳杂，基本上与老子的思想一致。庄子的社会思想主要见于他本人及其后学所著的《庄子》一书。据《汉书·艺文志》和《吕氏春秋·必己》高诱注，《庄子》在汉代为52篇，现在流行文本33篇，由"内篇""外篇""杂篇"组成，是魏晋时向秀与郭象注《庄子》整理所成。内篇七篇，学术界基本认定为庄子自著，其他篇目的风格思想与内七篇不尽相若，但仍可视为庄子或庄子后学的集体创作，共同构成了庄子学说体系。

杨朱（约前395—前335），字子居，事迹不详，传为老子的学生，《列子·杨朱》和庄子《应帝王》《寓言》都载有老子教杨朱事，诸子书中说他曾"南之沛"，"过宋"，"东之与逆旅"，"游于鲁"并"见梁王，言治天下如运诸掌"，又有"歧路之泣"的传说，是一个充满悲情而游历丰富的智者。杨朱的学说，以"为我""重生""贵己"为旨，在战国初年很流行。孟子说："杨朱、墨翟之言盈天下，天下之言，不归杨则归墨。"（《孟子·滕文公下》）但是杨朱本人未有著作传世。后世了解杨朱的思想一般通过《孟子》《庄子》《荀子》《韩非子》《吕氏春秋》《列子》《淮南子》等书籍记录，其中以《列子·杨朱》最有系统。一般认为，《列子》是魏晋时人的伪书，但以《庄子》《孟子》《吕氏春秋》等为佐证，《列子·杨朱》基本可作为研究杨朱一派思想的依据。

第一节 尚"自然"的社会观

一、老子庄子的社会变迁观

社会变迁是指一切社会现象发生变化的动态过程及结果。社会变迁的实质是社会结构内部发生了显著而影响深远的变化。学界对东周社会变迁较为一致的说法是"礼崩乐坏",以"礼乐"为周代的上层建筑,其本质是等级区分与角色定位。换句话说,东周社会的变迁,是周代政治体系和社会体系的全面崩溃。而引起周代社会变迁的根本性原因,是由于东周时期的社会发展引发的剧烈的社会转型。

(一)老子的社会变迁理论

道家学派大多属于以消极适应和顺应自然来对待社会结构变迁的人,他们大多对当时社会运行状况保持深刻的怀疑与批判,认为自然而然的人生存在状况才是一个社会的常态。老子的社会变迁思想是建立在其大道循环论的基础上的。老子认为"道"是宇宙万物的根本,而道的运行是循环往复的。宇宙万物的运行,遵循着周而复始的道运,社会的变化发展也遵循这一原则。"反者道之动"(《老子·四十章》),其中所谓的反,就是周而复始的循环运动。观察万物反本的循环,可以知晓社会运动变化发展的规律,他相信已有之事,后必再有,主张"执古之道,以御今之有"(《老子·十四章》)。"致虚极,守静笃,万物并作,吾以观复。夫物芸芸,各复归其根。归根曰静,是谓复命,复命曰常,知常曰明。"(《老子·十六章》)在老子看来,虚静是万物的长久之道,社会的良性运行与协调发展必须遵循大道运行的规则,建立在虚静的基础之上,不要有太多的社会运动,更不要有人的妄自作为。"不知常,妄作,凶。"(《老子·十六章》)这样,整个社会便能形成一种包融万有的弘容,公理自然得以伸张,社会便可以永续发展。"容乃公,公乃王,王乃天,天乃道,道乃久。"(《老子·十六章》)可见,老子其实希望把社会纳入到一种尊顺自然而和谐的社会运行状态中进行考察与管理,反对人为地推动社会运行,因此也便谈不上从社会内部发现推动社会发展的动力依据。这种思想对于一味追求发展速度的现代社会而言极具反思意义。

老子认为社会变迁是客观存在的,天地尚且不能使疾风暴雨持续一整天,何况是人类社会。天时寒暑,流谢不常,人情祸福,不能久定。人生在世,祸福之中,存在着相互转化的可能,这使得社会的面貌呈现出无常且纷繁琐碎的特征。"祸兮福所倚,福兮祸所伏"(《老子·五十八章》),在对大道运行的观察与认识上,老子提出了和谐的变迁观念。老子指出,和谐才是事物发展的根本动力。宇宙间的万事万物莫不处于阴阳对立的和谐,"万物负阴而抱阳,冲气以为和"(《老子·四十二章》),"知和曰常,知常曰明"(《老子·五十五章》),万物以和为常,只有和谐才会有生机,也只有和谐,社会才能永续发展。

老子认为,人违反天道的作为是引起社会秩序混乱的根源。这类作为包括统治阶级对百姓过多的索取,也包括人为地给人类社会设定等级区分与角色定位,包括因一己之私将天下卷入战乱,包括发明利器改变民众生活方式,也包括用智谋与权术统治民众。因此,老子认为让百姓的生活保持天然的清净无为,是天之道,天道在上,人道必须服从天道。其中,老子特别指出礼仪、利器、技巧、法令是引起社会生活秩序混乱的主要原因。"天下多忌讳,而民弥贫;人多利器,国家滋昏;人多伎巧,奇物滋起;法令滋彰,盗贼多有。"(《老子·五十七章》)而声色、美食、畋猎、难得之货是使人心见异思迁,产生社会行动偏差的原因:"五色令人目盲,五音令人耳聋,五味令人口爽,驰骋畋猎令人心发狂,难得之货令人行妨。"(《老子·十二章》)因此,他主张取消使人心变异的器物与技巧,远离诱人沉迷的享受,保证人的纯良朴素的状态。老子还指出,机巧便利,是使得人心变坏的重要原因,盗贼祸乱的兴起也与之相关,因此认为应该废除一切工艺技巧。"绝巧弃利,盗贼无有"(《老子·十九章》),"古之善为道者,非以明民,将以愚之"(《老子·六十五章》),使百姓归于纯朴、自然的状态。

最后,老子指出,以道德教化为基础的名教系统最大的弊端,在于道德教化引起的人心之变,使得人与人之间互不信任,"豫焉若冬涉川,犹兮若畏四邻"(《老子·十五章》)。因此,社会的大美与和谐,应该首先管住人心,使人们不敢妄自作为:"虚其心,实其腹,弱其志,强其骨,常使民无知无欲,使智者不敢为"(《老子·三章》),最终使社会返璞归真,恢复宁静和谐的社会生活状态。

(二) 庄子的社会变迁理论

庄子继承了老子的社会变迁思想,认为社会变迁与春夏秋冬四时循环往复一样禀之自然,不可回避。所谓"时有终始,世有变化"(《庄子·则阳》),"死生存亡,穷达贫富,贤与不肖,毁誉,饥渴,寒暑,是事之变,命之行也"(《庄子·德充符》)。庄子看到,剧烈的社会变迁给人类带来了严重的后果,这些后果之一是价值体系混乱:"道术将为天下裂。"(《庄子·天下》)后果之二是弱势群体利益受到剥夺:"今世殊死者相枕也,桁杨者相推也,刑戮者相望也。"(《庄子·在宥》)后果之三是个人日常生活合理性依据缺失:"余愧乎道德,是以上不敢为仁义之操,而下不敢为淫僻之行也。"(《庄子·骈拇》)因此他强烈反对人为地推动社会转型。庄子将社会的变迁与自然联系起来,提出安于性命之情的顺变思想。在庄子看来,社会与个人生命都源于自然造化,命是不可改变的自然精神在人间世界的呈现,而性是自然赋予的人的本质,"性者,生之质也"(《庄子·庚桑楚》)。庄子注意到人是社会的主体,人的行为本源于人的自然属性,教育对人的自然属性的改变,是推动社会变迁的直接力量。"性之动,谓之为;为之伪,谓之失"(《庄子·庚桑楚》),社会所以在变迁中让人无所适从,正是人性伪化的结果。而人性伪化的后果是机智与情欲的滥用:说理导致道术割裂,尚礼助长浮华技能,爱乐增加宫商淫声,说圣人事迹让人削足适履,爱智计增加人与人勾心斗角,过度的情欲使得整个社会道德沦丧。这些因素都对整个社会发生着"削其性""侵其德""毁其常然"的影响。所谓"毁其常然"(《庄子·庚桑楚》),就是引起社会变迁。

庄子和老子一样,看到了生产技术的发达引起的社会变迁,但他反对任何人为的改革与推进,他认为机械的发明与使用,使人有投机取巧之心,机巧之心存在于胸中,人就不能够保持纯粹朴素的生活状态与宁静安定的生活。《庄子·天地》中,讲述了子贡在楚国遇上的事情。有一个种菜的老农,在井口爬上爬下地抬水灌溉菜园,又慢又费劲,子贡对他说,有一种叫做桔槔的农具,"凿木为机,后重前轻,挈水若抽,数如泆汤,其名为槔",不用很费力便可以灌溉大面积的菜园,你可以试着用一用。老农生气地跟他说,能省力的农具不是他不知道用,而是耻于使用,"有机械者必有机事,有机事者必有机心"。一个人有机心,就不可能纯良真实,也不可能无忧无惧。因此,必须摧毁那些让人勾心斗角的工艺与技术,"掊斗折衡,而民不争","毁绝钩绳而弃规矩","擿玉毁珠"(《庄子·胠箧》),他甚至认为工匠"残朴以为器"(《庄子·马蹄》),是罪大恶极的,因此应该"胶离朱之目","攦工倕之指"(《庄子·胠箧》)。

庄子认为,学术思想是引起东周时期社会变迁的重要因素,但他对于当时百家争鸣学术兴盛状态的态度却是消极与批判的;他观察到了春秋战国百家争鸣,看上去是思想学术极为繁盛的时期,其实却是各滞所执,偏得一术而已,虽然"皆有所长,时有所用"(《庄子·天下》),但却不能为人们的日常生活秩序的自然和谐提供随物任化、淳朴无为的依据,相反,广博的智学淹没了纯真的心灵，然后人民才开始迷惑和纷乱，没有什么办法返归本真而回复原始的情状。后世的人们难以见到自然之道的纯粹与古人的朴素。"后世之学者，不幸不见天地之纯，古人之大体，道术将为天下裂。"（《庄子·天下》）总之，庄子认为学术研究与科技发明违反自然之道，于己于天下都有害而无利。

庄子指出，世人好名利，而名利是引起社会纷争的主要原因，个人德性会在名利面前黯然失色。自唐虞以来的名教系统，引导着世人熙熙攘攘追名逐利，名教系统愈发达，社会的道德愈沦丧。"德荡乎名，知出乎争。名也者，相轧也；知也者，争之器也。二者凶器，非所以尽行也。"（《庄子·人间世》）

在庄子看来，社会的变迁经历了民无知无欲的"至德之世"和以德名为治的"圣人之世"，进而演化为"百家往而不反"，"道术为天下裂"的当今之世，每一演进，机巧日多，世道风气日益变坏。他担心到最后，可能会走向"人相食"的衰德之世。他悲观地认为，社会演进的趋向依次是：真人至德之世—顺而不一的神农时代—安而不顺的唐虞之世—当今之道术割裂之世—后世人与人相食的衰德之世。至德之世，人们处在茫昧之中而与时世为一，君臣上下不相往来，每个人都自由自在，无拘无束。但到了三皇五帝时代，道德日益沦丧，圣人执迹用智，导致天下大乱，"故天下每每大乱，罪在于好知"（《庄子·胠箧》）。仁义名利成为人们竞相争逐的对象，整个社会便陷入了无序与混乱。

庄子认为生而为人，离不开所处的社会。但人间的事故，社会变迁带来的痛苦，唯有做到无论什么样的变故都能适应，方可以达成无心而不自用的自由境界。"不谴是非，以与世俗处"（《庄子·天下》），"无誉无訾，一龙一蛇，与时俱化，而无肯专为。一上一下，以和为量，浮游乎万物之祖，物物而不物于物，则胡可得而累耶"（《庄子·山木》）。就是对于社会变迁，采取"变化齐一，不主故常，在谷满谷，在坑满坑"（《庄子·天运》）的态度，安时处顺地与世沉浮，最后达到与道同体，随道俱往，与变化常在的境界。

二、大道出于自然的社会观

道和自然是道家社会思想的两个核心范畴。在中国思想文化史中，道家最先提出了自然的概念，而且道家对"道"的理解最具超越性与概括性。更为突出的，道家最终以"法"的概念将两个概念关联在一起，形成了大道出于自然的社会观。在《道德经》一书中，老子用了五个讲"自然"的文句从总体、群体、个体三个层面揭示了宇宙与人类社会的基本点，讨论了人应该如何自然而然地生活在天地之间。老子认为，道是宇宙万物的总根源和总依据，而这个总根源和总依据又以自然而然为运行原则①而长养万物。在道家思想中，自然一方面指作为人类生活世界能动性之外的客观实在，即通常所说的"道"或自然规律。道家认为，道自根自本，以其自身的矛盾运动，不停地运行，故称"自然而然"。另一方面指人类社会理想的自性发展状态。因此，老子的自然观，放在今天人类的学科视野下，是一种人文的和社会的视野。概括地说，便是天地生长万物，纯任自然，万物自相治理，各适宜其用，自己如此，人与人的关系亲近自然，不矫揉造作。

从社会思想的角度看，老子大道出于自然的社会观其实也可以说成社会出于自然。道是天地之间（域中）的四大（道大、天大、地大、人亦大）之首，道超越于天地之上，天地都要依凭大道的法则运行，大道之上，不再有更高的主宰。大道依据自然而然的法则运行，"大道无形，生育天地；大道无情，运行日月；大道无名，长养万物"②。因此，老子所说的大道，具有如下特征：第一，自根自本的独立性，不会因为他物的变化而受影响；第二，不受约束与规定的自由性，人只能感知其存在而不见其形状，具有无形、无情、无名的超越精神；第三，不可穷尽的无限性，其至大无外而至小无内。在老子的社会思想里，道、无为、自然是一个三位一体的概念，就其运行轨迹而言为道，道是对万物形质的超越，大道运行，不造不施，万物得到道的养育，但道不留辙迹，"善行无辙迹"（《老子·二十七章》）；就其运行原则而言为自然，所谓"道之尊，德之贵，夫莫之命而常自然"（《老子·五十一章》），道生长万物，养育万物，但不宰制万物。万物各自为主，自由发展；就其运行手段而言为无为。"上德无为而无以为"（《老子·三十八章》），就是说，以不作为为手段，任万物自然发展，万物便都能在各自的位置上安所遂生。老子讨论了道的起源，运行逻辑与人、地、天、道之间的关系，认为"法"是"道"的作用，"道"的显现，是"道"落实到人事，即所谓"人法地，地法天，天法道，道法自然"（《老子·二十五章》）。魏晋时的王弼认为，此章最见老子人与自然

---

① 刘笑敢：《老子之"自然"的古典与现代解读》，曹天予、钟雪萍等编：《文化与社会转型》，浙江大学出版社2006年版，第142—157页。
② 道教经典《太上老君说常清净经》对老子思想的概括。

相互资用之道:"人不违地,乃得全安,法地也。地不违天,乃得全载,法天也。天不违道,乃得全覆,法道也。道不违自然,乃得其性。法自然者,在方而法方,在圆而法圆,于自然无所违也。"(《老子·二十五章》王弼注)就是说,自然既是道的属性,也是人和人类社会的本性,"性"与"道"统一于"自然"。人的行为与社会秩序的治理应该依循自然,唯道是从,才能安全顺遂。

把"道法自然"引入到社会领域,包含着两个方面的意思:第一,社会秩序应该接受自然法则的支配,而自然法则最根本的是"无为",无所私亦无所争;第二,人的社会行为应该效法自然、效法天道,自然无为,以自己的本然状态为处理事物的出发点,怎么自然怎么做事。不要伪饰,不必拘泥于世俗礼法的束缚,采取"贵柔"的处世之道,最终达到人与人之间,人与社会、人与自然界之间的天然和谐。圣人实行自然而然的管理原则与管理方法,便能达到自然和谐与自然秩序。"太上,下知有之……功成事遂,百姓皆谓我自然"(《老子·十七章》),就是说圣人以不妄自为社会生活秩序的运行定立法则,而使之自然而然地生长发展,"长之育之,亭之毒之,养之覆之"(《老子·五十一章》),也就实现了自然而然的良性社会秩序,老百姓知道有政府存在,但不知道政府用什么方式使得他们的日常生活秩序如此安宁顺遂,这才是真正的天然的和谐社会。

庄子继承了老子大道出于自然的观点,认为道既超越万物之上,又内在于万物之中。他说:"夫道,有情有信,无为无形,可传而不可受,可得而不可见,自本自根,未有天地,自古以固存;神鬼神帝,生天生地,在太极之先而不为高,在六极之下而不为深,先天地生而不为久,长于上古而不为老。"(《庄子·大宗师》)就是说,万物由"道"生成,一切事物都由"道"主宰。"道"是独立的,不依赖于外物,"自本自根";道又是创造生命的,"生天生地",是万物的载体,"夫道,覆载万物者也"(《庄子·天地》)。"道"不在时空之内,超越六极而无所谓"高""深",贯通古今而无所谓"久""远"。总之,世间万物都根源于"道",依道而生,依道而行。庄子认为人类的生存状态与社会秩序也应该依据道法自然的原则,而不应进行人为的裁定。

庄子认为,社会和人类是大道自然造化的结果。道"以天地为大炉,以造化为大冶"(《庄子·大宗师》),新新变化,念念迁谢,最后成就"天地虽大,其化均也"(《庄子·天地》)的生成效果。首先,人是自然的一部分,是道与自然决定了人的形貌，使之像个人样地生活。庄子说："道与之貌，天与之形。"（《庄子·德充符》）"人之生，气之聚也，聚则为生，散则为死……通天下一气耳"（《庄子·知北游》），就是说人的自然性集中表现于人和道的本质同一，都是由物质性的气构成的。其次，庄子将人性看成是与生俱来的自然本质，"性者，生之质也"（《庄子·庚桑楚》）。这个自然属性如果被教化，就变得虚伪。"性之动，谓之为；为之伪，谓之失。"（《庄子·庚桑楚》）第三，庄子认为人对于自然不能干预，只能顺应，"无以人灭天，无以故灭命"（《庄子·秋水》）。

庄子认为大道运行，自然界万物及人类社会秩序，都遵循自然无为的原则。"天不产而万物化，地不长而万物育，帝王无为而天下功"（《庄子·天道》），因此，人的生活应该顺应自然，"不以好恶内伤其身，常因自然而不益生"（《庄子·德充符》）。又说，"四时殊气，天不赐，故岁成，五官殊职，君不私，故国治；文武大人不赐，故德备；万物殊理，道不私，故无名，无名故无为，无为而无不为"（《庄子·则阳》），无私无名是自然最高准则，君王少私寡欲以治理天下，文武大人不求名求利以强制推行政策，整个社会就能和睦雍熙。

庄子进而认为，万物生死变化，皆是自然而然，全无主宰和目的，也不可改变。"已而不知其然，谓之道。"（《庄子·齐物论》）人的死生、存亡、穷达、贤不肖、饥渴等都是自然而然，非人力所能改变。因此，人生天地间，理应安生乐死，物来顺应，达到"其生可乐，其死可葬"（《庄子·山木》）的旷达，最终能够与天地并生，与万物为一。庄子认为人既与天合一，同时人与天不相胜，因此，处在人的位置，只能顺适不可勉强，由"知其不可奈何而安之若命"（《庄子·人间世》），进而达到"以天合天"（《庄子·达生》）的生存状况。以天合天，本意就是将人的自然属性融合于道的自然，是超然于物外，无所计较，顺应自然的精神状态，是一种追求人与天地自然相融合、协调的天道观念。

第二节 社会问题论

"社会问题"是社会生活、国民生计、群体生命因失其适合、平衡、规律所产生的问题，是在某一特定的社会里公认为对社会进步、社会秩序的运行与发展产生障碍的问题。社会问题具有绝对性、复杂性和特定的时空特征。社会问题的绝对性指任何社会都存在社会问题，复杂性指社会问题的原因和解决的手段不是单一的，而时空特征则是指社会问题的治理需要放在一定的经济社会文化基础上进行讨论。老子与庄子生活时代的社会问题，主要是伴随着春秋战国社会转型而频繁发生的战争、政权更迭、盗贼蜂起、贫困等社会现象以及这些社会现象导致的社会关系失调。道家站在社会自然发展的立场，对该时代社会问题的产生和解决方式做出回应。

一、老子的道废仁现论与君上致乱论

老子认为，社会问题的产生是大道陵夷的结果。所谓大道陵夷，就是民众日常生活秩序的合理性依据从自然而然、无名无情的大道转向被仁义礼智的外在人为的社会价值观约束，最终导致自然人性由淳淳闷闷、朴朴拙拙、浑然天成的状态变得虚伪拙劣。"大道废，有仁义，智慧出，有大伪。六亲不和，有孝慈。国家昏乱，有忠臣。"（《老子·十八章》）而这一切，都是因为世人"不道"所致，老子认为如果自然而然的大道在，六亲和睦，国家清静的话，哪里还需要仁义、智巧、孝慈、忠臣呢？正是因为自然之道废弃了，才出现仁义、忠孝等所谓的伦理规范。老子认为社会上的"乱"是因为君上的"私欲"、君上不遵守自然之道而想"有为"、君上发动"争战"、君上设定"礼法"等"不道"招致的。

第一，现实社会中整个社会秩序陷入纷乱，是君上权力欲望所导致的。老子认为统治阶级假仁假义，一方面通过阴谋诡计篡夺他国政权，另一方面以富国强兵的霸道政治引起国与国之间的战争。"民之难治，以其上之有为，是以难治。"（《老子·七十五章》）老子用"有争""熙熙""昭昭""察察"等词来概括君上的"有为"，认为这是祸乱产生的根源。因此，为了清顺源流，统治阶级必须"去甚、去奢、去泰"（《老子·二十九章》），就是摒弃过度的想法、欲望及奢侈生活。

第二，现实社会民众生活的困苦，是君上的过度索取导致的。老子将当时社会民众普遍的贫困归因于税收的超重。"民之饥，以其上食税之多，是以饥"（《老子·七十五章》），在此基础上强烈谴责被百姓养肥的贵族分子，称他们为强盗头子。"朝甚除，田甚芜，仓甚虚，服文采，带利剑，厌饮食，财货有

余，是谓盗夸。"（《老子·五十三章》）老子指出，统治阶级贪得无厌，最终"多藏必厚亡"（《老子·三十七章》），老百姓在穷无聊赖的条件下一定会铤而走险，"民不畏死，奈何以死惧之"（《老子·七十四章》）。

第三，老子将社会问题的产生与道德抉择联系在一起。但老子所说的道德，并非儒家一般意义的伦理道德，而是指天人和谐、天人平衡的社会运行状态，是万物必须遵循的普遍法则。"万物莫不尊道而贵德。道之尊，德之贵，夫莫之命而常自然。"（《老子·五十一章》）不遵循道德的法则，事物就必然陷入紊乱。老子在此基础上认为，统治者以智谋、权术、欺诈等方式治理社会，是社会问题迭出的根源。老子反对以智治国，其中的智，不是智慧、智力，而是权谋之术。所谓的君王南面之术，其本质是偷奸耍滑、尔虞我诈，只能导致大家都处心积虑地去牺牲别人以满足自己的私欲，最后只能是"大道甚夷，而民好径"（《老子·五十三章》），没有人愿意真诚地对待他人和事务，而是投机取巧，巧言令色。因此，老子认为权谋之术使整个社会道德伪化，人心惶惶。要使得道德伪化的问题得以解决，就是国君在上面能清净无为，少私寡欲，天然的公平与正义就能自然而然地在大地上流淌。百姓在社会中生活充裕，没有厌恨与抱怨。"天地相合，以降甘露，民莫之令而自均。"（《老子·三十二章》）

第四，老子认为君王制定的礼法，其本质是将每一件事情都复杂化，将每个人都功能化，最终只能导致社会混乱和人与风俗的败坏，所以礼法是社会矛盾的实际制造者。法令越严格，被贴上盗贼标签的人就会越来越多，监狱就要人满为患。"法令滋彰，盗贼多有"（《老子·五十七章》），加在人身上的等级区分与角色定位的要求越多，人的忠信之心就越薄，"夫礼者，忠信之薄而乱之首"（《老子·三十八章》）。

客观地说，老子的君上致乱论将社会问题的根源直指当时不断强化的君主专制及正在重构的君民关系，是极深刻且有远见的。但老子站在自然无为的立场，认为一切人为设定的制度都是"不道"，因此自然提不出限制君主权力的制度理想来。无为而治的方法在老子之后屡屡为"君上"所使用，社会问题解决的效果也不错，但因为缺少对君主权力限制的措施与办法，政策的制定与执行大多随"君上"所好，具有很强的随意性。

另外，老子将经济、社会、文化与科学技术的发展看作社会问题的根源，对人类文明导致的异化后果，具有强烈的批判色彩。换句话说，道家社会思想虽对文明的病态具有消解之效，但全盘否定了文明进步，也就不能从建设的角度，提出社会改良与发展的措施，最后必然是感伤主义的悲天悯人。

二、庄子的德衰朴散与规范致乱论

庄子认为，社会问题的产生，是人文教化导致德衰朴散的结果，因此主张放弃一切人类文明成果，"复归于朴"。庄子认为"残朴以为器"（《庄子·马蹄》），使人在心胸头脑中形成"经纪条理、理性法则"，令人投机取巧，败坏人心，导致社会问题的产生。

庄子赞同老子的君上致乱论，认为圣人的最大过错，是"毁道德以为仁义"（《庄子·马蹄》）。需要指出的是，和老子一样，庄子所讲的道德也不是儒家意义的伦理道德，而是大道运行的根本法则，"通于天地者，德也；行于万物者，道也"（《庄子·天地》），毁道德以为仁义就是将人的自然属性匡定在仁义的规则牢笼之中。老子和庄子都试图将人和社会纳入自然运行的大法则中。这样，社会的运行与人的行为都应该遵循大道运行的规律，维系人自身自然而然的存在状态，社会秩序就能够良性运行与协调发展，否则，整个社会秩序就会陷入迷乱之中。庄子的规范致乱论主要体现在如下几个方面：

第一，庄子认为，圣人之所以有过，之所以导致社会问题，是因为其倡导仁义礼乐的社会规范。社会规范的本质是"蹩躠为仁，踶跂为义""澶漫为乐，摘僻为礼"（《庄子·马蹄》），从一开始便包含着纷乱天下的可能性。特别是在仁义礼乐等被统治阶级推为主导性社会价值观之后，人为的社会规范成为统治者精心缝制的一张巨大网络，将每一个社会成员以等级区分和角色定位的方式"匡"（裁定）"慰"（赏罚）之。这样，人为的那些道德规范便与人性自然背道而驰，整个社会汲汲于名利，最终走向德衰朴散。"及至圣人，屈折礼乐以匡天下之形，县跂仁义以慰天下之心，而民乃始踶跂好知，争归于利，不可止也。"（《庄子·马蹄》）所谓"县跂仁义"，就是将仁义标榜出来，令人企慕，仁义本身已不成为目的，而是成为了人们争夺名利地位的价值标榜。

第二，庄子认为社会规范为不同阶层的人划定了个人的目标，指出了实现目标的手段，引导人们以身相殉，造成个人存在价值与社会规范的结构紧张，残生害性，乱天逆物。"自虞氏招仁义以挠天下也，天下莫不奔命于仁义，是非以仁义易其性与？故尝试论之，自三代以下者，天下莫不以物易其性矣。小人则以身殉利，士则以身殉名，大夫则以身殉家，圣人则以身殉天下。故此数子者,事业不同,名声异号,其于伤性以身为殉,一也。"(《庄子·骈拇》)社会规范"乱天之经,逆物之情"(《庄子·在宥》),从根本上讲是使人的自然状态走向崩溃的原因。

第三,庄子认为,社会问题的实质,是社会关系的失调,而人为制定的社会规范是直接导致社会关系失调的根本原因。"治,乱之率也,北面之祸也,南面之贼也。"(《庄子·天地》)规范之所以致乱,是因为规范是在"窃国者"的手里制定出来的,"彼窃钩者诛,窃国者为诸侯,诸侯之门而仁义存焉"(《庄子·胠箧》)。换句话说,社会道德与规范是建立在既有的背德行为之上的,其背后的运行机制是功利驱动而不是自然而然的大道运行法则,这种社会规范势必导致篡夺的不断出现。庄子认为,选贤与能是唐虞以来确立的社会组织方式,而选贤与能之事,浮薄不足以令百姓淳厚。尧舜禅让之风,必成篡逆之乱。

> 举贤则民相轧,任知则民相盗。之数物者,不足以厚民。民之于利甚勤,子有杀父,臣有杀君,正昼为盗,日中穴阫。吾语女,大乱之本,必生于尧舜之间,其末存乎千世之后。千世之后,其必有人与人相食者也!(《庄子·庚桑楚》)

第四,庄子进而认为,社会规范的罪恶是导致人心败坏。"天下脊脊大乱,罪在撄人心"(《庄子·在宥》),撄,是扰乱的意思。庄子基于他对尧舜以来社会历史的认识与总结,认为,社会规范从来都存在被"县跂"的可能,规范制定越是完美,被"县跂"的可能性越大。"且昔者桀杀关龙逢,纣杀王子比干,是皆修其身以下伛拊人之民,以下拂其上者也,故其君因其修以挤之。"(《庄子·人间世》)统治阶级强化社会规范,掌握杀伐大权,最后只会使得人与人之间的猜忌越来越深,机心越来越重,以致"凡人心险于山川,难于知天"(《庄子·列御寇》),产生严重的社会隔膜与矛盾斗争。因此,要维护社会秩序的良性运行与协调发展,一定要使老百姓处于无知无欲的状态。比起以权术管理国家,庄子认为应该保护民众朴素纯良的社会风俗,让老百姓无知无欲,和谐安宁。

在社会问题的解决上,庄子赞同老子"绝圣弃智""攘弃仁义"的治理思路。但他比老子走得更远,认为要想使社会秩序重新恢复到稳定和谐的运行状况,就应该直接否定仁义规范。庄子认为,社会问题治理的出路,应确立自然而然为第一伦理原则，而不是立教以驾驭苍生，使得民众知仁义礼智信，因为这些伦理道德思想是不符合自然而然的至道的。

针对道术将为天下裂的后果，庄子认为社会秩序的治理应该废弃学术研究，认为学术研究与科技发明都是雕虫小技，"判天地之美，析万物之理，察古人之全，寡能备于天地之美"（《庄子·天下》），人的任何发明、发现及作为，都是相对于自然造化的微小成就，而任何人为的微小成就，都会破坏自然的道，是害人心术的东西，最终使得"道隐于小成"（《庄子·齐物论》）。为了达到对人生真理的体悟，首先应该颐养个人的性命，而不要过多思虑，"全汝形，抱汝生，无使汝思虑营营"（《庄子·庚桑楚》）。

第三节　社会行为与处世态度论

社会行为是人类有意识有目的的行为，人类的社会行为受社会环境和处世态度的支配。道家关于社会行为的讨论，一方面立足于人生在世的有限本性，认为"人之有所不得与，皆物之情也"（《庄子·大宗师》）。另一方面根源于其自然无为的处世思想。道家修"道德"，就是关心宇宙与人类的存在状态，老庄均自认为是置身于"衰德之世"，因此在处世态度上具有强烈的遁世色彩，在社会行动中采取清心寡欲、追求自由、全性保真的方式。它集中体现为老子"见素抱朴，少私寡欲"（《老子·十九章》），庄子"为善无近名，为恶无近刑"（《庄子·养生主》）的清净无为与游世思想以及杨朱的"为我"与"贵己"思想。

一、老子的"见素抱朴，少私寡欲"论

老子强调人和社会都是自然的一部分，不能摆脱自然规律的制约，因此，"无为""复归于朴"成为面对现实的基本对策。朴的本义是原木，引申为原真的意思，是事物自然而然、不加雕琢与修饰的状态。老子将这种状态看作人心世界的根本秩序，并将之与社会价值形态的"仁义礼乐"相对立。"道常无名，朴虽小，天下莫能臣也。侯王若能守之，万物将自宾"（《老子·三十二章》），就是说朴作为事物的美好品质，其存在虽然是不显眼的，但如果能成为处世的基本准则，抱朴无为，对外不因财富的诱惑劳累形体，对内不因欲壑

难填而伤害精神，这样就自得生命的真谛。如何在日常生活中见素抱朴，少私寡欲，老子认为主要是做到如下几个方面：

第一，抛弃智伪，回归无知无欲的状态。老子认为，社会现实的有为与世道人心的投机取巧使得人的存在状态离开道德之旨太远。处于衰德之世，人的行为准则应该回到自然状态，无知无欲，天下才会清宁。老子将赤子的状态看作最朴素理想的状态，"含德之厚，比于赤子"（《老子·五十五章》），要求人们"常德不离，复归于婴儿"（《老子·二十八章》）。为了回归到见素抱朴的状态，老子认为应该对人世间的喧嚣、热闹保持淡然、朴讷的状态，低调地处理世事，"众人熙熙，如享太牢，如春登台，我独泊兮其未兆，如婴儿之未孩，儽儽兮若无所归"（《老子·二十章》）。

第二，摒弃私有财产和私有观念，过一种俭朴的生活。老子认为天道无私无欲，而统治阶级却多私多欲。统治阶级的贪欲不仅违背天道原则，而且使得整个社会纷纷扰扰，他们"不知足""欲求"，但最后都难免"多藏必厚亡"的结果。因此统治阶级应该少私寡欲，以最低限度的生活水准追求最高的道德修养，"被褐怀玉"（《老子·七十章》）。老子说："我有三宝，持而保之。一曰慈，二曰俭，三曰不敢为天下先。"（《老子·六十七章》）"三宝"是老子对全体人类之社会行为准则的规定性，认为俭、慈、不敢为天下先不仅有社会和经济的意义，更有个人德性意义。老子甚至认为，"五色令人目盲，五音令人耳聋，五味令人口爽，驰骋畋猎令人心发狂，难得之货令人行妨"（《老子·十二章》）。相应地，慈则安宁，俭则朴素少文，不为天下先则无战无争，因此，老子的慈俭思想也是走向理想社会的道路设计。其内部逻辑可用下图表示：

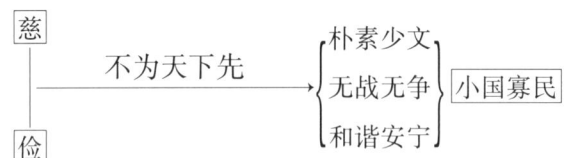

第三，以卑弱的心态处理社会关系，知足知止。老子认为自然的基本精神是柔弱与和谐。柔弱是最具生命力的原初动力，就如初生孩子，无求无欲，不犯众物，因此毒虫不蛰他，猛虎不吃他。因此，"弱者道之用"，人们在社会生活中应该以谦卑的心态与贵柔的方式处理社会关系。老子说："天下莫柔弱于水，而攻坚强者莫之能胜，其无以易之。弱之胜强，柔之胜刚，天下莫不知，莫能行。"（《老子·七十八章》）所以他说"守柔曰强"（《老子·五十二章》），"天下之至柔，驰骋天下之至坚"（《老子·四十三章》）。水在世界上看起来最柔弱，却能够摧毁看似坚强的东西，而在军事行动之中，刚狠强劲的部队往往打败仗，所以老子认为，强大最终会衰败，只有"柔弱"才能得到保全，并居于上位。因而"人之生也柔弱，其死也坚强。万物草木之生也柔脆，其死也枯槁。故坚强者死之徒，柔弱者生之途。是以兵强则不胜，木强则折。强大处下，柔弱处上"（《老子·七十六章》）。所以，人与人之间的和谐，应该是一种贵柔之道，是人毫无偏私地理解并拥抱万物的温和、仁慈与柔弱。在贵柔的基础上，老子进一步提出了知足知止的处世思想，认为"知足不辱，知止不殆，可以长久"（《老子·四十四章》）。

第四，老子认为最好的社会关系是不要有相互依附关系，而是人与人共处于玄同之境的亲近与自然。所谓玄同之境，是人与人之间不过度亲密，也不过度疏离，相互之间不相互利用，也不相互残害的状态，"不可得而亲，不可得而疏；不可得而利，不可得而害；不可得而贵，不可得而贱"（《老子·五十六章》），这要求人们"挫其锐，解其纷，和其光，同其尘"（《老子·四章》），总而言之，在俗世要与世界万物同处，和光同尘。所谓"和光同尘"，就是要不露锋芒，收敛光华，融入尘世，以与世无争、宽容平和的心态处理人际关系。"善者吾善之，不善者吾亦善之，德善；信者吾信之，不信者吾亦信之，德信。"（《老子·四十九章》）

二、庄子的"为善无近名，为恶无近刑"论

庄子以人如何生存作为问题的出发点。人的命运与万物之情一样是无可奈何的，他说："方今之时，仅免刑焉，福轻乎羽，莫之知载，祸重乎地，莫之知避。"（《庄子·人间世》）言下之意便是世间多是苦与辱，祸重福薄，人生在世，是一个悲惨的过程。但人生在世，也不可不有人间关怀，就是在觉察了世界本来如此之后，依然能抱朴守真，逍遥自由，远离祸福之门，这或许是庄子将其处世思想命名为"人间世"而不是"人世间"的深层涵义。人世的苦辱是庄子社会行为与处世态度的逻辑前提，而这个前提的基本假设是人心险恶，"天下之善人少而不善人多，则圣人之利天下也少而害天下也多"（《庄子·胠箧》）。这样，"上不敢为仁义之操，而下不敢为淫僻之行"（《庄子·骈拇》），就只剩下"为善无近名，为恶无近刑"（《庄子·养生主》）的中道追求。即任凭苦辱在人世间流淌，不喜不忧地与世沉浮，与刑罚和名利保持距离而与道合。"古之

至人,假道于仁,托宿于义,以游逍遥之虚,食于苟简之田,立于不贷之圃。逍遥,无为也;苟简,易养也;不贷,无出也。古者谓是采真之游。"(《庄子·天运》)这种思想贯穿于《庄子》整个文本,被明末的方以智等学者概括为游世思想。游世的本质不是混世,也不是玩世,而是不粘滞、不依恃,或穷或达,随遇而安的状态。严格说来,庄子的游世思想,包含着如下几层意思:

第一,其游世思想是一种中道思想。即既不要刻意地求善求名,也不要为非作歹,而是做一个乐天知命的沉默智者。"独与天地精神往来而不傲倪于万物","不遣是非,以与世俗处"(《庄子·齐物论》)。庄子一方面不愿意如"不仁之人,决性命之情而饕富贵"(《庄子·骈拇》)般麻木不仁地活着,另一方面也不愿意如"今世之仁人,蒿目而忧世之患"地出力不讨好,认为人生是"道与之貌,天与之形"(《庄子·德充符》),不可违逆天道施予的尊严与有限性,因此不该执着于物欲与功名,也不该执着自我而使精神不逍遥。他认为,对于人间世的事情,不该以是否曲直而论,而应该有变化齐一的包容精神。"变化齐一,不主故常。"(《庄子·天运》)

第二,庄子认为人间世界既然不可作为,最好是能够"全生葆真"。所谓的全生葆真,一方面是使生命得以保全,"其知情信,其德甚真"(《庄子·应帝王》);另一方面是追求忘己、无己、与天合一、反性归朴的境界。与后世养生思想有很大的不同,庄子认为自我意识(有己)是使人患得患失,陷入苦乐、祸福及烦恼的根源。因此认为无心无情,安之若命才能摆脱痛苦。庄子提出了坐忘的观念,"堕肢体,黜聪明,离形去知,同于大通"(《庄子·大宗师》),做到心里没有骄矜自大,体态澄明,心胸旷达,达到个人情思不会被欲望所束缚的境界。因此能不分贵贱,会通事物,达到情理与智慧的统一。心体透明,不粘滞,通物达情,不骄矜,逍遥自适,不为不恃,"芒然彷徨乎尘垢之外,逍遥乎无事之业"(《庄子·达生》)。

第三,庄子的游世思想表现的是一种不为物累,无誉无毁,与时俱化,逍遥于万物之上的人生境界。"日出而作,日入而息,逍遥于天地之间而心意自得。"(《庄子·让王》)在他看来,人在社会生活中追求的目标不外乎自由与名利,如果我们被物所累,被人事所牵累,其结果必然是:合就是离,成就是毁,有为就是失败。你比人家好,人家忌害你;你比人家差,人家欺负你,怎么做都不对。因此,他提出了处于"材与不材之间"的处世之道,认为人的才能,最好能无用之用,就是表面上看来于世无补,但能够支撑一个强大的自己,"举世誉之而不加劝,举世非之而不加沮"(《庄子·逍遥游》),直面整个社会生活的荒谬。他说,弟子们记住,唯有道德之乡才是我们的境界。这个境界不同流合污,不随波逐流,而是要在我们的心灵中保持一种与天地往来,视形体为糟粕的天地境界。这里的"道德"不同于儒家所说,而是指的"顺其自然"的意思。

第四,实现游世的手段是无待。"待"是庄子思想的一个重要范畴,人以"在世"的方式存在,即所谓人生在世。这种存在方式决定了人终究不可能赤条条来去无牵挂,难免受到外力的牵连,这种牵连就是"待"。列御寇御风而行,"此虽免乎行,犹有所待者也。若夫乘天地之正,而御六气之辨,以游无穷者,彼且恶乎待哉"(《庄子·逍遥游》)。可见,"待"是普遍的生命困境。庄子的无待思想,就是要从这种普遍的人生困境之中开辟出一条有效解脱的精神之路。庄子认为,人应该于所面临的种种困境中,转变面对苦辱的态度,要具有庖丁解牛的本领,善于"依乎天理,批大郤,导大窾,因其固然"(《庄子·养生主》)而应付自如,以保全自己。真正做到安然"不化",随遇而安,无动于衷地应对一切人间社会的种种变化。

庄子的处世思想及其处世行为,以人生的困境作为出发点,对人世的苦辱与个人的存在状态抱有深厚的同情,"嘉孺子而哀妇人"(《庄子·天道》),进而获致无限的、绝对的自由与逍遥之途。这种思想一方面要求忘记人的存在,把自己托给自然,因此也被批评为"蔽于天而不知人"(《荀子·解蔽》);另一方面又对人间世道难以忘怀,"忘亲易,使亲忘我难;使亲忘我易,兼忘天下难;兼忘天下易,使天下兼忘我难"(《庄子·天运》)。这决定了其思想必须要于无心无情、绝对自由与悲天悯人的在世情怀的矛盾之间开辟一条道路,这个道路就是其"游世"的思想。其处世思想不仅为自身,也为后人开辟了一条能够从诸多困境(尤其是那些终极性困境)中有效超脱的精神道路。李泽厚认为,这种思想的功能在于:"或高举远慕,或怡然自适,与活泼流动、盎然生意的大自然打成一片,从中获得生活的力量和生命的意趣。它可以代替宗教来作为心灵创伤、生活苦难的某种慰安和抚慰。"[1]

三、杨朱的"为我"与"贵己"论

将杨朱的社会思想放在道家流派中讨论,是因为他将道家"为我"与"贵

---

[1] 李泽厚:《中国思想史论》(上),安徽文艺出版社1999年版,第221页。

己"的思想发展到了极致并对社会产生了重要影响。"为我"与"贵己"是道家学派的共同思想。

"为我"与"贵己",其实质是珍重自己的生命。先秦道家学派的人物与"隐君子"多少都有"为我"与"贵己"的思想,其实质是自我意识觉醒的标志。如老子提倡生生之厚,提倡弱则活、强则死的养生思想,庄子则提倡"道之真,以治身"(《庄子·让王》),提倡一种"重生轻利"的生活价值,反对儒家知其不可而为之的社会行为模式,将那些"不能自胜而强不从"的人,称为重伤之人,"重伤之人,无寿类矣"(《庄子·让王》)。

杨朱"为我"与"贵己"产生的社会背景,是春秋战国时期的乱世。丧乱与流离使人们一方面觉得无所适从,同时觉得他人不可相信,合作不可施行。因此应该奉行一种"为我"的价值观。其论证的逻辑为:个人是历史车轮中的一粒沙子,而人类的历史是无意义可言的。"太古之事灭矣,孰志之哉!三皇之事,若存若亡,五帝之事,若觉若梦,三王之事,或隐或显,亿不识一",而至于当今之事,则"或存或废,千不识一"(《列子·杨朱》)。历史上做出重要贡献的尧舜禹汤文武与残民刻毒的桀纣,死后都不过同样是枯骨一堆。从这个意义上,唯一确定无疑而最为珍贵的只有自己。因此,人生应该是"为我"而不是为他人与为历史的。唯有重视自己的日常生活,保全自己的生命,才是最为重要的人生价值。《吕氏春秋·重己》也认为:"今吾生之为我有,而利我亦大矣。论其贵贱,爵为天子,不足以比焉;论其轻重,富有天下,不可以易之;论其安危,一曙失之,终身不复得。"

杨朱的社会思想,曾被孟子概括为:"杨子取为我,拔一毛而利天下不为也。"(《孟子·尽心上》)认为他是极端自私自利的个人主义。但如果杨朱的思想仅仅是不以一毛利天下,那么显然难以成为风靡一时的显学。归纳诸子对杨朱的社会思想,可以概括为以下几个方面。

第一,"为我"与"贵己"的前提是人人不损一毫,人人不利天下而天下治的社会价值观念。这种思想源出道家的"无为"思想。道家学派认为,不应以国家的名义强迫民众卷入战争,也不可以将爵位等名器奖赏给有功有德的人。其中的要义是忘却仁义,"不以心捐道,不以人助天"(《庄子·大宗师》),达成最高境界的和谐。因此社会的最好状态是不要讲个人奉献,也不要索取自己应得之外的东西,而是要追求自我实现与自我圆满,最终达成人人自足与和谐的社会形态。因此社会治理应该落脚于"无仁义而修,无功名而治"(《庄子·刻意》)的境界上。《庄子·让王》中屠羊说的德行最能体现这一精神。楚昭王因吴国入侵,逃跑在外,楚国有一个杀羊卖的平民,人们叫他屠羊说,跟着楚昭王一起出逃,后来楚昭王回国后,奖赏与自己一起出生入死的人,封赏屠羊说三旌之位与万钟之禄,屠羊说不接受封赏,说自己也是因为畏难避祸才和大王一起出逃的,现在大王回了国,自己也可以安心屠羊做生意,各得其所了,不能因为名利赏罚不公而使国家没有了秩序。杨朱认为,治天下贱如土苴,轻如胫毛,是一种隐居避世的思想。

第二,"为我"与"贵己"之论,要求建立一个以个人为中心的社会秩序,因此其思想中存在一个人人贵己,个个修真,最后回归到"其性自足"的自然人性状态的实践逻辑。"为我"与"贵己"论思想重点在于自治,要求每个人争做自我克制、自我管理、自我实现、自作主张,而不要让社会结构及其目标主导个人存在的价值。这种思想将个人选择与个人道路摆在了突出的位置,而每个人都在自己的人生道路上各行其是本无可厚非,但是当一个民族的文化生命受到挑战时,如果不能提出新的文化理想,个人选择的道路往往变成绝路。史载杨朱邻居丢失了羊,追索不着,回来见杨朱曰:"歧路之中又有歧焉,吾不知所之,所以返也。"(《列子·说符》)杨朱为之戚然变容。就是说杨朱主张人人贵己、人人为我的结果必然是"大道以多歧亡羊,学者以多方丧生"(《列子·说符》)的悲剧,这注定了"为我"与"贵己"必然是感伤主义的。

第三,杨朱的"为我"与"贵生"思想,一方面鼓吹尽情欲,认为人生需要"丰屋美食、厚味姣色",提倡"从心所动,不违自然之所好""从性而游,不逆万物之所好",具有强烈的纵欲倾向,但另一方面却认为节制情欲才能享受情欲带来的乐趣。如好色、好美食都是人之常情,但是如果暴饮暴食、沉湎酒色,便走向伤生伤性,便不是贵己的做法。这种思想看似矛盾,但除了其鲜明的道家辩证色彩外,更具实用性和鼓动性。另外,这种思想有一个前提,便是"智之所贵,存我为贵;力之所贱,侵物为贱"(《列子·杨朱》),因此尽情欲应该"不求于外",也就是说,对于个人情欲的满足,不能建立在掠夺与剥削他人的基础上,而应该采取自求多福的手段达成,情欲的满足,以"全性保真,不以物累形"(《淮南子·氾论训》)为根本原则,从而实现物我兼利。

第四,杨朱的重生,实质是"轻物重生",就是重身上之物而轻身外之物,杨朱认为财富、权势、声望等世上难得之物,都不过是身外之物。身外之物,能舍去一件,便是一件,舍去一件,便多一分对日常生活的尊贵。在此基础上，杨朱提出公物公身的思想。"有其物，有其身，是横私天下之身，横私天下之物。不横私天下之身，不横私天下之物者，其唯圣人乎？公天下之身，公天下之物，其为至人矣！此之谓至至也。"（《列子·杨朱》）杨朱认为，要公物公身，便需要废除遗产制度，认为性命所依托的身体以及存活性命的物质都来自自然，而自然非任何一人的私产，因此应该公身公物，及身而止，不该将遗产留给后人。他很赞成端木叔把先人遗产散给宗族、同乡、国人的做法。他虽然认为拔一毛以利天下而不为，却也认为人与人之间应该相互怜惜，相互帮助，只有如此，社会才能更加美好。"相怜之道，非唯情也；勤能使逸，饥能使饱，寒能使温，穷能使达。"（《列子·杨朱》）可见杨朱的贵己论并不是极端的自私自利，而是强调人格平等之上的社会和谐观。

当然，杨朱"为我"与"贵己"的个人主义，本身包涵着滑向不关心主义的可能。这种思想发展到最后，成为民间"各人自扫门前雪，休管他人瓦上霜"的自利思想，对中国国民性影响深远。

第四节　社会治理论

社会治理的真正目的是改善人类的生存状况。老子和庄子都认为，自然万能且至善，人类的最好生存状态就是自然而然、纯良朴素的状态。因此，社会治理过程中应该尽量减少人的作为，做到无为而无不为。老庄"无为而无不为"的社会治理思想，实质上不是不需要治理，而是为自然人性的发展创造条件，以达到"辅万物之自然"和"在宥天下"的社会治理效果。

一、老子"为无为"论

老子认为，社会治理者应该崇尚无为而任万物自为，无需用社会规范使人们遵从，也无需用礼仪进行谆谆教导。老子一边说"道常无为而无不为"（《老子·三十七章》），又说"圣人处无为之事，行不言之教"（《老子·二章》），可见老子社会治理的行动逻辑是要把道的法则用于社会治理，他认为道无为而无不为，因此，体道的圣人在社会治理中应该顺应自然，按无为无不为的法则治理社会。一般说来，为无为不是什么也不做，而是不妄为，"治大国，若烹小鲜"（《老子·六十章》）。因为老子不仅看到了统治阶级的强烈欲望带给老百姓的深重灾难，也看到了统治阶级逆反天道与自然的妄为给人类带来的苦楚。因此，老子认为社会治理应该改善当时社会运行中"其民缺缺"的状态，也就是竞逐名利，纷乱无止的状态。引导民众远离智伪之途，回归自然，返璞归真。老子为无为的社会治理思想主要体现在以下几个方面。

第一，一切按照自然的原则，废除人类中心主义的想法。就是人类的思想和行为不要有凌驾于大道运行之上的意念，那样终究是胡作非为，会给国家和社会带来灾难。唯有认识人与自然界、人与社会、国家与民众之间相互联系、相互依存的统一性，人类社会才能共荣、和谐与永续发展。为者败之，执者失之。因此社会治理，一方面应该"圣人无常心，以百姓心为心"（《老子·四十九章》），就是不能凭借主观想象，而应该依据百姓需求、民心向背、客观条件作为根本出发点。另一方面，应该"圣人不仁，以百姓为刍狗"（《老子·五章》），就是要顺乎自然地对待社会中的各种事物。

第二，为无为就是以无所作为（伪）的方式进行社会治理。为亦作"伪"解，简单地说，就是从精神上去掉一切权术，息智自然。老子认为，社会治理不好，是因为有智慧之人耽溺于私欲，社会之所以陷入紊乱，民之所以难治，"以其智多。故以智治国，国之贼；不以智治国，国之福"（《老子·六十五章》）。使老百姓虚心实腹，没有太大的抱负，也就没有厌恨与争斗，社会自然恬静愉快，"绝圣弃智，民利百倍"（《老子·十九章》）。

第三，以较少作为的方式降低百姓负担。老子将人的欲望与作为等同起来，提出为无为作为一种社会治理方法，基本行动原则是少私寡欲。老子认为，一个好的政府是治理得少的政府，政府治理得少，社会治理的成本就小，政府就可以减少对民众的索取，这样，老百姓的负担就轻，民上食税就少。统治阶级的过多索取，是引起社会贫困与社会问题的根本原因。"民之饥，以其上食税之多，是以饥"，"民之轻死，以其上求生之厚，是以轻死"（《老子·七十五章》）。老子把治理的多少看作是统治阶级的欲望所推动的，因此，认为统治阶级要俭朴渊默地生活，不要有太多的欲望与作为。

第四，为无为追求的是人类社会与人之间自然而然的秩序，自然而然的和谐。这种和谐先于礼乐文化的社会整合与道德法律的社会控制，也先于社会动员与宣传。老子把社会治理的效果分为四类，即"下知有之""亲而誉之""畏之""侮之"，《老子·十七章》最见为无为的社会治理功夫："太上，下知有之。其次，亲而誉之。其次，畏之。其次，侮之……功成事遂，百姓皆谓我自然。"在老子看来，最好的社会治理效果是"我无为而民自化，我好静而民自正，我无事而民自富，我无欲而民自朴"（《老子·五十七章》）。这样，老百姓有条件自求多福，康乐且自然地生活。同样的思想也见于《老子·三十七章》："道常无为而无不为，侯王若能守之，则万物将自化。"所谓自化，便是自我实现与自我圆满。

第五，为无为社会治理理论的落脚点是"辅万物之自然而不敢为"（《老子·六十四章》），所谓"辅"，就是创造条件，提供环境。政府不是什么都不做，而是"方而不割，廉而不刿，直而不肆，光而不耀"（《老子·五十八章》），做到不矜功，不张扬，不以德政自居。这些作为至少应该包括崇本息末，积极为民众创造和平稳定的社会环境，防止社会陷入纷争与动乱，做好"不得已而用之"的军事防御。

二、庄子"任自然"论

庄子主张的社会治理手段是"任自然"，跟老子无为而治相似，但要求彻底摆脱文明的束缚。庄子将人的自然状态和人类文明对立起来，认为人类文明是反人性自然的。因此，社会的治理应该因袭人类自然而然的状态。而人的自然状态是朴素与同德，因此，社会治理的目标，就是达成天下百姓的朴素与同德，而朴素与同德的社会，是无知识、无政府、昏昏默默的社会。"至道之精，窈窈冥冥，至道之极，昏昏默默"（《庄子·在宥》），庄子任自然的思想主要有如下方面。

第一，庄子认为，治理社会的人，应该忘怀天下，息智自然。"恣万物之性分，顺百姓之所为，大小咸得，飞沉不丧，利泽潜被，物皆自然，上如标枝，民如野鹿。"（《庄子·天运》成玄英疏）就是可以有社会规范和国家机器的存在，但这种存在对民众而言应该如同虚设，民众在社会生活之中不要感觉到束缚与压抑，"天下诱然皆生而不知其所以生，同焉皆得而不知其所得"（《庄子·骈拇》）。人在社会中生活，人与人之间相处于世，相互亲近，团结合作，不如相忘相离，在人际中最好能相忘于江湖，在人与国家和社会关系中最好能相忘于道术。

第二，社会治理应该舍去伪劣道德与刑名制度，代之以"行而无迹，事而无传"（《庄子·天地》）的清虚无为之治。庄子指出，社会治理者不该一手刑名，一手权力以匡（裁定）慰（赏罚）天下之民，而应该让百姓之间的关系自然而然。"端正而不知以为义，相爱而不知以为仁，实而不知以为忠，当而不知以为信，蠢动而相使，不以为赐。"（《庄子·天地》）一任天地之自然，一切不加以干扰和规范。"虚静恬淡寂漠无为者，万物之本也……以此处上，帝王天子之德也；以此处下，玄圣素王之道也。"（《庄子·天道》）就是不论得其位与不得其位，社会治理都应该把握"任自然"的精神。

第三，庄子指出，社会治理有"在宥"之说，没有"治天下"之说。"宥"，宽容也。"在之也者，恐天下之淫其性也；宥之也者，恐天下之迁其德也。天下不淫其性，不迁其德，有治天下者哉？"（《庄子·在宥》）庄子所说的"在宥"的状态，是民众自由自在，诗意生存的状态。"无欲而天下足，无为而万物化，渊静而百姓定。"（《庄子·天地》）处于"在宥"状态的人，"织而衣，耕而食"，"一而不党"，因此也称为"天放"之民，就是遵从自然原则自由放任的人的存在状态。庄子甚至认为，社会治理必须绝对地放任自流，社会才能复归于自然。

第五节 理想社会构想

道家的社会理想，根据其实践面向，大致可以分为两种：老子一派无为而治的小国寡民，庄子"任自然"的"至德之世"。此两种社会理想都是建立于对现实社会诸侯争霸与战国兼并的政治形态的批判之上的，其实质是对虚伪道德的批判与对现实社会的逃避。道家的社会理想极具反思意味，成为中国知识分子与民间社会最后的精神家园。先秦之后，中国知识分子或遁迹江湖以求安宁，如竹林七贤、陶渊明、郑板桥一派；或在家乡和任上推行地方社会建设，大多以小国（邦）寡民、风俗归厚的社会理想为依据；民间社会日出而作、日落而息、凿井而饮、耕田而食的生存理想，都与道家所向往的社会理想息息相关。

一、老子的"小国寡民"

老子"小国寡民"的社会理想是基于对现实社会的不满，而在当时自耕农社会基础上构建出来的。在这个想象共同体中，政府较少作为，国家疆域较小，人口较少，民间社会自得其乐，人民安居乐业，社会文化野雅朴素，和平安详，是一个以淳厚的民俗为社会伦理规范的邦国社会。

> 小国寡民，使民有什伯之器而不用。使民重死而不远徙。虽有舟舆，无所乘之。虽有甲兵，无所陈之。使民复结绳而用之。甘其食，美其服，安其居，乐其俗。邻国相望，鸡犬之声相闻，民至老死不相往来（《老子·八十章》）

分析老子小国寡民的社会理想，需要分析这一理想的经济基础、时代因素以及试图要解决的问题。老子社会理想构建的经济基础是上古小国寡民的自耕农社会。该种经济发展以促进人口与土地结合为目标，自给自足，破坏极易，恢复与增长迅速。战争是自耕农经济最具破坏力的敌人。因此，老子社会理想中，占据第一位的是不要有战争，小国寡民的第一个好处就是战争打不起来，国家小到舟舆与甲兵都没有地方陈设。也没有必要用，即便偶尔使用，也以最小成本为第一原则。"夫佳兵者，不祥之器，物或恶之，故有道者不处"（《老子·三十一章》），统治者应该营造和平的社会环境，让十个百个人使用的战争机器用不起来，让老百姓自己决定生产生活。老子赞同"以正治国，以奇用兵"（《老子·五十七章》），但五千言之中，却大多是说如何减少战争的伤亡，以奇用兵，说到底还是在和平无望的情况下用最小的人力物力投入换取胜利与和平。"不得已而用之，恬淡为上，勿美也。若美之，是乐杀人也。"（《老子·三十一章》）老子认为，应该想尽一切办法减少大规模的战争，给老百姓一个自由宁谧的太平天下。

小国寡民的社会是针对当时"地大国富，人众兵强"（《管子·重令》）的霸王政治提出的。春秋战国时期，社会混乱，诸侯兼并，"弑君三十六，亡国五十二，诸侯奔走不得保其社稷者不可胜数"（《史记·太史公自序》）。道家学派对政权转移过程中的阴谋诡计充满了批判，因此认为社会纷乱的动因是兼并战争与国富兵强的霸道政治。提出解决道德伪化的出路在于权力的虚化，认为统治阶级应该少私寡欲。他深信管得越少的政府，越是好政府。"道常无为而无不为"（《老子·三十七章》），保持民众日常生活的自然面貌，让他们自由自在地生活在"不欲以静，天下将自正"（《老子·三十七章》）的社会环境中。

小国寡民的和谐是以朴素少文的民俗社会为基础的，以不同文化的共同发展作为追求目标。各个社群皆以自己的食物为美味，以自己的服饰风格为美丽，以自己的家为安乐，以自己的风土人情为快乐的根源，彼此友好相处，国家与国家之间即使土地相互接壤，可以看到对方的城池，听到对方的鸡鸣犬吠之声，但双方终其一生也不必有交往，更不会发生冲突。

在理想社会中，奢华荡净，返璞归真，权智消除，六亲和睦，国家自治，忠臣、孝子都没有立足之地。"圣人处无为之事，行不言之教，万物作焉而不辞，生而不有，为而不恃，功成而弗居"（《老子·二章》），老百姓无知无欲，朴素而自得。

二、庄子的"至德之世"

庄子以"真人"为理想人格。所谓的真人，就是领悟了道德与真正的人生价值之人，是依乎天道而顺乎人性之人。真人的人格理想贯穿于《庄子》全书之中，庄子笔下的真人，大多形貌支离而精神完美，"德有所长而形有所忘"（《庄子·德充符》），这样，庄子笔下的真人，也可以说是与道合真的人。真人具有如下人格特征：

第一，真人具有"无己、无功、无名"的特征。无己就是不执着于个人，无功是不追求功业，无名是不追求名誉。因此，真人是不贪而知足，乐道而自由的人。庄子认为人生天地间，所需及身而止，"鹪鹩巢于深林，不过一枝；偃鼠饮河，不过满腹"（《庄子·逍遥游》），真人恬淡虚静、安时处顺、无情无己、逍遥自适。因此"无所甚亲，无所甚疏，抱德畅和以顺天下，此谓真人"（《庄子·徐无鬼》）。

第二，真人具有"无为、无欲、无事"的特征。庄子将老子无为的思想进一步发挥，认为个人存在的理想状态是一切不追求，无所谓的状态。"圣人不从事于务，不就利，不违害，不喜求，不缘道"（《庄子·齐物论》），追求越多就会粘滞而不自由。"不以心捐道，不以人助天。是之谓真人。"（《庄子·大宗师》）

第三，真人具有与道合真的特征。所谓与道合真，就是善于忘掉人世的苦乐，得失，毁誉。进入一种无视、无听、无知、无欲、无情、忘物、忘己、忘形、忘生的境界。用心若镜，胜物而不伤。"不知说（悦）生，不知恶死""翛然而往，翛然而来"（《庄子·大宗师》）、"游心乎德之和"（《庄子·德充符》）。总之，真人一切安命无为，自由自在。

归纳庄子真人的人格特征,简单地说就是超然物外,将自己从欲望、名誉、自我意识中剥离出来,变成一个至少是在精神世界达到不食人间烟火,不生不死、游于四海之外,放浪大化之中的绝对自由状态。

庄子的理想社会是"至德之世",是人性自然、人道无为的社会运行状态。至德之世,是没有君子小人之分的,人和其他动物生活在一块,人存在于没有思想、也没有欲望的状态,没有统治者,也没有人为的管理,自然而然地生活。"夫至德之世,同与禽兽居,族与万物并,恶乎知君子小人哉?同乎无知,其德不离;同乎无欲,是谓素朴。素朴而民性得矣。"(《庄子·马蹄》)人与人之间和谐而包容。"闻在宥天下,不闻治天下也"(《庄子·在宥》)又说:"闻诸贤圣任物自在宽宥,即天下清谧。"(《庄子·寓言》)就是任物自在,无为而化。

庄子的至德之世是无知识、无政府的原始性的理想社会。他将上古传说中的容成氏、大庭氏、伯皇氏、中央氏、栗陆氏、骊畜氏、轩辕氏、赫胥氏、尊卢氏、祝融氏、伏羲氏、神农氏所处的时代称为至德之世。说该时期民众无知无欲,与各种动物为伍,过着自由自在的生活。"故至德之世,其行填填,其视颠颠。当是时也,山无蹊隧,泽无舟梁;万物群生,连属其乡;禽兽成群,草木遂长。是故禽兽可系羁而游,乌鹊之巢可攀援而窥。夫至德之世,同与禽兽居,族与万物并。恶乎知君子小人哉?同乎无知,其德不离;同乎无欲,是谓素朴。素朴而民性得矣。"(《庄子·马蹄》)

庄子的至德之世是即后来"竹林七贤"之一的嵇康所说的"承天物理"(嵇康《声无哀乐论》)、"君无文于上,民无竞于下,物全理顺"(嵇康《难自然好学论》)的社会。在这个理想社会中,礼乐在民间自由流淌,人人自得遂生,"彼民有常性,织而衣,耕而食……一而不党"(《庄子·马蹄》);群生安逸,自求多福,默然从道,怀忠抱义,"知谋不用,必归其天,此谓之太平"(《庄子·天道》)。他认为人类原有的至德之世,到了三代以下,即被破坏了。"及唐、虞始为天下,兴治化之流,枭淳散朴,离道以善,险德以行,然后去性而从于心。心与心识知,而不足以定天下,然后附之以文,益之以博。文灭质,博溺心,然后民始惑乱,无以反其性情而复其初。"(《庄子·缮性》)礼仪名教的设立,是违背自然的"真要之术"的。从这个意义上说,庄子的至德之世,是从自然的大化流行中总结出来的社会理想。

庄子认为,至德之世有如下特点:不以名义利害为驱使天下的工具,而是像天地一样"无求、无失、无弃",人与人之间淡然自足,忘却了因名义利害引起的勾心斗角。"圣人并包天地,泽及天下,而不知其谁氏,是故生无爵,死无谥,实不聚,名不立,此谓之大人。"(《庄子·徐无鬼》)老百姓恬静愉快。庄子说:"不恬不愉,非德也。"所谓的恬静愉快,就是像赫胥氏时的民众一般,"民居不知所为,行不知所之,含哺而熙,鼓腹而游"(《庄子·马蹄》)。民风淳朴,民众少私寡欲。

道家的社会思想,自从其产生以来,即批判之声不绝。但至今两千多年来,其生命力从未因批判的尖锐而衰减。究其根本性原因,在于该派社会思想始终站在文明的另一面,对其进行深刻的反思与无情的批判。而这种反思与批判有助于身处文明状态的人类自省与自觉,不断地告诫人类:文明是人类身陷的状态而不是理想状态。道家意义的"自然",从其创立起,几乎成为每个中国人的精神家园,哲学史家冯友兰曾经指出,老子的社会理想,其实质并非是一种社会模式,而是一种精神境界[1],庄子更是如此。

道家的大道出于自然、物各有性、因才而用等思想,有利于人们全面而客观地认识世界、社会与人的关系,处变不惊,俯仰自得,更好地实现人生价值。如其逍遥乐道、返璞归真的理念与生活方式,是一种人道、圆满和高水平的生活理念,与和谐社会的构建相一致。

顺应时势,尊重自然规律,知止知足的行为原则,不仅有利于人们与自然建立协调友好的生态关系,也有利于帮助人们认识并遵循社会规律,顺应时代潮流与民心向背,引导民众在理性反思的基础上进行社会建设。其平等理念和实践模式,能够缓解现代社会许多紧张和敌对关系,建立人与人,文化与文化,集团与集团,国家与国家之间的和谐关系。

宠辱不惊、安时处顺的思想可以帮助人们积极地面对挫折,积极地调整自己在社会中的位置,以更宁静、更纯粹、更超然的眼光看待社会人生,从而以超越自身名利得失的智慧对待生活。其中,抱朴守真、自然质朴等处世思想,正是中国诸多美好人生价值的社会基础。

道家"小国寡民""至德之世"的理想社会,给当时的民众提供了一种生活方式及社会生活秩序样态的选择,也是对当时社会动乱及社会变革的一种反思,同时也表明,道家对现实的社会变革持有消极、无奈的态度。因此,对道

---

[1] 冯友兰:《中国哲学史》(第二册),人民出版社1984年版,第60页。

家社会思想应辩证地加以分析。

思考题：

1. 如何评价老子的"小国寡民"的社会理想？
2. 如何理解道家"任自然"的社会思想？
3. 如何评价庄子的处世态度与社会交往观？
4. 试比较老子与庄子社会思想之异同。
5. 试比较道家与儒家社会思想的异同。

▶ 答题要点

第四章　墨家的社会思想

墨家社会思想倡导社会平等、兼相爱、交相利，反对侵略战争，主张"尚贤""尚同""节用"，重视"天志""明鬼"的社会控制。其诸多社会思想，对当时及后来的社会建设，具有积极的借鉴意义。墨家学说反映的是在社会资源配置中处于弱势地位的阶级的社会诉求。在战国时代很有影响力。《孟子·滕文公下》云："杨朱、墨翟之言盈天下，天下之言，不归杨，则归墨。"《韩非子·显学》云："世之显学，儒、墨也。"墨家学派的创始人是墨子。

墨子（约前468—前376[①]），名翟，鲁国人，战国初期下层阶级出身的社会思想家，其生卒的具体时间难以确定。司马迁虽未为墨子立专传，但在《史记·孟子荀卿列传》中称"盖墨翟，宋之大夫，善守御，为节用。或曰并孔子时，或曰在其后"。墨子一生游历甚广，"其平生足迹所及，则尝北之齐，西使卫，又屡游楚，前至郢，后客鲁阳，复欲适越而未果"（《墨子间诂·墨子传略》）。墨子是个手工业出身的士，又是一个出色的工匠，他精通器械制造，与当时的名匠公输般斗智斗巧，不相上下。墨子的出身与经历，使他"上无君上之事，下无耕农之难"（《墨子·贵义》），能够把说教与实践、实用结合起来，重实利，讲效果，知行合一。墨子手下有一批弟子，称作"墨者团体"。墨者团体近似后来的游侠集团，其组织严密，身体力行，具有献身精神。"墨子服役者百八十人，皆可使赴汤蹈刃，死不还踵"（《淮南子·泰族训》）。

墨子死后，墨家分为相里氏之墨、相夫氏之墨、邓陵氏之墨三个派别，学派首领称作"巨子"。记载墨子及后期墨家言论的，有《墨子》一书。汉代时有71篇，现存53篇，其余均散佚。《墨子》53篇，大致可分为经、辩、论、述、技五大类，除《经上》《经下》《经说上》《经说下》《大取》《小取》等篇为后期墨家的著述外，多数皆可作为研究墨子的可靠材料。《墨子》的版本，

[①] 按：孙诒让《墨子间诂》认为墨子的生卒年约于前468年至前376年；梁启超《墨子年代考》考究墨子的生卒年约于前469年至前382年；钱穆《古史辨》称墨子的生卒年约于前479年至前394年；侯外庐《中国思想通史》推断墨子的生卒年约于前490年至前403年；任继愈《中国哲学发展史》认为墨子的生卒年约于前480年至前420年。本文依孙诒让说。

以清代孙诒让《墨子间诂》为最精要，中华书局多次刊印。

第一节 社会问题论

一、论社会问题造成的危害

社会问题意识是墨子社会思想的一大特点。墨子以匡救时弊为己任，观察社会问题深刻，分析社会问题透彻，解决社会问题的方案多有针对性。"凡入国，必择务而从事焉。国家昏乱，则语之尚贤、尚同；国家贫，则语之节用、节葬；国家憙音湛湎，则语之非乐、非命；国家淫僻无礼，则语之尊天、事鬼；国家务夺侵凌，即语之兼爱、非攻。"（《墨子·鲁问》）所谓"择务而从事"是针对其所游说的国家的事务和社会问题，提出相应的救世之策及具体的社会治理方案。梁启超在《墨子学案》中提出，墨学所标纲领，虽说十条，其实只从一个基本观念出来，就是"兼爱"。他认为，"非攻"也是从"兼爱"衍生出来的。张舜徽则阐明"大抵墨家宗旨，兼爱乃其根本，而尚贤、尚同、节用、节葬、非乐、非命、尊天、事鬼、非攻诸端，皆其枝叶"，"可知其所标举之十端，乃因病制宜、对症下药之良方，而非施之同时同地，齐举兼行、拘泥不变之成法也"①。

墨子生活的春秋战国时期，统治者穷兵黩武，战争频仍，土地荒芜，生灵涂炭；贵族把持政坛，穷奢极欲，奢靡腐朽，社会财富极度匮乏，民不聊生。社会下层出身的墨子对这些因"不兼爱"产生的"乱"及其他严重的社会问题皆有充分的论述和深刻的揭示。

其一，论兼并战争对社会造成的严重破坏与危害。春秋争霸，战国竞雄，连年不断的兼并战争和内乱倾轧，虽然加快了国家的统一的进程，但也给人民生活、生产造成巨大破坏。墨子深刻描述了当时战争杀人盈野的残酷性和破坏性："今攻三里之城、七里之郭，攻此不用锐，且无杀，而徒得此然也？杀人多必数于万，寡必数于千，然后三里之城、七里之郭且可得也"（《墨子·非攻中》）、"差论爪牙之士，比列其舟车之卒，以攻罚无罪之国，入其沟境，刈其禾稼，斩其树木，残其城郭，以御其沟池，焚烧其祖庙，攘杀其牺牲。民之格

---

① 张舜徽：《汉书艺文志通释》，湖北教育出版社1990年版，第172—173页。

者,则到拔之,不格者,则系操而归,丈夫以为仆圉、胥靡,妇人以为舂酋"(《墨子·天志下》)。更在《墨子·非攻中》里,连用八个"不可胜数"的排比句,历数了战争对己国、他国的社会民生所带来的无穷灾难和深重的危害:

> 今师徒唯毋兴起,冬行恐寒,夏行恐暑,此不可以冬夏为者也。春则废民耕稼树艺,秋则废民获敛。今唯毋废一时,则百姓饥寒冻馁而死者,不可胜数;今尝计军上,竹箭、羽旄、幄幕、甲盾、拨,劫往而靡弊腑冷不反者,不可胜数;又与矛、戟、戈、剑、乘车,其列往碎折靡弊而不反者,不可胜数;与其牛马,肥而往,瘠而反,往死亡而不反者,不可胜数;与其涂道之修远,粮食辍绝而不继,百姓死者,不可胜数也;与其居处之不安,食饭之不时,饥饱之不节,百姓之道疾病而死者,不可胜数;丧师多不可胜数,丧师尽不可胜计,则是鬼神之丧其主后,亦不可胜数。

其二,论统治者骄奢淫逸所造成的社会动乱、民众贫患之危害。

墨子对民众的疾苦深表同情,认为"民有三患:饥者不得食,寒者不得衣,劳者不得息,三者民之巨患也"(《墨子·非乐上》)。墨子认为兼并战争、统治者骄奢淫逸、暴敛掠夺等加剧了民众的贫困程度,激化了社会矛盾,是造成社会动乱、民众穷患的罪魁祸首。《墨子·辞过》从衣、食、住、行、乐等方面对当时统治者的穷奢极欲、虚荣排场作了详细描述和无情揭露:

> 当今之主,其为宫室……必厚作敛于百姓,暴夺民衣食之财,以为宫室台榭曲直之望,青黄刻镂之饰。为宫室若此,故左右皆法象之,是以其财不足以待凶饥、振孤寡,故国贫而民难治也。
>
> 当今之主,其为衣服……冬则轻煖,夏则轻凊,皆已具矣。必厚作敛于百姓,暴夺民衣食之财,以为锦绣文采靡曼之衣,铸金以为钩,珠玉以为佩。……夫以奢侈之君,御好淫僻之民,欲国无乱,不可得也。
>
> 今则不然,厚作敛于百姓,以为美食刍豢,蒸炙鱼鳖,大国累百器,小国累十器,前方丈,目不能遍视,手不能遍操,口不能遍味,冬则冻冰,夏则饰饐。人君为饮食如此,故左右象之,是以富贵者奢侈,孤寡者冻馁,虽欲无乱,不可得也。
>
> 当今之主,其为舟车……全固轻利皆已具,必厚作敛于百姓,以饰舟

车。……人君为舟车若此,故左右象之,是以其民饥寒并至,故为奸邪。奸邪多则刑罚深,刑罚深则国乱。

当今之君,其蓄私也,大国拘女累千,小国累百,是以天下之男多寡无妻,女多拘无夫,男女失时,故民少。

总之,他认为统治者的骄奢淫逸,是造成民众困苦,社会动乱的根本原因之一。

其三,论统治集团任人唯亲对社会公平、社会参与的危害。

墨子批评"今王公大人""其所富,其所贵,皆王公大人骨肉之亲、无故富贵、面目美好者也"(《墨子·尚贤下》),认为统治集团在构成和继替方面"别"而不"兼",任人唯亲,以貌取人,影响了社会公平、社会参与和治理能力,导致了人们对国家失去信心,对公共事务及善举失去了参与的积极性。"其所赏者,已无故矣。其所罚者,亦无罪。是以使百姓皆攸心解体,沮以为善。垂其股肱之力而不相劳来也,腐臭余财而不相分资也,隐慝良道而不相教诲也。"(《墨子·尚贤下》)

其四,论社会价值紊乱对良性社会关系的危害。

墨子说:"今有一人,入人园圃,窃其桃李,众闻则非之,上为政者得则罚之。此何也?以亏人自利也。至攘人犬豕鸡豚者……罪益厚。至入人栏厩,取人马牛者……罪益厚。至杀不辜人也……罪益厚。当此,天下之君子,皆知而非之,谓之不义。今至大为不义,攻国,则弗知非,从而誉之,谓之义。此可谓知义与不义之别乎?杀一人,谓之不义,必有一死罪矣。若以此说往,杀十人,十重不义,必有十死罪矣;杀百人,百重不义,必有百死罪矣。当此,天下之君子,皆知而非之,谓之不义。今至大为不义,攻国,则弗知非,从而誉之,谓之义。情不知其不义也,故书其言以遗后世。"(《墨子·非攻上》)《墨子·天志下》亦有相似论述。

阅读分析上文,可知墨子很在意社会行为和价值规范评价过程中的同一标准。作为同一类型的社会现象和社会行为,就必须以同一的标准和法则加以评判。在墨子看来,小窃为"盗",大盗更是"盗"。墨子反复阐明小盗为"盗",大盗为"义","杀一人,谓之不义,必有一死罪","攻国"杀人,"则弗知非,从而誉之,谓之义"是世俗偏见,是颠倒黑白。"世俗之君子,皆知小物而不知大物。今有人于此,窃一犬一彘则谓之不仁,窃一国一都则以为义。譬犹小视白谓之白,大视白则谓之黑。"(《墨子·鲁问》) 在墨子看来,评价的因人而异和多重标准、社会统一的伦理道德和价值规范准则的缺失必然会带来社会价值紊乱,社会关系失调,社会生活与治理的失序。

二、论社会问题产生的原因

墨子在考察社会问题时,囿于其历史局限性,未能意识到战争对加快国家统一的历史作用,未能认识到贪婪、横征暴敛是剥削阶级的本性,未能认识到适度的文化娱乐和消费可以刺激生产、促进人文,把"乱"的起源和社会问题发生的成因皆归咎到人们的不"兼爱"。"当察乱何自起?起不相爱。"(《墨子·兼爱上》)

墨子认为父子、君臣由于只自爱,而不"兼爱",唯利己,而不利他,父子、君臣之间乱套了,"尊尊""亲亲"关系不能维系了。

> 臣子之不孝君父,所谓乱也。子自爱,不爱父,故亏父而自利;弟自爱,不爱兄,故亏兄而自利;臣自爱,不爱君,故亏君而自利,此所谓乱也。虽父之不慈子,兄之不慈弟,君之不慈臣,此亦天下之所谓乱也。父自爱也,不爱子,故亏子而自利;兄自爱也,不爱弟,故亏弟而自利;君自爱也,不爱臣,故亏臣而自利。是何也?皆起不相爱。(《墨子·兼爱上》)

由此类推,盗贼亦然。"盗爱其室,不爱其异室,故窃异室以利其室。贼爱其身,不爱人,故贼人以利其身。此何也?皆起不相爱。"(《墨子·兼爱上》)

墨子因此推导出世间一系列不平等现象都是因为"不相爱生也"。"诸侯不相爱,则必野战;家主不相爱,则必相篡;人与人不相爱,则必相贼;君臣不相爱,则不惠忠;父子不相爱,则不慈孝;兄弟不相爱,则不和调;天下之人皆不相爱,强必执弱,众必劫寡,富必侮贫,贵必敖贱,诈必欺愚。凡天下祸篡怨恨,其所以起者,以不相爱生也。"(《墨子·兼爱中》)

在墨子看来,野战、内乱缘起于"不相爱",社会的不平等、社会关系的失调、失序缘起于"不相爱",恃强凌弱、欺诈拐骗缘起于"不相爱",统治集团任人唯亲,贤者不能在位缘起于"不相爱",统治者骄奢淫逸、"厚作敛于百姓"皆缘起于"不相爱"。

墨子甚至认为社会问题的最大症结是因为人主的"不相爱",加重民患,引发动乱的始作俑者是君王。《墨子·辞过》通过宫室、衣服、饮食、舟车、蓄私五个方面的古今对照,揭示君王的奢靡生活带来统治集团的"上行下效"。该篇题名"辞过",便是要求君王能思过改过。墨子还指出世间之所以肆无忌惮"相害""亏人",在于世人不知道人在做,上天和鬼神在看,不明白"顺天意者,兼相爱,交相利,必得赏;反天意者,别相恶,交相贼,必得罚"(《墨子·天志上》),"不明乎鬼神之能赏贤而罚暴也"(《墨子·明鬼下》)。

墨子分析社会问题过程时,十分重视"察"。"察乱何自起"(《墨子·兼爱上》),"听其言,迹其行,察其所能,而慎予官"(《墨子·尚贤中》),"先王之治天下也,必察迩来远"(《墨子·修身》),"守道不笃,遍物不博,辩是非不察者,不足与游"(《墨子·修身》),"察类明故","合其志功而观焉"(《墨子·鲁问》)。

墨子还以"三表"(三个准则,即本、原、用)来检验知识和人们的言论,判断价值的是非。"何谓三表?子墨子言曰:有本之者,有原之者,有用之者。于何本之?上本之于古者圣王之事。于何原之?下原察百姓耳目之实。于何用之?废以为刑政,观其中国家百姓人民之利。此所谓言有三表也。"(《墨子·尚贤上》)"本之者",指的是根据前人的经验教训,历史记载的间接经验;"原之者",指的是察究来自百姓耳闻目睹的实情;"用之者",指的是付之于实践,看其是否符合国家百姓的利益。"三表"在《墨子·非命中》又称"三法",内容有所出入,"故使言有三法。三法者何也?有本之者,有原之者,有用之者。于其本之也,考之天鬼之志,圣王之事。于其原之也,征以先王之书。用之奈何?发而为刑。此言之三法也"。

第二节 社会治理与社会控制思想

一、"天志""明鬼"的社会控制观

"天志""明鬼"是墨子推行其"兼爱"的宗教手段。墨子虽然"非命",否认命定论,却代之以"天志""明鬼"。墨家的"天""鬼"不仅具有神秘色彩,还蕴含了以墨翟为代表的平民阶层的意志。

墨子所谓"天志",意指天的意志。他有时也称作"天意"。他说:"故于富且贵者,当天意而不可不顺,顺天意者,兼相爱,交相利,必得赏;反天意者,别相恶,交相贼,必得罚……顺天意者,义政也。反天意者,力政也。然义政将奈何哉?"(《墨子·天志上》)墨子又说:"处大国不攻小国,处大家不篡小家,强者不劫弱,贵者不傲贱,多诈者不欺愚。此必上利于天,中利于鬼,下利于人。三利无所不利,故举天下美名加之,谓之圣王。力政者则与此异,言非此,行反此,犹倖驰也。处大国攻小国,处大家篡小家,强者劫弱,贵者傲贱,多诈欺愚。此上不利于天,中不利于鬼,下不利于人。三不利无所利,故举天下恶名加之,谓之暴王。"(《墨子·天志上》)

"天志""天意"的核心是"兼相爱,交相利","顺天之意何若?曰兼爱天下之人"(《墨子·天志下》)。有趣的是,在语言运用方面,工匠出身的墨子,信手拈来,将"天志"比作造车匠和木匠在劳作过程中使用的度量工具,并将其视为衡量人们一切行为的标准和法仪。"子墨子言曰:'我有天志,譬若轮人之有规,匠人之有矩,轮匠执其规矩,以度天下之方圜'。曰:'中者是也,不中者非也。'"(《墨子·天志上》)"故子墨子之有天之意也,上将以度天下之王公大人之为刑政也,下将以量天下之万民为文学、出言谈也。观其行,顺天之意,谓之善意行,反天之意,谓之不善意行;观其言谈,顺天之意,谓之善言谈,反天之意,谓之不善言谈;观其刑政,顺天之意,谓之善刑政,反天之意,谓之不善刑政。故置此以为法,立此以为仪,将以量度天下之王公大人卿大夫之仁与不仁,譬之犹分黑白也。"(《墨子·天志中》)

由此可知,"天志""天意"的实质是"墨志",所体现的是墨子的价值准则和意志。正如墨子所云"我为天之所欲,天亦为我所欲"(《墨子·天志上》)。墨子为了加重其学说之分量,"置立天之,以为仪法"(《墨子·天志下》),打着"替天行道"的旗号,借助"天""鬼"说事,强化自家主张的权威性与合理性。

除了以"天志"为手段来劝诫统治者"兼相爱,交相利"外,墨子还主张"明鬼"。他利用人们迷信的心理,以无数的事例说明鬼神正儿八经地存在,"古之今之为鬼,非他也,有天鬼,亦有山水鬼神者,亦有人死而为鬼者"(《墨子·明鬼下》)。并论证鬼神不仅存在,而且能对人间的善恶进以赏罚:"鬼神之所赏,无小必赏之;鬼神之所罚,无大必罚之。"(《墨子·明鬼下》)

墨子阐述人们之所以为非作歹，是因为不明白鬼神的神通广大，能明察幽隐，赏贤罚暴。"为人君臣上下者之不惠忠也，父子弟兄之不慈孝弟长贞良也，正长之不强于听治，贱人之不强于从事也。民之为淫暴寇乱盗贼，以兵刃、毒药、水火，退无罪人乎道路率径，夺人车马、衣裘以自利者，并作由此始，是以天下乱。此其故何以然也？则皆以疑惑鬼神之有与无之别，不明乎鬼神之能赏贤而罚暴也。今若使天下之人，偕若信鬼神之能赏贤而罚暴也，则夫天下岂乱哉！"（《墨子·明鬼下》）墨子认为即使在渺无人烟的地方，人们也不能心存侥幸，为非作歹。"故鬼神之明，不可为幽间广泽，山林深谷，鬼神之明必知之。"（《墨子·明鬼下》）"明鬼"、尊鬼的目的，还是为了"兼相爱"，"是故子墨子曰：'今天下之王公大人、士君子，中实将欲求兴天下之利，除天下之害，当若鬼神之有也，将不可不尊明也，圣王之道也'"（《墨子·明鬼下》）；"子墨子言曰：'仁人之所以为事者，必兴天下之利，除去天下之害，以此为事者也。'然则天下之利何也？天下之害何也？子墨子言曰：'今若国之与国之相攻，家之与家之相篡，人之与人之相贼，君臣不惠忠，父子不慈孝，兄弟不和调，此则天下之害也。'"（《墨子·兼爱中》）如此看来，墨子所尊明的"鬼"，也是披着宗教外衣的墨家的"鬼"。

"天志""明鬼"成为墨子实现"兼相爱，交相利""赏贤而罚暴"理想的社会控制手段。

二、"尚同""尚贤"的社会治理观

同道家君上致乱论和"绝圣弃智，民利百倍"的社会思想相反，墨子主张"尚同""尚贤"。所谓"尚同"，便是"上同""一同天下之义"（《墨子·尚同中》）；所谓"尚贤"，便是任人唯贤。

墨子指出"天下之所以乱者，生于无政长"，没有政长，没有组织，导致社会上没有统一的是非标准，纷乱不堪，"一人则一义，二人则二义，十人则十义。其人兹众，其所谓义者亦兹众。是以人是其义，以非人之义，故交相非也……至若禽兽然"（《墨子·尚同上》），墨子很为社会的这种纷乱担忧，于是精心设计了一套严密的国家权力管理体系，"是故选天下之贤可者，立以为天子。天子立，以其力为未足，又选择天下之贤可者。置立之以为三公。天子、三公既以立，以天下为博大，远国异土之民，是非利害之辩，不可一二而明知，故画分万国，立诸侯国君。诸侯国君既已立，以其力为未足，又选择其国之贤可者，置立之以为正长"（《墨子·尚同上》）。

为了"一同天下之义""一同其国之义"（《墨子·尚同中》），充分体现和发挥国家机器作用，墨子认为一切善恶与是非（"义"）的标准皆由最高统治者来决定，"正长既已具，天子发政于天下之百姓，言曰：'闻善而不善，皆以告其上。上之所是，必皆是之；所非，必皆非之'"（《墨子·尚同上》）；人们还必须服从君上而不朋比为奸。"凡国之万民，上同乎天子而不敢下比。"（《墨子·尚同中》）在墨子看来，"一同天下之义"就是一同天下之"正"。"何以知义之为正也？天下有义则治，无义则乱，我以此知义之为正也。然而正者，无自下正上者，必自上正下。是故庶人不得次己而为正，有士正之；士不得次己而为正，有大夫正之；大夫不得次己而为正，有诸侯正之；诸侯不得次己而为正，有三公正之；三公不得次己而为正，有天子正之；天子不得次己而为政，有天正之。"（《墨子·天志下》）墨子的这套自上而下的一级正一级的学说成为以后中国社会之威权主义及科层管理的滥觞。墨子的"尚同"观的博大精深、充满理性之处还在于：其一，"政长"乃至"天子"必须是经过挑选的贤者担任，"选天下之贤可者，立以为天子"（《墨子·尚同上》）；"选择天下赞阅贤良圣知辩慧之人，置以为三公，与从事乎一同天下之义"（《墨子·尚同中》）。其二，天子也得上同于天，受所谓的"天意"的制约。"天下之百姓皆上同于天子"（《墨子·尚同上》），"天子又总天下之义，以尚同于天"（《墨子·尚同下》），"今天下之士君子，皆明于天子之正天下也，而不明于天之正天子也。是故古者圣人，明以此说人曰：'天子有善，天能赏之；天子有过，天能罚之。'"（《墨子·天志下》），天子如不遵从"天意"，"而未上同乎天者，则天灾将犹未止也。故当若天降寒热不节，雪霜雨露不时，五谷不孰，六畜不遂，疾灾戾疫，飘风苦雨，荐臻而至者，此天之降罚也，将以罚下人之不尚同乎天者也"（《墨子·尚同中》）。儒家《春秋》公羊派学说及汉代董仲舒"君权神授"理论，或多或少地都与上述墨子思想具有内在关联性。

墨子检讨"今者王公大人为政于国家者，皆欲国家之富，人民之众，刑政之治。然而不得富而得贫，不得众而得寡，不得治而得乱"的原因，"是在王公大人为政于国家者，不能以尚贤事能为政也"（《墨子·尚贤上》）。

针对当时"亲戚则使之，无故富贵、面目佼好则使之""不能治百人者，使处乎千人之官；不能治千人者，使处乎万人之官"（《墨子·尚贤中》），特别是"王公大人骨肉之亲,躄瘖聋暴为桀纣,不加失也。是故以赏不当贤,罚不当暴。其所赏者,已无故矣;其所罚者,亦无罪。是以使百姓皆攸心解体,沮以为善"(《墨子·尚贤下》)的任人唯亲,以貌取人,能不称位的现象,墨子呼吁官吏选拔的必须公平、公正,要以德、以义、以能力为标准,唯贤是举。"甚尊尚贤而任使能,不党父兄,不偏富贵,不嬖颜色。"(《墨子·尚贤中》)做到"不义不富,不义不贵,不义不亲,不义不近"(《墨子·尚贤上》)。

"贤良之士,厚乎德行,辩乎言谈,博乎道术者乎……古者圣王之为政,列德而尚贤。虽在农与工肆之人,有能则举之。高予之爵,重予之禄,任之以事,断予之令……以德就列,以官服事,以劳殿赏,量功而分禄。"(《墨子·尚贤上》)何为贤者?墨子上面一席话可谓话里有话,即作为"农与工肆之人"的下层民众,只要贤能过人,也可得到向上流动的机会,而出身下层的墨者也就自当位列其中。墨子所张扬的是"官无常贵而民无终贱。有能则举之,无能则下之。举公义,辟私怨"(《墨子·尚贤上》)。他所忧心的是"不肖者"左右朝政,"若苟贤者不至乎王公大人之侧,则此不肖者在左右也。不肖者在左右,则其所誉不当贤,而所罚不当暴。王公大人尊此,以为政乎国家,则赏亦必不当贤,而罚亦必不当暴。若苟赏不当贤而罚不当暴,则是为贤者不劝,而为暴者不沮矣。是以入则不慈孝父母,出则不长弟乡里。居处无节,出入无度,男女无别。使治官府则盗窃,守城则倍畔,君有难则不死,出亡则不从。使断狱则不中,分财则不均。与谋事不得,举事不成,入守不固,出诛不强"(《墨子·尚贤中》)。

因此,墨子再三强调"尚贤之为说,而不可不察此者也。尚贤者,天、鬼、百姓之利而政事之本也"(《墨子·尚贤下》)。墨子主张在道义、官禄赏誉面前,人人平等,公平竞争。打破贵族对权利地位的垄断,给有贤能的下层民众向上流动的机会,此种社会思想是弥足珍贵的。可以说,墨子又是中国最早为社会下层民众鸣不平,并倡导能力主义的社会思想家。

三、"节用""非攻"的社会行为观

"节用"是墨子针对所处的时代社会物质财富的匮乏,社会上层的奢侈浪费,"其使民劳,其藉敛厚,民财不足,冻饿死者不可胜数"(《墨子·节用上》)的社会状况,所提出的社会主张。节用,就是要求统治者要顾惜民力,

力戒奢靡，节省财用，要求社会在各层面发展生产，蓄积财富。

墨子从民众立场上出发，就统治者的衣食住行等方面的消费提出了明确而又具体的意见，要求统治者应做到以下几点：

其一，穿着只要御寒防暑即可，不必过分奢华。

其二，饮食只要能够充饥果腹即可。

其三，居住只要可以抵御风寒，男女有别即可。

其四，舟车只要能通四方之利即可。（以上四点，其原文原意参见《墨子·辞过》。）

其五，养生送死，亦应厚养薄葬。从《淮南子·要略训》"墨子学儒者之业，受孔子之术，以为其礼烦扰而不悦，厚葬靡财而贫民，久服伤生而害事，故背周道而用夏政"一段话，可知墨子曾受教于儒门，但他对儒家倡导的厚葬久丧不以为然。墨子认为"'棺三寸，足以朽体；衣衾三领，足以覆恶。以及其葬也，下毋及泉，上毋通臭，垄若参耕之亩，则止矣。'死则既以葬矣，生者必无久哭，而疾而从事，人为其所能，以交相利。此圣王之法也"，"若人厚葬久丧，实不可以富贫、众寡、定危、治乱乎？则非仁也，非义也，非孝子之事也。为人谋者，不可不沮也……若以此观，则厚葬久丧，其非圣王之道也"（《墨子·节用下》）。特别是"天子杀殉，众者数百，寡者数十。将军大夫杀殉，众者数十，寡者数人"（《墨子·节用下》）的陪葬风气，更是遭到墨子的抨击。

如此等等，墨子认为大到"修其城郭"不要过度劳民伤财，"则民劳而不伤"，"以其常正，收其租税，则民费而不病"；小至玩乐切莫与民争利，"民所苦者"，"苦于厚作敛于百姓"（《墨子·辞过》）。墨子坚持"仁者之为天下度也，非为其目之所美，耳之所乐，口之所甘，身体之所安，以此亏夺民衣食之财，仁者弗为也"（《墨子·非乐上》），"凡费财劳力，不加利者，不为也"（《墨子·辞过》），"凡足以奉给民用，则止，诸加费不加于民利者，圣王弗为"（《墨子·节用中》）。故此，墨子主张"去无用之费，圣王之道，天下之大利也"（《墨子·节用上》）。

墨子要求统治者能率先垂范，引领民众，形成节俭风气，丰富社会财富。"故节于身，诲于民，是以天下之民可得而治，财用可得而足。"（《墨子·辞过》）

墨子正告统治者说，勤俭节约，国家则盛，骄奢淫逸，国家则亡。"圣人

之所俭节也，小人之所淫佚也。俭节则昌，淫佚则亡。"（《墨子·辞过》）

墨子在主张"节用"的同时，还主张发动整个社会成员的力量，发展生产，改善财用状况，节流与开源并行，"下强从事，则财用足矣"（《墨子·天志中》）。墨子自己也是一生过着简朴的生活，"量腹而食，度身而衣"（《墨子·鲁问》），做过工匠，自称"贱人"，劳身苦志，身体力行。

墨子的"节用"及"节葬""非乐"观对纠正当时的奢靡之风有一定合理的意义，但他不加区别、笼统地排斥一切精神和文化活动方面的消费，似乎又带有小生产者社会发展观的局限性，受到了当时儒者的批评。荀子批评他"有见于齐，无见于畸"（《荀子·天论》），"上功用，大俭约而僈差等"（《荀子·非十二子》），"蔽于用而不知文"（《荀子·解蔽》）；孟子甚至讥讽他"墨氏兼爱，是无父也。无父无君，是禽兽也"（《孟子·滕文公下》）。

墨子从"兼爱"出发，极力主张"非攻"。"非攻"是"兼爱"思想的进一步延伸。

第一，墨子认为攻伐是天下之大害："当今之时，天下之害孰为大？曰：大国之攻小国也。大家之乱小家也。强之劫弱，众之暴寡，诈之谋愚，贵之敖贱。此天下之害也"（《墨子·兼爱下》）；"繁为攻伐，此实天下之巨害也"（《墨子·非攻下》）。

第二，墨子认为攻伐杀人是犯罪，是不义之举。"杀一人，谓之不义，必有一死罪矣。若以此说往，杀十人，十重不义，必有十死罪矣；杀百人，百重不义，必有百死罪矣。"（《墨子·非攻上》）

第三，墨子认识到攻伐的结果是害人又不利己，得不偿失。"然则土地者，所有余也；王民者，所不足也。今尽王民之死，严下上之患，以争虚城，则是弃所不足，而重所有余也。为政若此，非国之务者也"，"计其所自胜，无所可用也；计其所得，反不如所丧者之多"（《墨子·非攻中》）。令墨子惊诧的是如此害人不利己，得不偿失的行为，王公大人却乐此不疲。"此其为不利于人也，天下之害厚矣，而王公大人乐而行之，则此乐贼灭天下之万民也，岂不悖哉！"（《墨子·非攻下》）

第四，墨子隐隐地觉察到攻伐，尤其是侵略战争不仅劳民伤财，使社会生产力遭到极大破坏，"春则废民耕稼树艺，秋则废民获敛。今唯毋废一时，则百姓饥寒冻馁而死者，不可胜数"（《墨子·非攻中》），更给世间留下了仇恨的种子。关于这点，墨子虽然论述不多，但人们可从"燔溃其祖庙，劲杀其万民，覆其老弱，迁其重器"（《墨子·非攻下》），"夫爱人者，人亦从而爱之；利人者，人亦从而利之；恶人者，人亦从而恶之；害人者，人亦从而害之"（《墨子·兼爱中》）的言语中意识到战争的遗患无穷。

墨子阐明杀一人，便是不义，便有一死罪，这是人人皆知的事实，攻人之国这样大规模屠戮，更是大不义行径。他一针见血地指出统治者之所以对兼并战争的发动，还"从而誉之，谓之义"，"书其言以遗后世"（《墨子·非攻上》）夸大其能，记录下来遗传后世，是贪功和虚荣心作怪。"国家发政，夺民之用，废民之利，若此甚众。然而何为为之？曰：'我贪伐胜之名，及得之利，故为之。'"（《墨子·非攻中》）《墨子·鲁问》记载有子墨子谓鲁阳文君一席话，可谓是一针见血："攻其邻国，杀其民人，取其牛马、粟米、货财，则书之于竹帛，镂之于金石，以为铭于钟鼎，传遗后世子孙，曰：'莫若我多！'今贱人也，亦攻其邻家，杀其人民，取其狗豕、食粮、衣裘，亦书之竹帛，以为铭于席豆，以遗后世子孙，曰：'莫若我多！'其可乎？"

墨子还用无数因攻伐而亡国的事例告诫王公大人"故当攻战，而不可不非"（《墨子·非攻中》）。"古者封国于天下，尚者以耳之所闻，近者以目之所见，以攻战亡者，不可胜数。"（《墨子·非攻中》）

值得一提的是墨子并不是一味地反对战争。他对战争的评判有"诛"和"攻"的区分，认为"诛"和"攻"是不同类性质的两个概念，必须"察类""明故"，不可混淆。墨子阐明"禹征有苗，汤伐桀，武王伐纣"以讨伐无道的暴君，皆"非所谓攻，谓诛也"；那些"为坚甲利兵，以往攻伐无罪之国"的侵略行为，才是他反对的"攻"。（参看《墨子·非攻下》）《墨子·公输》中劝楚国放弃攻打宋国一段说词，足以发人深省："荆国有余于地，而不足于民。杀所不足，而争所有余，不可谓智；宋无罪而攻之，不可谓仁；知而不争，不可谓忠；争而不得，不可谓强；义不杀少而杀众，不可谓知类。"是篇还记载墨子通过类比，诱导楚王自省，从而推理出楚国攻宋便类似于"有窃疾"之人。"子墨子见王，曰：'今有人于此，舍其文轩，邻有敝舆而欲窃之；舍其锦绣，邻有短褐而欲窃之；舍其粱肉，邻有糠糟而欲窃之。此为何若人？'王曰：'必为有窃疾矣。'"比较墨子对"亏不足而重有余"，不明不智、不仁不忠，得不偿失的"窃疾"行为的抨击与老子对"天之道，损有余而补不足；人之道则不然，损不足以奉有余"（《老子·七十七章》）的"不道"现象的讽刺，二者有异曲同工之妙。

第三节　理想社会构想

劳动者出身的墨子，其理想社会构想务实易懂，少有太多的浪漫情怀。在墨子看来，既然"天下之害"以及"天下祸篡怨恨，其所以起者，以不相爱生也"（《墨子·兼爱中》），那么，息祸弭争，化怨消恨的最实用的经世济民的良方便是"以兼相爱交相利之法易之"（《墨子·兼爱中》）。所谓兼相爱便是互相亲爱、关爱；交相利便是互利互惠。

在墨子"兼相爱，交相利"理想社会里：

——人与人之间不分亲疏，平等相处："今天下无大小国，皆天之邑也。人无幼长贵贱，皆天之臣也"（《墨子·法仪》）；爱无差等："获，人也。爱获，爱人也。臧，人也。爱臧，爱人也"（《墨子·小取》）；

——人们视人若己："视人之国，若视其国；视人之家，若视其家；视人之身，若视其身"（《墨子·兼爱中》），"若使天下兼相爱，爱人若爱其身，犹有不孝者乎？视父兄与君若其身，恶施不孝。犹有不慈者乎？视子弟与臣若其身，恶施不慈。故不孝不慈亡有。犹有盗贼乎？视人之室若其室，谁窃？视人身若其身，谁贼？故盗贼亡有。犹有大夫之相乱家、诸侯之相攻国者乎？视人家若其家，谁乱？视人国若其国，谁攻？故大夫之相乱家、诸侯之相攻国者亡有。若使天下兼相爱，国与国不相攻，家与家不相乱，盗贼无有，君臣父子皆能孝慈，若此，则天下治"（《墨子·兼爱上》）；

——人与人彼此兼爱，"爱人之亲，若爱其亲"（《墨子·大取》）；

——社会崇尚"兼以易别"："顺天之意者，兼也；反天之意者，别也。兼之为道也，义正；别之为道也，力正""义正者何若？曰：大不攻小也，强不侮弱也，众不贼寡也，诈不欺愚也，贵不傲贱也，富不骄贫也，壮不夺老也。是以天下之庶国，莫以水火毒药兵刃以相害也""力正者何若？曰：大则攻小也，强则侮弱也，众则贼寡也，诈则欺愚也，贵则傲贱也，富则骄贫也，壮则夺老也。是以天下之庶国，方以水火毒药兵刃以相贼害也"（《墨子·天志下》）。"兼者"乃"圣王之道"，"君子莫若审兼而务行之"（《墨子·兼爱下》）。

——举国上下心怀"兼爱"，国君成为"兼君"而不是别君；人们做"兼士",而不做"别士"。"交兼"生天下之利,"交别"生天下之害。所以墨子说"别非而兼是"(《墨子·兼爱下》)。

墨子的理想社会是一个"兼相爱,交相利"(《墨子·兼爱中》)的社会,是一个"以尚贤使能为政"(《墨子·尚贤中》)的社会。

如果说墨子的"兼相爱、交相利"主要描述的是理想中的人际关系模式的话,那么其理想社会最终要达到的目标就是"安生生",即建立一个使所有人的生活都能"便宁无忧"的和谐社会。

他理想中的"安生生"的社会,能实现尚贤使能与兼相爱交相利的有机统一。即所谓"有力者疾以助人,有财者勉以分人,有道者劝以教人。若此,则饥者得食,寒者得衣,乱者得治。若饥则得食,寒则得衣,乱则得治,此安生生"(《墨子·尚贤下》)。使当时社会中普遍存在的下层民众"饥者不得食,寒者不得衣,劳者不得息"的三个"民之巨患"得以彻底解决。墨子认为他的"安生生"社会理想才是最顺乎"天意"的。"明乎顺天之意,奉而光施之天下,则刑政治,万民和,国家富,财用足,百姓皆得暖衣饱食,便宁无忧"(《墨子·天志中》)。顺乎这一"天意",刑政就会得到治理,万民就会和谐,国家就会富裕,财产就会充足,老百姓就可衣食无缺,过上安宁无忧的生活。

墨子的理想社会构想,具有代表基层民众利益的情怀。其设想是美好的,也是中国"大同"社会理想的源头之一,如顾颉刚、蔡尚思、张岱年等都曾认为墨家是中国大同思想的重要源头,也有人认为《礼记·礼运》中的一些被后世认为是儒家社会理想的,实则是汉初儒家与墨家思想相融合的产物。但墨家社会理想本身是代表在社会资源配置中的弱势阶级的诉求,而这种社会理想对处于统治地位的既得利益集团的地位与利益具有破坏力,所以在其后延续了两千多年的封建社会中,从没有被社会统治阶级提倡或采纳过,甚至连整个墨家学说也受打压而被高度边缘化了。秦汉以后的中国社会思想发展史中,墨家社会思想不仅遭到历代统治阶级的排斥,而且在士林阶层也没有得到应有的继承与发展。但实际上墨家社会思想并没有中断,而是潜沉到基层社会与体制外社会中,汉代以后人们将"以武犯禁""路见不平,拔刀相助"的侠客称为"墨侠",即是一例。

思考题:

1. 墨子"兼爱"论与儒家"仁爱"的区别是什么?

2. 墨子社会控制思想的特点是什么?

3. 墨子对社会问题考察的总体特点有哪些?

4. 如何看待墨子的节用观?

5. 试比较儒、道、墨三家理想社会构想之异同。

▶ 答题要点

第五章　法家的社会思想

周朝时期的社会，主要是依赖礼治维持社会秩序。其前期，民风淳朴，礼治还是很有效的。但是到了春秋时期，随着生产力的发展，王权的衰落，时移势易，僭越礼制的情况越来越多，以往的礼制渐渐失去了对社会的控制能力，于是出现了礼崩乐坏、王纲解纽的局面。天下失去了共主，失去了统一的秩序，各诸侯国就开始互相攻击吞并，天下由治到乱。众诸侯有的争霸，有的图存，他们需要一种更强硬有效的社会治理手段来取代软弱无力的礼制，于是法家学说便应运而生。

先秦法家，总的看来，可以分为两大流派：一派为齐法家，以管仲为先驱，特点是礼法兼重，在战国的齐国有着众多的传人和广泛的影响。后来荀子在儒家思想的基础上吸收了齐法家思想，形成了"隆礼重法"为特色的社会思想，活跃于秦国的两大著名法家人物韩非和李斯均是荀子的学生。另一派是三晋法家，主要活跃于在晋国基础上分裂成的韩、赵、魏和秦国，以商鞅和韩非为代表，其主要理论特点是：主张人性恶，治理社会要突出运用刑、赏两手，严刑峻法，达到富国强兵的社会目标。一些著名人物如李悝、吴起、慎到、申不害等，都属于三晋法家阵营。

管仲（约前730—前645），名夷吾，字仲或敬仲，颍上人（今安徽颍上），姬姓。父管严，贵族出身，因家道中落降为平民。管仲少时曾经过商，养过马，做过许多"贱事"。公元前685年，齐国内乱，襄公被杀，公子小白继位，这就是齐桓公。管仲作为齐国的相，在内政、外交、军事、社会各方面提出了一系列的政策方针，规划了齐国的改革蓝图，显示了大政治家的非凡谋略，辅佐齐桓公成就了齐国的霸业，"尊王攘夷""兴灭继绝""九合诸侯""一匡天下"，主导了春秋时期的社会改革潮流。管仲的社会思想，主要包括在《管子》书中，在战国曾经有过《管子》书流传，有"藏商、管之书者家有之"（《韩非子·五蠹》）的说法，现存《管子》一书，非常驳杂，据考证是齐国稷下先生的论文汇编。但这本《管子》与《国语·齐语》《左传》仍是研究管仲的主要资料。

商鞅（？—前338）是中国历史上最著名的改革家之一，卫国人，又称为卫鞅或公孙鞅。他初仕于魏，因不受重视，就带了李悝的《法经》到秦，受到秦孝公的重用，主持变法，在公元前359年至公元前350年，进行了两次大规模的变法改革。由于变法成功，其官职从左庶长升到大良造，被封于商，号称商君。秦孝公死后，商鞅被秦国早已怀恨在心的旧贵族处以车裂之刑。商鞅的著作比较确实的有《商君书》29篇，现存24篇。

韩非（前280—前233），韩国人，祖上为韩国贵族，他本人则已下降为士。韩非与李斯都是荀子的学生，但韩非的思想中儒家色彩很少，反而是法家思想最突出，老子的影响也很深，以至于司马迁说他务刑名而归本于黄老。韩非所著《韩非子》共有55篇，书流传到秦，秦始皇想见他，但韩非入秦并未得重用，后因为他百计阻止秦国伐韩，被李斯囚禁处死。

第一节 人性论

法家的人性论，是法家治国理论、社会理论的基础。法家的富国强兵，奖励耕战，严刑峻法，以刑去刑，以及其法、术、势理论，都是建立在人性都是好利恶害的基础上的。

法家人性论的基本特点是认为人性恶。他们认为，人是有欲望的，这些欲望就是饱、暖、逸、乐、富、厚、生等，也有惧怕和厌恶的，这就是贫、贱、劳、苦、死，这是古往今来人固有的本性，这种本性是不会改变的。人性好利而恶害，好逸而恶劳，好生而恶死，好赏而恶刑。表现在社会的各个方面：

> 夫凡人之情，见利莫能勿就，见害莫能勿避。其商人通贾，倍道兼行，夜以续日，千里而不远者，利在前也。渔人之入海，海深万仞，就彼逆流，乘危百里，宿夜不出者，利在水也。故利之所在，虽千仞之山无所不上，深渊之下无所不入焉。故善者势利之在，而民自美安，不推而往，不引而来，不烦不扰，而民自富。（《管子·禁藏》）

商鞅、韩非也持这样的观点。

一、商鞅的好利恶害论

法家的行为目标，主要是追求霸道，追求征服。分解为两大具体目标就是富国和强兵，而与这两者相应的就是农战。农，是要在土地里辛勤劳作；战，是在战场上搏命。这二者都是民众所极力要避免的事情，法家却要叫人们去做这些违背人性的事情，怎么做到呢？

先看商鞅关于人性的分析，在《商君书·算地》中他论述道：

> 民之性，饥而求食，劳而求佚，苦则索乐，辱则求荣，此民之情也。民之求利，失礼之法；求名，失性之常。奚以论其然也？今夫盗贼，上犯君上之所禁，而下失臣子之礼，故名辱而身危，犹不止者，利也。其上世之士，衣不暖肤，食不满肠，苦其志意，劳其四肢，伤其五脏，而益裕广耳，非性之常也，而为之者，名也。故曰：名利之所凑，则民道之。

上文的意思是，违法犯禁是危险的，但是有些人却甘于冒险；饥恶劳苦是违背人性的，但是有些人却不辞辛苦，为什么呢？是因为前者要逐利，后者要求名，名利二字，就是这种看上去违背常理的行为的解释。君主要想操控老百姓，让民众敢于冒死搏战，甘于吃苦耐劳，就要抓住民众的这两点死穴。"夫民之情，朴则生劳而易力，穷则生知而权利。易力则轻死而乐用，权利则畏罚而易苦。易苦则地力尽，乐用则兵力尽。夫治国者，能尽地力而致民死者，名与利交至。"（《商君书·算地》）这就是说，要让民众的生存环境很艰苦，艰苦了，就舍得出力；人穷了，就会权衡利弊。舍得出力就肯尽力田亩，权衡利弊就会争取名利，就会死战，就会怕受到刑罚而不怕吃苦，治国者能够让老百姓努力开垦耕种、不惜死命战斗，则自然国富兵强。

> 故圣人之为国也，入令民以属农，出令民以计战。夫农，民之所苦；而战，民之所危也。犯其所苦行其所危者，计也。故民生则计利，死则虑名。名利之所出，不可不审也。利出于地，则民尽力；名出于战，则民致死。入使民尽力，则草不荒；出使民致死，则胜敌。胜敌而草不荒，富强之功可坐而致也。（《商君书·算地》）

商鞅认为，老百姓也是有一定智虑的，要明白庶民的想法，老百姓好占便宜，权衡利害，一定要限制百姓们的思想，榨取民众的力量减少内斗的风险，使民众质朴无知，君主才能获得稳定统治。

>民之生，度而取长，称而取重，权而索利。明君慎观三者，则国治可立，而民能可得。国之所以求民者少，而民之所以避求者多，入使民属于农，出使民壹于战，故圣人之治也，多禁以止能，任力以穷诈。两者偏用，则境内之民壹；民壹，则农；农，则朴；朴，则安居而恶出。故圣人之为国也，民资藏于地，而偏托危于外。（《商君书·算地》）

如此，针对民情好利恶害，商鞅主张一方面实行愚民政策，思想专制，另一方面轻赏重刑。

第一，愚民与思想专制。商鞅认为，当时社会上许多人宣扬不同的学说，导致士农工商一些人能够对事情提出自己的见解，而对国家政令提出非议，甚至轻视君主，这是君主统治的失误。要管理好国家，就要排斥一切法家思想以外的学说和士人。

>夫治国舍势而任说说，则身修而功寡。故事《诗》《书》谈说之士，则民游而轻其君；事处士，则民远而非其上；事勇士，则民竞而轻其禁；技艺之士用，则民剽而易徙；商贾之士佚且利，则民缘而议其上。故五民加于国用，则田荒而兵弱。（《商君书·算地》）

法家学说和儒家墨家不同。墨家的学说，置身于下层百姓之中，追求社会公平，立意发言，其立场在于民间；儒家不主张阶层之间的平等，但他们对于民众怀着一种敬畏之心同情之意，考虑问题注重中庸，重视社会的平衡和稳定，从家国、君民上下两端考虑问题，力图达到社会平衡发展；法家主要是三晋法家则全然站在君主和国家的立场上，把民众当做利用、操控和统治对象，在他们的著作中几乎看不到从民众的利益考虑的思想言论。与民众的关系上，他们极力强调君要"胜民"，就是要主宰民众的贫富贵贱生杀予夺，叫民众安分守己，不作他想。

商鞅认为，名家提倡的"辩慧"和儒家提倡的礼乐仁爱，是滋生民乱的因素，必须以强硬的手段让民众服从。《商君书·说民》中说："辩慧，乱之赞也；礼乐，淫佚之征也；慈仁，过之母也；任誉，奸之鼠也。乱有赞则行，淫佚有征则用，过有母则生，奸有鼠则不止。八者有群，民胜其政；国无八者，政胜其民。民胜其政，国弱；政胜其民，兵强。故国有八者，上无以使守战，必削至亡。国无八者，上有以使守战，必兴至王。……过匿，则民胜法；罪诛，则法胜民。民胜法，国乱；法胜民，兵强。故曰：以良民治，必乱至削；以奸民治，必治至强。"所谓"过匿"，就是涵容犯罪行为，不做严肃处理。"罪诛"，就是有罪就正法诛杀。"良民"和"奸民"的意思是说，如果用人性善的假设治理国家，必然导致混乱削弱；如果用人性恶的假设治理国家，国家必然强盛。

第二，轻赏重刑。

《商君书·去强》中说：

> 重罚轻赏，则上爱民，民死上；重赏轻罚，则上不爱民，民不死上。兴国行罚，民利且畏；行赏，民利且爱。国无力而行知巧者，必亡。怯民使以刑，必勇；勇民使以赏，则死。怯民勇，勇以死，国无敌者强，强必王。贫者使以刑，则富；富者使以赏，则贫。治国能令贫者富，富者贫，则国多力，多力则王。王者刑九赏一，强国刑七赏三，弱国刑五赏五。

意思是说，国家统治的一个要诀是重罚轻赏，这样赏就显得更加难得，能使民众贪赏而不要命。但是如果赏罚的轻重颠倒了，奖赏就受不到人们的重视，起不到作用。怯懦的民众，只有用严厉的刑罚才能勇敢，勇敢的民众诱以奖赏就成了死士，这样国家就会强大。一个国家的刑赏关系，决定这个国家的强弱。最佳的做法是刑九赏一，其次强国是刑七赏三，而刑赏五五开的国家，必定衰落。

由于人性恶，所以要威之以严刑峻法，重刑轻罪。

> 罚重，爵尊；赏轻，刑威。爵尊，上爱民；刑威，民死上。故兴国行罚，则民利；用赏，则上重。法详，则刑繁；法繁，则刑省。民治则乱，乱而治之，又乱。故治之于其治，则治；治之于其乱，则乱。民之情也治，其事也乱。故行刑，重其轻者，轻者不生，则重者无从至矣，此谓治之于其治者。行刑，重其重者，轻其轻者，轻者不止，则重者无从止矣，此谓治之于其乱也。（《商君书·说民》）

这种重刑轻罪的理论，是商鞅的发明。他认为，法令越是规定得周密明晰，刑罚针对轻微的罪过都能进行严酷的惩罚，这样人们连小罪也不敢犯，重罪就自然不出现了，这叫做"以刑去刑"，就是用严厉的刑法消除犯罪。

二、韩非子的人性唯利论

与商鞅相比，韩非子更加明确地表达了人性恶的观点。他认为，人性是一样的，都是以利害关系来衡量人际关系，以利益交换来进行人际互动的。根据人的好利恶害的原则，可以解释一切人类的行为动机。他不相信人性善，认为只有严格运用刑赏两手来进行社会控制。

"夫民之性，恶劳而乐佚，佚则荒，荒则不治，不治则乱，而赏刑不行于天下者必塞。"（《韩非子·心度》）在《管子·小称》中，作者用故事表达了他的看法：管仲病重，桓公去探望，管仲让桓公驱逐易牙、竖刁、堂巫和公子开方。此前易牙为了讨好桓公，蒸了自己的孩子给桓公吃；竖刁自宫以接近桓公。在管仲看来，这是不合人情人性的，必然包藏着祸心。因为"人情非不爱其子也，于子之不爱，将何有于公"（《管子·小称》）。韩非子也认为，一些表面上看来的善良行为，实际上背后都有着利益的算计。韩非子举例说：

> 夫卖庸而播耕者，主人费家而美食、调布而求易钱者，非爱庸客也，曰：如是，耕者且深，耨者熟耘也。庸客致力而疾耘耕者，尽巧而正畦陌畦畤者，非爱主人也，曰：如是，羹且美，钱布且易云也。此其养功力，有父子之泽矣，而心调于用者，皆挟自为心也。故人行事施予，以利之为心，则越人易和；以害之为心，则父子离且怨。（《韩非子·外储说左上》）

就是说，人都是出于私利之心，相互为用、利益交换的，不但一般人，就是父子之间，也是如此。比如一般百姓，生男则养，生女则溺死，这都是出于某种算计，"故父母之于子也，犹用计算之心以相待也，而况无父子之泽乎"（《韩非子·六反》）。君主官吏与百姓之间没有那样的亲情关系，更不能以抽象的仁义道德来管理。人类的算计、趋利避害之心是由人的生存需求决定的，"安利者就之，危害者去之，此人之情也"（《韩非子·奸劫弑臣》）。与荀子相比，荀子也主张人性恶，但荀子并不认为这种恶性就是人类社会关系的本质，而认为通过礼法等社会规范，经过"化性起伪"，是可以改造的。韩非认为，人的恶性不但不能改造，也不必改造，社会因势利导，可以利用人的趋利避害特性，用刑赏两种手段进行控制。

法家理论认为，将人性趋利恶害的特点落实到社会治理上，就是规定出刑和赏的政策标准。刑和赏，就是禁止什么和倡导什么的两种最重要的手段。赏，必须使民觉得受到诱惑，值得去做；刑，必须使民感到恐惧，不敢为非，达到这种程度才能起到作用，才能达到目的。否则，不但达不到目的，还会使民蔑视政法，铤而走险。"故赏不足劝，则士民不为用；刑罚不足畏，则暴人轻犯禁。民者服于威杀然后从，见利然后用，被治然后正，得所安然后静者也。"（《管子·正世》）因为"民者固服于势，寡能怀于义"（《韩非子·五蠹》），所以只能用威逼与利诱手段。

由以上论说观之，虽没有明确说人性是善还是恶，但总的倾向是恶。"刑以弊之，毋失民命；令之以终其欲，明之毋径；遏之以绝其志意，毋使民幸；养之以化其恶，必自身始，明之以察其生，必修其理。"（《管子·正》）韩非子反对孟子性善说，对孟子提倡的依靠人的善性治理社会提出质疑，认为在人的好利恶害的本性面前，一切仁义道德礼义教化都是无济于事的，只有严厉管束、厚赏重罚才能奏效。

韩非认为，社会是在不断变化发展的，古代人少物多，故人不争。现世人多物少，势在必争。那些满口尧舜禹汤的人物，希望能够拿古代的方法治理现实社会，都是守株待兔之类。依靠善性和自律来治理社会，是根本靠不住的，必须依靠法制，才能奏效。

韩非用冷酷的笔调和理性的分析把人性、人与人之间的关系完全说成是利益关系，社会关系就是利益的交换关系，这有其客观合理的一面，但也排除了一切人的善性，否定了人的自觉性和儒家所倡导的一切人之异于禽兽的东西。他把社会看作物质的社会，完全用力量和利害来控制，这为法家严刑峻法治理社会提供了理论基础。同时，他也为人的私有观念的理论开拓了探讨范围，但由于他把公私概念完全对立起来，把私看作不好的、不利社会和国家利益的东西，也给私人权益的发展造成了障碍。在人性论上，虽然韩非继承了荀子的某些思想，但他的人性论和儒家的人性论基本是相反的，荀子说人性恶，是为了肯定学习、修身和礼法教化的必要性，是说人的善性需要社会规范来培养，而韩非则否定了一切道德意义和感情因素，否定了一切社会关系中人的自觉和谐的可能，一味强调利害关系和严刑峻法，他的法治思想和儒家的人治、德治、礼治思想形成了鲜明的对立。

以现在社会学理论看来,韩非子的人性理论与 G. 霍曼斯的社会交换论很相似,霍曼斯在他的《社会行为:它的基本形式》一书中指出,利己主义、趋利避害是人的行为的基本原则,人与人之间的互动实质上就是一种交换过程。他还提出了一组对人的行为进行解释的命题,其中成功命题认为,一个人的某种特定行为越是经常受到奖励,那他就越有可能采取这种行为;攻击—赞同命题认为,当一个人的行动得到了他期望的报酬,甚至超出了他的期望值、没有受到意料中的惩罚时,他会受到鼓励而更可能采取同样的行为。韩非正是这样,他认为好利恶害是人的两个基本价值取向,控制这两种倾向的基本手段就是刑赏二柄。

其实在法家理论中,齐法家与三晋法家的看法是有区别的,齐法家肯定礼义教化的作用,认为"礼、义、廉、耻"是"国之四维"。也肯定人的修身价值,把修身视为齐家治国平天下的基础。如:"有身不治,奚待于人?有人不治,奚待于家?有家不治,奚待于乡?有乡不治,奚待于国?有国不治,奚待于天下?天下者,国之本也;国者,乡之本也;乡者,家之本也;家者,人之本也;人者,身之本也;身者,治之本也。"(《管子·权修》)这种思想,与儒家的修身理论是一致的,而在商鞅和韩非的书中,对修身是不屑一顾的。

第二节　社会控制论

社会控制是儒家和法家都非常重视的,但是他们各自所强调的方式和手段却有着根本的区别。总的看来,儒家强调礼治、人治和德治,强调通过学习社会文化、加强个人修养将社会规范内化,更依靠个人的自律和道德风俗的力量进行个人内在控制和软控制,而法家主要是三晋法家却更强调厉行法治,采取外在的硬性控制。其中以管仲为代表的齐法家跟三晋法家又有明显的不同。

一、管仲的礼、法兼用论

《管子》一书,体现的主要是齐法家的思想,是管仲及其后学治国理政的经验总结,也包含着丰富的社会控制思想。管仲是西周以来礼俗社会向法理社会(这里不是指近现代的法理理念,而是与传统社会相对而言)过渡时期的人物，他的思想中既有传统礼治思想的基础，也有法家法治思想的发展。孔子曾经说："道之以政，齐之以刑，民免而无耻；道之以德，齐之以礼，有耻且格。"(《论语·为政》) 如果说，前面两句是法家社会控制思想的概括，后面两句，就是儒家社会控制思想的概括。而以管仲为代表的齐法家，则处于两者之间，可以用"道之以礼，齐之以政"来概括。

齐法家的社会控制思想，可以概括出一个完整的体系：

首先，民生富裕是社会控制的基础。

《管子》认为，空言控制是不行的，财富是社会稳定的基础：

> 凡治国之道，必先富民，民富则易治也，民贫则难治也。奚以知其然也？民富则安乡重家，安乡重家则敬上畏罪，敬上畏罪则易治也。民贫则危乡轻家，危乡轻家则敢陵上犯禁，陵上犯禁则难治也。故治国常富，而乱国必贫。是以善为国者，必先富民，然后治之。(《管子·治国》)

还说，"财不盖天下，不能正天下"(《管子·七法》)。"利然后能通，通然后成国。"(《管子·侈靡》)"为国不能来天下之财，致天下之民，则国不可成。"(《管子·轻重甲》) 作为一个国家，理财富国富民，是基本的任务。以一国为一经济单位，君臣上下都是其中一员，而尽其力，安其分，以发展经济，与别国竞争。如果经济发展强大，其他的问题都好解决，这是社会控制的基本条件。他们从社会生活原理分析治乱的原因，民富则安乡重家，敬上畏罪；民贫则危乡轻家，陵上犯禁。这种思想是比较务实的，法家在战国是最务实的一个学派，他们认定人的基本生存需求是基础，这就是衣、食、住、行、性，首先满足人的自然性需求，才能进入社会性需求；满足生存基本要求，才能进行社会教化。

> 国多财则远者来，地辟举则民留处，仓廪实则知礼节，衣食足则知荣辱，上服度则六亲固，四维张则君令行。(《管子·牧民》)

其次，"礼、义、廉、耻"是立国之本。

法家的社会控制手段，一般是以政刑为主，但在齐法家而言，也很重视礼义教化。可以说，在《管子》的文章中，重视礼义教化对治理国家的作用，重视德对刑的统帅关系，是判断齐法家一派文章的主要依据。

齐法家认为，礼义教化是立国之本，礼义廉耻是维系国家健康运行的四维，缺一不可。《管子·牧民》说：

> 四维不张，国乃灭亡。国有四维，一维绝则倾，二维绝则危，三维绝则覆，四维绝则灭。倾可正也，危可安也，覆可起也，灭不可复错也。何谓四维？一曰礼，二曰义，三曰廉，四曰耻。礼不逾节，义不自进，廉不蔽恶，耻不从枉。故不逾节则上位安，不自进则民无巧诈，不蔽恶则行自全，不从枉则邪事不生。

既然提到了这样的高度，齐法家对礼义教化的推行也就千方百计了。那么究竟为什么用教化、而不是用法令来教民礼义廉耻呢？这是因为要防微杜渐，禁邪于青萍之末。使民自律，教化远胜于政令。教化行而刑罚省，积极控制在前，省简被动惩罚于后。《管子·权修》说：

> 凡牧民者，使士无邪行，女无淫事。士无邪行，教也。女无淫事，训也。教训成俗，而刑罚省，数也。凡牧民者，欲民之正也。欲民之正，则微邪不可不禁也。微邪者，大邪之所生也。微邪不禁，而求大邪之无伤国，不可得也。凡牧民者，欲民之有礼也。欲民之有礼，则小礼不可不谨也。小礼不谨于国，而求百姓之行大礼，不可得也。凡牧民者，欲民之有义也。欲民之有义，则小义不可不行。小义不行于国，而求百姓之行大义，不可得也。凡牧民者，欲民之有廉也。欲民之有廉，则小廉不可不修也。小廉不修于国，而求百姓之行大廉，不可得也。凡牧民者，欲民之有耻也。欲民之有耻，则小耻不可不饰也。小耻不饰于国，而求百姓之行大耻，不可得也。凡牧民者，欲民之修小礼，行小义，饰小廉，谨小耻，禁微邪，此厉民之道也。民之修小礼，行小义，饰小廉，谨小耻，禁微邪，治之本也。

对于教化，齐法家在《管子·五辅》中设计了一个完整的体系，叫做"德有六兴，义有七体，礼有八经，法有五务，权有三度"。这就是作为社会控制体系中重要的"五辅"。

德主要是对上而言。齐法家认为，君主的地位，是在社会生活中形成的，是由于他对于众庶有利，有德，才得以确立的。所以，君主的德化就是重要的了。"主身者，正德之本也；官治者，耳目之制也。身立而民化，德正而官治。治官化民，其要在上，是故君子不求于民。"（《管子·君臣上》）除了自身的修德之外，对民来说，齐法家这里主要是指德政，主要是发展生产，轻徭薄赋，救助穷困。

所谓"义有七体"，分别是："孝悌慈惠，以养亲戚。恭敬忠信，以事君上。中正比宜，以行礼节。整齐撙诎，以辟刑戮。纤啬省用，以备饥馑。敦懞纯固，以备祸乱。和协辑睦，以备寇戎。凡此七者，义之体也。"（《管子·五辅》）

教以义之后，还要教之以礼，礼有八经："所谓八经者何？曰：上下有义，贵贱有分，长幼有等，贫富有度。凡此八者，礼之经也。"（《管子·五辅》）

知道礼之后，还要知"务"。所谓"务"，就是本业，或者职业分工。什么人做什么事，要叫民知道，分工明确，秩序不乱："民知礼矣，而未知务，然后布法以任力。任力有五务。五务者何？曰：君择臣而任官，大夫任官辩事，官长任事守职，士修身功材，庶人耕农树艺……故曰：凡此五者，力之务也。"

知道"务"之后，还要知"权"："民知务矣，而未知权，然后考三度以动之。所谓三度者何？曰：上度之天祥，下度之地宜，中度之人顺，此所谓三度。……故曰：权不可不度也。故曰：五经既布，……则国家定。"（《管子·五辅》）

这是一套完整的教化体系，也是社会控制体系的积极控制机制。可以看得出来，齐法家的最终目的是为了稳定秩序，"与民和辑"，国家安定。由以上"七体""八经"来看，实际上与儒家的主张并无太大区别，教化的都是儒家所提倡的一套社会规范和价值观念，从中也可以看到儒法合流的痕迹。但与儒家不同的是，齐法家没有提到音乐的化民作用，因为他们认为，儒家的一套礼乐太过繁琐，使人难于学习遵守，不符合齐国国情和简约务实的文化风格。

第三，风俗的潜移默化是政令畅通的基本条件。

关于风俗在社会控制中的作用，齐法家的重视也不亚于儒家。在《管子》书中，提到重视风俗之处，不胜枚举。如把国有经俗、民有经产、朝有经臣这三者视为一个国家强大的标志，并把风俗作为观察一个地区管理好坏的八个标志之一，"入州里，观习俗，听民之所以化其上，而治乱之国可知也"（《管子·八观》)。齐法家认为,民俗固然是延续下来的,但民俗也是可以改造的,进行有意识的教化,可以改造民俗,政令推行得久了,也就成了民俗。成为民俗之后,民间就会形成自我教育、相互控制的机制,硬控制就会变成软控制,政令执行起来就会便利许多。所以,特别重视化民成俗,"兼爱无遗,是谓君心,必先顺教,万民乡风"(《管子·版法》)。齐法家主张深入了解民性,研究民俗、法制、教化、政令与社会控制效力之间的关系,兼容道、德、礼、法、教化、风俗、政令等为一体,在论述各种手段的作用时,提出了一系列精辟见解。

有意识地利用风俗进行社会控制是齐法家的特点。管仲提出四民分业、分区居住,使各业之民父子相传,形成身份控制。《管子·侈靡》中说:"乡殊俗,国异礼,则民不流矣;不同法,则民不困;乡丘老不通睹,诛流散,则人不眺。安乡乐宅,享祭而讴吟称号者皆诛,所以留民俗也。"

第四,政令刑罚是社会控制的底线。

在政令的制定方面,齐法家很重视民心民欲,强调制定法令一定要从民意出发,因势利导,否则就难以贯彻:

> 政之所兴,在顺民心;政之所废,在逆民心。民恶忧劳,我佚乐之;民恶贫贱,我富贵之;民恶危坠,我存安之;民恶灭绝,我生育之。……故刑繁而意不恐,则令不行矣;杀戮众而心不服,则上位危矣。故从其四欲,则远者自亲;行其四恶,则近者叛之。(《管子·牧民》)

政令要起到规范作用,必须从民意出发;否则,政令就会成为"四恶",这是齐法家的一个基本观点。

既为法家,自然主张法制。《管子》中对于法的社会控制作用、机制、方式等做了深入的阐释。对于法的起源,提出了"所谓仁义礼乐者皆出于法"(《管子·任法》)的观点;儒家向来都说,尧舜之所以为圣君,是因为他以仁孝治天下,而《管子》中有文章认为尧舜之所以为圣君,是善于法制。

> 昔者尧之治天下也,犹埴之在埏也,唯陶之所以为;犹金之在炉,恣冶之所以铸。其民引之而来,推之而往,使之而成,禁之而止。故尧之治也,善明法禁之令而已矣。(《管子·任法》)

关于法的作用，《管子·明法》中说："先王之治国也，不淫意于法之外，不为惠于法之内也。动无非法者，所以禁过而外私也。威不两错，政不二门，以法治国，则举措而已。是故有法度之制者，不可巧以诈伪；有权衡之称者，不可欺以轻重；有寻丈之数者，不可差以长短。"

关于法、律、令在社会控制中的性质和作用，也给出了明确的界定。

> 夫法者，所以兴功惧暴也；律者，所以定分止争也；令者，所以令人知事也。法律政令者，吏民规矩绳墨也。（《管子·七臣七主》）
>
> 制断五刑，各当其名，罪人不怨，善人不惊，曰刑。正之服之，胜之饰之，必严其令，而民则之，曰政。如四时之不贰，如星辰之不变，如宵如昼，如阴如阳，如日月之明，曰法。爱之生之，养之成之，利民不德，天下亲之，曰德。无德无怨，无好无恶，万物崇一，阴阳同度，曰道。刑以弊之，政以命之，法以遏之，德以养之，道以明之。（《管子·正》）

上面论述了各种规范的功能和系列的社会控制层次。梁启超在谈到此处时说："法也，刑也，政也，事也，教也，训也，俗也，道也，德也，管子所认为一贯而不可相离者也。语至是，而法制主义洵圆满无遗憾矣。"①

二、商鞅的明法论

商鞅的社会控制思想，是三晋法家的代表，与齐法家的社会控制理论有显著不同：商鞅具有明确的统一思想，所有的形式都要求绝对统一，思想统一，壹赏、壹刑、壹教、壹言。使用铁腕手段，进行强制性的控制，一切以农战的功利目的为鹄的，以富国强兵为归依。所以商鞅的社会控制思想，可以一言以蔽之，叫做"归于壹"而已。

《商君书》里有一篇《壹言》，说的就是把民务归于"壹"，这个"壹"就是农："治法明则官无邪，国务壹则民应用，事本抟则民喜农而乐战。""善为国者，其教民也，皆作壹而得官爵。是故不官无爵。国去言则民朴，民朴则不淫。民见上利之从壹孔出也，则作壹。"（《商君书·农战》）所谓的"去言"，就是统一言论，统一思想，统一于法令。"国有礼有乐，有《诗》有《书》，

---

① 梁启超：《管子评传》，《诸子集成》，团结出版社1996年版，第381页。

有善有修，有孝有弟，有廉有辩。国有十者，上无使战，必削至亡；国无十者，上使有战，必兴至王。"（《商君书·去强》）上述儒家所教化的内容，就是商鞅认为祸国殃民的"言"。他说的"壹孔"，就是只允许有一种发财致富的路，或者说一种谋生之路，而不允许有其他谋生牟利之路。他把礼、乐、《诗》《书》、孝、悌等儒家视为社会控制手段的事物都看作导致混乱的东西。

除了"壹务""壹言"，他还提出要"壹赏""壹刑""壹教"。

> 圣人之为国也，壹赏、壹刑、壹教。壹赏则兵无敌，壹刑则令行，壹教则下听上。夫明赏不费，明刑不戮，明教不变，而民知于民务，国无异俗。明赏之犹，至于无赏也；明刑之犹，至于无刑也；明教之犹，至于无教也。
> 所谓壹赏者，利禄官爵抟出于兵，无有异施也。夫故知愚、贵贱、勇怯、贤不肖，皆尽其胸臆之知，竭其股肱之力，出死而为上用也。……
> 所谓壹刑者，刑无等级，自卿相将军以至大夫庶人，有不从王令、犯国禁、乱上制者，罪死不赦。有功于前，有败于后，不为损刑；有善于前，有过于后，不为亏法。忠臣孝子有过，必以其数断。守法守职之吏有不行王法者，罪死不赦，刑及三族。……
> 所谓壹教者，博闻、辩慧、信廉、礼乐、修行、群党、任誉、清浊，不可以富贵，不可以评刑，不可独立私议以陈其上。（《商君书·赏刑》）

这就是说，除了规定的农战途径之外，其他一切手段都不能富贵，而且人们对法制不可有发言权。

商鞅控制社会秩序的手段，还有控制人员的流动。这里不光是指社会阶层流动，还指社会空间流动。他提出，要保持社会稳定，就要限制人员外出，在商鞅看来，一切标新立异的言论、文化，都会影响法制的推行，都会影响到民心的安定，所以他主张愚民政策，统一思想。"国之大臣诸大夫，博闻、辩慧、游居之事皆无得为，无得居游于百县，则农民无所闻变见方。农民无所闻变见方，则知农无从离其故事，而愚农不知，不好学问。愚农不知，不好学问，则务疾农。知农不离其故事，则草必垦矣。"（《商君书·垦令》）就是使上述几类人不得从事游说，不得出居住地，不给他们游说的机会，也不让农民看见他们的身影，听见他们的议论，看见他们的成功，受到他们的影响。看不见，就无从思迁。

此外，商鞅还认为，耕、战不仅是富国强兵的主要手段，也是社会控制的必要措施。农业发展会"生力"，即百姓会积累多余的力量，这些力量得不到发泄，就会在社会中形成不安定的因素。而战争能"杀力"，即消耗这些能量。"力多而不攻则有奸虱。"（《商君书·壹言》）"力多而不用则志穷，志穷则有私，有私则有弱。故能生力不能杀力，曰'自攻之国'，必削。"（《商君书·说民》）用战争作为消耗这些余力的手段以稳定社会秩序，实行社会控制，是商鞅的发明。社会学理论中有"减压阀"的理论，这也是商鞅的一种"减压阀"。

三、韩非的严刑峻法论

韩非的社会控制思想，继承了三晋法家的传统，虽然他是大儒荀子的弟子，但他却截然不赞同儒家的社会控制思想。在《韩非子》中，他几乎是逐条批驳儒家的德治、礼治、人治思想，而把严刑峻法的社会控制理论发挥到了极致。他的社会控制思想，基于性恶论，认为对人没有道理可讲，人人为私、人人都不可信、连父母子女之间都要严加防范。他否定一切忠孝仁义观念，认为只有严刑峻法才能"止奸"，才能制止犯罪。

（一）"法、术、势"的理论体系

韩非的思想，重朝轻野，重官轻民，重政治轻社会。他认为圣主任法不任智，治吏不治民。吸收了慎到"势"的思想、申不害"术"的理念，集三晋法家理论之大成，提出了一整套的阴谋权术，尤其强调"法、术、势"并用来驾驭群臣。"术者，因任而授官，循名而责实，操杀生之柄，课群臣之能者也，此人主之所执也。法者，宪令著于官府，刑罚必于民心，赏存乎慎法，而罚加乎奸令者也。"（《韩非子·定法》）他把最亲近的人看作最危险的人，最应该加以防范的人，甚至连妻子都在内。他自命为智术能法之士，在其著作中用大量篇幅论述君主对付臣下的策略和手段。韩非在《七术》篇中集中讲述了什么叫做"术"以及如何运用"术"：

> 主之所用也七术，所察也六微。七术：一曰众端参观，二曰必罚明威，三曰信赏尽能，四曰一听责下，五曰疑诏诡使，六曰挟知而问，七曰倒言反事。此七者，主之所用也。

他的"七术",就是驾驭群臣的七种手段。"众端参观"就是兼听各方面意见,不偏听偏信,以防止受蒙蔽;"必罚明威",就是必须实施严明的刑罚,否则"禁令不行";"信赏尽能"就是要以重赏激励士民轻死;"一听责下"就是统一听取意见,来责成臣下的工作。以上几条还可以说是正常的管理方法,但是此后的三条就很有些阴谋手段的意味了。"疑诏诡使",他自己举例说,如果一个人在身边很长时间而不任用,那么就会使臣下疑惧,不敢为非。"挟知而问"其实就是明知故问。对一件事情已经很了解,却装作不知道去问臣下,那么从臣下的回答中就可以考察人诚实不诚实。而"倒言反事",就是正话反说,他举例说,子之相燕,坐在那里忽然说:"什么东西走出门去了?是白马么?"有个人追出去,回来说"果然是"。于是子之知道这个人不诚实。总之,"七术""六微",都是君主试探考察臣下是否忠诚,是否说实话而驾驭臣下的手段,很不正大光明。这是韩非等为了君主对付臣下的算计所出的主意。

(二) 恃法不恃教

韩非是三晋法家的集大成者,如果说其"术""势"主要是对付臣下的手段,那么刑罚就主要是对付民众的手段了。韩非非常相信法的威力,认为法、刑能解决一切问题,只要一切依赖法制,一切就都会迎刃而解。他把法比作绳矩权衡,认为只有厉行法治才是社会控制的唯一有效手段:

> 故绳直而枉木斫,准夷而高科削,权衡县而重益轻,斗石设而多益少。故以法治国,举措而已矣。法不阿贵,绳不挠曲,法之所加,智者弗能辞,勇者弗敢争。刑过不避大臣,赏善不遗匹夫。故矫上之失,诘下之邪,治乱决缪,绌羡齐非,一民之轨,莫如法。属官威民,退淫殆,止诈伪,莫如刑。刑重则不敢以贵易贱,法审则上尊而不侵,上尊而不侵则主强而守要,故先王贵之而传之。人主释法用私,则上下不别矣。(《韩非子·有度》)

儒家强调教化,认为自身的主动性应该成为维持社会稳定秩序的内在控制因素,有些轻微的过错,可以通过教育来使人改过。但韩非不相信教化的作用,不相信内部控制和软控制的功效,只相信硬性的甚至是恐怖的外部控制、制度性控制。他断定父母的教育是不起任何作用的,指望个人的自觉来实施社会控制是愚蠢的。他说:

> 今有不才之子，父母怒之弗为改，乡人谯之弗为动，师长教之弗为变。夫以父母之爱，乡人之行，师长之智，三美加焉，而终不动，其胫毛不改；州部之吏，操官兵、推公法而求索奸人，然后恐惧，变其节，易其行矣。故父母之爱不足以教子，必待州部之严刑者，民固骄于爱，听于威矣。（《韩非子·五蠹》）

这就是说，依靠善性和自律来治理社会，是根本靠不住的，必须依靠法制，才能奏效。人的善性可能有，但不是普遍的，而治国是一种全面的管理，不能寄希望于个别人的善性。

> 夫圣人之治国，不恃人之为吾善也，而用其不得为非也。恃人之为吾善也，境内不什数；用人不得为非，一国可使齐。为治者用众而舍寡，故不务德而务法。夫必恃自直之箭，百世无矢；恃自圜之木，千世无轮矣。（《韩非子·显学》）

他在这里提出了一个比例的问题，能做到自我约束的人是少数，不能做到的人是绝对多数，治理国家决不能靠少数人的素质，只能以多数人的情况为准，这就只能依靠法律。

在《韩非子》中，他在多处批评儒墨，认为儒家所推崇的那些概念是行不通的。他说：

> 臣之所闻曰："臣事君，子事父，妻事夫。三者顺则天下治，三者逆则天下乱，此天下之常道也，明王贤臣而弗易也。"则人主虽不肖，臣不敢侵也。今夫上贤任智无常，逆道也，而天下常以为治。是故田氏夺吕氏于齐，戴氏夺子氏于宋。此皆贤且智也，岂愚且不肖乎？是废常上贤则乱，舍法任智则危。故曰：上法而不上贤。（《韩非子·忠孝》）

儒家主张薄赋敛，民富而教之；齐法家主张仓廪实而知礼节，衣食足则知荣辱，知荣辱后可以减轻刑罚。韩非一概反对这些提法，他认为财用富裕，可能恰恰会增加犯罪的机会。因为"财货足用则轻用，轻用则侈泰；亲爱之则不忍，不忍则骄恣；侈泰则家贫，骄恣则行暴。此虽财用足而爱厚，轻利之患也"(《韩非子·六反》)。在儒家流行的观点看来,人大多都是善的,生活富裕了,大多是会更加文明进步,遵守社会秩序的,但韩非认为,人性恶,对管理百姓来讲,任何的礼义教化都是多余的,唯有严刑重罚才是有效的、唯一的。

(三) 厉行思想专制

对于"轻刑"的言论,他反驳说:

> 学者之言,皆曰轻刑,此乱亡之术也。凡赏罚之必者,劝禁也。赏厚,则所欲之得也疾;罚重,则所恶之禁也急。夫欲利者必恶害,害者,利之反也,反于所欲,焉得无恶。欲治者必恶乱,乱者治之反也。是故欲治甚者,其赏必厚矣;其恶乱甚者,其罚必重矣。今取于轻刑者,其恶乱不甚也,其欲治又不甚也,此非特无术也,又乃无行。(《韩非子·六反》)

韩非主张控制舆论,统一思想。

> 故明主之国,无书简之文,以法为教;无先王之语,以吏为师;无私剑之捍,以斩首为勇。是境内之民,其言谈者必轨于法,动作者归之于功,为勇者尽之于军。(《韩非子·五蠹》)

《韩非子·问辨》中说:"言行而不轨于法令者必禁。"另在《韩非子·说疑》中又说:"禁奸之法,太上禁其心,其次禁其言,其次禁其事。"把法作为人们的行动规范,这是先秦法家的共同主张,但把法也作为人们的思想规范,却是韩非首创。"这个主张的意义不在于要求人们都必须遵法,而在于取消人们进行思考的权利,明确规定了思想罪。……用法禁心禁言,从根本上扼杀了人们的精神生产活动。人类不同于动物的重要标志之一,是人们有能动的意识活动,有丰富的精神生产。把人们的精神生活限制在法令之内,不准有与法令相违背的精神生活和超出法令规定的新思想的生产,是对人的本性的剥夺。这种专制主义无疑是非常严酷的专制主义。"[①] 教育本来有相对的独立性,能使人

---

① 刘泽华主编:《中国政治思想史(先秦卷)》,浙江人民出版社1996年版,第342页。

保持理性，反对错误，但韩非却把执法之吏当作教师，把法律规定为教育内容，这同样是消灭人文精神的严厉措施。"以吏为师的提出，一笔勾销了教育的相对独立的性质，使教育完全变为政治的从属品，同时也取消了教育的认识价值。教育的职能只有一个，这就是政治驯化作用。从先秦的教育发展史看，以吏为师的提出扼杀了教育的发展，窒息了人们对知识的追求和探讨。"[1] 韩非的这些主张，为历代专制独裁者出了极坏的主意，流毒深远。儒家的社会控制，也看重从心上控制，但却是让人们通过理性的学习辨别是非，使规范内化，起到控制作用；韩非所提出的控制，却是彻底的无情的思想专制。

（四）重刑少赏、重刑轻罪

他也主张重刑少赏，以刑去刑，即用严厉的刑法来制止犯罪，与商鞅一致。儒家一般主张，对民众应该多鼓励，多加恩赏，这是惠民；韩非认为，重刑少赏才是爱民。多赏轻刑，会对老百姓的犯罪行为形成放纵，反而不是爱民。儒家认为孝悌忠信循礼等教化能减少犯罪，韩非和商鞅都认为只有严刑重罚的威慑才能制止犯罪，如果惩罚达不到一定的力度，罪重罚轻，反而会鼓励犯罪，促使违法犯罪增多。总之，重刑轻罪，能够以刑去刑，重罪轻刑，反会导致"以刑致刑"：

> 重刑少赏，上爱民，民死赏。多赏轻刑，上不爱民，民不死赏。利出一空者，其国无敌，利出二空者，其兵半用；利出十空者，民不守。重刑明民，大制使人，则上利。行刑，重其轻者，轻者不至，重者不来，此谓以刑去刑。罪重而刑轻，刑轻则事生，此谓以刑致刑，其国必削。（《韩非子·饬令》）

韩非对社会的控制，基本都是由国家直接对个人，几乎就没有社会层次和社会组织的地位。在韩非设计的社会结构中，只有官和民两个对立的层面。以社会组织进行控制的，"什伍"乡村社会组织是一个例外，但什伍组织也是由国家强制划分的，其目的则是专为告奸、防盗、互相监督而设，性质上还是一个政治性的控制工具和手段。

葛兆光在谈到三晋法家理论产生的条件时说："人在那个时代已经发展出

---

[1] 刘泽华主编：《中国政治思想史（先秦卷）》，浙江人民出版社1996年版，第342—343页。

来最冷酷和最彻底的实用理性,早已经不再相信那些不能直接获得利益或遭受惩罚的仪式和象征,也早已经不再相信那些没有实用意义的良心和道德。仪式和象征,良心和道德,仿佛破旧的稻草人在田边孤零零地矗立着,没有人会真的把它当作人来看,连麻雀的眼珠也不会转过去,要守住实际的稻谷,就只有真的使用惩罚的手段。"① 的确,当时社会处于乱世,要想恢复秩序,恢复社会控制,单凭儒家的道德说教很难解决实际问题,但三晋法家由此而走向另一个极端,虽然可以收效于一时,但也同样引发了社会另一方面的严重危机,没有和谐、只有强制的社会能够持久稳定和谐吗? 这一问题在秦朝统一后就明显地暴露出来了。

第三节 社会结构与组织论

在西周时代,农村基本是自然的氏族社会,社会关系是靠血缘关系和地缘来维持的。但是到了春秋时期,社会出现了紧张的状态,诸侯国之间的攻伐甚至战争逐渐增多,原有的社会组织形式就不可避免地起变化了。在各种学说中,法家的社会组织学说最具创新性,社会整合的功能最为显著,它的创始人就是管仲。

一、管仲的"四民定业"社会结构论

社会之所以要有组织,是因为组织能够整合个体力量,发挥整体效应,做到无组织情况下做不到的事情。在管仲进行社会组织之前,还没有哪个政治家对社会进行大规模的组织整合,可以说,管仲是进行大规模社会组织的先驱。

管仲的社会组织思想,体现在他为齐国所设计的几项国策上,这就是"定民之居","参其国而伍其鄙"和"作内政而寄军令"。

(一)"定民之居"

所谓"定民之居",也叫做"四民分业",是指将从事不同职业的民众分成不同的区域居住和管理。《管子·小匡》和《国语·齐语》中有一段内容相同的文字,桓公问:"定民之居,成民之事奈何?"管仲回答说:

---

① 葛兆光:《中国思想史》第 1 卷,复旦大学出版社 2001 年版,第 164 页。

> 士农工商四民者，国之石民也，不可使杂处，杂处则其言哤，其事乱。是故圣王之处士必于闲燕，处农必就田野，处工必就官府，处商必就市井。今夫士，群萃而州处，闲燕，则父与父言义，子与子言孝，其事君者言敬，长者言爱，幼者言弟，旦夕从事于此，以教其子弟，少而习焉，其心安焉，不见异物而迁焉。是故其父兄之教不肃而成，其子弟之学不劳而能。夫是，故士之子常为士。今夫农，群萃而州处，审其四时权节，具备其械器，用比耒耜谷芨。及寒，击槁除田，以待时乃耕，深耕、均种、疾耰。先雨芸耨，以待时雨。时雨既至，挟其枪刈耨镈，以旦暮从事于田野，税衣就功，别苗莠，……少而习焉，其心安焉，不见异物而迁焉。是故其父兄之教，不肃而成。其子弟之学，不劳而能。是故农之子常为农，朴野而不慝……（《管子·小匡》）

管仲主张让各种成分的"民"按照职业性质聚居安处，安心本业，从小处在父兄从事的职业环境当中，受到相同的熏陶。由于本业的各种技巧程序奥妙与经营之道的耳濡目染、潜移默化，他们在不知不觉中就完成了一种职业化的转变而成为士人、农民、工匠或者商人。这样既能节省学习的成本，又便于社会治理。

（二）"参其国而伍其鄙"

所谓"参国"，管仲的规划是：

> 制国以为二十一乡：商工之乡六，士农之乡十五，公帅十一乡，高子帅五乡，国子帅五乡，参国故为三军。公立三官之臣：市立三乡，工立三族，泽立三虞，山立三衡。（《管子·小匡》）

所谓"伍鄙"，管仲的规划就是：

> 制五家为轨，轨有长；六轨为邑，邑有司；十邑为率，率有长；十率为乡，乡有良人；三乡为属，属有帅。五属一大夫。武政听属，文政听乡，各保而听，毋有淫佚者。（《管子·小匡》）

管仲的意图是，把原来没有严格组织的都鄙地区重新划分，形成三大区域，由齐桓公和高、国两大贵族势力各帅一区，每区组成一支军队，各种资源都分成三部分，形成相对独立的三大体系。

(三)"作内政而寄军令"

"作内政而寄军令"，就是指通过以家庭为单位的组织形成军队建制，把军事建设与社会组织一体化。管仲的事业被称为"霸业"，贯穿着富国强兵的精神，这才是组织改革的目标。组织目标是以组织整体为基础，所要达成的事物的理想状态。管仲的组织建构指向两个目标：一是军事目标，兵民结合，寓兵于民，通过行政制度的改革，在别的诸侯国没有察觉的情况下组成和训练军事力量；二是社会目标，在社会控制、社会整合方面发挥作用，这可以视为我国几千年保甲制度的开端。在生产生活方面，"伍鄙"组织还具有这样的作用："相地而衰征，则民不移；政不旅旧，则民不偷；山泽各致其时，则民不苟；陆、阜、陵、墐、井、田、畴均，则民不憾；无夺民时，则百姓富；牺牲不略，则牛羊遂。"(《国语·齐语》)管仲规划的具体做法是：

> 为高子之里，为国子之里，为公里。三分齐国，以为三军。择其贤民，使为里君。乡有行伍卒长，则其制令，且以田猎，因以赏罚……
> 于是乎管子乃制五家以为轨，轨为之长，十轨为里，里有司。四里为连，连为之长。十连为乡，乡有良人，以为军令。是故五家为轨，五人为伍，轨长率之；十轨为里，故五十人为小戎，里有司率之。四里为连，故二百人为卒，连长率之。十连为乡，故二千人为旅，乡良人率之。五乡一师，故万人一军，五乡之师率之。三军：故有中军之鼓，有高子之鼓，有国子之鼓。春以田曰蒐，振旅；秋以田曰狝，治兵。是故卒伍政定于里，军旅政定于郊。内教既成，令不得迁徙。故卒伍之人，人与人相保，家与家相爱，少相居，长相游，祭祀相福，死丧相恤，祸福相忧，居处相乐，行作相和，哭泣相哀。是故夜战其声相闻，足以无乱。昼战其目相见，足以相识，欢欣足以相死。是故以守则固，以战则胜。(《管子·小匡》)

这是管仲的得意之作，也是对中国军政影响深远的政策，后来被许多政治家所沿用，尤其在缺乏大量粮食、不能供应大量常备军的情况下，寓兵于农、军事组织与生产组织合一就成了一个非常有效的办法。在少数民族那里，女真人的猛安、谋克，满洲的八旗，都是这样的组织。在这种组织中，管仲着重发挥了小群体或者说初级群体的作用，战时的战士们都是平时熟悉的兄弟伙伴，声气相通，有着很深的感情，打起仗来自然有很强的凝聚力，易聚不易散，这就大大增强了战斗力。而社会也得到了有效的整合，能够发挥更强大的力量。果然，管仲的措施很快就收到效果，齐国不久就无敌于天下。

二、商鞅、韩非"民为什伍"的社会组织思想

商鞅和韩非虽然隔了100年左右，但其社会组织思想大致相同。

1. 商鞅的"民为什伍"

商鞅在秦国执政十年，期间进行了两次大的变法，其第一次公布的法令有：

> 令民为什伍，而相牧司连坐。不告奸者腰斩，告奸者与斩敌首同赏，匿奸者与降敌同罚。民有二男以上不分异者，倍其赋。有军功者，各以率受上爵；为私斗者，各以轻重被刑大小。僇力本业，耕织致粟帛多者复其身。事末利及怠而贫者，举以为收孥。（《史记·商君列传》）

"民为什伍"，主要目的是为了禁绝诸种犯罪，就是把老百姓的户籍编成组织，按照自然社区五家为"伍"，十家为"什"编制起来，互相监督，一旦一家犯法，组织中别的家都要负连带责任，这就是骇人听闻的"什伍连坐"。一个"什伍"的人形成了一个共同体，一家有罪，一个什伍的人都要跟着受牵连。惩罚极为严酷，如果邻居有人犯罪而知情不报，连坐者要判腰斩的酷刑，腰斩就是从人的腰间砍断，受刑者极其痛苦。"匿奸"就是藏匿犯罪者，这样的罪名与投降敌人一样看待。投降敌人是顶级重罪，在北齐的法律上属于"重罪十条"，隋唐时改为"十恶大罪"，为"常赦所不原"，俗称"十恶不赦"。商鞅主张"重刑轻罪"，连轻微的过错都处以重罚，所以私下斗殴者，也要告发；因懒惰导致贫穷的，也需要告发，被告者全家遭逮捕罚没为奴隶。如果不告发，则邻里也要遭殃。

这样一来，老百姓互相监视，互相告发，使得人人自危，不敢违反。到后来秦孝公死了，秦国旧贵族告商鞅谋反，全国通缉，商鞅想逃出秦国，来到关前，想住店，店家说，按照商君的法令，留宿没有身份证明的人，要连坐的。商鞅感叹道："嗟乎，为法之敝一至此哉！"（《史记·商君列传》）可见连坐法的厉害。

1975年在湖北省云梦县睡虎地发现了大量秦国的法律文献，其中的一些案

例文书,叫做《封诊式》,有些就是由案发地的伍长或者什长报案,领着"亭校长"(即地方上管理治安的人)去追捕的案例。可见商鞅的政令是彻底实行了的。

2. 韩非的社会组织思想

韩非的社会组织思想,继承和发展了商鞅的思想,他赞成商鞅的"什伍连坐"的社会组织措施,赞成以此社会组织进行社会控制,在他看来,什伍组织就是由国家强制划分、专为告奸、防盗、防止犯罪、互相监督而设,性质上是一个政治性的控制工具和手段。

> 是故夫至治之国,善以止奸为务。是何也?其法通乎人情,关乎治理也。然则去微奸之道奈何?其务令之相规其情者也。则使相窥奈何?曰:"盖里相坐而已。"禁尚有连于己者,理不得相窥,惟恐不得免。有奸心者不令得忘,窥者多也。如此则慎己而窥彼。发奸之密,告过者免罪受赏,失奸者必诛连刑。如此,则奸类发矣。奸不容细,私告任坐使然也。(《韩非子·制分》)

以上是说,治理得最好的国家,是最善于防范犯罪的国家。防止哪怕是轻微的犯罪,关键在于互相监督,互相监督的有效措施是互相窥视,在自我戒惧的同时监视和揭发别人。由于告发的人免罪受赏,失察者遭到株连,所以谁都不敢大意,人们就不敢作奸犯罪了。

与儒家的社会组织思想相比,可以看出二者的强烈反差:儒家提倡"出入相友,守望相助,疾病相扶持"(《孟子·滕文公上》)的邻里关系,提倡与人为善,认为这是社会和谐的要素,而韩非则要人们互相窥视,互相监督,人人自危,唯恐罹无妄之灾,天天处于紧张恐怖之中。

就管仲的轨、里、连、乡体制与商鞅的"什伍"组织来比较,管仲的目标和出发点也显然更加积极,是从社会整合和富国强兵的目的出发的,"什伍连坐"则主要是以严厉监管、严厉惩罚为动机的。在管仲的设计中,并没有对民众如何惩罚等规定,但在商鞅的设计中,显然把惩罚作为了重点,这导致了众多的无辜百姓因连坐受到牵连而受刑。后来秦朝以胜民为得计,以刑杀为威权,偶语《诗》《书》者族,弃灰于道者刑,"上无德教,下无法则,任刑必诛,劓鼻盈蕢,断足盈车,举河以西,不足以受天下之徒"(《盐铁论·诏圣》），终至于天怒人怨，土崩瓦解。这不能说与商鞅、韩非的苛法毫无关系。

第四节　社会进化论

法家学派的重要特征是改革，改革的重要依据是社会的变迁，也就是说，时过境迁，时移势易，管理方式也应该与时俱进，随时应变。韩非子曾讲述过刻舟求剑的寓言故事，意思就是说，历史环境变了，人们还按照过去的想法做法去想去做，肯定是一场笑话。故事的道理就是社会发展了，管理手段当然要随之改变，要革新，要变法。法家都要为自己的变法革新寻找理论依据，商鞅和韩非都提出社会是不断变化的，决不能"以先王之政，治当世之民"（《韩非子·五蠹》）。

一、商鞅的"不法古"论

商鞅的社会进化思想主要体现在两个方面：一是他的历史考察结论；一是他的变法主张。

（一）历史考察

在《商君书·开塞》中，商鞅把人类社会的发展分为三个历史时期，认为一代有一代之政，他说：

> 天地设而民生之。当此之时也，民知其母而不知其父，其道亲亲而爱私。亲亲则别，爱私则险民众。而以别险为务，则民乱。当此之时，民务胜而力征。务胜则争，力征则讼。讼而无正，则莫得其性也。故贤者立中正，设无私，而民说仁。当此时也，亲亲废，上贤立矣。凡仁者以爱为务，而贤者以相出为道。民众而无制，久而相出为道，则有乱。故圣人承之，作为土地、货财、男女之分。分定而无制，不可，故立禁；禁立而莫之司，不可，故立官；官设而莫之一，不可，故立君。既立君，则上贤废而贵贵立矣。然则上世亲亲而爱私，中世上贤而说仁，下世贵贵而尊官。上贤者以道相出也，而立君者使贤无用也。亲亲者以私为道也，而中正者使私无行也。此三者非事相反也，民道弊而所重易也，世事变而行道异也。

商鞅把人类社会发展到他那个时候的历史分为上、中、下三世，上世大约相当于原始社会，母系社会，故知母不知父。社会的特点是"亲亲而爱私"。后来人们有了私有财产，互相争胜斗力，争执不断，于是就推举中正无私的贤者来裁判，这就是中世了，特征是"上贤而说（悦）仁"，这个时代大约是尧舜禹时代；到了下世，社会出现了分工，制定了礼制，为了保证礼制的实施，就产生了官员、君主，所以下世的特点是"贵贵而尊官"。这个时期大约是夏、商和两周时期。

这种划分，为的就是要说明一个问题，那就是历史是在变化的，也是在不断进化的，每个时代人们的要求不同，社会的治理也不同，三个时代的不同不是互相矛盾的，而是原来的"民道"发生了弊端，世事变化，走的路也不一样了。既然社会在变化，秦国在变迁，那么统治方式的改变和变法就是必然的、顺理成章的了。

（二）变法主张

商鞅（当时还是公孙鞅）初到秦国，获得秦孝公的赏识，让他担当变法重任的时候，商鞅认为不可贸然下令变法，一定要从思想上来一次辨析，明确变法的正当性。于是在朝廷上，商鞅和一些守旧人物进行了一场大辩论，辩论的核心就是要不要变法、该不该变法的问题。《商君书·更法》记载了这场争论。

> "法者，所以爱民也；礼者，所以便事也。是以圣人苟可以强国，不法其故；苟可以利民，不循其礼。"……
>
> 甘龙曰："不然。臣闻之：'圣人不易民而教，知者不变法而治。'因民而教者，不劳而功成；据法而治者，吏习而民安。今若变法，不循秦国之故，更礼以教民，臣恐天下之议君。愿孰察之。"
>
> 公孙鞅曰："子之所言，世俗之言也。夫常人安于故习，学者溺于所闻。此两者，所以居官而守法，非所与论于法之外也。三代不同礼而王，五霸不同法而霸。故知者作法，而愚者制焉；贤者更礼，而不肖者拘焉。拘礼之人不足与言事，制法之人不足与论变。君无疑矣。"
>
> 杜挚曰："臣闻之：'利不百，不变法；功不十，不易器。'臣闻：'法古无过，循礼无邪。'君其图之！"
>
> 公孙鞅曰："前世不同教，何故之法？帝王不相复，何礼之循？伏羲、神农，教而不诛；黄帝、尧、舜，诛而不怒；及至文、武，各当时而立法，因事而制礼。礼、法以时而定；制、令各顺其宜；兵甲器备，各便其用。臣故曰：治世不一道，便国不必法古。汤、武之王也，不修古而兴；夏、殷之灭也，不

易礼而亡。然则反古者未必可非，循礼者未足多是也。君无疑矣。"

从以上争论可见，商鞅的主张主要有三：

第一，目标决定手段。为了达到富国强兵、争霸天下的目标，可以不法其故，不循旧礼。

第二，一代有一代之法。那些著名的有为之君，都是创立了自己一代新法，才成就了不世之功。有守法的人，有制定法的人，二者不可同日而语，制定法的人应该不受成法的约束。

第三，制定礼法一定要符合时势。

二、韩非的"不法常可"论

韩非的社会进化思想也体现在两个方面：一是对历史变迁的考察，一是对人口与社会物质资源的关系的分析。

（一）历史变迁考察

与商鞅一样，韩非也是从历史发展中寻找自己变法改革思想的依据，他把人类社会的发展分成上古、中古、近古、当今四个阶段，以论述人类社会今胜于昔，今人胜古人，今法胜昔法。

他说的上古时代是初民社会，人类处于蒙昧时期，有一些圣人，教给人们"构木为巢""钻燧取火"，开始了人的生活；中古指的是鲧禹时代，大水泛滥，圣人大禹治水安民；近古之世是商周时期，"桀、纣暴乱，而汤、武征伐"；当今之世是指战国时期。韩非说，如果有人在夏代还在钻木取火，必然被鲧禹所笑；在殷周时代去决渎治水，必然为汤武所笑；在当今之世还遵行尧舜汤武之道，必然受到新圣的嘲笑。"是以圣人不期修古，不法常可，论世之事，因为之备。"他还讲了守株待兔的故事，然后说："今欲以先王之政，治当世之民，皆守株之类也。"（《韩非子·五蠹》）

韩非的这些话，和商鞅的说法基本是一致的。

（二）人口与社会物质资源的关系

韩非还从经济与人口关系的理论，论证了社会变迁决定社会政策和管理手段变迁。

> 古者丈夫不耕，草木之实足食也；妇人不织，禽兽之皮足衣也。不事

力而养足，人民少而财有余，故民不争。是以厚赏不行，重罚不用，而民自治。今人有五子不为多，子又有五子，大父未死而有二十五孙。是以人民众而货财寡，事力劳而供养薄，故民争，虽倍赏累罚而不免于乱。（《韩非子·五蠹》）

古时候人口稀少，自然资源丰富，人们不需要互相争夺就可以满足消费，人与人之间也可以相安无事，在礼俗社会中，虽然礼制不那么严厉，靠着宽松的道德风俗也可以维持社会安定的秩序。但是现在情况变了，人口的迅速增加使得物质资源变得紧张稀缺，人们为了满足生存需要，必然要对有限的社会资源展开争夺，原来的社会秩序的维持模式和社会治理手段必然要随之改变，使用更加强有力的治理手段甚至严厉的刑罚。

他甚至说，人的道德观念和社会制度也是因社会变迁而变化。古代人少，所以人们容易相亲相爱，由于物资丰富人们也不把财富名位看得很重，甚至连天子之位也可以禅让给别人。尧、舜虽然是天子，但是他们的生活很简单，衣食宫殿很简陋，甚至像臣虏一样地劳作，所以他可以舍弃他的位子。但是现在人们却舍不得一个县令之职，这不是人们的道德堕落了，而是古今的情况变化了。这是非常科学的论证。与马尔萨斯的人口论原理基本一致，不过韩非所处时代比马尔萨斯早了2000多年。

儒家常常从过去总结经验修正社会治理的手段，把过去说得很美好，除了荀子主张"法后王"之外，孔孟都提倡"法先王"；而法家则自信地认为自己掌握着现实社会的真理和管理秘诀，无一例外地认为希望在未来。

第五节　理想社会构想

在所有学派的社会理想中，法家的社会理想应该是比较务实的，是充满实践精神的。在法家中，齐法家与三晋法家又有不同。总的看，管仲及齐法家既有儒家的思想基础，又有法家的实践创新精神，他们的社会理想中有着尊君顺民、国富民安的内涵，所期许的是一个君、臣以及士农工商四民各自协调扮演好社会角色、发挥好社会功能的一个健康和谐顺畅的社会；而以韩非为代表的三晋法家则有着道家的底色，希望建设一个尊君守法、令行禁止、国富兵强、整齐划一的社会。

一、齐法家的"尊君顺民"理想

管仲的社会理想与齐法家的社会理想,一脉相承,但还是有一定区别。这就是管仲的社会思想更重视民众利益和民众愿望。

(一) 管仲的理想社会构想

在《管子·牧民》中,有一段论述比较能体现管仲的社会理想。

> 错国于不倾之地,积于不涸之仓,藏于不竭之府,下令于流水之原,使民于不争之官。明必死之路,开必得之门,不为不可成,不求不可得,不处不可久,不行不可复。错国于不倾之地者,授有德也;积于不涸之仓者,务五谷也;藏于不竭之府者,养桑麻、育六畜也;下令于流水之原者,令顺民心也;使民于不争之官者,使各为其所长也;明必死之路者,严刑罚也;开必得之门者,信庆赏也;不为不可成者,量民力也;不求不可得者,不强民以其所恶也;不处不可久者,不偷取一世也;不行不可复者,不欺其民也。故授有德,则国安;务五谷,则食足;养桑麻、育六畜,则民富;令顺民心,则威令行;使民各为其所长,则用备;严刑罚,则民远邪;信庆赏,则民轻难;量民力,则事无不成;不强民以其所恶,则诈伪不生;不偷取一世,则民无怨心;不欺其民,则下亲其上。

前五句分别说了社会理想的五个方面,后面的文字基本是对前面五句话的解释。所谓"错国于不倾之地",是让有德的人在位,可以保证权力掌握在正人君子手中,保障了国家的安全;所谓"积于不涸之仓",是指有发达的农业,保证有充足的粮食供应;"藏于不竭之府",是说有发达的桑麻畜牧副业,民众富庶;所谓"下令于流水之原",是指制定政令,要从民众的愿望出发,遵从民意,可使政令畅通;所谓"使民于不争之官",是说让老百姓各尽所能,各展所长,保证有着充足的物资产品供应。这五条是最重要最基本的,反映了管仲对于一个健康发达的社会的规划。"明必死之路"等五句,反映出法家的特色,就是倡明法令,使老百姓很明白可以做什么,不可以做什么,量力而行,从民所欲。反映了管仲对一个国家的法治要求。

可以看出,民众的愿望得以实现、生活富裕、生产发达、个人才能能得到充分施展,在管仲这里是一个理想社会的主要部分,尤其是使个人才干得到发挥也列为理想社会的五大因素之一,这是任何其他学派都没有提到的。

(二) 齐法家的社会理想

管仲之后齐法家的理想社会理论,没有很集中的表述,有两条大致能代表这个学派的观点:

> 朝有经臣,国有经俗,民有经产。何谓朝之经臣?察身能而受官,不诬于上,谨于法令以治,不阿党,竭能尽力,而不尚得;犯难离患,而不辞死;受禄不过其功,服位不侈其能,不以毋实虚受者,朝之经臣也。何谓国之经俗?所好恶不违于上,所贵贱不逆于令;毋上拂之事,毋下比之说,毋侈泰之养,毋踰等之服,谨于乡里之行,而不逆于本朝之事者,国之经俗也。何谓民之经产?畜长树艺,务时殖谷,力农垦草,禁止末事者,民之经产也。故曰:朝不贵经臣,则便辟得进,毋功虚取,奸邪得行,毋能上通。国不服经俗,则臣下不顺,而上令难行。民不务经产,则仓廪空虚,财用不足。(《管子·重令》)
>
> 圣人在前,贞廉在侧,竞称于义,上下皆饰。形正明察,四时不贷,民亦不忧,五谷蕃殖。外内均和,诸侯臣伏,国家安宁,不用兵革,受其币帛,以怀其德,昭受其令,以为法式。(《管子·四称》)

这两条资料中,前者分三个层面进行了叙述,首先是管理官员的层面,大臣们贤能贞廉,忠诚勤政,谨遵礼法;其次是社会风气,整个社会都循礼守法,秩序井然;最后是民有经产,安心力农,努力生产。这三个层次代表了政治清明,社会和谐,生产兴旺发达。

第二条资料字数虽少,但说得却更全面,不仅说到了以上的三个方面,而且说到了国家和邻国的关系,没有战争,国家安定。虽说的是"有道之君",但透过对"有道之君"的描述,使我们看到了一个"有道之国",一个理想的社会。

二、韩非的"至治"理想

韩非是法家社会思想的集大成者,其理论基础广而规模宏大,提出了他所设想的社会理想模式。韩非的理想社会模式,是从统治者的立场来说的,主要是说君主的理想的统治状态,也可视为社会模式。《韩非子》中几处讲到了"至治之国"的情况:

> 至治之国，君若桴，臣若鼓，技若车，事若马。故人有余力易于应，而技有余巧便于事。立功者不足于力，亲近者不足于信，成名者不足于势。……如此，故太山之功长立于国家，而日月之名久著于天地。此尧之所以南面而守名，舜之所以北面而效功也。（《韩非子·功名》）
>
> 古之全大体者，望天地，观江海，因山谷，日月所照，四时所行，云布风动；不以智累心，不以私累己，寄治乱于法术，托是非于赏罚，属轻重于权衡；不逆天理，不伤情性；不吹毛而求小疵，不洗垢而察难知；不引绳之外，不推绳之内；不急法之外，不缓法之内。守成理，因自然；祸福生乎道法，而不出乎爱恶；荣辱之责在乎己，而不在乎人。故至安之世，法如朝露，纯朴不散，心无结怨，口无烦言。故车马不疲弊于远路，旌旗不乱于大泽，万民不失命于寇戎，雄骏不创寿于旗幢，豪杰不著名于图书，不录功于盘盂，记年之牒空虚。故曰：利莫长于简，福莫久于安。……故曰：古之牧天下者，不使匠石极巧以败太山之体，不使贲、育尽威以伤万民之性。因道全法，君子乐而大奸止；澹然闲静，因天命，持大体。故使人无离法之罪，鱼无失水之祸，如此，故天下少不可。……上无忿怒之毒，下无伏怨之患，上下交顺，以道为舍。故长利积，大功立，名成于前，德垂于后，治之至也。（《韩非子·大体》）
>
> 故民不越乡而交，无百里之戚，贵贱不相逾，愚智提衡而立，治之至也。（《韩非子·有度》）

由上三处所讲的理想的社会状态来看，前一条讲的是君主与臣下的协调状态，君主借臣下的帮助，形成了居高临下、一呼百应的情况，是以能成大功，成大名。

第二条所述，比较全面，讲了几个方面：第一，一个法治昌明的状态，君上实行无为而治，以法为符，不以自己的智识好恶行事，而是一切用法制来管理，君主处于一种闲适的状态；第二，民众也处于安闲稳定的生活环境之中；第三，上下关系非常宽松和谐，"上下交顺"。

天下大治的社会，法律就像早晨的露水一样简单透明，人们淳朴而没有欺诈行为，心里没有积怨，口里没有怨言，坦率快乐。生活简单的人们不再风尘仆仆地奔走在路上，也没有因为反对压迫而起义的队伍。老百姓不再由于战争和盗贼而丧命，也没有英雄豪杰因为战功而标名于史册或录功于钟鼎，因为英雄和战功总是意味着死人和战乱。岁月像停滞了一样被人们忘却了，记载年月变得没有意义。所以说，简易是最大的便利，和平是最大的幸福。

其第三条所述，是要保持民众的稳定不流动，安心力农而心无旁骛，社会管理者和被管理者等级分明，其中也有愚民的意思。

从上面的社会模式我们不难看出，这里有浓厚的道家理论的影子。道家主张的无为而治的主要特点就是一方面是君主的虚静无为，一方面是简单明确的法治，在另一位著名法家代表人物慎到的逸文中，我们可以看到几乎完全相同的表述，因为慎到早于韩非，若非传抄有错，定是韩非全文照搬了慎到的言论，也表明他全盘认同了慎到的观点。这说明了法家和道家有一定的渊源。韩非，《史记》把他和老子列为一传，说他"喜刑名法术之学，而其归本于黄老"（《史记·老子韩非列传》）。有人说这只是由于《韩非子》中有《解老》《喻老》的著作，这种说法是值得商榷的，道法两家在终极社会价值取向上确有相同之处，韩非深受道家学派影响，被认为归本于黄老并非偶然。

法家的理想社会模式，没有儒家社会理想描述的那样美好，往往只注重国家的层面，国富兵强，生产的发展，而对于人文方面就很少涉及。实际上一个社会的理想状态，人的文明修养与礼义教化的程度是很重要的社会指标。只重视物质生产的发展，无视人的精神文明方面的需求和发展，这样的社会模式是不完善的。

思考题：

1. 试评管仲礼法兼用的社会控制思想。
2. 试比较商鞅与管仲社会思想的异同。
3. 如何评价韩非的"自利自为"论？
4. 试比较韩非与荀子社会治理思想的异同。
5. 试比较法家与墨家社会思想之异同。

▶ 答题要点

秦汉魏晋南北朝隋唐编

儒学经学化与三教并立时代

引言　秦汉到隋唐时期社会思想的发展趋势与特点

如果说春秋战国时代是一个诸子百家相互争鸣，争做社会主导性社会思想的时代，那么，从秦汉到隋唐时期就是一个儒、道、释并存竞进，并逐步趋于融合的时代。在这个时间跨度达一千多年的历史时代，本土的儒家、道家、道教思想在继续发展，而西土的佛教思想也进入中国，并产生中国本土化的佛教思想。

秦以法家立国，梦想合八荒，并六极，长治久安，结果二世而亡。汉代以出身社会中下层的将相开国，其初以黄老思想主导社会秩序整合，以纠治法家思想之谬，政治与社会治理均强调"与民休息"。汉初几十年间，社会确实因此得到恢复和发展，出现所谓"文景之治"景象。但安于现状，不思改革造成的负作用也很严重，即任由地方势力坐大，诸侯挑战中央权威，豪强势力横行乡里，并没有真正做到国泰民安。到汉武帝时代调整国家文化战略，"罢黜百家，独尊儒术"，以儒家思想作为主导性社会思想，重建礼治，重整社会规范，儒家社会思想的影响力日益扩大。

儒家社会思想在这一时期以官方认定的主导性思想的面目出现，在人性问题上采取现实主义的策略，突破人性非善即恶的两难困境，提出性情三品说、善恶互变说，承认人品的复杂性，人欲的自然性，坚守社会教化可以改善人性的社会化思想。在人与人关系的方面，重视纲常伦理，强调君臣、父子、夫妇三纲，希望能达到尊卑、贵贱、主次有序，整齐社会秩序。汉代儒家社会思想的实践性表现在治礼方面，儒士整理了大量礼书，内容涉及社会、礼仪、风习、国家制度和伦理道德等各个方面，贯彻尊尊、亲亲、贤贤的周礼原则，以此规范宗、族、姓氏等各种社会制度，以适应宗族社会的需求，维护社会等级体制。

但是，儒家思想在这一时期的发展也吸收了阴阳五行，附着感应神学，以强化对政治的垄断，引发儒家内部的反思和批判。扬雄、王充、崔寔、王符、仲长统等人奋起反抗谶纬弥漫和"为学以逐利"的不良风气，对阴阳五行天命观和儒家思想的神学化倾向予以猛烈抨击，力图廓清毒氛，还思想以清明世界，为儒家社会思想的发展带来一股清流。

这一时期道家也在吸收其他学派的学说，获得新发展，出现了新道家思想。除前面提到的黄老思想之外,最有代表性的是《吕氏春秋》和《淮南子》中的道家社会秩序观。这两部集体创作的社会思想著作,都继承战国中后期阴阳五行论的范式,重视数字中富含的神秘含义,以数字模式构建宇宙与社会的构成和各种关系,探索人类社会秩序的奥秘,但核心则强调人类应法自然,为无为,顺应天道,采取适宜的行为和规则。汉代儒家礼法异化,造成对士人的种种束缚,也刺激了新道家的发展。阮籍和嵇康审视汉以来儒家治理的弊病,都反对固化的礼法对人性的戕害,崇尚老庄之学,认为儒家伦理规范是造成社会失序的原因,认为秩序复原必须抛弃名教纲常,遵从自然之道。

道教是以"道"为最高信仰,追求长生不老,修炼成仙的中国本土传统宗教,尊奉老子为教主,在社会各阶层广泛传播。《太平经》是中国道教史上的重要著作,反映道教社会思想的重要面貌。《太平经》中认为人类的生存基础是温饱和性欲,分别称为两大急、一小急,反映了劳动人民争取基本生存权利的合理要求。《太平经》认为人有平等的生存权利,首先是男女平等,其次是整个社会成员之间的平等。当然,汉代社会等级制度森严,这种平等思想的论述也是非常有限的,经书中充斥着对不平等制度的称扬和袭用。同时,也主张社会财富为社会成员共有、共享,认为对财富只知积累而不知分享,是对社会的犯罪。这显然都是社会下层民众的思想。葛洪的道教思想则与此不同,他把修仙成道、长生不死的宗教目标和儒家的纲常名教结合起来,把遵守儒家伦理规范作为成仙得道的必要前提,形成内道外儒的思想特点。葛洪的思想竞争者是鲍敬言,他持强烈的君主批判论,认为君主是社会失调的产物,社会问题加剧的根本原因是君主的存在,但是这种无君论在当时是一种空想。

随着佛教思想的传入,因果报应、三世轮回、涅槃灭度等观念都对社会上层产生巨大的冲击。但是,社会下层更追求社会平等思想,相信人人皆有佛性,这一思想影响到禅宗的诞生,也让儒家开始重视"途之人可以为尧舜"这种埋没已久的观念。当然,儒家思想也影响到佛教社会思想的发展。本来佛教认为,社会变迁持续不断,永无终止,要进入稳定状态需要相当的条件,有赖于内因与外在条件的和合。但由于儒家文化也强调社会和谐,佛教的因缘和合思想在中国得到了空前发扬,而变化无常则形同"乱世",反而不被看好。同样,佛教的修行有度众生与度自身两种模式,分别冠以大乘和小乘来加以区分,但受儒家经世济用思想的影响,中国人更欢迎大乘佛教,提倡修行应普度众生,出世不离世间。当然,佛教思想也影响到道教思想的发展。产生于南朝时代的《灵宝经》，大量吸收佛教教义，其成仙、济世度人思想有浓厚的佛教色彩。

这一时期关于理想社会的探索异彩纷呈。最著名的是陶渊明在《桃花源记》中描述的世外桃源，人们和乐安详，自立自治，社会太平。同时，随着道教和佛教思想的发展，宗教的理想社会重回社会各阶层的视野，在道教所描绘的神仙主导的理想社会中，人们获得了自由和解放，按照神仙的等级体系建构起新的未来图景，成为人们批判社会现实、暂时逃避社会压力的重要工具。但是，一切神仙世界都是虚无缥缈的，也等不来神仙、菩萨拯救苦难的民众，所以佛教转而提倡唯心净土，重视内在超越。这种转向开启了中国宋代以后理学的发展。

第六章 儒学经学化的社会思想

汉兴，罢秦法之烦苛，又除挟书令，诸子百家之学逐渐得到复兴。至武帝时，设立五经博士，并用董仲舒的建议，以为"不在六艺之科、孔子之术者，皆绝其道，勿使并进"（《汉书·董仲舒传》），从而确立了儒学作为统治政策的独尊地位。因此，汉以后的儒学，与先秦时的儒学，有所不同，其显著特点是具有强烈的经学化色彩，为国家和社会治理提供了一套完整的思想体系，并深深影响了两千多年的中国政治与社会。

第一节 人 性 论

人性论与欲望论是一切社会思想的理论基础，社会思想中的善恶评判归根结底都要到人的性情和欲望中寻找其得以发生的自然根源。

一、董仲舒的性三品说

董仲舒（约前179—前104），广川（今河北枣强）人，依据苏舆的《董子年表》，大体生活于西汉文帝、景帝、武帝年间。董仲舒"少治《春秋》，孝景时为博士"（《汉书·董仲舒传》），兼通五经，"为儒者宗"（《汉书·五行志》）。汉武帝即位，"诏举贤良方正敢谏之士"，董仲舒上天人三策，提出罢黜百家、表彰六经的建议，主张奉天法古、兴教化、抑豪强、贵德贱刑、养士办学等。他曾先后任江都相、胶西相，晚年居家著书，"朝廷如有大议，使使者及廷尉张汤就其家而问之，其对皆有明法"（《汉书·董仲舒传》）。董仲舒著作甚多，但隋唐以后多有亡佚，现仅存《汉书·董仲舒传》中的《贤良对策》（又称《天人三策》）和经后人整理而成的《春秋繁露》一书。

在人性论上，董仲舒既不满意孟子的"性善论"，也不满意荀子的"性恶论"，认为此二说皆偏于一端而失其全体。董仲舒从阴阳学说出发，认为人性中也包括了阴阳、善恶两部分。由此他把人性区别为性与情两个方面。性指"天质之朴"，体现为仁之善，而情指"人欲"，表现为贪之恶。人性的差异其实在于性与情的不同比例搭配。

根据性情、善恶所占比例之多少，董仲舒把人性分为三类：一类是"圣人之性"，这类人不待社会之教化自然而能行善，相当于孔子所说的生而知之者；一类是"斗筲之性"，这类人恶的情欲占的比例很高，远远超过质朴之善，无论怎样教化也还是无可救药；再一类是介乎前二者之间的"中民之性"，这类人恶的情欲与质朴大体均衡，可以导之为善也可以导之为恶，最具有可塑性。这就是董仲舒的"性三品"说。

孔子曾说："唯上智与下愚不移。"（《论语·阳货》）圣人之性天生就善，无须教化；斗筲之性天生就恶，不可教化。且从数量上看，上智与下愚皆属于极少数，大部分人都是中民之性。中民之性是善恶混杂的，需要后天教化的引导与规制，以培养其向善之性、克治其向恶之情。他认为，中民之性就像睡眠中闭着的眼睛，虽有可见之质，但无所见之实，一切有待其被教化之后的觉醒。

如果按照孟子的性善论，人性先天已善，那么后天的圣王教化就完全是没必要的，这明显有悖于历史经验与社会现实。所以董仲舒认为，孟子性善论的错误就在于对"善"的定位太低了。

> 性有善端，童之爱父母，善于禽兽，则谓之善，此孟子之善。循三纲五纪，通八端之理，忠信而博爱，敦厚而好礼，乃可谓善，此圣人之善也。是故孔子曰："善人，吾不得而见之，得见有常者，斯可矣。"由是观之，圣人之所谓善，未易当也，非善于禽兽则谓之善也。（《春秋繁露·深察名号》）

孟子的性善只是相较于禽兽的低标准而言的，若相对于圣人之善的高标准，人性还远远没有达到。所以说，"质于禽兽之性，则万民之性善矣；质于人道之善，则民性弗及也……孟子下质于禽兽之所为，故曰性已善；吾上质于圣人之所为，故谓性未善"（《春秋繁露·深察名号》）。

由此可见，董仲舒与孟子在何谓性与何谓善这两个定义上都存在分歧。孟子之谓性乃本质之性，董子之谓性乃自然之资，所谓"性者，质也"。孟子之谓善乃异于禽兽的初级之善，董子之谓善乃循于礼教的高级之善。董仲舒经常以禾与米来比喻性与善：

善如米,性如禾,禾虽出米,而禾未可谓米也;性虽出善,而性未可谓善也。米与善,人之继天而成于外也,非在天所为之内也。天所为,有所至而止。止之内谓之天,止之外谓之王教。王教在性外,而性不得不遂。故曰:性有善质,而未能为善也。岂敢美辞,其实然也。天之所为,止于茧麻与禾,以麻为布,以茧为丝,以米为饭,以性为善,此皆圣人所继天而进也,非情性质朴之能至也,故不可谓性。(《春秋繁露·实性》)

先天与后天的结合互补,体现了董仲舒天人合一和天人相参的思想,可以说是对孟子的人性论与荀子人性论的综合融摄。

针对人性中的阴阳两部分,除了导性以向善之外,还要节情以防恶,这就是董仲舒的欲望论。情作为人欲,虽然是恶的,但也是性之本有,不可也不必消除它,只需要节之以礼即可。董仲舒对情的态度,务在得情之中和,避免过犹不及,不可滥情肆欲。可以说,董仲舒主张的是一种既不同于纵欲主义,也不同于禁欲主义的节欲主义。

按照法天而治的原则,这种节欲主义有其天道上的依据。天道扶阳抑阴,人道也要尽性节情,这是对天道的遵循。后来宋儒讲"存天理灭人欲"也是出于同样的理由,现代人将其误解为道德禁欲主义是有问题的。这里的人欲之"人"乃是和"天"相对的,所以不是泛指"人的"欲望,而是特指"人为的"欲望。

另外,从义利之辨的角度,董仲舒也认为养心重于养身。"天之生人也,使人生义与利,利以养其体,义以养其心。心不得义,不能乐;体不得利,不能安。义者、心之养也,利者、体之养也。体莫贵于心,故养莫重于义,义之养生人大于利。……夫人有义者,虽贫能自乐也;而大无义者,虽富莫能自存;吾以此实义之养生人,大于利而厚于财也。"(《春秋繁露·身之养重于义》)因此对于情欲,就需要圣王之礼乐度制对其加以约束和规范。

"夫礼,体情而防乱者也,民之情不能制其欲,使之度礼,目视正色,耳听正声,口食正味,身行正道,非夺之情也,所以安其情也。"(《春秋繁露·天道施》)情欲过度不仅伤身而且累心,所以适当的节制恰是必要的养生方法。"故仁人之所以多寿者,外无贪而内清净,心和平而不失中正,取天地之美,以养其身,是其且多且治。"(《春秋繁露·循天之道》)反之,如果一味放纵,"使人人从其欲,快其意,以逐无穷,是大乱人伦而靡斯财用也"(《春秋繁露·度制》),最终必然走向乱与贫,为天所捐弃。

总之,通过名实之辨董仲舒在概念上细致地区分了命、性、情三者之不同,"命者天之令也,性者生之质也,情者人之欲也"。"天令之谓命,命非圣人不行;质朴之谓性,性非教化不成;人欲之谓情,情非度制不节。是故王者上谨于承天意,以顺命也;下务明教化民,以成性也;正法度之宜,别上下之序,以防欲也;修此三者,而大本举矣。"(《汉书·董仲舒传》)不同的人依据其三品之性各安其位、各尽其职,圣王隆礼以施教,中民节欲以受教,上下相接,性情共化,如此便可从个体之善走向群体之治。

二、王充的善恶互变说

王充(27—约97),字仲任,会稽上虞(今浙江上虞)人,生于东汉光武帝建武三年,卒于和帝永元年间。王充出身"细柳寒门",曾游太学,师事班彪。"家贫无书,常游洛阳市肆,阅所卖书,一见辄能诵忆,遂博通众流百家之言"。"仕郡为功曹,以数谏争不合去"(《后汉书·王充传》)。后归家潜心著述,有《讥俗节文》12篇,《政务》一书,《养性书》16篇,皆已亡佚,留存于今的只有《论衡》85篇,其中《招致》篇有目无文,实存84篇。

在人性论上,王充认为孟子的性善论、荀子的性恶论、告子的人性无善恶论以及扬雄的人性善恶兼有论都是片面的。孟子讲人性善,指的是中人以上之性;荀子讲人性恶,指的是中人以下之性;告子的无善恶和扬雄的善恶混讲的则是中人之性。他们各自都只注意到了人类社会的某一群体的人性,而就整个社会而言,"人性有善有恶,犹人才有高有下也""习善而为善,习恶而为恶""性各有阴阳,善恶在所养焉"(《论衡·本性》)。这种观点跟董仲舒很相似。

从自然界来看,九州之田土有黄黑之别、肥瘠之差,河流也有清浊之分、流向之异,人禀天地之性,怀五常之气,"禀气有厚泊(薄),故性有善恶",这都是"天性然也"。善与恶之互变端赖后天之教化、引导和熏陶。所以对于一个社会来说,"不患性恶,患其不服圣教,自遇而以生祸也"(参看《论衡·率性》)。

后天的教化和熏陶,也就是人的社会化过程。在这一过程中,既需要导之以礼,也需要齐之以刑;礼的作用是引领,刑的作用是督促;前者确立目标,后者划定底线。"是故王法不废学校之官,不除狱理之吏,欲令凡众见礼义之教。学校勉其前,法禁防其后,使丹朱之志亦将可勉。"(《论衡·率性》)这里体现了儒家一贯的礼刑并用、明刑弼教的教化观。

这其中圣王的表率作用非常重要。因为人的社会化是在人群中完成的，尊者和长者的教告劝勉、以身作则会提供一个社会化的典型范例，对年轻人起到形塑和引导的作用。即便是性恶之人，若能"教导以学，渐渍以德，亦将日有仁义之操"（《论衡·率性》）。所以无论君主、父老、师长都有义务对臣民、子孙、学生进行社会规范的教育，并矫正他们的越轨行为。

"尧舜之民，可比屋而封；桀纣之民，可比屋而诛。"（《新语·无为》）为什么圣王之民与恶王之民会有这么大的差别呢？关键"在化不在性"（《论衡·率性》）。正如孔子所说的："性相近也，习相远也。"（《论语·阳货》）"尧舜率天下以仁，而民从之。桀纣率天下以暴，而民从之。"（《礼记·大学》）好的习惯、习俗来自于好的教化熏染，坏的习惯、习俗来自于坏的教化误导。教化的缺失甚至逆向的教化对一个社会的伤害比人性中那点先天的恶还要可怕。"天道有真伪。真者固自与天相应，伪者人加知巧，亦与真者无以异也。"（《论衡·率性》）这里的伪不是与天真相对立的虚伪，恰是辅佐、成就天真的人为，就像一块天然的玉璞只有待人工的雕琢之后才能成为艺术品一样。在这一点上，王充和荀子"化性起伪"的思想非常一致。

另外，王充也认识到，在教化的过程中环境的影响非常重要。"蓬生麻间，不扶自直；白纱入缁，不练自黑。……夫人之性犹蓬纱也，在所渐染而善恶变矣。"（《论衡·率性》）所以教化不同于教育，教育只是学校内面向少数人的局部社会化，教化则是开放性的、面向所有人的整体社会化。当学校教育与社会教化相脱节的时候，一般来说社会教化的力量会更大一些。因此儒家历来重视社会教化的意义。与学校教育的精英性知识传授不同，大众性的社会教化不是为了普及知识，而是要化民成俗，使老百姓在行为上直接养成好的习惯，日用而不知。就此来说，虽然在人性论上王充与他之前的孟子、荀子、董仲舒、扬雄不太一样，但他们的教化观却没有太大的差别。

三、韩愈的性、情三品说

韩愈（768—824），字退之，唐代河阳（今河南孟州）人，祖籍昌黎郡（今河北昌黎），自称昌黎韩愈，故世称韩昌黎。25岁中进士，德宗时任监察御史，上疏极论"宫市"之蔽，贬为连州阳山令（今属广东）。宪宗元和中，因从裴度平淮西有功，升任刑部侍郎，但不久又因谏迎佛骨之事触怒宪宗，被贬为潮州刺史。穆宗即位后被召回京师，先后任国子祭酒、兵部侍郎、吏部侍郎等职。韩愈是唐代著名的文学家，开启了古文运动，也是一位重要的思想家，对宋明理学产生了重大影响。《新唐书》赞之曰："学者仰之如泰山北斗。"宋代苏轼称之"文起八代之衰，而道济天下之溺"。近世钱穆称他为"唐宋文化第一伟人"。

在人的本性问题上，韩愈继承和发展了董仲舒的"性三品"说，并对孟子、荀子、扬雄等人的人性论进行了修正。首先，他区分了"性"与"情"，认为性是先天的，与生俱来的，而情则是人们受到外界刺激才产生的。"性也者，与生俱生也；情也者，接于物而生也。""性之品有三，而其所以为性者五；情之品有三，而其所以为情者七。"（《原性》）韩愈进一步将其细化为五性与七情。

在韩愈看来，人与生俱来的是"性"，它具体指的是仁、义、礼、智、信五者；所谓情，是由先天之性接物而生，具体表现为喜、怒、哀、乐、爱、恶、欲七者。性之五德是人人都有的，但因人禀之不同而分为三品：上品之性"主于一而行于四"，即五德俱全，且能主于一德而通于其余四德；中品之性"一不少有焉，则少反焉，其于四也混"，即对某一德有所不足或有所违背，对其余四德也因过不及而混杂不纯；下品之性"反于一而悖于四"，即与此五德都相悖离。与之相应的，人情也分三品：上品的情发而无不合乎道，中品的情则有过不及，下品的情则完全不合于道。韩愈认为，性之三品与情之三品是相对应的，一方面"性之于情视其品"，另一方面"情之于性视其品"。这也就是说，具有上品性的人也具有上品的情；反之，其性若为下品，其情亦相应地为下品。（参看《原性》）

综合言之，"性之品有上中下三：上焉者善焉而已矣，中焉者可导而上下也，下焉者恶焉而已矣"（《原性》）。上品与下品的性都是不可改变的，上品之性"就学而愈明"，而下品之性"畏威而寡罪"，只有中品之性才可以引导而使之朝上或下发展。与这样一种人性理论相应，对社会的控制就必须通过教化与刑法相结合的方式，即所谓的礼乐与刑政相结合的方式。

正因为具有上品之性的人"就学而愈明"，同时中品之性的人"可导而上下"，因此，韩愈主张治理天下要以德礼为先，使先王之道深入人心，从而使人们有趋向道的自觉。而德礼之治的关键在于教化，为此韩愈反复强调教与学的重要性，主张在地方设立乡校，并以"颇通经，有文章，能知先王之道"且能够"排异端而宗孔氏"(《潮州请置乡校牒》)的人为乡校教师。值得注意的是,韩愈还在儒家经典中特别表彰《大学》一书,主张通过个人的道德修养,即从正心诚意入手来达乎治国平天下,这对后来北宋新儒学的复兴起到了相当大的作用。

韩愈固然强调教化的社会功能,但同时又主张要"辅以刑政"。对于他来说,上、中品性的人固然可堪教化,但社会中还是有一批下品性之人是无法教化的,只有依靠国家的强制手段才能制伏他们,所谓"下者可制也"。因此,对这些生来就是恶的人,只能够通过刑政的手段,使他们"畏威而寡罪",即"罚重可令凶人丧魄",从而不敢为非作歹。

韩愈的性情之论是为反对佛教和道教而发的。佛教主张众生平等,宣扬人人皆有佛性,韩愈则主张性情各有三品,教化与控制手段在个体的社会化过程中很重要。佛教主张出世,宣传灭情以见性,把各种社会规范和社会关系都视为累赘,而韩愈则主张因情而见性,认为人们的社会行为只有以儒家的社会规范作为标准,人们的"情"才能"动而处其中",才能近善而远恶,这就同佛教出世的见性成佛划清了界限。同时,韩愈的性情三品之说也与道家讲道德而反对仁义的思想划清了界限。

韩愈的性情之论比前人的论述都更加细致,这是他对人性论的一大贡献。但和孟、荀、董、扬等讲人性一样,其目的在于整合社会,维护儒家社会规范及建立在这种规范之上的正常协调的社会生活秩序。

第二节 社会规范论

俗话说:没有规矩不能成方圆。人类作为一种群体性存在,社会秩序的维护离不开一定的社会规范。在汉代,这种社会规范就是礼制与纲纪。

一、董仲舒的"纲纪"说

孔子说"鸟兽不可与同群"(《论语·微子》),荀子说"禽兽有知而无义"(《荀子·王制》)。前面一句话说出了一个事实,后面一句话则是对这一事实的解释。在儒家看来,人类之所以能结成群体,靠的就是礼义,可以说道德伦理规范是人类社会区别于鸟兽的最本质特征。董仲舒认为,一个善治的社会一定要"循三纲五纪,通八端之理,忠信而博爱,敦厚而好礼"(《春秋繁露·深察名号》)。其中三纲五纪是对社会伦理原则的高度概括。纲的本义是提网的总绳,纪则是结网的细绳,古人常常以日常的生产工具来喻指他们的社会生活秩序,形象且生动。

汉儒自己的说法是:"何谓纲纪?纲者,张也。纪者,理也。大者为纲,小者为纪。所以张理上下,整齐人道也。"(《白虎通·三纲六纪》)所谓"三纲"就是"君为臣纲,父为子纲,夫为妻纲",主张以此三纲为准则调适君臣关系、父子关系和夫妻关系。对于"五纪",董仲舒在其书中没有详细的论述,古代注疏家一般将其解释为"父义、母慈、兄友、弟恭、子孝"五种伦理原则,还有一种说法是将其等同于"仁义礼智信"这五常。到东汉的《白虎通》又提出了"三纲六纪"说,"六纪"指的是诸父、兄弟、族人、诸舅、师长、朋友六种人际关系,与此有所不同。对于以上三种说法不妨参看互通。

因为董仲舒属公羊学派,讲究天人合一、阴阳五行,所以作为人伦关系的"三纲五纪"还有一种取法天地的内涵在里面。其中"三纲"取法天之三光——日、月、星,"五纪"取法地之五行——木、火、土、金、水。天道属阳,为尊;地道属阴,为卑。所以在伦理秩序中"三纲"要高于"五纪"。其实无论"三纲"还是"五纪",都是对社群中人际关系的一种定位。人际关系依其大类不外乎五种,即君臣、父子、兄弟、夫妇和朋友,也就是"五伦"。董仲舒的"三纲五纪"说是对先秦孔孟之"五伦"说的进一步分类与提炼,尤其是凸出了"三纲"的地位。

"三纲"之中父子为天伦关系,体现了血脉和生命的延续。个体的生命终归是有限的,但家族的传承却可以绵延无期,所谓子子孙孙无穷匮也。在这种永恒的传递与祭祀当中,作为个体的人获得了一种永恒的生命安顿。这与西方基督教文明在天国追求永恒是完全不同的。

与父子不同,按照同姓不婚的原则,夫妻关系完全是异姓之结合,但却是人类繁衍生息的起点,所以被称作人伦之首。《周易·序卦》云:"有天地然后有万物,有万物然后有男女,有男女然后有夫妇,有夫妇然后有父子,有父子然后有君臣,有君臣然后有上下,有上下然后礼仪有所错。"在伦理的等级地位上父子关系最高,但在伦理的发生顺序上夫妻关系则更为原始。

君臣关系则介乎天伦与人伦之间。若从宗法上看,同姓的君臣又是大宗与小宗的关系,无疑属于天伦。但若是异姓的君臣就没有宗法和血缘的纽带,与夫妻关系一样完全以义合，不合则可去之。孔子讲"君使臣以礼，臣事君以忠"（《论语·八佾》），孟子讲"君之视臣如手足，则臣视君如腹心；君之视臣如犬马，则臣视君如国人；君之视臣如土芥，则臣视君如寇雠"（《孟子·离娄下》），都揭示了君臣关系之对等性。由于对君臣关系的提倡，不仅维护了两汉四百年的政治统一，更养成了读书人崇尚气节的风气，在社会中扎下一个牢固的君臣名分观念，使东汉中叶以后的百余年虽乱而不亡。

父子、夫妻、君臣虽有天伦与人伦之别，但贯而通之的乃是阴阳关系。在董仲舒那里，"王道之三纲，可求于天"。

> 凡物必有合，……阴者阳之合，妻者夫之合，子者父之合，臣者君之合。物莫无合，而合各有阴阳。阳兼于阴，阴兼于阳，夫兼于妻，妻兼于夫，父兼于子，子兼于父，君兼于臣，臣兼于君。君臣、父子、夫妇之义，皆取诸阴阳之道。君为阳，臣为阴，父为阳，子为阴，夫为阳，妻为阴。阴阳无所独行，其始也不得专起，其终也不得分功，有所兼之义。是故臣兼功于君，子兼功于父，妻兼功于夫，阴兼功于阳，地兼功于天。（《春秋繁露·基义》）

这种阴阳关系不是简单的主从上下，而是有一种你中有我、我中有你、阴阳互根、伴合共生的意味。所谓"阳兼于阴，阴兼于阳"就是一种互兼的关系，这一点从太极图的双鱼互抱形象上也可看出。现代人讲究平等，但平等恰是建立在彼此分隔的原子化个体原则基础之上的。阴阳强调的是一种二元思维，儒家的"仁"也是关乎二人，推崇的都是一种主体间性，而不是单一的主体性。

二、《白虎通》的"太平制礼"说

自汉武帝立五经博士以来，朝廷以利禄奖掖经术，致使章句繁多，学术之纷争日趋激烈。至东汉建初四年（79），汉章帝召集诸儒聚会于洛阳北宫的白虎观，讲论五经同异，"帝亲称制临决，如孝宣甘露、石渠故事"（《后汉书·章帝纪》），为期数月，史称"白虎观会议"。会议主要是为了解决今、古文经学的解经分歧，统一经义，确立了"三纲六纪"思想在社会政治生活中的核心地位，对社会等级秩序及相关行为规范作出了权威阐释。会后由班固将讨论结果撰集而成《白虎通》一书，又称《白虎通义》或《白虎通德论》。《白虎通》共收录了 43 个专题，几乎囊括了当时政治与社会制度的方方面面，具有"国宪"的性质。

《论语·子路》中曾记载这样一个故事：孔子周游列国来到了卫国，看到城内人口繁庶，于是不自觉地发出了感慨——"庶矣哉！"这时为孔子驾车的是他的学生冉有，他抓住这个机会马上问老师："既庶矣，又何加焉？"孔子回答："富之。"冉有继续追问："既富矣，又何加焉？"孔子回答："教之。"从庶之到富之再到教之，体现了孔子的"三步走"社会治理战略，但其最高的目标还是教化，物质上的富足只是为开展教化做准备罢了。孔子的这种先养后教社会思想影响了《白虎通》的太平制礼说。

对于任何社会而言，如果失去了制度化的礼俗对社会行为的规范和引导，任由个人欲望和意志自行其是，都是不利于其长久与良性发展的。中国古人早就看到了这一点，《孝经·广要道》就曾有言："移风易俗，莫善于乐；安上治民，莫善于礼。"礼乐是维护社会秩序、推行社会教化的必要制度，这已是历代儒家的基本共识。但一种制度，就好像一座建筑一样，时间一久都会产生弊病，以至于最后破败不堪、需要推倒重建。正所谓五帝不袭礼、三王不沿乐。儒家不相信什么历史终结论或制度终结论，生生不息、因革损益才是历史的常态。在礼乐制度之形式变化的表象背后，贯穿其中的乃是不变的精神，也就是"道"。"制"之可变与"道"之不变，又是一组相辅相成的阴阳关系，最终万变不离其宗。所以汉儒常常是在变与不变之间来把握礼乐的。

"礼乐者，何谓也？礼之为言履也，可履践而行。乐者，乐也。君子乐得其道，小人乐得其欲。"（《白虎通·礼乐》）礼就是体现在行为中可以切实践履的规范，而不是繁琐的仪式或空洞的具文。乐也就是快乐，它不仅包括君子的阳春白雪之乐，也包括小人的下里巴人之乐。在这里乐道与乐欲并行不悖，君子不以其道迫害小人之欲，小人也不以其欲破坏君子之道。换言之，"道"即在"欲"中，以欲显道，以俗显真，即用而见体。所以礼乐是维护社会生活良性秩序的规范，而不是具有道德洁癖的理想国。

从功能上看，礼乐的目的是要节制人的情欲，和悦人的身心。"王者所以盛礼乐何？节文之喜怒。乐以象天，礼以法地。人无不含天地之气，有五常之性者。故乐所以荡涤，反其邪恶也；礼所以防淫泆，节其侈靡也。"（《白虎通·礼乐》）人们在物质生活上富裕之后难免产生各种纵情放欲的奢靡之风，不仅不利于个人的身心健康,而且会败坏社会的公序良俗,这时候就亟需礼乐的教化与引导。"礼者,盛不足,节有余,使丰年不奢,凶年不俭,贫富不相悬也。"(《白虎通·礼乐》)只有富而好礼才能避免为富不仁,才能使一个社会从富足走向文明。

从内容上看,礼乐囊括天地人神,从对天地鬼神的祭祀到冠婚丧乡的仪轨,无所不包。"夫礼者,阴阳之际也,百事之会也,所以尊天地,傧鬼神,序上下,正人道也。"(《白虎通·礼乐》)古人的生活世界不是一个单一的平面世界,除了人与人之间的交接之外,人与鬼神、人与天地也处于交通共生的场域之中。所以对天地鬼神的祭祀本身就是社会生活的一部分。社会的"社"便是土地神的意思。共同的神祇和共同的祖先成为维系社会团结和维护社会秩序的重要纽带。后世农村的土地庙,城市的城隍庙,还有西方如古希腊城邦的守护神,都是此一天人维度的关系体现。这与现代世俗化社会的平面化和人类中心主义大为不同。

正是由于礼乐具有如此重大的社会规范意义,所以制礼作乐需要非常审慎,不可草率。《礼记·中庸》就明言:"非天子,不议礼,不制度,不考文。……虽有其位,苟无其德,不敢作礼乐焉;虽有其德,苟无其位,亦不敢作礼乐焉。"历史上有记载第一个制礼作乐的人就是周公,但根据《尚书大传》的说法,周公摄政,"一年救乱,二年克殷,三年践奄,四年建侯卫,五年营成周,六年制礼作乐,七年致政成王"。也就是说,周公一共摄政七年,前五年主要在平定各地的军事叛乱、确立政治统一,直到第六年天下太平了才来制礼作乐。这应该是《白虎通》"太平制礼"论的历史依据所在。

从上面的引文我们可以看出,制礼作乐至少要满足两个条件:第一,制作的主体只能是有位且有德的圣王;第二,制作的时机必须是功成治定的太平之世。"太平乃制礼作乐何?夫礼乐,所以防奢淫。天下人民饥寒,何乐之乎!功成作乐,治定制礼。"(《白虎通·礼乐》)否则制礼作乐就有可能不合时宜,沦为某些好大喜功之帝王粉饰太平的手段。在汉初叔孙通改制朝仪时,鲁地的儒生曾说:"今天下初定,死者未葬,伤者未起,又欲起礼乐。礼乐所由起,积德百年而后可兴也。吾不忍为公所为。"(《史记·刘敬叔孙通列传》)徐复观也曾指出:"礼乐在社会方面的意义,是要建立一个'群居而不乱'(《荀子·礼论》),'体情而防乱'(《春秋繁露·天道施》),既有秩序、又有自由的合理的社会风俗习惯。每一个人,生活在合理的风俗习惯中,可改过迁善于不知不觉之中,以遂其生、养其性,大家相互过着'人的生活'。孔子主张'礼乐征伐自天子出',不仅是要求政治的统一,更进一步是要求对礼乐征伐的审慎。汉儒坚持治定制礼,功成作乐,因为治不定、功未成所制的礼乐,常是统治者把一时诞妄便利之私的变态心理,通过礼乐的形式,强加于群体生活之上,这对群体生活是最深刻的损害。"①

在制礼作乐之前,新的朝代依旧沿用前朝的礼乐。"王者始起,何用正民?以为且用先代之礼乐,天下太平,乃更制作焉。"(《白虎通·礼乐》)这种"太平制礼"论反映了汉儒渐进的保守主义的社会治理态度,审慎的稳健的社会规范建设品格,这与西方近代以来乌托邦的激进主义恰好是鲜明的对比。

第三节 社会变迁论

社会变迁论往往体现为一种历史哲学。比如"天下大势,分久必合,合久必分",表达的就是一种循环论的变迁观。此外公羊学的三世说和柳宗元的进步论,也都是依据不同的历史经验做出的理论总结。

一、董仲舒、何休的三世说

何休(129—182),字邵公,东汉任城樊(今山东兖州)人。与董仲舒一样,都是"公羊学"大师。其为人质朴多智,精研六经,但口讷于言,不善讲说,门徒有问者,则用书面作答。以列卿子诏拜郎中,因与己志不合,以病辞去。后来太傅陈蕃又召请他参与政事,但党锢事起,陈蕃被杀,何休也遭禁锢。于是他十七年闭门不出,完成《春秋公羊传解诂》12卷。又注《孝经》《论语》等,另作《春秋汉议》13卷,以春秋大义驳正汉朝政事600多条,"妙得《公羊》本意"。党禁解除,又拜议郎,再迁谏议大夫。在对社会变迁的认识方面,董仲舒与何休均持三世说。

所谓三世说是"春秋公羊学"的三科之一。《春秋公羊传》(简称《公羊传》)记录了鲁国自隐公元年至哀公十四年共242年的历史,公羊学家将其划

---

① 黄克剑、林少敏编:《论礼乐》,《徐复观集》,群言出版社1993年版,第209页。

分为三个时期：昭、定、哀三君的时代为孔子所见之世，凡61年；文、宣、成、襄四世为孔子所闻之世，凡85年；隐、桓、庄、闵、僖五世对孔子则已属所传闻之世，凡96年。《春秋》托孔子所传闻世为据乱世，所闻世为升平世，所见世为太平世，此与历史事实固然不符，所托的乃是孔子的社会政治理想和历史哲学，也就是《春秋》大义。

孔子曾直言，所修之《春秋》，其事则齐桓晋文，其文则史，"其义则丘窃取之矣"（《孟子·离娄下》）。《春秋》之实愈乱，而"《春秋》之文愈治""《春秋》之化愈广"，这样一种孔子王心所加的历史反映了当时人们厌弃社会动乱，渴求社会大治的愿望。

三世说为《春秋》之微言，这主要与《春秋》之书法有关。就书法而言，鲁史记载有详略的不同，时间越久远，记载就越疏略，时间越近，记载自然越详明，所以所传闻的据乱世就记载得比较简略，而亲所历见的太平世就很详细，这在考据派的史学家看来是极自然的事。而《春秋》书法极怪异的地方也就在这里。《春秋》是要借历史记载的这种详略不同来表达治世之法的演进与王化的推广。

在据乱世，王者由于是在乱中求治，因此用心不宜过细，治法不宜过严，并且应内外有别，详内略外，先把自己的国家（此时指鲁国）治理好，以己为榜样，然后再去治理别的国家（诸夏），由内到外，先己后人。并且，在治理别的国家时，应该严于律己，宽以待人，自己有小恶要谴责，别国有小恶则不谴责；只治大国，不治小国。对此何休将其总结为："于所传闻之世，见治起于衰乱之中，用心尚麄觕，故内其国而外诸夏，先详内而后治外。录大略小，内小恶书，外小恶不书，大国有大夫，小国略称人，内离会书，外离会不书是也。"（《公羊传·隐公元年》何休注）此即所谓"内中国而外诸夏"。

到了升平世，人们的道德水平有所提高，礼法秩序开始建立起来，推行王道之国（鲁国）与其他国家（诸夏）之间不再有区别，王化已经普及到周围的许多国家，只是未开化的边远民族（夷狄）还未被王化，与鲁及诸夏有区别。故何休说："于所闻之世，见治升平，内诸夏而外夷狄，书外离会，小国有大夫，宣十一年'秋，晋侯会狄于攒函'，襄二十三年'邾娄鼻我来奔'是也。"（《公羊传·隐公元年》何休注）既然王化行于诸夏而不行于夷狄，因而在书法上之便详于诸夏，而略于夷狄，即所谓"内诸夏而外夷狄"。

到了太平世，人们的思想觉悟极大提高，不再有大国、小国的区别，也不再有文明、落后的区别，天下一家，人类达到了普遍的平等。在此世界，据乱、升平世所用的办法已不适用，因为这一理想世界人人讲信修睦，无恶行可讥可责。所以，此时治世的用心就特别深细，连取两个名字这种小事也都成了讥刺的对象。由于太平世治世的用心深细，其治法也较据乱、升平二世为严为详。据乱世不记载小国发生的事情；升平世开始记载小国发生的事情，但小国有什么不对的地方也不加责备；到了太平世，大国小国一视同仁，只要犯了错误便加以责备，而不像在升平世那么宽容了。

从据乱世到升平世再到太平世，反映的是社会由乱到治的历史变迁。在242年间的春秋时代这也许不是事实，但体现的却是真实的社会理想，更是对历史发展和进步的信心与期望。

二、王充的社会循环论

与近代的进化论不一样，从三皇五帝到三王五霸，儒家的历史叙述往往给人以一种不断倒退的感觉。《礼记·礼运》从大同之公天下到小康之家天下的转变，也透露出类似的惋惜之情。战国时期集法家之大成者韩非子也曾说："上古竞于道德，中世逐于智谋，当今争于气力。"（《韩非子·五蠹》）历史一步步从文明与道德走向堕落与野蛮。直到王充那个时代，普遍的看法依旧是"厚古薄今""今不如昔"。对汉代人来说，三代永远是不可企及的理想，而秦汉以后的时代总是有许多不合乎王道的缺憾。对此，王充认为：

> 语称上世之人质朴易化，下世之人文薄难治。故《易》曰："上古之时，结绳以治，后世易之以书契。"先结绳，易化之故；后书契，难治之验也。故夫宓牺之前，人民至质朴，卧者居居，坐者于于，群居聚处，知其母不识其父。至宓牺时，人民颇文，知欲诈愚，勇欲恐怯，强欲凌弱，众欲暴寡，故宓牺作八卦以治之。至周之时，人民文薄，八卦难复因袭，故文王衍为六十四首，极其变，使民不倦。至周之时，人民久薄，故孔子作《春秋》，采毫毛之善，贬纤介之恶。（《论衡·齐世》）

从三皇的以道治天下，到五帝的以德治天下，再到三王的以礼治天下，最后到孔子时代的礼崩乐坏，仿佛确实是一代不如一代、历史在逐级下降。但王充认为这不过是似是而非的妄言。他举了一个例子，为什么人们往往"贵鹄贱鸡"呢？就因为"鹄远而鸡近也"。所以"世俗之性，贱所见，贵所闻也"，"好褒古而毁今，少所见而多所闻"。眼前的切近的东西常常看到的缺点多，远处的悠久的东西则往往因珍视而加以美化。其实古人今人"俱怀五常之道，共禀一气而生"，上世和下世是一样的。（参看《论衡·齐世》）

那么为什么又会有一治一乱呢？这是因为"世有盛衰，衰极久有弊也"（《论衡·齐世》）。这就好像衣服和食物一样，刚开始的时候总是新鲜华美的，但衣服一旦穿久了就会变旧变破，食物放久了就会腐败发臭。时代其实也一样。"文质之法，古今所共。一质一文，一衰一盛，古而有之，非独今也。"（《论衡·齐世》）质就是质朴，文就是文化。质朴的时代久了就会过于野性，所以需要文明来化育之；同样，文化的时代久了就会虚伪，反过来又需要质朴的返本。文质就像一组阴阳一样，总是要互相调剂、彼此修正，以此来保证社会的活力与生机。

文质的循环往复在历史中的体现就是夏商周三代的三教更替。当然，这个观点并不是王充个人发明的，而是自古以来的经典记载。他引用传记的说法是：

> 传曰："夏后氏之王教以忠：上教以忠，君子忠，其失也，小人野，救野莫如敬；殷之王教以敬：上教用敬，君子敬，其失也，小人鬼，救鬼莫如文；故周之王教以文：上教以文，君子文，其失也，小人薄，救薄莫如忠。承周而王者，当教以忠。"夏所承唐、虞之教薄，故教以忠。唐、虞以文教，则其所承有鬼失矣。世人见当今之文薄也，狎侮非之，则谓上世朴质，下世文薄。犹家人子弟不谨，则谓他家子弟谨良矣。（《论衡·齐世》）

所谓三教，就是"忠—敬—文"，这是一个首尾相接的循环。忠即忠诚，敬即虔敬，文即文明。忠诚是内在的质朴，但日久之弊就是流于粗野，要补救粗野就得让人们学会虔敬，不敢放肆；虔敬是对外在神灵的畏惧，日久之弊就是流于巫鬼，迷信盛行，破除迷信就需要文明开化的启蒙；文明是外在的华美，日久之弊就是流于形式，人心越来越虚伪、浇薄，所以又得重新提倡内心的忠诚。汉儒一般又将这三教与天地人三才相配，忠教是人道，敬教是天道，文教是地道。天地人既是一个循环，也是大道之完备。对应于历史，大禹治水的辛劳体现的是人道之忠教，商代之占卜祭祀体现的是天道敬教，周代之礼乐文明体现的是地道之文教。秦代因为过于短暂，一般被视作闰朝，所以汉代承继的乃是周代。如此一来按照此三教循环的模式，汉代应该复兴夏代的忠教才是，这样才足以克服"今之文薄"之弊。

王充认为，三教的循环是不以人的意志为转移的，并将之归结为天时或命数。所以社会治乱不是某一个人能够主宰决定的，当国家要衰亡的时候，即便是圣贤当世也不能救；当社会要走向稳定，即便是恶人当道也枉然。"教之行废，国之安危，皆在命时，非人力也。""世之治乱，在时不在政；国之安危，在数不在教。"（《论衡·治期》）对此他提出的解释理由是，百姓犯上作乱主要是因为吃不饱饭，而吃不饱饭又是因为粮食歉收，导致粮食歉收的原因则是天时。按照农业的自然规律，"五谷生地，一丰一耗"，年岁水旱这些都是人力所不可控制的，所以最后必然是"成败系于天，吉凶制于时"（《论衡·治期》）。这里王充忽略了人力在农业生产上的能动性，更忽视了生产力与生产关系的矛盾及物质财富分配不均对人民起义的诱发作用，进而陷入到了一种宿命论。

三、柳宗元的社会进化论

柳宗元（773—819），字子厚，唐代河东（今山西运城）人，世称"柳河东"。少年时"精敏绝伦，为文章卓伟精致"。二十一岁时登进士第，德宗贞元十九年（803），与韩愈、刘禹锡同时为监察御史。两年后又与刘禹锡一同参加了以王叔文、王任为首的"永贞革新"，改革失败被贬永州司马。十年后得例诏回京师，因朝廷有人忌恨又出为柳州刺史。

与传统儒学尚天重命的思想不同，柳宗元非常强调人的因素，重视人在社会演化、历史变迁过程的主导性作用。他认为国运、君权并非来自神秘的天授，而是取决于"生人之意"。所谓圣人之道，"不穷异以为神，不引天以为高，利于人、备于事，如斯而已矣"（《时令论》）。因此不同于三世说或三教循环论那种宏大的理论建构，柳宗元更多是从具体的历史演化本身去发现社会变迁的轨迹。

柳宗元认为："惟人之初，总总而生，林林而群。雪霜风雨雷雹暴其外，于是乃知架巢空穴，挽草木，取皮革；饥渴牝牡之欲驱其内，于是乃知噬禽兽，咀果谷，合偶而居。"出于本能的生存需要，人类首先结成了初级的社群。可一旦有了群体的分野就不可避免族群的争斗，这时候"交焉而争，睽焉而斗，力大者搏，齿利者啮，爪刚者决，群众者轧，兵良者杀，披披藉藉，草野涂血"，完全是一种近乎战争的自然状态。于是"强有力者出而治之……用号令起，而君臣什伍之法立"（《贞符》）。人类由此在克里斯马型领袖的带领下进入了阶级社会。

从字义上看，君者群也，能把一群人抟合在一起的那个人就是君。由于地域呈现为同心圆不断放大的空间格局，所以这个君并不止一个，而是多层级环环相套的。最初一小群人聚居在一个村落里，主持争讼决断的只需要一个里胥，这是最低一级的君；当村落之间又有了纷争，那就需要更高一级的君来主持正义，这就是县大夫；县大夫之间又有纷争，于是依此类推，一直推到作为普天之下共主的天子。"是故有里胥而后有县大夫，有县大夫而后有诸侯，有诸侯而后有方伯、连帅，有方伯、连帅而后有天子。自天子至于里胥，其德在人者。"（《封建论》）所以早期的君主完全是凭借超凡的个人能力和魅力以服众的，往往通过选贤举能的方式产生，"德绍者嗣，道怠者夺"（《贞符》），这就是我们熟悉的禅让制，也就是所谓的公天下。

但公天下不是一朝一夕就建成的，而是经过了从黄帝到尧舜历代圣王智慧和功劳的不断积累。"于是有圣人焉曰黄帝，游其兵车，交贯乎其内，一统类，齐制量，然犹大公之道不克建。于是有圣人焉曰尧，置州牧四岳，持而纲之，立有德有功有能者参而维之，运臂率指，屈伸把握，莫不统率。尧年老，举圣人而禅焉，大公乃克建。"（《贞符》）正如荀子说的："天之生民，非为君也；天之立君，以为民也。"（《荀子·大略》）柳宗元也认为，人类社会设立君主的初衷就是要为民服务，这才是公天下的本志所在。后来之封建世袭制，"死必求其嗣而奉之"，是私天下而不是公天下，只是出于历史形势的不得已，而不是圣人的本意。"故封建非圣人意也，势也。"（参看《封建论》）

对于柳宗元的社会变迁思想我们可以做以下几点概括：

第一，人类社会的变迁、进化，是一个由乱（无秩序）到治（有秩序），由愚昧到文明的过程。

第二，人类社会的变迁，是由人们自身的社会需求即"生人之意"所决定的，而不是什么符瑞天命的神秘力量的结果。

第三，在社会变迁过程中，"德绍者嗣，道怠者夺"，社会文明化的过程就是一个"德化"的过程，有德者居其位才是公天下，才是圣人之本意。

第四节　理想社会模式

从汉代到唐代，中国古人一直没有放弃对理想社会的追求与探索，只不过让古人魂牵梦绕的理想社会并不在遥远的未来，而在同样遥远的过去。尧、舜、禹三代不断成为后世人诉求理想的精神源头。

一、董仲舒的理想社会

董仲舒主张奉天法古、天人合一，他的理想社会也就是王道社会。"古之造文者，三画而连其中，谓之王。三画者，天地与人也，而连其中者，通其道也。取天地与人之中以为贯而参通之，非王者孰能当是？"（《春秋繁露·王道通三》）所谓的王道也就是贯通天地人三才之道，这里不光有对人的安置，更有对天地鬼神的安置，是一个囊括六合八方、调和阴阳五行的整全的立体的系统。

首先，我们来看一下为其理想社会奠基的根本原则，即礼三本的学说：

> 夫为国，其化莫大于崇本。……何谓本？曰：天地人，万物之本也。天生之，地养之，人成之。天生之以孝悌，地养之以衣食，人成之以礼乐，三者相为手足，合以成体，不可一无也。……郊祀致敬，共事祖祢，举显孝悌，表异孝行，所以奉天本也。秉耒躬耕，采桑亲蚕，垦草殖谷，开辟以足衣食，所以奉地本也。立辟雍庠序，修孝悌敬让，明以教化，感以礼乐，所以奉人本也。（《春秋繁露·立元神》）

天生—地养—人成的分工组合①，孝悌—衣食—礼乐的具体内容，祭祀—生产—教化的三大任务，可以说涵盖了人类生活的所有方面，其中的每一个都是不可缺少的，否则就会导致生命的残缺。

---

① 这里的人，指大人、贤人、圣人，而不是作为一般民众的小人、凡人、俗人，如此才堪配与天地相参。

其次，在具体的内容构想上包括如下众多方面：

> 五帝三王之治天下，不敢有君民之心。什一而税，教以爱，使以忠，敬长老，亲亲而尊尊，不夺民时，使民不过岁三日。民家给人足，无怨望忿怒之患、强弱之难，无谗贼妒疾之人。民修德而美好，被发衔哺而游，不慕富贵，耻恶不犯。父不哭子，兄不哭弟。毒虫不螫，猛兽不搏，抵虫不触。故天为之下甘露，朱草生，醴泉出，风雨时，嘉禾兴，凤凰麒麟游于郊。囹圄空虚，画衣裳而民不犯。四夷传译而朝，民情至朴而不文。郊天祀地，秩山川，以时至，封于泰山，禅于梁父。立明堂，宗祀先帝，以祖配天，天下诸侯各以其职来祭。贡土地所有，先以入宗庙，端冕盛服，而后见先。德恩之报，奉先之应也。（《春秋繁露·王道》）

从上面这段话来分析董仲舒的理想社会构想，大致包括这样一些内容：

第一，理想的社会依旧离不开一个君主，但这个君主敬天保民、爱民如子，不敢有高高在上、作威作福的君民之心，如此才能为民服务、为民立极，而不是"以天下奉一人"。对于君民之间的关系，董仲舒是这样看的："君者，民之心也，民者，君之体也；心之所好，体必安之；君之所好，民必从之。故君民者，贵孝弟而好礼义，重仁廉而轻财利，躬亲职此于上而万民听，生善于下矣。"（《春秋繁露·为人者天》）这种和谐的君民关系与近代阶级对立的君民关系是完全不一样的。

第二，经济上实行轻徭薄赋的惠民政策，只收什一之税，尽量藏富于民，每年使用的劳役每人不超过三天，以使人民有充足的时间发展生产，进而"家给人足"，不愁温饱。这是实现王道理想不可缺少的物质基础。

第三，温饱之后就要推行教化，依据亲亲、尊尊的总原则，教给人民以忠爱孝悌之道，于是父子兄弟之间和睦相处没有纷争，社会上的人也是好德甚于好利，谦让而不争夺，强者不欺压弱者，没有嫉贤妒能的口舌之祸，人与人之间和谐相处，老百姓人心质朴，没有人犯罪，刑罚措而不用，监狱为之空置。

第四，由于中国社会的大治，就连外国都来与我们交好，通过重重翻译，派使者前来朝觐，进而实现中外之间的持久和平。

第五，不仅外国，自然界都因为社会的一团和气而出现各种嘉瑞，比如下甘露、生朱草、出醴泉、风雨时、嘉禾兴、凤凰麒麟游于郊等等，就连平时的毒蛇猛兽在此风气的熏染下也温顺起来，不再害人。

最后，诸侯穿着盛装礼服来朝觐天子，天子率领诸侯祭祀天地山川祖先，举行封禅大典，以告天报功，感谢天地先祖的庇佑，在煌煌礼乐的祭祀中完成天地人神的一气感通。

董仲舒如此美好的理想社会构想可以说是汉儒对先秦儒家精神的继承和发扬，用他自己的话说就是："以元之深正天之端，以天之端正王之政，以王之政正诸侯之即位，以诸侯之即位正竟内之治。五者俱正，而化大行。"（《春秋繁露·玉英》）这里体现的正是《春秋》大一统的政教理想。

二、《白虎通》的理想社会

《白虎通》的理想社会构想主要体现为"三纲六纪"的伦理纲常，通过对不同伦理身份的规范，为整个社会确立基本的行为准则。在这种交互性的关系当中，每个人各安其位、各尽其责、各正性命，进而实现整个社会的保合太和。

就现有的传世文献来看，"三纲"有记载的思想来源最早出自《韩非子·忠孝》，其文曰："臣事君，子事父，妻事夫。三者顺，则天下治；三者逆，则天下乱。此天下之常道也。"韩非把君臣、父子、夫妇视为一个社会最基本的三种关系，是天下治乱的关键。据此有些人就提出三纲说是法家的思想，本不属于儒家。但若从丧服来看，子为父、妻为夫、臣为君恰好都是服斩衰三年的，皆属于最重之服，确有其作为"纲"的特殊地位，不可轻易将其去儒归法。

到了汉代董仲舒正式将"三纲"提出来，即"君为臣纲，父为子纲，夫为妻纲"。并且认为，"王道之三纲，可求于天"（《春秋繁露·基义》），强调这三种关系的合理性与必然性皆来自于天道。《白虎通》实际上接续了董仲舒的三纲五纪说，并且对其有所发展和完善，将五纪扩展为六纪。

> 三纲者，何谓也？谓君臣、父子、夫妇也。六纪者，谓诸父、兄弟、族人、诸舅、师长、朋友也。故《含文嘉》曰："君为臣纲，父为子纲，夫为妻纲。"又曰："敬诸父兄，六纪道行①，诸舅有义，族人有序，昆弟有亲，师长有尊，朋友有旧。"何谓纲纪？纲者，张也。纪者，理也。大者为纲，小者为纪。所以张理上下，整齐人道也。人皆怀五常之性，有亲爱之

---

① 据苏舆《白虎通疏证》引《礼纬》文，"六纪道行"当作"诸父有善"。

心，是以纲纪为化，若罗网之有纪纲而万目张也。（《白虎通·三纲六纪》）

"三纲""六纪"合在一起，就是九种社会伦理关系，人伦之道尽在此矣。其中君臣、父子、夫妇这三者最为重要，也最为基本，所以有必要从层次上将其区分为纲与纪主次两类，如此才能知所本末、纲举目张。人的生活不外乎门内与门外两部分，门内是家庭生活，一定离不开父子关系和夫妻关系；门外是社会生活，则必然离不开君臣关系。如果能首先把这三种关系处理好了，其他的种种问题相比之下也就不难解决了，故而称之为"纲"。对于"三纲"《白虎通》有这样一段解释："君臣、父子、夫妇，六人也，所以称三纲何？一阴一阳谓之道。阳得阴而成，阴得阳而序，刚柔相配，故六人为三纲。"（《白虎通·三纲六纪》）从阴阳的角度来看，"三纲"的每一组都是刚柔相配的关系，而不是单纯的依附服从关系。若是站在现代原子化个体主义的平等立场，是无法理解这种一体相配之和合关系的。

具体来看每一组关系。"君臣者，何谓也？君，群也，群下之所归心也；臣者，繵（缠）坚也，厉志自坚固也。"（《白虎通·三纲六纪》）君臣就好比将帅的关系，将善于单兵独斗，帅善于统合全军，二者相配合才可以克敌制胜。"父子者，何谓也？父者，矩也，以法度教子也；子者，孳也，孳孳无已也。"（《白虎通·三纲六纪》）父子就好比师生的关系，父亲要为儿子树立人格的榜样，儿子要善于传承光大父亲的德行，如此才能生生不息，家教永传，家庭和睦而有序。"夫妇者，何谓也？夫者，扶也，以道扶接也；妇者，服也，以礼屈服也。"（《白虎通·三纲六纪》）丈夫以道为表率，搀扶着妻子与之偕行；妻子以尊从丈夫为准则，扶持着丈夫共同完成对于家庭的各项责任和义务。

无论"三纲"还是"六纪"，作为人伦典范都与天地有着同样的自然源头，正所谓道通为一。

> 三纲法天、地、人，六纪法六合。君臣法天，取象日月屈信（伸），归功天也。父子法地，取象五行转相生也。夫妇法人，取像人合阴阳，有施化端也。六纪者，为三纲之纪者也。师长，君臣之纪也，以其皆成己也；诸父、兄弟，父子之纪也，以其有亲恩连也；诸舅、朋友，夫妇之纪也，以其皆有同志为己助也。（《白虎通·三纲六纪》）

《白虎通》认为，"三纲""六纪"与自然天象是相对的。观日月屈伸，可明白君臣的道理；观五行相生，可明白父子的道理；观阴阳和合，可明白夫妇的道理。六纪与六合相对，皆可纳入三纲的统领之下。君师同为教化之本，故师长关系可从君臣关系来把握；诸父、兄弟都是血缘至亲，故二者可从父子关系来推衍；诸舅、朋友都属外援之助，故二者可从夫妇关系来类比。此外还有一伦为族人关系，比之诸父、兄弟血缘更疏，由此衍生出大宗与小宗相维相系的宗法关系。总之，按照"诸父有善，诸舅有义，族人有序，昆弟有亲，师长有尊，朋友有旧"（《礼纬·含文嘉》）的六纪原则，处理好每一组社会关系，最后才能实现家和、国泰、天下平的理想社会。

《白虎通》的"三纲六纪"说对后世的影响至为深远，极大地形塑了此后中国人的生活世界。陈寅恪将其视为中国文化之抽象理想的最高境界。直到五四新文化运动，打倒旧伦理推崇新道德，才将三纲五常、三纲六纪这些两千多年里天经地义的社会规范打翻在地，自此开启了中国社会思想的大变革时代。

三、韩愈的理想社会

作为儒家道统的自命传人，韩愈的理想社会构想主要是在对佛道二教的批判之中所呈现出来的生活世界之儒家图景。在唐代的三教格局中，佛家追求涅槃，力图摆脱六道轮回，往生极乐世界；道家追求成仙，试图长生不老，登遐飞升。佛道二教虽取向各异，但皆为出世教，将理想的天国寄托于另一个世界。与之不同，儒家是入世教，不离世间、成就王道。孔子讲"未知生焉知死"即是此意。

韩愈的理想社会概言之便是回归先王之教的仁义道德国度。对仁义道德这几个字他有一个简明的释义，认为道德与仁义本是一物，道德是就其抽象之名而言的，仁义是就其实质内涵而说的。所以他说："凡吾所谓道德云者，合仁与义言之也。"（《原道》）以此表明其道德是以仁义为主干的儒家道德，而不是道家老子那种玄虚的道德。那么，什么又是先王之教呢？

> 夫所谓先王之教者，何也？博爱之谓仁，行而宜之之谓义，由是而之焉之谓道，足乎己无待于外之谓德。其文：《诗》《书》《易》《春秋》；其法：礼、乐、刑、政；其民：士、农、工、贾；其位：君臣、父子、师友、宾主、昆弟、夫妇；其服：麻、丝；其居：宫、室；其食：粟米、果蔬、鱼

肉。其为道易明，而其为教易行也。是故以之为己，则顺而祥；以之为人，则爱而公；以之为心，则和而平；以之为天下国家，无所处而不当。是故生则得其情，死则尽其常，郊焉而天神假，庙焉而人鬼飨。(《原道》)

从这段话可以看出，仁义的具体落实就是先王之教，它主要包括七个方面：

第一，在指导思想上，以《诗》《书》《易》《春秋》等儒家六经作为国家的最高法典，以确立人极，避免旁门左道对国家政治和社会文化的误导性蛊惑。这里主要针对的是佛教和道教。

第二，在政治制度上，以礼、乐、刑、政为治国的四大支柱，礼乐以导善于前，刑政以惩恶于后，四者相辅相成，协同配合，缺一不可。这里体现了对于德教和刑罚的调和，不纯任其中任何一方，以免落入要么软弱无力要么残暴严苛的两个极端。可见儒家与法家之别，乃是兼用德刑与弃德任刑之间的不同，而不是说儒家完全不要刑罚。

第三，在社会分工上，实行士、农、工、商职业分途的四民社会，士为国家的管理者，农、工为国家的生产者，商为市场物资的流通者。其中士作为读书人为四民之首，是脑力劳动者，劳心者治人。其余三民为体力劳动者，劳力者治于人。三者之中又以农为本，以工为辅，以商为末。古代由于生产力水平低，只能靠人力来弥补此不足，所以农业生产的人数最多，这样才能保证全社会足够的粮食需求。其实直到生产力高度发达的现代社会，粮食安全依旧是一个不可忽视的最大问题。古人说民以食为天就体现了这种重要性。至于和尚与道士，谈玄说妙，不务生产，而且还要消耗大量的社会财富，过着靠别人供养的寄生虫生活，故不在四民之列，理应让他们还俗。

第四，在伦理角色上，区分为君臣、父子、师友、宾主、昆弟、夫妇等社会关系，这一点类似于《白虎通》里的"三纲六纪"。每一组社会角色都是相对而设、不可错乱的。它们各自有着不同的相处原则，同时也承担着不一样的社会职责。对于名分的清晰界定正是为了明确各自的权利—义务范围，使之各安本位、从容就范。

第五，在服装上，主要的用料就是丝和麻，其中丝贵而麻贱，丝柔而麻粗。不同的人根据其社会地位穿着不同材质的衣服，虽贵而不至于奢，虽贱而不至于恶，皆足以防寒保暖、蔽体遮羞。

第六，在住所上，主要分为宫与室，其中宫宽而室狭，宫尊而室卑。不同的人根据其社会地位居住在不同等级的住所，务使居者有其屋，无冻馁之苦。

第七，在饮食上，主要的食物就是粟米、果蔬、鱼肉等。既不必像和尚那样刻意清苦食素，也不可过度奢靡，要在二者之间取一个中道。务使饥者得其食，口腹不过欲。

以上只是百姓日用伦常之道，再普通不过，只要每个人都能恪守这些社会规范，就能够使自己心平气和、人生顺利有福，使天下国家安泰和谐，而不需要和尚道士那种专门的修炼和祈福。在这样一个儒家理想社会中，一个人从生到死皆无所遗憾，生得其情、死尽其常，已逝去的列祖列宗也很乐于接受子孙的祭祀，所以完全没必要去追求脱离生死轮回。这一切的关键就在于儒家社会价值系统中的人生与生活世界并不是佛教所说的苦海，而是名教中自有乐地。

简单地说，韩愈的理想社会就是一个君臣和四民各司其职、各尽其责、分工协作、共享天伦之乐的国度。"君者，出令者也；臣者，行君之令而致之民者也；民者，出粟米麻丝，作器皿，通货财，以事其上者也。君不出令，则失其所以为君；臣不行君之令而致之民，则失其所以为臣；民不出粟米麻丝，作器皿，通货财，以事其上，则诛。"（《原道》）只要君臣民能齐心协力，而不是互相对立，美好的理想社会就一定能实现。

思考题：

1. 董仲舒对先秦人性论的发展是什么？
2. 董仲舒的"三纲五纪"与《白虎通》的"三纲六纪"有何异同？
3. 王充的三教循环论是什么？
4. 比较董仲舒和韩愈之理想社会构想的异同。
5. 汉唐儒家对先秦儒家社会思想有哪些变革或创新？

▶ **答题要点**

第七章　黄老道家及玄学家的社会思想

秦汉以降，此前分野较为明显的不同社会思想流派出现了互通互会、兼容并蓄的格局。先秦道家在这个综合融会的过程中，更是在保持原来的"大道无为"立场的前提下，吸收接纳儒、墨、法、佛等流派的思想元素，进而创造生成了新的社会思想和学说形态。其中，黄老道家和魏晋玄学是道家思想在这一时期发展的新形态。与先秦老庄的道家社会思想相比，黄老道家和玄学家在以"道法自然"理论为基础的同时，更将视野转向了现实社会治理与世俗教化。他们一方面坚持自然无为的价值主张，一方面融合"无为"与"有为"，指导现实社会生活秩序的建构和整合的方向。

第一节　社会秩序论

形成于战国后期的黄老道家，其思想特点是在老庄思想的基础上，面向现实社会治理，重视对"君人南面之术"的论列。这一特点在《吕氏春秋》和《淮南子》中得到充分体现。

一、《吕氏春秋》的社会秩序观

《吕氏春秋》是秦国丞相吕不韦组织门客集体编撰的一部巨著，成书于秦统一六国前夕。全书共十二卷，一百六十篇，二十余万字，分为十二纪、八览、六论三个板块，以道家思想为主干，兼采阴阳、儒、墨、名法、兵农诸家学说，所以《汉书·艺文志》将其列入"杂家"。该书的思想和内容虽然驳杂甚至矛盾，但在内容编排和思想组织上却力图呈现一种系统化结构。吕不韦的目的在于综合百家之长，总结历史经验教训，为秦国统治提供长久的治国方略，故道家的无为而治、儒家的伦理教化、墨家的公正观念、名家的思辨逻辑、法家的治国技巧、兵家的权谋变化和农家的地利追求，诸家思想学说融会贯通，形成一套完整的社会治理学说。吕不韦认为该书涵盖了天地万物古往今来的事理，所以称为《吕氏春秋》。

（一）以天道为依据的社会秩序观念

《吕氏春秋》的内容板块结构被分割为十二纪、八览和六论，按照徐复观的观点,由于书中的十二纪与四季十二月对应,所以八览暗指八方,六论象征六合。① 尽管徐氏的看法只是推测,但却凸显出了《吕氏春秋》的一个重要特点,就是以数字的形式来解析宇宙天地与人生世相的构成和联系。

《吕氏春秋》极重视"数",因为万事万物中都蕴含着"不得不然之数"(《吕氏春秋·知分》),所以养生要"尽数"(《吕氏春秋·尽数》),治国要"任数"(《吕氏春秋·任数》),国君发布政令则要"无逆天数"(《吕氏春秋·仲秋》)。"数",就是数字,但这些数字又不仅仅是计数,而更为重要的是包含着神秘的寓意。例如,"12"这个数字在古代中国人的思维习惯里喻指天道的运行,《吕氏春秋》十二纪按照月份顺序,将各种人事分类编排于其下,而其内容又贯通了对终极的、普遍的天道的追寻,所以"12"这一数字表现了具体的"十二个月"和抽象的天道象征。②

在战国中后期,许多学者习惯于运用数字模型,来描摹天地万物的内在构成形式与彼此关联形式,进而当作探索宇宙、人生、社会的途径或方法。在这一时期出现的许多著作,如《管子》《黄帝四经》《韩非子》《荀子》中,"数"的含义与"道"相当接近。因此,在《吕氏春秋》中,"数"也常常就是指"道"或"天道"。《吕氏春秋》在篇章结构设计上追求一种整齐的数字表达形式,在内容阐述上一再伸张"数"的神秘寓意与神圣权威,正体现了"道"或天道被《吕氏春秋》奉为终极依据的特征。

《吕氏春秋》卷五《仲夏纪·大乐》有一段纲领性的文字,集中阐述了天地万物源于天道、以"道"为皈依的原理。作者说,天地万物的产生是由"太一"孕育,由阴阳变化而生成:"太一出两仪,两仪出阴阳。阴阳变化,一上一下,合而成章。浑浑沌沌,离则复合,合则复离,是谓天常。天地车轮,终则复始,极则复反,莫不咸当。"太一,即是"道"。作者本老子之思,认为"道"无形无象,视之不见、听之不闻,所以勉强给它起个名字,叫作"太一"。天地万物由"道"孕育生成,而且其运动变化也遵循"道"的逻辑,离合聚散、周而复始,无不恰到好处,因而成为"天常"。天常,也即是"天"之永恒的节奏或规律。也由此,玄远抽象的"道"转换为可以观察感知的"天"。

---

① 徐复观:《两汉思想史》,华东师范大学出版社2002年版,第3页。
② 庞慧:《〈吕氏春秋〉数字形式之寓意》,《廊坊师范学院学报》2008年第3期。

尽管道家学者极力在思辨的层面构造一个涵盖天地万物的"道",但是当他们将这个抽象的"道"落实为人事、人世的合法依据时,又不得不回归到"天道"之上。将"天"或"天道"当作了人事、人世的终极根据。

(二) 天道与人道同一的观念

从整体上看,《吕氏春秋》的十二纪、八览、六论,分别从天、地、人的角度,展现了作者对治国安邦的期望和对实现这一目标的理论设计,其理论的出发点与落脚点就是"法天地"。① 在具有全书总纲性质的《序意》一篇中,吕氏说明了编撰该书的目的和该书的核心宗旨:

> 尝得学黄帝之所以诲颛顼矣,爰有大圜在上,大矩在下,汝能法之,为民父母。盖闻古之清世,是法天地。凡十二纪者,所以纪治乱存亡也,所以知寿夭吉凶也。上揆之天,下验之地,中审之人,若此,则是非、可不可,无所遁矣。

圜,即"圆";矩,即"方"。天圆地方是古代中国人对天地形状和质性的想象,所以大圜、大矩也就是指天和地。黄帝、颛顼是上古圣王,吕不韦以此为立论根据,固然有见贤思齐的意思,但更主要的是表明该书的思想立场是其时广为流行的黄帝、老子之学。黄老之学既是思想流派,更是治世理论,所以"法天地"则可以"为民父母"。之所以"法天地",是因为在黄老道家看来,天、地、人之间是一种同源同构、互感互应的关系。因此,十二纪之所以能够记录治乱存亡、探知寿夭吉凶,根本上在于"法天地"即"上揆之天,下验之地,中审之人"(《吕氏春秋·序意》)的缘故。

十二纪以月份为序,按照春生、夏长、秋收、冬藏的观察与联想,分别记录不同月份的天象变化、物候迁移、农事运作、政务活动等,从而将天体运行变化与动物植物的生死变化,与人事活动联系起来,事实上使得人事活动具有了与天象、物候的同一性,也就具有了符合天地之道的合理合法性。进而言之,天体运行、物候变化呈现规律性和秩序性,以天象和物候为模仿对象的人事活动也就具有了规律性,特别是由此造就了一种社会生活秩序化的局面。

春天是生命复苏、万物生长的季节,所以"春纪"主要讨论生命和生存之

---

① 李汇洲、陈祖清:《〈吕氏春秋〉与中国古代天文历法》,《理论月刊》2010 年第 8 期。

道,《吕氏春秋·本生》曰:"始生之者,天也;养成之者,人也。能养天之所生而勿撄之谓天子。天子之动也,以全天为故者也。此官之所自立也。立官者,以全生也。"生命是上天赋予的,所以必须"顺天"。顺应天道自然规律,不仅是个人保生的前提,而且是社会治理的基础。

夏天是万物成长壮大并走向成熟的季节,"夏纪"各篇又都是围绕"养生"而展开讨论的。"养生"在此处不仅是生命有机体的健康发展,也包含着人的心智、道德的社会化发展,也就是所谓的修身养性,所以教育、学习成为这一部分的主要话题。人天生可以耳闻目见、口言心思,但只有"学"才能够将人的与生俱来的本能提升到一个高水平层次,"故凡学,非能益也,达天性也。能全天之所生而勿败之,是谓善学"(《吕氏春秋·尊师》)。

秋天是万物成熟可以收获的季节,而收获也意味着生命终结、万物凋零,"雷乃始收声,蛰虫俯户;杀气浸盛,阳气日衰,水始涸"(《吕氏春秋·仲秋》),而人世的活动也相应地与刑罚诛杀相关,"戮有罪,严断刑"(《吕氏春秋·孟秋》),所以刑戮断狱、用兵打仗成为这一部分的主要议题。当然,刑杀、用兵不是为了肉体消灭,而是为了保障秩序,为了"救民之死"即"以除民之雠而顺天之道也"(《吕氏春秋·怀宠》)。

冬天天气上腾,地气下降,所以"天地不通,闭而成冬"(《吕氏春秋·孟冬》),由于天气寒冷、万物蛰伏,与生命周期的终结形成对应,于是《吕氏春秋》讨论了人的死与葬。《吕氏春秋·知分》曰:"生,性也;死,命也。"《吕氏春秋·节丧》又曰:"凡生于天地之间,其必有死,所不免也。"死则葬,"葬也者,藏也",就像收获之后"收藏"一般。冬天与死亡形成关联,所以"季冬纪"还讨论了"士"之死节的问题。

于是,《吕氏春秋》以黄帝之学的"天道"为依据构筑了一个有序不紊的时空结构,人们把从天文、季节、物候的变化中形成的认知和联想,也就是所谓的"天道"的原则应用到人道和世道之中,以天地的变化为不言而喻的依据,论证人世中个人与社会的道理。天地生人,"人之与天地也同",人道与天道拥有同样的本义,所以也应当如天一样无言无为、随顺自然。[①]

(三)世道无为的观念

尽管《吕氏春秋》被后世论者视为"杂家",但是实际上其社会思想主张

---

① 葛兆光:《中国思想史》第1卷,复旦大学出版社1998年版,第347、354页。

却是杂而不乱。也即是说,《吕氏春秋》虽然集合诸家学说,内容驳杂,但其间还是有着主从之分的。从编撰者的立意而言,尤其是如此。其社会思想主线就是黄老道家,所以一方面要"法天地",另一方面还要任圣王、举贤能、定名分。概而言之,就是世道、人道以天道为皈依,实行无为而治。

在《吕氏春秋》的作者看来,往古的先圣先王修己正身,而天下自然太平安定,"故善响者不于响于声,善影者不于影于形,为天下者不于天下于身"(《吕氏春秋·先己》),这样一种治世效果,"在于无为",所以《吕氏春秋》在不少地方明确要求君道无为,如《吕氏春秋·任数》曰:"君道无知无为,而贤于有知有为,则得之矣。"《吕氏春秋·分职》说:"无智、无能、无为,此君之所执也。"那么如何才能做到无为?《吕氏春秋·知度》曰:"故有道之主,因而不为,责而不诏,去想去意,静虚以待,不伐之言,不夺之事,督名审实,官使自司,以不知为道,以奈何为实。"其君道无为思想大致有如下三个方面:

第一,因人之欲。《吕氏春秋·贵因》认为:"三代所宝莫如因,因则无敌。"三代之所以"治"的宝贵经验就是"因"。因,即遵循、顺适之意。正因为"因"是适应环境、遵循规律、顺应本性,而不是勉强去改变,所以"因"也就是无为之道。《吕氏春秋》认为,欲荣利、恶辱害是人与生俱来的本性,所以要顺适人的这种本能,实施有效的管理。

第二,正名定分。《吕氏春秋·审分》云:"凡人主必审分,然后治可以至。"这里的"分",主要指君臣、父子、夫妇等社会角色分位,以及官僚系统的各种职责分位,"凡为治必先定分,君臣父子夫妇六者当位,则下不逾节而上不苟为矣,少不悍辟而长不简慢矣"(《吕氏春秋·处方》)。通过"正名定分",将全体社会成员纳入一个社会治理网络,人人各居其位,各司其职,这样便可建立起一种良好的社会秩序。①

第三,善用臣属。《吕氏春秋·知度》说:"明君者,非遍见万物也,明于人主之所执也。有术之主者,非一自行之也,知百官之要也。知百官之要,故事省而国治也。"君主的职责是知人善任,发号施令,而不是事必躬亲,他把各项政务明确指派给臣属,使人人克尽职责,那么整个国家乃至全社会就秩序井然。

二、《淮南子》的社会秩序观

《淮南子》又名《淮南鸿烈》,为西汉初淮南王刘安与其门客集体撰写。全

---

① 李匡夫、王巧林:《〈吕氏春秋〉的社会治理观》,《东岳论丛》2000年第5期。

书由 21 篇文章构成，除了《要略》一篇是提纲挈领，解释全书的写作思路、提纲和宗旨，《泰族训》是全书内容和思想的总结，其他篇目则分别论述了天文、地理、人性、世事、风俗、历史等方面的问题。由于该书的不同篇目出自不同的学者之手，而不同作者的思想渊源亦有所不同，因而各个篇章具体思想观念、立场倾向会有所不同，甚至矛盾捍格，但是整体的基本学术立场是黄老道家之学，兼容儒、法、兵、名、阴阳等百家之说，从而表现出一种综合、通融不同流派思想主张的学术倾向。该书不是各个单篇论文的简单集结，篇章之间的排列组合不是随机而为，而是有着内在的逻辑和理路，整体上表现出系统化、结构化的特征，力图为思想世界提供一个可以容纳一切知识的解释框架。

（一）"道"是天地的终极根据

"道"是道家的核心概念，所以《淮南子》开篇就叫"原道训"。《淮南子·原道训》曰："夫道者，覆天载地，廓四方，柝八极，高不可际，深不可测，包裹天地，禀授无形。""道"是无所不在的、无形的、无限的，却又是一切有形存在的根据，"山以之高，渊以之深，兽以之走，鸟以之飞，日月以之明，星历之行，麟以之游，凤以之翔"（《淮南子·原道训》），从天地日月星辰，到鸟兽虫鱼麟凤，乃至日月光照等等一切现象，皆是根由"道"而存在的，也需要凭借"道"才能获得自我属性。

因此，"道者，一立而万物生矣"（《淮南子·原道训》）。"道"不仅是宇宙天地创生的本原，也是世间万象存在的根据。自然界的一切包括人在内，皆是"道"的产物，是"道"派生而出的，因此世界上的一切都不能离开"道"而存在，一切都要按照"道"的原则来运行。"道"是宇宙天地、世间万物的支配性力量。在《原道训》中，道被当作世界源动力或运行规律的表征，万物生长变化的动力无不出自于道，源于道的运转、导引。

既然宇宙万物都是依据"道"而创生存在，那么天地人世也就因为"道"而存在着微妙的互动关联。在《淮南子·天文训》与《淮南子·墬形训》中，天地万物被划分为不同的"类"，而各种"类"之间相互对应匹配，如天有中心，地也有中心，天分九野，地分九州，星宿与州郡一一对应，天象与地貌一一对应，季节、方位、风向、物候与人事也相互感应。而在《淮南子·时则训》中，在四时、十二月、二十四节气的时间运行过程中，天象变化、物候迁移、人事宜忌等，与时间一一形成对应关联。

在《淮南子·览冥训》中，进一步讨论了天地、人事的对应机理，也就是

"感应",即"物类相动,本标相应"(《淮南子·天文训》)。《淮南子·览冥训》认为:"夫物类之相应,玄妙深微,知不能论,辩不能解。"也就是说,感应这种现象虽然难以言说清楚,但确实在宇宙天地之间大量存在,如《淮南子·天文训》说:"故阳燧见日,则燃而为火;方诸见月,则津而为水。虎啸而谷风至,龙举而景云属。麒麟斗而日月食,鲸鱼死而彗星出,蚕珥丝而商弦绝,贲星坠而勃海决。"鲸鱼死亡和彗星出现,流星坠落与海水漫溢,取火于日,取露于月,都说明彼此之间存在"物类感应"的因果关联。

尽管天地世间的感应现象不能完全解释清楚,但是《淮南子》还是从大量经验现象中总结出了一些规律认识,例如山中云气像草莽,水上云气如鱼鳞,旱天云气似烟火,雨天云气若水波,从云彩的形状与其存在环境和天气状况出发,《淮南子·览冥训》一篇的作者推测道:"各象其形类,所以感之。"换言之,物事之间由于形状或类别方面存在相似之处,所以才能够产生"感应"。

(二)"天"是人事的模拟对象

中国古代思想家对"道"与"天"(或者"天地")关系的认识,并没有如我们所设想的那样清楚。尽管道家学者主张"道"先于或大于"天",但是当他们将"道"落实为人世运作或人事活动的终极根据时,则不得不将"道"置换为"天",将二者等同起来。究其原因,是古代社会思想家,包括道家学者在对"道"进行玄思构想时,也正是基于对"天"的观察与联想。事实上,在诸子百家成型之前的思想世界,"道"是一个具有普遍性的概念,而其所指就是指"天之道",即源于对日月星宿运行轨迹和方位格局的观察与想象。

"天"常常被用作"道"的同义语,立足于道家思想立场的《淮南子》,在讨论"道"时也是如此,如《淮南子·原道训》说:"循天者,与道游者也。"天人合一、天人相感是古代思想世界的一个重要观念,所以《淮南子·泰族训》曰:"天之与人,有以相通也。"人与天地相通的地方在哪里?"故国危亡而天文变,世惑乱而虹霓现,万物有以相连,精祲有以相荡也"(《淮南子·泰族训》)。因此,《淮南子》认为,人与天、地一样,都是在"道"的原则与依据之下,秉承阴阳二气而生。从形体结构到精神世界,人的构造不仅与天地相匹配,而且人的行动也与天地相应。

人的形体、精神禀受天地而成,所谓"夫精神者,所受于天也;而形体者，所禀于地也"（《淮南子·精神训》），这种天人合一的特点是可感可知的。作者认为，人体的孔窍肢体，无不与天地相通，"天有九重，人亦有九窍；天有四时以制十二月，人亦有四肢以使十二节；天有十二月以制三百六十日，人亦有十二肢以使三百六十节"（《淮南子·天文训》）。

《老子·二十五章》曾主张："人法地，地法天，天法道，道法自然。"这一观念为后世道家学者所接受，他们托古言志，宣扬往圣先贤是顺应天地的榜样，如人们发现，宇宙天地以三个月而为一个季节转换的节奏，"故祭祀三饭以为礼，丧纪三踊以为节，兵重三罕以为制"（《淮南子·天文训》）。"三"在此处暗示出人事与天地在结构上同一，在运行变化的时间节奏上一致，在不同时间进行不同的人事活动。正因为如此，人的行动必须顺适天地的规律和要求，"故举事而不顺天者，逆其生者也"（《淮南子·天文训》）。而据其《要略》所言，该书是一部"纪纲道德，经纬人事"的治国法典，达成此目的的根本则是"上考之天，下揆之地，中通诸理"，"观天地之象，通古今之事，权事而立制，度形而施宜"，即宇宙天地之道是治国的终极根据。

（三）"无为"是人世的治理原则

《淮南子》以其道家思想立场出发，坚持人世的治理要遵循"无为"的原则。正如"道"与"天"曾是先秦诸子百家共同秉持的思想根基，由"道"与"天"引申而来的"无为"，也曾是先秦思想家治理社会的共同主张。当然，不同的思想流派、不同的思想家，对"无为"的具体主张也存在较大差异。而《淮南子》博采众长、兼容百家的思想体系，使其表现出相当的"杂"的特点，在"无为"主张方面也表现出兼综各家学术之长的特征。

《淮南子》多次申明，"道"的根本属性是自然、柔弱、清净等，而这些特点的最终指向则是无为，无为是"道"的本然要求和存在方式，认为"至道无为"（《淮南子·俶真训》），又说，"无为者，道之宗"（《淮南子·主术训》），"无为者，道之体也；执后者，道之容也"（《淮南子·诠言训》）。除了直陈判断，《淮南子》还以理想中的往圣先贤之"无为"，为后世之大丈夫之"无为"张目。《原道训》曰："泰古二皇，得道之柄，立于中央。神与化游，以抚四方。是故能天运地滞，轮转而无废，水流而不止，与万物终始。风与云蒸，事无不应；雷声雨降，并应无穷。鬼出电入，龙兴鸾集，钧旋毂转，周而复匝。已雕已琢，还反于朴。无为为之而合于道，无为言之而通乎德。"远古帝王在中国文化传统中是人文的象征，是"人之当然"的具体体现，所以《淮南子·原道训》对泰古二皇的描述,实际上就是对"人之当然"的呈明。① 因此,远古帝王体"道"而无为,也就意味着后世之意欲以"道"为旨归的人,同样应"无为"。

老子主张无为,是希望以不变应万变,通过退让、回避、静默等手段达到克敌制胜、功成业就的目的,也就是"无为而无不为也"。然而,《淮南子》的作者们面对的政治情势和社会环境却颇为复杂,汉初以黄老道家思想作为国家治理宗旨的清净无为理念仍在发挥惯性作用,而同时年轻的汉武帝却力图扭转乾坤,以积极主动的方式来解决内政与边患问题,也就是由无为转向有为。因此,淮南王刘安及其宾客们也就不得不直面这种政治与社会局面,既小心翼翼地坚持道家的思想立场,又竭力调整学术共同体内部的思想对立和错位,以博采众长又融会贯通。由此,《淮南子》之无为,就体现出与先秦道家之无为内涵不同的特征。

关于无为的思想,《淮南子》异于先秦道家之处是推崇"因"。"因"是《淮南子》的一个重要概念,不仅表明了其道家立场,而且表示出其以道家立场贯通儒家思想的努力。《淮南子·原道训》中多次谈到"因",除了上文主张的因应自然,该篇还有更为详细的阐释:"所谓无为者,不先物为也。所谓无不为者,因物之所为也。所谓无治者,不易自然也。所谓无不治者,因物之相然也。"《说文解字·口部》曰:"因,就也。"《广韵》曰:"就,即也。"所以,"因"包含两层意义,一是承袭、沿袭;二是顺应、顺从。《淮南子》用"因"来解释一切人世的合理行为,也以"因"沟通了人的合理行为与道或者天、自然的本质要求。《淮南子·诠言训》曰:"三代之所道者,因也。故禹决江河,因水也;后稷播种树谷,因地也;汤武平暴乱,因时也。"

道的本质要求是无为,而人的合理行为又是顺应、承袭天道的要求,所以治理人世的最佳方式和原则自然就是无为了。但是,无为的内涵不是字面意义的取缔"为"、反对"为",即不是否定"为"的必要性和合理性,而是否定悖逆天道、违反人性的乱为。所以,《淮南子·修务训》开篇即批评对无为的误解:"或曰:无为者,寂然无声,漠然不动,引之不来,推之不往,如此者,乃得道之像。吾以为不然。"那么,什么才是符合天道的无为呢?《淮南子·修务训》说:"若吾所谓无为者,私志不得入公道,嗜欲不得枉正术,循理而举

---

① 陈静:《自由与秩序的困惑——〈淮南子〉研究》,云南大学出版社 2004 年版,第 182 页。

事，因资而立功，权自然之势，而曲故不得容者。事成而身弗伐，功立而名弗有，非谓其感而不应，攻而不动者。若夫以火熯井，以淮灌山，此用己而背自然，故谓之有为。若夫水之用舟，沙之用鸠，泥之用輴，山之用樏，夏渎而冬陂，因高为田，因下为池，此非吾所谓为之。"也就是说，个人意志违背自然法则的行为都是有为，而顺应自然的行为就是无为。

由此，负有治理天下之责的圣人，不是以个人好恶或意愿改变民情、民愿，而是"拊循其所有而涤荡之"，也就是"因其所喜以劝善，因其所恶以禁奸"。顺应天道、人性的无为，结果就是"故刑罚不用，而威行如流；政令约省，而化耀如神"。（参看《淮南子·泰族训》）

纵观《淮南子》一书见可，其作者们尽管在具体的思想立场或取向上存在差异和对立，但是他们的终极目标却是一致的，也就是期望社会生活秩序的去乱求治："百川异源，而皆归于海；百家殊业，而皆务于治。"（《淮南子·氾论训》）所谓"治"，也即是社会秩序井然，天下运行平稳。他们不仅憧憬这一美好的蓝图，而且也为实现这一局面而规划设计。而通往理想社会的途径，核心则是体道无为。如若能够做到这一点，那么曾经的"至德之世"也会复归："政教平，仁爱洽，上下同心，君臣辑睦，衣食有余，家给人足，父慈子孝，兄良弟顺，生者不怨，死者不恨，天下和洽，人得其愿。"（《淮南子·本经训》）的社会理想就可得以实现。

第二节　社会问题论

魏晋南北朝时期，中国社会动荡不安，"铠甲生虮虱，万姓以死亡，白骨露于野，千里无鸡鸣"（曹操《蒿里行》）。严重的社会灾难促使人们对汉代即被官学化的儒家社会思想进行反思或批判，以玄学家为代表的一批思想家，将矛头直指儒家的"名教"与礼法，认为其是导致社会秩序失范的根本原因。

一、阮籍的礼法致乱论

阮籍（210—263），字嗣宗，陈留尉氏（今属河南）人。"竹林七贤"之一，是"建安七子"之一阮瑀的儿子。曾任步兵校尉，世称阮步兵。《晋书·阮籍传》说他在学术上"博览群籍"而又"尤好老庄"，在行为上"傲然独得，任性不羁"，而又"喜怒不形于色"。崇奉老庄之学，政治上则采取谨慎避祸的态度。他不满意司马氏集团的统治，但又不公开表露，从而在激烈的政治斗争中得以保全自身。

(一) 社会思想的玄学转向

东汉末年的社会动荡和政治分裂，使得儒家经学丧失了独尊的社会条件，也让士大夫阶层产生了朝不保夕的危机意识。同时，士大夫对两汉经学的繁琐学风、谶纬神学的怪诞浅薄，以及三纲五常的陈词滥调普遍感到厌倦，于是转而寻找新的安身立命之地。这些风雅名士为求自保，避开对现实统治者的直接批评，而醉心于形而上的谈玄论道，当时人称之为"清谈"或"玄谈"。

在这种社会背景之下，出现了思想活跃、百家会通的局面。沉寂多年的各家学术得以复兴，加之佛教和道教的影响，先秦道家的思想主张也再度活跃起来，整个社会文化表现出个性觉醒的态势。道家社会思想的复兴，最初是以援道入儒、儒道融合的形式出现的。作为一种新的社会思潮，玄学以老庄思想为骨架，所讨论的问题究极宇宙人生的哲理，即"本末有无"的问题，是以讲究修辞与技巧的谈说论辩方式而进行的一种学术社交活动。当然，玄学的发展并非要取代儒家，而是要反思东汉以来将儒学神学化的弊端，调和儒道，使儒道兼容。

因此，玄学本质上是一种崇尚老庄的思潮，也可以说是道家之学的一种新的表现方式。玄学既然作为具有特定内涵的社会思想而与儒学对称，自有其不同于儒学的自身特点，这就是以"道"为思想核心，以"贵无"为主导倾向，将《老子》《庄子》《周易》熔于一炉，用以设计人生范式，表达其社会思想。

(二) 阮籍的"礼法致乱论"

玄学清谈之风在曹魏后期发展到鼎盛，而在当时声名远播者当属阮籍与嵇康，他们的共同取向就是立足道家的无为、自由思想，批评礼法、名教尤其是被异化扭曲的名教对人性的束缚，以及对社会生活秩序的破坏。

阮籍认为，当时的社会生活秩序是严重失调的，人与人的关系及社会价值取向都存在着严重问题。本来音乐是有协调社会心理、整合社会关系之功能的，但在当时的"衰末"之世，音乐却是"各求其好，恣意所存"（《乐论》）。阮籍说："闾里之声竞高，永巷之音争先。童儿相聚以咏富贵，刍牧负戴以歌贱贫。君臣之职未废，而一人怀万心也。"（《乐论》）社会上已经丧失了较为一致的社会价值观念和价值标准，结果在音乐方面也是或竞高，或争先，或咏富贵，或歌贱贫，旧有的社会结构体系虽然还存在，但已经是"人怀万心"了。

阮籍认为，这种世道纷乱的根源就在于社会中出现了君臣之制、礼法之度，阮籍假借大人先生之口说："今汝造音以乱声，作色以诡行，外易其貌，内隐其情，怀欲以求多，诈伪以要名。君主而虐兴，臣设而贼生。坐制礼法，束缚下民；欺愚诳拙，藏智自神；强者睽视而凌暴，弱者憔悴而事人；假廉以成贪，内险而外仁；罪至不悔过，幸遇则自矜。驰此以奏除，故循滞而不振。"（《大人先生传》）也就是说，当时的社会状况是，社会风气败坏，人们口蜜腹剑、居心叵测，贪财好货、诈伪邀名，上下欺瞒、恃强凌弱，众心惶惶、各不自安。

因此，社会中的人际关系也呈现出纷乱的局面，人们"恶彼而好我，自是而非人"（《大人先生传》）。人们师心自用、自以为是，不过就是为了满足自己的欲望。而且人们为了自身欲望的满足，甚至为此丧生也在所不辞，结果是互相破坏，互相残杀。为了在这种不正常的社会互动中达到自己的目的，人与人之间尔虞我诈，"欺愚诳拙""强者睽视而凌暴"，形成了"尊贤以相高，竞能以相尚，争势以相君，宠贵以相加，驱天下以趣之"的状况。阮籍批评这种状况是"上下相残"，并指出这种"竭天地万物之至，以奉声色无穷之欲"的行为，"非所以养百姓也"，不是为社会的大多数成员着想的。正因如此，这些人惧怕人民知道他们的底细，就设"重赏以喜之，严刑以威之"，可这样做的结果只能是"财匮而赏不供，刑尽而罚不行"，造成社会生活秩序的更严重的失调，于是"亡国、戮君、溃败之祸"才不断发生（参看《大人先生传》）。

与此同时，阮籍还对那些皓首穷经，在纲常名教面前不敢越雷池一步的"君子"们进行了尖刻的批判。这些精通六经的儒者以正人君子的面貌招摇过市，表面上"违礼不为动，非法不肯言。渴饮清泉流，饥食甘一箪。岁时无以祀，衣服常苦寒"（《咏怀（其六十）》），实际上奉行的人生信条却正是"名教中自有乐地"（《世说新语·德行》）。所以阮籍说，这些"君子"们的行为看似合乎礼法，"服有常色，貌有常则，言有常度，行有常式，……唯法是修，唯礼是克"（《大人先生传》），其实不过是苟且偷生之辈。这些装模作样的礼法之士，实际上却像裤裆里的一堆虱子，"逃乎深缝，匿夫坏絮，自以为吉宅也。行不敢离缝际，动不敢出裤裆，自以为得绳墨也。饥则啮人，自以为无穷食也。然炎丘火流，焦邑灭都，群虱死于裤中而不能出"（《大人先生传》）。虱子藏在裤裆里，饿了就咬人吸血，自以为高枕无忧，其实一旦引得裤子的主人无比厌烦，一把火烧了裤子，它们当然也就死无葬身之地了。也就是说，那些"士君子"所崇尚的名教社会，在表面上看起来似乎是一个"吉宅"，实际上却是到处充满着危险和布满陷阱的，他们的处境与匿于裤中的虱子没有不同，"汝君子之处区内，亦何异夫虱之处裈中乎"（《大人先生传》）。

士君子所极力维护的名教社会和礼法制度完全是不合理的，是社会之所以混乱的根源，有鉴于此，阮籍进而批判了儒家的名教礼法，他说："汝君子之礼法，诚天下之残贼、乱危、死亡之术耳。"（《大人先生传》）而有些人却视之为"美行不易之道"（《大人先生传》），实在是可悲的。那些世俗"君子"，表面上仁义道德，实际上则是借助纲常名教而达到自身利益的追求和欲望的满足，道德成了挡箭牌、工具，失却本来的意义而成为牺牲品，利益成了目的。他们"出媚君上，入欺父兄，娇厉才智，竞逐纵横"（《达庄论》），为了达到个人私欲的满足，无所不用其极，结果是"家以慧子残，国以才臣亡"（《达庄论》）。他们是破坏社会正常生活秩序的祸首！而且长此以往，必然使社会"循滞而不振"，无法恢复正常秩序。

总之，阮籍对儒家之礼法的批评，与他的朋友嵇康一样，只是针对那些扭曲异化的礼法，而并非礼法本身。而他由于崇尚老庄之学，倾向于自然无为，再加上身处特殊的政治社会环境中，所以难免会态度激越，认为礼法被名利之徒扭曲利用，导致天下奔竞，人心混乱。

二、嵇康的名教致乱论

嵇康（223—262），字叔夜，谯郡铚县（今安徽宿州）人。三国曹魏时期的大名士，是所谓"竹林七贤"的精神领袖。嵇康娶曹操曾孙女，并官拜中散大夫，故世称嵇中散。曹魏后期，正是曹魏集团势力衰落、司马氏集团兴起的时期，在司马氏掌控军政实权之后，嵇康拒不为官，"竹林七贤"之一山涛向"影子皇帝"司马昭举荐嵇康，嵇康作《与山巨源绝交书》，名义上是跟老朋友绝交，实际上却是拒绝为司马昭效力，所以引起司马昭的憎恶。另一名士钟会借机构陷嵇康曾参与一桩谋反事件，于是嵇康被杀。

（一）名教的异化

"名教"一词的语源不详，晋人袁宏说："夫君臣父子，名教之本也。"（《后汉纪》卷二六）而君臣与父子是传统中国最重要的两种人伦关系，曾被孔子视为治理国家、维护人道的根本，《论语·颜渊》记载，齐景公问政于孔子，孔子对曰："君君、臣臣，父父、子子。"因此，名教的渊源可以追溯到孔子要求端正君臣父子等级名分的正名思想。正名的目的在于维护社会生活秩序，而且正名的手段则是"道之以德，齐之以礼"，由此形成一套严整的礼法制度和伦理规范。

自汉武帝采纳董仲舒"罢黜百家，独尊儒术"的建议之后，儒家伦理纲常逐步成为一种官方以体制强化的主导性社会思想，典型表现就是影响深远的"三纲五常"思想。因此，名教是以汉代儒家伦理和价值观念为准则而构建的一整套国家制度、社会秩序和行为准则，其中最关键的就是君臣上下之分、仁义孝悌之行。[①]也即是说，父子、君臣被视作全部人伦秩序的基础，是名教的核心。[②]然而，在汉末三国，名教与纲常受到严峻挑战。一方面，遵行名教纲常是人们博取功名利禄的终南捷径，当时有不少真孝子和假孝子被政府纳入官僚体系，所以陈寅恪认为，名教者，以官长君臣之义为教，亦即入世求仕者所宜奉行也。另一方面，在社会主流话语中被肯定的纲常名教，在实际生活中却成为空文，"举秀才，不知书。察孝廉，父别居。寒素清白浊如泥，高门良将怯如鸡"（《乐府诗集》卷八七）。名教由维护社会秩序的名分和教化，逐渐沦落、异化为名利和教义。

（二）名教是乱世之源的思想

曹魏末期，司马氏势力掌握军政实权。司马氏宣称世代服膺儒学、遵行名教："吾本诸生家，传礼来久"（《晋书·礼志中》），因而"不虑改作之难"（《晋书·礼志上》），于是开始标举"以孝治天下"，重倡名教以整顿社会风气。然而，重倡名教事实上也充当了司马氏剪除异己、打击反对派的工具，"魏晋之际，天下多故，名士少有全者"（《晋书·阮籍传》），这使得作为异己势力的嵇康等人，痛觉名教已丧失其教化功能，而彻底沦落为当权势力进行政治控制的手段。

对于社会道德沦丧和政治桎梏高压的形成原因，嵇康认为就在于名教的异化，特别是当权势力对名教的异化。嵇康认为，一切能够对人们产生约束的社会规范都是名教，如礼、乐、政、刑都属于名教的范畴（参看《难宅无吉凶摄生论》）。名教的异化，造成了它对人的自然本性的扭曲，因而名教也就

[①] 马二杰、张树业：《沉重的玄思——从历史与学理的角度看阮籍、嵇康的内心焦虑》，《江淮论坛》2007年第2期。

[②] 余英时：《士与中国文化》，上海人民出版社2003年版，第358页。

成为了社会生活秩序混乱的根本原因。嵇康认为:"夫民之性,好安而恶危,好逸而恶劳。故不挠则其愿得,不逼则其志从。"(《难自然好学论》)人的自然本性是趋利避害、好逸恶劳,喜欢从心所欲,不喜欢拘束受限。他认为先王之教以启迪和伸张人们的自然本性为目标,符合人的自然本性,所以能够形成自然天成的社会秩序。

然而,正如老子所言,"大道废,仁义出",在大道被毁弃、自然被打破之后,社会上出现了一套行为的及伦理的规范,搞得社会越来越复杂,越来越混乱。人们都热衷于弄文墨以传其意,社会被分化成一个个不同的群体、不同的等级阶层,并炮制出仁义以约束人的行为,炮制出名分以控制人的精神,并对人们进行循规守矩的教化:"至人不存,大道陵迟,乃始作文墨,以传其意;区别群物,使有类族;造立仁义,以婴其心;制为名分,以检其外;劝学讲文,以神其教。"(《难自然好学论》)在这里,嵇康认为名教被扭曲的根本原因是"至人不存,大道陵迟"。而"乃始作文墨,以传其意""劝学讲文,以神其教"则说明名教其实是人们有意为之而绝非自然存在。嵇康认为这些名教专务分人为等,限制人们的欲望和自由,严重背离了人的本性。

嵇康对名教扭曲异化并造成社会失范状况的深切认识,更来自于对当时社会状况的体会。自儒术独尊以来,名教提高了儒家的地位,钻研六经成为博取名利地位的捷径,所以人们趋之若鹜,由此出现了很多皓首穷经的夫子,诡志从俗的苟安之士:"六经纷错,百家繁炽,开荣利之途,故奔鹜而不觉。是以贪生之禽,食园池之粱菽,求安之士,乃诡志以从俗。操笔持觚,足容苏息,积学明经,以代稼穑。"(《难自然好学论》)不过,人们学习六经并不是出于天性,而是人们在世俗的无厌足的欲望面前感到困乏时,经过反复合计所选择的一种社会行为,但这样做的结果则离人的自然之性越来越远。也即是说,人们学习儒家经典只不过是一种精致的利益算计行为,但绝不是出于自然本性,而是同人们的自然本性相对立的。[①] 用嵇康的话说,当时人表面上"立六经以为准,仰仁义以为主,以规矩为轩驾,以讲诲为哺乳"(《难自然好学论》),甚至还宣称"六经为太阳,不学为长夜"(《难自然好学论》),而实际上却是因为"利出一孔",功名利禄完全系于六经,"由其途则通,乖其路则滞"(《难自然好学论》)。人们追慕的绝非往圣先贤的道法,而是高官厚禄、膏粱

[①] 王处辉:《中国社会思想史》第二版,中国人民大学出版社2009年版,第262页。

刍豢。他们的煌煌大言和蝇营狗苟之间形成了强烈的反差对比，往圣先贤顺应人性自然的名教，被现实中的势利之徒扭曲异化，而成为天下奔竞、党派纷争的罪恶渊薮。

由此，嵇康将攻击的矛头指向了名教的本根——"六经"，他认为，六经之学已成为束缚人性的罗网，儒家的伦理纲常也只是束缚人性的工具，而所谓的仁义、廉让只不过是为了补救自然之道遭到破坏、天下汲汲于名利而导致的社会动乱才不得已而出现的，"仁义务于理伪，非养真之要术；廉让生于争夺，非自然之所出也"（《难自然好学论》）。仁义、廉让都是违背人类自然本性的人为建构，所以名教是造成社会失调的祸首，因此嵇康态度激越，"以六经为芜秽，以仁义为臭腐"（《难自然好学论》）。

嵇康在《与山巨源绝交书》中曾说自己"每非汤武而薄周孔"，意思是自己总是鄙薄诟病儒家尊奉的明王圣主商汤和周武王、往圣先贤周公和孔子，似乎更坐实了他自己对名教持全盘否定的态度。然而，这种情绪化的激愤之辞，似乎更主要的是表达一种言外之意，即表明其对于效力司马氏的态度和立场，而不是他的真实想法。其实，嵇康在另外的场合还相当肯定儒家的伦理纲常，尤其是他认可的那些正统的伦理纲常，他激烈抨击的是异化扭曲的儒家伦理纲常。正如有学者所言："嵇康在掊击六经名教的同时，本是深契儒家的道德精神，举凡忠信笃敬等基本的儒家道德价值观为嵇康所看取。"①

第三节 社会治理论

基于对儒家名教礼法的反思与批判，魏晋玄学家为改变积弊已久的以"名教"为主导的社会治理观，提出以道家为宗，以"自然"为本的社会治理观。但他们的主张也有所不同。有人主张以道家为本整合名教与自然的关系，有人主张儒道分立，疏离名教，回归自然。

一、王弼的"圣人无为"论

王弼（226—249），字辅嗣，三国曹魏山阳郡（今河南焦作）人，魏晋玄

---

① 李耀南：《"任自然"的"逍遥"——嵇康人生美学试析》，《华中科技大学学报》2004年第1期。

学的主要代表人物之一。王弼出身书香望族,是建安七子之一王粲的侄孙,少年即有文名,《三国志》称其"辞才逸辨"。曹魏正始年间,清谈名流何晏任吏部尚书时,常召集同人在家清谈,由于王弼喜好黄老之学,善谈玄理,所以为何晏赏识。何晏与王弼、夏侯玄等人在祖述老庄之学的基础上,发展出了以"无"为本的玄学思想,共同开创了魏晋时期的玄学之风。正始十年(249)秋天,王弼因疠疾而亡,年仅24岁。著有《老子注》《老子指略》《周易注》《周易略例》《论语释疑》等。

(一)"名教出于自然"论

王弼认为"无"是宇宙的本根和本原,他说:"天下之物,皆以有为生。有之所始,以无为本。将欲全有,必反于无也。"(《老子·四十章》王弼注)即天下万物表现为"有","有"的开始是"无","无"为万物之本。"无"衍生出了天地万物,又存在于天地万物之中,"无"是天地万物赖以存在的根据。因此,天下万物滋长繁殖,都是有根有据、遵循一定逻辑和规律的:"物无妄然,必有其理。"(《周易略例·明象》)

在老庄道家的话语中,从化生天地万物的角度来讲,"无"被视为"道"的本质属性,所以王弼承续老子之旨,强调"以无为本"。而老子又说"道生一""道法自然",庄子也讲"抱朴守静""无为复朴",所以"一""自然""柔""静""朴"等,都可以视为"道"的同义语。对于当时流行的自然、名教之辩,王弼主张名教出于自然,是自然的社会生活秩序遭到破坏之后,圣人不得已而为之的结果。王弼云:"朴,真也。真散则百行出,殊类生,若器也。圣人因其分散,故为之立官长。以善为师,不善为资,移风易俗,复使归于一也。"(《老子·二十八章》王弼注)又曰:"始制,谓朴散始为官长之时也。始制官长,不可不立名分以定尊卑,故始制有名也。"(《老子·三十二章》王弼注)初民社会是一种体天得道、自然本真的社会,而随着时运推移,天地之间的自然淳朴之气散逸,社会中便出现了各种各样的思想和行为,人们千差万别,不相统一。于是圣人不得不确定名分,设立官长,以治理天下民人,以使社会复归本真自然之状。也即是说,在王弼看来,儒家所推崇的名教纲常是"道"之本真淳朴之气散逸之后的补救,是挽救"道"回归本真状态的,所以也是合理的、应然的存在。

对于儒家的"礼"和"法"等伦理纲常,王弼认为也都是出于"自然"。王弼曰:"夫喜、惧、哀、乐,民之自然。应感而动,则发乎声歌。所以陈诗采谣，以知民志风。既见其风，则损益基焉。故因俗立制，以达其礼也。"（《论语释疑》）制礼、立制应当遵从人们的所思所欲，因为人们的所思所欲又可以通过民间的诗歌、民谣予以了解，而民谣诗歌则是人们内心情绪的自然流露，其间的喜怒哀乐之情是自然天成的存在，因此，礼、法从根本上来说源于自然。与礼、法对应的仁义、孝亲等伦理情感，贤愚、尊卑的等级划分，王弼同样认为源于自然。王弼曰："鼎者，成变之卦也。革既变矣，则制器立法以成之焉。变而无制，乱可待也；法制应时，然后乃吉。贤愚有别，尊卑有序，然后乃亨。"（《周易·鼎卦》王弼注）如果没有尊卑之序，就是违背了自然之道。又说："自然亲爱为孝。"（《论语释疑》）"仁义，母之所生。"（《老子·三十八章》王弼注）"五教之母，不皎不昧，不思不伤，虽古今不同，时移俗易，此不变也。"（《老子指略》）《老子·二十五章》说，"道"为天地之母、万物之母，则儒家宣扬的仁义道德，以及君臣、父子、夫妇、长幼、朋友等五教，也是体天得道、自然而成的。①

由此可见，王弼虽然以自然为第一位，而名教为第二位，但是并非用自然来贬斥名教，而是通过逻辑推论建构起二者的同一性，也即是所谓的"名教出于自然"之论。其时，名教被扭曲异化，需要回归自然之道，以自然之道予以矫正救治。正因为如此，王弼同样重视儒家的纲常伦理与道德规范，所以他说："父父子子、兄兄弟弟、夫夫妇妇，六亲和睦，交相爱乐，而家道正。正家而天下定矣。"（《周易·家人卦》王弼注）

（二）"圣人无为"的社会治理观

在社会思想方面王弼提出了"无为而治"的社会治理方案。认为对于现实社会生活，只要"顺自然而行，不造不始"，无所作为，社会就能自然治理，谁欲有所作为，必然会适得其反。《老子·二十九章》有"为者败之，执者失之"之句，王弼作注说："万物以自然为性，故可因而不可为也；可通而不可执也。物有常性，而造为之，故必败也；物有往来，而执之，故必失矣。"按照人们的生理本能，总是饥而欲食，寒而欲衣，劳而欲息，也只有满足了这些基本生理欲望，才能谈得上社会规范和社会治理。本句中的"因"字意为顺应，王弼发挥庄子书中"因"字的意义，提倡顺应民心，反对以少数人的意志决定全体人民的行为。

---

① 裴传永：《试论王弼的社会政治思想》，《理论学刊》1997年第4期。

王弼认为,要使社会恢复生机,转趋平安,只能是"因物自然,不设不施"(《老子·二十七章》王弼注)。《周易》"损"卦之"彖"云:"损益盈虚,与时偕行。"王弼注曰:"自然之质,各定其分。短者不为不足,长者不为有余。损益将何加焉?非道之常,故必与时偕行也。"长与短都是自然决定的,短者并不会感到短,而长者也不会感到长,人为地加以损益,调解长短之差别,以人的意志横加干涉自然天成的存在,反倒破坏了事物的本原面貌和存在状态,所以"损益盈虚"是不合自然的。人类社会生活也是如此,他说:"夫燕雀有匹,鸠鸽有仇;寒乡之民,必知旃裘,自然已足,益之则忧。故续凫之足,何异截鹤之胫?"(《老子·二十章》王弼注)。燕雀、鸠鸽都自然而然地找到配偶,寒冷地区的人民自然知道穿上用兽皮毛制成的衣服。如果君主自以为是、自作主张,强行干涉天下民人的生活,就如同"续凫之足""截鹤之胫"那样,不但不能为他们造福,反而会给他们带来伤害。因此,"无为而治"是最为理想的社会治理方案。

既然社会治理应当顺应人的自然本性,那么与人性自然相悖的刑罚和礼义就都不是理想的手段。尤其是刑罚过盛,不但会对老百姓造成残害,对于统治秩序的稳定,也是有害而无益的。王弼说:"甚矣,害之大也,莫大于用其明矣!夫在智则人与之讼,在力则人与之争。智不出于人而立乎讼地,则穷矣;力不出于人而立乎争地,则危矣。未有能使人无用其智力乎己者也。如此,则己以一敌人,而人以千万敌己也。若乃多其法网,烦其刑罚,塞其径路,攻其幽宅,则万物失其自然,百姓丧其手足,鸟乱于上,鱼乱于下。"(《老子·四十九章》王弼注)认为君主明察是非,对社会是最大的祸害,君主如果使用智,就会有人和你斗智,如果君主用力,就会有人和你争夺,而君主的智和力都不胜别人一等,结果只能是自穷自危。君主没有办法使别人不用他们的智和力与自己角逐,就等于一人与千人万人争斗;如果君主采用严刑峻法等强硬的社会控制手段,那就破坏了万物的自然之性,结果只能是百姓手足无措,整个社会呈现一片混乱状态。这是一种以虚为主或反实于虚的社会思想,是采用否定是非,否定智能,以试图达到消弭社会冲突而维持现状的目的。

于是,王弼设计了一个圣人无为而治的社会治理方案,他说:"圣人之于天下,歙歙焉心无所主也;为天下浑心焉,意无所适莫也。无所察焉,百姓何避?无所求焉,百姓何应?无避无应,则莫不用其情矣。人无为舍其所能而为其所不能,舍其所长而为其所短。如此,则言者言其所知,行者行其所能,百姓各皆注其耳目焉,吾皆孩之而已!"(《老子·四十九章》王弼注)社会治理者昏昏然无是非之心,无所察、无所求,百姓也就无所避、无所应,而只能用其情、任其自然了。君亦愚,民亦愚,社会也就没有纷争可言了。

因此,王弼认为,要使社会秩序安定,君主就应当拱默无为。因为圣人总是努力减少礼法对人民的约束,顺从人民的本性进行治理。王弼的这种认识与其道德起源论有着直接的联系,他认为,在上古理想的社会里,人们并没有道德等规范的约束,圣人只是顺从人的本性进行治理。魏晋时期,统治者大多倾向于严刑峻法,妄图以杀止杀。在王弼看来,这种做法是极其愚蠢的,只有恪守谦和的态度,用"无为而治"的方法,顺应老百姓的需要和利益,才能使人心归附,社会秩序稳定。①

总而言之,王弼"圣人无为而治"的社会整合方案,基本上是对老庄道家思想的阐发。但是,这一思想又不完全是老庄思想的翻版,而是融合了儒家思想的某些精义。"无为而治"并不是道家的专利,其他学派也认同或宣扬"无为",例如,孔子曾称赞大舜是无为而治的典范:"无为而治者,其舜也与!夫何为哉?恭己正南面而已矣。"(《论语·卫灵公》)所谓的"恭己正南面",类似于儒家经典标榜的"垂拱而治""垂衣裳治天下",而王弼所宣扬的"无为",即融入了孔子任贤使能的理念,是对儒道无为而治思想的巧妙嫁接。②

二、嵇康的"越名教而任自然"论

魏晋玄学的兴起,使儒家的纲常名教受到质疑和挑战。其中,最重要的问题是名教与自然的关系问题。魏初的何晏、王弼主张名教出于自然,承认自然是第一位的,但名教作为自然的衍生,同样具有无上的合理合法性。而郭象则秉承庄子齐同万物的理念,认为名教即自然,将名教与自然等同起来,在当时人们崇尚道家风尚、鄙薄儒家纲常的潮流中,实际上是比何晏、王弼更进一步地以自然烘托突显了名教的合理合法地位。与以上思想家不同,嵇康认为其时的名教已经被严重扭曲异化,是道德沦丧、风气颓唐的罪魁,是搞乱社会、搅扰人心的祸首,所以他提出"越名教而任自然",以自然来重新治理社会。

(一)"自然"的人文社会内涵

"越名教"的目的是"任自然",嵇康的"自然"是先秦道家意义上的

---

① 王处辉:《中国社会思想史》第二版,中国人民大学出版社 2009 年版,第 254 页。
② 赵清文:《王弼的惠民观对和谐社会建设的借鉴意义》,《学习与实践》2009 年第 2 期。

"自然"。老子曰："人法地，地法天，天法道，道法自然。"（《老子·二十五章》）"道"虽然化育天地、滋生万物，但是却"生而不有，为而不恃，长而不宰"（《老子·五十一章》），不把万物据为己有，不夸耀自己的功劳，不主宰和支配万物，而是听任万物按照其本然的性状，自我引导，自我决断，自然而然地发展。"道"的原则推之于人事，"自然"即是"无为"，消解人为造作对人之天性的戕害，回归到一种淳朴天真的原始生存情态，齐同生死，无知无欲，适性自得。所以，"自然"是自然之道、人的自然本性和无私之心。

嵇康以意、志和心的自由来表达"自然"之内涵。嵇康在《与山巨源绝交书》中说："四民有业，各以得志为乐。"得志，也就是顺适了人的天然本性，而其时的名教则异化为名缰利锁，成为牢笼束缚，是对人性自然的戕害。他在《答难养生论》中说："故世之难得者，非财也，非荣也，患意之不足耳！意足者，虽耦耕甽亩，被褐啜菽，岂不自得？不足者，虽养以天下，委以万物，犹未惬。然则足者不须外，不足者无外之不须也。无不须，故无往而不乏；无所须，故无适而不足。不以荣华肆志，不以隐约趋俗，混乎与万物并行，不可宠辱，此真有富贵也。"在嵇康看来，人世间最难得的不是金钱和荣誉，而是对金钱和荣誉贪求欲望的舍弃。如果人的心智能够摆脱名缰利锁，不为外物所牵累羁绊，即使躬耕畎亩、衣食粗鄙，也是能够自得的。

由此可以看出，嵇康的"自然"，更多的是强调人的一种生存境界。而"自然"的生存境界，就是一种"心无措乎是非，而行不违乎道者"的境界，这种境界只有"气静神虚""体亮心达"的君子才能获得。可见，嵇康理解的"自然"，是心性之自然，完全排除了外在的束缚与干扰，超越了功名利禄的诱惑，而处于一种逍遥自在、无拘无束的境界。

（二）"越名教而任自然"的社会治理思想

嵇康明确地告诉人们：名教纲常等儒家伦理规范绝非人们自然本性的体现，尤其是扭曲异化的名教，伤生害性，与自然是完全背道而驰的。既然"名教"破坏了社会自然的生活秩序，那么要整合社会，就必须"越名教而任自然"（《释私论》）。而如何"越名教"，又如何"任自然"呢？

在《释私论》一文中，嵇康用"越名教而任自然""越名任心"两个语词来表达他的社会治理观，他说："矜尚不存乎心，故能越名教而任自然；情不系于所欲，故能审贵贱而通物情。……越名任心，故是非无措也。"越名，就是"越名教"一语的简化。嵇康提出，所谓的"越名教"，在行动上就是要

"以明堂为丙舍，以讽诵为鬼话，以六经为芜秽，以仁义为臭腐"（《难自然好学论》）。把六经、仁义、文籍、章服、礼典全都视为腐臭与芜秽。何以如此激越？嵇康认为，从汉代以来统治者使用的这些"法宝"，既然已不能治理社会，反而使社会更加混乱，就应把它抛弃掉。嵇康所谓的"任自然"，就是要"越名任心"而使"是非无措"，这是一个社会价值取向和处世态度问题。在其临刑前写作的《家诫》中，嵇康要求"以无心守之，安而体之，若自然也，乃是守志之盛者耳"。嵇康强调，"守志"当以"无心"为准则，秉持老庄的自然之道，这才是符合人性的自然之举。

在嵇康看来，"越名教而任自然"的过程，也就是社会治理的过程。嵇康认为，任自然要比越名教更困难一些，任自然是要人们从"无措"而达到"超人"，也就是调整人们的行为方式和社会价值取向，忘却社会生活中的是是非非，"矜尚不存乎心"，"无心而为"，来实现释私、忘欲，使心中不存世间的名利诱惑，"弃智遗身，寂乎无累"（《赠兄秀才公穆入军诗（其十八）》）。嵇康认为，人们的行为没有必要顾虑功利、道德、是非等后果："君子之行贤也，不察于庆而后行也；任心无穷，不识于善而后正也；显情无措，不论于是而后为也。是故，傲然忘贤，而贤与庆会；忽然任心，而心与善遇；傥然无措，而事与是俱也。"（《释私论》）。人的行为应由人的本然支配，不必预先设计行为目标和行为规范。悠然自得，而所取得的结果，也自然能与"庆""善""是"不期而遇，你越是事先谋划，越无法得到这些。

在价值取向方面，嵇康认为，人们不能把荣华与酒色作为追求的最高目标。不过，做到这种程度很不容易，于是嵇康又退一步说，人有物质欲望也是合理的，但必须要知足，贪得无厌对自己、对社会都有害而无利。以"富有"观念为例，正确的观念应当是"耕而为食，蚕而为衣，衣食周身，则余天下之财。犹渴者饮河，快然以足，不羡洪流，岂待积敛，然后乃富哉？"（《答难养生论》）能吃饱穿暖就是富有了，对其余的财富，应当像渴者饮河，喝足为止，并不想把整个洪流都归己有一样。如果人们都能从观念上"以名位为赘瘤，资财为尘垢"（《答难养生论》），现实社会的富贵就站不住脚了。人们失去了争夺的目标，社会治理工作就前进了一大步。这依然是个社会价值取向问题，是心里是否知足的问题。

内心知足，就不会有对外界的追求，也就能无适而不足；内心不知足，就对外界无休止地追求，结果是无往而不乏。因而，他们永远不能得到自己满意的"富贵"。只有思想上知足的人才能真正拥有"富贵"。嵇康认为，如果人们都有这样的认识，社会本来的自然生活秩序也就得以恢复了。①

纵观嵇康的社会治理思想可见，他对现实社会中存在的问题和冲突，采取了通过内心调和而消解的治理方案，这是道家知足守辱的社会思想在魏晋时期的再现，是一种所谓"有主于中，以内乐外"的虚无主义的社会思想。至于嵇康的"越名教"，也是根本做不到的。因为封建社会的社会规范，是建立在封建社会的经济基础之上的，而不是某个"圣人"凭空想象出来的。只要有封建社会的经济基础存在，就有封建性社会关系存在，而用以维护这种社会关系的社会规范，即"名教"也就无法逾越。这一点，对嵇康来说是无法认识、更是无法理解的。

其实，嵇康并不是全盘否定儒家伦理纲常，因为有"有为"之名教，也有"无为"之名教，前者就是"劝百姓之尊己，割天下以自私，以富贵为崇高"（《答难养生论》），也就是人为诱惑人心、播乱世道的名教，是不合自然的，所以他要人们超越有为之名教而将无为之名教纳入自然之中。因此，"越名教而任自然"即是脱落世俗名教规范认识常轨而质诸主体心性，这是对庄子心学齐物逍遥核心意蕴的取法。② 进一步说，结合嵇康在当时权势纷争中的派系立场，对其"越名教而任自然"的合理解释，或者说更接近其本意的解释，应当是"超越司马氏所宣扬利用的扭曲异化的名教"，顺应人性自然发展，将儒家的伦理纲常内化为一种人的自然美德。③

第四节　理想社会模式

如何终结社会混乱，形成和谐稳定的社会生活秩序成为魏晋时期思想家们共同面临的核心问题，为此，阮籍、嵇康、陶渊明等人均从不同的立场，提出了不同于现实社会的理想社会模式。

一、阮籍、嵇康的理想社会

阮籍与嵇康是曹魏时期声名远播的大名士，他们与山涛、向秀、刘伶、王

---

① 王处辉：《中国社会思想史》第二版，中国人民大学出版社2009年版，第263页。
② 王光照：《嵇康玄学思想与魏晋名教政治》，《江淮论坛》2004年第5期。
③ 陈秀萍、李万轩：《越名教而任自然——嵇康伦理思想探析》，《社会科学战线》2003年第2期。

戎、阮咸七人"常集于竹林之下,肆意酣畅"(《世说新语·任诞》),也就是纵情饮酒,玄言清谈,与一贯占据主流价值形态的名教纲常格格不入,深得那些不拘礼法、追求适意生活的人的欣赏,故而世人称之为"竹林七贤"。阮籍与嵇康是"七贤"中的重要人物,他们不仅具有相同的志趣,而且有着相似的思想主张,在社会理想方面也是如此。

(一)阮籍的社会理想

面对现实的社会生活秩序失调,人与人之间关系紊乱,人们各为其私欲而不择手段的问题,最理想的社会治理方案是什么呢?阮籍认为,如果能够得到精神上的超脱,清除是非善恶的观念,达到"齐万物之去留,随六气之虚盈"(《答伏义书》)的境界,那么社会就能恢复其自然生活秩序和结构体系。他认为,只有摆脱外物的羁绊而实现自我的精神超脱,人们才能不拘于名利,不惑于权位,如此也才能使社会消除纷争,维持良好的社会生活秩序。

如果人们都能自我超脱,阮籍的理想社会模式也就得以实现了。阮籍在《大人先生传》中描述了他的理想社会:

> 昔者天地开辟,万物并生,大者恬其性,细者静其形,阴藏其气,阳发其精。害无所避,利无所争。放之不失,收之不盈。亡不为夭,存不为寿。福无所得,祸无所咎。各从其命,以度相守。明者不以智胜,暗者不以愚败;弱者不以迫畏,强者不以力尽。盖无君而庶物定,无臣而万事理。保身修性,不违其纪,惟兹若然,故能长久。

综合相关资料分析,阮籍的理想社会有以下诸要点:

第一,这是一个"达于自然之分,通于治化之体"(《通老论》),以自然为本,没有君臣等社会等级关系的社会,即所谓"无君而庶物定,无臣而万事理"。他认为这样不但可以使人们保身修性,而且只有这样,才能使社会长期稳定。

第二,这个社会的成员从精神上是自我超脱的。他们的价值取向都摆脱了现实社会中的恩怨、上下、贵贱、贫富等束缚,所以都不避害、不争利,"放之不失,收之不盈","福无所得,祸无所咎",就连自己的生死都不挂在心上,早死者不为夭折,晚死者不为高寿。但人们的心里还是有一个"度"作为行动标准,这个"度"就是"自然",即所谓人们都"各从其命,以度相守"。

第三，这个社会是一个平等的、人与人关系和谐的社会。虽然人们之间也有智力和体力的差别，但"明者不以智胜，暗者不以愚败；弱者不以迫畏，强者不以力尽"。只有保持这种平等关系，才有理想的社会生活秩序。要保持这种平等关系，必须有一个前提，那就是要杜绝贵贱、贫富、恩仇、奇声、淫色的刺激，而这个理想社会是具备这个前提条件的。他说："夫无贵则贱者不怨，无富则贫者不争，各足于身而无所求也。恩泽无所归，则死败无所仇；奇声不作，则耳不易听；淫色不显，则目不改视。耳目不相易改，则无以乱其神矣。此先世之所至止也。"（《大人先生传》）。社会上没有富贵的刺激，贫贱者就没有争夺和怨恨；不知恩泽属于谁，也就没有仇人。这样，人们的精神也就不会发生惑乱，这样的社会秩序才是最理想的。

第四，这个社会是一个处于恬静状态的自然的社会，而且在这个社会里，人们的能力都能得到自然的发挥，即"万物并生"，"阴藏其气，阳发其精"。这种自然发展的结果，就是自然和谐的社会。①

（二）嵇康的社会理想

嵇康将纲常名教视为破坏社会正常秩序的罪魁祸首，于是他回到老庄那里，重新祭起"自然之道"这个法宝。认为只要能按他的社会治理方案，"越名教而任自然"，那么，理想中的社会就能得以实现。

嵇康也和其他许多思想家一样借着对过去社会的描述表达出自己的社会理想。他说："昔洪荒之世，大朴未亏，君无文于上，民无竞于下，物全理顺，莫不自得。饱则安寝，饥者求食，怡然鼓腹，不知为至德之世也。"（《难自然好学论》）这是一个人们都无私无欲，但能吃饱穿暖，没有社会规范约束，没有人与人的争夺，以人的自然属性而各得其所的"至德"社会。他认为这样的社会是最理想的，但又是难以实现的。于是他又构想了一个更现实一些的理想社会：

> 圣人不得已而临天下，以万物为心，在宥群生，由生以道，与天下同于自得；穆然以无事为业，坦尔以天下为公，虽居君位，飨万国，恬若素士接宾客也；虽建龙旗，服华衮，忽若布衣之在身。故君臣相忘于上，蒸民家足于下。岂劝百姓之尊己，割天下以自私，以富贵为崇高，必欲之而

---

① 王处辉：《中国社会思想史》第二版，中国人民大学出版社2009年版，第258—259页。

不已哉?……且君子出其言,善则千里之外应之,岂在于多,欲以贵得哉?奉法循理,不绁世网,以无罪自尊,以不仕为逸,游心乎道义,偃息乎卑室,恬愉无遌,而神气条达,岂须荣华然后乃贵哉?耕而为食,蚕而为衣,衣食周身,则余天下之财。犹渴者饮河,快然以足,不羡洪流,岂待积敛,然后乃富哉?"(《答难养生论》)

这个社会的君主"承天理物,必崇简易之教,御无为之治。君静于上,臣顺于下,玄代潜通,天人交泰,枯槁之类,浸育灵液。六合之内,沐浴鸿流,荡涤尘垢,群生安逸,自求多福,默然从道,怀忠抱义,而不觉其所以然也"(《声无哀乐论》)。理想的君主主动无为,由此生发出和谐的君臣关系、人际关系,可见嵇康对于君主的态度,反比阮籍要平缓一些。在这样的君主治下,嵇康又塑立了理想的个人形象,作为精神寄托:"有宏达先生者,恢廓其度,寂寥疏阔,方而不制,廉而不割,超世独步,怀玉被褐,交不苟合,仕不期达。常以为忠信笃敬,直道而行之。可以居九夷,游八蛮,浮沧海,践河源。兵甲不足忌,猛兽不为患。是以机心不存,泊然纯素,从容纵肆,遗忘好恶,以天道为一指,不识品物之细故也。"(《卜疑》)嵇康理想中的这位"至人"是儒道理想人格的完美聚合,既恪守儒家的中庸之道,又有似道家的纯朴无机心;既恪守儒家的道德宗旨,又忘我而不为外物牵累。这样的人既能逍遥自由,又可在规范约束中游刃有余,这样的人生真可谓是理想的人生状态了。

这个社会有君、臣、民等社会等级关系和简易的教化,但由于实行无为而治,人民的社会生活都很安逸,人们也自觉地遵守社会的道德规范和行为规范。因为这是人们的自觉行为,所以也就有些"任自然"的味道。由于无为而治,君主以天下为公并且不用威严,各种社会关系都很和谐,从而使"君臣相忘于上,蒸民家足于下"。

其实,君上无为而爱民,民众逍遥而守法,上下和平共处,君上和民众都躬行不违,就是一个圣人之治的理想社会。嵇康极力从心理认知上促成君民共处的价值共识,尤其是"以无罪自尊,以不仕为逸",则源自现实的深切感受而发自内心的企盼,结合嵇康所处的时代背景和政治形势,可见他的"圣人之治"实际上是构建一种理想的君民关系,尤其是民众能够有宽松自由的空间,"耕而为食,蚕而为衣",不求闻达,只愿过自食其力,有衣有食的安生日子。

如果说嵇康所构想的前一种理想社会与儒家的大同社会理想属同一层次,

那么,他所构想的后一种理想社会即和儒家的小康社会理想同属一个层次。从嵇康对这个层次的理想社会模式的构想中,我们可以看出:

第一,嵇康的社会思想是以道家为主,而又搀杂了儒家的社会思想。可见,魏晋玄学的社会思想依然是糅合了儒家和道家社会思想的产物。

第二,虽然嵇康尖锐地批判儒家的"名教",但在"名教"与当时的经济基础还基本相适应、"名教"还有其社会控制和治理功能的时代,嵇康本人也不可能从根本上摆脱这种社会规范的束缚。

第三,这个理想社会模式的提出,和魏晋时期的现实社会紧密相联。反映了在社会秩序严重失调的情况下,知识名流也要求社会安定的心理。因而,这低一层次的社会理想,就显得更具有现实意义了。①

二、陶渊明的"桃花源"社会理想

陶渊明(365—427),名潜,字元亮,浔阳柴桑(今江西九江)人。陶渊明是东晋时期的著名诗人,其诗风清新淡雅,充满田园生活气息,在中国文学史上具有深远影响。其《桃花源记》和《桃花源诗》不仅是脍炙人口的文学作品,而且诗文构筑的世外桃源这一理想社会成为后世人们所向往的心灵避难所。

由于受家庭熏陶和儒家思想影响,陶渊明少年时即胸怀"大济苍生"的壮志,然而成年后却仕途蹭蹬,二十九岁才出仕,而且在此后十多年间一直沉沦下僚,没有一展宏图的机会和职位。再加上天性散澹、率性自由,与官场格格不入,所以陶渊明屡屡辞官。然而,由于"亲老家贫",为了孝亲、为了生活,他又不得不屡屡入仕。辞官、做官,来来回回五进五出,最后终老田园,再未出仕。

因为陶渊明在诗文创造方面的深远影响,以及其仕隐交错的人生履历,尤其是在晚年贫困潦倒之时却拒绝官贵垂青,所以陶渊明被友朋、同道,以及后世文人和史家一步步塑造为旷代高隐,南朝著名学者钟嵘在《诗品》一书中称誉陶渊明为"古今隐逸诗人之宗"。

(一)世外桃源的思想文化背景

社会理想是基于对现实的批判性思考而构建出的所想往的完美社会图像,其

---

① 王处辉:《中国社会思想史》第二版,中国人民大学出版社2009年版,第264—265页。

功能在于可以缓释现实压抑造成的社会焦虑，并不一定特别要求转化为可感可知的实际效果，特别是当这种构想并不只是某个人的异想天开，而是具有广泛的社会影响，那么这种理想就具备了社会性，反映出普遍的社会心理和思想意识。

大体而言，在古代中国思想世界中，道家学派及以道家学说为皈依的道教人士，多耽于美好的社会理想而缺乏行之有效的操作手段，而儒学型的思想家对理想社会的描绘，并不像道家型人士那样以铺陈物事、堆砌词藻的路数来营造一个徒具感官愉悦的社会样态，而是把思考的重心放置在达成理想社会所需条件和手段的构造设计上。他们批评现实社会，期望超越现实社会的规定性而重新建构一个更具合理性的美好社会，但是他们并不抛弃现实社会，其理想社会的构造是基于对现实社会的完善、改造之上，使其脱胎换骨而旧貌换新颜。

然而战国之后，儒、道走上了合流的道路，所以两汉魏晋时期的儒、道之间的区别已不再泾渭分明，在社会理想的建构上也难以明确归属，而是二者兼而有之。最典型者莫过于此一时期极具理想性格的隐士们对社会理想的追求。考察中国隐士的社会理想与隐逸情怀，陶渊明是一个无法忽略的典型人物。在社会思想史与文学史的研究视野中，陶渊明的身份标签有二：一是诗人，一是隐士。隐逸本来只是陶渊明个人的人生理想，是其在种种人生轨迹的流转中遵从自我意愿作出的自由选择，表征的是一种遗世而独立的遁世精神。不过，由于古代中国源远流长的隐逸传统的深远影响，更由于陶渊明诗文作品构筑的良辰美景传递出的诱人魅力，使得陶渊明的人生轨迹和理想情怀，与大多数士人总是沉沦下僚的压抑境况、怀才不遇的郁闷心情非常契合，遂为他们提供了一个宣泄焦虑的有效通道。因而，不仅陶渊明本人名留千古，而且陶渊明的社会理想与隐逸情怀也成为历代士人追慕向往的美好境界。

由此，原本属于陶渊明个人意愿的理想与情怀，由于契合了世人的人生理想与价值取向，于是也就演化成为普遍的心灵追求，个人的隐逸情怀也就变成了社会理想。也就是说，由于陶渊明被树立为历代士人的精神丰碑，所以其个人的理想与情怀在他人的不断诠释与塑造之下，由个人层面提升到社会层面，其人格理想与遁世精神也不再是个人层面的私事，而是表征着其后世文人学士一种历久弥新的人生追求与精神家园。

（二）桃源世界的理想形态

魏晋以来兴起的山水田园情趣，使隐士山居的心意所属不再以藏身匿迹为重心，而是亲近田园自然，畅享山林之美，追求悠闲适意与精神愉悦，代替了以往那些狷介激越的隐士对国政和人世充满激愤的腹诽与控诉。这一隐逸新风尚在陶渊明构想的桃源世界有着明确的体现。桃源世界是一个隐藏在深山密林之中的人间胜境，既略显神秘又朴实无华：

> 土地平旷，屋舍俨然。有良田、美池、桑竹之属。阡陌交通，鸡犬相闻。其中往来种作，男女衣着悉如外人。黄发垂髫，并怡然自乐。（《桃花源记》）

虽然桃源世界是陶渊明根据传闻而构想的世俗社会，但是它既不像儒家梦想的上古三代社会的幽远莫测，也没有道教虚拟的神人仙境的光怪陆离，它所展示的景象只是世俗生活实实在在的平淡朴实。其自然环境、人文景观等种种要素的和谐组合，构成了一个异于世俗常态的理想社会。其实，构成桃源世界的种种具体而微的要素，都是常态社会实存的内容，但是常态社会总是顾此失彼，总是在某些要素方面出现缺憾，因而表现出病态特征。因此，桃源世界之所以能够流传千古而成为理想社会的象征，除了故事情节的传奇色彩之外，更是由于其和谐美满的生活形态。

也就是说，与其他社会思想家构建理想社会时的瑰奇想象不同，桃源世界虽然也是附会想象的东西，但陶渊明并未以宏大叙事来先声夺人，也不是进行空泛的道德说教，而是以平淡的生活形象营造出诱人的理想图景。单就桃源世界的民俗、民风、民情而言，桃源之外的世俗生活也未尝欠缺，但是在桃源世界中，"黄发垂髫，并怡然自乐"的生活景象，传递出一种和谐安详的审美意境，而这却是现实社会难以企及的状态。似乎有理由认为，桃源世界是一种简单的社会生活形态。和谐是美，简单也是美，正是在这种审美心理的观照下，桃源世界就极具理想色彩。与神人仙境、至人至德社会相比，桃源世界并不是虚无缥缈、神秘莫测，而是具有浓郁的人间情味且表现出强烈的人文关怀；其生活情态并不是可想而不可即，而是给人们带来一种触手可及的感觉。

桃源世界的优美意境，实际上与陶渊明的诸多田园诗作神韵相通。陶渊明田园诗营造的审美图景，与风靡六朝的山川壮美、风月无边题材不同，既充满农家生活气息，又没有世俗生活的鸡毛蒜皮、烦恼叨扰，集世俗的朴实无华、理想的雅致平淡于一体，是温馨淡雅、其乐融融的生活画卷，与市井喧嚣形成强烈反差。参照陶渊明的其他诗文来看，陶渊明的隐逸是回归乡村躬耕田亩，经营一种平淡的小日子。自己辛苦劳作，上天风调雨顺，于是在物质生活取得小康水平之余，陶渊明将这种付出与收获的惬意，赋予超然物外的审美意境。这种意境与桃源世界的内涵遥相呼应。民谚云："三十亩地一头牛，老婆孩子热炕头。"这是普通中国人的社会生活理想。小有小的意趣，小有小的情调，普通中国人对生活并没有多少奢望，衣食无虞，体康长寿，加上子孙绕膝，仅此而已。陶渊明将这种社会生活理想用优雅的文字和审美的意境重新包装之后，温馨雅致的生活情调无疑打动了许多人的心灵，那些豪族大家人士在深味高处不胜寒的了无意趣之外，也追慕起这种平淡却真实、小巧却情浓的生活，而对于那些历经官场潦倒或情场失意等诸多不如意的士人来说，无疑更具有强烈的心理补偿作用。

因而，在陶渊明的精神世界中，桃源世界绝不仅仅是一个理想的世俗生活天地，它还是一个超凡脱俗的隐居之地。魏晋时期，思想领域玄风荡漾，陶渊明雅好老庄，因而桃源世界一如其田园诗作，呈现出一种物我相忘的超越体验。同时陶渊明一生仕隐交错，最终弃仕归隐，因而又难免有淑世理想破灭的感喟与感伤。故此，桃源世界不只是对俗世社会的理想升华，更是一个寻求心灵超越、寄托隐逸情怀的理想载体。这在《桃花源记》附诗中有明确展示：

> 嬴氏乱天纪，贤者避其世。黄绮之商山，伊人亦云逝。
> 往迹浸复湮，来径遂芜废。相命肆农耕，日入从所憩。
> 桑竹垂余荫，菽稷随时艺。春蚕收长丝，秋熟靡王税。
> 荒路暧交通，鸡犬互鸣吠。俎豆犹古法，衣裳无新制。
> 童孺纵行歌，斑白欢游诣。草荣识节和，木衰知风厉。
> 虽无纪历志，四时自成岁。怡然有余乐，于何劳智慧。
> 奇踪隐五百，一朝敞神界。淳薄既异源，旋复还幽蔽。
> 借问游方士，焉测尘嚣外？愿言蹑清风，高举寻吾契。

在《桃花源记》中，陶渊明交代，桃源居民的祖先为了躲避秦末战乱而来到这个隐秘的地方，世代安居乐业、繁衍生息，由于与世隔绝，所以"不知有汉，无论魏晋"。这一情状在附诗中被陶渊明确认为隐遁避世。孔子曰："贤者辟世，其次辟地，其次辟色，其次辟言。"（《论语·宪问》）该诗"贤者避其世"一句即是将桃源居民祖先的避乱之行定位为"隐"，接着又以秦末高隐

"商山四皓"作模拟，再次印证桃源居民祖先之隐，从而说明桃源世界是一个隐逸的绝佳胜地。而桃源世界实际上是陶渊明人生理想与隐逸情怀的集中反映。隐逸本身是一种逃避、逃遁的行为，有一种封闭、隔绝的意味，但陶渊明的隐逸不同于江湖术士躲进深山密林中的修行锻炼。陶渊明归隐之"隐"，是与"仕"直接对应的悖反行动，也就是说，本可以为宦作官，但就是不"仕"，就是要从"仕"的圈子中跳出来。陶渊明作彭泽县令时，郡守派督邮到县视察，按礼仪规定须整饬衣冠才能拜见，陶渊明觉得"折节向乡里小儿"有辱斯文，于是他不愿为五斗米而折腰，辞官不干了，并且从此断绝了"仕"的念头。（参看《晋书·隐逸传》）显然，陶渊明之"隐"并不具有刻意磨炼心性以彰显"隐志"的动机，只不过是不愿作官受委屈、受煎熬而已。"采菊东篱下，悠然见南山"（《陶渊明集·饮酒》），在追求一种清静雅致、衣食无忧的生活的同时，在内心世界构筑一片圣洁的天空以陶冶情操，以示不同凡尘流俗。

另外，桃源世界是一个安居乐业、宁静祥和的农耕小世界，人们日出而作，日入而息，根据草木枯荣来安排春耕秋收，一切顺适自然，"四时自成岁"，而无须劳神费思。显然这种人遵法天道自然的思想是老庄之旨的体现，而老庄一系对天道自然的推演结果就是无为，就是要抛弃任何人为的干扰。因此，桃源世界的人们从草木荣枯等物候变化感知节气时序的变化，据此安排自己的生活与生产，这与外部世界的扰攘侵夺形成了鲜明对比，"秋熟靡王税"就是一种与现实生活对比强烈的理想状态。当然，没有"王税"的梦想并非所谓的"无君无臣"的无政府思想，它只是期待一种宁静祥和、没有侵夺，自己的劳动成果完全供自己使用的农耕生活，实际上是对现实中官府的各种横征暴敛的深刻感触。

因而，《桃花源记》及其附诗营造出的审美意境深深触动了知识人的心灵，于是向往之、摹似之，层层累积之下，世外桃源就成为理想世界的代名词。由此，世外桃源不仅是陶渊明社会理想的集中表达，也是后人社会理想的具体投射。

（三）桃源世界的理想特征

曾经有研究者认为，桃源世界是土地公有，"国家还未形成，无剥削、无压迫、无贫富、无贵贱"。[①] 这种结论其实是先入为主的想象，是以"大同"政治观念统驭研究材料造成的误读，用简单的政治思维模式简化了思想者对理

[①] 陈正炎、林其锬：《中国古代大同思想研究》，上海人民出版社1986年版，第189页。

想社会构建的丰富性，致使桃源世界的真实内涵失真。联系《桃花源记》中"率妻子邑人来此绝境"一句分析，既然有引领者"率"，则桃源的自然祥和之景，似乎并不是无政府的状态，而是本着自然无为的精神，遵照共同的规则，服从尊长的安排，由此形成一种融洽和谐的人际关系和社会秩序。

桃源世界之所以是一种理想社会，乃是因为它是一个简约的社会形态，如同一切文学作品一样，"来源于生活，又高于生活"，陶渊明在对原态生活加工创造过程中，一些本来在世俗生活中存在瑕疵的要素，或被舍弃，或被修正，因而文学中的生活形态就被提纯而臻于完美。因此，文学语境下的桃花源尽管以世俗社会为底色，但世俗并没有掩盖其理想色彩。它既提供了来自生活的真实内容，又使这种真实升华为审美境界，因而桃源世界千百年来是那些具有隐逸情怀的人士情思婉转、梦魂牵萦的心灵家园。

桃源不是大富大贵、艳丽堂皇的绮靡世界，而是一个小康社会，物质保障略无隐忧，大体契合了古代中国人"小富即安"的心态和对生活的要求。正是这种衣食无虞，又安乐祥和的生活情调，打动了多少沉沦现实又富于浪漫的文人骚客的心灵，桃源世界不仅是陶渊明独享的精神家园，而且成为了其后世人们普遍的对于理想社会的诉求。

思考题：

1. 试比较《吕氏春秋》与《淮南子》的社会秩序观。
2. 如何评价嵇康的名教致乱论？
3. 王弼的社会治理方案有何特点？
4. 陶渊明的社会理想有何特点？
5. 新道家、玄学家对先秦道家社会思想各有什么变革或发展？

▶ 答题要点

第八章 道教的社会思想

道教作为中国的本土宗教，其起源与发展众说纷纭，但道教文化多源头的特征却在学界得到了较为统一的认识。一般认为，道教源于殷商时期的鬼神崇拜，继之以西周时期的神仙方术，又结合春秋战国时期道家哲学的精致义理，最终在汉朝立教。道教追求"形神俱妙，与道合真"，而"夫道者，乃无极之经也"（《太平经》），希望求仙得道，复归无极，在神圣世界得到身心的绝对自由。道教宣扬以咒术法仪来降服疾病灾害和支配自然，但相对于斋醮法事，道教更注重精神的内养修炼，并不单纯交通鬼神，故而南朝道教经典《三天内解经》中云："夫为学道，莫先乎斋，外则不染尘垢，内则五藏清虚，降真致神，与道合居。"

道教最早的形式是形成于汉末的太平道和五斗米道。太平道由张角创立，其影响主要在今河北、河南、山东等地域，崇奉《太平清领书》（即《太平经》）教旨。汉朝末年，太平道信徒达数十万人，遍布当时青、徐、幽、荆、扬、兖、豫等八州，后由于黄巾起义而衰绝。五斗米道由沛人张陵创立，奉老子为教主，以《道德经》为本门经典，主要流传于今四川、陕南一带，并于汉末在汉中地区建立政教合一的地区性政权达三十年。魏晋南北朝时期，在民间和士族中流行，并分化为南天师道和北天师道。南天师道代表人物是刘宋陆修静和梁朝陶弘景，前者为道教天师道、上清派、灵宝派代表人物，后者开创了道教茅山宗，是南朝道教上清派的主要人物。北天师道代表人物是北魏著名道士寇谦之。寇谦之对道教一系列科仪教旨进行了改革，并在化解当时汉族和外族的矛盾方面做出了突出贡献。在南北天师道时期，道教在教义思想、科仪戒规、神仙体系以及庙堂设置等方面都趋于完备。唐宋以后，道教随时局变化，跌宕起伏，至民国以后，渐趋衰微，但在民间社会中依然产生着影响。

第一节 《太平经》的社会思想

《太平经》是中国道教最早行世的经典之一，大约问世于东汉顺帝时（126—144），对早期道教的形成和发展有重大影响。《太平经》卷帙庞大，内容繁杂，涉及天文、地理、人事，主要宣传道家与道教的诸多超越性思想，追求人与宇宙的合而为一，主张人能够长生不死，得道成仙。当然，这本书中更多体现了汉代各家各派思想趋向融合的特点，尤其书中吸纳了儒家思想的诸多要素，在文本的构建中也蕴含了对社会现实的关注，就社会秩序层面有着对理想社会的诉求。

一、对理想社会秩序的向往

社会剧烈变迁时期往往也是社会问题丛生之际。《太平经》成书于东汉后期，当时朝纲混乱、外戚专权、地方豪强与下层民众矛盾恶化，正是信仰、伦理、政治危机频发的时刻。面对社会的无序状态，时人不免产生制度焦虑和个人生存焦虑。为此，《太平经》以道家思想为宗，融通儒道各家思想，设计了以"太平"为核心的理想社会秩序。

《太平经》以"太平"二字命名，体现了作者在乱世对一种带宗教理想色彩的"太平世道"的向往。它对"太平"的解释为："太者，大也；平者，正也；主养以通和也；得此以治，太平而和，且大正也。""太平者，乃无一伤物。"或云："太者，大也。乃言其积大行如天，凡事大也，无复大于天者也。平者，乃言其治太平均，凡事悉理，无复奸私也。"《太平经》追求的理想世界是无灾异、无奸私、无战争，家富人足，各得其乐的太平世道。"太平"代表着公平、正义、相爱相通，代表着最完善的社会伦理。在这一思想统率下，君臣民各自遵守一定的道德约束、伦理规范，三合其力，各司其职，各行其是，则"君导天气而下通，臣导地气而上通，民导中和气而上通"，"立平立乐，灾异除，不失铢分也"。

《太平经》"太平"的理想有着深厚的社会基础。当时社会矛盾尖锐，贫富差距悬殊。对于导致社会混乱，产生贫富差距之根源，《太平经》认为由统治者的社会行为所造成，"以何能致此贫富乎？""然所行得失致之也。"它将统治者划分为力行真道者、行德者、行仁者、行文者、行武者几类，这些不同的行为主体因其不同的社会整合模式而导致不同的整合效果，他们也由此被称为"上君""中君""下君""乱君""凶败之君"。上君"以道服人"，中君"以德服人"，下君"以仁服人"，乱君"以文服人"，凶败之君"以刑杀服人"。前三者都是"善"的，所以能够"共治万物"，"而致太平"。后两者则导致"盗贼多出"，"治凶"之年，结果使"贫家"备出，"物各少不备足，不能常足,故从他国取之",成为致使战乱迭起的社会不稳定因素。

就分析社会问题产生根源而言,中国思想者中有一派人不是从宏观的社会结构本身或国家政治、制度本身来做出分析,不将社会诸多问题归于社会这一有机体自身的变迁,而是将一切根源归结到具体的最高统治者个人身上,认为领袖人物的个人行事处世的目标不仅仅是完善个人人格,更在于祛除社会秩序之乱,如太平道的最高领袖"天师"即被寄予"为帝王解先人流灾承负,下制作可以兴人君,而悉除天下之灾怪变不祥之属"的重任。《太平经》的"承负说"即宣扬了这种由领袖个人行为负责的理念。

"承负"主要是指一种行为上的善恶承负。《太平经》认为,人行善,会得到长寿的报应,为恶,则将品尝短命的苦果,"善自命长,恶自命短","有善者,财小过除,竟其年耳。如有大功,增命益年"。但实际上往往又存在着一种与此相反的情况:"凡人之行,或有力行善,反常得恶;或有力行恶,反得善。"《太平经》认为这也是"承负"的结果。"承者为前,负者为后。承者,乃谓先人本承天心而行,小小失之不自知,月日积久,相聚为多,今后生人反无辜蒙其过谪,连传被其灾。""负者,乃先人负于后生者也。"为善可遗福子孙,作恶将遗祸后人。国家政治也相承负,前朝纲纪失堕,后朝遂被其灾。因此,国家的衰乱,人人都有责任,人人都要承受灾难,"夫治不调,非独天地人君之过也,咎在百姓人人自有过"。承负的范围可以流及前后五代,如能行大功,可以避免先人的余殃,但由于承负代代累积的结果,因此便出现了善恶与祸福不相一致的现象。如《太平经》中所言:"力行善反得恶者,是承先人之过,流灾前后,积来害此人也;其行恶反得善者,是先人深有积蓄大功,来流及此人也。"这种思想与《易传》中所谓"积善之家,必有余庆,积不善之家,必有余殃"的思想是一致的,与佛教的"因果报应"观也有一致性。

"承负"说的目的在于教化人们在日常生活中行善积德。天道循环,个体行动的善恶承负与因果报应,构成为道教与佛教的核心观念之一。

《太平经》提出,理想的社会生活秩序是各安其位、各得所欲、各取所需的形态。所谓"惟人居世之间,各有所宜,各有所成。各不夺其愿,随其所便安"。在这样一个自由的世界里,商贾农夫、官吏、巫师、医生、工人乃至教书先生,都干自己所喜欢干的一行,他们也会获得成就,等技艺精湛之后,再为民所用。在劳动分工中,人们互相竞争,又互相依赖,道德伦理是促使他们团结的向心力。"真道以正也,大德兴盛仁,各得其所矣。"在这个理想社会里，必须严格按照儒家规定的伦理纲常来行事。《太平经》将儒家伦理纳入其神学体系，指出君臣、父子、夫妇的行为必须以儒家三纲六纪为参照系。只有这样，天下才能长久吉利。"三纲六纪所以能长吉者，以其守道也，不失其治故常吉。"如果个人行为突破了君王、臣子、百姓的等级秩序，那只能导致社会的恶、乱。"天地者，为万物父母，父母虽为善，其子作邪，居其中央，主为其恶逆，其政治上下，逆之乱之；父母虽善，犹为恶家也。比若子恶乱其父，臣恶乱其君，弟子恶乱其师，妻恶乱其夫，如此则更相贼伤大乱，无以见其善也。天地人民万物，本共治一事，善则俱乐，凶则俱苦，故同忧也；向使不共事，不肯更迭相忧也。"其中帝王与臣民的关系犹如父子的关系，臣是王的贤子，帮助王"治理天地"，民则是王的不肖子，"主修田野治生"，"各养其性，安其身"。强调既定身份的不可超越性，不主张不同阶层之间的社会流动，以此来防治社会恶乱。

二、社会治理论

《太平经》承接道家一贯的主张，指出贪欲是社会祸乱之源。《太平经》甚至将集市看作三教九流汇集、满足人的贪欲的逐利之地，"凡百川财物，亦流往聚处也"，"故贪，数夺人财物。夫市亦五方流聚而相贾利，致盗贼狡猾之属，皆起于市"。

为避免因为贪图利益而致社会混乱的后果，《太平经》吸融儒家的主张，认为统治者以身作则是社会稳定的必要条件，要求统治者必须增加自身的道德素养。"夫无德者，乃最劣弱困穷小人之名字也。""仁者，乃能恩爱，无不包及，但乐施与无穷极之名字。"有德帝王之所急当为行善，其首要职责就是尽善，造福于民，由此能"安天地，得万国之欢心"，"八远响应，天下太平"。帝王还必须善于使贤任能，"大贤珍道，乃能使帝王安枕而治，大乐而致太平，除去灾变，安天下"。帝王、贤人、百姓三合同心就能安定天下六极，这样胜过金银珠宝。《太平经》认为，人之最大价值的实现，是能够保持与自然生态的和谐，故帝王要遵循既定的自然法则，并将这种自然法则称之为"天法"。

《太平经》提出了四种社会治理之法并做出比较：天治、地治、人治以及虫兽万物治。天治，君乃父事其臣，师事其臣，得天心意，天下太平；地治，君乃友事其臣，与臣同志同心，顺承天意，天下安宁而无败乱；人治，君乃贱视其臣，臣亦道德学问浅薄，不能为君深谋远虑，天下稍有败乱；虫兽万物治，君视臣如同虫兽草木，臣亦没有道德，没有礼义，利欲熏心，争斗不已，天下则败乱危亡。故而为君者一定要教化世人，造福于民，营求天治景象，消除天地和人世间的忧患灾难，使天地喜悦，社会太平，由此证明自己是"天之子"，以自己的行为证明"天"所赐予自己的"卡里斯马"品质。①

贯穿"天治"社会中最核心的要素还是道德伦理的深入人心，《太平经》是主张伦理本位的，认为社会的软性控制是整合社会的最好方式，而刚性的刑罚至上的社会控制方法无一例外遭到了《太平经》的排斥。它以阴阳比附道德与刑罚的关系："上者象阳，下者法阴；左法阳，右法阴。阳者好生，阴者好杀；阳者为道，阴者为刑。阳者为善，阳神助之；阴者为恶，阴神助之。积善不止，道福起，令人日吉。阳处首，阴处足。故君贵道德，下刑罚，取法于此。小人反下道德，上刑罚，亦取法于此。"只有以道德来治理社会，人民才能顺从，"国无道德，则民叛也"。《太平经》指出社会变迁的过程是由治而乱的过程。"上古"时期的君主以道德教化人民，所以人们关系和谐，天下太平。"下古"用"严畏智诈刑罚治民"，社会才出现动乱，再往后就是那些愚蠢的家伙，"霸道大兴，以威严与刑罚畏其士众"，结果只能是"吏民数反"，天下大乱了。而当下社会最核心的任务就是要重建和谐太平的社会秩序。

作为道教原典，《太平经》主张社会和谐最根本处，在于行为者个人对自身的约束，任何时候都追求修己修身，这是神的旨意，也是发扬道德伦理的必要途径。"为善不敢失绳墨，不敢自欺。为善亦神自知之，恶亦神自知之。非为他神，乃身中神也。夫言语自从心腹中出，旁人反得知之，是身中神告也。故端神靖身，乃治之本也，寿之征也。无为之事，从是兴也。先学其身，以知吉凶。是故贤圣明者，但学其身，不学他人，深思道意，故能太平也。君子得之以兴，小人行之以倾。"个人要注意自己的行为，使自己言行合乎规矩，主要因为人体内有监督其言行的"身中神"，指出道家无为乃在于个人素养的培育，这也是天下致太平的前提。就身份为臣子的社会成员而言，《太平经》主张要做一个良臣与顺民，谨守社会伦理，"人生之时，为子当孝，为臣当忠，为弟子当顺"，使自己言行符合"孝""忠""顺"的道德规范和行动准则。若有违犯，则"子不孝，弟子不顺，臣不忠，罪皆不与于赦"。这一观点虽然强调人们的愚忠愚孝，但就缓解社会摩擦而言，推崇孝道，父子关系融洽，并且

---

① ［德］马克斯·韦伯：《儒教与道教》，王容芬译，商务印书馆2003年版，第78—79页。

兄友弟恭，历来被视为能修身齐家治国平天下的前提。

三、平等相爱的人际关系论

中国古代社会思想的社会秩序观和人际关系观相互交织，秩序的良好和人际的和谐是互为因果的关系，民间的社会秩序尤其体现了这一特征。孙隆基曾指出："在中国历史上，老百姓的铲平主义与统治者的专制主义是互相配合的。如果中国文化说得上是人类史上最牢固的保守主义，那么，中国老百姓与统治者的这种完美无间的配合可以说是人类史上最成功的阶级合作主义——其共同效果则为维系结构之不变。"① 由于社会规范的不断教化内化，中国社会下层民众在社会化过程中，养成了乐天知命的心态，对于贫富差距、社会不公平，有着非同寻常的忍耐力，这是社会秩序得以维护的重要原因之一。中国人尤其讲"和"，《太平经》之"太平"即包含了人际和谐的理想诉求，在卷十八中专门提出"和之气"兴帝王法，"通天地中和谭，顺大业，和三气游，王者使无事，贤人悉出，辅兴帝王，天大喜"。"中和者，主调和万物者也"，是父、母、子与君、臣、民各安其位，关系和谐，达致太平的必由之路。

对于自我与他人的关系，《太平经》并不似以往道家尤其庄子一支强调自我与社会的对立，而更多融入了儒家的思想成分，自我不是自我个性的发挥，外烁的关系和角色并非由自我去定义，而是靠关系和角色来加以定义。《太平经》各安其位的思想即体现了这一特征。当然，其修身、长生、养寿等原理，又表达了道家为少数个体提供局限的个人主义表达方式的思想。在人际关系的处理上，《太平经》继续主张行为者自身的责任承担，要求首先自爱，认为这是爱人的必要条件。"有身且自忽，不能自养，安能厚养人乎哉？有身且不能自爱重而全形，谨守先人之祖统，安能爱人全人？"除了自爱而外，还要自清、自成、自念、自责，由此才能得"天地恩"，而天是有善恶价值取向的。这一点可看作道家固有思想的延续。道家如老庄、《淮南子》等尽管各自不同，但素来主张外显的社会行为必须与内隐的思想动机相一致，一切行为皆发自主体自身的真情真性。基于此，人际之间才能进行良性的沟通。《太平经》在卷五六至六四中有专门章节陈述万物上下相爱相治的重要性。"考天地阴阳万物，上下相爱相治，立功成名，使心治一家，使人不复相憎恶，常乐合心同志。"

---

① 孙隆基：《中国文化的深层结构》，广西师范大学出版社 2004 年版，第 10 页。

人与人之间的相爱最终导致社会秩序的稳定和谐，臣忠君信、父子相为安乐、老师"爱其弟子"，"弟子敬事其师"，人人"并力同心"，天下"理致太平"。由关系而落实到社会结构层次。诸如，"人民相爱，万物各得其所"。

从《太平经》的"承负说"可以得知，在与他人交往的过程中，人们常以自爱、自责等尤重个人行为负责的方式将他人纳入自己的感情之网，建立一种彼此依赖的结合，这种重要的相互关系是行为者一人的创造和唯一责任，行为者在履行责任的过程中也因为符合社会伦理的要求而变得强大有力。在《太平经》所构想的理想社会中，除了以"自爱"保和谐的内容外，也重视对弱者的体恤和悯怜之心，提倡"天道助弱"，主张对下层民众、奴婢、少数民族（夷狄）、贫穷者、妇女等社会边缘弱势群体的尊重与扶持，否则是逆天的行为。书中指出，如果人与人相处"或多智反欺不足者，或力强反欺弱者，或后生反欺老者，皆为逆。故天不久佑之。何也？然智多者当苞养愚者，反欺之，一逆也；力强者当养力弱者，反欺之，二逆也；后生者当养老者，反欺之，三逆也。与天心不同，故后必凶也"。因此，人与人之间要互助互爱，这其实也是一种人人平等的思想。可见，《太平经》虽然讲求各安其位，但也提出每一个社会成员都有平等的生存权利。例如，在《太平经》中，虽多次强调男尊女卑的观点，但也有很多关于男女平等的论述和自食其力、救穷周急的可贵主张。

《太平经》有着诸多融合儒道等各家思想的特点，其文本阐释由从重个人转向重社会、重关系、重秩序，向往"太平"的理想世界，却又时时在现实处落脚。所以道教的根本精神不仅仅在于对世俗世界的超越，更在于满足现实世界人们的心理欲望，乃至解决现世的种种实际问题，这也是其渗透到中国传统文化深层次的根本原因。

第二节　葛洪的社会思想

葛洪（283—363），自号抱朴子，丹阳句容（今江苏句容）人，是中国历史上著名的道教学者。葛洪出身于江南名门，祖父和父亲均是东吴朝廷要员，这使他自小便立下以儒立身的宏愿，并系统学习了大量儒家典籍，"博闻深洽，江左绝伦，著述篇章，富于班马"。"自正经诸史百家之言，下至短杂文章近万卷"均有涉猎。在葛洪十三岁时，父亲去世，从此家道中落，家境"贫乏"无以寻访师友，故而葛洪叹自己没能成为"纯儒"。[①] 可能受从祖父葛玄影响，葛洪在年轻时即学习道教炼丹术，"尤好神仙导养之法"，为以后成为道教名师奠定了基础。综观葛洪代表著作，可以看出他既有儒家深切的社会关怀和建功立业的宏大抱负，又传承了道家道教安身立命、修养生息的思想。葛洪生年正是西晋与东晋相交时代，是中国社会又一个政权不稳、时俗变异的特殊时期，因此，他在批判当时社会现实的同时，重新梳理了前人关于社会关系和权力系统的思想，并兼综儒道，形成了他进则维护以君主为核心的社会秩序，退则保身全生，以弘扬道教人生观及社会秩序观的社会思想。

一、游仙避世论

社会动荡期往往是触发人们个性觉醒的时期。汉晋之际的很多历史人物都彰显了自己的鲜明个性，并在政治、文化各领域产生了各具特色的影响。汉晋以来也是社会风俗深刻变革的时期，人们往往随应时变，"越名教而任自然"，实际并未得到真正的主体性苏醒，反而游离了自然人性中本有的正义性，导致民情诈伪、沽名钓誉风气的盛行。葛洪将此称为"历览前载，逮乎近代，道微俗敝，莫剧于汉末也"，并表达了自己不随世变的处世态度。

葛洪在《抱朴子·外篇·自叙》中说："洪之为人也……性钝口讷，形貌丑陋，而终不辩自矜饰也。冠履垢弊，衣或褴褛，而或不耻焉。俗之服用，俄而屡改。或忽广领而大带，或促身而修袖，或长裾曳地，或短不蔽脚。洪期于守常，不随世变，言则率实，杜绝嘲戏，不得其人，终日默然。故邦人咸称之为抱朴之士，是以洪著书，因以自号焉。"[②] 这段话点明了葛洪将自己的代表作题名为《抱朴子》的原因。"抱朴"二字实际是葛洪性格特征和志趣的概括。正是基于遗世独立的品格，葛洪提出了求仙避世思想，创造出超越于世俗的神灵世界。葛洪自称"少有定志，决不出身"，他的本志就在于修仙得道。在他看来，建功立业、青史留名固然重要，现实却功名难就，仕途险恶，患累难免，受制于人，而修仙了道、养性全真、闲适自得，"在我而已"，所以内道外儒成为葛洪安身立命之本。

---

① 卢央：《葛洪评传》，南京大学出版社2006年版，第8、9页。
② 张松辉、张景译注：《抱朴子·外篇·自叙》，中华书局2013年版，第1112页。

《抱朴子》内篇"言神仙方药鬼怪变化、养生延年、禳邪却祸之事，属道家"。为了证明神仙长生的实存性，建构神仙长生的神仙学体系成为其内篇的主题。葛洪说："今为此书，粗举长生之理"，"贵使来世好长生者，有以释其惑"。所谓"神仙"，又叫"仙人"，简言之为"仙"，《释名》（汉刘熙撰）有云："老而不死曰仙。仙，迁也，迁入山也。"古人对仙的理解各有不同，但几乎一致公认的是仙能做到"长生不死"，而且仙或多或少地离尘绝世，甚或具有神异的功能。因为神异，所以与"神"有相同之处。但这些"仙人"一般不问世事，没有赏善罚恶、主宰人事的职责，所以又与宗教崇拜的神并不全等。汉末魏晋时期，神仙之道流行，但也有对这一观念持怀疑和否定态度者。东汉王充《论衡·道虚》中云："夫人，物也，虽贵为王侯，性不异于物。物无不死，人安能仙？"牟子《理惑论》也说："虽读神仙不死之书，抑而不信，以为虚诞"，"神仙之书，听之则洋洋盈耳，求其效，犹握风而捕影。"葛洪在《抱朴子》内篇中也记载了许多否认神仙不死的观点，如《论仙》载："夫有始者必有卒，有存者必有亡。……死者，人理之常然，必至之大端也。"神仙有无的争论是葛洪写作《抱朴子》内篇的目的之一，他在《自叙》中说："世儒徒知服膺周孔，莫信神仙之书，不但大而笑之，又将谤毁真正。故予所著子言黄白之事，名曰《内篇》。"其目的是论证人得道成仙的真实可能性。

葛洪宣扬神仙不死思想乃是对生命短暂的感叹与救赎，他基于强烈的生命觉醒意识，主张人们赶紧修仙，逃避死亡："里语有之：人在世间，日失一日，如牵牛羊以诣屠所，每进一步，而去死转近"，"且夫深入九泉之下，长夜罔极，始为蝼蚁之粮，终与尘壤合体，令人怛然心热，不觉咄嗟。"死亡如此恐怖，只有修学成仙之道才能解除威胁，"若心有求生之志，何可不弃置不急之事，以修玄妙之业哉？……是以上士先营长生之事，长生定可以任意。若未升玄去世，可且地仙人间"。无论成为"神仙"，还是"地仙"，都是人通过修仙来规避生命忧患的自然法则，在某种意义上是一种乐观主义的生命论，重视生命主体性的发挥，强调我命在我，人力胜天。魏晋时期，社会混乱不堪，"名人少有全者"，使人产生生命毫无安全感的意识。与其在庙堂之上朝不保夕，不如退隐山林，求得自我安全自在的生活。正是在这样的时代背景之下，葛洪吸收历代对于神仙的构想，创造性地建立了蔚为大观的神仙学系统。在这一体系中，葛洪对老庄道家予以了批判继承。他认为"老子以长生久视为业"，故而在《抱朴子》内篇中多处引用或改造了《道德经》的内容，如《至理》引

"涤除玄览，守雌抱一，专气至柔"讲修仙养性，《地真》引"忽兮恍兮，其中有象；恍兮忽兮，其中有物"以解释最高本体"一"，而"一""道""玄"均来自《道德经》，只不过葛洪又赋予了神仙学的内容。葛洪还沿用汉以来道教传统，将老子神仙化，认为老子"恬淡无欲，专以长生为务"，是"得道之尤精者，非异类"，是学而得仙的典范。葛洪神仙学体系（神仙道理论体系）的完成，除了其深刻的社会时代背景，还有复杂的思想渊源，既受汉学沾溉，又受魏晋玄学的影响，兼具汉魏学术之特色，其中最主要的思想线索还是经其加工改造的道家学说以及汉魏神仙道教的原始素材。葛洪的神仙学是个多层次的系统，代表着道教神仙长生思想的最高理论成果。① 葛洪神仙学的架构进一步强化了他安分知足的处世方式。社会变乱之际，一个人如果不识进退之机，贪求无已的话，往往会惹祸招灾，故而智者多功成身退，"稚川优洽，贫而乐道"。葛洪认为，人如果"真知足"，就会"藐然不喜流俗之誉，坦尔不惧雷同之毁。不以外物汩其至精，不以利害污其纯粹"，以社会价值观的改造作为通往神仙境界的阶梯。

乐天知命在人世的表现即是隐居山林的生活方式，葛洪在《抱朴子·外篇》中借怀冰先生、逸民先生等隐士之口，极力倡导隐逸思想，《抱朴子·外篇》卷一《嘉遁》、卷二《逸民》即是专门论述隐逸思想的篇章。针对当时对于隐士的批判之风，葛洪首先肯定隐逸的现实性，他认为："出处之事，人各有怀。故尧、舜在上，而箕、颖有巢栖之客；夏后御世，而穷薮有握耒之贤。岂有虑于此险哉？盖各附于所安也。是以高尚其志，不仕王侯，存夫爻象，匹夫所执，延州守节，圣人许焉。"尧舜盛世尚有高义隐士，乱世更应"与时消息"，"明哲以保身"，在政局混乱期，如果当遁不遁，则有可能连自己的生命都会遭遇危机。

对出世求仙的向往是葛洪道本儒末思想的现实延伸。他说："道者，儒之本也；儒者，道之末也。"但是，葛洪并不是重道抑儒思想的倡导者，他只是强调二者的源流之分而非文化功能上的主次之别，所以他强调隐逸的行为应该与国家政权的巩固并行不悖，并且一定要遵从世俗的伦理规范。就对国家的贡献来说，隐逸者与在朝者并无实质的区别，只不过是社会分工不同而已。"在朝者陈力以秉庶事，山林者修德以厉贪浊，殊途同归，俱人臣也。王者无外，

---

① 李刚：《葛洪及其神仙学》，《中华文化论坛》1998年第3期。

天下为家，日月所照，雨露所及，皆其境也。安得悬虚空，餐咀流霞，而使之不居乎地，不食乎谷哉？"隐遁于山水之间并非单纯是独善其身，远害全身，乐得逍遥，而是为社会滋养浩然正气，同时也可以"叙彝伦"承担道德教化的职责，葛洪这种赞美隐居不仕的态度，达到了将儒道统合一致的目的。

二、社会控制论

社会控制是处理社会问题，化解社会矛盾，维护社会稳定的治国理政的重要维度。社会控制的模式选择一直是我国历代思想家思考的焦点之一，以"治国之术"为核心则是社会控制思想的一个突出特征。汉魏以来，由于社会结构分化和利益集团的多元化，社会问题复杂多样，社会秩序失衡，国家权力不稳，于是众多思想家提出了形形色色的社会控制方案。或从设定君权的角度，期望对君王的不当行为加以匡正和制裁，如鲍敬言的无君论；或从处理民族关系角度，解决因华戎杂居共处带来的社会问题，如江统《徙戎论》中"戎狄志态，不与华同"的立场；或发掘儒道思想，在名教与自然之争中寻求解决社会问题的方案，以何晏、嵇康、裴頠等为代表。葛洪则融合儒道学说，在个体修养方面遵循道家的修身法则，在社会控制方面则不遗余力地贯彻儒家的社会治理方案。

（一）君道臣节：社会控制的出发点

葛洪尤其看重儒家礼乐制度在社会控制中的工具性价值。在他看来，儒家经典是"道义之渊海"，强调了君臣之道和统治秩序的合理性、现实性及时代性。葛洪承认君王权威是整个社会秩序运转的依据，他说："夫君，天也"，"天尊地卑，以著人伦之体；近取诸身，则元首股肱，以表君臣之序"，"君臣之大，次于天地"。完全肯定了君主统治的合法性。他认为，君臣等级制度是天道自然，是自然法则在社会层面的体现，是不可悖逆的宇宙运转规律，所谓"清玄剖而上浮，浊黄判而下沉，尊卑等威，于是乎著。往圣取诸两仪，而君臣之道立；设官分职，而雍熙之化隆"。在《抱朴子·外篇》中，强调君臣之道重要性的专篇不少，有《崇教》《君道》《臣节》《良规》《诘鲍》等。

在《诘鲍》篇中，葛洪针对鲍敬言的无君思想，提出君主和国家的形成，并非源于"诈愚凌弱"或"以强暴寡"，恰恰相反，君主正是为了避免诈愚凌弱，制止私斗公战而产生的。也就是说，君主制度不是暴力、剥削的根本原因，而是暴力剥削的结果。即他认为凌弱暴寡的社会矛盾在前，君主制度产生在后。二者在时序上是有先后的。他说:"贵贱有章,则慕赏畏罚;势齐力均,则争夺靡惮。是以有圣人作,……备物至用,去害兴利,百姓欣戴,奉而尊之。群臣之道,于是乎生,安有诈愚凌弱之理?"君主的出现,一则为了创造器物,去害兴利;二则为了制定礼乐,避免争夺。在物质稀少、人口增多的时候,如果没有君王,会造成更大的混乱:"若人与人争草莱之利,家与家讼巢窟之地,上无治枉之官,下有重类之党,则私斗过于公战,木石锐于干戈。交尸布野,流血绛路。久而无君,噍类尽矣。"

葛洪心目中理想的君王相当于儒家典籍中的圣人,能够"除残去贼,夷险平暴,制礼作乐,著法垂教","移不正之风,易流随之俗,匡将危之主,扶亡徵之国"。现实中的君主本人"必修诸己以先四海,去偏党以平王道,遣私情以标至公,拟宇宙以笼万殊。真伪既明于物外矣,而兼之以自见,听既聪于接来矣,而加之以自闻"。君王只有加强自身修养、把握君臣之道才能形成尊卑有序的治世:"盖闻帝之元储,必入太学,承师问道。齿于国子者,以知为臣,然后可以为君;知为子,然后可以为父也。"如果"君有违谬",而臣也无节,则必将导致社会混乱不堪。葛洪理想中的圣贤君主观,有将君主专制理想化、神圣化倾向,与儒家的"内圣外王"思想如出一辙。他的君道臣节思想与其游仙避世思想一样,是对现实社会控制方式的一种设计,也是其历史局限性的反映。

(二) 贤能尽用:社会控制的保障

《抱朴子·外篇·崇教》中云:"前事不忘,今之良鉴。"葛洪在宣扬君臣之道时主张"以史为鉴",借古喻今来说明君主权威的重要性。他指出,凡是明君治理社会,"必收寒素德行之士,以清苦自立,以不群见惮者"。举贤任能是形成治世的重要保证,反之,则可能导致亡国的结局:"汤武染乎伊吕,其兴勃然;辛癸染乎推崇,其亡忽焉。"历史上的"昏惑之君",常常"或仁而不断,朱紫混漫,正者不赏,邪者不罚。或苛猛惨酷,或纯威无恩。刑过乎重,不恕不逮"。在他们统治下,刑罚严酷,政治黑暗,"于是无罪无辜,淫刑以逞,民不见德,唯戮是闻"。尤其是奸臣当道,结党营私,从而整个社会吏治败坏,贿赂公行,"掌要治民之官,御戎专征之将,或贪污以坏所在矣,或营私以乱朝廷矣,或懦弱以败庶事矣,或怯怯以失军利矣。终于不觉,不忍黜斥,犹加亲委,冀其晚效,器小任大,遂及于祸"。葛洪对历史的反思实则是对现实社会问题的揭露与批判,并从史实中总结深刻的经验教训,提出社会整合的有效方案，为此他专门写了《汉过》《吴失》《百里》《刺骄》等。葛洪认为，汉之末世，吴之晚年，君主昏淫，奸臣乱政，"望冠盖以选用，任朋党之华誉，有师友之名，无拾遗之实。匪唯无益，乃反为损。故其所讲说，非道德也；其所贡进，非忠益也"。"举士也，必附己者为前；取人也，必多党者为决。"这些历史教训是极为深刻的，君主昏淫，奸臣当道，朝政黑暗，是亡国的总体特征。

葛洪提出，重用贤才是维护社会生活秩序、邦国复兴的关键。在葛洪看来，君主要在历史上建树不朽的业绩，贤才的辅佐极为重要。"良友结则辅仁之道弘矣。""夫有唐所以巍巍，重华所以恭己，西伯所以三分，姬发所以革命，桓文所以一匡，汉高所以应天，未有不致群贤为六翮，托豪杰为舟楫者也。"葛洪强调君主应该"以致贤为首务，得士为重宝，举之者受上赏，蔽之者为窃位"，"招贤用才"乃"人主之要务"。君主应充分发挥贤才的作用，做到"进善""黜恶"，"昭德塞违，庸亲昵贤，使规尽其圆，矩竭其方，绳肆其直，斤效其斫，器无量表之任，才无失授之用"，使人尽其才，物尽其用。葛洪进而认识到，只有善于识别贤才，才能重用贤才。他看到"英逸之才，非浅短所识"，故克服识才过程中存在的各种障碍，很是必要。葛洪认为，识别、任用人才时必须注意以下几点。一是观察角度的差异可能导致认识的差异。"夫瞻视不能接物，则衮龙与素褐同阶矣；聪鉴不足相涉，则俊民与庸夫一概矣。"二是认识标准的不同会引起看法的不同。"夫爱憎好恶，古今不均。时移俗易，物同价异。""故昔以隐居求志为高士，今以山林之儒为不肖。故圣世人之良干，乃暗俗之罪人也；往者之介洁，乃末叶之赢劣也。"三是对待贤才不能求全责备。葛洪认为任何人都有缺点，都有局限，"能调和阴阳者未必能兼百行修简书也"，"汉高，神武之杰也，而不能治产业、端检括；淮阴，良将之元也，而不能修农商、免饥寒；周勃，社稷之鲠也，而不能答钱谷、责狱辞"。人主选拔人才，重用人才，在于用其所长。四是识别人才不能为表面现象所迷惑，应深入考察其本质。"貌望丰伟者"并不一定贤明，"形器尫瘁者"并不一定愚蠢，"咆哮者"并不一定勇敢，"淳淡者"并不一定怯懦。葛洪的这些论述，涉及了识才、辨才过程中诸多方面的问题，有理有据，令人信服。

（三）德主刑辅：社会控制的手段

据《抱朴子》外篇之《君道》、内篇之《明本》可知，葛洪崇尚"囹圄虚陈，五刑寝厝"的治世，向往"不赏而劝，不罚而肃，不求而得，不禁而止"

"垂拱而有余"的社会。这种社会实际是以"德"为治国之本的社会,他认为,讲仁德者就能够得天下,反之则必失天下,这已为历史所证明,"三代得天下以仁,失天下以不仁"。

德治主要体现在教化民众方面,葛洪仍把儒家推崇的立功、立言、立德作为人们安身立命的标本。《外篇·刺骄》中云:"汉末诸无行,自相品藻次第。群骄慢傲,不入道检者,为都魁雄伯。四通八达,皆背叛礼教而从肆邪僻,讪毁真正,中伤非党,口习丑言,身行弊事。"因此,必须对整个社会,尤其是对士族子弟加强道德教育。《外篇·崇教》指出,整个社会应当"朝夕讲论忠孝之至道,正色证存亡之轨迹,以洗濯垢涅,闲邪矫枉,宜必抑情遵宪法,入德训者矣"。在道德教化之下,社会得到高度整合,民风得到忠孝仁义的洗涤,社会救治和个体修为高度统一,整个社会成为井然有序的道德统一体。魏晋时期,儒家伦理濒临瓦解,唯利是图成为社会的主要价值取向,"道义既备,可轻王公。而世人所畏唯势,所重唯利。盛德身滞,便谓庸人;器小任大,便谓高士。或有乘危冒崄,投死忘生,弃遗体于万仞之下,邀荣华于一朝之间"。葛洪认为:"祸莫大于无足,福莫厚乎知止。""知止"乃止于道德,以儒家道德规范自己的行为。人们在生活上应知足,不要不顾廉耻去追求侈靡的享受,而要集中精力于儒学的学习,"专税思乎六经",以尽力建"道德之功"。

葛洪虽肯定"德"的正面作用与意义,但也强调刑罚的不可缺少。在德与刑关系中,他提出"审威德所以保社稷",主张恩威并重,仁政礼法并举。在《外篇·用刑》中,葛洪指出,道家否认礼法固然"迂阔",可是"俗儒"只讲仁德也属偏颇。实际上,自周秦而下,世人没有不尊崇仁的,"而无能纯仁以致治也";世人也没有不贬斥刑的,"而无能废刑以整民也"。这是因为仁(德)和刑(法)各有其妙用,相辅相成,而如果纯用仁政并不能实现真正的社会治理,要想治理狡暴之徒必须用严刑。"仁者,养物之器;刑者,惩非之具",惩非必用刑,因此"刑为仁佐"而不可废。否则,"肃恭少怠,则慢惰已至;威严暂弛,则群邪生心。当怒不怒,奸臣为虎;当杀不杀,大贼乃发"。因此刑罚"须臾不可无",而历史上秦王朝的兴亡,是"以严得之,非以严失之"。对此,葛洪批判了世众对历史兴衰的普遍观点:"俗儒徒闻周以仁兴,秦以严亡,而未觉周所以得之不纯仁,而秦所以失之不独严也。"

三、理想中的神仙社会

早在上古时期,中国就已经有神仙信仰,主要体现在巫祝、方士的各种神秘活动中。到春秋战国时期，整个社会出现了"民神杂糅，不可方物，夫人作享，家为巫史"的信仰格局，这与人们追求长生不死的观念分不开。自汉代道教形成，神仙信仰一直是道教信仰的核心内容。葛洪是中国道教史上第一个系统阐述神仙信仰理论与实践的思想家。《抱朴子·内篇》作为其道教思想的最重要代表作，对神仙信仰作了理论和实践层面的论述。在理论的层面上，葛洪认为神仙具有超越世俗世界的神性，正是这种神性才支撑神仙成为一种神灵性存在。在实践层面上，神仙可以通过克服世俗生活中诸种欲望的修行和服食金丹达到。正是在神仙思想和修行实践互相结合的意义上，神仙信仰才能最终成为完整的宗教体系，并且以一个较为成熟的超越于世俗世界的"神仙世界"作为这一体系的最高架构。

(一) 超越世俗生活的神仙世界

葛洪等道教理论家所塑造的神仙世界对中国人的精神领域有着深刻的影响，他试图以神仙超自然的能力与对人生的巨大拯救功能迎合民众的心理需求，以其描绘的神仙世界优美的生活环境、不需考虑日常生活所需，乃至长生不死的理想吸引人们顶礼膜拜，从而造成整个社会极其浓厚的崇仙慕道氛围。概言之，葛洪虚构的神仙世界是一个逍遥快乐、绝对自由的美好世界，具有与世俗世界完全不同的属性，或者说神仙是完全超越世俗生活的。

《抱朴子·论仙》说："仙人殊趣异路，以富贵为不幸，以荣华为秽污，以厚玩为尘壤，以声誉为朝露。""夫有道者，视爵位如汤镬，见印绶如缞绖，视金玉如土粪，睹华堂如牢狱。"在神仙社会里，世俗世界的价值观被完全颠覆或消解了。世俗社会所标榜的是对荣华富贵等物质性欲望的追逐，而对于神仙来说，荣华富贵与粪土、牢狱并没有本质上的不同。

葛洪认为，作为世界本源的"玄道"是神仙社会的根本。而以玄道为本的神仙社会具有高度的同质性，其成员都是神仙，都具有"得仙道，长生久视，天地相毕"的特点，他们居处于九天之上，六合之内，任意遨游，即使栖息之所也是瑶堂瑰室，位于"北极大渊之中"，"前有明堂，后有绛宫，巍巍华盖，金楼弯窿；……白玉嵯峨，日月垂光；……城阙交错，帷帐琳琅……"神仙同时也拥有无限的权威和超凡的能力，他们"位可以不求而自致，……势可以总摄罗酆，威可以叱咤梁成"。与常人以物质享受为乐不同，神仙与玄道合一，具有"真""朴"的美好品格。世人以"荣任""千金之聘"为美事，神仙则以"少思寡欲""全身久寿"为追求，摒弃人世间的竞争，追求与玄道合一的

"朴""真"品格。凡是仙人都具有这一共同的特征，他们由此而超越了生命的局限性，另也超越了社会存在的有限性，从而获得了永恒的价值。

与社会不同，在他的神仙社会也充满了某种神秘的力量。神仙能超脱肉体与物质世界的束缚，并在虚静澄明中达至长生久视。为了论证长生久视的可能性及映衬他所构想的神仙世界的情境，葛洪专门著《神仙传》十卷，列出邛疏、王子乔、老聃、彭祖、安期生等有典籍可考的"仙人"来说明仙道不妄，并且说这些"仙人"均具有神秘的特征。如广成子，"至道之精，窈窈冥冥；至道之极，昏昏默默；无视无听，抱神以静，形将自正；必静必清，无劳尔形，无摇尔精，乃可长生"；天门子，"阳生立于寅，纯木之精；阴生立于申，纯金之精……我行青龙，彼行白虎；彼前朱雀，我后玄武，不死之道也"；北极子，"治身之道，爱神为宝；养性之术，死入生出；常能行之，与天相毕"；彭祖，"历夏至殷末八百余岁，常食桂芝，善导引行气。历阳有彭祖仙室，前世祷请风雨，莫不辄应……后升仙而去"；陈安世，"夫道尊德贵，不在年齿。父母生我，然非师则莫能使我长生也，先闻道者则为师矣"；等等。虽然各路神仙来路不一，成仙套路各不相同，但均传递了神仙世界具有世俗社会所没有的神秘特征，其目的在于增加道教神仙信仰的广度与深度。

可以说，超越性是对神仙性质的必要规定，神秘性则完全彰显了神仙信仰的宗教特征，因为从宗教的本质意义来看，作为信仰对象的神仙不能仅仅停留在超越世俗社会的层面上，它应该具有能让信仰者产生敬畏感的神秘力量。然而，神仙世界无论体现为超越性，还是神秘性，都必须在世俗社会中得到传播与展现，只有得到世俗大众真正的认同和传承，其价值才能得到真正的体现。

（二）持守现实社会生活秩序的信仰世界

神仙世界虽然具有超越性和神秘性的特点，但仍然有其现实性和社会性的基础。作为儒道兼综的道教集大成者，葛洪思想必然有着反映当时社会情状的各种文化烙痕，其神仙世界必然有着吸收现实社会价值和伦理纲常的社会性特征。例如，葛洪主张修道者必须遵循伦理道德规范，"欲求仙者，要当以忠孝、和顺、仁信为本。若德行不修，而但务方术，皆不得长生也"。忠孝功德不仅是世俗社会的人道之本，也是神仙世界的仙道之本。在《微旨》篇，葛洪对此有更详细的论述。他说："览诸道戒，无不云欲求长生者，必欲积善立功，慈心于物，恕己及人，仁逮昆虫，乐人之吉，愍人之苦，周人之急，救人之穷，手不伤生，口不劝祸，见人之得如己之得，见人之失如己之失，不自贵，不自誉，不嫉妒胜己，不佞陷阴贼，如此乃为有德，受福于天，所作必成，求仙可冀也。"葛洪将儒家的伦理纲常作为判定能否成仙得道的标准，这是他调和儒道的必然结果，而将世俗世界的伦理纲常引入神仙世界，使神仙不仅拥有超越于世俗之人的能力，而且在品德上也是奉行世俗社会伦理纲常的楷模。所以，葛洪所创造的神仙世界实质是现实社会的一个映像，它超越于现实，但又与现实社会存在紧密的关联，甚至在结构上是统一的。如在《神仙传》中，他多次对世俗社会中"和"的观念进行了融合。"和"是中国传统文化的重要内容之一，在其发展与传承中渗透到社会生活的各个领域，进而形成了不同类别的"和"文化。《神仙传》中涉及"和"的内容非常广泛，有名号之和、身心之和、生活之和、交际之和、自然之和等。① 葛洪对类似于"和"的世俗价值的认同，实际是动荡社会中对百姓痛苦的同情，表达了对国泰民安的祈求。由于在现实世界中难以摆脱痛苦，故而某种乌托邦式的幻想成了迷醉百姓心灵的最好载体，而神仙世界就是这种集体意识的表征。

当然，葛洪所处的时代以及他自身的经历，都限制了他的思想视野，使他不可能提出超越于现实社会的全新的社会秩序观。他理想的社会依然是君主核心的世界，只不过这个世界的君王秉承了仙道思想，并且实施道家传统的无为之政，让百姓"身无在公之役，家无输调之费，安土乐业，顺天分地，内足衣食之用，外无势利之争，操杖攻劫，非人情也。象刑之教，民莫之犯"（《抱朴子·诘鲍》）。由此可见，葛洪的道教社会思想，乃是对现实社会生活秩序的折射反映。葛洪构想的神仙社会虽然对各阶层的民众均有一定诱惑力，但实际上中国神仙信仰的流行往往离不开对现实功利性的诉求，作为主导性社会思想的，是儒家社会价值系统。整个中国更相信以人的力量来安排社会秩序。故而无论在国家建制还是在民众意识中，从来没有出现过将神仙世界作为最高追求的情形。随着社会的发展，尽管神仙世界被描述得越来越神奇，但从来没有成为中国社会思想发展中的主流。

第三节 灵宝派的社会思想

魏晋时期，道教继续得到传播，并在内部组织和思想上不断分化，上层士

---

① 邹晓鹏：《浅谈〈神仙传〉中的"和"文化》，《湖南医科大学学报》2008年第4期。

族道教和民间道教均获得了发展,各种新兴道派及相关道经也相继出现。在葛洪于晋元帝元年(317)撰定《抱朴子》之后近半个世纪,道教灵宝派形成。灵宝派主要以传播洞玄灵宝部经而得名。关于《灵宝经》的来源,道书的说法不一,主要指古今《灵宝经》的分别。古之《灵宝经》即《灵宝五符序》,亦称《五符经》;今之《灵宝经》即《灵宝无量度人上品妙经》,亦称《度人经》(本书下文均称为《度人经》)。从古之《灵宝经》到今之《灵宝经》,是一个逐步衍化的过程。它们虽出于不同时代,不同人之手,但彼此之间又存在着十分密切的关系,是在同样的理论基础上发展起来的。① 考虑到《灵宝经》道书的复杂性及《度人经》作为灵宝派祖经的地位,我们这里主要探讨今之《灵宝经》也就是《度人经》的社会思想。

一、灵宝派的由来与传承

灵宝派是早期道教派别之一,由东晋末年葛洪的从孙葛巢甫在古《灵宝经》亦即《五符经》传授基础上进一步造作"灵宝"类经典之后所肇建。葛洪《抱朴子·辨问》也有类似记载,并谓"《灵宝经》有《正机》《平衡》《飞龟授袟》,凡三篇,皆仙术也"。赋予古《灵宝经》以神秘色彩,并托为夏禹、孔子等传授,实际是为了增加其信服力。古《灵宝经》在东汉末至迟汉魏之际就已流行,但尽管出现较早,灵宝经书的卷帙一直较少,流传也不广。直到东晋中叶,继杨羲、许谧造作"上清经"后,葛巢甫以古《灵宝经》为基础,加以附会引申,造作出大批"灵宝"类经书,才使其卷帙有所增加。也正是在葛巢甫等大量制造"灵宝经"的基础上,才逐渐形成以此经书命名的灵宝派。葛巢甫所造"灵宝经",在社会上很快流传,不久即"风教大行",灵宝派道教社会思想也随之广泛流行。

葛巢甫及其后继者在造作"灵宝经"时,勾画出一个上自元始天尊下至葛玄及其后嗣的传经谱系。《云笈七签》卷三《道教所起》称:"今传《灵宝经》者,则是天真皇人于峨眉山授于轩辕黄帝,又天真皇人授帝喾于牧德之台,夏禹感降于钟山,阖闾窃窥于句曲。其后有葛孝先之类,郑思远之徒,师资相承,蝉联不绝。"在"灵宝经"的各类经文中,都有所记载,其谱系大致为元始天尊降授太上大道君,再遣三天真皇降授帝喾、夏禹、吴王阖闾等,由这些

---

① 卿希泰:《中国道教史》第1卷,四川人民出版社1996年版,第378页。

虚构的传承，再到后期经历了葛玄—郑隐—葛洪—海安君—葛巢甫—任延庆—徐灵期等人的师传，而另外一个支系是葛玄—葛孝爱—葛悌，即葛洪家族内部的传承。可以看出，灵宝派尊奉的最高神是元始天尊，祖师是三国时期吴国道士葛玄。灵宝派所奉经典，以较早出世的《灵宝五符序》《灵宝赤书五篇真文》，和稍后出世的《灵宝无量度人上品妙经》（即《度人经》）最为重要。因为《度人经》强调劝善度人，标出了该派立教的主旨，故为后世灵宝派道士所特别重视，并被《正统道藏》收作为第一部经书，后来《度人经》就成了灵宝派的祖经，许多道士都为之作注。因此，劝善度人是灵宝教义的重要内容，也是其区别其他道派的重要特点。

关于"灵宝"的内涵，各种道书中有不同的理解和解释，主要以物质之精气、人格化之神灵、文诰等三方面的意义为人所传诵，并在不同的场合有着不同的内容和解释。① 历代道经中常以人的精气、性命解释之，如"灵者，性也；宝者，命也"（元郑思肖《太极祭炼内法》），"神降为灵，暴聚为宝"（宋刘元道《灵宝经符图》）；以人身喻指灵宝，则"灵者，神也；宝者，命也"（宋洞阳子《灵宝经注解》），"灵者，神也；宝者，精也"（宋张君房编《云笈七签》）。由此可以推断，"灵宝"乃是保养人之精气性命的意思。灵宝派的基本信仰，仍是长生成仙。但因南朝时期所出的"灵宝经"大量汲取佛教教义，如因果报应、三世轮回、涅槃灭度等，故而其成仙思想有着浓重的佛学色彩。如《太上洞玄灵宝智慧定志通微经》云："当知三界之中，三世皆空；知三世空，虽有我身，皆应归空。明归空理，便能忘身。能忘身者，岂复爱身？身既不爱，便能一切都无所爱，唯道是爱。"这与佛教"以有身为空幻，故忘身济物"的意旨一致，而与道教爱身养身的传统大异其趣。既不爱身，也就不再追求肉体不死，即身成仙，而只追求积功累德，死后升入仙界，或来世成仙。因此不少"灵宝经"宣扬所谓"灭度""轮回"的成仙步骤，即要经过几死几生、若干轮回后才能成仙。如《九天生神章经》云："夫学上道，希慕神仙，及得尸解，灭度转轮，终归仙道。形与神同，不相远离，俱入道真。"这与葛洪"夫神仙之法，所以与俗人不同者，正以不老不死为贵耳"的传统修仙法不同，而是更多融入了佛学的内涵。

《灵宝略纪》称，葛巢甫将《灵宝经》"传道士任延庆、徐灵期等，世世

---

① 卿希泰：《中国道教史》第 1 卷，四川人民出版社 1996 年版，第 379 页。

录传，支流分散，孳孕非一"，其实当时更为重要的传人是著名道士陆修静。陆修静与天师道、上清派、灵宝派都有渊源，但均无直接的师承关系，自称"三洞弟子"。他对灵宝经的弘扬和灵宝派建造有着突出的贡献。第一，系统整理灵宝经书。将当时流行的五十五卷"灵宝经"逐一辨别，剔除伪经，编制《灵宝经目》，并呈现给南朝宋文帝，从而保证了灵宝经的正统性和权威性。第二，对某些灵宝经进行阐释。对早已亡佚的古《灵宝经》进行"敷述"，使之扩大传播范围，至陶弘景时，就"教授施行已广"了。第三，系统撰订斋醮科仪。把原来天师道的一二种斋仪，扩充为包括天师、上清、灵宝各派斋仪在内的"九斋十二法"，使道教斋醮仪式基本形成了完整的体系，进一步加强了道教在民间社会中的影响力。① 由于陆修静的贡献，灵宝教派大行于世。陆修静奠定了灵宝斋仪的主导地位，灵宝斋法从此风行于江表。此后的道教科仪经典，所载斋法皆以灵宝为宗，甚至有"非灵宝不可以度人"（元周思德《上清灵宝济度大成金书》卷二三）之说。

陆修静之后，灵宝派的传承不甚明了，直至隋唐，也没出现有重大影响力的灵宝派道士及相关学说。至北宋初，灵宝派在江西清江县形成传授灵宝经箓的中心，被称为阁皂宗，使灵宝派再次显名于世。

二、《度人经》的济世度人观

灵宝派在道教领域中能够流传广泛，主要得力于灵宝经的济度思想。东晋道经《太极真人敷灵宝斋戒威仪诸经要诀》说："灵宝经者，众经之宗，难以言宣。""灵宝经是道家之至经，大乘之玄宗。"宋李昉等《太平御览》卷六六七《道部九》载："斋莫过乎灵宝，其法高妙，不宣于世。仙圣口诀，秘而不书。太一斋法，玄之又玄。"《度人经》是灵宝经中最具影响的经典，道教风行的灵宝大法即以《度人经》为宗。在刘宋时期，陆修静将《度人经》收入《灵宝经目》中，确定了《度人经》在灵宝派中的地位。唐以后，《度人经》成为道教最重要的经典，被道门奉为"灵音之上品""万法宗元""万法之宗，群经之首"。《正统道藏》将《度人经》列为"首经"，首篇收录《灵宝无量度人上品妙经》六十一卷，卷一为东晋南朝古《度人经》，余六十卷大致写成于北宋徽宗时期，为道教神霄派在古《度人经》基础上敷衍而成，并最终成为

---

① 卿希泰：《中国道教史》第 1 卷，东方出版中心 1994 年版，第 110—111 页。

《度人经》的定本。

灵宝派的济世度人思想在《度人经》卷一中得到了很好的体现。其内容主要宣讲济世度人的道理、科仪及神仙世界的结构风貌。修仙得道、长生不死一直是道教的核心信仰。在葛洪时期，常常追求修道的自主性与独立性，在成仙的追求上主张个人修炼成仙，要求"自力本愿"，而灵宝派则宣讲另一种"他力本愿"的度人成仙思想，更重视宣扬道教的社会性因素，主张"仙道贵生，无量度人"的济世救民功能，从而扩大道教在世俗社会中的影响。陆修静指出，"普度一切人"才是道教传教化世的最高理想。灵宝派的这种度人思想对信徒有巨大的吸引力，对扩大道教影响有着非常积极的作用，也促成了灵宝派在中国道教史上的重要地位。

《度人经》的"仙道贵生，无量度人"，也同样简洁明了地体现了道教的教理教义，并将度人作为修道成仙的必要条件，"劝善度人、斋戒诵经"即是其思想的集中体现。在《度人经》中提到："咸行善心，不杀不害，不嫉不妒，不淫不盗，不贪不欲，不憎不嫉，言无华绮，口无恶声。""斯经尊妙，独步玉京，度人无量，为万道之宗，巍巍大范，德难可胜。"宣扬："斋戒诵经，功德甚重，上消天灾，保镇帝王，下禳毒害，以度兆民，生死受赖，其福难胜。"作为以济世为出发点的道教经典，《度人经》要求信徒"齐同慈爱，异骨成亲"，以建立一种和谐的人际关系为己任，主张人人应该具有慈爱之心，善待他人，乐人之成，悯人之苦，济人之危，这是对理想人际关系的诉求。经文中不仅提到劝人为善，而且更要将度人与度己统一起来，提倡人们面对各种困惑都需修斋持戒、诵经立功，以达到被度和度他人的效果，最终得道成仙，整个社会也呈现"国安民丰，欣乐太平"的美好景象，这表达了构建理想和谐社会的价值诉求。

灵宝派强调"普天度人"，即济度不分凡人神仙，富贵贫贱，阳世阴间，天地万物，一概度化不弃，可谓无所不包。这种济世思想不仅可以满足信徒们的精神需要，而且对于底层民众更有吸引力。《度人经》卷一内容不足一万字，其救赎的范围却非常广泛。无论是信教者还是不信教的人，凡人还是神仙，弱者还是强者，生活在阳世还是阴间，天地万物都是它度化的对象。这尤其体现了一种平等性的意涵，各个阶层的人无论贫富贵贱，都具有被度成仙的权力。在《度人经》篇首即描述了元始天尊讲经的过程与效应：

> 说经一遍，诸天大圣同时称善，是时一国男女聋病，耳皆开聪。说经

二遍，盲者目明。说经三遍，喑者能言。说经四遍，跛疴积逮，皆能起行。说经五遍，久病痼疾，一时复形。说经六遍，发白反黑，齿落更生。说经七遍，老者反壮，少者皆强。说经八遍，妇人怀妊，鸟兽含胎，已生未生，皆得生成。说经九遍，地藏发泄，金玉露形。说经十遍，枯骨更生，皆起成人。是时，一国是男是女，莫不倾心，皆受护度，咸得长生。

《度人经》中说，元始天尊是道教的最高神，最早记载于葛洪的《枕中书》，此一设定当来自中国远古神话以及道家之"道"与佛教思想的融合，将元始天尊描绘为无喜无悲、宽恕众生又统辖万物的"神"的存在。在元始天尊面前，万事万物都是平等的，都是度化对象，而信众无论男女老幼、聋盲哑跛、久病残疾人属，都能获得新生，并达到长生久视的目的。这种思想实际是对尊卑等级社会道德秩序的颠覆，表现了对底层民众美好向往的迎合，也因此在基层社会中得到更广泛的传播。

灵宝派被称为道教"经教"，要求奉道之士必须诵习经书，宣称诵《度人经》是修道的一种功德，虔诚诵经就可以得道长生。《度人经》亦用繁复的文字铺陈了诵经的功效：

凡诵是经十过，诸天齐到。亿曾万祖，幽魂苦爽，皆即受度，上升朱宫。格皆九年，受化更生，得为贵人。而好学至经，功满德就，皆得神仙。飞升金阙，游宴玉京也。

上学之士，修诵是经，皆即受度，飞升南宫。世人受诵，则延寿长年，后皆得作尸解之道。魂神暂灭，不经地狱，即得返形，游行太空。此经微妙，普度无穷。一切天人，莫不受度，无量之福，生死蒙惠。

正月长斋，诵咏是经。为上世亡魂，断地逮役，度上南宫。七月长斋，诵咏是经。身得神仙，诸天书名。黄箓白简，削死上生。十月长斋，诵咏是经。为国王帝主，君臣父子，安镇国祚，保天长存。世世不绝，常为人君。安镇其方，民称太平。八节之日，诵咏是经，得为九宫真人。本命之日，诵咏是经。魂神澄正，万炁长存。不经苦恼，身有光明。三界侍卫，五帝司迎。万神朝礼，名书上天。功满德就，飞升上清。

这种因经悟道、因悟成真的思想后来成为道教固定的仪式风俗，并通过各种科仪活动进一步扩大了对民间社会的影响。

三、陆修静的行善成德思想

陆修静（406—477），字元德，南朝宋吴兴东迁（今浙江吴兴）人，三国吴丞相陆凯的后代。与葛洪一样，陆修静在学术轨迹上也经历了由儒入道的过程。他少习儒业，博通儒籍，又性好道术，精研道家道教经典。成年后，进入山中修炼，专习修道之法，并且遍访仙踪，收集道书，最终以著名道教学者闻名。陆修静在其著作中，阐释了长生成仙、斋醮戒律、道教目录学、教团管理等重要思想，在道教历史上产生了深远影响。陆修静与天师道、上清派、灵宝派均有着紧密的关联，他将大量道经整理分类为洞真、洞玄、洞神等"三洞"，对后世道教的发展及中国传统文化的沿承具有重大的影响。并且，他也有大量宣扬灵宝派修行的作品传世，有《洞玄灵宝斋说光烛戒罚灯祝愿仪》《洞玄灵宝五感文》等，都是灵宝派的重要典籍。

就长生成仙信仰来说，陆修静继承了传统的积善为修仙之根基的思想，强调"行善成德以至于道，若不作功德，但守一不移，终不成道"。得道的前提不仅仅在于对大道信念上的执守，更在于平时日积月累的道德实践。在陆修静看来，无论是修仙，还是积善，实际都是对世俗限制的对抗与价值诉求，人在日常生活中受身体约束和各种贪欲的控制，并且无力摆脱，只有一方面对成仙意志进行内在的自我培养，另一方面加强外在的道德践履，才能在道德的向度上达到生命的完满。陆修静对修仙中道德之力的重视与其深厚的儒学素养分不开，他汇通儒道的贡献还体现在修道与儒家仁学揉为一体，并列为三。《洞玄灵宝斋说光烛戒罚灯祝愿仪》云：

> 夫道三合成德，自不满三，诸事不成。三者，谓道德仁也。仁一也，行功德二也，德足成道三也。三事合乃得道也。若人但作功德而不晓道，亦不得道；若但晓道而无功德，亦不得道；若但有道德而无仁，则至理翳没，归于无有。譬如种谷，投种土中而无水润，何能生乎……故《五千文》曰三生万物。

"德"和"仁"本身是儒家社会价值体系中的重要范畴，"德"相对于"仁"更具有本体性的内涵，是儒家思想演绎的逻辑起点，而"仁"则在个体层面上体现"德"的内在追求和行动方向。陆修静则认为，将"德""仁"置于并列的位置，"仁"的内涵基本不变，"德"则特指外在的道德行动。这是将儒家思想加以创新的体现，既表达了陆修静继承了道家善于求变、通达自如的传统，也表明道教重实践的认知。可见，陆修静认为，作为一个得道之人，必须把道、德、仁结合起来，三者缺一不可。三者具备，则能成万物，人才可以达到长生成仙的目的。

尽管融合儒道思想，在修道过程中更重视外在的社会性效应，陆修静还是继承了道家以"道"为本的基本精神，并赋予儒家道德之说超越性的特征。他说：

> 夫道者，至理之目。德者，顺理而行。经者，由通之径也。道犹道路也，德谓善德也，经犹径度也，行犹行步也，法犹法式也。夫人学道，要当依法寻经，行善成德，以至于道。若不作功德，但守一不移，终不成道。

在陆修静看来，"道"是宇宙万物运转的根本规律和构成机理，对世众起了"为善""为德"的导引作用，若依照"道"之"至理"而实施行动就是"德"，如果人们要想"学道"并"至于道"，只有按照"道"所指引的"法"和"经"也就是规矩行事，才会得道。概言之，"道"是人们"行善成德"的基本保证，人们只有"遵道贵德，惟道是求"，才可以实现得道成仙的目的。以道家道教的一贯理路，要做到长生久视必须涤尽内心的欲望，以虚无清净之心与道合一。陆修静从道教这一传统的观点出发，也认为：

> 夫万物以人为贵，人以生为宝，生之所赖，唯神与气。神气之在人身，为四体之命。人不可须臾无气，不可俯仰失神。失神则五脏溃坏，失气则颠蹶而亡。气之与神，常相随而行；神之与气，常相宗为强。神去则气亡，气绝则身丧。一切皆知畏死而乐生，不知生活之功在于神气。

"神"与"气"相依相伴，同为追求长生成仙的生命之必需。因此，陆修静主张修道者要洗心洁行，用诵经、斋醮、思神等方式自省觉悟，能静能虚，以养其神，气最终通达大道。

道家道教素来认为贪欲会害己伤人，造成人与人之间的纠纷和社会冲突，故而主张抛弃世俗攀缘爱念，得以保身全真。陆修静即指出：

> 至道清虚，法典简素，恬寂无为，此其本也。而世物浮伪，鲜能体行，竞高流淫，信用妖妄，倚附邪魅，假托真正，君子小人，相与逐往，昏迷长寝，曾莫甄悟。致上危神器，下倾百姓，灭身破国，犹不以戒。至乃浊乱正炁，点染清真，毁辱大道，可为痛酷。
>
> 普天之下贵贱男女，皆受人身，身口之累，有生所重。食则五味，衣则五彩，既饱既暖，不复自裁，服玩奢豪，恣情快意，追逐营求，无有厌足。伤神害身，永不自觉。气命既凋，形体朽烂，平生触物，竟复何用。孤魂独逝，遍受诸苦。诚此冥昧，非世所了。而余财四散，方为后患。生奸起盗，子孙所争，强者克多，弱者获少，与夺失得，更相怨恨。或告讼官司，又被裁戮。或称诉神鬼，阴受凶祸。骨肉之亲，共构架伪。天属之重，弃若遗土。孔怀之爱，自竞锥刀。身灭家残，衅由贪奢。悠悠一切，相与沦没。（《洞玄灵宝五感文》）

人生而受肉体制约，深受世俗繁华和自身欲求的牵引，却最终导致自我伤害和社会混乱，只有以此为戒，才能得道修真，避免人事"痛酷"。

陆修静创造了以灵宝斋为主体的道教基本斋仪，并提出与此相配套的戒律理论，规定信徒应遵守的事项与犯戒时应受的惩罚。"十戒"是道教著名的戒律条文：

> 第一戒者，心不恶妒，无生阴贼，检口慎过，想念在法；第二戒者，守仁不杀，悯济群生，慈爱广救，润及一切；第三戒者，守贞让义，不淫不盗，常行善念，损己济物；第四戒者，不色不欲，心无放荡，贞洁守慎，行无点污；第五戒者，口无恶言，言不华绮，内外忠直，不犯口过；第六戒者，断酒节行，调和气性，神不损伤，无犯众恶；第七戒者，不得嫉人胜己，争竞功名，每事逊让，退身度人；第八戒者，不得评论经教，訾毁圣文，恭心承法，恒如对神；第九戒者，不得斗乱口舌，评详四辈，天人咎恨，损伤神气；第十戒者，举动施为，平等一心，人和神穆，行常使然。

道徒在斋戒和修炼中会遇到各种苦寒，为此陆修静提出以践行孝慈等传统道德伦理作为求仙得道的重要条件。在《洞玄灵宝五感文》中，"一感""二感"均是对父母之恩的感怀。

> 一感父母生我育我，鞠我养我，出怀入抱，啸含摩牧，劳心损体，辛苦忧勤。我或不夷，时有疾病，则愁我念我，心如炙焚，夙夜怵惕，忘食失眠，增感憔悴，泣涕涟涟，愿成愿长，我得如今。念此重恩，不可称量，誓心上答，昊天罔极。
> 二感父母为我冠带婚娶，积蓄赀财，造买基业……

父母不仅给予子女养育之恩，更给整个家族后代带来恩泽，故而要修道长生，练就神丹以报父母之恩。因此，父母以及相应的孝慈伦理是道徒克己求道的精神支柱。陆修静的戒律思想以维护道门的神圣和社会教化为宗旨，更体现了儒释道合一的社会潮流，使儒家道德之说与佛家"三业清净"之说在道教戒律中得到了很好的统一。

四、灵宝派的社会理想

在灵宝派代表人物及相关典籍中，均给人们描绘出了一个宏伟美好的神仙世界，这个世界自成一个金字塔型的构架体系，为世众求仙问道提供了一个向上往善的动力性支架。人们只要矢志不移，不畏辛苦，就会进入更高更为自由的天人境界，过上寿与天齐、美妙如画的神仙生活。其中，《度人经》更是吸收了佛教宇宙论思想，在描述众神灵的同时，呈现给世众一个神灵的大千世界。

《度人经》所描述的世界空间结构分为三层，也就是"三界"，即欲界、色界、无色界三个世界。欲界，是充满各种欲望和情感的众生生存的空间。在这一世界中，"人道渺渺，仙道莽莽，鬼道乐兮"，"鬼道常自凶"，"悲歌朗太空"，"中有万鬼群"，"断绝人命门"，等等。在欲界中，需要诵经以斩妖伏魔，也即"阿人歌洞章，以摄北罗酆。束诵妖魔精，斩馘六鬼锋"，并至"诸天炁荡荡，我道日兴隆"。色界，指各种欲望情感已经消淡但仍须借助各种有形物质的众生的生存空间。这一世界由于处于连接仙道和鬼道的中间地带，常显得"天地渺莽，秽气氛氲"，但也是济世度人的关键场所。在色界中，强调进入仙道的自我主体性，主张行为者通过积善之功，达至仙道，"无量大神，皆由我身。我有洞章，万遍成仙"，这也是中国传统习惯性行为方式的表达。在人与外在力量际遇的关键时刻，人们常一改平时内敛温和的处事方式，而通过各种行之有效的实践来促使主体力量的外展，并最终实现自己的价值诉求与情感满足。无色界，指各种欲望情感已经消尽，众生不再依赖包括肉体等有形物质亦能生存的空间。无色界给人以希望，为世人所向往的仙界制高点。《度人经》"三界"说与中国传统天、地、人"三才"的划分传统有所不同，而与佛教的"三界"说更为贴近，足见南北朝时期佛道合流已经成为中国社会思想发展的基本趋势。

在"三界"的基础上，《度人经》又提出"三界一天"说，按东、南、西、北四个方向排列，每个方向有八天，并且每天有一个天帝管辖，共有三十二天：

> 上清之天，天帝玉真，无色之境，梵行，东方八天……南方八天……西方八天……北方八天……
>
> 三十二天，三十二帝。诸天隐讳，诸天隐名。天中空洞，自然灵章。诸天隐韵，天中之音，天中之尊，天中之神，天中大魔，天中之灵。九和十合，变化上清。无量之奥，深不可详。敷落神真，普度天人。

在《道门经法相承次序》中，记载了唐代道士潘师正对《度人经》三界思想的解读：

> 道有三清、三界。其三清境者，则玉清、上清、太清；三界者，则欲界、色界、无色界。其下，欲界有六天。其中，色界有十八天。其上，无色界有四天。三界之上，复有四种人天，合有三十二天。从四人天已下，三界之中，犹未免于三灾劫坏。从无色界已上，则三灾所不及，劫会所不干。其三清境中，各有一天，则清微天、禹余天、大赤天。此三清三界各有诸天帝皇、真仙品格、僚属极多，非可具述。又有大罗天弥覆三清之上。合三清、大罗、三界等为三十六天。

潘师正还称"初从凡学，受持法戒，行无缺犯，则名系仙录"，开始入灵山洞府，然后逐步"进道"，登上诸天，最后登上大罗天，"与道同真，常湛极乐"。

《度人经》"三界一天"说传递了一个非常复杂的世界空间构想,"三十二天因为有高低不同,并不处于同一水平面上,从东方第一欲界天开始,向南经西最后到北方最上一层种民天,呈现出立体螺旋台阶式构架。"① 在灵宝派典籍中,三十二天是一个神灵的世界,没有苦恼和死亡,是人们理想的天国。

一般来说,任何宗教都是超越性与世俗性的统一,都包含了对某种超凡力量的信仰及由此而来的崇拜,道教所信仰的超凡力量即是各路神灵。《度人经》即建立了一个居住在"三十二天"理想仙境中以元始天尊为核心的神仙体系,并向人们传递了多层次多意涵的社会理解。首先,神仙世界是一个庞大的乐园,世人可以根据斋戒、行香与诵经的功德被度化并得道成仙,到达向往的那一层仙境,或游宴玉京或飞升南宫。《度人经》要拯救的不仅是世间的众生,而且也要度化亡魂走出地狱,并把人们引向彼岸的天国世界,认为那里有无限的幸福。只要按照神灵的意愿做事,坚持诵经并与斋戒、行香结合起来,最终就能得到神灵的拯救,进入天国世界。从这一点来说,《度人经》给人们勾勒了一个无忧无虑、令人迷恋的仙界,提供了一个寄托希望的场所。其次,人要积善成德,积极修行,通过一定的修仙达到至善,进入无限自由和幸福的神仙境界,过上无拘无束的永恒的神仙生活。同时,修行是多层次的,修行的境界共有三十二天,也即三十二个层次。在每一个层次,人们对人自身的变化和人自身的认识都达到一个新的高度。从一个境界到另一个境界,通过修行就可以达到,并且修行结果和修行努力呈正相关的关系。《度人经》中的说教是要劝告世人,只要努力积善成德修道成仙,都可以渐次地达到他们所期望的理想境界。这是一种乐观的社会态度,希望通过自身努力达至成功的目的,最终促成了中国主导价值的流行,即宣扬天人合一,和谐共处,自然发展,各得其所的道理。最后,魏晋南北朝时期的政治黑暗与民众生存的苦难均给《度人经》提供了展开神仙信仰世界的现实土壤,并且无论各个道教流派对神仙世界的美好有着怎样的描述,均脱不了现实社会等级秩序的烙印。因为从根本上看,现实世界是不平等的,神仙世界的图景也是不平等的。

思考题:

1. 试析《太平经》中的社会和谐思想。

---

① 秦学智:《浅析〈灵宝度人经〉所描绘的世界图景》,《中国道教》2004 年第 2 期。

2. 葛洪游仙避世思想的实质是什么?

3. 葛洪社会控制论的特点是什么?

4. 试析道教灵宝派的社会理想。

5. 道教社会思想与老庄及秦汉以后新道家社会思想的显著异同是什么?

▶ 答题要点

第九章 佛教的社会思想

马克思指出:"我们不把世俗问题化为神学问题。我们要把神学问题化为世俗问题。"① 佛教作为一种宗教,其思想产生、发展、传播、演变的整个过程,都与它生存其上的社会土壤息息相关,因此佛教思想归根结底是一种社会思想。

在中国思想史界,人们习惯将中国传统思想的主体概括为儒、道、释三教,但实际上儒学不属于严格意义上的宗教范畴,故所谓"三教并立""三教合流"中的三教,只有道教与佛教才符合作为"宗教"的要件。在佛、道二宗教之中,道教是中国本土原生的宗教,佛教则是中国传统社会中唯一从外部引进并在中国生根与发展的宗教。而佛教之所以能在中国生根与发展,最根本的原因是佛教传入中国之后,走了一条与中国本土社会生活实践及思想文化相结合的路线,形成了一套中国化的佛教社会思想。

第一节 佛教社会思想的基本理念和早期传播

一、佛教社会思想的基本理念

佛教的产生与印度的社会现实和思想源流密切相关。佛教起源于公元前6世纪至公元前5世纪的古代印度,此时中国处于春秋时期。当时的印度社会等级森严,社会阶层被固化,由雅利安征服者构成的婆罗门(祭司)、刹帝利(武士贵族)与吠舍(平民),同由被征服者形成的首陀罗这四大种姓之间,不仅不相通婚,并且在行业、道德、礼仪、生活习俗等方面也互不相通,此外还有"不可接触"的"贱民"。婆罗门阶层掌握着经济与文化特权,他们与掌握着政治特权的刹帝利阶层一起,用因果报应、轮回转世等婆罗门教思想来为不平等的社会秩序辩护以维护自身的合法性。佛教产生的时期,伴随着一些较大国家的崛起,原本固化的社会阶层开始发生分化,社会矛盾更加尖锐。当时,被称为"沙门"(意即"道人")思潮的非婆罗门改革呼声四起,佛教就是其

---

① 《马克思恩格斯文集》第1卷,人民出版社2009年版,第27页。

中最为重要的一支。正如恩格斯所说："重大的历史转折点有宗教变迁相伴随，只是就迄今存在的三种世界宗教——佛教、基督教和伊斯兰教而言。"[1] 佛教既是宗教改革的体现，实际上也与当时的社会转型相伴而生。

佛教创始人乔达摩·悉达多，出生于现属尼泊尔的迦毗罗卫城。当时释迦部落在那里建立了一个国家，他的父亲净饭王是这个国家的国王，他是这个国家的太子，属刹帝利种姓。乔达摩·悉达多的生卒年大约为公元前563至前483年，差不多与我国的孔子同时。他在创立佛教后，收了很多门徒，门徒们都称他为"佛"或"佛陀"，意即"觉悟者"。后来佛教徒又称他为"释迦牟尼"，意即"释迦族的圣人"。[2]

释迦牟尼创立佛教，是因为他看到现实社会是一个苦难的社会。他苦思冥想如何解决这些社会问题，经过十几年的探索，终于觉悟，提出了一套理论来说明社会苦难的原因，并设计出了解除苦难的方案，这就是佛教的"四谛说"。"谛"是"实在""真理"的意思，"四谛"就是"苦、集、灭、道"这四个普遍真理。

所谓"苦谛"，是讲现实社会存在着种种痛苦的现象，其中最主要的是"八苦"，即生、老、病、死、怨憎会（不愿在一起相处的却必须在一起）、爱别离（愿意在一起的却要离别）、求不得、五阴盛（"五阴"亦称"五蕴"，蕴是"聚合"的意思，五阴即色——物质现象、受——感受、想——思维、行——意志、识——意识这五种要素。它们的聚合成就了人生一切身心之苦），这八种苦难是社会上的任何人都无法摆脱的，是人生的常态，也是佛教社会思想的出发点。

所谓"集谛"，是讲这些苦难形成的原因。佛教认为，世界上各种现象的发生及其变化，都是有一定原因的，这就叫"缘起"或"缘"。就个体生命的起源、过程而言，可以分为十二个彼此成为条件或因果联系的环节，即"十二因缘"，它们是：无明、行、识、名色、六入、触、受、爱、取、有、生、老死。从顺序来看，这十二个环节构成生命的不断循环："无明"即与生俱来的盲目无知是根本的原因，由无明引起"行"（各种善和不善的意志），由行引起"识"（个人精神统一体），由识引起"名"和"色"（构成身体的精神和肉

---

[1] 《马克思恩格斯文集》第4卷，人民出版社2009年版，第289页。
[2] 参见王处辉：《中国社会思想史》，中国人民大学出版社2009年版，第268页。本章内容多引此书相关章节，后不再注。

体），有了名和色，就有了眼耳鼻舌身意等六种感觉器官也就是"六入"，从而有了和外界事物的接触（"触"），并且产生苦乐等感受（"受"），继而引起渴爱、贪爱或欲爱（"爱"），有了爱就有了对外界事物的追求取着（"取"），由此引发生存和生存的环境（"有"），从而有了"生""老"和"死"。从顺序来看，整个人生现象就是这十二个环节所构成的流转过程；从逆序来看，由人人都不可避免"老""死"一环环往前推究，最终就达到了"无明"这一根本原因。既然"无明"是一切痛苦的根本原因，那么只要消除"无明"，一切痛苦与烦恼就会全部消除。

所谓"灭谛"，就是讲痛苦与烦恼的消除。佛教认为，人生的所有痛苦来源于人的"贪"欲，贪欲不得满足便产生对外境的排斥与愤恨，这就是"嗔"，并由于不清楚自己的人生意义与世界的真相而产生"痴"。早期佛教将此三者视为"三毒"。灭谛就是这三毒的寂灭，三毒灭后人生才会没有痛苦，得到真正的清净安祥，最终实现解脱。为此，原始佛教提出了"涅槃"这一人生理想归宿。"涅槃"是音译，其原意是指火的熄灭或风的消散，也被意译为"圆寂""灭度"等。从宗教实践角度，它被描述成一种超越时空、超越经验、超越苦乐、不可思议的实在。尽管即使在佛教内部，对"涅槃"的解释也不尽相同，但有一点是共同的，那就是"涅槃"意味着对世俗生活的摒弃。换言之，佛教的最高理想，就是对世俗社会和现实人生的否定和超越。

所谓"道谛"，是讲消除"无明"、趋向"涅槃"所要遵循的具体手段和方法，这些手段和方法很多，比如"八正道"："正见"（正确的见解）、"正思维"（正确的意志）、"正语"（正确的言语）、"正业"（正确的行为）、"正命"（正确的生活）、"正精进"（正确的努力）、"正念"（正确的思想）和"正定"（正确的精神境界），就是要求个人的言行与思想都符合佛教的社会规范。可以发现，佛教脱离了人的社会关系来看待人与社会，把所有社会问题笼统地归结为每一个人的生死问题，把一切社会弊病都归结为人生观的谬误，呼吁人用超脱现实社会的方法去认识和解决自身的苦难和矛盾。因此，它从一开始就具备与统治阶级妥协合作的潜质，为统治阶级麻痹和控制人民提供了一种精神鸦片。

不过，作为一种革新性宗教，佛教也对婆罗门教的四种姓理论进行了一定程度的驳斥。比如，婆罗门教宣称种姓天定，认为婆罗门种姓是从造物神"梵"的口中生出的，刹帝利是从其肩部生出的，吠舍是从其腹部生出的，而首陀罗则是从"梵"的足部生出的,因此,四大种姓天生就不平等,婆罗门和刹帝利的特权是神授而来,不可变更的。佛教则指出,四大种姓既然都是母腹十月怀胎而生,就没有什么天然的差异,德行而非出身才是判断贤愚的标准:"不应问生处,宜问其所行;微木能生火,卑贱生贤达。"(《别译杂阿含经》卷五)对于现实社会中的差异,佛教认为人类最初并没有种姓的分别,只是到了"划分田地,各立疆畔"的时候,产生了种种纠纷,才选出刹帝利来进行管理;同时,有一些厌世出家的人,到旷野中修习禅定、探究哲学问题,继而设场教徒,传授经典,这就是婆罗门;还有一些人专门从事耕耘,养活别人,这就是吠舍;还有一类人"伪巧渐生,营杂恶事",被称为"首陀罗"。换言之,社会结构的变动和分工才是导致种姓差异的真正原因,而非婆罗门教宣扬的神造。

佛教反对婆罗门至上主义,反对以出身决定人的社会地位,特别是大众部(或称为"大乘")佛教认为一切众生皆有佛性,一切众生皆可以成佛。在客观上顺应了当时印度社会的进步趋向,但它并没有走向社会改革的道路,而是停留在宗教改革的场域之中。换言之,他们所宣扬的平等实际上只局限于宗教生活和精神生活中的平等,并没有对现实社会存在于种姓制度之下的不同种姓的人们之间存在着的严重不平等进行批判,而是作了妥协性的解释。从上面介绍的"四谛说"中我们就可以发现,佛教社会思想虽然根源于现实社会,但其理论从起点上并未涉及种姓制度本身的不合理与阶级之间的歧视剥削等核心问题,而是密切关注人类命运共同的苦难,把社会问题置换为个体问题,又把个体问题聚焦到主观精神层面;其解决社会问题的方法,也不是去向外寻求环境的改变和社会的改造,而是逆来顺受地去向内改变自身的主观世界。尽管看到了社会冲突与人民困苦,但佛教的解释路径依然遵循着婆罗门教的宗教传统,这是它的保守之处。

此外,佛教完整地继承了婆罗门教关于"因果报应"和"轮回转世"的观念,把构成人生苦难和社会不公的复杂原因完全归之于个体自身前生作孽的报应;把解决问题的途径归之于逆来顺受与断灭欲望。这样,佛教在客观上实际是承认了现实的合理性和社会不平等的必然性,从而发挥了稳定现实社会秩序的功能。在传入中国以后,佛教之所以受到统治阶级的欢迎和认可,就是因为它可以作为一种思想武器欺骗和恫吓劳动人民,使人民都恪守社会规范,以维护统治阶级的地位。

由于佛教并未将其社会理想与现实政治及社会改革结合在一起，因此在经过了一千五百多年的发展之后，到了公元 10 世纪左右，最终被更具政治与社会影响力、与种姓制度紧密结合的以婆罗门教为基础而发展起来的印度教所排挤，再加上中亚伊斯兰教的入侵与镇压，佛教在印度全面溃灭了。尽管如此，佛教在亚洲其他国家的影响却越来越大，尤其在中国，随着它与本土思想学说的不断交流、融合，其中国化、本土化的程度也不断深入和完善。佛教，特别是大乘佛教社会思想的基本理念在与中国社会的结合中，展现了极强的生命力。

二、佛教社会思想在中国的最初传播

佛教以今印度、尼泊尔为发源地，并最先在这一地区传播，后来开始在东南亚地区传播，逐渐南传到斯里兰卡、中南半岛，北传到中国，并经由中国传到朝鲜、日本。近代以来，佛教也在欧美各地流传，成为世界性宗教之一。

关于佛教传入中国的时间，在历来的佛教学者中存在着不同说法，有战国燕昭王时传入说、秦始皇时传入说、汉武帝时传入说、西汉末年传入说和东汉明帝时传入说等。现在学术界普遍认为，至迟到西汉末年或者两汉之际，佛教已经为中国人所熟知。

在传入之初，佛教主要在皇家贵族和士人群体中流传，利用上流社会的信仰和支持获取在中国生存与传播的便利。汉代的人们往往把佛当做一种神灵来崇拜、祭祀，而其教义也被混同于当时流行的黄老之学，比如上文所提的楚王刘英，"更喜黄老，学为浮屠，斋戒祭祀"，"诵黄老之言，尚浮屠之仁祠"。直至汉末，桓帝仍将佛与老子同殿而祠①。在对佛教社会思想的最初接受中，人们或者注意到它与黄老之学相近的"断欲去爱""行大仁慈"以及戒"杀、盗、淫"等教义②，作为一种思想上的佐证和修养中的依凭；或者视其为道术之一种，进行祭祀以求福祥、延寿命。皇家贵族等统治阶级希望通过诵经祈福、造像建塔等方式保佑"国祚无穷"，维护其封建统治秩序；具有悲悯之心和人文关怀的虔信者希望将"福德"布施给一切众生，构建一个美好的理想社

---

① 《后汉书·桓帝纪》："设华盖以祠浮图、老子。"又《后汉书·襄楷传》记襄楷奏议："又闻宫中立黄老、浮屠之祠。此道清虚，贵尚无为，好生恶杀，省欲去奢。今陛下嗜欲不去，杀罚过理，既乖其道，岂获其祚哉！或言老子入夷狄为浮屠。"

② 语出《四十二章经》。

会；而大多数普通信仰者则希望为自己以及父母、祖先祈福禳灾、治疗疾病、延年益寿，寄托美好的价值诉求。

尽管佛教在传入中土之初，其"四谛说""十二因缘"说等理论并未引起人们的重视，但是印度文化中关于世界虚幻、人生痛苦、因果轮回、超脱生死的观念，极大地冲击了本土观念。中国传统社会思想尽管对现实社会的痛苦与不公有着很深刻的认识，但是很少有思考者去质疑现实世界的真实性和幸福生活的可能性，而佛教却告诉人们，"世间无常，国土危脆，四大苦空，五阴无我"（《八大人觉经》），人生"如少水鱼，斯有何乐"（《法句经》）；中国的传统观念认为生命只有一次，佛教却告诉人们，"有情轮回生六道，欲如车轮无始终"（《心地观经》卷三），形体虽亡，精灵不灭；中国本土的道家、黄老学派追求长生、"贵生"，佛教却告诉人们要超越生死、寻找一个涅槃境界。这些新奇的观念在对本土思想产生冲击的同时，也注入了新的灵感，深深地影响了此后中国社会的思想发展。尤其是关于"因果报应"与"生死轮回"的学说，对中国人产生了强烈的心理冲击。佛教认为，一切生命都在六道轮回中不断流转、重生，一个人的思想行为如果符合佛教教义所认可的规范，来世就能在善道中获得理想的转生，成为天人或者重获人身；否则就有可能沦为阿修罗、饿鬼、畜生甚至落入地狱。这一学说在为中国人展示了一个更加广阔的时空观念的同时，也佐证了本土中古已有之的报应观念，并且其解释更具说服力与恐吓力，从而获得了广泛的关注①，使人们不得不予以正视和回应。

三、佛教社会思想融入中国的最初尝试

马克思说："理论在一个国家实现的程度，总是取决于理论满足这个国家的需要的程度。"② 一种外来宗教思想要在中国社会上流行，必然要依附于中国本土的宗教和传统思想文化，与此同时，佛教也面临着处理与中国本土各派社会思想的关系，从而寻求与中国传统思想汇融的可能性的课题挑战。东汉末年，随着道教这一本土宗教的成型，佛道之间展开了或明或暗的竞争，双方这种冲突与交流并存的复杂关系也绵延至此后的整个古代中国。比如，道家早期

---

① 《后汉纪》卷十："王公大人观死生报应之际，莫不瞿然自失。"
② 《马克思恩格斯文集》第1卷，人民出版社2009年版，第12页。

经典《太平经》在批评佛教，将其视作"不中师法""失道意"的异端的同时①，也暗暗抄袭其说；而信仰佛教的人也开始关注与探讨佛教教义与儒家、道教之间的异同。牟子《理惑论》就是系统探讨儒释道关系的重要文献。

关于牟子的真实姓名和生平事迹，文献记载并不是很清楚，只知道他大概生活在东汉末年至三国时期，原本是个儒者，因为看到世乱不宁，遂绝意仕进，专研佛道思想②。东汉末年，佛教已经在社会上广为流行，人们将佛教视同庄老，同属清净无为的玄妙思想，在战乱之年带来精神安慰，但也有许多人将其视为外道予以非难。牟子《理惑论》即为此辩护，并最初探讨了佛教与中国传统社会思想，尤其是与道家和儒家的一致性。书中采取自设宾主、一问一答的形式，通过牟子与一位来自北方的儒者（"问者"）的对答来阐述当时的人们对佛教的理解。比如，对于"佛"这一外来名号，书中将其解释为释迦牟尼的"谥号"，类似于中国对三皇五帝、古圣先贤的尊称；对于"佛"的神通变化，书中描述其"恍惚变化……或存或亡……蹈火不烧……在祸无殃"，这与道家对"真人"的描述几乎完全相同③；对于"佛"的"三十二相""八十种好"，书中解释说，中国古代的圣贤也各有异相（比如"尧眉八采，舜目重瞳子，皋陶马喙，文王四乳"），这是天命所归的标志；对于佛教宣扬的"涅槃"境界，书中径以"无为"来进行翻译解释；对于佛教的戒律，书中则用儒家的礼法进行比拟，等等。通过这种方式，《理惑论》立场鲜明地表达了佛道儒一致的观点，以维护其学说的正当性。不难看出，书中的众多比附论述是十分牵强的，并不符合佛教的原始教义，而《理惑论》在论述佛教的过程中，引用的也主要是《老子》《庄子》《论语》《孝经》《左传》《荀子》《礼记》等中国经典，却很少引证佛经来对"问者"予以直截了当的回答。实际上，佛教在中国的传播过程也正是无数这样类比与转化的集合。

总而言之，佛教在传入中国之初，一方面试图依附本土的社会思想来寻求更深广的接纳，一方面试图在义理上论证其思想与中国传统价值并无根本性的

---

① 《太平经合校》卷一一七："而今学道者，皆为四毁之行……其第一曰不孝；第二曰不能性真，生无后世类；第三曰食粪饮其小便；第四曰行为乞者。"
② 《理惑论·序传》："乃叹曰：'老子绝圣弃智，修身保真，万物不干其志，天下不易其乐；天子不得臣，诸侯不得友，故可贵也。'于是锐志于佛道，兼研《老子》五千文。"
③ 《庄子·大宗师》："古之真人……登高不栗，入水不濡，入火不热"；《淮南子·精神训》："所谓真人者……有而若无，实而若虚……居而无容，处而无所，其动无形，其静无体，存而若亡，生而若死……"。

对立抵牾；而儒、道等本土思想的拥护者一方面对佛教存在排斥的情绪，一方面也援引佛理以求自证和自我完善。在这种相融相斥的辩证关系中，佛教才最终发展成为中国化的佛教。

第二节　佛教社会思想的初步中国化

一、魏晋南北朝时期佛教社会思想的传播与初步中国化

佛教社会思想在两汉传入之初，主要在皇家贵族和士人群体中流传，影响力尚颇为有限。自汉末三国至魏晋南北朝，其影响开始逐渐扩大，并且在民众中得到了较为广泛的传播，而这一现象的出现绝非偶然或巧合。

首先，东汉末年黄巾起义失败后出现了连年混战的局面，魏晋南北朝时期，我国社会又经历了三百多年的动乱。频繁的战祸与腐败的政治，不仅使广大民众备受蹂躏，而且使统治者们陷于朝不保夕的境地，各阶层都遭受着无穷的苦难，对人生失望的普遍情绪漫及整个社会。寻求灵魂安慰与精神寄托的渴望为宗教的传播提供了土壤，而作为黄巾起义思想依托和组织形式的原始道教又受到了打击，这就为佛教的传播提供了有利的土壤与条件。相较于儒学和道教，佛教所宣扬的解脱轮回、度脱苦海的理想更能符合时人对自身境遇的直观感触与超验诉求。当然，绝大多数受苦受难的劳动人民并不真正想要成"佛"和进入"涅槃"境界，只是祈求佛陀把他们拯救出人间苦海或希望来世不再受苦，这才是他们信仰佛教的根本原因。这是佛教社会思想传播的社会基础。

其次，这一时期的统治者们为了寻求社会整合，也急需一种更具麻醉性和欺骗性的社会思想来控制民众。佛教虽然不像儒家那样主张忠孝节义、安分守己，但它要求佛教徒刻苦修行以求解脱的基本精神和因果报应、轮回转世等一系列说教，不但不对现行的社会秩序构成威胁，相反还有助于维护这种秩序。从汉末以至魏晋南北朝，统治者们或者意识到佛教的这一社会功能而大力提倡，或者因为自身的价值偏好而极度推崇。"上有好者，下必甚焉"，信佛、佞佛的风气在统治者们的亲身示范和行政力量的推广之下蔚然成型也就顺理成章了，这也可以说是佛教传播的政治基础。

最后，魏晋时期玄学清谈之风盛行，佛教学者们把握住了这一思潮，借鉴玄学派的社会思想，在其话语体系内大力发展既有的学说，对佛教社会思想进

行了初步的中国化变革。魏晋时期门阀士族掌握着特权，他们一方面需要一种新的思想体系来论证纲常名教的合理性，另一方面又想保持一种与纲常名教若即若离的玄远态度和精神境界来作为贵族生活的准则与安身立命之道，玄学就此应运而生。玄学家主张"以老庄为宗而黜《六经》"，提倡"越名教而任自然"，在本体论层面主张"以无为本，以有为末"，否认外界事物的真实性。这一学说与佛教宣扬的"万法皆空"及出世思想原本就有相近之处。因此，佛教般若学说在玄学盛行的基础上获得了广泛的发展。佛教徒们积极钻研老庄之学，使用"有无""本末""真人"等玄学派的概念来解释佛教思想，然后用佛理中的独到精微之处攻难老庄以折服玄学。这一反复交流辩难的过程，促使佛教社会思想与我国本土文化传统和习俗心理逐渐弥合，形成了有别于印度佛教的中国佛学理论，一方面在谈空论无之中为佛教赢取了社会影响，一方面也使佛教社会思想走上了中国化的道路。这是佛教社会思想传播的理论基础。

当然，佛教社会思想的传播也不全是一帆风顺的。魏晋南北朝之时，随着道教的复苏与兴盛，双方的冲突与论争也日趋激烈。尤其北朝的佛道之争往往涉及政治，其冲突结果往往导致佛教被打压或禁止，如北魏太武帝和北周武帝时期的"灭佛"，背后都有道教势力的鼓动支持。南朝佛道之争多据学理，双方或者在玄学的话语体系内唇枪舌剑，互斥对方"不得其本""仅得其末"；或者在创始人的身份地位上做文章，力证自己较对方更为高明。如西晋道士王浮所作的《老子化胡经》，说道教创始人老子西出函谷关之后，经过西域来到天竺教授胡人，"浮屠"（佛）就是其弟子的别号，以此来说明佛陀是老子的弟子，佛教是道教的支流。对于此类说法，佛教徒也著说反驳，比如《正诬论》就说老子到印度是去向佛陀请教，所以老子是佛的弟子。在道教之外，儒家士大夫阶层对于佛教也多有排斥，他们或者指责信仰佛教是"以夷变夏"，破坏传统文化，或者宣扬"形谢神灭"，驳斥佛教的轮回因果学说。

应当认识到，这些思想冲突的本质都根源于现实因素，即这一时期佛教的过度发展损害到了国家社会的根本利益。出家人口的剧增、僧寺财产的膨胀，引发了众多社会和经济问题。就在这种融合与冲突的交融之中，佛教也努力进行着自我调适，并且最终完成了自身的初步中国化。

二、大乘般若学说的传播及其社会理念

佛教在公元前4世纪的孔雀王朝时期，即阿育王时期成为了印度的官方主

导性社会思想，但也因佛教内部对教义的理解不同而分裂为所谓"上座部"与"大众部"，其下又分为多个"部派"。大乘佛教即属于大众部之列。到公元1世纪，大乘佛教不但成为大众部佛教的代表性部派，而且开始占据了佛教的主流地位，他们将恪守释迦牟尼原教旨的上座部佛教和以求超度为宗旨的佛教叫做"小乘"，而称自己的以普度一切众生、通过利他而最后自利为宗旨的佛教为"大乘"或"菩萨乘"。"乘"是运载物（如车、船）的意思，"大乘"意味着能运载无数众生到达解脱的彼岸，而他们认为上座部佛教只能运载其自己或少量众生脱离苦海，故称之为"小乘"佛教（尽管上座部僧人一直不认同这种称谓）。

大乘佛教的主要经典，有《般若经》《法华经》《楞伽经》《华严经》《涅槃经》《维摩诘经》等。这些经典在魏晋时期即开始在中国流传。而以《般若经》为理论依据的般若学说，逐渐成为当时佛教社会思想的主流。般若学说就是大乘佛教最主要的一类理论系统。他们将布施、持戒、忍辱、精进、禅定和般若合称为"六波罗蜜"或"六度法门"。"波罗蜜"意为"到彼岸"，意思是众生通过这六个方面的修行可以从生死苦恼的此岸到达涅槃解脱的彼岸。

我们可以看到，上述被大乘佛教称之为"六度法门"的前三个法门，是要在人与人的社会互动中实施的，这就使得大乘佛教具有了融合社会生活秩序的性质和功能，从而使大乘佛教具有了较强的入世性。而后三个法门则具有个人自修直至实现终极目标的性质。他们认为这六度法门中最重要的就是列在最后的"般若"法门。"般若"意为"智慧"。按照般若学说的观点，世界的本质是"空"，这个"空"一方面意味着世间一切现象在本质上都是没有差别、虚幻不实的，另一方面又意味着世界万有具备同一性的基础，在这一层面上，"空"也被称作"法性""真如"或者"佛性"。般若学说的流布引领着佛教社会思想向本体论方向开展。般若学说虽然在东汉时期就通过《般若经》等经典被传译至中国，但是并未受到关注；又经过东汉、三国，直至两晋，随着玄学的盛行，人们发现它不仅与玄学探讨的是同样的问题，得出的结论也可以互相发明，般若学说因此风行于中国社会，成为当时中国佛学的主流。随着理论探讨的深入，中国的般若学说又分化为"六家七宗"①，道安是其中本无宗的代

---

① 一般认为，"六家"为"本无""即色""识含""幻化""心无""缘会"，其中"本无"又分为"本无"和"本无异"，是为"七宗"。

表,也是这一时期佛教社会思想的核心人物之一。

道安(314—385)俗姓卫,常山扶柳(今河北冀州西北)人。他出身于儒家知识分子家庭,12岁出家,为西域僧人佛图澄弟子。道安为佛教社会思想的传播做了很多工作,梁启超认为:"中国佛教史,当以道安以前为一时期,道安以后为一时期。"从道安开始,佛教在中国的发展,就不再只是单纯地输入,而是为了中国佛教的建构而努力了。

首先,道安对中国僧人的组织制度进行了完善。印度佛教原本有所谓"僧伽制度","僧伽"是"僧"的全称,意为"大众""法众",指出家佛教徒的团体。脱离家庭形成的出家人群体,需要有相应的规章制度来进行组织和规范,以方便众人在学习和生活中互相切磋、互相帮助。"僧伽制度"即为出家集体生活所制定的关于出家、受戒、安居、饮食、羯磨(僧团会议)等方面的条规。魏晋时期,随着佛教信众的发展,已经出现了以某个僧人为核心或者以某个寺庙为传法基地的僧团组织,道安在北地传播佛法之时,身旁往往跟随着数百人众的僧团。为了管理僧众,道安健全了中国的僧伽制度,把几百人的僧团管理得秩序井然。

其次,道安制定了最初的戒律戒规以约束僧众。在道安之前,汉地佛教虽有戒律却很不完备,他参照已有戒律为僧团制定了"僧尼轨范、佛法宪章",并"条为三例:一曰行香定座,上经上讲之法;二曰常日六时行道、饮食、唱时法;三曰布萨、差使、悔过等法"(《高僧传》卷五),包括讲经说法的仪式和方法,昼夜六时修行、食住的规定,以及半月举行一次的说戒忏悔仪式("布萨")、夏安居结束时的检讨忏悔集会("差使""悔过")的规定等。

在道安之前,僧人们或依国土为姓①,或依师为姓,道安以释迦牟尼为僧人们共同的祖师,主张全都以"释"为姓。这一倡议也得到时人的公认,后来的出家人均称为"释某某",就是从道安开始的。以"释"为姓增强了僧人群体的凝聚力与集体认同感,在巩固僧团方面有着重要作用,而共有一姓的做法实际上是顺应了中国人崇敬祖先的传统观念和当时以世家大族为荣的时代风尚。道安制定的这些制度规范受到了各地僧团普遍的欢迎与效仿,"天下寺舍,遂则而从之"(《高僧传》卷五),"凿空开荒,则道安为僧制之始也"(《大宋

---

① 如印度(天竺)来的僧人往往取汉姓"竺"、伊朗(安息国)来的僧人往往取汉姓"安",等等。

僧史略》）。这说明，随着僧尼的增多，制定适合中国社会环境的组织，已是佛教进一步发展的需要。

道安还是中国最早编纂经录的佛教学者，在综理佛典、辩证真伪方面做了很大贡献。他著有《综理众经目录》，对当时流行的各种佛经译本进行了考订，整理出二十六部三十卷的"伪经"和"疑经"。此外，他还组织了众多佛经、戒律的翻译。

道安特别重视面向社会大众传布佛教，称"教化之体，宜令广布"。他徙居襄阳后，迎合朝野崇尚玄学的风气，着意研究和宣扬大乘般若学说，每年讲两遍《放光般若经》，"未尝废阙"；他从河北到襄阳，最后西入长安，其间两次"分张徒众，各随所之"，他的弟子们或者"率徒入蜀"，或者"弘教东南"，或隐栖庐山，或者立寺荆州，遍布大江南北的山乡城镇，对佛教思想向社会普及起到了很大的促进作用。

作为般若学说"六家七宗"中本无宗的代表人物，道安最为重要的贡献当属结合玄学对佛教的基本理论进行了发展和阐扬。所谓"本无"，即"以无为本"。这一学说以玄学话语中的"无"比拟般若学说的"空"，试图在本体论上阐述现实世界的虚幻不实，从而教人超脱世俗生活，其观念近于玄学家何晏、王弼的贵无派社会思想。

道安认为，社会中的一切苦难都是由于人们心贪身外之物（即他所谓的"末有"）所致。贪欲使人生愤恨之心、痴迷之情。佛教的社会理论认为，贪似牢笼、恨是囹圄、痴乃围城，而世人入其中却不知其苦，反而甘之如饴，如坐春风、如痴如醉、如居华殿①。由此引起了一系列问题，造成社会的秩序失调和各种冲突。

在贪欲造成的社会问题中，尤以社会领袖和上层统治者的行为为甚。他们耽湎美色，违背伦理，离乱家庭，破坏纲纪，是国亡家倾的重要原因。佛教认为财物珍宝生不带来，死不带去，物无常主，人生在世应当施恩行惠，救穷济难，这与玄学轻视外物的思想是相通的。此外，人与人之间的怨恨也会造成社会生活的日益痛苦。怨恨的情绪往往积累于家庭、亲友之间，陷于怨恨情绪的人往往为了芝麻芥末般的小事，就结怨成仇，相互吵闹，破坏了亲友之间本来

---

① 《大十二门经序》："贪囹恚圄，痴城至固。世人游此，犹春登台。甘处欣欣，如居华殿。嬉乐自娱，莫知为苦……夫唯正觉，乃识其谬耳。"

的和谐关系。其更甚者,含恨彻髓,狂暴不已,如结血海深仇,为此杀人灭族、家破身亡。最后,那些愚痴之人,"诽古圣,谤真谛,慢二亲,轻师父"(《大十二门经序》),也是造成社会各种关系失调的重要原因。

那么,怎么解决这些社会问题,拯救那些执迷不悟、被贪恚痴禁锢不能自拔的世人呢?首先,道安认为,解决问题的根本不在于处处设防、逐一对治,而应该从佛教世界观的高度去认识现实世界的虚幻不实,从而摆脱贪恚痴这"三毒"的束缚。他说:"夫执寂以御有,崇本以动末,有何难也?"(《安般注序》)"等心既富,怨本息矣。岂非为之乎未有,图难于其易者乎?"(《大十二门经序》)在这里,道安所使用的"本末""有寂"概念,正是玄学探讨的主题和常用概念工具,其思路也与玄学中的贵无派相通。只不过二者间的性质与旨趣却大不一样:玄学贵无派"崇本抑末"是为了肯定现实世界,道安的"崇本动末"则是为了论证现实世界的虚幻不实,从而教人摆脱世俗。由此出发,玄学贵无派推导出了一系列肯定现实世界的社会政治观点,道安则教人如何去彻底否定现实世界,坚定追求彼岸世界的信念,所谓"以四空灭有,有无现焉"(《大十二门经序》)。

其次,在长期的宗教实践中,道安又试图纠正这种过于空寂的倾向,通过"本末等尔""有无均净"来消除本体与现象的对立。他说:"诸五阴至萨云若(一切智),则是菩萨来往所现法慧,可道之道也。诸一相无相,则是菩萨来往所现真慧,明乎常道也。"(《出三藏记集》卷七)这里的"法慧""可道"是有为的"俗谛",而"真慧""常道"则是无为之"真谛",二者之间不相分离,"同谓之智而不可相无",这才是真正透彻的智慧("般若")。这样,道安就通过消除本体和现象的对立,解决了世间与出世间的矛盾,从而与玄学思想以及儒家的"名教"达成了和解。

最后,在具体行持中,道安通过系统全面的行为规范来助人修身断恶,以"清净"来断除三毒,这就是前述佛教制度戒规的职能。这样,道安就从思想认识上的"崇本动末""执寂御有",宗教实践中的"本末等尔""有无均净"以及世俗生活中的"清净"戒规这三个层面给出了上述社会问题的解决方案。

道安在佛教社会思想中国化方面做了系统性的工作。经过他的整合,佛教社会思想完成了最初的中国化,形成了一个完整的佛学体系,这一体系在他的《比丘大戒序》中概括如下:"世尊立教法有三焉:一者戒律也;二者禅定也;三者智慧也。斯三者,至道之由户,泥洹之关要也。戒者,断三恶之干将也;

禅者，绝分散之利器也；慧者，齐药病之妙医也。具此三者，于取道乎何有也！"

三、佛玄汇融与佛教社会思想的进一步中国化

在道安之后，庐山东林寺的慧远是进一步致力于把佛教社会思想与中国传统思想协调起来的代表人物。慧远（334—416）俗姓贾，雁门楼烦（今山西宁武附近）人。少为儒生，"博综六经"，且"尤善庄老"。出家后，以道安为师，曾长期随道安在襄阳讲经传教。到庐山后，他与地方大族刘遗民等人组织了佛教史上最早的结社——莲社，发愿往生一个幸福无忧的世界。慧远及其僧俗追随者的生活，代表了中国早期士大夫佛教充分发展了的形态。《高僧传》卷六及《出三藏记集》卷十五有传。

慧远对佛教社会思想的中国化贡献众多，其首要之处在于发扬"格义"之学，以兼容儒玄思想。慧远的佛学大小乘兼通，又善儒道群书，通"毛诗""三礼"。东晋、南朝的世家大族最讲究丧服，慧远就讲《丧服经》，而且在作品中对"三玄"义理大加发挥。他有意识地发扬当时的所谓"格义"之学，以佛教为核心吸纳百家学说，认为"苟会之有宗，则百家同致"（《广弘明集》卷二七）。所谓"格义"，是指"以内典与外书相配拟"（陈寅恪《支愍度学说考》），即援引中国的传统概念来比拟和解释外来的佛教概念。最初的格义是竺法雅、康法朗等僧人"以经中事数拟配外书，为生解之例，谓之格义"（《高僧传》卷四），即在佛典翻译中将意思相近的传统概念注于名词之旁，或者用同一佛典的几种不同译本"合本"比较参照。到了慧远这里，则已不再拘泥于片言只语的训释，而着重于从义理方面来阐释、融会中外两种不同的思想。据说在一次讲经中，有听众对"实相"之义反复问询仍不明其义，慧远便"引《庄子》义为连类，于是惑者晓然"。在此之后，道安便默许慧远征引"俗书"。通过慧远的努力，佛教社会思想越来越为众多的中国人所理解。

慧远在兼容儒玄方面的贡献，是很好地化解了出家生活与世俗礼教之间的矛盾，以回应儒家士大夫的问难。他在《答桓太尉书》中提出，在家佛教徒理应礼敬王侯、奉持名教，但出家僧人是脱离世俗的"方外之宾"，因此不需要礼敬王者。在后来的《沙门不敬王者论》中，慧远全面阐述了这一思想主张，明确指出佛教具有"上俾皇极"的政治职能与"日用于陶渐"的社会功能。尽管从表面上看，出家人不礼君亲是"内乖天属之情""外阙奉主之荣"，但是他

们"遁世以求其志，变俗以达其道"，以高尚的情操和修养"道洽六亲，泽流天下""协契皇极，大庇生民"，因此在本质上"不违其孝，不失其敬"，即并不与礼教构成对立。统治阶级如果能够对出家僧人们做出这一形式上的让步，抬高他们的社会地位，就能在人民群众中施加深广的影响，从根本上维护自己的最高利益。慧远的观点得到了统治阶级的认可，从此佛教便成为其维护政治统治和社会秩序的重要辅弼了。

慧远的另一贡献是面向民间社会，始倡净土法门，成为后世净土宗的思想来源之一。东晋太元三年（378），前秦遣将进攻襄阳，道安遣散徒众以避战事，其中慧远东下庐山，从此就在这里传教、著述，直至去世。在他的经营下，庐山形成了一个庞大的僧团，并且有着众多常来听法的居士群。这些居士中既有隐居山林的士人，也有许多平民百姓。出于自身的信仰和大众传讲的需要，慧远在庐山倡导净土信仰，宣扬通过"念佛"法门往生清净刹土的思想，成为后世净土宗追宗的鼻祖。这一法门在路径上与艰深繁复的般若学说反其道而行之，它没有复杂的理论，简单易行，方便传播，受众群体广大，是佛教社会思想中国化、平民化、群众化的产物。

在慧远的佛教社会思想中，影响最为深远的是他对佛教因果报应、生死轮回学说的阐扬与发挥。因果报应简言之即"善有善报，恶有恶报"①，此类思想在中国传统观念中古已有之，如"积善之家必有余庆，积不善之家必有余殃"（《周易·坤·文言》）；"惟上帝无常，作善降之百祥，作不善降之百殃"（《尚书·伊训》）；"天道赏善而罚淫"（《国语·周语》），等等。统治阶级欢迎和支持这种学说，因为它意味着自己的权势与富贵是行善所得，而贫贱困苦的劳动人民则是罪有应得，从而为维系现存的等级秩序制造道德高地。然而，现实世界中的情形却往往与之相反，积善得殃、凶邪致庆的例子比比皆是。自汉代以来，对这一观念持怀疑态度者代有其人，西汉时期的司马迁、东汉时期的王充、与慧远同时期的何承天和慧远以后的范缜、刘峻、李翱、欧阳修、程颢、程颐、朱熹等都曾撰文抨击因果报应论。为了支持因果报应论，人们也做出了种种解释，比如东汉中后期问世的道教经典《太平经》就曾提出"承负"说，即前人做下的善行或者过恶，报应在子孙或者相关人等的身上。

---

① 《璎珞经·有行无行品》："又问目连：'何者是行报耶？'目连白佛言：'随其缘对，善有善报，恶有恶报。'"

这种解释显然是从中国传统的家族观念中获取的灵感，它虽然具有一定的解释力，但与大量的历史事实仍然存在着抵牾。

慧远则从佛教的轮回学说中找到了解决方案。他认为，因果报应是天经地义的，只不过报应的时间有早有迟。他说，报应分为三种：第一种是"现报"，这种报应是"善恶始于此身，即此身受"的，就是说做了善事或恶事，在今生就得到相应的报应；第二种是"生报"，这种报应是由"来生便受"的，就是说做下的善事或恶事在今生没有得到相应的报应，但在转生下世后，就会受到报应；第三种是"后报"，这种报应"或经二生、三生、百生、千生然后乃受"①。也就是说，现实中那些做了善事却贫贱困苦、寿夭短命的事例并不能证明因果系统的无效，只是过去世造下的恶果恰在今生成熟；同样，坏事做尽却富贵长寿、荣宠加身的情况，也不是不会得到恶报，只是要到未来世才能成熟。慧远这一"三世报应"说和儒家天命论的思想脉络是一致的，同墨子讲天鬼有社会控制的功能也是相通的。他更高一等的地方在于，把现实社会中人们行为善恶所应得到的赏罚的周期拉长了，从而更加具有说服力与恫吓力。

第三节　佛教社会思想的本土化与去宗教化转向

一、隋唐五代时期佛教社会思想的本土化

佛教社会思想从汉代传入中国，经过魏晋南北朝时期的发展，逐渐在中国扎下根来，成为中国传统思想的一个有机组成部分。到了隋唐五代时期，佛教传播达到了鼎盛。这一方面是因为隋唐帝王笃信佛教，积极扶持佛教发展，另一方面也是因为佛教自身极力向士人和民间渗透、在教义和礼仪方面努力迎合本土需求。在这一时期，佛经的翻译在数量和质量上都超越前代达到了最高峰。在贞观三年（629）至元和六年（811）这180余年间，国家持续组织译场、延请中外名僧翻译了大量经典。这些经典不仅为僧人和信众提供了学佛的依凭，也为佛教研究者提供了资料，使佛学在唐代大为兴盛，出现了许多佛学论著。隋唐时期，由于国家政策支持和官僚地主布施，寺院经济急剧发展，对门阀贵族和世俗地主的利益造成了一些影响，但佛教在整合社会、维护现存社

---

① 以上均引自慧远《三报论》。

会秩序方面所发挥的作用，要比前者大得多，这也是统治阶级之所以要宣扬佛教的根本目的。

魏晋南北朝时期的排佛斗争，也同样延续到了隋唐五代时期。最著名者当属如下几宗事件：李渊时期的一次关于是否要排斥佛教的争论；武后时狄仁杰谏造大像；唐宪宗元和十四年（819）韩愈谏迎佛骨；唐武宗年间的"会昌灭佛"等。当时人们排佛，主要出于以下几个理由：（1）佛教的过于兴盛耗费了国家大量财物，供养着大批不事生产的僧尼，给社会经济造成了较大的损害；（2）儒家士人阶层将六朝朝代过于短促的原因归结为佞信佛教，认为其坏礼教、乱人伦，导致国祚不永；（3）许多僧尼守戒不严，佛寺成为贸易场所乃至作奸犯科之徒逃避制裁之所，埋藏着许多社会问题的隐患。但排佛只是佛教中国化发展过程中的小小挫折，如前所述，佛教既与统治阶级的根本利益相契合，又对民众具有麻痹性，其传播与发展终究是难以遏制的。

盛唐以后，随着科考制度的盛行、门阀士族的瓦解以及普通知识阶层的兴起，思想界形成了一股注重实践、追求简约的风气。单纯的经典研习与义理阐释逐渐让位于对身心修养和道德实践的并重。这一倾向反映在佛教中，即以注重授戒习律、约束信仰者伦理行为的"律师"与注重禅定、体验心灵境界的"禅师"逐渐取代了专注于翻译和解释经典义理的"法师"，成为佛教学者中的主流或代表。8世纪以后，随着门阀士族的衰落与战争对城市、寺院的摧残，大规模的译经、讲经活动失去了往日的支持系统，人们对探讨佛教义理的兴趣开始衰退，转而趋向于心灵导向的修行实践和解脱路径。律宗以其精严的戒律、朴素的生活和坚韧的意志表现出崇高的人格和信仰的意义，对教内教外的信仰者形成了新的感召力；而禅宗对佛理理解的明快直接和对心灵救赎的紧密关切，对于普通知识阶层来说比经疏义理更具吸引力。

早在晋宋之际，竺道生（355—434）就根据六卷本《泥洹经》提出"一阐提皆得佛性"的观点①，这实际上是佛教的性善论。由于这一观点在早期翻译的佛典中没有提到，因此在当时受到许多僧人的反对，"以为邪说"。后来北本《涅槃经》传来，经中果有一阐提皆有佛性之说，主讲心性的涅槃学说于是大昌，逐渐取代以本体论为核心的般若学说成为佛学的主流。隋唐五代时期，佛教社会思想最重要的发展就是心性论的展开与众多宗派的形成，如天台宗、三

---

① "一阐提"，即佛教所谓断灭善根的恶人。

论宗、华严宗、律宗、禅宗、净土宗、密宗等。这些宗派都用自己的观点、方法分别建立了心性论体系。北宋以后，心性修养、明心见性等心性论成果为儒家吸纳，并与治国平天下的政治目标相结合，开启了以理学家为代表的儒家社会思想的新发展，佛教作为一种外来的社会思想，在本土化的同时，也对中国的思想传统进行了反哺。

二、天台宗对般若学说与涅槃学说的综融

天台宗渊源于南北朝，创于隋而盛于唐，中唐以后趋于衰落。天台宗奉印度龙树为初祖，北齐慧文为二祖，南岳慧思为三祖，而其创始人实为天台智𫖮。智𫖮（538—597）世称智者大师，生活在陈隋时代，"天台宗"即以其驻锡天台山国清寺而得名。在涅槃学说流行后，南方尚多谈义理，北方则重视坐禅。天台宗综融二者，主张"定慧双修""由禅生慧"，达至大乘"圆顿"境界。其理论依据主要来源于《法华经》，其教旨主要为"三谛圆融""一念三千"。

所谓"三谛圆融"，其"三谛"指"空、假、中"或者"真、俗、中"。天台宗认为，现实社会中一切现象的本质都是由心而生、虚幻不实的，这就是所谓"空谛"，又叫"真谛"；而这些社会现象外在表现形式千差万别，并不能说它们不存在，这就是"假谛"，又叫"俗谛"；真俗二谛一为实质、一为现象，在认识上不可偏于任意一边，行持中也应不著于空、不执于假，这就是"中道"。"中道"不离空、假，亦即空、假，三者互相融通，故曰"三谛圆融"。

所谓"一念三千"，其"一念"就是指人的心念。天台宗认为，宇宙万物种种差别，都是因为一念偶动而显现出来的。《摩诃止观》说："夫一心具十法界，一法界又具十法界、百法界。一界具三十种世间，百法界即具三千种世间。此三千在一念心，若无心而已，介尔有心，即具三千。"就是说，一念之中即具十法界（指地狱、饿鬼、畜生、阿修罗、世人、天人这"六凡"以及声闻、缘觉、菩萨、佛这"四圣"）。由于十法界皆由心起，故而相通互具，又可细分为百法界；每一法界都有十个面向，即相（表相）、性（性质）、体（质体）、力（力量）、作（业）、因（根据）、缘（条件）、果（结果）、报（报应）、本末究竟（总体）这"十如"，共成千法界；而每一法界又各具三种存在方式，即众生世间（有生命的世界）、国土世间（众生所依的生存基地）、五蕴世间（构成世界的物质和精神因素），于是又细分为三千法界。这就是所

谓"一念三千"。

由"三谛圆融""一念三千"的教旨出发，天台宗形成了自己的社会思想体系。首先，现实社会中的一切冲突、纷争和问题，都被还原至个体认知层面，一切外在境遇都被归诸自身的"一念"之间。发善心、行善道，就感善境、得善果；生恶念、做恶事，就堕恶境、蒙恶果。天台宗将世俗层面的善恶分作上中下三品，其果报对应着地狱、饿鬼、畜生、阿修罗、世人、天人这"六凡"；而只有离世出家，摆脱世俗的烦恼，才能"超凡入圣"，感召声闻、缘觉、菩萨、佛这"四圣"之果，得到真正的解脱。其次，明白了社会问题的根源，还需要有解决方案，那就是通过修心与禅观，证悟诸法皆由心生之理，显明"三谛圆融"之旨。三千法界虽然纷然杂陈，却仍在一念之中，而这一念本来是空，所谓"三界无别法，惟是一心作。今求心不可得，即一切空"（《摩诃止观》卷五）。既然现实社会中的一切冲突、纷争和问题都是心的造作，而心体本来是空，因此这些冲突、纷争和问题也都只是不真实的"无明"和"妄想"。就心念的造作过程来看，"行心从受生，受心从想生，想心从识生，识从过去行生，过去行从无明生，无明从妄想生，妄想还从妄想生"（《摩诃止观》卷八）；而在修心与禅观的次第上，则要先止息妄想，体察"空谛"；熟练后再观察妄想，认识"假谛"；最终达到"一心三观"的圆融境界，彻底断除烦恼。这就是智𫖮所说的"初观用空，后观用假，是为双存方便。入中道时，能双照二谛"（《摩诃止观》卷三）的修行路径。

天台宗的这套理论，把人生苦难归因于个体的认识和道德与行为，其实质是站在统治阶级的立场上，要人们放弃现实社会中的一切冲突和是非，去追求虚幻的精神解脱，其目的归根结底是为了协调社会关系、整合社会秩序。它所要达到的"一心三观""双照二谛"，实际上是对现实社会秩序的认同与维系，而这一心性层面的路数似乎比名教伦理更具说服力。统治阶级之所以乐于支持和宣扬，其原因就在于此。从思想源流上看，它所主张的"一念三千"集中表达了涅槃学说的世界观与心性观，而"三谛圆融"则继承了玄学化佛学关于"真谛"与"俗谛"关系的探讨①。天台宗的独到之处在于，它将涅槃学说的心性论与般若学说的本体论完美地结合起来，成为一个完整的学修体系，从而

---

① "真谛"与"俗谛"的关系是玄学化佛教社会思想的主题之一，回应的是玄学对"名教"与"自然"关系的探讨。

维系了佛教社会思想的生命力。随着心性论转向的完成，天台宗的宏大体系逐渐为人们所抛弃，专注心性修养的禅宗成为了佛教社会思想中的主流。

三、禅宗的顿悟思想与去宗教化倾向

禅宗是佛教中国化最为典型的产物。它起始于南北朝时期来华的印度僧人菩提达摩，经五传至弘忍，最终在六祖慧能时发扬光大，形成了一整套理论与修行兼具的体系，产生了极大的社会影响。

"禅"是天竺语"禅那"（Dbyana）的简译，意为"静虑定心"或"思维修养"，它原本是古代印度包括佛教在内的许多宗教所采用的一种修行方法，主张通过修"定"而生"慧"，从而证悟"真如"。传统的禅法要求静坐调息、思想集中，并且有着众多繁琐的规定、划分为若干阶段。达摩来华后，为适应当时中国重实行轻义理的时代风尚，对禅法进行了改良，提出入道可以有多种途径，除了传统的"凝住壁观""寂然无为"的"理入"之外，还有"万行同摄"的"行入"。"行入"之途，最基础和最重要的是所谓"入道四行"，即"报怨行""随缘行""无所求行"和"称法行"（《高僧传》卷十六）。所谓"报怨行"，指在遇到苦痛之时，明白这是自己往世作恶的果报，从而甘心承受、不要怨恨；所谓"随缘行"，指在遇到好事的时候，也要知道是自己以往善业的成熟，一旦缘尽就会消逝，因此不要欣喜，继而领悟苦乐的平等性；所谓"无所求行"，就是安心无为，对任何事物都无所贪求；所谓"称法行"，就是最终进入自性本净的无痛苦精神世界。达摩认为，一切社会问题和冲突都是由于人们受到外界刺激而产生利害得失之心所导致的，解决的方法是通过对自身思想心性的锤炼，将一切爱憎苦乐都视若浮云，并且放弃一切既定的社会价值观念，甚至放弃改善自己生存条件的任何需求。

只要在生活中处处遵循佛教设计的行为规范，就能消泯一切烦恼，达到人际关系的和谐与社会秩序的稳定。这种简单易行的修行方式，适应了当时北方的社会环境，得到了广泛的认可。到了慧能时代，禅宗发生了分化，形成了以他为代表的南宗和以神秀为代表的北宗，时称"南能北秀""南顿北渐"。相对于达摩，慧能对禅法又作了进一步的阐发，从而回应了时代的风尚与本土化的诉求。慧能（638—713）俗姓卢，并不识字，他平时讲经说法的内容由门人记录下来，编为《坛经》，这是研究其思想最可靠的材料。

传统禅学，包括北宗神秀一系，都主张"由定生慧""从定发慧"。慧能指

出了这种说法可能导致的误区,说:"莫言先定发慧,先慧发定,定慧各别",并主张"定慧等持"。按照他的譬喻,"定"与"慧"的关系就有如灯和光的关系,所谓"有灯即有光,无灯即无光"(《坛经》),二者之间不存在次第先后。因此,修行的过程也就并非擦拭镜面般日积月累地去清除心灵的垢染,而是在内心深处了悟镜面与客尘、心体与烦恼同为虚幻,所谓"佛性常清净","何处惹尘埃"(《坛经》)。有了这一理论基础,慧能进一步提出,为"大智人"所说的"最上乘"法门,是不拘泥于诵经拜佛等外在形式或执着于经论典章的文字符号的,因为这些宗教化的仪式乃至于繁复精深的义理说教都是在客尘、烦恼层面的方便施设,而其得以施设的基石则是清净无垢的心体或者佛性,所谓"一切修多罗及诸文字,大小二乘,十二部经,皆因人置,因智慧性,方能建立。若无世人,一切万法本自不有"(《坛经》)。真正的高明之士不需要借助任何外在形式,只要在一念之间明了自己的本来心性,即可当下开悟成佛[1]。这就是慧能的"顿悟"学说。

尽管慧能最初将这一学说定义为"大智人"所说的"最上乘"法门,嘱咐弟子们不能恣意广传,"恐愚人不解,谤此法门,百劫千生,断佛种性"(《坛经》),但它在仪式上的简单易行、传播途径上的不立文字,实际上大大降低了受众的门槛,从而得以广泛地向僧徒、士人乃至非知识阶层的普罗大众传播。并且,慧能以后的禅宗在很大程度上已经褪去了宗教的外壳,成为一种纯然而独特的思想理路,它对于讲求悟境的中国人有着很大的吸引力,使得许多原本对宗教保持距离的人们愿意去了解和接受。尤其在唐朝"安史之乱"以后直至五代时期,中国的社会秩序又遭遇了一段大的动乱,在这一时段中,无论帝王权贵、门阀地主还是平民大众,都面临着无比困苦的处境,而禅宗的教义对于社会中任何一个阶级或者阶层都是适用的,这也是其广泛流行和发展的原因。需要明白的是,禅宗的这种"超阶级性"并不是因为它提供了一种彻底解决社会问题的现实方案,而是恰恰相反:它教导人们彻底地逆来顺受和无底线地自我麻醉,使人们毫无怨言地接受甚至快乐地迎接任何苦难。这既是禅宗的社会功能,也是任何官方宗教普遍具有的社会功能。

尽管侧重于"无念""无相""无住"的心性教授,慧能同时也劝导人们

---

[1] 《坛经》:"当知愚人智人,佛性本无差别,只缘迷悟不同,所以有愚有智";"本性是佛,离性无别佛";"凡夫即佛,烦恼即菩提。前念迷即凡夫,后念悟即佛。前念著境即烦恼,后念离境即菩提";"不悟即佛是众生,一念悟时,众生是佛。"

奉行恩、义、让、忍等儒家社会价值观，认为"恩则亲养父母，义则上下相怜，让则尊卑和睦，忍则众意无喧"（《坛经》），可以促进社会生活秩序的和谐。他还劝人除"十恶""八邪"，行"十善"，对于已经犯下的过恶，要真诚地"忏悔"："忏者，忏其前愆。从前所有恶业，愚迷憍诳嫉妒等罪，悉皆尽忏，永不复起，是名为忏；悔者，悔其后过，从今以后，所有恶业，愚迷憍诳嫉妒等罪，今已觉悟，悉皆永断，更不复作，是名为悔。"（《坛经》）也就是说，只要觉悟到自己以前的越轨行为是错误的，并且从此改恶从善、永不再犯，那么尽管此前罪恶累累，也不影响最终"顿悟成佛"。

可见，慧能的"佛"并不是遥远西天的如来佛，而是无烦恼、无牵挂、无是非爱憎的内心自在佛。他描述悟后的境界说："若真修道人，不见世间过；若见他人非，自非却是左；他非我不非，我非自有过；但自却非心，打除烦恼破；憎爱不关心，长伸两脚卧。"这一简单易行的获取"幸福"的方式，对于广大劳动人民来说有很大的诱惑力，它用和稀泥的方式，教人对一切社会冲突视而不见甚至否认其真实性，宣称这才是终极而真实的幸福。这类思想的传播，有利于缓和阶级矛盾，因此受到统治阶级的欢迎。当然，统治阶级欢迎它的另一原因，是这一思想为他们提供了罪恶的避风港：哪怕做了再多罪大恶极的坏事，都有最终的退路——只要在合适的时候一念之间"放下屠刀"，就可以既往不咎、"立地成佛"了。

同时，禅宗还充分发挥了大乘佛教中众生皆有佛性的社会平等思想和《维摩诘经》中体现的出家与在家皆可成佛的思想，将其社会思想的覆盖面伸向僧侣群体之外的广大民众。《维摩诘经》中的主人公维摩诘就是一个没有出家、在世俗社会中生活的佛教徒。他是一位世俗社会中很有身份、地位和财富的人，生活于大城市，出入于世俗社会中的各种场所，但他有资产不是为自己享受，而是为了救助贫民；虽有自己的家庭及妻子子女，但能坚守"梵行"，即他的所有社会行为，都以"度人"为目的。这种理论，一方面为处于世俗社会上层的统治阶级的各种行为找到了正当的理由，所以魏晋到唐代，不少信奉佛教的社会上层人士以维摩诘为榜样。如盛唐著名诗人、画家王维信奉佛教，就以"摩诘"为其字，以"摩诘居士"为其号，并被人称为"诗佛"。另一方面，也告诉世人，不出家也能以度人而达到自己成佛的效果。这就为不愿出家为僧，但愿意信奉佛教的世俗社会中的普罗大众，提供了理论依据，并增强了他们信奉佛教的内在积极性。此外，《维摩诘经》中说女性修佛要比男性更难以有所成就，这显然有歧视女性之嫌，但也说女性如坚持苦修，也能达到很高的境界。这就为鼓励女性信奉佛教提供了经典性依据。这些社会思想均被以慧能为集大成者的中国禅宗佛教所吸收消化，所以慧能的不立文字、不必读经典，甚至无论男女，不必出家，便可信佛修佛的思想，很容易被广大民众所接受，从而使得中国的禅宗佛教更具有了去宗教化乃至人间化或世俗化的特征。

四、净土信仰的流行与佛教的社会理想

隋唐五代时期佛教全面本土化的另一重要现象是净土宗的兴盛。净土信仰始于魏晋南北朝时期，东晋道安、慧远始倡弥勒净土，北魏昙鸾（476—542）信仰弥陀净土。弥陀净土在隋唐五代时期广为传播，经过道绰（562—645）、善导（613—681）等人的弘扬，成为一个兴盛的宗派。所谓"净土"即为佛教的"天堂"，净土宗认为，在今世按照佛教制定的社会规范生活，并且行持造像、建塔、念佛、禅定等法门，死后就能得到阿弥陀佛的接引，前往西方极乐世界生活。据《无量寿经》和《佛说阿弥陀经》描述，极乐净土风景秀丽，气候宜人，它的地板由金、银、琉璃、珊瑚、琥珀等七宝铺成，房舍宫殿由七宝建成，就连树林也由七宝长成；它的河中遍满七宝莲花，水温适宜；生活在这里的众生没有任何苦恼忧虑，盛满美味佳肴的七宝饭钵能够随念出现在面前，喜欢的衣服饰物也会应念而至，各种鼓乐天籁自然奏响；这里的人们全都容貌端庄、智慧超凡，相互敬爱、有如骨肉，寿命无限、觉悟解脱。总而言之，这是一个尽善尽美的理想世界，对它的描摹集中体现了佛教的社会理想。

与禅宗相似，净土宗所倡导的修行方法"持名念佛"也至为简单，信仰者只需念念不忘地护持一句"阿弥陀佛"，临终之时就可以依靠阿弥陀佛的愿力被接引至极乐净土，在这个想象中的美好社会永远生活下去。净土宗与禅宗的另一相似之处在于，禅宗讲求"放下屠刀，立地成佛"，净土宗也承诺只要今生修行精进、愿力具足，临终之时就可以"带业往生"极乐世界，而不需要继续在轮回中累劫千生地承受以往的过恶。它们都在不违背佛教因果轮回基本理念的前提下，找到了适宜普通信仰者的超脱途径，从而在单纯的恫吓与控制之外，为能够安分守己忍受现实社会中的苦难的人们提供了一种乌托邦式的精神庇佑。

净土宗与禅宗二者的不同之处在于，禅宗或许更加适宜士人阶层，他们不容易被单纯的宗教形式所吸引或被简单的教义所说服，而更愿意去探寻普遍真理及与本来心性相关的问题；净土宗则在普通民众中更具吸引力。如果说禅宗是佛教本土化过程中去宗教化的典范，那么净土宗就是最具中国世俗化特征的佛教宗派，它们面向不同的受众群体，共同成为隋唐以后传播范围最大和最为人们熟知的佛教宗派。禅那与净土的兼容并施，使佛教社会思想的阐释张力达成了理论系统的完整自洽，对超验世界与世俗生活均做出了具有逻辑闭合性的论述探讨。彼岸与此在似乎蓝图清晰、情景廓然，人生意义的旨归分明、行止善恶的取舍有节，使广大佛教信徒能够获得某种虚幻的幸福感与安全感，从而成为对现实社会规范与社会生活秩序自觉接受与遵守的重要补充力量，也使中国传统社会思想发展向下层草根社会走的轨迹体现得更加鲜明与自觉。然而必须注意的是，佛教社会思想的预设前提完全基于空想的形而上学主义而开展，无论其理论进路多么"理精法密"，其本质依然是一种忽略了联系客观性的精神麻醉品。

佛教社会思想原本是印度文化传统与社会制度结合的产物，自汉代传入中国后，就开始了与中国本土的社会文化碰撞、交流、冲突、汇融的过程，最终在历代中国人的改造之下，发展成为迥异于印度佛教的中国佛教社会思想。

第四节　佛教社会思想的社会功能

佛教传入中国之初，其中关于"四谛""十二因缘"等独到的见解并未引起人们的重视，反而是其四大如幻、人生是苦、因果报应、轮回转世等观念对当时的思想界产生了冲击。按照梁漱溟对西方文化、中国文化和印度文化的剖析，"以意欲自为、调和、持中为其根本精神"的中国文化在这一时期遇见了"以意欲反身向后要求为其根本精神"的印度文化[①]。在与中国传统思想的最初接触中，佛教关于舍弃世俗生活、追求涅槃寂静的社会理想被比拟于黄老思想中的清静无为、持盈去欲，从而受到皇家贵族的欢迎，而其通过个体内在心理调适来缓和冲突、维系秩序的社会功能也为统治阶级所利用，以麻痹和控制人民。在这一时期，崇信佛教的人士致力于澄清佛理与儒道学说的一致性，以获取在中国的生存空间。

魏晋南北朝时期，由于战乱灾荒导致的社会秩序的混乱，为佛教社会思想

---

① 《梁漱溟集》，群言出版社1993年版，第149页。

的传播提供了便利条件。随着大乘般若学说的传入，佛教学者用般若的核心概念"空"来比配作为玄学主题的"无"，在本体论层面论证世界的虚幻不实，教人超脱世俗生活。此外，也通过对"本末"关系的探讨，力图缓解入世与出世之间的矛盾。这一时期，佛教社会思想在士人阶层之外，也在人民群众中得到了一定的传播，而它的过度发展则导致了许多社会、经济和文化方面的问题。道安、慧远等人一方面对佛教团体的制度规范、戒律守则进行了健全完善，一方面致力于探索佛教义理与儒家伦理及世俗政治融合的可能性，从而极大地推进了佛教社会思想的中国化。

隋唐五代时期，随着涅槃学说的大倡，佛教社会思想也发生了心性论的转向。这一时期的特色是形成了众多佛教宗派。天台宗用"三谛圆融""一念三千"的理论将般若学说与涅槃学说相结合，并指出解决所有社会问题的共同路径是通过对心性的体认了悟世界的虚幻，从而获得精神的解脱，化解世俗中的纷争与冲突。禅宗在这一方面走得更为彻底，尤其以慧能为首的南宗发挥了"顿悟"成佛的学说，简化了繁琐的仪轨和对经典的过度依赖，最大程度地脱去了宗教的外衣，走向世俗，获得了众多儒家士人的认同。此外，禅宗以其"不立文字""教外别传"的特质，吸引了众多下层民众，为三教合一共识的形成奠定了基础。相较于禅宗，同样简单易行的净土宗则走向全然的宗教化，它描述并构筑了一个美好的彼岸"天国"来作为苦难人民的精神家园，是佛教社会理想的集中体现。禅宗与净土宗在同样的文化潮流中用不同方式适应了不同的信众群体，成为佛教社会思想本土化的典范。

总之，从唐代中期开始，中国社会思想既已形成了儒、释、道三教并立的基本格局，三教之间虽也会时有小的摩擦，但总体上是相互尊重、和平共处的，或者说是相互融合大于相互排斥的。这得益于本书在绪论中介绍的中国传统社会思想所具备的一主多元特性与开放兼容特性。同时也得益于儒、释、道三教的社会思想在其社会功能上的相辅相成性，或者说是得益于佛、道二种宗教对作为社会主导性社会思想的儒家思想的辅助性。即三家可以在社会治理，维护社会生活秩序的良性运行方面合理分工，各司其职，即所谓"以佛修心，以道养生，以儒治世"（《原道论》）。具体说来，佛教社会思想主要在以下三个方面展现出它的重要作用：

首先，佛教社会思想发挥着为失意者及对社会不满人群提供心理抚慰与消极退出机制的功能。这是中国传统社会之所以需要佛教"治心"的关键。儒家的修养虽然也能提供部分心理抚慰，但无论是"光宗耀祖"还是"青史留名"，都很难给人以终极关切，或者说这些理想正因其可以验证，在残酷的现实面前终究会或很容易破灭。佛教追求的成佛是具有超验特点的，但因其具有超验性，才难以在社会生活实践中破灭。这为佛教在中国生根与发展留下了很大的社会空间。

其次，佛教发挥着为被社会排斥者与弱势群体提供精神收容所的功能。被社会排斥者与弱势群体跟失意者及对社会不满人群有区别，前者缺乏反抗意识，更没有反抗力量，对现实社会生活秩序并不构成显性威胁，但他们的精神世界也需得到适当安置，使之获得心灵上的慰藉。因此，任何健全的社会都需要有这类社会群体的精神"收容所"。宋代以后出现了一些生活无着的家庭送子女出家的现象，即可由此得到理解。

最后，佛教社会思想发挥着为儒家社会思想提供后援支持的功能。中国以儒家为主导的社会思想，所建构起来的社会生活秩序的逻辑是以伦理为核心的差序格局，按其"礼制"将家族生活秩序依血缘划分为父子、兄弟、夫妻等"五服"①；政治生活秩序依尊卑贵贱划分为君臣及官民等，将社会阶层依贵贱及职事划分为士、农、工、商等，然后各定下"名分"即社会角色规范，要求各社会成员均按其名分履行其社会责任与义务。这与西方依财产划分的阶级，印度依世袭职业与民族划分的种姓都有所不同。外来的佛教社会思想要在中国社会中生存与发展，就不得不淡化其"众生平等"的反等级思想的锋芒，而与儒家社会思想接轨与调和，这表现为接纳儒家性善论、孝亲观，强调高僧的人格楷模与人格感化，并把佛教的五戒与儒家的五常相比附："仁者，不杀之禁也；义者，不盗之禁也；礼者，不邪（淫）之禁也；智者，不酒之禁也；信者，不妄之禁也。"（《颜氏家训·归心》）由此，中国化佛教社会思想在一定程度发挥着辅助儒家思想作为主导治理现实社会的功能。

因此，佛教社会思想的中国化，其根本原因在于中国社会生活秩序建构与整合本身的需要，受到中国社会农民生活视野直观经验的限制，即李泽厚所谓"实用理性"的影响，中国化佛教的实质是中国人所理解和乐见的、与中国本土社会思想特别是主导性社会思想发挥着相辅相成功能的佛教。因此中国佛教的社会思想融入中国文化基因之中，成为中国社会思想总体格局中不可或缺的

---

① 本指五种丧服，即斩衰、齐衰、大功、小功、缌麻，特指血亲辈份间的亲疏等级关系。

有机组成部分之一。

中国佛教社会思想是历代中国人民智慧的结晶,是中国社会思想史上不可或缺的一页。佛教社会思想虽然被历朝历代的统治阶级用作社会控制的手段,以维护自身的权威、维系不合理的社会秩序,但它在劝人向善、约束社会上层不滥用资源伤害弱者方面也具备一定的正面作用,同时也为人们的心理疏导与精神平和过程提供了某种路径与支撑。但归根结底,佛教的社会思想是一种宗教思想,其本质取向是唯心主义与形而上学的,它忽略了物质的决定性作用与联系的客观性规律,并不能真切地从社会层面着手发力解决现实问题,而只是幻想通过自我改造、自我批判来替代"武器的批判",是一种典型的精神鸦片与麻醉剂。

习近平总书记在2016年全国宗教工作会议上指出:"要坚持用马克思主义立场、观点、方法认识和对待宗教,遵循宗教和宗教工作规律,深入研究和妥善处理宗教领域各种问题,结合我国宗教发展变化和宗教工作实际,不断丰富和发展中国特色社会主义宗教理论,用以更好指导我国宗教工作实践。"佛教作为宗教的一种,它所标榜的理想虽然虚无,但是一旦信仰就具有真实的社会作用,这也是我们要正视它、讨论它、研究它的道理所在。

思考题:

1. 佛教思想对中国传统社会思想最大的影响是什么?
2. 谈谈佛教社会思想与魏晋玄学结合的方式。
3. 谈谈禅宗佛教对社会问题的认识及其设计的解决方案。
4. 试述佛教社会思想的社会功能。
5. 佛教社会思想与道教社会思想有何共同特点?主要区别是什么?

▶ 答题要点

宋元明清编

儒学为主导与三教合流走向民间化时代

引言　宋元明清时期社会思想的发展趋势与特点

宋元明清时期，经历了四个王朝，前后延续近九个世纪。这一时期的社会思想发展的特点是：在唐代即已基本实现中国化的佛教禅宗成为中国佛教社会思想的主体，并进一步与儒道融合，向民间社会演化，道教也与儒释相融合，并贴近民间社会生活，儒家社会思想也吸收佛道社会思想中的一些因素，从而形成"三教合一"趋势。作为主导性社会思想的儒家社会思想，因宋明理学的出现，在整个中国社会思想史上，成为独具特色的、时间跨度较长的一个重要时期，其社会思想具有明显特征。

在个人层面，将人性论、欲望论提升到形而上的哲学层面，为传统人性论、欲望论找到了终极依据，这就是新儒学即宋明理学的"性理观"。无论是两宋时期的程朱理学，还是宋明时期的陆王心学，都侧重提升个体的道德修养境界，注重个体的心性修养。企图通过提升士大夫等各类社会精英人物的道德修养，引领社会风气，形成社会普遍注重天理、发掘良心、自觉遵守儒家纲常伦理规范的和谐社会。而张载的"为天地立心，为生民立命，为往圣继绝学，为万世开太平"的理想人格追求更是将传统的圣贤人格追求提升到一个更高的境界。

在家的层面，注重家族、宗族思想的重建与发展，将宋以前的政治性的世家大族思想，发展为基层社会以血缘为中心的平民家族思想，通过家族、宗族的治理来完成社会和国家的治理，家族治理思想上也逐步成熟。从范仲淹、张载、二程到朱熹，家族祠堂、家法族规、家族组织、族田、家族福利与救济等家族、宗族建设思想逐步完善。明清时期，更是大规模地开展了家族、宗族建设的实践。家族建设与乡约建设，成为明清时期社会基层社会秩序维持的两大制度性支撑。

在社会层面，社会基层自治性建设得到高度重视，社会思想出现一股走向民间与下层的新趋向。一个重要的表现是乡约思想的出现与发展。从北宋的《蓝田乡约》到王阳明的《南赣乡约》、陆世仪的《治乡三约》，乡约思想逐步完善，从教化性社会控制发展到教化、治安、社会保障三合一的综合社区治理思想。不管是自上而下的乡约还是自下而上的乡约，明清时期的乡约实践也一直延到晚清。基层社会治理还体现在明代中后期以来，出现了一股知识分子走向民间"觉民行道"的思潮与实践，泰州学派的儒学民间化实践就是突出代表之一。

民间社会思想形式多样。除家训、乡约思想外，这个时期还新编了很多蒙书、善书在民间广为流传。此外，这一时期也是民间歌谣、戏曲、小说逐渐兴盛起来的时期，民间文艺形式也多宣扬忠、孝、节、义、命、缘、侠义精神等，这些民间社会思想大多体现了儒释道三教合一的趋势，与主流理学思想以儒家为中心，有机吸收佛、道的思想有类似之处。民间社会秩序就是通过上述种种途径而综合形成的。

民本观的重视与发展。在宋明理学社会思想形成的同时，也出现了一批强调经世致用、富国强兵的功利主义思想家、改革家，如北宋的李觏、王安石，南宋的陈亮、叶适，明末清初的王夫之、顾炎武等。以孟子的民本观为出发点，注重实在的养民、足民、富民。在思想观念上，突破了传统儒家耻于言利的义利观，提出"欲者人之情""人欲即天理"的新思想，积极鼓励发展工商经济，推动社会进步。在明代中后期经济发展的过程中，出现了儒商合流的新现象，以致在明末清初的思想家中，出现了"工商皆本"的崭新观念。正是在重民观念的发展过程中，伴随着经济结构的变迁，在明末清初，还出现了一股反思君主专制制度、宣传社会平等、提倡地方自治的新思想，对晚清民国社会思想的发展产生了重要的影响。

总的来看，宋元明清时期，融合儒释道三家的宋明理学，尤其是程朱理学成为占主导性地位的社会思想。故在社会秩序的追求上，注重以个人心性修养为中心，进而推及家族、宗族与社区的治理。而基层社会建设思想及其实践的发展，也使得民间社会思想日益丰富。从而这一时期的社会思想在总体上呈现为以理学为中心的、三教合流的、日益走向民间、走向基层的新趋势。另一方面，基于民本观念的经世致用的功利主义思想也大加发展，经济的发展，新的富民阶层的出现，又推动社会思想的进步，进而出现了儒商互动、批判君主专制的新趋向。但需要指出的是，尽管这一时期社会思想出现了三教合流、民间化、民本化的新趋势，这一时期的理想社会模式却仍然是以夏商周三代为理想类型的传统农业社会，这不但是时代的局限，也是整个传统中国社会在社会理想追求上的局限，这种局限性是由中国长期处于农业社会阶段的历史事实所决定的。

第十章 功利派儒家和理学家的社会思想

由宋至清,是中国传统思想文化成熟、定型的时期,其标志是宋明理学的形成。理学,又称为道学,是儒家思想学说的新形态,是儒学的进一步发展。宋明理学是儒释道合流的产物。理学家认为,包括社会精英在内,每个人都需要进行严格的道德修养。之所以称为理学,是因为两宋诸子所创建的思想体系以"理"为宇宙最高本体,与"天"并称,他们认为贯通天人的"天理"是不言自明的"至善",在人间的社会生活秩序必须以"天理"为准则,才能良性运行,社会问题也必须以"天理"为准则,才能得到解决。理学家执成圣的理想,追求成圣之道,特别重视宏扬复古道并推陈出新,所以又有"道学"之名。理学家推崇返本开新理念,向往礼与道德原则。他们相信"理"是永恒的,不随历史的变迁而变化。同时需要指出的是,尽管元代编纂的《宋史》为道学家专门立传,并评价很高,但有宋一代出于富国强兵抗击北方少数民族政权入侵的需要,注重经世致用的实用主义儒家思想才是当时的主流。理学思想的主导性地位,是到明代正式确立的。

第一节 功利派儒家的社会思想

功利主义思想是两宋时期政治和社会思想的主轴,以北宋的李觏、王安石和南宋的陈亮、叶适等人为代表,提倡"经世",关注具体现实问题和社会事功,强调达到具体的效果(功),增大政府提供给社会的利益(利)。萧公权认为,功利主义者代表了传统儒家入世思想和政治现实主义取向的复兴,他们对外部侵略的反应与在新环境下对变革的适应,使他们成为宋代具有创造力的思想家。

李觏(1009—1059),字伯泰,北宋建昌军南城(今江西南城)人,出生于小地主家庭,少年时家境即已衰败,故他曾自称为"南城小草民"。他两次应试不中,晚年由范仲淹等推荐为太学助教,后为直讲,故被称为"李直讲"。李觏一生以教授为业,曾在南城立学。"为之师,四方来学尝数百人",又创立盱江书院,所以又被称为"盱江学生"。李觏是一位现实主义的社会思想家。在他的著作和教学中，处处以"康国济民为意"，他的著作广泛地反映了当时现实社会的面貌，被人誉为"皆从大处起议论"的"医国之书"。李觏的社会思想是很丰富的，反映其社会思想的主要著作有《潜书》《礼论》《平土书》《周礼致太平论》《庆历民言》等，大都被收入《直讲李先生文集》，1981年中华书局出版，更名为《李觏集》。

王安石（1021—1086），字介甫，北宋抚州临川（今江西临川）人，出身于小官僚地主家庭，他天资聪明，读书过目不忘。二十二岁（1043年）登进士第，在此后的十八年中，做了多年地方行政、司法官。所在之处，颇有政绩。其间虽也三次为京官，但只任中下级官员，且总共不足五年。1058年入京为度支判官后，曾向宋仁宗上长达万言的《上仁宗皇帝言事书》，总结了他多年来做地方官的经验，提出了改革的主张，但未被仁宗重用。1067年，神宗即位后，锐意改革。1069年（熙宁二年）任命王安石为参知政事，翌年又任命为同中书门下平章事，从此，王安石开始实施他的改革主张，至熙宁七年七月解职，以观文殿学士知江宁府。熙宁八年二月，复召为同中书门下平章事，次年十月又罢职，回到江宁。他共执政九年，罢相后又居江宁九年，于元祐元年病故。王安石是北宋时期著名的政治家、思想家和文学家，其著作保留下来的大都收入《王临川全集》中。

陈亮（1143—1194），字同甫，学者称之为龙川先生，南宋浙江永康人。他是南宋时期的著名思想家，永康学派的代表人物，主张义利双行、王霸并用的功利主义思想。他曾与张栻、吕祖谦和朱熹等人多次论学，其中尤以与朱熹论辩中涉及的思想理论问题最为深刻。他以"推倒一世之智勇，开拓万古之胸怀"（《宋史·陈亮传》）的气概，以"王霸义利"问题为核心进行了长期论战。后来黄宗羲等人在《宋元学案》评论这些人物时，对陈亮评价甚高，推许他身处清谈性命、不言功利的学术氛围中，能卓然不群，独立超群。陈亮著有《龙川文集》，1974年由中华书局出版，更名为《陈亮集》。

叶适（1150—1223），字正则，南宋温州永嘉人。二十八岁（淳熙五年，1178年），擢进士第二，历任平江节度推官、武昌军节度判官、太常博士、江淮制置使等职。在学术思想上，他是浙东永嘉学派的集大成者。这个学派之起源，可上溯到从北宋时期出现的"皇祐三先生"（王开祖、林石、丁昌期）和"永嘉九先生"（周行己、许景衡、刘安节、刘安上、戴述、赵霄、张辉、沈躬行、蒋元中）。他们均重视经世实用之学。后至薛季宣（1134—1173）、陈傅良

（1134—1203）时，则越发强调学问必须"经世"和"施之实用"，被朱熹一派视为"功利之学"。叶适集永嘉学派之大成，与朱、陆两派鼎足而立，而与陈亮为代表的永康学派互为同调。他主张功利与经世实用之学，与朱熹之道学思想进行论战，因而他们的思想也曾遭到朱熹的否定。叶适的著作有《习学记言序目》《水心文集》《水心别集》。后两部著作由中华书局合编为《叶适集》校点出版。

一、功利派的欲望论

李觏是宋代功利主义思想的先驱，功利派儒家的欲望论也是李觏首倡的。他主张，欲望是人的本性，欲望的目标就是个人利益的满足，追求利欲的行为都是"人之常情"，都是为了人类生存发展的正常需要，欲望内在于人性，必然外化为对物质利益的追求。所以他大胆提出了"人非利不生""欲者人之情"（《原文》）的命题，肯定欲望的合理性。在此基础上，他提出平土、均田、简役、轻赋以富民等主张。王安石与李觏同调，也认为，"人之情，不足于财，则贪鄙苟得，无所不至"（《上仁宗皇帝言事书》），并把理财作为治国的重要内容。李觏、王安石等人大胆地提倡逐"利"的合情合理性，显然与北宋所处的形势有关。北宋至真宗、仁宗时，外经澶渊之盟，内有冗兵、冗官之困，国家窘于财，人民苦于税，所以富国强兵，解决经济问题，甚至变法，成为士大夫关心的问题。李觏、王安石等人的功利主义思想为富国强兵张目，为改革奠定理论基础。

这种思想一反传统儒家对欲望问题的认识。当时不少儒家学者仍采董仲舒"贵义贱利"的观点，对人的欲望问题采取批评、回避的姿态，李觏批评他们迂腐，认为那些提倡"正其谊不谋其利，明其道不计其功"（《汉书·董仲舒传》）的儒者，未得儒家之真谛。后来，程朱理学仍然坚持"尊性而贱欲"（叶适《习学记言》）。陈亮再次重申，人们追求物质欲望是自然本性，合乎道德，"人生何为，为其有欲"，"天下岂有身外之事，而性外之物哉？"[①] 叶适也强调，必须承认人们物质追求的合理性，追求物质利益不是违背人性的罪恶。宋代的文化氛围兼容并包，知识分子群体对于儒释道等各思想流派也一概持开

---

① 《陈亮集》卷四，中华书局1974年版，第42、41页。

放的态度①,所以功利主义思想得以逐步深化发展。

功利主义儒家提倡尊重和承认人的基本欲望,但并不提倡极端利己主义,而是注意协调"公"与"私"的关系。当时一些儒者仍然坚持"贵义贱利",且往往引经据典,说孔子"罕言利",孟子说"何必曰利"。李觏批评这些人不了解古人说话的语境,就盲目崇信。比如孟子对魏惠王说"何必曰利"(《孟子·梁惠王上》),是在批评魏惠王斤斤计较于眼前利益,忘记了行仁义于国人,其意思是说只有得到民众拥戴,才是大利。他说,"古之君子以天下为务",一切都从全社会的共同利益出发,而"后之君子以一身为务",一切都从个人利益出发。全社会是"至公",而自身是"至私"。人们应当"循公而不私",这是五尺竖子都明白的道理,然而很少有人做到,就是因为这个"道"没有深入人心,"道不胜欲"。人们大都看不到违反了"道"而取得个人欲望满足的害处,一味地不知满足,求索不已,最终适得其反。只有圣人才明白这其中的祸害,从而主动节制欲望,做到少私寡欲。他要人们学习圣人的榜样,约束自己。从历史上的圣人来看,从汤武到孔子都不是"无欲"的,问题的关键在于是否能做到从"礼"的角度看待利与欲,以"礼"来规范人们的行为,以"礼"来节制人的利欲之心。当然,要人们自觉地做到这一点并非易事,这就需要社会能够提供制度设计和安排。只有以"法度"教化民众,使人们知尊卑之节,才能使人们知足,在满足欲望的同时,有所节制。陈亮指出,社会群体中的个体不能盲目行动,还是要注意高低贵贱各有分限,仔细分辨难易轻重,不能"徇其侈心而忘其分"(《问答九》),一味盲目追求物质享受。

义利统一是中国古代功利主义思想的核心内容,宋代思想家结合时代发展的需要,在这个问题上不断推进,经过李觏与二程的辩论、王安石与司马光的辩论、陈亮和朱熹的辩论,将"功利"思想提高到前所未有的地位。在李觏的"义利之辨"外,陈亮又有"义利王霸之辨",引人注目。朱熹颂扬三代圣王而贬抑汉唐之君,认为上古三代之君没有一丝一毫的私欲,汉唐之君虽然建功立业,但都是出于私心。陈亮则肯定汉唐之君"勃然有以拯民于涂炭之心",能够使国家富强的"利"就是"义",能使国家免遭其他国家威胁的"霸道"就是"王道"。他甚至提出,王霸可以杂用,天理人欲可以并行,没有必要像朱熹那样把天理与人欲对立起来。他的观点被他的朋友归结为"功到成处,便是

---

① 邓广铭:《邓广铭治史丛稿》,北京大学出版社1997年版,第69页。

有德；事到济处，便是有理"（陈傅良语）。陈亮和叶适均重视事功。叶适主张，脱离了事功而空谈道义，毫无意义。在当时，最大的事功就是国家安全，要做到这一点，必须重视国家财税。叶适面对道学家的"贵义贱利"论，论证儒家先圣前贤都重视功利，重视现实社会生活秩序的建设治理和理财问题，批评那种"我不为利"而置国计民生于不顾的假清高迂腐可笑①。

由此可见，功利主义欲望论是对传统的贵义贱利思想的批评和修正。这些思想者面对现实社会生活，正视人们的欲望，然后要求人们从社会"至公"的利益出发，去节制自己的私欲，以期在社会秩序协调的同时使人们的欲望得到满足，是有历史进步意义的。关于人的欲望的功利主义态度，在先秦社会思想中并不少见，但在秦汉以后，随着以董仲舒为代表的儒家思想的得势，贵义贱利就成了正统的支配性观点。到北宋前期，李觏提出"人无利不生""欲者人之情"的命题，把物质利益视作治理社会的前提，这说明随着社会的变迁，过去那种"贵义贱利"的传统观念已逐渐失去了社会价值准则与规范的功能，人们已不能不面对现实社会生活而对传统观点提出异议和批判了。两宋时期，功利主义欲望论始终占据当时社会、政治的主流地位，成为两宋社会思想的显著特点之一。

二、"礼""刑"并举的社会控制论

社会控制作为一种社会本身的整合性行动，以抑制社会冲突，维护人类社会生活秩序的正常运行为主要目的。通过社会控制手段，在一定规范之内协调人们的社会生活，保护"弱寡愚怯之民"的生存与发展的制度环境，正是社会控制的意义所在。

功利主义思想家继承儒家传统，主张合理的社会控制应该先礼教而后刑罚。李觏指出："礼，人道之准，世教之主。"（《礼论·第一》）礼教就是关于社会规范的教育，以道德规范为核心，以行为规范为辅翼，目的是形成一个等级有序，亲疏有度，和谐的社会生活秩序。礼在道德规范方面包括仁、义、智、信四个方面，它们"立人以善，成善以教"（《教道第一》）。总而言之，

---

① 宋代学派林立各有传承，又相互汲取、相互交锋，兼容并蓄相斥趋同，构成丰富多彩的思想学说，因此即便是二程、朱熹等人也不脱离"经世致用"的实学范畴。比如明代崔铣说，周敦颐、程颐、张载、邵雍这"宋之四子造诣精矣，皆实学矣"。清代章学诚也称赞朱子学是"性命、事功、学问、文章合而为一"，认为其后学"皆承朱子而务为实学"。

这是基于人性善的社会控制论。首先以教化的手段，进行制度化的教育，树立社会正义观，使人们遵循仁义礼智信，行人间正道；其次才是完善刑罚，强化社会治理，使人们自觉扬善抑恶。否则，人们没有一个正确的社会价值观念，不懂得什么是美善，什么是丑恶，不知应学习什么，也不知什么行为是正确的，社会控制也就失去意义。所以他指出，在没有教育制度的社会里，不以孝的思想来教育孩子如何做子女，不以友爱的思想来教育人如何交朋友，不以忠诚的思想来教育人做臣子，不以信义的思想来教育人参与社会交往。也不教育人们应该崇尚廉洁，反对贪腐；崇尚推让，反对争夺；崇尚正常的男女关系，反对淫乱；崇尚上下有节，反对以上凌下。这是社会制度设计的不完善所造成的陷阱，严重威胁人们的日常生活和社会秩序的正常运转。即使诛杀不断，也不能使死者悔悟并使生者觉醒。一言以蔽之，社会教化包括教育和刑罚两个方面，应在对人们进行教育，使之经过社会化的过程之后，再对其进行控制，这样才具有维系社会生活协调运行的意义。

王安石也秉持这样的观点。他在治官问题上，主张对官吏要先进行教化，然后对不服教化者予以处罚；先制定规范、制度约制其行为，然后对不守规范、制度者予以惩治；先委之以职事，然后对不能完成任务者予以惩罚，从而使官吏不得不努力履行职责，发挥社会政治组织的正常社会功能。

同时，李觏还认为，人们的越轨行为不是一朝一夕养成的，必须注意防患于未然。恣纵放任而无所畏忌，日积月累，小恶就会变成大恶，敢为小事而大动干戈，结果不是身死法场，就是被处以肉刑，断手断足，充当反面教材，后悔不及了。只有当其恶念萌发之时就使之感到有所畏惧，才不致有严重的越轨行为发生。因此，"驭民必早为之"，将不轨行为扼止于思想萌动之际，才是上策。

在礼教之外，功利主义思想家们非常重视刑罚的社会控制效果。李觏认为实行社会控制必须掌握三个要领，才能达到预期效果。

首先，要一视同仁。法律具有普遍的约束力，上至天子，下至庶民概莫能外，必须做到"虽有爵，其犯法当刑，与庶民无异"。否则，如果有权有势者都可以为自己或亲属开脱罪责，惩处的对象就只剩下老百姓了。社会管理者如果是"赏庆则贵者先得，刑罚则贱者独当"（《刑禁第四》），其结果不仅会使法律失效，也势必造成"上不愧于下，下不平乎上"（《刑禁第四》）的怨恨与冲突，与社会控制的原有目的背道而驰，社会秩序会更趋混乱。

李觏又进一步解释说：刑罚作为一种社会制度长期存在，即使英明的社会领袖和政治领袖也不能废除，就在于着眼于它的社会控制功能，目的在于预防、杜绝人与人之间的互相残害。所以，刑罚作为社会控制方法，本质上不是嗜好杀人，而是维护社会的整体利益；不是让老百姓害怕，树立君王的权势，而是要维护社会安定，使人民平安幸福。这就是社会控制的目的所在。

其次，刑罚要获得社会的认同。李觏说，"凡有血气之类，莫不爱其生"，更何况作为"万物之灵"的人类了。因此，刑罚必须谨慎，应慎重量刑。在这个过程中应进行反复讨论，考虑到"聪有所不闻，明有所不见，下情有所不达，议法有所不平"，还应多方面询问，听取意见，"必群臣、群吏、万民之意同，然后刑杀"（《刑禁第二》）。只有当人们一致认为其行为是越轨的，然后惩治之，才能真正起到社会控制的作用。

再次，对越轨者不可轻易赦免。李觏认为，人虽有不忍人之心，但对越轨者不可轻言赦免。如果因为君王的不忍之心而放弃惩罚，杀人者不死，伤人者不刑，受害者无以伸冤，就等同于放纵犯罪，"帅贼而攻人"。其结果只能使社会越来越乱。因此，如果有所赦免，必须反复审议，确是情有可原者再予赦免，但不可理解为这是君王的恩典。凡是"情不可赦"者，就决不赦免，这也同样不可理解为君王的意志。只有这样，才能使民心服，政令行，才能真正发挥社会控制工具维系社会生活正常秩序的功能。

三、重商富民的社会整合与发展观

"民为邦本"是儒家思想的重要传统。宋代功利主义儒家使民本思想有了新的发展。李觏在《安民策》中开宗明义提出他的"天下民有"论，认为只有确立天下民有的思想，才能更好地实施社会治理并推进社会发展。他从当时社会普遍接受的天命思想出发，主张上天确立君主的领袖地位是为亿万人民服务的，而不是相反；民意左右天命，欲治理社会，就必须尊重民意。社会治理者要做社会的领袖，而不做权力的奴仆，所以应当做到大公无私，重视人民的公意和公利，这样才能得到人民的信任。为此，必须以安民为务，重视百姓的生息、利益问题。李觏指出："人所以为人，足食也；国所以为国，足用也。"（《国用第一》）正如管子所说："仓廪实而知礼节，衣食足而知荣辱。"如果"民不富，仓廪不实，衣食不足，而欲教以礼节，使之趋荣而避辱"，是无法办到的事情。（《国用第十六》）人们的衣食足，是社会治理的基本前提条件。

在富民问题上，李觏强调两点：一是平土均田，抑止兼并。北宋实行土地私有制，政府任凭土地自由买卖，不抑兼并，结果皇室贵族、官吏和豪强侵占大量土地，贫富对立严重。因此，李觏把土地问题放到富民的首要位置，作《平土书》《潜书》，阐发平土均田的理论，主张恢复《周礼》的井田制，抑制大官僚、大地主、大商人兼并中小地主和广大农民的土地。二是减轻民众赋税和徭役负担。针对北宋当时名目繁多、沉重苛刻的赋税制度，李觏提出应当采取"薄赋敛"的政策，主张在一般情况下应该实行什一税，重者不能超过十分之二，轻者不能少于二十分之一；如遇荒年凶岁，再视收成好坏酌定。宋代的差役，名目繁多，极为苛重，有衙前、里正、户长、耆长、壮丁、承符、人力、手力、渡子、斗子、拦头、厅子等，且官户都不服差役，和尚、道士免差役，商人、地主也有办法逃避差役，所以这些徭役都压在下层老百姓的头上，很多人"困于久役"，"破坏家产"。为了改变这种不合理的状况，李觏提出"均力役"的主张，即除了按《周礼·乡大夫》所规定的少数贵者、服公事者、老者、病者免役外，其余人等都要平均担负力役，这样可使天下富庶，民不怨恨。[①] 此外，李觏还提出了理财富民、控制物价、兴修水利、防备水旱、整修农政、救济灾荒、储备粮食等措施，目的都是为了康国济世。

叶适在这个问题上也提出了自己的主张。他指出，南宋政府通过各种名目，敛取的财物在历史上是空前庞大的，但由于"天下有百万之兵，不耕不战，而仰食于官；北有强大之虏，以未复之仇，而岁取吾重赂；官吏之数日益而不损，而贵臣之员多不省事而坐食厚禄"（《水心别集》卷二），支用无度，入不敷出，政府面临严重的财政问题，很多急需的正常政府活动也难以为继。从百姓的赋税负担考察，其实早已超过其负担能力，特别是很多不合理的杂税，更是病民害国。如进一步考察实际的纳税对象，则会发现，由于贵族地主不纳赋税，而破产农民又无力纳税，结果使全部负担都落到那些庶族地主和自耕农民身上，必然会加速中间阶层的贫困化与破产。

为了解决社会积贫、国家财困、富者兼并、自耕农破产的重大社会问题，叶适提出的方案为：其一，朝廷要裁节浪费，实行改革，减少二分之一以上的开支，以定国家用度；其二，罢去"经总制钱"之半及"和买""折帛"等杂税杂费，原来被国家征用的"雇役钱"归还地方州县，作为雇役之用；其三，国家因减除杂税杂费所造成的入不敷出，应以皇家的私库来补给。显而易见，

---

① 姜国柱：《李觏评传》，南京大学出版社1996年版，第175—182页。

叶适在社会积贫、国家财困问题上的主张，是以限制皇帝和上层贵族地主的奢费，保护庶族地主以及农民和工商业者的利益为目的。这不失为维护社会正常运行秩序，减少社会冲突，防止更多的社会阶级或阶层向下流动的有效方法。然而，在当时的社会状况下，这种方案又显然是难以实施的。

叶适还专门就农民贫困破产问题进行了分析。当时农民生活困窘非常，许多人都破了产，或沦为贫雇农，或转行经商，或做了盗贼。叶适指出，由于农民的大量破产，社会中层缩小，百分之六十的人被排除在社会中层之外，能正常纳税的不足三分之一，有地的不种田，种田的没有地，成为很普遍的现象。按此发展趋向，加之贵族地主尽集于江南，物价飞涨问题日益严重，米粟布帛的价格高出过去的三倍，鸡、猪肉、蔬菜、樵薪的价格高出过去的五倍，田园住宅的价格高出过去的十倍乃至数十倍，而农民破产也越演越烈，莫说重整旗鼓，收复失地，即便是维持现状，也属困难。

叶适的解决方案有二：其一，使民垦田以增税强兵。土地开辟，人口繁盛，则税足兵强，国家可以从民间抽取足够的劳动力、财税资源进行国防、河道等方面的建设。鼓励农民开垦土地，不但可以增加政府税收，还可以使农民安居一地，解决流徙问题，从而在平时得以解决征役问题，在战时则可以解决兵源问题。其二，使民各就实业，并以劳获食。叶适说，当时社会，农民大量破产，使社会急速向两极分化，财富分配"偏聚而不均"，穷人依附地主（"势属而不亲"），社会团结由以亲属关系为轴心，转变为以雇佣关系或势力为轴心。人口向世俗地主和佛道等寺庙地主集中，或向盗贼集团集中。一方面造成了地主阶级与国家争夺劳动力和税源的问题，政府"无垦田之利，无增税之入，役不众，兵不强。反有贫弱之实见于外，民虽多而不知所以用之"（《水心别集》卷二）。而农民在地主的剥削下，生活质量尤其低下。另一方面，窃盗者越来越多，治安问题日益严重。照此趋势，国家可支配的劳动人口会越来越少。叶适提出发挥政府优势，分配土地，积极创造各种就业机会，如修路、筑渠、运输等安置人民的职业，给民众以谋生的机会，使之自食其力。如果所有劳动力都能胜任其事，国家全部予以安置亦无不可。民众有职业安身，自食其力，力不胜任者，穷困也不应有怨言；能力强贡献大者衣食充足，应心安理得，并且不必因没有接济贫弱而自惭。这是一种典型的因功受食、以功取利的功利主义社会思想。

从叶适提出的上述两项方案中，可以看出其思想的特点。首先，他是从国家、社会的总体目标出发，并且是以维护既有社会体制为基础的；其次，他关心社会中下层的痛苦，反对过分"偏聚而不均"的社会分配不公与兼并；再次，叶适要求尽可能地扩大人民的就业机会，以制约剥削的生产关系；第四，他坚持以"功"以"事"而受"食"的思想，充分反映了永嘉学派重视"功利"的特色。

陈亮从"贵利"的角度，着眼于国计民生，对传统的贱商观念进行评判。他说："官民一家也，农商一事也。上下相恤，有无相通，民病则求之官，国病则资诸民。商藉农而立，农赖商而行，求以相辅，而非求以相病……使得以行其意而举其职，展布四体，通其有无，官民农商，各安其所而乐其生。夫是以为至治之极。"① 陈亮认为，商业和农业在经济社会的发展过程中具有同样的作用，都是国家经济体系的支柱，两者相辅相成，没有高低贵贱之分。他否定"重农抑商"观念，认为重农抑商并非好的政策，不应厚此薄彼，只有农商密切配合，国家社会才能安定繁荣。

总之，功利主义儒家致力于强国富民，使人们传统的道德观、义利观发生了改变，重视实际、讲究事功的思想深入人心②。不可否认，他们的学说还相对粗疏，也缺乏强有力的理论支持；同时，他们还受着儒家道德决定论的束缚，在强调民利和公利的时候，还主张用道德来调节公利与私利、个人利益与社会利益的关系。但是，他们所提倡的农商并重、发展生产、扭转积贫积弱局面等主张，符合现实社会治理与发展的客观需求，对宋代商品经济的发展也有一定促进作用。从长远的历史脉络来看，宋代功利主义儒家上承先秦的功利主义思想，并对明清时期的黄宗羲、颜元等人的经世致用思想有重要影响。

第二节 程朱理学的社会思想

宋明理学出现于北宋初期，并在北宋时期的一百多年间得到快速发展。北

---

① 《陈亮集》卷十一，中华书局1974年版，第127页。
② 朱熹曾记载功利主义儒家陈亮的影响力。他说："陈同甫（陈亮）学，已行到江西，浙人信向已多，家家谈王伯（霸）……可畏，可畏。"又说："江西之学（指陆九渊）只是禅，浙学却专是功利。禅学后来学者摸索一上，无可摸索，自会转去。若功利，则学者习之，便可见效，此意甚可忧。"（见《朱子全书》第十八册，上海古籍出版社、安徽教育出版社2002年版，第3873页）

宋时期理学的代表人物有周敦颐（1017—1073）、张载和二程（程颢、程颐）等，南宋时期的朱熹则是理学的集大成者。宋明理学是儒释道合流的产物。它以儒家思想为主，也吸收了佛家和道家思想，内容指向内心世界和个人道德修养。南宋陆九渊和明代王阳明的心学也在理学的范畴之内，但人们经常把他们别称为"陆王心学"，因此就有了程朱理学和陆王心学的分野。

张载（1020—1077），字子厚，陕西凤翔郿县横渠镇人。他少时喜谈兵，在范仲淹的指点下转向学术一途，曾博览群书，阅读了不少佛教与道教的书籍，并研究过天文、医学等自然科学，后又反求诸"六经"，并逐渐从佛教与道教的影响下相对地解放出来，形成自己的思想体系。张载三十七岁（1057年）中进士第，后历任县令、州判官、崇文院校书、同知太常礼院等职。他致仕后回到横渠镇讲学，所以后世学者称他为"横渠先生"。张载是宋代重要的社会思想家，也是有代表性的理学家，张载和他的弟子多系陕西关中人，故其学派被称为"关学"。关学与王安石的"新学"、二程的"洛学"同属北宋中期思想界的三个主要学派。另外，关学也被认为是宋代道学的四大学派之一。他的著作主要有《正蒙》《易说》《经学理窟》《语录》等，均行世已久，版本极多。1978年，经中华书局整理辑成《张载集》。

程颢（1032—1085），字伯淳，后人称为"明道先生"。程颐（1033—1107），字正叔，后人称为"伊川先生"。二程是亲兄弟，祖籍安徽徽县，后迁中山博野。其高祖程羽是宋太祖赵匡胤的将领，宋太宗赵匡义为晋王时的心腹幕僚，又是宋真宗的老师，被赐第京师而迁居开封。此后又世代为官，至他们的父亲程珦，又迁居洛阳，故二程可谓洛阳人，其思想学说也被称之为"洛学"。程颢、程颐是宋代道学的真正创始人。他们兄弟俩同受业于周敦颐，周敦颐的思想受道教理论影响较深，二程的思想也同样受到道教思想的影响。同时又都受过相当长时期的佛教思想影响。他们熔儒、佛、道于一炉，创立了贴着儒家标签的新的思想学说——宋代道学。当时，张载的"关学"和二程的"洛学"都很盛行。张载死后，洛学得到相当发展，关学则相对式微，他的学生有不少改事二程，故"洛学"处于独盛地位。1981年中华书局出版了点校本的《二程集》。

朱熹（1130—1200），字元晦，后改为仲晦，号晦庵，南宋徽州婺源（今江西婺源）人，《宋史》卷四二九有传。他是一位博学的思想家，他的学派后人称之为"闽学"。在学术思想方面，他三十一岁时正式拜李侗为师，从而继承了二程思想，并更加系统化，成为二程"洛学"的集大成者。另一方面，朱熹又是佛教（特别是禅宗、华严宗）和道教精神的继承者。所以，他的思想体系是儒、道、释融合的产物，而这种"三教合一"又是当时中国社会思想发展的必然结果。"三教合一"是包括朱熹在内，宋以后社会思想发展的具体语境结构。作为理学的集大成者。他的《四书集注》为明清两代的必读教科书，他对四书的注解成为科举考试的标准答案。那些"时君世主"们，从元初到清康熙，从曾国藩到蒋介石，都"来此取法"，作为治理社会的思想工具。因此，可以说，朱熹是宋以后社会中影响最深远的社会思想家。他的著作很多，主要有《四书集注》《近思录》《通鉴纲目》《诗集传》《楚辞集注》《周易本义》《太极图说解》及由他的门人辑录的《朱子语类》。此外还有其子朱在所编的《朱文公文集》及清代人李光地等所编的《朱子大全》等。

一、人性论及修身论

（一）人性论

张载、二程和朱熹都对人性问题十分重视，张载的二重人性论受到朱熹的推崇和继承。张载人性论的基础是气化思想，认为人受气于天地，先天具备"天地之性"，而且人的天地之性是至善的；同时，人们又具备"气质之性"，它有善的一面，也有恶的一面。个体在社会化过程中，要追求做一个合乎社会规范要求的"君子"，就应当善于自我反省，改变自己的"气质之性"，保存"天地之性"。

张载指出，所谓气质之性有以下几个特点：（1）它是人们与生俱来的自然性。人的生物本能和生理要求源自气质之性，因此人的口腹之欲、性欲都受气质之性的支配。（2）气质之性是人和物各自具备的属性。张载指出，天下凡称为性的东西，都是指物所固有的东西。凡是生命，莫不有性，但是头脑受通、蔽、开、塞不同的影响，人与其他生命之间有了物种上的区别；同时，在人与人之间，头脑所受蒙蔽有厚薄，就有了智与愚的差别。人性有刚柔、缓急，有才与不才，都是气质之性。这些差别是由气质之性的"气之偏"造成的，而只有天地之性才是中和不偏的。（3）气质之性可以通过学习社会规范而改变。人的社会化的过程就是"变化气质"，方法是居仁由义，做到心和而体正，同时严格要求自己，限期改正缺点，使行动符合社会规范的要求。这样，气质自然全好，由气质之性归入天地之性。

关于天地之性，张载认为它属于一般人们所不具备的圣人之性，它的特点是永恒性、至善性，是天理的体现。具有这种人性的人，非常理性，不受嗜欲的控制，也不以小害大，能做到"纤恶必除"；对于善的行为则坚持不懈，始终如一，使行善成为一贯的习性。

张载研究人性问题的目的在于解释社会生活，调适社会秩序，所以其落脚点放在如何使人们的气质之性变化为天地之性上。他认为，要改变恶劣的气质之性，关键在于学习社会规范，克制自己的旧有行为，消除、制约习俗造成的不良影响。克己是儒家社会化思想的核心。张载认为，克己的重点在于以社会规范为标准严格要求自己，深刻反省自己，使行为符合"礼"的要求。只有这样才能达到社会化的目的，即"反本"成圣，知礼成性。因此，人们要成就自己的高尚的天地之性，就必须努力学习以义、礼为标准的社会规范，那些"多为气所使而不得为贤者"，都是由于不知学习社会规范所致。

张载的双重人性论，在区别"气质之性"与"天地之性"的同时，提出气质之性可以通过学习社会规范而变化为天地之性，给人们指出了超凡入圣的道路，这与以前的人性论相比，对于统治阶级治理社会更具有实用价值和理论价值。朱熹就曾在注解《正蒙·诚明篇》时赞扬张载的人性之论，"极有功于圣门，有补于后学"（《张子全书》卷二），并认为是对过去关于性善、性恶的争论的终结。张载人性论的目的也在于使人们对生活欲望实行自我控制，按统治阶级所设计的社会规范行事，从而有利于稳定统治阶级所设计的正常的社会生活秩序，所以其人性论受到历朝统治阶级的特别重视。

(二) 修身论

个人修养思想，是对人性论的延伸。朱熹提出了"修身为本"的观点[①]，主张提高自身的道德素养，是家齐国治天下平的根本。他提出如下方案：

其一，在日常生活中体察自己的道德，自觉做到"至道至德"。他强调在日常生活中体认道德，就是倡导人们努力自觉地遵守社会规范，并认为人们如能在日常生活的"事亲事长，饮食起居"之中，身体力行，就不会受气禀、物欲的蒙蔽了。

其二，以"诚意"防止自欺欺人的心理与行为。他认为，要解决"自欺"的问题，使之表里如一，最好的方案是有"诚意"。人们如果能做到诚其意，

---

① 参见《朱子大全》卷一三《癸未垂拱奏扎》。

就能禁止自欺现象,从而做到内心好善,即表里都表现为善,在行为上没有一丝一毫违反内心的意愿;内心厌恶丑恶,也表里如一,在行为上没有一丝一毫的违反。无论行为表现是好善还是恶恶,内心都没有丝毫抵触或矛盾的情绪,就能使人们从灵魂深处甘心情愿地,不折不扣地奉行天理和社会规范。

其三,以"敬义夹持"而达到"中和"。朱熹认为,敬和义相结合而成一整体就是中和的状态。这是因为,有敬的修养在内,制约情绪,做到情感未萌之时不偏不倚,中道公正,这就是有了良好的前提;及其表现于社会性行为之时,又有"义"作为准则,使喜怒哀乐及其他行为均符合社会规范的要求,就是达到了和谐。只要内有"敬"的修养,外有"义"的规范,天理就和每个人的心理和行为融为一体,这样的社会就是他理想中的"中和"社会了①。

其四,格物致知。格物致知是理学家设计的让人们体认天理的功夫,也是个人修养的方法,旨在去欲。他论及"格物致知"之处甚多,并形成了一套完整的思想体系。朱熹认为,"格物"就是"穷尽事物之理",目的是体认出自己对待各种社会事物所持的行为规范。"致知"就是极力提高自己的认知能力,目的是要发现个人适应社会生活的真知灼见。格物的目标不仅是自然现象或社会现象得以发生的道理,更重要的是发现社会行为的合理性,是以发现社会行为的尽善尽美境界为终极趋向的。同格物一样,社会认知能力的提高也应做到彻底、全面,无所不知。人们如能获得了格物致知的修养,个体社会化就成功了。

朱熹认为,人们具有格物致知的修养,知道"善之所在""止于至善",对实现良性社会秩序的运行是有重要意义的。具备了这种修养的人,由格物而"致知",由致知而"知止",由知止而有"定理",能够把握社会规范和行为标准,心有定见,遇事冷静,处惊不变,从容不迫,在处事接物之中随事观理,鉴来知往,谋划缜密,知当为或当止而无过或不及。在朱熹看来这是一个良性的循环机制,它对社会秩序良性运行是甚为重要的,而这个循环机制的关键即在于格物。这是儒家式的个体主义的社会治理模式,它的关键在于整个社会形成践行格物致知的氛围。

至此,朱熹的社会思想完成了一个由天理而社会规范,到由格物致知而修身,再到由修身而治理社会,再到由天理而社会规范的一个自洽的逻辑过程。

---

① 参见《朱子大全》卷六七《中庸首章说》。

这个循环的实质可以表达为：先承认现实社会规范是合理的，因而要求人们必须不断提高自己的修养以发自内心地认同这些社会规范，当人们都自觉践行这些社会规范时，和谐完美的社会生活秩序就出现了。这一切都是"天理"的体现，而天理体现在社会生活的主导性价值取向及其行动规范方面，又主要在社会上层地主阶级思想中体现。因此，朱熹的社会思想无疑具有保守主义性质。

二、社会整合与社会控制论

（一）社会整合思想

张载的社会整合思想曾得到二程（程颢、程颐）的赞扬。他们与王安石生活在同一时代，与王安石一样，是主张以改革的方式来整合社会的，而且其社会整合思想又都是以《周礼》为理论依据。然而，他们并不同意王安石的社会改革方式。王安石主张"顿革"，注重自上而下大张旗鼓地实践社会经济改革，但这是要触及大官僚地主阶层的既得利益的；而张载、二程则主张"渐化"，注重个人的实验，是一种理想主义式的改革主张与原则，不触及大官僚地主阶层的实际利益。张载的社会整合思想主要有以下几个方面：

第一，社会发展的宗旨在于"利民""足民"。他反对利国就是利民的观点，认为"利于民则可谓利，利于身，利于国皆非利也"（《张子语录》）。现实的社会失调问题，就是由于不能足民，没有解决人民的温饱问题，因此当政者应该解决人民的温饱问题。温饱问题解决了，社会自然就安定了。张载的这一思想是十分可贵的。同时，他也批判"后人多欲"，并明确提出要"寡欲"，不要被人欲无厌足而外物有限所困厄。所以，张载是一方面告诫社会管理者应"使民无所不足"，满足人们的心理需求；另一方面又要人民"寡欲"，主动降低欲望标准，从而使社会管理者与人民在欲望问题上找到一个既合"礼"又合"理"的衔接点，使由此而引起的社会问题、社会冲突得到调适。

第二，张载认为，恢复井田制是解决社会问题的良方。北宋不抑兼并，土地问题成为重要的社会问题。张载就提出，固定土地经界，不得随意兼并，理应成为新土地政策的一个基本原则。就具体的土地制度而言，他认为鉴于人多地少的现实，应着眼于平均分配，实行土地公有制，具体说就是"井田制"。只有实行井田制，均分土地，授于人民，才是"养民之本"，才能使"公自公，民自民"，不互相夺利，收到百姓富足、国库充裕的社会效益。

很多人认为，井田模式的土地公有制已经不可行了。张载主张，井田制是

"至易行"的，只要"朝廷出一令"就可以做得到。为此，他还设计了具体的实施方案，并曾与学者讨论三代之法，设想共同集资买一块田，进行"井田"实验，在完成国家赋役要求的基础上，平均分配土地给各家耕种，并以此结成社区单位，进行乡村建设实验，并希望通过实验，证明政策的可行性。其实，这不过是一种乌托邦式的社会幻想，即使他真的付诸实验，也只能以失败告终。

张载认为通过恢复井田制，可以解决养兵与积弱的问题，并可以解决由于贫富悬殊、土地兼并及由此引起的一系列社会问题。其动机是真诚的，可嘉的，但其托古改制的方法实际上是于事无补的。

第三，张载认为，欲治理社会，还必须恢复分封制和宗法制。分封制和井田制是孪生兄弟，分封是井田的必然结果，并由分封来巩固井田。他提倡恢复分封制，主要着眼点是减轻中央政府行政与财政负担，强化地方政府的责任，提高政府的行政效率，以解决当时权力过分向中央集中，地方事业无从举办的问题。

与分封制相适应的社会组织形式是宗法制。张载认为，如果没有以血缘关系为基础的宗法制，将会导致"骨肉无统，虽至亲，恩亦薄"（《经学理窟·宗法》），人际关系的疏薄是不利于社会协调的，而实行宗法制则可收到"管摄天下人心，收宗族，厚风俗，使人不忘本"的社会效益。除了这种自力救济之外，宗法制还能够赋予大家族有力的组织性，抵御官府在赋税和徭役等方面的过度盘剥。同时，有了宗法制，可使"公卿各保其家"，进而可培养忠义之臣，产生政治上的凝聚力，保持政治稳定，这些思想对后世产生了重要影响。

（二）社会控制论

理学家重视对人的内在控制，在社会规范方面论述颇多。在现实社会生活层面，张载把正常社会生活秩序定义为"天序天秩"，把社会规范定义为"天理"，这在历代思想家中或为第一人。在张载看来，人与人之间的尊卑、高低等层级关系，是一种"天序天秩"，是自然形成而不可人为改变的。作为社会规范的"礼"也是本于天之自然的，人们是为了顺从这种天然的社会秩序才按符合这种社会秩序的"天地之礼"而行事的。"天理"在二程那里更进一步成为他们思想的核心范畴。二程把父子君臣等各种道德规范和伦常关系均定义为"天下之定理"，并认为人类社会区别于禽兽之处就在于人能"存一个天理"。

天理是什么呢？张载认为，仁、义、礼、智、信是天理的主要内容。五常出自人之常情，五常之间是一种不可分割、缺一不可的互相依存的关系，而其核心是"仁"。二程同意这种见解，认为"仁"基本上就是"公心"，或说"公平之心"，只要心存公道，就能做到正确对待自己和他人，人就会平和仁爱；否则，只顾及自己的利益，就是自私自利。他们把"仁"解释为"公心"，易于为社会中占绝大多数的缺乏读书机会的下层民众所理解，但"公平固在，用意更有浅深，只要自家各自体认得"（《二程遗书》卷十五）。如何才能体认公平呢？问题又回到了格物致知，回到了对天理的认识，这就又把儒学与下层民众的距离拉远了。

理学家认为，仁爱体现于行为就是"忠恕"二字。"忠"就是忠于人、事，"恕"则是推己及人，以体谅自己之心去体谅别人。他们特别强调恕道，认为这里面包含着"与人为善"和"己所不欲，勿施于人"的儒家风范。但为人处事，只讲"恕"是不够的，还必须以"忠"与之相配，才具有实际的规范社会行为的意义。忠恕应该一以贯之，忠更强调内在的态度，是天理，是法则，恕则强调外在的行为，是人道，是忠的体现，二者互为一体，是做人的大本、达道。这大概也堪称是二程对儒家传统社会规范理论的一大发展。

社会规范要成为内在控制的机制，必须配合以适当的社会态度。张载主张"诚"，所谓"成就其身者须在礼，而成就礼则须至诚也"（《经学理窟·气质》），礼和诚必须兼而修之，才能成就其身。二程也同意这样一种观念，认为要保持社会生活秩序的协调，关键就在于使人们循理明道，而且必须达到"乐循理"的程度。乐循理的基础是知理。二程认为，知理比力行更困难。知的功夫是"穷理""格物致知"，这种儒家色彩的理论包含了中国式的社会化思想。他们认为，人要成为一个社会所认可的分子，最重要的是要知道什么是本末始终。在社会互动中，在客观事物中认识天理，提高自己的修养，这是基础；继而以良好的道德素养去与天下人相处，积极参与并治理家庭、社区、社会事务，这是目标。为此，他们非常推崇格物致知的心性修养功夫，认为人是天理的产物，所以格物致知所发现的天理，并不是社会规范的内化，而是人性美的体现。理学家们的这种理论假设，是与现代社会化理论不同的地方之一。

三、"存天理灭人欲"的社会规范论

将社会规范上升为"天理"，它所对照的假设则是认为人欲是极端自私的，如果让自私控制了心灵，人就会置社会规范于脑后，作出种种越轨行为。二程

把私欲对社会的危害看得至关重大，认为人如果受蔽于人欲，就失去了天理，因此他们提出了"存天理，灭人欲"的主张，认为私欲灭则天理明。所以，理学家们所谓灭人欲，不是要灭掉人所有的欲望，仅指私利私欲。

理学家们认为，人有利欲之心是正常的，然而凡是不合社会规范的那些利欲，就是"私利""私欲"，是非灭不可的。程颐曾举例说，比如坐椅子，安稳便是有利，但如果过分追求舒适、温暖，并且为了自己的便利而刻意忽视了他人的利益，就是自私自利了。同样一个"利"，是可以分为公利和私利的，公利就是义，私利就是私欲。只要跨过"义"的范围一步，便是私利私欲。人们在那里计较自家的利与害，竭力趋利避害，都是因为利欲之心作祟。相反，那些已经致知的圣贤之人则只考虑行为是否合乎"义"的要求。虽然利在面前，如果按"义"的要求不应进取，或者害在面前，按"义"的要求不应回避，也绝不能以越轨的行为去趋利避害，而是相信"命该如此"，应该有主动担当的精神。二程认为，敢于担当，才能使人的价值诉求与社会行动合二为一，养成"浩然之气"，也才能肩负起弘扬天道的使命。因此，我们不能将二程的欲望论简单地理解为一种禁欲主义的说教。他们所要灭的人欲是不合当时社会规范的那一部分欲望，但在现实社会生活中，这套理论对人们的合理欲望和行为的禁锢性依然是十分明显的[①]。

朱熹认为，人欲与天理不共戴天，"天理存，则人欲亡；人欲胜，则天理灭"，两者之间没有丝毫调和的余地。人们只要能克得一分人欲，就能复得一分天理，天理方面用的功夫少了，便在人性中添了一分人欲。如何灭人欲呢？朱熹提出以下方案：

其一，求仁以灭欲。仁是天理的体现，为人不仁就是灭天理而穷人欲，而求仁的过程就是明理的一种途径。求仁之要，就是要"去其所以害仁者"。比如，非礼而视、听、言、动，都是以人欲害仁，既然如此，就应该"拔其本，

[①] 为了维护"天理"，二程把一切与"天理"不相符合的欲望、思想和言行都视为罪恶，要求人们甘心地忍受一切贫穷和屈辱，以顺从既定的社会规范和社会秩序。为此，他们还提出了"饿死事小，失节事大"式说教。有人问程颐：有孤独的寡妇，家境贫穷，无依无靠，可以改嫁吗？他回答说：这只是那个妇人怕寒饿而死所找的生活借口，"然饿死事极小，失节事极大"。怕寒饿而死是私欲作怪，而所谓"节"就是"天理"。与"失节"相比，寒饿至死不过是"极小"之事！这就更加充分地反映出二程的天理论、性情论、欲望论为统治阶级服务的实质。宋明以后，其"饿死事极小，失节事极大"的卫道说教，成为长期束缚中国女性的沉重枷锁。

塞其源",达到仁至欲灭的境界。

其二,复礼以灭欲。礼是被社会用各种契约形式规定下来的社会规范。在朱熹看来,礼也是仁的一种外在表现形式。从天理的角度审视,礼与仁又都是天理的表现形式。所以,"克己复礼"就成为存天理、灭人欲的途径了。朱熹认为,所谓"克己复礼",克就是胜的意思,己就是个人的私欲,复就是返回,礼就是天理的条理化。用礼去战胜私欲,人的社会行为就完全符合礼的标准,就做到了返回天理。

其三,持敬以去欲。孔子有"执事敬"的说法,即要人们办事严肃认真,又有"修己以敬"的倡导,即要人们提高自己的修养,保持严肃恭敬的态度。到了宋朝,二程又特别把"敬"字抬出来,作为一种修养的功夫。朱熹承二程之后,把"敬"看得更重,他把敬视为"圣门第一义""圣门纲领""入德之门""立脚之处""穷理之本""万事之本根"等。敬在心态上表现为敬畏,谨小慎微,小心谨慎等。一个人在做任何事情时,都能收拾精神,专心致志,就是做到了持"敬"。总起来说,敬就是小心谨慎,战战兢兢地按天理所规范的道德和行为准则去看待问题,去选择行为。

理学家们认为,在做人做事的时候,"持敬"而态度恭敬,尊重他人,遵守社会规范,就会取得人欲自消、邪妄自破的效果,所以"持敬"是去欲的又一种好方法。按照朱熹的解释,持敬简单易行,就是时刻保持仪容整齐,严肃认真,行为谨慎,表里如一。在心理状态上,持敬就如程颐的门人谢良佐所说,是"常惺惺法",即时常处于自我警觉之中的方法;又像尹焞所说,是使人"收敛其心,不容一物"。朱熹认为,人们如果都能按"敬"的要求做到"庄整齐肃",其心专一于循规蹈矩,心无邪念,常此以往,就能使"天理明"(《经筵讲义》)了。所以"持敬"是去人欲的又一种很好的途径。

其四,加强内心修养以去欲。朱熹认为,人本来是具有仁义之心的,如果仁义之心受到物欲的损害,其言行就像根本没有仁义之心一样;但到其夜间休息,不与外物接触之时,清气稍稍出现,仁义良心就会显露一些。至于那些连夜间休息之时气也不清的人,便与禽兽相去不远了。因此,人们应当在白天做事情其气不清时,自己下功夫去吐浊纳新,以求清心寡欲,克己复礼,常存仁义之心,不要等到夜间再用功。如果坚持这样做,日常行为就不会有问题了。

四、"为万世开太平"的理想社会论

"为天地立心,为生民立命,为往圣继绝学,为万世开太平",这是张载表

现儒者使命和宏愿的四句话。"太平""大同"是儒家固有的社会理想,北宋前期的范仲淹、李觏等政治家、思想家也都提出过"致太平"的主张,但张载不局限于当世的太平秩序,而是以更深远的视野为"万世"开拓"太平"基业,这是他思想的深邃、卓越之处。张载的"民胞物与"理想社会,集中体现在他《西铭》一文中:

> 乾称父,坤称母;予兹藐焉,乃浑然中处。故天地之塞,吾其体;天地之帅,吾其性。民,吾同胞;物,吾与也。大君者,吾父母宗子;其大臣,宗子之家相也。尊高年,所以长其长;慈孤弱,所以幼其幼。圣其合德,贤其秀也。凡天下疲癃残疾、惸独鳏寡,皆吾兄弟之颠连而无告者也。于时保之,子之翼也;乐且不忧,纯乎孝者也。……富贵福泽,将厚吾之生也;贫贱忧戚,庸玉汝于成也。存,吾顺事,没,吾宁也。

张载这段话的大意是,天地堪称人的父母,它构造了人的躯体并统帅着人的本性。所有的人都是我们的同胞兄弟,所有的物都是我们的同伴。君主是父母的长子,而大臣是帮这位长子管理家事的人。尊敬老人就是尊敬自己的兄长,怜爱孤弱就是怜爱自己的幼弟。社会上所有疲病者、有残疾者、没有兄弟、丧失父母者及鳏夫寡妇,都是我们的困顿不堪而又无可告诉的兄弟。

考察张载的上述思想及有关论述,其理想社会有以下特点:第一,儒家社会思想的传统不大注意社会的经济生活,而善于从社会关系方面着眼设计理想社会,张载继承了这一传统。第二,他认为人类的躯体及人性都是天地的产物,人们生存于社会之中,本来都是平等的兄弟关系。第三,他认为社会是扩大了的家庭,国政比于家政,君臣之间、臣民之间的关系都如同家庭中的兄弟关系,只是根据其"生有先后"所形成的"天序"及天生的"大小、高下"所形成的"天秩"而有不同的角色区分。长子做君主,其他兄弟有的做大臣,有的做庶民,其实他们都是天地的儿子,互相之间是同胞兄弟的关系。第四,既然"民吾同胞",家庭伦理关系就完全适用于社会了,因而社会上形同骨肉、亲如一家的完美而和谐的人际关系就有了合理性。只有这样的社会关系模式,才是合乎"天礼""天理""天序""天秩"之要求的。

张载的这种社会思想,接近墨子的"兼爱"的社会理想。这种使社会关系建立在普通的人类之爱的基础之上的思想是光辉灿烂的,然而在阶级社会里,这永远是一种美好的幻想。我们还应看到，张载对理想的社会关系模式的设计是为统治阶级服务的，他用兄弟关系、家庭关系概括一切社会关系，客观上具有模糊阶级之间的对抗意识，调适人与人的相互关系的功能。

整体上来看，《西铭》的目的不是论证，不是要证明有天道存在，不是要证明人有道德心，也不是要证明世间有客观的道德标准，而是要表明一种儒家的人生态度，一种民胞物与的儒家理想。"民胞物与"思想首先在张载弟子中间获得响应，吕大钧因此而创作了《天下为一家赋》：

> 古之所谓天下为一家者，尽日月所照以度地，极舟车所至以画疆，以八荒之际为蕃卫，以九州之限为垣墙，列国则群子之舍，王畿则主人之堂。凡民之贤而不可远者，皆我之父兄保傅；愚而不可弃者，皆我之幼稚获臧。理其财，乃上所以养下之道；分责之事，乃下所以事上之常。浑浑然一尊百长，以斟酌其教令；万卑千幼，以奉承其纪纲。贸迁有无，而不知彼我之实；损益上下，而不辨公私之藏。大矣哉！外无异人，旁无四邻，无寇贼可御，无闾里可亲。一人之生，喜如似续之庆；一人之死，哀若功缌之伦；一人作非，不可不愧，亦我族之丑；一人失所，不可不闵，亦吾家之贫。尊贤下不肖，则父教之义；嘉善矜不能，则母鞠之仁；朝觐会同，则幼者之定省承禀；巡守聘问，则长者之教督抚存。

在天下一家的理想中，人们拥有日月普照大地一样的博大胸怀，关心宇宙、人生的种种事项，一切都在我的关怀蕃卫之中。所有社会成员，不论老幼、贤愚，都是我的父兄保傅，都不可抛弃，而要关怀保护他们。理财富国，意在养民；下尽其责，以事长上；尊长爱幼，纲常有序；互通有无，不可欺诈；上下均平，公私无藏。以此博大的胸怀，对待宇宙、人生、邦国、天下，就会"外无异人，旁无四邻，无寇贼可御，无闾里可亲"，关爱他人，博施天下，这样就可以"天下一家""中国一人"，这便是最理想的社会模式了。

"民胞物与"的思想提出后，获得士大夫阶层高度评价。程颢称赞它："极醇无杂。秦汉以来，学者所未到。"又说："意极完备，乃仁之体也。"程颐对它的推崇远远超过了韩愈的《原道》，他说："孟子之后，只有《原道》一篇，其间言语固多病，然大要尽近理。若《西铭》则是《原道》之宗祖也。《原道》却只说道元，未到《西铭》意思。……盖孟子后，盖未见此书。"清康熙帝在《御制性理精义》中，肯定"张子《西铭》乃有宋理学之宗祖，诚为《语》《孟》后仅见之书，……使学者知道理之根源、学问之枢要"。当代学者韦政通评价道："《西铭》全文最可贵的是因为它表现了'民，吾同胞，物，吾与也'的博爱精神，人之所以能有这种精神，是基于'天地之塞，吾其体，天地之帅，吾其性'的天人一本的形上肯定。乾称下篇所说的'万物本一'也是同样的肯定。至于'尊高年，所以长其长；慈孤弱，所以幼其幼。……凡天下疲癃残疾、惸独鳏寡，皆吾兄弟之颠连而无告者也'云云，则为博爱精神的具体说明，也就是能体天之德的表现。这样横渠使天人合一论，不只限于成圣成贤的修养，也包括仁爱与民本精神的发扬，而达成成圣成贤的终极目标。这是一个新的发展。"季羡林认为张载的"民胞物与"具有普世意义，这里的"民"决不局限于中国人民，而包括全世界人民，"物"包括所有的动植物；而最重要的是人与万物之间是一种伙伴关系，而不是征服、被征服的关系，这是中西最大的区别。因此，《西铭》不仅充分表现出至高至大的博爱精神，并且表现出一种平等精神。

第三节　陆王心学的社会思想

宋儒重视道德对于社会生活秩序的重要性，他们认为指导人们社会生活、社会行为以及其方向的道德心，具有虚灵明觉、健行不息之天然之则的特性，故称之为"天理"。而道德的主体内在于人的良心。这是从孟子传下来的学术理念，认为仁义内在于心，所以人性是善的。道德主体的建立是一个不断地将个体生命从历史性、偶然性、有限性中解脱出来，而企求一个无限的、永恒的、自我的过程。宋明时期的儒者中，如陆九渊、王阳明、王艮等，都自觉地追求这一过程，追求"尽心知性""致良知"，并由此创立了陆子学派、阳明学派、泰州学派等等。他们借由道德主体的建立，进而从事乡村建设和治理的工作，作出了很大成绩。

陆九渊（1139—1193），字子静，号象山，世称象山先生、陆象山。乾道八年（1172）中进士，先后做过隆兴府靖安县主簿，后调建宁府崇安县主簿，迁国子正、敕令所删定官等职。他在中央和地方的履职经历让他有机会了解南宋社会的总体情况，不至于空谈义理。作为心学的创立者，陆九渊与当时著名的理学家朱熹齐名,史称"朱陆",也是"宋明心学"的开山祖师,明代王阳明发展其学说,成为中国思想史上著名的"陆王学派"。陆王心学是思孟学派的继承者。心学在南宋时期,与理学不相上下,但南宋之后理学成为官方主流学术,一直延续到明朝,到明代中后期阳明学兴起,心学遂成为显学,得以抗衡理学。晚清以降,心学有复兴的趋势,当代新儒家学人如梁漱溟、熊十力、牟宗三,都是心学的传承者。

王守仁(1472—1528),字伯安,号阳明子,学者称"阳明先生",明代浙江余姚人。他出生于官宦世家,聪明好学,少年得志。十一岁能赋诗,二十一岁时随父在京师遍读朱熹的著作,二十八岁考中进士,历任刑部主事、庐陵知县、太仆少卿、左佥都御史、南京兵部尚书等职。三十五岁时因得罪宦官刘瑾,被廷杖四十后贬至贵州龙场驿为驿丞。后来,掌握兵权,曾镇压过江西、福建、广东、湖南一带的农民大起义(1516—1518),平定过宁王朱宸濠的叛乱(1519),但因为统治集团的内部矛盾,未得重用,而上书辞官,回乡讲学,晚年(1528,嘉靖七年)又被明朝起用,在镇压了广西的少数民族起义后不久,即因病死于归途中。王守仁成道于贵州,阳明心学的起点是龙场悟道。他在龙场期间,因穷荒无书可读而专心静思默想。一日午夜,突然手舞足蹈,"大悟格物致知之旨",此后,便在贵阳书院大讲"致良知"及"知行合一"之学,建立了自己的"心学"体系。然而,从明初开始,朱熹的思想学说已占据主导地位。所以,王守仁的学说被御史程启允等视为"伪学"。直至隆庆初年,才解除此禁令,并受到赏识;至万历十二年,又得到"从祀文庙"的死后殊荣。从整个明代学术来看,王守仁鼓舞了儒林知识分子尊重下层社会、积极参与社会活动的思潮,不仅自己重视社会治理层面的实践,其后学中很多人重视经世致用,泰州学派则引领乡村建设,在当时社会影响巨大。王守仁的著作,被其门人纳辑成《王文成公全书》三十八卷。上海古籍出版社校定出版了《王阳明全集》。

王艮(1483—1541),泰州府安丰场人,本名王银,王守仁为他改名艮,取字汝止,号心斋,出身煮盐的灶户,曾做过私盐贩子,在自学儒学之后,进而跟随王守仁学习,晚年创立泰州学派。王阳明赞他是真正的"狂者",泰州后学尊其为"东海圣人",反对者斥之为"怪魁"。黄宗羲认为,他在阳明心学发展中作用巨大,而又影响极坏,称"阳明先生之学,有泰州(王艮)、龙溪(王畿)而风行天下,亦因泰州、龙溪而渐失其传"(《明儒学案·泰州学案》)。由王艮开创的泰州学派,成员大多出身低微,以其平民学派的特点,在晚明独树一帜,极其活跃,产生了诸多平民思想家。目前,国内外学术界对王艮及泰州学派均给于较高的评价。民国乡村建设运动中梁漱溟一派曾深受王艮及泰州学派思想精神的影响。其著作由后人编辑为《王心斋先生全集》。

何心隐(1517—1579),本姓梁,名汝元,永丰(今属江西)人。他很年轻就考中生员,三十岁时郡考得第一名。他接触到王艮学说后,便放弃了科举的道路,从颜山农学习。颜山农是吉安永新人,王艮的弟子。何心隐深受颜山农的思想影响,反对理学家坐而论道式的说教,"以寄民胞物与之志",在他家乡创办了"聚和堂",进行他的理想社会实践。因其思想和行为与当时上层统治集团相左,且性情刚直,终于被诬陷而死于狱中。何心隐的著作,中华书局出版时更名为《何心隐集》。

李贽(1527—1602),泉州晋江(今福建泉州)人。祖先从事海外贸易,曾为巨商。他自幼不信佛道,也厌恶道学先生。二十六岁中举,曾任姚安知府等职。四十岁前后读王阳明著作,后拜王艮之子王襞为师。他在知府任上三年,自去其发,被勒令解任,结束宦海生涯后"居黄安,日引士人讲学,杂以妇女,专崇释氏,卑侮孔孟"(《明史·耿定向传》)。1602年北游通州,因被诬陷入狱后自杀身亡,其著作有《焚书》《续焚书》《藏书》《续藏书》等。

一、理想人格论

陆王心学均主张"心"天生是善的,它是道德自律的本源,但是后天的环境恶习,却能使善心受到蒙蔽、移夺、陷溺,而失去德性光辉,所以人需要道德践履,不断修身自律。因此,心学家们以道德观念和道德意识水平作为衡量人格的标准,设计了各自的理想道德人格标准,其最高目标都是成圣成贤。

(一)陆九渊的理想人格论

陆九渊提倡,"人须大做一个人",做人要堂堂正正,顶天立地,勇于担当。因此,理想人格有三等,即"堂堂正正的人"、"喻于义"的君子、"备道"的圣人。成贤成圣是儒家的一贯理想,所以陆九渊希望大家都应该为成为圣人而奋斗。他认为,圣人之所以为圣人,在于他的本性没有被蒙蔽,心灵理明。这种圣人的德性与知识水平没有多少关系,比如后稷不懂音乐,孔夫子坦陈自己种庄稼不如老农,尧舜的时候不可能有西周时期的礼乐,但是不能说后稷、孔子、尧舜就不是圣人了。所以,圣人的德性不在多智多能,不像朱熹说的那样，要穷尽天下之理才能成为圣贤之人，因为这连孔子也做不到；只要做到"知之为知之，不知为不知"，心灵明智就可以了。他深切地指出，人们大多被贫富、贵贱、利害得失、声色嗜欲所支配，而罔顾道义，丧失了良心，这是极为悲哀的事情。人性深处是有良心善性的，人们应该自我反省、自我认识、自我完善，不断提高道德修养，做君子，成圣贤。

要做成圣贤，获得圣人的德性，必须具备修养的功夫。陆九渊主张，人们应该先学会立志和辨志。志是人的精神柱石，人惟患无志，有志者事竟成，所以孔子说，"三军可夺帅""匹夫不可夺志"。陆九渊提倡，"人要有大志"，做一个尧舜那样的大圣人。只要努力做下去，"人皆可以为尧舜"。如何立志呢？陆九渊的答案是"自立"。他说，孔夫子当年就是"吾十有五而志于学"的，人须自己有见识和反省，有成贤成圣的宏愿。辨志主要指义利之辨。当他看到官学培养出来的儒生被功名拖累，见利忘义，有的甚至叛国通敌，卖国求荣，丧尽廉耻时，慨叹教育的失败，儒家的耻辱，指出"志道，据德，依仁，学者之大端"（《陆九渊集》卷三五）。

淳熙六年（1179），陆九渊应朱熹之请，在白鹿洞书院讲《论语》"君子喻于义，小人喻于利"一章，重点阐释一个道理——人若志在求义，就会习于义而喻于义；志在求利，便会习于利而喻于利。喻于义则为君子，喻于利便是小人，所以义利之辨，就是君子小人之分。他勉励书院的学生能辨义利，做君子不做小人，不要为物欲、私利遮蔽了本心，在利欲中打滚。他形容人为利欲所控制是"主客倒置"，因为义是人固有的，是主，利欲是外来的，是后起的，非人本来所有，是客。加强个人道德修养，坚持闯过利欲的阻拦，直达人的观念萌发的地方，就和主接上了头，主就会占据主导地位，这就是"复其本心"。在这个基础上，再勤加反省，改过迁善，并随时注意整肃威仪，使心不狂妄，就可以成为圣人了。朱熹对陆九渊以立志教育其门人，非常敬佩，赞扬陆子门人多有好学之志。

（二）王艮的理想人格论

王艮是王阳明的学生，他的理想人格也是成圣贤。王阳明强调，人人具有成圣的潜能，影响广泛。但在成圣的途径上，王艮因提出"乐学"思想而独树一帜。

明代是以程朱理学为其主导性社会思想的，很多人沿着朱熹的要求，以格物致知为成圣成贤的门径，结果不得其门而入，感到非常痛苦。王阳明在年轻时，就因格竹子中的道理，结果大病一场。王艮在经历了严格的"非礼勿视、非礼勿言、非礼勿听、非礼勿动"的规矩训练之后，跟随王阳明学习心学，放下外在的束缚，直指本心，发明了"乐学"说。他的《乐学歌》唱到：

> 人心本自乐，自将私欲缚，私欲一萌时，良知还自觉。一觉便消除，人心依旧乐。乐是乐此学，学是学此乐。不乐不是学，不学不是乐。乐便然后学，学便然后乐。乐是学，学是乐。呜呼！天下之乐，何如此学！天下之学，何如此乐！

王艮以良知为主体，以"乐"为核心追求人格成圣。良知具有主观性（或者主体性）、客观性，以及超越性与绝对性的特点，即所谓"掌握乾坤大主宰，包罗天地真良知"。良知是天地万物的主宰，一方面"至易至简"，体现了良知的主观性；另一方面是"至尊至贵"，体现了良知的客观属性。在王艮看来，良知带给人的，最重要的是安乐、平和、中正的德性，由此便可成贤成圣，并认为这种德性是在人际关系和社会生活中去应用的，也有极高的实用价值。人应该以自身的安乐、平和、中正去衡量社会中的万事万物，以身作则去带动家庭、社区、社会不断向好的方向转化，这就是著名的"淮南格物"论。

二、社会规范论

心学因为特别强调修身，所以对社会规范格外重视。陆九渊就强调，要保持对社会规范的自觉，时刻反省自身，以使"心不狂妄"。王阳明也强调，致良知就是社会规范的内化过程，通过反复辨别各种社会行为是否当行，才能把社会规范和行为标准内化于心，知道怎么做才是正确的。后来，何心隐集孟子、王阳明、王艮等人的思想，进一步完善了心学的社会规范论。

何心隐的社会规范思想出于他对人的属性的认识。他认为，作为人，一方面是自然的人，一方面则是社会的人。作为自然的人，就是人生之初即有人类的体貌特征，有语言。但更为重要的是人的社会属性，人类具有"远于禽兽"的特征，这个特征就是人类具有道德理念，有一系列社会规范。行仁行义，体现人之情、人之才、人之良心，是人类所以"远于禽兽"的基准。这是从道德理论和社会规范角度考察人的特性。

从行为方式的角度考察，人类也有不同于禽兽的特性。人之相貌、语言，从自然属性考察，源于人生之初；但作为社会属性的人，与人相处时体貌能恭敬、严肃，言语能顺从、平和，这是人类从根本上不同于禽兽之处。不仅如此，人们在群体中生活，形成特定的社会关系，如父子、君臣、师生、朋友之类，这也是人所以区别于禽兽的标准之一（见《何心隐集·辩无父无君非弑父弑君》）。

既然人类区别于禽兽的关键在于人的社会性，而人的社会性又集中地体现于社会的道德伦理规范与行为规范，那么作为一个真正的人，就须发扬和遵守社会伦理道德和社会规范。在何心隐看来，社会规范的核心就是仁与义，有仁有义才是人，不仁不义就不是人，而与禽兽无异。何心隐的所谓"仁义"，不是停留在诠释孔孟及理学家之伦理概念的层次，而是具有将其付诸实践以兼济天下人的意义，主张让人类充满仁爱，用礼义拓展人生之路。因为在他看来，人人都努力体现人类的社会性，人人都坚持仁爱与礼义，是实现他的社会理想构想的最重要、最基本的条件。

何心隐提倡的仁爱是大爱，热爱所有的人，但首先是热爱家庭，孝敬父母；爱也不只是爱那些可爱之人，而是要爱全人类，这才是大爱。这样的爱充满人间，不仅幸福小家，也温暖大家。礼义的核心是尊重所有的人，但首先是尊重贤能之人。尊贤不是像君主那样礼贤下士，而是尊重全人类的贤能者。保持敬重的心态是人生正路，倡导互尊互敬之风，是文明社会的重要特征（见《何心隐集·仁义》）。

把仁义从仁而亲亲、义而尊贤，扩展到不论性别、阶级、种族、国家的互相尊重、互相热爱，何心隐所提倡的仁义与理学家所倡导的仁义是具有明显区别的。他把作为儒家传统道德和行为规范之核心的仁与义，作了广义而具体的诠释，并把它放到更为广泛的、更接近人民大众利益的范围中去考察，进而构想了将其实施之后可以出现的理想结果。

何心隐认为，如果人们都去充分体现自己的社会性，从而努力操持仁与义作为社会规范，并真正把握仁与义的内涵，做到亲其可亲，尊其可尊，以至于凡有血气者莫不亲，莫不尊，所取得的社会效应必然能达到打破人与己的界限，实现人己一体，彼我无间，社会中具有普遍的亲与普遍的尊，而无差等的理想境地。这即是何心隐社会思想的精髓所在。换言之，何心隐的社会规范思想，是为其社会理想服务的。因此他不像理学家论社会规范那样，把最大的精力放在说教与修身的层次，而是实实在在地操作与实施。所以，何心隐说：

"仁义岂虚名哉？广居正路，岂虚拟哉？"（《何心隐集·仁义》）仁义不是空洞的教条，而是有实际意义的，这个实际意义就是它作为人们社会生活的"正路"。因此，它不是虚拟的，而是需实际做到的社会行为要求，从而让社会中的所有成员都处在最合理、最理想的社会关系之中，使社会生活变得和谐而美好。

正是出于这个目的，何心隐为了使人们更自觉地遵守社会规范，反复强调无规矩不成方圆的道理。尊重社会规范，做到中规中矩，才能安身立命，促进家庭、社区、社会的幸福。他揣摩历史，认为孔子十五而志于学，三十而立，四十而不惑，五十而知天命，六十而耳顺，就是志此矩、立此矩、不惑此矩、知此矩、顺此矩，从而"至于七十而始从心所欲不逾矩矣"（《矩》）。由此可见，何心隐强调社会规范的重要性，是有较强的功利性和操作性的，这又体现了何心隐社会规范思想与理学家的区别。

三、基层社会建设思想

陆王心学的基层社会建设实践有多个方面，如平民家族的建设、社区建设等，其中最有代表性的是王阳明的基层建设思想，包括基层组织建设与社区管理两个方面。

（一）"十家牌法"

王阳明研究了历史上流传下来的户口联保制度，对保甲法加以严密化、系统化，而形成所谓"十家牌法"。其主要内容是以十家为一个组织单位，制一"十家牌式"，注明十家居民的姓名、籍贯、人口、职业、房屋等项。由十家轮流收掌，各家门上也挂一小牌，注明该家居民的上述情况，十家轮流于每天傍晚到各家查审。对于今夜有谁不在家，去哪里干什么事情，哪天回来，以及哪一家今夜来了客人，客人叫什么名字，从哪里来，来干什么，等等问题，都要详细查问，务必清楚明确。然后通报各家各户，如果有人行踪可疑，要立即报告官府。如有隐瞒，事发之后，十家连坐。开始，为了让民众适应新规定，十家之中不立头领，后来王阳明考虑到乡村遇有盗贼之警，不能没有人主持事务，便增设保长以督领各家，但只在防御盗贼时有此权力，不许保长干预词讼；并命令各乡村、坊巷搭起鼓楼，置鼓其上，以便"遇警即登楼击鼓，一巷击鼓，各巷应之；一村击鼓，各村应之"。编入十家牌的居民，听到鼓声，即应"各执器械，齐出应援，俱听保长调度"（《申谕十家牌法》）。十家牌增立保长，增设鼓楼，直接目的在于防御盗贼的侵扰，实际上使社区基层组织更具有了适用性。但王阳明设立"十家牌法"的意义远远不止于防御盗贼，而是以全面加强社区治理为目的。他为了提高下级地方官吏对十家牌法的重视，曾系统地介绍了十家牌法的社区治理功能。即：

首先，具有便于地方政府全面了解当地情况的功能。按十家牌法要求，各乡村坊巷都以十家为单位，分别造册，注明人口、职业、技艺、残疾人、户籍、田粮等项，呈送县政府以备查考。政府遇到粮税、徭役等事情，可以按名找人，一县之事了如指掌。

其次，具有维护本社区治安和防御盗贼的功能。按王阳明的要求，各家各户都要申报有盗窃等不良行为的人，官府记其姓名，但并不追论以前的恶行，而是要求其从此弃恶从善。有真能改过自新的，从黑名单上除名。如果境内发生盗窃事件，就责令这些有不良记录的人互相检举。王阳明认为，以上这些措施，可以收到使"奸伪无所容而盗贼亦可息"（《申谕十家牌法》）的双重效果。

再次，具有调适社会秩序及教化的功能。王阳明说，有了十家牌法以后，邻里之间的纠纷可以由同甲的人出面及时劝解，如果劝解不成功，或者有恃强凌弱、诬陷他人的情况，同甲有义务报官，请地方政府出面解决。因此，它可对社区生活秩序起到调适作用，将很多纠纷之事解决在民间，有助于减轻地方政府的工作负担。同时还要求各家"互相劝谕，务令讲信修睦，息讼罢争，日渐开导"（《申谕十家牌法》）。王阳明认为，通过各甲之内的相互调适与相互教化，老百姓打官司的事情就比较少了。

最后，以十家牌法之社区组织为基础而稍加改造，就会具有均赋役、御外侮、淳风俗、兴礼乐等社区治理功能，最终收到对这一社区"不劳而治"的社会效应。

（二）南赣乡约

关于制定乡约的目的，王阳明说，民俗之善恶都是由"积习"造成的。过去农民造反，抛弃宗族、邻里，危害乡里，四处作乱，不单是当事人的罪责，也是由于政府治理、教化无方所致。与此同时，当地父老子弟也不能辞其责。制定乡约之后，同约的人应该互相监督、互相鼓励，孝敬父母，尊敬兄长，教育子女，和睦邻里，死丧相助，患难相恤，劝善戒恶，息讼罢争，讲信修睦，做一个良民，形成仁厚的社会风俗（见《南赣乡约》）。他利用乡约进行社区治理的思想和方法，是具有创造性的，至今仍有参考价值。

王阳明制定的《南赣乡约》，主要内容有十五条，可以归纳为以下几个方面：

其一，组织机构。设约长、约副、约正、约史、知约、约赞等职，各有分工，均选德高望重的人担任。每月十五日召开一次全约会议，主要任务是纠恶扬善。同约各人每月出银三分，作为会议聚餐费用。聚餐不得奢侈，以免饥渴为准。王阳明还具体拟定了会议议程、形式等。乡约组织是社会基层组织，约长等负责人均无俸禄，但在履行乡约过程中，地方政府做他们的后盾。

其二，强调互相帮助，调解民间纠纷。该乡约规定，同约成员凡有危疑难处之事，皆须由约长及同约成员共同帮助解决，处理妥当，不得坐视推托，陷人于恶，否则，要对约长约正等人予以处罚。此外，一旦出现斗殴不平之事，都要由约长出面，公论是非，不听约长裁决而私自报复，致人死伤，酿成大祸的，约长应率诸同约成员报告官府处置。

其三，维护社区治安。乡约规定，同约里若有人与盗贼串通，传递情报，贩卖赃物的，约长和同约成员在其不听劝诫的情况下，应具实向官府报告。

其四，进行社会监督。对于外来人口，要予以监督，使他们与当地人一样纳粮当差；对于本地大户、外地客商，要监督其不得放高利贷和强占强买土地；对于无力偿租的贫民，要劝令租主宽舍，恃强不听劝告者，率同约人向官府告发。同时，对于地方官吏、军人等下乡勒索钱财等，也要予以监督，一旦发现他们有不法行为就呈官追究；对于新"招抚"的所谓"新民"（招安的盗贼等），要监督其将所占田地产业退还原主，并不得再怀前仇，搔扰地方。还要监督他们"勤耕勤织，平买平卖，思同良民"。不服从约长劝戒的，要"呈官惩治"。

其五，移风易俗。王阳明规定，男女长成各宜及时嫁娶。过去往往有因女家嫌男家聘礼太少，或男家嫌女家嫁妆太少而推迟婚期的现象。定乡约之后，约长要向所有成员宣传，婚嫁不能嫌贫爱富，应量力而行，力行节约，不得"大会宾客，酒食连朝"，奢靡相尚，浪费人力物力。此外，还要求简办丧事，办丧事要根据自家财力而定，以尽诚孝为目的，不可铺张。并指出"或大做佛事，或盛设宴乐，倾家费财，俱于死者无益"，以后再有类似行为，将以"不孝"对待，以求达到"共兴恭俭之风，以成淳厚之俗"（《仰南安赣州印行告谕牌》）的目标。

总之，乡约组织是一种按政府要求，民间自办的社区基层组织形式，目的在于整饬社区生活秩序，加强以自我约制为主的社区治理。

王阳明认为，如按他所设计的十家牌法与乡约制度进行社区治理，就可实现理想的社区生活秩序，就能使老百姓各安生理，勤于农业，守护门户，爱身惜命，保全室家，孝顺父母，抚养子孙，而没有"以众暴寡，以强凌弱"的现象，从而使该社区的居民永为善良之民；同时还可使老百姓都具有合乎儒家要求的人格，即"父慈子孝，兄爱弟敬，夫和妇随，长惠幼顺"，人人都能"小心以奉官法，勤谨以办国课，恭俭以守家业，谦和以处乡里"。而且可使人们心理平恕而不轻易忿争，遇事含忍而不动辄大兴词讼，见善互相劝勉，有恶互相惩戒，从而"兴礼让之风"，"成淳厚之俗"。

王阳明的社会基层组织与社区治理思想，是建立在为统治阶级服务的基础上的。他认为，如果这些制度得以具体实施，对于社区治理定会大有效果。而且他断定，凡是"有高才远识"的当政者，都会采用这种做法，以使其所管辖的社区"不劳而治"。只可惜当时的地方政府大都没有采用这种制度。但它作为一种思想、一种社区治理制度安排的尝试，给后代留下了可贵的关于社区治理的文化遗产。

四、泰州学派的儒学民间化思想

王艮开创的泰州学派，成员大多出身低微，以其平民学派的特点，在晚明独树一帜。侯外庐指出，泰州学派是一个不同于阳明学派的独立学派，其思想特质表现为"尊身""安身"等主张，肯定"私欲"的合理性，反映了庶民阶层的利益和要求，推动了晚明社会的思想解放①。泰州学派在处理个体与社会的关系时，明显不同于程朱理学的"存天理，灭人欲"，而是要求重视个体的生命、利益与地位，甚至有的学者把泰州学派的思想视为明代思想史上提倡"个人主义"的典型②。

泰州学派对阳明心学和传统礼教的偏离正是其儒学平民化的表现，这大致表现在以下几个方面：

第一，在形式上由神圣向世俗转化。泰州学派对阳明心学的部分语言、概

---

① 侯外庐主编：《中国思想通史》第四卷下第二十二章，人民出版社1960年版。
② [美] 狄百瑞：《晚明思想中的个人主义和人道主义》，《中国哲学》第七辑，生活·读书·新知三联书店1982年版。

念和范畴进行了转换。王阳明的思想体系把"良知"作为核心概念，认为它是人人固有的道德价值体系，是"是非之心"，是天理，不分圣贤，人人共有，而致良知只是要在人格上发现这种心理结构。从儒学发展内核来看，王阳明的"心即理"，是在反对朱子之"理"的概念上，重新塑造了一个神圣之物。一般认为，王艮作为王阳明的学生，也讲良知，他是"现成良知"的代表人物，主张在日常生活中当下体验和把握良知。其实，王艮的"良知"最终走向了个体化和世俗化。他主张"尊心"必先"尊身"，生活必须以自身为基础，必须根据它自己的条件而得到理解，重视个体的欲求、利益、价值和地位，给神圣世界以物质的、世俗的基础，① 因此他的学说在当时是标新之举，有"淮南格物"之称。在王艮的晚年授学时，还提出了"乐"的概念，重视个体心理的满足。这种世俗与神圣的差异，在儒学的传统命题——"人欲"问题上表现得尤为明显。王阳明认同"存天理，灭人欲"的思想，并把所有违反现行社会规范的言行都界定为"人欲"，认为人欲是造成社会混乱的罪魁祸首，是必须清除的东西。泰州学派则强调正视人的合理需求，认为承认人欲并不会使天下大乱，人欲对社会生活秩序的良性运行具有重要意义。

第二，在内容上由"圣人之道"向"百姓日用"转化。阳明心学以"为往圣继绝学"为己任，宣扬的还是"圣人之道"；王艮和泰州学派则提出，在百姓日常生产生活中也有道的存在，主张发扬、创新"百姓日用之道"。关于这一点，可以从他们对"忠孝"问题的处理上清楚地看到。忠孝观念是儒家正统思想的核心，王阳明本人就很有些愚忠的特点，提倡面折廷争，做政治上的"狂者"，结果被贬官贵州。泰州学派则对"忠"不太感兴趣，在他们的著作中也很少涉及"忠"。他们重视的是孝道，并对其推崇备至。他们主张孝道必须出自个人的理性认知，甚至把孝道视为对父兄慈爱的回报。因此，这里所讲的孝并非制度化儒家宣扬的愚孝和对父权滥用的容忍，而是泰州学派取自民间的理性态度。这种观念上的损益还发生在对"朋友"关系的重新界定上。在传统社会中，朋友之谊最初是从兄弟开始的。兄弟之间除了骨肉之情外，还有类似于朋友的"友爱"情谊，泰州学派把友爱推而广之，放大到陌生人或者没有血缘关系的人之间，提倡在人与人的社会交往中建立起横向的、平等的朋友关系。

---

① 参见《明儒王心斋先生遗集》卷一《语录》。

第三，在功能上由"得君经世"向"民间经世"转向。总的来说，在创造性转化的立足点上，泰州学派把握了两条标准：一是体现和表达社会下层民众的精神需求；二是适应下层社会在社会关系再生产方面的需要。在此原则的指导下，泰州学派的经世向"经（世）济（民）"方向转变。自朱熹以下，传统儒家的经世思想就是《大学》中的"齐家治国平天下"，要求人们进入政治体制内部辅佐有道明君治理社会。阳明心学基本上是继承了这种经世理念。按照儒家思想传统，一个人如果不能进入政治体制内部实现政治抱负，他就应独善其身，强化道德修养，"增益其所不能"；同时等待时机，以待明君的出现。王艮则认为时不我待，有知识有能力者应该主动深入民间，做平民大众的社会生活导师，引导社会下层民众建设一个新的社会。在这一思想的感召下，王襞、韩贞、何心隐等泰州后学放弃科举之路，甘心沉潜在自己的家乡开展乡村建设活动，组织平民讲会或开展乡村建设实验。

五、阳明及其后学的社会理想

社会理想与人的发展、完善的历史过程相一致，体现为人在特定阶段的发展需要，"它要追求的那种较美好、较完美的东西是一种完全未予规定的东西"①。王阳明提出的理想社会模式，为其后学创造新的社会理想提供了借鉴。

第一，"以天地万物为一体"的理想社会模式。

王阳明认为，最理想的社会关系是"以天地万物为一体"，人与人的关系没有远近之分，没有民族、种族、国界、文化等外在的差异，没有仇恨杀戮等种种心态，都是兄弟姐妹，满怀赤子般纯洁天真的感情，拥抱整个人类。凡是人类，社会都有义务保证他的生活，给他以良好的教育，培养他的"万物一体意识"（《答顾东桥书》）。

第二，社会成员人人各尽其心，促进社会幸福。

理想社会的每一个成员均富有社会责任感，勇于承担社会义务。除了自己尽心尽力担当好家庭角色、社会角色外，当看到不和谐的社会现象出现时，如有人未享饱暖安乐，或家庭不和睦、君臣失义、朋友失和等问题，能主动做好安抚、劝解等工作，甘当义工和社会安全阀（《重修山阴县学记》）。

按王阳明的思想，只要人人尽心，就能达到整个社会秩序的美满和谐。父

---

① ［德］黑格尔：《历史哲学》，王造时译，生活·读书·新知三联书店1956年版，第95页。

子亲，君臣义，夫妇别，长幼序，朋友信，"下至闾井田野，农工商贾之贱，莫不皆有是学，而惟以成其德行为务"（《答顾东桥书》）。社会成员人人尽心竭力地遵行社会道德与行为规范，则社会中的各种人际关系也就都按既定的规范运行。更为重要的是，王阳明的这个理想社会的饱暖逸乐，不是一人一家的，而是以达到共同的饱暖逸乐为目的。这一社会思想值得特别重视。

第三，在这个理想社会中，由于人们都以天地万物为一体，人与人之间达到了共同的文明与饱暖逸乐，所以人们都同心一德，亲如一家。王阳明假托唐虞三代之世，系统地阐述了这一社会理想：

> 举德而任，则使之终身居其职而不易；用之者惟知同心一德，以共安天下之民，视才之称否，而不以崇卑为轻重，劳逸为美恶。效用者亦惟知同心一德，以共安天下之民，苟当其能，则终身处于烦剧而不以为劳，安于卑琐而不以为贱。
>
> 当是之时，天下之人熙熙皞皞，皆相视如一家之亲。其才质之下者，则安其农工商贾之分，各勤其业，以相生相养，而无有乎希高慕外之心。其才能之异若皋、夔、稷、契者，则出而各效其能，若一家之务。或营其衣食，或通其有无，或备其器用，集谋并力，以求遂其仰事俯育之愿……而无有乎人己之分，物我之间。譬之一人之身，目视、耳听、手持、足行，以济一身之用。目不耻其无聪，而耳之所涉，目必营焉；足不耻其无执，而手之所探，足必前焉，盖其元气充周，血脉条畅，是以痒痾呼吸，感触神应，有不言而喻之妙。（《答顾东桥书》）

我们可以把王阳明在这段论述中所描绘的理想社会模式的特点归纳如下：

其一，这个社会的各个成员都以济天下之民、安天下之民为己任。

其二，这个社会按人的德行与才能确定工作岗位，只要有德有能，就让他终身居其合适的职位。而他们虽终身处于繁剧的工作岗位也不叫苦叫累；只要工作与能力相符，人们虽处于卑琐的工作岗位也不觉得低贱。

其三，这个社会有德行有才能的人都能发挥其应有的作用。像稷、契等大德大能者，都出而各效其能而成其德，从而可以"益精其能"。

其四，这个社会中所有才质不高的人，也都能分别安于农、工、商贾等各种本职工作，并都努力工作，相生相养，并没有羡慕他人、希高慕外的想法。

其五，这个社会和谐安宁，亲如一家，没有人与己、物与我之分，各尽所能，相互之间有机配合，人人心情愉快，毫无怨言。

由此可见，王阳明所构想的理想社会，不亚于早期儒家对"大同"社会的构想。更确切地说，他的理想社会比大同社会构想更为具体，更成系统。他把"万物一体"理论推及社会，就是社会的"同心一德"，就是社会成员亲如一家，各守规范，分工合作，各效其能。这个理想社会显然是美好的。这反映出在中国社会思想的发展史上，"大同"社会思想至明代仍在发展，并为人们所憧憬。

然而，王阳明的上述理想社会，只是托古而对未来社会的美好幻想，现实与理想不仅相距甚远，而且背道而驰。其原因何在呢？王阳明认为主要是儒学的真精神没有得到发挥造成的。自三代以后，王道息而霸术昌，孔孟之后"圣学"晦而邪说行，人们都变得假仁假义，而以满足私欲为目的，而且大家互相仿效，为追逐名利不择手段，为一时之得欺天罔人，相互倾诈攻伐，斗争劫夺，从而使得人与禽兽无所区别。照这种趋势发展，理想社会将永远无法实现。王阳明认为，要扭转社会发展趋势，使之走向理想社会模式，就要靠人们的"良知"。尽管现实社会已是功利之毒入人心髓，私欲横流，争夺日益严重，但值得庆幸的是在人们的内心里仍然存有万古不变的"良知"，所以，只要使人们都能"致良知"，理想的社会就能变为现实（《答顾东桥书》）。并且认为这是圣贤治理社会至简、至易、至灵验的方法。

王阳明对于良知之学颇为自得，认为这是他依靠灵感体悟出的奥秘，是治理社会的唯一方略。可以说，王阳明的全部学说是以实现其社会理想为目的的。而其思想学说的核心是"致良知之学"，并认为要彻底改变现实恶劣的社会环境，根除所有被他视为丑恶的行为，实现理想社会，离开"致良知"之外，别无它途。他号召人们理解、倡导这一学说，使天下之人都掌握自致良知的方法，加强社会共识，提高道德修养，消除自私自利之心，使社会达到和谐、大同的完美境界（《答聂文蔚》）。

李贽作为阳明心学的殿军式人物，对明代社会遵行儒家制定的"三纲""五常"等规范和"君子""小人"等界说，在人与人之间形成此疆彼界、高低贵贱之分，非常不满。他提出了社会平等的理想，主要有这样几点：

第一，夫妇平等。李贽提出了"正夫妇"的观点，认为夫妻关系是社会中最基本的人际关系："夫妇，人之始也。有夫妇然后有父子，有父子然后有兄弟，有兄弟然后有上下……夫妇正，然后万事无不出于正矣。"（《夫妇篇总论》）夫妇关系就如同天与地之间的关系，天地是万物资始的基础，夫妇则是各种社会关系形成的基础。天与地缺一不可，夫与妇也缺一不可。李贽虽然没有解释如何正夫妇，但显然具有反对"夫为妇纲"，要求夫妇平等的意义。关于这一点，我们还可从其以下论述中得到印证。

第二，男女平等。他说，世人大都认为女性见识短，不能学文化，但实际上人的见识长短与性别无关。现实社会中女人见识短的现象是由于妇女活动范围狭窄，"所见不出闺阁之间"，观察社会的视野与社会经验都受到限制，才使得女人"只见得百年之内，或近而子孙，又近而一身而已"。说男人有远见，是由于男人社会活动多，社会经验丰富，所以才使得其见识比女人多。那种人为的对女人加以限制的结果，就使得女人"只听得街谈巷识，市井小儿之语"，与男人迥然有别了。但从根本上说，男女之间并无天生的见识长与见识短的区别（《答以女人学道为见短书》）。更何况中国历史上"才知过人，见识绝甚"的女性，也曾出现过许多呢！可见，李贽在大声疾呼，为中国封建社会的女性鸣不平。

第三，男女婚姻自由平等。李贽主张男女婚姻要打破门第界限。他非常赞同"天其福人，不在贵族，芝草无根，醴泉无源"的观点，提倡在求妇之时，可"远求小姓"，不限门第之高低，自由选择婚配①。认为只有这样，才符合《易经》中所谓"同声相应，同气相求，同类相召"的原则。他也赞成寡妇改嫁，并对司马相如与卓文君的结合大为称赏，称赞这是"忍小耻而就大计"的理智行为，并评论说，如果他们拘于礼教，必然会徒失佳偶，空负良缘。

第四，圣与众、贤与不肖平等。他强调从道德上、人格上，天下人都是平等的。每个人在天性自然方面都同样具有德性，尊重人们的德性，使之率性而为，也就是为众人之所能为。在德性方面，尧舜与百姓相同，圣人与凡人一样，圣人之所为，没有什么特别值得高看一眼之处，圣贤只不过是做到了"率性而为"罢了。

李贽还曾在其著作中多处强调和论证圣与众平等的思想。如他在《复京中友朋》中说，"天下之人，本与仁者一般，圣人不曾高，众人不曾低，自不容有恶耳"；在《明灯道古录》中说："自我言之，圣人所能者，夫妇之不肖可以

---

① 参见李贽《初谭集》卷一《夫妇合婚》。

与能,勿下视世间之夫妇为也……夫妇所不能者,则虽圣人亦必不能,勿高视一切圣人为也。"可见李贽所强调的是在道德律上圣人与众人平等而无品级差别,虽然圣人的事业是揖让征诛,百姓的事业只是吃饭穿衣,但从道德价值上考察,并无高低贵贱之分。

从表面上看,李贽的社会平等思想带有某种相对主义的色彩,但实质上,他所强调的人们德性的天然平等,是和等级制度下的不平等相对立的,他的圣人与众人平等的思想,实质上是对儒家的"劳心"与"劳力"、"治人"与"治于人"的等级观念的批判,因此是具有强烈的战斗性的。

思考题:

1. 两宋功利主义思想家的欲望论对传统欲望论有什么新发展?
2. 试评析程朱"存天理,灭人欲"思想。
3. 如何评价张载的"民胞物与"理想?
4. 王阳明的基层社会治理思想的特点是什么?
5. 泰州学派的儒学平民化思想与实践有何现实借鉴意义?

▶ 答题要点

第十一章 三教融合中的道教、佛教与民间社会思想

儒释道三家的社会思想呈现出相互取长补短的合流趋势。宋明理学家大多数都有研习佛教著作的经历，故佛教中的某些理念被他们借鉴吸收，如程朱理学中即有禅宗"渐悟"派的影子，而陆王心学则有禅宗"顿悟"派的痕迹，而佛教禅宗本身即是吸收了中国传统社会思想的中国化的佛教。道教也不断吸收儒家伦理精神，朝服务于世俗社会生活秩序的方向发展。

宋代以后，尤其是到明朝中后期，儒学的民间化特征明显。官方奉程朱理学为圭臬，科举考试经义将朱熹的《四书集注》作为标准范本，民间兴起阳明心学。《明史》说"姚江之学，别立宗旨，显与朱子背驰，门徒遍天下，流传逾百年，其教大行"，勾画了阳明心学盛行的情况。出身灶丁的阳明弟子泰州学派王艮，"入山林会隐逸，过市井启发愚蒙，沿途聚讲，直抵京师"（《王心斋全集》卷二《年谱》），听者有农夫、樵夫、陶匠、盐丁、下层文士。其后何心隐、李贽、罗汝芳将阳明心学从多途径发扬光大，主要传播对象为平民大众，讲学促进了民间文化的发荣滋长，为民间文化新形式的出现提供了思想的基础。

经济社会的发展同时带来民众文化上的需求，人们重视教育，争相把家里的后生小辈送入私塾读书，"虽十家村落，亦有讽诵之声"（吴鄂《婺源乡土志》）。一些文士发现和迎合这一需要，大量创制新的文化教育形式，包括蒙学、家训、善书等，这些文本的特征是内容比较简易，便于民众初学快学以通俗化的形式总结与宣扬适合民众社会生产生活实践的社会思想。此外，以口头文化和故事叙述为主的戏曲、小说、歌谣的发达流传，在这一时期达到了相当高度，为民众提供了融知识和娱乐为一体的原生态文化营养。通过这些文本，我们能够了解当时的民情民风，民众的理想追求，其中蕴含了丰富的民间社会思想。

第一节 三教融合趋向中的道教和佛教社会思想

宋代以后，中国社会在经济、政治、文化等各个领域发生了深刻的变化，

经济发展与分配失衡、民族矛盾与文化融合并行，在思想学说层面则体现为各种学术流派关联方式的变化。就当时思想主体儒释道而言，相较于宋以前，彼此之间出现了更为强烈的融合互动倾向。与此相应，中国道教也进入了一个新的发展期，除了因纷乱时局而产生太一道、真大道、净明道、全真道等多个流派之外，在宗教实践上进一步世俗化，与民间信仰在性质上日益接近，在社会思想上除了持守老庄道家精神外，又吸纳佛教心性性命之说，更融摄儒家社会秩序思想，从而构建了自然本体、天道心性与政治伦理相统一的完整体系。

宋代以后，佛教社会思想与儒道两家进一步结合，以"三教合一"的方式最终融入了中国的思想文化传统之中。而佛教禅宗又在传统的义理阐释和实践方式之外另辟蹊径，发生了"语言学的转向"，启发人们超越语言的障蔽去追求离言绝思的本原，深刻影响了此后宋学的发展进路以及士人阶层的文化生活。与此同时，自7世纪肇始的藏传佛教，几经曲折，于10世纪复兴，至15世纪初，宗喀巴创立的"黄教"思想走向成熟，并成为中国西藏地区的主导性社会思想。而上座部佛教则一直在中国西南地区小范围流传。佛教社会思想作为中国传统社会思想"一主多元"体系的重要组成部分在中华民族的文化基因中稳定地沉淀了下来。

一、道教社会思想的"三教合一"趋向

后汉以降，儒释道互为竞争，又互相调和，最终形成多元思想共生共荣的文化格局。为适应世俗社会价值和自身发展需求，援儒佛入道是道教不断丰富与自我提升的重要手段。宋元以后，道教教义基本包含内丹论和三教合一思想两方面内容，其中后者构成前者展开的基础。

北宋著名道士张伯端（984—1082）正是在融会三教的前提下，初步完成了道教外丹术向内丹术的转变。张伯端，号紫阳，浙江天台人，被敕封为"紫阳真人"。自幼聪明好学，广泛阅读儒道释经典及医卜、天文等各类书籍。1060年因受牵连而流放岭南，走上信奉道教之路，后成为北宋道教内丹学的集大成者。被后世尊为"道教南宗始祖"。他在《悟真篇》中说："老释以性命学开方便门，教人修炼以逃生死。释氏以空寂为宗，若顿悟圆通，则直超彼岸；如其习漏未尽，则尚徇于有生。老氏以炼养为真，若得其要枢，则立跻圣位；如其未明本性，则犹滞于幻形。其次《周易》有穷理尽性至命之辞，鲁语有毋意、必、固、我之说，此仲尼极臻乎性命之奥也，然其言之常略而不至于

详者。何也？盖欲序正人伦，施仁义礼乐之教，故于无为之道未尝显言，但以命术寓诸《易》象，以性法混诸微言耳。"①张伯端剖析了儒释道三家修炼方法的特点和局限，认为虽然具体的修炼方法存在差异，但三家本质上都宣扬性命之说，都涉及个体生命修炼的奥理，在根本的旨归上是一致的。所以他批判了那些分离三家、互相攻讦的门户之见，提出"教虽分三，道乃归一，奈何后世黄缁之流各自专门，互相非是，致使三家宗要迷没邪歧，不能混一而归同矣"②。以后的内丹派南宗与北宗均突出了三教合一的思想发展趋势，并影响了道教其他门派。

张伯端创立的金丹派南宗第五祖白玉蟾（1194—1229）"博极群书，贯通三氏"③，其学说即遵循了张伯端三教归一的路线，在倡导以道为本的前提下，更多融入了儒佛忠孝、心性等观念，并在实际中不断调和三教思想。形成于金地的全真教则使"三教合一"成为本教教义的一大特色，充分凸显三教合一的思想特点。全真教创始人王重阳（1112—1170）早年也有出入儒佛的经历，他明确提出"三教一家"的立教宗旨，把"三教同祖""三教相通"作为全真教的祖训传于后世。

除了在思想上对"三教合一"的认同与论证，道教在实践上也将儒家忠孝伦理思想落地，主张"国犹身也"④，将修身与治国并提。北宋道士陈抟（？—989）既对神仙方术感兴趣，又有治国平天下的入世抱负，故而既悄然山水之间，又一直在俗世中修行，所谓"谢绝人事，野冠草服，行歌坐卧，日游市肆，若入无人之境。或上酒楼，或宿野店，多游京索间"⑤。陈抟认为，"一念之善，则天地神祇祥风和气皆在于此；一念之恶，则妖星厉鬼凶荒札瘥皆在于此。以君子慎其独"，所以修道时要谨慎自律。他以善恶报应思想、神仙厉鬼之说点明慎独的重要性。如果为善，自然会导生天地祥和神灵庇佑之瑞景；如果为恶，则必将妖魔厉鬼横行，灾荒病疫蔓延。陈抟主张修道者也要关怀天下，并与宋太祖、宋太宗交游密切，向他们进言治国之理，提出"远者，远招贤士；近者，近去佞臣；轻者，轻赋万民；重者，重赏三军"，从而以治国治

---

① 《道藏》第2册，文物出版社、上海书店、天津古籍出版社1988年版，第973页。下引《道藏》仅列出卷数和页码。
② 《道藏》第2册，第972页。
③ 侯外庐：《中国思想通史》第四卷（下册），人民出版社1992年版，第808页。
④ 《道藏》第5册，第375页。
⑤ 庞觉：《希夷先生传》，刘斧撰辑：《青琐高议》卷8，上海古籍出版社1983年版，第79页。

身为要,将儒道合二为一,这赋予道教思想更加鲜明的时代精神,更为道教摆脱符箓小数的束缚,转向较为高级的演绎和实践提供了契机。

宋神宗时期,道士陈景元(1024—?)援引了陈抟博采儒佛思想的方法,并且明确提出修身是治国的前提,"古道者,无形无名,天地之原,万物之宗也,即视不见、听不闻之道也。老氏使其治身治世者,执持上古无为自然之道,制御即今有为烦挠之俗,归乎淳风,复乎太始,使各正性命,不迁其德,是谓知道之纲纪也。"[1] 这种说法给道教思想注入积极入世的意义。除了宣扬儒家治国伦理,宋明以后的道教更借鉴了大量儒学礼仪文化,并以斋醮仪式参与到国家祭祀活动中,甚至被定为吉礼小祀,成为礼制文化的一项内容。相对于儒道,佛道之间存在更大的竞争关系,但全真道等教派仍在很多方面借鉴了佛教,在宫观设施、组织形式、宗教仪式等方面都模仿佛教的建制,在思想理论上则与佛教禅宗有着密切关系。

两宋以后,中国思想文化进一步世俗化和平民化,雅与俗混融,而儒释道三教亦随城市文化和商品经济的发展,与民众的世俗心理快速糅合,"以佛修心,以道养身,以儒治世"(《原道论》)的三教互补融合思想成为社会各界的主体意识。就道教文化来说,其出世修身的思想成为当时俗文化的重要内容。如元、明、清时期流行的小说戏剧,均描述了社会生活中的三教合流现象,并通过浓墨重彩的文字渲染了浓厚的道教思想理念。

以四大名著为例:《三国演义》是一部宣扬儒家忠孝仁义观的历史小说,但诸葛亮有时展现为道士的形象,他自称"遇异人,传授奇门遁甲天书,可以呼风唤雨","七星坛诸葛亮祭风"一回就描述了诸葛亮对道教祈禳之术的运用。此后,民间戏剧将诸葛亮塑造成头戴道冠、身穿八卦衣的道士形象。《水浒传》开篇即出现天师道祖师爷张天师,张天师具备未卜先知、乘鹤驾云、驱猛兽以考验求道者、禳灾祛疫的超能力[2],这些都是道教神仙的基本特征。另108好汉被设定为"三十六天罡,七十二地煞",也符合道教神话故事中的具体情节。宋江的保护神"九天玄女"则以道教神灵形象说出"汝可替天行道,为主全忠仗义,为臣辅国安民,去邪归正"的言语,则说明了儒教忠义思想的影响。《西游记》是一部宣扬佛教思想的通俗小说,但佛道联合是其特色情节之

---

[1] 《道藏》第13册,第670页。
[2] 马焯荣:《明清小说里的三教合流》,《明清小说研究》1991年第3期。

一，书中也塑造了菩提祖师等众多亦佛亦道的人物形象，孙悟空更是三教兼修的典型。在降妖伏魔过程中，孙悟空常宣讲儒家政治伦理，提出"也敬僧，也敬道，也养育人才，我保你江山永固"的许诺，自身也始终持守"一日为师，终身为父""顺父母言情，呼为大孝"的忠孝伦理。与前三部相比，《红楼梦》是一部描述明清社会生活的小说，虽有着鲜明的反儒色彩，但细节描述上提供了各种三教合流的宗教场景与社会意识。

二、道教社会思想与君权统一、与民间汇融的世俗化趋向

道教自其初创起，就以长生不老、得道成仙为修行目标，但一直依附于世俗社会，不断调整超越性的教义教旨，以与世俗社会价值统一，并在维持现实政治权威与伦理秩序中发挥着重要作用。而道教在适应世俗社会的同时，也引起民众的关注，加强了对民间社会的影响。宋以后，道教表现出更强烈的世俗意味。这一特征主要体现在与君权的互相支持和道教信仰的民间化两个方面。自赵宋王朝至明中叶，历代君王都延续了唐代的崇道政策，故而虽经历朝代更迭与异族入侵，道教在各个方面都有很大的发展，宗派林立，出现了大量道教学者。在思想层面除了延续唐代已形成的系统化教理体系外，在修炼方面亦由外丹术扩展到"钟吕"内丹术，尤以南宋金元时期的金丹道派最为鼎盛。与政治支持相呼应，宋以后的道教亦积极发挥维系君权的作用，并提出较为系统的护持既定统治秩序的社会思想。故而，道教学者卿希泰提出："道教与中国古代的政治和社会生活，有着极其密切的关系。可以说，不对中国道教进行深入的研究，就不可能全面地了解中国古代的社会及其历史。"[①]

对于君权至上的政治秩序，宋以后的道教学者延续了君权神圣化的政治伦理，将"敬神"与"德治"结合起来，赋予君权合法性的神圣来源。例如，赵宋王朝建立之初，道士苏澄、王昭素、陈抟、丁少微等均受到帝王的尊宠，并为巩固君权出谋划策，以"天书降瑞"的形式宣称"赵受命，兴于宋，付于恒，居其器，守于正。世七百，九九定"，从而在神学上为巩固赵宋王权造势。后来，崇道皇帝宋真宗、宋徽宗等均不顾国家财力匮乏，大搞崇道活动，道教兴盛一时。除了神化君权之外，道教亦提出"忠君"的政治伦理，如形成于南宋时期的《文昌大洞仙经》有云："凡显名青编而受此经者，岂非欲生之徒，

---

① 卿希泰：《道教与中国传统文化》，福建人民出版社1992年版，第12页。

求免兵戈疫疠之苦者欤？予谓受经未善也，必诵之而后可。诵之又未善也，必行之而后可。行者何？孝悌忠顺公恕是也。孝悌忠顺公恕非难，亦惟曰：'安本分'三字而已。"①"安本分"即劝诫臣民必须服从君王的绝对权力，遵守以"忠君"为核心的政治伦理。很多道门戒律都宣扬了忠君的社会思想，如宋本《虚皇天尊初真十戒文》"第一戒"就指出，"不得不忠不孝、不仁不信，当尽节君亲，推诚万物"②，宣称"忠孝为诸戒之首，百行之源"③。道教忠君思想是对世俗社会中君权至上的政治伦理与道德秩序的迎合，也表达了道教对世俗权力结构的理性维护与感性遵从。这种适应也促成了历代帝王对道教的重视与扶持，如全真道在成吉思汗时期成为地位最高的宗教派别，管理"天下应有底出家善人"④。明太祖朱元璋崇奉正一道，赐正一道天师张正常为"正一教主、嗣汉四十二代天师、护国阐祖通诚崇道弘德大真人"之号。道教隆盛一直延续至明嘉靖年间，大大推动了道教的普及和发展，并进一步促进了民间的信道风气，扩大了道教在基层社会的影响。

  入清之后，道教衰落，尤其在理论上失去创造力，但仍然保持着在民间社会的影响力，宫观遍布城乡，甚至在乡野村舍之间也有道观碑刻痕迹。在民间社会传播的道教，往往具有更加显著的世俗性特征，通过民间信仰和风俗习惯等方式体现出来。明清道教民间化主要表现为神灵的功能变化。道教神仙思想主要解决人的生死问题，追求长生不老、神通广大的修仙得道效果。明清时期，这种长生成仙意识逐步淡化。以道教神灵体系中最具有民众基础的八仙信仰为例，八仙信仰源于唐时遵从汉钟离与吕洞宾的内丹钟吕学派，到宋明时期，关于"八仙"的传说在民间社会广泛传播，民众不断对其加工改造，八仙最终确定了惩恶扬善、治病救人、渡人成仙的形象。但是，在修建于清朝时期的吕祖庙等相关庙宇，其碑刻中并没有表现出民众借吕祖升仙的愿望，而主要通过求签问道来"预测吉凶，指点迷津，求得现世福报"，如清道光年间《重修吕祖庵大殿碑记》云"执浆晋爵者统僚史以拜稽，问疾求名者合绅民以环集"，清咸丰年间《重修戏楼暨大殿前檐碑记》载"仕宦绅民与农商工贾，日

---

① 《道藏》第 1 册，第 499 页。
② 《道藏》第 3 册，第 403 页。
③ 《道藏》第 3 册，第 403 页。
④ 李志常：《长春真人西游记》，党宝海译注，河北人民出版社 2001 年版，第 133 页。

求指迷于神侧,朝夕不绝焉"①。吕洞宾信仰的目的主要是解决现实生活中的升迁福报问题,有着强烈的世俗意味,说明了道教神灵信仰的实用性与功利性增强。

明清道教衰落主要源于统治者的需求转移,但道教在民间社会仍然有着广泛的支持。例如,以各种宗教互相融合为特点的民间秘密宗教,虽然派别繁多,思想渊源亦很复杂,但其中有些派别在思想上、乃至在组织上,同道教仍有一定的关系。秘密宗教也可指民间宗教:"所谓民间宗教,是指流行于社会中下层、未经当局认可的多种宗教的统称。由于这类宗教大都秘密流传,因此有的研究者则称之为秘密宗教、民间秘密宗教或民间秘密宗教结社。"② 道教虽以老庄道家思想为理论基点,但一直与民间宗教保持紧密的关系,即使在兴盛期,道教流播的主体仍然在民间社会,故而在其衰落期,更是与民间宗教保持着千丝万缕的关系。明清时期出现的众多民间秘密宗教,或多或少都受到道教的影响,其中像黄天教、三一教、混元教、一炷香教等,受道教影响尤深。清末出现的义和团运动,也受到道教的影响。故而,尽管在道教史上存在对民间宗教的排斥,但二者在根源上是一种共生关系,而宋明以后的民间秘密宗教最初基本上由道教衍化而来。

三、佛教社会思想的"三教合一"趋向

隋唐五代时期形成的佛教各宗,其后来的发展情况各不相同。有些宗派初兴之时非常兴盛,后来却衰落了。比如三论宗;有些宗派最初流传不广或一度遭到打击,后来又再度复兴,比如天台宗。唐武宗会昌年间(841—846)的毁佛运动,致使许多经书佛像遭到毁坏,加上五代时期战乱连绵,许多宗派就此衰微,而禅宗的发展却没有受到太大影响。这一方面是因为禅宗僧人继承发展了道安制定的僧伽制度,所谓"马祖建丛林,百丈立清规",即马祖道一与其弟子百丈怀海开启了中国化的禅宗丛林清规制度,将僧人组织起来,提出"一日不作,一日不食"的亦农亦禅,不依赖于乞食,按清规过集体修佛生活的主张,他们集体住在远离喧嚣的山中寺院,过定居式生活;另一方面是它"不立文字"的独特风貌决定了其并不需要太多的典籍、佛像等外在依凭,故得到了

---

① 扈耕田:《从现存碑刻看明清时期洛阳道教世俗化的表现》,《洛阳理工学院学报》2018年第3期。
② 马西沙:《当代中国宗教研究精选丛书·民间宗教卷》,民族出版社2008年版,第1页。

较好的生存发展空间。北宋建国以后，对佛教采取了保护、支持的态度，许多宗派虽得到复兴，但在民间的发展较为有限，只有禅宗与净土宗始终最为盛行。

宋代及以后佛教社会思想发展的主题是汇融，向内是"诸宗融合"，向外是"三教合一"。"诸宗融合"是为了维护教门，同时取长补短、消除门户之见；"三教合一"则是宋代及以后中国思想的主流，为儒释道人士及民间所共许。在提倡"三教合一"方面，宋代佛教天台宗山外派代表性人物智圆的观点非常典型，他认为儒、释二家其言虽异，其理则通，主张"修身以儒，治心以释"（《闲居编》卷十九）：一方面强调忠君爱国等儒家伦理道德，一方面援引儒家的心性论改造佛教的心性论，试图以内佛外儒的方式治理社会、调治自身。明代被称为"四大高僧"的云栖袾宏、紫柏真可、憨山德清、蕅益智旭是倡导"诸宗融合"的典范，他们多主禅、净、教合一，反对因宗废教，推崇禅净双修的宗教实践方法，认为参禅不能离开经教。与此同时，自宋代以来，随着城市生活的繁荣与印刷技术的普及，大量的"善书""宝卷"被坊间刊印，在民间社会广泛流行，这也为佛教社会思想的民间传播和"三教合一"思想的流布提供了便利条件。

明清易代之时，许多著名的儒家知识分子如方以智、八大山人、石涛、屈大均、吕留良等都曾或长或短地出家为僧，成为这一时期独特的文化现象。他们出家的内在动因各不相同，或者易服逃禅、僧服儒行，或者迭遭世变、矢志为僧，而更多的士人则身着僧服、融通三教而自成一种文化人格。这些"遗民僧"往往自幼便兼习三教，出家后在究心佛典的同时也不废诗书，所作所为更在出世入世、有为无为之间，因此不能纯以儒者或者僧人看待。他们中的许多人学行既高，目光又宏阔，所关心者往往并非一家一姓之兴亡，所主张者亦非一宗一派之旨归。他们所负载的是中国文化内核的传递，他们本身就是当时知识分子人格的典范之一。当然，这只是特殊历史背景下的集中表现而已，实际宋代以后的许多士人不但在外在身份上自由地出入佛道儒三教，在言谈著述中也随心所欲地征引各教各派的文献。在他们心中，我们已经很难看出将佛教视作一种外来宗教或者异质文化的心理扞格了。

在倡导"三教合一"的同时，宋后佛教社会思想的另一创见是禅宗引领的"语言学转向"。隋唐五代时期的各宗各派，在对经典义理的阐释和实践路径上已经几乎穷尽了所有的可能，佛教社会思想要继续发展，只有抛弃原有的文本和话语基础来另辟蹊径,这是其发生"语言学转向"的理论根由。禅宗原本就具备日常化、生活化的倾向,所谓"语言学转向",即在禅门师友的修学互动中,用生活性的日常化语言代替经典中的书面语言,继而用各种特意变异和扭曲的语言来替代生活性的日常化语言,而这种语言又最终被充满机智和巧喻的艺术语言所替代①。于是,从9世纪中叶开始,对权威的抨击、对经典的摒弃和对语言的轻蔑等现象就在禅宗中发生了。

禅宗开辟的这一崭新路径,是佛教社会思想中国化进程中的独特产物,它远承魏晋玄学关于言意之辨的论题,近启宋学质疑经典、深究心性的风尚。许多文人士子和官僚贵族都对它表现出好奇与热情,以至于"打机锋"逐渐成为了士人阶层的智力角逐和文字游戏,而禅宗的末流则变本加厉,常常发生毁慢经典、呵佛骂祖的事例,这又恐非变革之初的本意了。

四、藏传佛教与西南地区上座部佛教的社会思想

藏传佛教又称喇嘛教②,是佛教社会思想与西藏地域文化相结合的产物,始于公元7世纪中叶。当时,吐蕃王朝的赞普松赞干布(约617—650)以拉萨为中心统一了青藏高原诸部,并与周边国家广泛联络,大力吸收中原地区及其他不同民族的思想文化。在他的两个妻子——唐朝的文成公主与尼泊尔的赤尊公主的共同影响下,松赞干布皈依了佛教,并派遣大臣端美三菩提等十六人前往印度学习梵文和佛典,他们回来后创造了藏族文字并翻译了一些佛经,这就是藏传佛教的开始。

松赞干布死后,西藏传统的苯教势力极力排斥佛教,发动了第一次禁佛运动,僧人被驱赶,寺院被毁坏,直到赤松德赞执政后,佛教才重获统治地位。到公元838年,信奉西藏传统宗教苯教的朗达玛继位,又发动了第二次禁佛运动,使得西藏佛教遭到毁灭性的打击,使之中断了一百余年。

10世纪后期,佛教在西藏再度复兴,并且逐渐形成了宁玛派、噶当派、噶举派、萨迦派四大宗派。元朝建立后,萨迦派在政府的支持下执掌了西藏的政教大权。萨迦派因其主寺萨迦寺而得名,因为寺墙上涂有红、白、黑三色条纹,故又被称作"花教"。萨迦派的法座由昆氏家族世袭继承,因此不禁嫁娶,

---

① 参见葛兆光:《中国思想史》第2卷,复旦大学出版社2015年版,第82—99页。
② "喇嘛"是藏语音译,意译为"上师",是对有地位、有学问的藏族僧人的尊称。

其第五代祖师八思巴为元世祖忽必烈国师，掌管着全体佛教事务并且参赞军政，由此开启了藏传佛教"政教合一"的传统。

15世纪初，宗喀巴创立了格鲁派。"格鲁"意为"善规""善律"，因宗喀巴深感当时藏传佛教戒律松弛、腐化堕落，故而倡导严守戒律而得名。该派僧人身着黄色衣帽，故又被称作"黄教"。作为最迟形成的宗派，格鲁派以噶当派的教理为基础对各派学说兼收并蓄，形成了系统完整的教法体系，并且规范了寺院制度，是藏传佛教中的革新派。

自明嘉靖二十一年（1542）起，格鲁派采用活佛转世制度解决法位继承问题，并逐渐形成了达赖、班禅、章嘉（内蒙古）、哲布尊丹巴（外蒙古）四大活佛转世系统。清朝统治者崇信喇嘛教，借助宗教的力量联络蒙藏地区、巩固中央统治，格鲁派在政府的支持下掌握了西藏的政教大权。顺治九年（1652），五世达赖进京面圣，顺治皇帝赠予他"西天大善自在佛所领天下释教普通瓦赤喇怛喇达赖喇嘛"的尊号，让其统领蒙藏地区的佛教。康熙五十二年（1713），康熙皇帝又赠予五世班禅"班禅额尔德尼"的尊号，此后历代达赖、班禅都要经过中央政府册封。雍正年间，设置了驻藏大臣，管理西藏政务。乾隆年间，中央政府组织翻译满藏经文，并将雍和宫立为寺院，成为京城喇嘛教的中心。在政府的扶持下，喇嘛教在清代得到了极大的发展。

藏传佛教是佛教社会思想与藏地文化相结合的产物，因此具有鲜明的地域特色，比如活佛转世制度。在藏传佛教的观念中，活佛是佛、菩萨或者圣者的人间化身，他们早已断除烦恼，证得菩提心体，因此能够生死自在、不昧本性，通过自主投生重新执掌前世的职位。活佛转世制度看似神秘玄奇，整个寻访过程充斥着占卜、降神等仪式，而其实际运作则往往为少数贵族操纵把持，成为他们维护世俗利益的工具。1792年，乾隆皇帝颁布了"金瓶掣签"法，要求通过抽签的方式来决定由哪位灵童继承活佛职位，这显然含有削弱西藏贵族在继承活动中的人为把控的意味。由此可以看出，即便活佛转世学说在理论上能够做到自圆其说，仍然掩盖不了其在世俗社会中实现对经济资本、文化资本、组织资本掌控权平稳继替的实质。

藏传佛教又一极具地域特色的组成部分是其密教体系，即在与汉地佛教相通的"显宗"系统之外，还有一个以印度传入的密教经典为主、吸收了当地苯教信仰的某些仪式和神灵的"密宗"系统。密宗在基本教理方面与"显宗"并不相违，但是有着许多独特细致的宗教实践方法和不同于"显宗"的仪轨戒律，以师徒秘密教授的方式在藏地传播。这一体系在当地之所以能够繁盛，是与其政教合一的文化传统和极具人身依附性质的农奴制度分不开的。许多密宗喇嘛自身就是贵族和大地主，他们不仅拥有文化资本而且掌握着大量的土地和财富，受到普通民众和农奴的敬畏。与汉地佛教仅仅提供一种可供选择的宗教信仰和生活方式不同，藏民族的社会生活完全是以佛教组织起来的，因此藏传佛教在社会控制上的力度远大于汉地，造成了生产力的落后与许多黑暗的现实。在密宗教义中，违反佛陀的戒律还有忏悔的余地，但是违背了喇嘛的意旨却要下其所谓的"金刚地狱"，受到无尽的惩罚。通过密宗系统，藏传佛教成功地把原始佛教中的佛菩萨崇拜转变为喇嘛崇拜，从而进一步夯实了政教合一的基础。

藏传佛教各派教义有明显的开合诤论之处，其分歧主要围绕般若性空与如来藏瑜伽行两种理路开展。然而为藏传各教派异口同声奉为圭臬的头等重要教义即对喇嘛上师的绝对尊崇，这是藏传佛教与汉传佛教的本质性区别。汉传佛教以佛法僧为三宝，入教者、信仰者奉行"三皈依"，而藏传佛教则在三宝外另加皈依上师一条，且冠于三皈之首成为"四皈依"。汉传佛教无论渐悟顿悟、宗门教下，总是提倡长养内心善根、以自力修行为主去体悟佛理从而提升境界；而藏传佛教却更强调人类思维能力天然局限的不可超越性，并指出自我修行歧途百出、效力缓慢，而最高等的"修行"就是通过对上师的绝对崇拜与全力供养，将上师的"证悟"直接转移到弟子内心从而"即身成佛"。

这种上师崇拜的信仰路线对藏族社会发展的影响相当深刻，为藏族社会等级制度的维系提供了重要的理论支撑。众生平等是佛教一贯的宣言，然后这种平等内部却隐含着另一层话语：佛教所谓的平等，是指众生在无始以来即个体生命产生的那一时空点上是平等的，而众生最后都有可能成佛，故在结果上也是平等的；众生的轮回是线性发展的，即沉沦苦海的众生都在向佛果或快或慢地位移。也就是说，众生在起点与终点上是本质平等的，而在成佛之路上由于进度不同却有真实的高下之分，这是寓藏于平等之下的不平等。佛教的阐发者自来深谙其中的奥妙，但宣传哪种策略的平等却是根据其实际需求来进行的。

佛教这种对社会差异性和优越个体合理性的认同是其能够为统治阶层接受的主要原因之一。在藏传佛教设定的理想社会中"法王（即高级喇嘛）"与"人王"是完全合一的。其教义中大力宣扬上师的功德等同诸佛、对信徒的价值与恩情更超越诸佛。上师是有能力看到绝对真理层面存在的救赎者，因而其对表象层面的现实社会也自然具备权威的解释力；上师获得了终极的克里斯马式的神化地位，信徒想获得佛果最可靠的办法就是通过对上师的绝对信仰而达成神秘的合一。由此，上师成了救赎、伦理与世俗生活三方面权威的集合者，藏族传统社会由此走上了类似于马克斯·韦伯所描述的那种魅力统治型道路。

换言之，藏传佛教的最重要特色是上师崇拜，而其逻辑本质是超强力地发挥佛理中原本就隐涵着的对"不平等"的接受机制，并将其改造为一种信仰低层者对高层者的主动服膺，从而成为其农奴制社会的唯一意识形态基础；可以说，藏传佛教的上师崇拜理论是其实现社会整合的强力"黏合剂"。而这种崇拜在汉传佛教中是踪迹难寻的，在汉族社会的历史长河中，佛教始终安住于补充性价值来源的地位，因此阐教者更多地宣扬其理论中论述表面平等的一端，以弥补等级森严的儒家礼制带来的若干弊端，并尽力制约资源持有者的非正义与非道德行为，从而成为提高社会整合度的"润滑剂"——这也就是藏汉佛教社会思想的根本性学理差异之所在。

同样将佛教融入民族文化血脉的还有流传于我国西南地区的上座部佛教，它是属于巴利语系佛教的一支。释迦牟尼灭度后一百多年，印度佛教分裂为"上座部"与"大众部"两大派别，大众部佛教称自己为"大乘"佛教，并将上座部佛教称为"小乘"佛教。上座部佛教由印度南传至斯里兰卡，进而传播至越南、泰国、缅甸、老挝、柬埔寨以及我国云南省傣族、布朗族地区，因而又被称作南传佛教。"巴利"是"佛语"或"圣典"的意思，因为他们宣称自己使用释迦牟尼在世说法时所操持的语言而得名。上座部佛教始终保持着持守戒律、精进修学的传统，它在隋唐时期传入云南西双版纳，逐渐与当地领主制度结合，并吸收了儒家社会思想，形成了政教合一的系统，对云南社会文化生活的各个方面都产生了深远的影响。

首先，作为当地民众普遍接受的宗教信仰，上座部佛教借助超越性的神圣力量使人们获得了心理上的安全感、平衡感和归属感，这在客观上有助于个体与社会的和谐发展。对来世的承诺在一定程度上消解了人们在面对死亡、老迈、疾病等现世苦痛时的恐惧与无助，同时也为现实社会生活中的困苦与不公提供了排解渠道。更为重要的是，它作为组织和安排当地民众社会生活的文化传统，构筑了一个独具特色的"文化共同体"，使所有生活其间的个体都感受到群体对于自身的接纳和关照，从而得到精神上的慰藉。

其次，与汉地佛教不同的是，具有小乘取向的上座部佛教并不承许人人皆可以成佛的观点，认为只有释迦牟尼是唯一的佛。这种基于佛陀唯一性的极度尊崇在与政教合一体制的长期磨合中实际上淡化了关于超脱轮回、涅槃寂静的终极旨归，转而导致了通过敬佛赕佛、持守戒律、乐善好施、积功累德以求来世福报的世俗取向。"赕"是上座部佛教教义与傣族人民日常生活紧密结合的仪式风俗，它一方面是宗教仪式，即信众依照佛教的仪轨程式将财物供养给佛寺，以求积累来生的福报；另一方面也是节庆风俗，每年数十个大大小小的"赕"节（其中最为人熟知的"赕新年"也就是泼水节）是傣族人民社会生活的重要内容。这些仪式是佛教教义与当地原始宗教和社会风俗相互融合的结果，其明显的世俗化取向再次证明了佛教作为一种社会思想的可塑性与生命力。

最后，上座部佛教深刻影响着当地民众的价值观、道德观乃至法律观。上座部佛教对戒律极度重视，这一观念不仅体现在出家僧侣们的修学生活中，而且借助寺庙这一当地主要的教育媒介，转化为世俗社会中强烈的道德感和戒律化的法律观，从而将信仰的力量转变为生活中的自我约束。此外，佛教所特有的包容性也有助于维系同当地其他宗教信仰间的相互尊重，从而促进各民族间的和谐共存。在云南，除傣族几乎全民信佛外，与其相邻杂处的布朗族、德昂族、阿昌族和部分佤族也受到佛教的浸润，而道教、伊斯兰教、基督教等也各有不少信众，他们彼此之间的友好往来与经济文化交流，显然是得益于中国传统社会思想中长期存在的一家为主，多元并存，互相尊重，共同发展的特质。

第二节 蒙学、家训、善书体现的社会生活理念

蒙学指用于启蒙儿童教育的普及教材，这种读物历代都有；家训顾名思义作为教育子女持家立业的规诫悬之于室，以使子女成年以后融洽于社会，通晓事理；善书是一种流行甚广的规劝行善的通俗类读物。宋明时期重视文化教育的普及，宋朝优渥文士，遍设学校书院，"学校之设遍天下，而海内文治彬彬"（《宋史·选举志》）。明代诏天下立社学，延师儒以教民家子弟，民间幼童十五以下者送入读书。（《明史·选举志》）此外，雕版印刷术与造纸技术的改进，特别是宋代活字印刷术的发明，使书籍能够大量地刻制流通。蒙学、家训、善书的编集，需要考虑一般民众的知识接受力，并力图符合并表达民众的

思想愿望，从中展现出民众对社会生活秩序理想和获致途径的观念。

一、蒙学中体现的人的社会化思想

古代儿童的教育称蒙学。蒙，来自于《易经·蒙卦》："匪我求童蒙，童蒙求我。"还言，"蒙以养正，圣之功也"，主张以正养蒙，从正面引导。宋明有名的蒙学教材有南宋王应麟编撰的《三字经》、成书于北宋时期的《百家姓》，以及由梁朝周兴嗣编撰，于宋元明清作为幼儿启蒙教材的《千字文》，简称"三百千"。另有宋朝朱熹的《童蒙须知》《小学》，吕祖谦的《少仪外传》，元代的《二十四孝图》以及明代萧良的《龙文鞭影》、程允升的《幼学琼林》等。这些教材，主要内容是传播古代道德典范和历史文化知识，朱熹说："古者小学，教人以洒扫、应对、进退之节，爱亲、敬长、隆师、亲友之道，皆所以为修身、齐家、治国、平天下之本。而必使其讲而习之于幼稚之时，欲其习与智长，化与心成，而无扞格不胜之患也。"（《小学》）这基本概括了蒙学教育知识的内容。古人认为，教育儿童最重要的是修身养性。儿童处于思想价值观念形成的初始期，容易塑造，应该一开始就注重养成正道，学成谨守心术之要、威仪之则、衣服之制、饮食之节，成年以后才能通达事物，无有所失。蒙学教材抓住儿童学习的特点，将思想性和趣味性、知识性融为一体，在古代传播广泛。

《三字经》被称为"袖里《通鉴纲目》"，"若能字字知诠解，子史经书一贯通"。章太炎在《重订三字经》的题辞里评价说："其书先举方名事类，次及经史诸子，所以启导蒙稚者略备。观其分别布居，不相杂厕，以较梁人所集《千字文》，虽字有重复，辞无藻采，其启人知识过之。"《三字经》三言成句，开篇"人之初，性本善，性相近，习相远"，揭示了"人皆可教"以及需要对儿童进行教育的原理，"苟不教，性乃迁。教之道，贵以专"，谈论了教育的重要性及教育方法。该书主题涵化儒家道德伦理，将儒家的"三纲五常"表述为："三纲者，君臣义、父子亲、夫妇顺"，"曰仁义，礼智信，此五常，不容紊"，言简意赅。又说十义："父子恩，夫妇从，兄则友，弟则恭，长幼序，友与朋，君则敬，臣则忠，此十义，人所同。"教育儿童亲近师友家人，学习礼仪，"为人子，方少时，亲师友，习礼仪。香九龄，能温席，孝于亲，所当执"。通过这种方式，将儒家道德灌输到儿童头脑中。《三字经》还概述了四书、六经、诸子和历史朝代更替，帮助儿童记忆熟悉我国的文化传统。

《千字文》以"天地玄黄,宇宙洪荒,日月盈昃,辰宿列张,寒来暑往,秋收冬藏"开篇,由一千个不重复的字连缀组合而成,此书融历史、自然和道德世故于一体。在社会生活秩序方面,提出一些要求,如不要轻易谈论别人的短处,倚仗自己的长处,"罔谈彼短,靡恃己长"。人应该宽宏大量,大气到无可测量的程度,"信使可覆,器欲难量"。以圣贤的标准要求自己,"景行维贤,克念作圣"。言谈举止须从容稳重,对待他人"敬"字当先,"资父事君,曰严与敬……容止若思,言辞安定"。即使处于困境,也不能忘记仁义气节,"仁慈隐恻,造次弗离;节义廉退,颠沛匪亏"。不因外物而消散内在志气,"守真志满,逐物意移"。保持中庸个性,勤劳谦逊,"庶几中庸,劳谦谨敕"。越是得意受宠之时,越要保持戒惕,发觉将要受辱的征象,及早归退,"省躬讥诫,宠增抗极,殆辱近耻,林皋幸即"。书中体现了丰富的人生经验和信条。

《幼学琼林》一般认为由明代程登吉(字允升)所著,后多家进行增补,清代邹圣脉的增补最为有名。该书对天文地舆、文臣武职、人际交往、生老病死、婚丧嫁娶、饮食器用、文事科第、释道鬼神等都有论及,语言典雅,内容远比其他童蒙教材繁复。其中论孝悌:"天下无不是底父母,世间最难得者兄弟。须贻同气之光,毋伤手足之雅","得亲顺亲,方可为人为子"。论夫妻和睦对家庭的重要性:"夫妇和而后家道成。"在人事一篇中,提到人们的言谈举止"其容固宜有度,出言尤贵有章"。外在行为与内在思维之间的关系是"智欲圆而行欲方,服欲大而心欲小"。又尊敬师门:"负笈千里,苏章从师之殷;立雪程门,游杨敬师之至。"养生方面,强调调理在先:"福寿康宁,固人之所同欲;死亡疾病,亦人所不能无。智者能调,达人自玉。"反腐主题:"汉杨震畏四知而辞金,唐太宗因惩贪而赐绢",贪腐必被知晓。对隐居的尊崇:"泌水乐饥,隐居不仕;东山高卧,谢职求安。"向往民风朴实:"击壤而歌,尧帝黎民之自得;让畔而耕,文王百姓之相推。"等等。与《幼学琼林》具有类似主题的是《龙文鞭影》,后者偏于历史人物的掌故轶事,多用一语概括人物的主要贡献,例如"蔡伦造纸,刘向校书。朱云折槛,禽息击车"之类。

朱熹认为启蒙教育应将道理说教和行为训练结合起来,因为知行是同一的,"知之愈明,则行之愈笃;行之愈笃,则知之益明;二者不可偏废"(《朱子语类》卷十四)。儿童只是明白其中的道理,而不付诸行动,起不到启蒙教育的效果。朱熹的《童蒙须知》从儿童最简单的日常行为习惯的训练开始讲:"大抵为人,先要身体端整。自冠巾,衣服,鞋袜,皆须收拾爱护,常令洁净整齐。"衣服"必齐整折叠箱箧中。勿散乱顿放,则不为尘埃杂秽所污,仍易于寻取,不致散失。着衣既久,则不免垢腻,须要勤勤洗浣"。《童蒙须知》对于儿童的衣服冠履、言语步趋、洒扫涓洁、读书写字、杂细事宜都有详细的规定,逐目条列。从现代人视角看,有的告诫显得严肃拘谨,儿童任何逾规越矩之处都被谨防,这将影响儿童的个性发育。"凡为人子弟,须是常低声下气,语言详缓,不可高言喧哄,浮言戏笑。父兄长上有所教督,但当低首听受,不可妄自议论。长上检责,或有过误,不可便自分解,姑且隐默。"又说"凡子弟,须要早起晏眠。凡喧闹争斗之处,不可近。无益之事,不可为。凡饮食于长上之前,必轻嚼缓咽,不可闻饮食之声",在这种教育下,儿童缺少个体性的发挥。但这里告诉幼童,一言一行,须理性行事,不可丝毫马虎,言行有章,习以性成,又大有益处。

古代分"小学"和"大学",通常八岁入小学,十五岁入大学。《汉书·食货志》说:"八岁入小学,学六甲五方书计之事,始知室家长幼之节。十五岁入大学,学先圣礼乐,而知朝廷君臣之礼。其有秀异者,移乡学于庠序;庠序之异者,移国学于少学。诸侯岁贡少学之异者于天子,学于大学,命曰造士。"朱熹区分"小学"与"大学":"小学者,学其事;大学者,学其小学之事之所以。"他著《小学》,分内、外两篇,内篇有"立教、明伦、敬身、稽古",外篇包括"嘉言、善行",各包含立教、明伦、敬身三纲目。其中主要是明伦,明伦即辨明伦理礼数,遵从"父子之亲、君臣之义、夫妇之别、长幼之序、朋友之交"。朱子认为圣人之学,主要在于明夫性命道德之归,所以他注重道德教育。在《小学》题辞里讲述:"惟圣斯恻,建学立师。以培其根,以达其支。小学之方,洒扫应对,入孝出恭,动罔或悖……穷理修身,斯学之大。"道德教育是根本,在所有的教育中位于首位。后生为学如果求名利,图好看,那是走偏了。"为学常思唤此心,唤之难熟物难昏。才昏自觉中如失,猛省猛求明则存。"(《训蒙绝句·唤醒》)

读书学习为儿童第一要务。朱熹在教育如何读书方面很有心得。他推崇吕本中追求精熟的读书方法:"吕舍人曰:大抵后生为学,先须理会,所以为学者何事,一行一住,一语一默,须要尽合道理,学业,则须是严立课程,不可一日放慢。每日须读一般经书,一般子书,不须多,只要令精熟。……史书,每日须读取一卷,或半卷以上,始见功。须是从人授读,疑难处便质问。"(《小学》)学习不仅是学习知识,还是社会化的过程,将社会的规范从小内化于儿童的心灵中，使之遵从社会约定俗成的那些行为规则。蒙学教材多有"劝学"篇，如《增广贤文》的"积金千两，不如明解经书"，又言"学要静心，勿被外事所扰"："学须静，才须学。非学无以广才，非静无以成学"。《三字经》中有"子不学，非所宜，人不学，老何为；玉不琢，不成器，人不学，不知义"。并告诫儿童学习宜勤勉："如囊萤，如映雪，家虽贫，学不缀。如负薪，如挂角，身虽劳，犹苦卓""彼既老，犹悔迟，尔小生，宜早思""勤有功，戏无益，戒之哉，宜勉力"。

孝悌为遵从社会规范的初始，孔子说："其为人也孝弟，而好犯上者，鲜矣；不好犯上，而好作乱者，未之有也。君子务本，本立而道生。孝弟也者，其为仁之本与！"（《论语·学而》）古代以孝治天下，百善孝为先。元代郭居敬辑录古代二十四个孝子的故事，成《二十四孝图》，如鹿乳奉亲、亲尝汤药、卖身葬父、闻雷泣墓、哭竹生笋、卧冰求鲤、扼虎救父、恣蚊饱血等，这些故事形象生动，这些孝子故事中的行事方式，多过于极端化，甚至属于愚孝之列，并不值得后人模仿施行，但其中体现的孝敬父母的精神与态度，是具有引导教育意义的。

总之，古代蒙学对于推动幼童教育起到了不同寻常的作用，它将道德教育视为教育最重要的方面。通过这种教育，为儿童描摹出未来社会秩序的框架，将社会规范、道德准则用生动简洁、便于诵读记忆的方式呈现出来，强化内化于个体的观念和行为中，使受教育者铭记在心，以有益于在社会中安身立足。德行的基础及道德行为习惯如果在童年时期训导不稳固，知识的获取不一定能给社会带来福祉，古代蒙学教材的内容设置即是从这个理念作为出发点的。

二、家训中的家庭和家族生活秩序观

家训是规范家庭成员行为、处理家庭事务的准则，又称"家范""家戒（诫）""家规"或"家仪"。家训有的根据自己的生活经验写成，有的根据祖上遗言或族规修订而成，包括口头家训和书面家训两种形式。宋明时期是我国家训发展的成熟和完善期，不仅仕宦家训多，帝后家训、慈母家训和商贾家训也非常引人注目，并出现了家训通俗化的趋势。宋代著名的家训包括司马光的《家范》，陆游的《放翁家训》，朱熹的《家礼》，袁采的《袁氏世范》，吕本中的《童蒙训》，叶梦得的《石林家训》，陆九韶的《居家正本制用篇》，苏轼的《训子诗文》，无名氏的《家山图书》等。明代著名的家训包括庞尚鹏的《庞

氏家训》，袁黄的《训子言》，姚舜牧的《药言》，高攀龙的《家训》，吕坤的《孝睦房训辞》《近溪隐君家训》《闺范》，方孝孺的《家人箴》《幼仪杂箴》《四箴》，以及女性家训如明仁孝文皇后撰的《内训》，王刘氏的《女范捷录》《古今女鉴》，温璜记录整理的母训《温母家训》，徐媛的《训子》，黄氏的《训子诗三十韵》《百字令·戒子》，李氏的《庭帏杂录》等。

家训关注家庭及家族生活的细节和整体安排，目的是为了家庭和家族更好地发展，训诫的内容往往围绕立身、治家和处世三个方面展开。儒家传统的教化和规范理念是宋明家训的指导思想，与现实社会生活密切联系的实用理性则是家庭教育深刻的基底。

人首先是属于家庭中的人。调适好与家人的关系是个人健康成长的必要条件，也是促进家庭和家族兴旺的重要基础。为此，诸多家训将此内容放在训教子孙的篇章之首。以有"《颜氏家训》之亚"之称的《袁氏世范》为例，"睦亲"是其开篇第一卷。在此卷中，袁采论及了父子、兄弟、夫妇、妯娌、子侄等各种家庭成员关系的处理，具体分析了家人不和的原因、弊害，阐述家人族属如何和睦相处的各种准则，涉及的内容包括饮食衣服、家产析分、议亲嫁娶、寡妇再嫁、立嗣养子、男女轻重、赡养葬祭、主婢贤愚、家务料理、周济亲属等家务活动的各个方面。司马光的《家范》列有"治家""祖""父""母""子上""子下""女""孙""伯叔父""侄""兄""弟""姑姊妹""夫""妻上""妻下""舅甥""舅姑""妇""妾""乳母"十卷十九篇，从家庭伦理关系出发对子弟讲授身心修养、治家方略和处世之道的见解与经验体会，要求子孙们"谨守礼法"，以实现家庭关系的和谐。

我国传统家训教育从角色本位出发的特征是明显的，每一关系中的角色都按照预定的期望和规则行事，同受道德规范的约束。袁采的《袁氏世范》指出：一个家庭中的成员"或宽缓、或褊急、或刚暴、或柔懦、或严重、或轻薄、或持检、或放纵、或喜闲静、或喜纷拏，或所见者小，或所见者大，所秉自是不同"。由于人的秉性差异很大，父亲不能一定要让儿子的秉性适合自己，哥哥也不能一定要让弟弟的秉性适合自己。袁采提出解决家人不和的策略有三：一是人性不可强求适合，二是反思自己，三是"宽怀处之"。具体说，在父母和子女的关系处理上，袁采提出"父慈而子愈孝，子孝而父愈慈""子幼必待以平，子壮无薄其爱"等具有实际可应用型的角色关系规范。其中，一家之长的率先垂范更是"以礼治家"的前提，如司马光在《居家杂仪》中开篇即言:"凡为家长,必谨守礼法,以御群子弟及家众。"

生活中的男女在人生不同阶段面临着不同的任务和问题,中国传统家训充分关照了这一社会现实,尤其是女训的发展更专题性地反映了相关主题。从人生历程角度讲,家训中的教育从重视胎教开始,司马光在《家范》中讲到:"古者妇人任子,寝不侧,坐不边,立不跸,不食邪味,割不正不食,席不正不坐,目不视邪色,耳不听淫声,夜则令瞽诵诗道正事,如此则生子形容端正,才艺博通矣。"更为重要的是:到一定年龄阶段后,男女要按照性别分别教育。对于男子而言:"六年教之数与方名,七年男女不同席不共食,八年出入门户……九年教之数日,十年出就外傅,居宿于外学书计,十有三年学乐诵诗,舞勺成童舞象,学射御。"对于古代女子而言,贤妻孝妇是培养的目标:"女子六岁,始习女工之小者,七岁诵《孝经》《论语》,九岁讲解《孝经》《论语》及《女诫》之类,略晓大义。十岁女子则教以婉娩听从及女工之大者。"吕近溪的《女小儿语》、明仁孝文皇后亲撰的《内训》、吕坤的《闺范》、王刘氏的《女范捷录》《古今女鉴》等均表明女子教育有其特殊性。

在传统男主外、女主内的社会分工方式之下,妇女在促进家庭和谐关系方面责任重大,如明仁孝文皇后言:"施仁必先睦亲,睦亲之务,必有内助。"(《内训·睦亲》)女子的责任不仅包括生养教育子女、扶持婉谏夫君、侍奉孝养翁姑,还包括处理与姒娣、与仆妇的关系以及日常家庭事务等。虽然传统士大夫对"女德"的重视与孔子"惟女子与小人为难养"的观点有一定的关系,对女德的倡导以及贞节观念的宣扬对女子有一定的侵害作用,但从女训中亦可看到其积极意义和实用价值。如仁孝文皇后说:"为教不出闺门,以训其子者也。教子者,导之以德义,养之以廉逊,率之以勤俭,本之以慈爱,临之以严格,以立其身,以成其德。"(《内训·母仪》)王刘氏在《女范捷录》中论及女子在勤俭持家方面负有更大的责任。

安身立命是人生在世的根本,也是中国传统文化"修齐治平"人生理想的基础。家训中对于子弟立命修身的教诲颇多。家训中的道德教化一直处于核心位置,谨守礼法、孝亲敬长、勤奋诚信、近善远恶、严己宽人、过必思改等教诲常常见诸家训文本中,这些训教往往采集大量历史人物的典型事例予以生动的说明。在宋明时期,读书入仕是安身立命的优先选择。宋太宗于淳化三年(992)三月,下诏规定,"工商杂类人中有奇才异行卓然不群者,亦并解"。这就打破了唐朝以来对于工商业者参加科考的限制。于是读书不仅成了人们出人头地、光宗耀祖的希望，还是士大夫们修身的重要途径和内容。宋朝出现了历史上少有的读书热，因此勤学读书的训教也就成为家训的重要内容。如袁采认为读书"上可以取科第致富贵，次可以开门教授"，所以"莫如为儒"。叶梦得在《石林治生家训要略》中说："士为四民之首，尤当砥砺表率，效古人体天地育万物之志。今一生不能治，何云丈夫哉。"因而要求后代"旦起须先读书三五卷"，"无事终日不离几案"。"耕读传家"是中国传统农业社会民众追求的主要生活方式，在重农轻商的社会价值观影响下，教导子孙们亲农事，以农耕养家，以读书治家兴家，成为家训中的共同特征之一。如庞尚鹏在《庞氏家训》的"务本业"中就提出："子弟以儒书为世业，毕力从之，力不能，则必亲农事，劳其身，食其力，乃能立其家。"陆游也在《放翁家训》中劝告子孙安于农耕生活："吾家本农也，复能为农，策之上也；杜门穷经，不应举，不求仕，策之中也；安于小官，不慕荣达，策之下也。舍此三者，则无策矣。"明代姚舜牧的《药言》要求子孙人人从事一项正当职业，"第一本等是务农"。

北宋中期商品经济的发展使商人势力逐渐增强，官、儒、商三者的社会地位评判有所转换，并出现了所谓"吏商""士商"等，士大夫阶层对于经商的态度也发生了变化。有声望的商绅开始总结自己的经商经验教诲子侄，商贾家训发展到新阶段。甚至有些家训中出现鼓励或督促子弟弃儒从商的事项，如徽商"（王）尚儒……年十五即毅然束书担囊，请从事治生，父笑而许之。乃变儒服贾，游于荆楚"（《武口王氏统宗世谱》）。以德教为主的"治身"家训加入了论及生计问题的"治生"内容，这成为宋代以后家训发展的新趋势。

社会生活是鲜活的，社会规范的操作化是秩序社会得以构建的前提。宋代家训中"制用"思想非常有特色。① 家庭"制用"主要指家庭事务和开支用度中的管理，它提出并制定科学的家庭收支计划、坚持丰俭得宜的消费方式、执行秉公理财的管理制度和有效的制约措施。陆九韶把家庭事务和开支用度的管理上升到与国家事务管理同样的高度来认识。《居家正本制用篇》中说，"古之为国者，家宰制国用。必于岁之杪，五谷皆入，然后制国用。用地大小，视年之丰耗。三年耕，必有一年之食。九年耕，必有三年之食。以三十年之通制国用，虽有凶旱水溢，民无菜色。国既若是，家亦宜然。故凡家有田畴，足以赡给者，亦当量入以为出。然后用度有准，丰俭得中。怨讟不生，子孙可守"

---

① 徐少锦、陈延斌：《中国家训史》，陕西人民出版社2003年版，第428—434页。

（《居家正本制用篇》）。陆九韶还制定了详细的家庭收支计划，"今以田畴所收，除租税，及种盖粪治之外，所有若干以十分均之，留三分为水旱不测之备，一分为祭祀之用，六分为十二月之用"。再把每个月所需要的费用分为三十份，每天一份，要尽量留有结余不能用尽。每天的计划消费，七分为最好。但也根据情况灵活地执行计划，结余的钱物单独登记管理，用来作为添置衣服、修缮房屋、招待宾客、治病、吊丧问疾和时节馈赠的费用，或者周济亲戚、乡邻、贫穷佃户和乞丐等。秉公理财制度和有效制约措施的建立对于聚族而居的大家族更是非常重要。同族义居，不管是家族中的年龄最长者主管事务还是委派他人做主管，公议都非常重要。它要求主家者持公心、不欺瞒、可率下，形成精细化、可量化、有账簿的收支计划和秉公理财制度。可以说，"制用"满足了同族义居、同居共财社会现实的新要求。

在规范子孙们的日常生活的行为方面，专门针对劝诫子弟洁身自好，远离恶习的专题性的家训也流传甚广，如方孝孺的《勉学诗》、袾宏的《戒杀文》、曹鼎的《防淫篇》，家训也因此越来越具有针对性和可操作化了。

在正面引导、训诫、教化子孙的同时，家训、家规也很重视对不肖子孙的规训与惩罚，以求更为有效地进行家庭或家族内部的社会控制。宋以后有些家训更是逐渐发展为家法，对犯错者的惩罚越来越严重，对犯错者的惩罚概率越来越高。《宋史·陆九韶传》记载："子弟有过，家长会众子弟责而训之；不改，则挞之；终不改，度不可容，则言之官府，屏之远方。"这里谈及的惩罚主要包括训斥、体罚、杖责、送官惩处，以至开除谱碟使其生无所依、死无所归。实际上，家长对其子弟的惩罚并不完全局限于以上所列举的方式。总之，家训对于维护家庭与家族日常的社会生活秩序有重要的作用，它不但是一种对家庭或家族生活秩序控制与管理方式，而且通过与国法的有效衔接，成为国法在基层社会的有效延伸。家训在总体指导思想上与国家理念保持高度一致，其目的是实现社会基本细胞——家庭的和谐。有些家训还采用一些具体规定约束其子弟遵守国法，如袁采要求其家人"纳税虽有省限，须先纳为安"（《袁氏世范》）。通过安身立命等训教，家训为国家培养了自立、守法的社会成员。

三、善书中的社会生活秩序观

《易经》说："积善之家，必有余庆；积不善之家，必有余殃。"行善得福，作恶致祸的观念长期影响我国社会，善恶终有报，是民众头脑中确定的信条，成为中国文化中的一种基因存续。善书指的是劝人行善的以民间大众为对象的通俗读物，它使阅读者加固了对行善的认识，促使人积极向善，这种形式的文本在宋明时期即开始在基层社会的民众之中广泛流行。《太上感应篇》与《关圣帝君觉世真经》《文昌帝君阴骘文》共称"善书三经"。《太上感应篇》成书于北宋初年，"太上"是"太上老君道德天尊"的简称，感应指"善恶，感也；祸福，应也"。《太上感应篇》总纲为"祸福无门，惟人自召；善恶之报，如影随形"，意为福祸主要不取决于外在因素，而是由自己的行为负责。经文具体列举了二十七条善、一百七十多条恶的观念与行为，其中对人们日常生活行事的标准与原则有"不履邪径，不欺暗室；积德累功，慈心于物，忠孝友悌，正己化人；矜孤恤寡，敬老怀幼；昆虫草木，犹不可伤"等，还有"宜悯人之凶，乐人之善，济人之急，救人之危；见人之得，如己之得；见人之失，如己之失；……施恩不求报，与人不追悔"等。对于商业活动，要求不可"强取强求，好侵好夺；掳掠致富，巧诈求迁"，《太上感应篇集注》专对此作解："与人贸易，秤不可轻，升不可小，轻出既不可，则重入亦不可，小出既不可，则大入亦不可"，"曾见货卖假药，积利起家，自谓得计，不知冥冥之中暗藏其祸，或身多横祸"。用于警示经商不诚信者。

我国民间具有普遍的关帝信仰，尊关帝为神明，关帝历代被朝廷加封，诸多行业供奉关帝神像为行业神加以崇拜。因此出现了借关帝之名义进行劝善的《关圣帝君觉世真经》。其主要内容包括"敬天地、礼神明、奉祖先、孝双亲、守王法、重师尊、爱兄弟、信友朋、睦宗族、和乡邻、别夫妇、孝子孙"，实质都是儒家社会价值观指导下的行为规范与原则。该书还奉劝人救难济急，恤孤怜贫，戒杀放生，造桥修路，排难解纷。并说，所为善事，人虽然不必都闻见，但神可临鉴，赐福增寿，消病减灾，"一切善事，信心奉行，人虽不见，神已早闻，加福增寿，添子益孙，灾消病减，福患不侵，人物咸宁"。《文昌帝君阴骘文》也采用类似劝善方式，该文中说文昌帝乃主管文人文化昌运之神，可见这篇经文的主要对象是士人。"阴骘"一词源于《尚书·洪范》——"惟天阴骘下民"，上天暗中庇佑下民，引申出行善不要让人知晓，积阴德阴功，才被赐予福禄，"欲广福田，须凭心地，行时时之方便，作种种之阴功，利物利人，修善修福"。该文还劝告富豪之家提携济助亲邻，宽以待人。"家富提携亲戚，岁饥赈济邻朋。斗称须要公平，不可轻出重入。奴婢待之宽恕，岂宜备责苛求"，"勿恃富豪而欺穷困"，如此方能"百福骈臻，千祥云集"，泽被后人。

善书具有劝人行善以稳定社会秩序的作用,因而得到社会统治阶级的关注,支持乃至提倡,这也是宋代以后善书越来越多,流行越来越广的重要原因之一。宋理宗就曾亲自为《太上感应篇》刻写"诸恶莫作,众善奉行"八个大字,阐释该文的内涵。朱元璋曾立《教民榜文》,教导"每乡里,各置木铎一个,于本里内选年老或残疾不能生理之人,或瞽目者,令小儿牵引,持铎循行本里,俱令直言叫唤,使终闻知,劝其为善,毋犯刑宪"。其词曰:"孝顺父母,尊敬长上,和睦乡里,教训子孙,各安生理,毋作非为。"如此每月六次。由于皇帝命令大量刊行善书,文士大臣们秉承旨意,投其所好,推波助澜,善书由此几乎成为民间各家必备的读物之一,其影响力也因之日益深入民间社会生活之中。

自宋明时期开始,有很多知识分子加入劝善的行列。《了凡四训》是明朝有名的善书,由袁黄撰作。袁黄是万历年间的进士,了凡是其号,四训包括"立命之学""改过之法""积善之方""谦德之效"四个部分。了凡以其个人的亲身经历,告诉人应该多行善,行善可以改变既定的命数,"命由我作,福由己求",并现身说法,说他本人因为多行善不但增添寿命,而且福禄官职样样具备。书中提出"六思":"远思扬德,近思盖父母之愆;上思报国之恩,下思造家之福;外思济人之急,内思闲己之邪。"又论行善之方,包括与人为善、爱敬存心、成人之美、劝人为善、救人危急、兴建大利、舍财作福、护持正法、敬重尊长、爱惜物命。人要善于知非改过,改过需发三心:发耻心,具有羞耻之心;发畏心,畏惧鬼神力量;发勇心,有勇气改正。改过者,还需未禁其事,先明其理,明是非之理,"此理既明,过将自止"。如对待好怒:"必思曰:人有不及,情所宜矜;悖理相干,于我何与?本无可怒者。又思天下无自是之豪杰,亦无尤人之学问;有不得,皆己之德未修,感未至也。吾悉以自反,则谤毁之来,皆磨炼玉成之地;我将欢然受赐,何怒之有?"文中提出为人谦虚谨慎的必要性,"予屡同诸公应试,每见寒士将达,必有一段谦光可掬",引《易经》曰:"天道亏盈而益谦,地道变盈而流谦,鬼神害盈而福谦,人道恶盈而好谦。"总之,该书是利用了所有可以利用的方式,劝人为善去恶。这有助于提高其说服力。

为了更有效地引导人们的善念善行,宋代以后,还出现了很多所谓"功过格",即将各种善念善行指标化,计量化,分类评估,对每天行为的善恶以分数计算，列在表格上，一月一小计，一年一大计，功过相抵，这种量化的方法称为功过格。如宋代出现的《太微仙君功过格》标示功格三十六条，过格三十九条，其中提到"赈济鳏寡孤独穷民百钱为一功，贯钱为十功"。医生救济病人"以符法针药救重疾一人，为十功；小疾一人，为五功；如受病家贿赂，则无功。……，凡行治一度，为一功。施药一服，为一功"。计算功过的方法是"凡受持之道，常于寝室床首置笔砚簿籍，先书月份，次书日数，于日下开功过两行，至临卧之时，记终日所为善恶，照此功过格内名色数目，有善则功下注，有恶则过下注之，不得明功隐过。至月终，计功过之总数，功过相比，或以过除功，或以功折过，折除之外者，明见功过之数。当书总记讫，再书后月。至一年则大比，自知罪福，不必问乎休咎"。功过格这种方式让人们自我提醒，自我勉励，自觉地向善而去恶，成为一个社会规范的模范遵行者，从而促进社会生活秩序的安定和谐。

通俗易懂的善书的流行，让德化规范思想更深刻地在百姓日常生活中发挥教化作用，并以润物无声的方式统一着人们的社会价值取向。明代吕坤作《好人歌》："天地生万物，惟人最为贵，人中有好人，更出人中类。"它告诉人们"好人不纵酒，好人不恋妓，好人不赌钱，好人不尚气，好人不仗富，好人不依势……""好人行方便，好人让便宜。恶人骂好人，好人不答对。恶人打好人，好人只躲避。不论大小人，好人不得罪。不论大小事，好人合天理。"《好人歌》在民间流传，既宣扬了好人的标准，也表明人们对好人的推崇。具有诗歌性质的善书还有言老来难的《老来难歌》，教人孝悌："老来难，老来难，劝人莫把老人嫌。当初只嫌别人老，如今轮我到头前。千般苦，万般难，听我从头说一番。耳聋难与人说话，差七差八惹人嫌。雀蒙眼，似鳔沾，鼻泪常流擦不干。人到面前看不准，常拿李四当张三。"该歌者的劝诫，并没有大讲纲常道理，却很容易唤起人们的同理心，使人们充分认识到尊老敬老的重要性。

善书的主旨在于提倡社会公德，维护现行社会生活秩序。为达此目标，善书往往借助神的赏罚、未来报应的力量告诫人们当下的行为应该做到不履邪径，不欺暗室，无愧屋漏，不做昧良心的事情，宣传忠孝仁爱，关心别人，帮助他人。善书号召世人普遍行善，行善可以在不定的时刻得到富贵、功名、子嗣这些世俗的回报和奖赏，以对行善者进行鼓励。在宋明时期，融合了儒释道社会思想的善恶果报观对于人们的行为有相当的威慑力，使人对恶言恶行保持警醒怵惕，对善热情向往，起到约束控制和绘制希望的双重作用。就形式而言，善书的故事精湛，语言活泼，使闻者感动，发聋振聩，且欢欣鼓舞，在当时社会情境具有潜移默化中转移人心的作用，有助于使社会风俗变得醇厚，有利于维护现实社会生活秩序的运行。

第三节　戏曲、歌谣与小说中的民间社会思想

在中国古代社会时期，普通基层百姓为生活所迫，绝大多数民众自幼得不到受教育的机会，故文盲很多，能受几年蒙学教育，获得初步读书识字能力者，也必出自富裕农民家庭的子弟以上。不能读六经正史文字或不识字的基层民众，可以读蒙学读物或听家中尊长的训教，或受善书影响，乃至听戏曲小说受到社会教化。戏曲小说的地位虽不能与经史子集的主流典籍相提并论，但它们是读书人创作或根据民间传说所作，通过不断修改，形成大体确定的版本，再由来自下层的伶人走窜演绎，散布民间廊坊，用于移风易俗和娱乐生活，颇受民众欢迎。陈独秀评论戏曲说："戏曲者，普天下人类所最乐睹、最乐闻者也，易入人之脑蒂，易触人之感情。故不入戏园则已耳，苟其入之，则人之思想权未有不握于演戏者之手矣。"（《论戏曲》）戏曲掌握人的思想，能够动人心魄。俞明震说："戏剧有声有色，衣冠面目，排场节拍，皆能辅助正义，动人感情。"（《觚庵漫笔》）梁启超在其《论小说与群治之关系》中认为爱好戏曲者可至入迷，熏浸刺染其间，回顾剧中坐唱念打，历历在目，吟唱声余音绕梁，戏剧具有不可思议的魔力，对于人的教化作用润物细无声。元代戏剧为盛，如关汉卿的《窦娥冤》，明代汤显祖之《牡丹亭》等，均脍炙人口，传唱经久不衰。

小说相比戏曲，突出文字平面描述，通俗浅易，围绕故事情节，口语化表达，接近民众生活，可乐生趣，对一般民众的影响较大。近代梁启超在《告小说家》称："盖全国大多数人之思想业识，强半出自小说。"梁启超强调小说的作用，将小说提升到新民的高度，说"欲新一国之民，不可不先新一国之小说，又欲新人心，必新小说，欲新人格，必新小说"（《论小说与群治之关系》）。他判断"今后社会之命脉，操于小说家之手者泰半"（《告小说家》）。宋元时期出现了类似小说前身的平话，演说大型传奇历史故事题材，"说国贼怀奸从佞，遣愚夫等辈生嗔；说忠臣负屈衔冤，铁心肠也须下泪。讲鬼怪，令

羽士心寒胆战；论闺怨，遣佳人绿惨红愁。说人头厮挺，令羽士快心；言两阵对圆，使雄夫壮志"（罗烨《醉翁谈录》）。有名的平话包括《五代史平话》《宣和遗事》《武王伐纣平话》《七国春秋平话后集》《秦并六国平话》《前汉书平话》《三国志平话》。明代为小说的繁荣期，《三国演义》《水浒传》《西游记》等划时代的经典作品都诞生于这一时期。

歌谣一词大致源自《诗经·魏风·园有桃》，曰"心之忧矣，我歌且谣"，《毛诗》注："曲合乐曰歌，徒歌曰谣"。歌谣出自民间，朴素刚健，语言简短，不讲究音律格式，内容简明直接，未加修饰，但发乎创作者之内心，出于真声，真实地反映社会生活，揭示社会矛盾。明朝李开先在《词谑》二十七引何景明赞时调小曲说："如十五国风，出诸里巷妇女之口者，情词婉曲，自非后世诗人墨客操觚染翰刻骨流血所能及者，以其真也。"冯梦龙《叙山歌》中指出"但有假诗文，无假山歌"，都表明了歌谣反映社会的真实性。社会基层民众的情绪、态度及社会价值取向及其新变化往往先流传在民间歌谣之中。宋明期间戏曲、歌谣、小说中的社会思想同样反映民众情志，描绘了民间的思想样貌，而且民间特征尤为鲜明可见。

一、"忠""孝""节""义"的社会规范理念

忠孝节义是传统儒家社会思想中的核心概念和社会道德规范，用于调节人们日常生活的行为，具有普遍性。"忠，敬也，尽心曰忠。"在流行于民间社会的戏剧、小说之中，"忠孝节义"化身为忠臣、孝子、节妇、义士，经统治阶级提倡，被民间认可，其重要程度甚至不亚于三纲五常。民间文化和精英文化本质上是同源同生的，明代"三言"作者冯梦龙认为："经书著其理，史传述其事，其揆一也……通俗演义一种足以佐经书史传之穷。"（《警世通言》）民间文化将儒家的社会规范思想具化为特定的形象和故事，并艺术化地综合其主要特点传播给民众，很利于被占社会绝大多数的不识字或识字甚少无读书能力的普通民众所接受。

流传甚广的元杂剧《赵氏孤儿》就通过动人心魄的情节宣传忠、义思想，产生了强烈的感染力。该剧描述春秋晋灵公时赵盾和屠岸贾两个家族的矛盾斗争。屠岸贾向晋灵公进谗言，将赵盾一家满门灭绝，赵朔为赵盾之子，与公主成婚，屠岸贾矫诏让赵朔自尽。公主产下一子，遗名赵氏孤儿，屠岸贾闻讯四处搜寻。草泽医生程婴从公主府中带走婴儿，无处躲藏，投奔公孙杵臼，要公

孙杵臼收留婴儿，自己将未满月的儿子送出。公孙杵臼以自己年迈，让程婴出面供出自己和程婴之子。屠岸贾亲自审问，命程婴用刑逼供，公孙杵臼撞阶而死，屠岸贾去除疑心，收留程婴为门客，将赵氏孤儿纳为义子。二十年后，赵氏孤儿长大，知道前情，报了冤仇。剧本围绕婴儿的存亡，突出程婴、公孙杵臼为正义不怕牺牲，不畏权贵，报恩信诺的"义"之所在，与儒家精英思想本质相同，该剧人物塑造鲜明，形象突出，情节环境特殊，加深了民众对抽象思想的理解和印象。

著名的《三国演义》由罗贯中创作，描写东汉末年黄巾起义至西晋统一这近百年魏、蜀、吴三国兴衰斗争的风云历史。该小说中将曹操描写成乱世中的命世之才，他身上集中表现了统治阶级权术斗争的残忍与诡诈，其言"宁可我负天下人，不可天下人负我"，成为一代奸雄的代表符号。刘备，被描述成忠厚仁义、待人诚恳的贤明君主，符合儒家理想中好皇帝的标准，仁厚爱民，在危难之中也不弃民，"临难仁心存百姓，登舟挥泪动三军"，与曹操形成鲜明对比。《三国演义》"拥刘反曹"的倾向明显，汉朝的开国皇帝刘姓，刘备是中山靖王刘胜的后代，号称汉景帝玄孙，该小说作者认为其继位顺理成章，人心所向，包含了封建正统思想；而曹氏乃外姓篡位之臣，不具有拥有政治权力的合法性。这显然是以文学的形式宣扬当时占社会主导性地位的儒家社会思想。

《三国演义》可谓儒家道德伦理之大全，诸葛亮的"智"、关羽的"义"、张飞的"勇"、赵云的"忠"、徐庶的"孝"，陶谦的恭让，都跃然纸上，栩栩如生。其中对于关羽的"义"的宣扬尤为成功，正如毛宗岗《读三国志法》评论关羽所说："青史对青灯，则极其儒雅；赤心如赤面，则极其英灵；秉烛达旦，人传其大节；单刀赴会，世服其神威；独行千里，报主之志坚；义释华容，酬恩之谊重。"通过人物的行为活动，儒家道德规范附着在这些人物身上，使他们成为道德条目的代言人，整部书可谓儒家社会价值观活灵活现的史诗般的展览馆。民众下意识地将他们推为榜样，演化为行为的出发点，《三国演义》对后世影响很大，鲁迅说，每个中国人都有"三国气"，每个中国人心中也有一个"三国"。精英所创立的思想通过小说这种形式为全社会推崇，小说的经典性正源于人物对体现社会秩序的道德伦常的坚守性，读者受到强烈感染，从而在潜移默化之中将其内化于自身的思想和行为中。

二、"命""缘""报"等社会控制观

传统儒家与道家社会思想都认为人的贫富寿夭由天数预定，当事人难以自

主安排，子夏曰："商闻之矣，死生有命，富贵在天。"（《论语·颜渊》）道家庄子言："死生存亡穷达贫富贤与不肖毁誉饥渴寒暑，是事之变、命之行也。"（《庄子·德充符》）这是"命"的基本含义。传统思想提倡顺应待命、淡泊名利，认为这是有德者的表现，"命里有时终须有，命里无时莫强求"；"知其不可奈何而安之若命，唯有德者能之"（《庄子·德充符》）。佛教传入中国之后，随着其本土化进程的不断加深，也对其因缘说及"生死轮回""因果报应"说做了中国化的解读。宋代以后，以儒家社会思想为主导，道教、佛教社会思想与儒家思想融为一体，并通过家训、歌谣、戏曲、小说等形式向民间渗透。

元散曲大多属于这一类型，如著名元曲作家马致远在他有名的《秋思·乔木查》写道："想秦宫汉阙，都做了衰草牛羊野。不恁么渔樵没话说！纵荒坟横断碑，不辨龙蛇。"又《般涉调·耍孩儿》："青门幸有栽瓜地，谁羡封侯百里？桔槔一水韭苗肥，快活煞学圃樊迟。梨花树底三杯酒，杨柳阴中一片席，倒大来无拘系。先生家淡粥，措大家黄虀。"元散曲映衬出恬淡冲合、不争名利的多重意境，思想上较为消极避世、自鸣高洁，与俗世生活的一般追求呈现出差距。

明代戏曲中也有知命达命，对现实略显无奈的作品。这类作品设想假如富贵之后又当如何，中间必然经历重重险阻，沥尽心血，终于一朝获得，惜乎人生短暂，不及享受，回念不过梦一场。汤显祖的《南柯记》是这类作品的代表作。《南柯记》记载唐代东平游侠淳于棼梦遇三位女子，淳于棼被这三位女子接引到槐安国招为驸马，继任南柯太守。他政绩卓著，受到国王嘉奖，升为丞相，结交权贵，享受生活奢华，忽被人进谗，革去官职，复归故里，醒来却是南柯一梦，原来槐安国即是院内大槐树下的蝼蚁的国度。剧中主题为古老的"人生如梦"，世事如梦境，莫测难料。作者在《南柯梦记题词》中说："嗟夫，人之视蚁，细碎营营，去不知所为，行不知所往，意之皆为居食事耳。见其怒而酣斗，岂不哄然而笑曰：'何为者耶？'天上有人焉，其视下而笑也，亦若是而已矣。"从某种角度，人与蝼蚁无异，表达作者看透社会后的失望，其中对于功名的淡泊态度值得珍视。

汤显祖另一部《邯郸记》描述类似故事：穷困潦倒的书生卢生在邯郸的一个小客店，遇到来凡间超度世人的神仙吕洞宾，吕洞宾给了他一个磁枕入睡。卢生梦到自己高中状元、做官，经历了宦海浮沉，一觉醒来，店小二为他煮的黄粱米饭还没有熟，喻指富贵如浮云，弹指间过去。同时暗讽了社会中相互侵踏、勾心斗角的现象，表达了同样的社会思想。

世上的争斗大多出于对富贵的追求，宋明一些歌谣反映人心不足、异想天开的，"一铨铨到知县位，又说官小势位卑。一攀攀到阁老位，每日思想要登基。一日南面坐天下，又想神仙下象棋。洞宾与他把棋下，又问哪有上天梯"（朱载堉《醒世词·十不足》）。那一时期重利如此，以至于荒唐到和尚都想致富成家。宋代庄绰《鸡肋编》卷中记载："广商风俗，市井坐估，多僧人为之，率皆致富。又例有家室，故其妇女多嫁于僧，欲落发则行定，既剃度乃成礼。"有人为此作诗嘲笑道："行尽人间四百州，只应此地最风流。夜来花烛开新燕，迎得王郎不裹头。"社会需要遏制脱离现实的欲望，在思想上让人看透富贵功名本质所具有的虚无性，从而待之以相对平淡的态度。通过这种认识，调节人的心性，矫正各种因利益争夺而发生的破坏社会群体团结的行为，达到社会控制、使人乐群好群的目的，这大概是论"命"的戏曲小说所包含的主要意图。

就儒家本身而言，对"命"采取的是"顺受其正"的自然态度，"不怨天不尤人"（《论语·宪问》），个体积极努力，结果是通达或困厄，不取决于自己。孟子说："莫之为而为者，天也；莫之致而至者，命也。""求则得之，舍则失之"，"求之有道，得之有命"。（《孟子·尽心上》）追逐外物不脱离道德的范畴，有悖于道德伦理的事情决不去做。相比儒家的这些思想，宋明涉及"命"的戏曲小说在价值选择上舍弃了儒家命理思想中的某些强健的方面。

"缘"是佛教中的核心观念之一，谓一切事情皆有起因，有这般"因"，便有这般"果"。以俗语所说，"种瓜得瓜，种豆得豆"，缘起生灭，受其自然，不以个体意志为转移。冯梦龙在其"三言"中描写了许多关于"缘"的故事，如《郑节使立功神臂弓》写流浪儿郑信与日霞仙子的神奇遇合，是因为他们原是"五百年姻眷"，有缘如此，"运来自有因缘到，到手休嫌早共迟"。《乔太守乱点鸳鸯谱》卷首词曰："自古姻缘天定，不由人力谋求。有缘千里也相投，对面无缘不偶。""缘"用来解释通常难以置信的神秘因果关联和人际关系，它不以距离、阶层等为障碍，附缘神会，发生际遇。"缘"的观念不完全同于客观理性的分析判断，后者以事实为基础，但它能够使人们从心理上接受一些奇特的和看似不可能发生的现象，从而积极顺应当下的各种情境。

"报"是报应报答的意思，善自获福，恶当受殃。佛教中将"报"分为现报、生报、后报，即其"三世报"之说。宋明儒学吸收了佛道社会思想。这种

"缘报""果报"思想通过当时的戏曲、小说等在民间得以广泛传播,"殃祥果报无虚谬,咫尺青天莫远求","劝君莫作亏心事,古往今来放过谁"?明代小说《蒋兴哥重会珍珠衫》一节,陈大郎诱骗蒋兴哥之妻王三巧,其结局是病死于客栈,陈大郎之妻平氏恪守妇道,品行端正,后嫁于生活富庶的蒋兴哥,生活幸福。《游酆都胡母迪吟诗》描写残害岳飞的秦桧在酆都阴曹遍历诸狱,受尽痛楚,文天祥、岳飞等忠良之士受到屈害,但身后在阳间流芳百世,阴间享受"天爵之府"的天乐。又《吕大郎还金完骨肉》叙写丢失孩子后借钱做生意的吕玉捡到了二百两银子,没有贪取不义之财,还给了失主陈朝奉,因为这一善举,吕玉不但找到了失散多年的儿子,而且和陈朝奉定了儿女亲家。后又碰到有人落水,吕玉出钱让人营救,没想到救上的是自己的弟弟,这些故事所要传达的就是好心有好报的社会思想。通过这种引人入胜的故事,"三言"等小说劝化世人,多行仁爱,不可见利忘义,凡事皆有缘由所报。情节虽然离奇曲折,但能够裨补人心,震慑有害于社会生活秩序的不良行为,起到协调社会关系的功效。

三、侠客精神向往

侠客为中国历代平民所喜爱,侠客形象经过历代洗礼,沉淀于民族心理精神之中,形成了具有中国特色的侠客文化。《韩非子》说:"儒以文乱法,而侠以武犯禁。"侠客以个人的力量,敢于反抗社会不平现象。司马迁《史记》概括侠客的特点:"今游侠,其行虽不轨于正义,然其言必信,其行必果,已诺必诚,不爱其躯,赴士之厄困,既已存亡死生矣,而不矜其能,羞伐其德,盖亦有足多者焉。"侠客具有侠义的精神,行侠仗义,一诺千金,不畏惧奔赴死难,以锄强扶弱,惩恶扬善。这是现实中平民冤屈无法伸张,希望得到奇异之士超常能力的相助,或者幻想自身成为侠客,建立和期待合理社会秩序的思想的反映。

《水浒传》是侠义精神的代表作之一。该小说描写北宋徽宗宣和年间,一名不得志的小吏宋江领导一百零八名好汉起义,组织起来与当朝的贪官污吏作斗争,劫富济贫,"替天行道"的故事。这些各式各样的江湖男女,一个个武艺高强,见义勇为,嫉恶如仇,保护弱小者。典型的如鲁智深替受欺负的不相识的金氏父女出气,拳打镇关西,以及千里护送林冲等。这部小说反映出如果对百姓压迫横行,官逼民反,民众将起来反抗。在组织上,侠客之间的关系是"四海之内皆兄弟",众兄弟排名坐序,不分贵贱,"大块吃肉、成瓮喝酒、秤分金银",何等快活。他们原本来自五湖四海,到梁山后井然有序,亲密无间,相互信任,形成休戚与共的体制外社会群体。侠客反抗既定社会秩序出于不得已,梁山后来将聚义厅改为忠义堂,"忠"是对国家社稷而言的。梁山好汉接受朝廷招安后,被派遣征讨另一支农民起义军方腊,兄弟死伤惨重,宋江心情悲痛。阮小五、阮小七等劝他说兄弟们为国家大事折了性命,强似在梁山泊埋没了名目,其要表达的意思即是:忠君为国是侠客的第一本务。

《西游记》在某种意义上类似于侠义小说,取材于唐朝僧人玄奘去天竺取经,描写了唐僧带领孙悟空、猪八戒、沙和尚几名徒弟,一路上降妖伏魔,历经无数艰难险阻,取得真经而回,修成正果的故事。《西游记》并非完全为了神道娱乐,无关宏旨,妖魔世道一定程度刻画出当时社会的现实,孙悟空的形象是敢于斗争,不惧困难,大智大勇、能力突出的侠义化身,具有桀骜不驯、反对束缚、向往自由、视妖如仇的鲜明个性特征。《水浒传》和《西游记》这两部小说的思想呈相似之处,同作为民间不同类型的精英,表达了民众心目中渴望改造不良的社会行径,清理社会残渣,不管对方道行多高,权势多大,始终不屈不挠,坚持斗争,以建立民众心目中的良性社会的价值诉求。

理想中的侠客,在遇到不平事时,恩怨分明,施恩不图报。《醒世恒言》中《李汧公穷邸遇侠客》叙说名为房德的县令捏造实情,说李勉讹诈行刺于他,请一位义士相助,许以厚报,那人作色道:"咱一生路见不平,拔刀相助,那个希图你的厚报?这礼物咱也不受。"说犹未绝,飘然出门,其去如风,须臾不见。后这位侠客发觉房德所说虚假,侠客反替李勉报了仇,快意恩仇,重义藐千金,突现了侠客本色。小说描写的侠客若得微恩,定当涌泉相报,《初刻拍案惊奇》中《乌将军一饭必酬》讲乌将军曾在酒楼得陈大郎款待,一饭之酬,视为知己,后来不但帮助陈大郎找到失散的妻子小舅,而且重金加倍奉答,陈大郎由此成为吴中巨富。

侠客的存在源于社会制度的某种缺陷。从一定意义上,侠客戏曲、小说在民间受到广泛欢迎是广大民众在社会既有体制之下不能实现正当权益,将希望另行寄托于一些特殊个体或群体身上的社会思想的反映。因此,保证社会秩序可以依靠体制内社会组织和制度维护,让社会的民众社会生活稳定有序,是非常重要的。

四、清官情结

清官清正廉明,忠君顺法,爱民恤民。古代为王权主义社会,民众无权无势，属于法律中的弱势群体，遇到诉讼只能寄希望于清官明镜高悬，不畏权贵，执法如山，公正断案。这样的官员百姓称之为"青天大老爷"，典型的如包拯。元代杂剧和明代公案小说都广为传唱包公故事，神化包公断案。包拯（999—1062）历史上实有其人，他是北宋庐州合肥人，字希仁，后进为龙图阁直学士，故亦称"包龙图"。《宋史》本传记包拯称："性峭直，恶吏苛刻，务敦厚，虽甚嫉恶，而未尝不推以忠恕也。与人不苟合，不伪辞色悦人，平居无私书，故人、亲党皆绝之。"小说戏剧中的包拯很多故事不是他一人所为，而是将很多其他的故事附会在他身上，使包拯成为胡适所说的"箭垛式人物"，强化了包拯在民间的清官形象。在小说戏剧中，包公被描述为类似于能通鬼神的超人，"日断其阳，生民无不沾恩泽；夜判其阴，死魂尽得雪冤衍"。民间对于清官具有崇拜心理，包公这位面堂黝黑，额上有半月牙的形象，成为民众心目中法理的传奇化身，如同马克斯·韦伯所说的"克里斯马型人物"。当时京师传语曰："关节不到，有阎罗包老，吏民畏服，远近称之。"（《涑水记闻》卷十）意为关系门路在包拯这里是行不通的，这是对包拯清正廉明的极度赞扬，也是广大民众所渴望的清官的榜样。

传统社会如果遇到不良官吏断案，则可能制造冤假错案，民众对这种现象极为反感痛恨，元代杂剧《窦娥冤》是这一题材的代表作。这部戏剧表明在人治社会平民容易蒙受冤屈，这种性质的社会贪赃枉法、颠倒黑白，不利于社会和谐发展。只有建立法治社会才能保证个体的基本权利，伸张正义。戏剧着力刻画冤案所引起的民愤感天动地，出现六月下大雪的奇异自然现象，这也是从消极方面对清官的期待和对现实之不满与反抗情绪的表达，以及对社会政治合理性、合法性运作的期望。

不良的社会制度下很难监督官员尽忠职守，宋明时期的歌谣有不少是描述当时官僚腐败的。《曲洧旧闻》中提到："王将明当国时公然受贿赂。卖官鬻爵，至有定价，故当时人为之语曰"三千索，直秘阁。五百贯，擢通判。"将官职作为商品交易。《喻世明言》记叙灵帝卖官鬻爵，视官职尊卑，入钱多少，各有定价：欲为三公者，价千万；欲为卿者，价五百万。崔烈讨了人情，入钱五百万，得为司徒。后受职谢恩，灵帝顿足懊悔道："好个官，可惜贱卖了！若小小作难，千万必可得也。"有些官员大权在握，飞扬跋扈，元末明初张士诚建立周，其弟张士信为丞相，任用黄敬夫、叶德新、蔡彦文，苏州有歌谣传："丞相做事业，专靠黄蔡叶，一朝西风起，干鳖。"指这种官员只能专横一时，不可能持久，终究会东窗事发。还有揭示"买官抢官"和官场上不讲政绩而讲关系的。明代冯惟敏有《归田小令·八不用》："乌纱帽，满京城日日抢，全不在贤愚上。新人换旧人，后浪催前浪，谁是谁非不用讲。"这些歌谣均反映了当时官场的乱象。

有些官员在位怕出差错，为保官位故意庸庸碌碌，无所作为。《明史·赵豫传》记载：宣德年间赵豫为松江知府，上任后遇到有人找他告状，总是以"明日来"这句话相劝，时有"松江太守明日来"的歌谣在民间流行。明代戏曲家吴江派沈璟"杂取耳谈中事而谱之"作《博笑记》，描述一位县佐昏聩无能，整日昏睡，拜访的乡宦来他在昏睡，第二天回访乡宦时相对而睡，并以"醉人有日醒，醒着翻常睡"，解颐揶揄世态。《明史·刘吉传·成化时民谣》有类似记录说：成化年间，皇帝迷恋神道方术，不理政务，刘吉与万安、刘珝等人身在要职，不去劝谏，未见作为，时有"纸糊三阁老，泥塑六尚书"之歌谣流行。官员麻木不仁，不负责任，形同泥塑纸糊。在这种官僚制度下，民众的生活可想而知。

当制度不能解决问题而依靠人治时，广大民众只能寄希望于为数不多的好人清官能够为他们做主，清官的出现从侧面反映民众对于制度的不信任。小说戏剧中，清官的塑造充分说明，社会需要更多的清官，民众期盼由此获得在体制内公正解决问题的途径。由此可知，小说戏剧、歌谣中清官形象所以受到民众的欢迎与推崇，是民众对良好社会生活秩序之诉求的反映。

五、民间的日常幸福生活理想

宋明时期随着商品经济的发展和心学等思想的流行，人们日益脱离理学严肃拘谨的道德束缚，转而注重和追求个体幸福。元代杂剧中，冲破礼教樊笼，追求个体自由的代表作有《西厢记》等。《西厢记》描写相国小女崔莺莺与落魄书生张生冲破各种阻碍，有情人终成眷属的故事。剧中采用才子配佳人，后花园私会，穷书生考取功名，结局大团圆的我国典型的乐感喜剧模式，应合"古来才子佳人，往往私偕欢好，后来夫荣妻贵，反成美谈"之说。[①] 表达了这一时代的个体开始反对以门第、财产、权势为择偶标准的所谓"门当户对"观

---

① 冯梦龙：《醒世恒言·吴衙内邻舟赴约》卷二十八，顾学颉校注，人民文学出版社1956年版。

念。其中帮助他们穿针引线的婢女红娘,因不惧拷打,成人之美,成为后来民间媒人的代名词。

明代戏剧也有突出表现个体追求生活自由的思想内容。《大明律》中规定:"凡乐人搬做杂剧戏文,不许妆扮帝王后妃、忠臣节烈、先圣先贤神像,违者杖一百。官民之家令扮者与同罪。其神仙道扮及义夫节妇、孝子顺孙、劝人为善者不在此限。"由此戏剧不能有帝王将相的负面形象,并尽力不涉猎关于帝王的故事,因此取材就返向民间社会生活。《牡丹亭》又名《还魂记》,叙写南宋初南安太守杜宝的独生女杜丽娘,游赏花园后青春觉醒,梦见与一位持半枝垂柳的书生牡丹亭相遇,梦醒后因思念梦中人忧伤成疾,不久死去。三年后,岭南书生柳梦梅赴京赶考,途经南安,借宿杜丽娘所葬"梅花庵"观,在太湖石底拾到杜丽娘临终前的自画像,认出是自己梦中见过的小姐,于是日夜呼唤,杜丽娘鬼魂应声而出,与其幽会。柳梦梅掘墓求女,杜丽娘得以复生,二人结为夫妻。柳梦梅高中状元,但他们的婚姻不为升为宰相的杜宝认可,最后由皇帝出面调停而结成连理。作者汤显祖是罗汝芳的及门弟子,十三岁时起即跟从罗汝芳游学。罗汝芳,号近溪,江西南城人,谥号"明德",为泰州学派创立者王艮的三传弟子,倡导不受物欲熏染的赤子良心。汤显祖还受李贽的影响,李贽提倡返璞归真的"童心说",反对理学家的"存天理、灭人欲"。在这些思想的影响下,汤显祖的戏剧善于述写人物的感情情绪。他论述情的不可或缺和作用:"人生而有情。思欢怒愁,感于幽微,流乎啸歌,形诸动摇。或一往而尽,或积日而不能自休。盖自凤凰鸟兽以至巴渝夷鬼,无不能舞能歌,以灵机自相转活,而况吾人。"(《宜黄县戏神清源师庙记》)这种思想与理学倡导的"道"和"理"不同,成为串联《牡丹亭》等剧目的主题脉络。

明代小说同样包含揭示封建礼教对男女感情束缚,号召人们摆脱婚姻"父母之命、媒妁之言"观念影响的内容构思。"三言二拍""极摹人情世态之歧,备写悲欢离合之致",塑造了许多女性角色为了理想中的婚姻,勇敢地进行抗争,面对困难毫不退缩动摇的故事。冯梦龙也深受李贽的影响,在艺术创作上以生动活泼的感性为主,反对道学。《醒世恒言》中《吴衙内邻舟赴约》一文,描述女主人公贺秀娥偷将意中人藏在船舱的床底下,被发现后宁死不屈,誓让父母成全他们婚事的故事。《二刻拍案惊奇》中《李将军错认舅　刘氏女诡从夫》写金定和刘翠翠从小青梅竹马,同在学堂读书,适逢战乱,刘翠翠被李将军所俘为妾。金定跋山涉水,千里找寻,终于找到,但迫于李将军权势,不能相认，只能以兄妹相称，最后双双殉情的故事。这种在个人婚姻家庭领域追求自由的故事广受民众欢迎，表达了民众追求真爱情和婚姻自由的社会思想。

在市民阶层发展壮大、商业经济快速发展的宋明时期，宋明小说、戏剧、歌谣体现了民众和普通市民的社会生活的思想倾向，绘制出当时的人们在微观领域社会交往、人情世间百态的生动版本。这些文本，体现出人们对礼教道学束缚的不满，在社会生活中努力促成个体的发展和平等的社会思想，这尽管还不能从根本上摆脱封建道德伦理的规制，但在实际社会生活中却实实在在地影响着民众的思想与实践，甚至随着这些小说戏剧在民间的广为流传，这种社会思想潜移默化地成为了民众社会思想中的有机组成部分。

思考题：

1. 在三教融合进程中，道教与佛教社会思想变革各有什么特点？共同趋向是什么？
2. 如何看待蒙学教材与善书的道德教育功能？
3. 家训文本体现了怎样的家庭与家族社会生活秩序观？
4. 如何看待宋明小说戏剧中"忠孝节义"和"命缘报"思想对社会生活秩序的控制引导作用。
5. 如何评价民间文化中的"侠客精神向往"与"清官情结"？

▶ 答题要点

第十二章 明末清初思想家的社会思想

明末清初，时间虽然不长，却是中国社会思想史上的一个活跃的新时期，涌现了黄宗羲、顾炎武、王夫之、颜元、唐甄、陆世仪等一批思想大家，他们"道德、经济、学问，兼而有之"（钱穆语），在反思明代灭亡的沉痛教训，寻求社会重建的合理途径；在肯定合理欲望、反专制重民本、社会风气改造、精英角色担当、发展工商业、推进地方自治等方面多有深入探讨，总体上体现为"厉实行""济实用"的鲜明思想特色，对晚清民国时期的社会思想产生了明显的影响，所以学术界大多将明末清初的黄宗羲、顾炎武、王夫之等人视为中国早期的启蒙思想家。

这批思想家之所以呈现出颇富新意的社会思想，与明代中后期尤其明末以来的具体历史环境密切相关。政治上，明初即废除宰相，君主高度专权，并由此导致后期的宦官专权，党争激烈，易代之际，自然引人思考君臣关系、中央地方关系等政治制度设置问题。社会经济上，一方面是明代中后期商品经济的一度繁荣，市民消费文化兴起，涌现了一批新的富民阶层；另一方面，则是朝廷因种种原因，极力与民争富，不但大量赐与权贵田庄、皇庄，夺农民利益，还遍设矿监、税监，盘剥工商阶层利益，从而激起普遍的民变运动。文化思想上也体现为两种趋向。士林精英尤其是以阳明后学之泰州学派为代表，因为君主专制而不能在上"得君行道"，遂目光向下，开始"觉民行道"，注重日用人生的民间讲会、讲学开始流行，思想学说体现了经世性的一面。另一方面，无论是程朱理学还是陆王心学，士人的主流依然重在个体的心性修养，空谈心性，轻议国事，与现实社会的实际应用相去甚远，以致面临天崩地裂的亡国巨变，诸多读书人救国无术，甚至有些人只好选择自杀的方式，表现自己的报国情怀，所谓"无事袖手谈心性，临危一死报君王"（颜元语），令人悲叹不已。惨痛的亡国记忆，使这批身处易代之间的思想家更清晰、深入地分析、批判现实社会问题。

这个时期，注重地方基层建设的"乡约"（乡治）思想也得以不断充实与发展，明末清初之际，陆世仪、陈瑚的乡约思想及实践可谓代表。陆世仪的《治乡三约》，以乡约统领社学、保甲、社仓，首次提出了一套系统完整的乡治理论，其友人陈瑚则在昆山蔚村宣讲并切实推行注重"孝弟""力田""为善"

的《蔚村三约》，效果明显。

第一节　社会重建观

黄宗羲（1610—1695），字太冲，学者称梨洲先生，浙江余姚人。父为东林党人，曾任御史职，被宦官魏忠贤杀害。受学于心学大儒刘宗周，二十一岁在南京参加科考落榜，入"复社"，反奸臣阮大铖。1644年弘光帝即位南京，阮得志，黄遂被捕下狱，因清兵攻南京于乱中逃脱。随后13年抗清、流亡，曾回家乡组织"世忠营"。四十七岁以后开始读书、著作、讲学生涯，学问广博，通经、史、天文、历算、音律等。他从此隐居不出，始终拒绝与清政府合作，曾先后拒清廷博学鸿儒科之征。他勤于著述，有我国最早的系统的学术思想史巨著《明儒学案》《宋元学案》（未完）行世，其社会思想主要体现在其名著《明夷待访录》中。

顾炎武（1613—1682），原名绛，明亡后改名炎武，学者称亭林先生。江苏昆山人。世代为儒，曾祖曾任兵部侍郎。二十七岁时应试不遂，遂退而发奋读书，遍览经史及天下郡县志，留意经世致用之学。青年时与黄宗羲等参与复社活动，明亡时与归庄等于吴江起兵抗清。明亡后，屡经仇家陷害，辗转避难，四十多岁时，决意北游，此后二十多年，遍历河南、河北、山东、山西、陕西各地，每到一地，广交当地名士，考察风土民情，虽居无安所，却无日不读书。晚年定居陕西华阴，与黄宗羲一样，始终拒绝与清政府合作。学问以崇实致用为旨趣，著有《日知录》《天下郡国利病书》《亭林文集》等四十多种。

王夫之（1619—1692），字而农，号姜斋，湖南衡阳人，出身士绅家庭，父亲王朝聘曾入国子监。早年王夫之随父兄研读经义。1638年就读于岳麓书院，1642年中湖广乡试第五名。明亡后，他积极从事武装抗清活动，晚年隐居于石船山（今湖南衡阳曲兰），潜心著述，世称船山先生，他著作很多，有《四书训议》《读通鉴论》《宋论》等百余种。

唐甄（1630—1704），字铸万，四川达州人，出身达州官宦世家，祖父唐自华、舅父李长祥等均在明末自组织武装力量抵抗张献忠等农民军。父唐阶泰曾任苏州吴江知县、礼部祠祭司郎中等职，耿介自持，不附权贵。明亡之际，叔祖、舅父等均曾聚众抗清，父亲则隐居不仕。唐甄随父辗转寓居吴江，走学优则仕的传统道路，于顺治十四年中举，曾任山西长子县知县十余月，因受人牵连而去职。去官后，唐甄的家庭经济状况每况愈下，因田薄赋重，贱价出卖40余亩田地，转作城市商贩，经商失败后从事交易的中介——牙，又因丢失经客钱财而倾家荡产，晚年穷困潦倒，生活艰难。但年轻时期即胸怀大志的唐甄，始终在反思社会问题，全面思考重新治理天下社会的新途径，积三十年之力完成了不同凡响的《潜书》（原名《衡书》）。

一、欲望论

在人性论与欲望论的问题上，黄宗羲、顾炎武、王夫之、唐甄等人的基本主张是，坚持心性一元论，反对宋明理学的心性二元论。相应地，充分肯定欲望是人性自然而合理的一部分，从而为普通民众追求物质财富、安居乐业奠定理论基础。

大致说来，在人性的问题上，理学家主张人性中存在先天的、善的天性、天理，与后天的、浑浊的人欲、人情两方面。如张载将人性分为天命之性与气质之性，朱熹分为天地之性与气禀之性；心学家虽然认为"心即理"也，但也认为意念发动，欲望追求就迷失了人的良知。所以，人格修养就是去除后天的人欲之性，达到先天的纯善天性，如张载要求变化气质，二程、朱熹要求"明天理，灭人欲"，王阳明主张为善去恶"致良知"。

明末清初的社会思想家黄宗羲等人否定这种人性二元论，认为"人受天之气以生，只有一心而已"，没有先天而生的天理、天性，追求欲望、自私自利就是人之自然常情之一，就是人性追求的一个合理部分。如黄宗羲指出："有生之初，人各自私也，人各自利也。"（《明夷待访录》）自古至今，好逸恶劳，就是人之常情。顾炎武也从历史的角度指出，"自天下为家，各亲其亲，各子其子，而人之有私，固情之所不能免矣"（《日知录》卷三）。"天下之人各怀其家，各私其子，其常情也。"（《郡县论》）因此，远古帝王是承认并鼓励这种私的，所谓以公灭私，只是后人的美言，并非先王的训条。而同一时期的王夫之也指出，人性并不是先天就定型的，而是"日生则日成"的，是在社会生活过程中"习与性成"的（《尚书引义》）。在天理与人欲的关系问题上，他更是明确指出，天理就寄寓在人欲之中："私欲之中，天理所寓。"（《四书训义》）唐甄则从个体生命的社会化过程中，指出追求欲望是个体社会化的基本动力。由气血构成的肉身，有生之初，自然追求物质性的美服、美色、美声，随着生物性生命的成长,这种身心欲望追求也越来越强,到二十岁成年到四五十岁的壮年时期,更是追求社会性欲望,如读书人竞争科举,希求高官富贵,普通民众希望广置田产、经商发财,贫穷者也是竭力以求富贵。所以说,从社会实际表现来看,一般都认为欲望就是本心:"……见以为生我者欲也,长我者欲也。人皆以欲为心,若更无所以为心者。"(《潜书》)

从理论上看,黄宗羲等人高度肯定人性中自然欲求的一面,有忽视人性的社会性、美善性的危险,但结合时代背景考察,这些人强调欲望的合理性既是对明代中后期以来商品经济发展下民众社会思想的客观反映,更是对先秦儒家"民本"观念的新发展,其主要用意是希望统治阶层承认普通民众对物质欲望与私利的合理追求,自上而下鼓励发展经济,藏富于民,养民安民,使民众基本的利益、欲望得到满足,以达到天下大治。所以黄宗羲在《明夷待访录》中指出,古代的君主是"以天下为主,君为客",毕生经营只是为天下苍生谋福祉,君主"不以一己之利为利,而使天下受其利,不以一己之害为害,而使天下释其害"。否则,像后来的君王,"以我之大私为天下之大公",将天下人的正常私欲私利据为己有,因此人人也会觊觎王位,最终自身或子孙只会落得血肉崩溃的悲惨下场。顾炎武强调君主应该提倡、鼓励天下民众经营自己的私人利益,天下百姓利益得到满足,社会自然和谐,实际上三代以上的王政就是如此,因此,提倡民众的私人利益,天子就能掌控天下治理天下,用顾炎武的话来说,即"用天下之私,以成天下之公而天下治","合天下之私以成天下之公"。唐甄也指出,民众的欲望是不可拂逆的,所以"以天下之欲行事,何事不达"(《潜书》)。

明末清初的思想家们从人性的角度肯定了人性的合理欲望,意在要求统治阶层发扬民本传统。但显而易见,无论从儒家仁治传统还是从社会治理的角度来看,又不能放纵民众欲望,尤其是社会精英或权势阶层的欲望追求,否则,社会将变成一个毫无仁、礼精神的功利社会,社会资源的占有更将严重不均。所以,他们又提出种种措施将欲控制在合理的范围内。

黄宗羲一方面主张轻徭薄赋,另一方面从革除不切民众实用的浪费性习俗、奢侈性消费来解决问题。他认为,婚丧嫁娶、礼佛敬巫,无论贫富人家,都极力铺张,都是对资产的巨大浪费,而用在倡优、酒肆、绸缎上的奢侈性消费,都远远超过日常必需的消费水平,凡此都应当禁绝,以将社会财富用到真正切合日用人生的正常生活中去。所以他说:"今夫通都之市肆,十室而九,有为佛而货者，有为巫而货者，有为倡优而货者，有为奇技淫巧而货者，皆不切于民用，一概痛绝之……"顾炎武则主张从改革社会上层争利之心、贪腐之风入手来扭转社会不良风气。他指出，四十年前，士大夫还肯读孔孟之书，不屑于营利的管商之术，现在却是举世滔滔竞相争利，"君臣上下，怀利以相接，遂成风俗，不可复制"。解决问题的方法是，一方面用硬控制的手段对贪腐者"宜为重创"，另一方面用劝学奖廉等软控制的手段形成士大夫"以名（按：名节、功名等）为利"的良好风气。唐甄虽然从客观事实上指出欲望是社会发展的动力，在社会治理的层面也清醒认识到，在物质层面欲望必须"取之有制，用之有节"，在观念层面"道为治本，欲为乱根"，所以"有欲不除，除之不尽"，是无法治理天下的。他的治欲之道也主要从上层入手，一是主张圣人治世，形成"去奢而守朴"的良好社会风气。要做到这一点，又必须从君主、精英开始，所以说"人君能俭，则百官化之，庶民化之，于是官不扰民，民不伤财"，最终天下大治。二是主张士大夫"学圣人之道"，用知足、知耻等去抑制不合理的欲望。

二、君主专制批判论

明末清初的思想家在反思亡国之痛的问题根源时，一个共同的归因是明代高度的君主专制。这些思想家从孟子的"民贵君轻"的民本思想出发，以强烈的民本意识，对君主私天下的表现进行了前所未有的深入批判。

首先，从君主的起源上看，君主是为天下公众谋福祉而出现的。在君民关系上，"天下为主，君为客"，而后世君主却将天下视为私有财产，于官僚层层控制，于百姓层层盘剥，致使社会僵化，民生穷困，实成"天下之大害"。黄宗羲从历史的角度指出，在人类诞生之初，因人人自私自利，各自为战，所以"天下有公利而莫或兴之，有公害而莫或除之"，这才有人出来为公众的利害承担责任，这就是君主的由来。君主因一心为公，比常人更辛苦，所以才有许由、务光、尧、舜等不愿担任君主或后来又主动让位之类的人物，而后来的君主却截然相反，将天下视为私产，"以天下之利尽归于己，以天下之害尽归于人"，对天下百姓敲骨吸髓，因此，后世之君实际成为"天下之大害"。与古人爱戴君主相反，后世的君主被百姓"视之如寇仇，名之为独夫"。顾炎武与黄宗羲一样，从古今对比的角度，扬古抑今，否认后世君主的角色合法性，他说，"古之圣人以公心待天下之人，胙之土而分之国。今之君人者，尽四海之内为我郡县,犹不足也,人人而疑之,事事而制之,科条文薄,日多于一日……"他还进一步说,自夏、商、周三代以下,帝王对于百姓,只是征收赋税,征发徭役,而"凡所以为厚生正德之事,一切置之不理,而听民之所自为"。王夫之在论及封建郡县制时也指出,君主、天子的产生,是人们为更好地维持共同生活秩序而公推有德、有功之人的结果,并不是可以自封的。"天之使人有君也,莫之为而为之,故其始也,各推其德之长人,功之及人者而奉之,因而尤有所推以为天子,人非不欲自贵,而必有奉以为尊,人之公也"(《读通鉴论》卷一)。唐甄更是用激烈的语言指出:"自秦以来,凡为帝王者皆贼也。"他认为,天子的角色本应该是"天下之慈母也,人所仰望以乳育者也",应该像尧舜之道那样,"不失其本心",即"不忍之心"。而周秦以来,历代帝王在夺取权位的过程中,君将豪杰无不以屠城杀生为能事,积尸如山,千里无人烟,老百姓成任人宰割的羔羊,即使在太平时期,也饱受"刑狱冻饿"之苦。所以,如果说杀一人取其衣食可称之为贼的话,那么帝王杀天下之人而取其财富更应称之为贼了。

其次,君主的角色职能既然是为公、为民、为天下,君臣关系就应该是平等的,君与臣,"名异而实同"。由于天下的治乱并不是因为君主一家一人的兴衰,"而在万民之忧乐",而天下大事,又不是君主一人所能治理的,因此必须与臣子一道,分工合作,共治天下。所以在黄宗羲等人看来,君与臣的关系,只不过共治天下时不同的角色分工而已。对臣子而言,之所以出来做官,也是"为天下,非为君也;为万民,非为一姓也"。君臣二者意见若有冲突,臣子应该是从道不从君,否则就是自甘堕落,自处于宦官宫妾的地位。相应地,君主也不应以对待仆妾的态度对待臣下。王夫之则从"公天下"的角度指出,为了承天理民,君主的位置是可以禅让、可以改变姓氏的。因此在位的君主应当顺应天理人心,为生民的福祉而奋发有为,否则,就会由其他人取而代之。所以他赞成唐代李泌的"君相可以造命"论,认为君相可以造命,"与天争胜",百姓也可以造命,即充分肯定了人在社会建设中的主体性与能动性,批判了君主为私而独尊的正当性。从君臣关系的角度,唐甄也指出,人君最大的问题,"莫大于自尊;自尊则无臣,无臣则无民,无民则为独夫",自然天下就危险了。所以君对臣应该"待之亲,礼之敬",这样才能"君臣同心,上下一体"。天子虽然位高势尊,但也是人,应该像尧舜一样,达情亲人,与民共甘苦。他甚至从生活层面天真地提出,天子也应该过普通百姓一样的家庭生活,"入则农夫,出则天子,内则茅屋数椽,外则锦壤万里",更有利于治理天下。

再次,针对后世君主据天下为私有的专制状态,明末清初的思想家们认为,在社会治理、制度设置上应该回归公天下,君民共治,从专权走向分权。为此,黄宗羲主张恢复封建,尊崇宰相。顾炎武主张地方分权,寓封建于郡县之中。黄宗羲认为,天下不能由君主一人治理,所以设官分治。官,实际就是分身的君主。尤其宰相是防止君主专权的重要设置,明初废除宰相,是明代政治紊乱的根源:"有明之无善治,自高皇帝罢丞相始也。"所以主张重新设置丞相职位。在中央与地方关系的问题上,三代以后,中国之乱"则是废封建之罪也"。顾炎武认为天子手握天下之权治天下之事,应该"以天下之权寄天下之人",即自公卿大夫到乡县官员,莫不分天子之权,各任其事,才能真正治理天下。顾炎武认为当时的治理问题是天子担心权力旁落而以种种法令制度控制防范官员,因此,守令虽是亲民之官,"而今日之尤无权者,莫过于守令"。结果,官员虽因无权难以害民,但却使为官者兢兢守法,不求有功,但求无过,"无肯为其民兴一日之利",君主也无法了解民众的疾苦,实际权力就操之于具体办事人员——吏胥手中,如此"民乌得而不穷,国乌得而不弱"(《日知录·守令》),"安望其致太平而延国命"(《顾亭林诗文集·郡县论》)。因此,自上而下的社会治理的关键是君主分权于地方官吏,具体主张就是"寓封建之意于郡县之中"。王夫之虽然有尊君思想,提出"天之义则不可无君"(《读通鉴论》),并且其尊君思想是与其"公天下"思想为表里的。认为君主存在是必要的,但君主不能以天下为私有,把改朝换代看成一姓之兴亡,即是以天下为私的思想表现。主张治理社会应当以天下为公:"一姓之兴亡,私也;而生民之生死,公也"(《读通鉴论》)。为防止君主"私天下"的现象出现,王夫之也提出了天子应与百官分权,中央当与地方分权,以限制君权膨胀的社会治理方案。

需要注意的是,尽管这些思想家从历史的角度强调君主的民本起源,以类似社会契约论的思想强调了君臣、君民角色的平等性,但这并不意味着这体现了近代社会由民做主的民主意识,更多体现的是对专制亡国之痛的愤激之言。他们希望的还只是君主治理天下的民本、民生理念,还不可能也无法想象要从根本上推翻君主专制制度,正如唐甄所说:"治理天下者惟君,乱天下者惟君。治乱非他人所能为也,君也。"

三、社会经济结构论

在传统社会的阶层地位中,以农业为本,工商为末。自西汉以来,就在制度层面确定了重本抑末的政策,以仁治、礼治为本的儒家知识分子信守弘扬仁道、耻言功利、否定工商的信条,汉儒董仲舒的"正其谊而不谋其利,明其道而不计其功"成为这种思想的经典表述。宋明以来在思想界占统治地位的理学,无论是程朱理学还是陆王心学,更是以个体的心性修养作为核心追求。而明末清初的社会思想家,却对工商业者的社会阶层与政治地位给予了高度重视,充分体现了他们重视民生,注重经世致用的一面,这也是社会思想的一个新趋向。就黄宗羲等人而言,其重视工商者社会阶层与政治地位的思想,大致体现在以下几个方面:

第一,提出工商皆本,明确工商业在社会经济生活中的重要地位。如黄宗羲认为,在社会经济问题上,抑制所有不切日常民用的生产与消费,才是古代圣王崇本抑末的原因,但这并不意味着否认工商业者在民生上的重要意义。和农业一样,工业商业都是根本,所以他说:"世儒不察,以工商为末,妄议抑之。夫工固圣王之所欲来,商又使其愿出于途者,盖皆本也。"顾炎武也指出,若以数十万金钱给劝农官从事生产事业,三年之后,若想物产丰盛,除努力农耕外,"必通商"。可见商业之重要与必要性。唐甄反复强调富民、养民的重要性,为此提出需要注重商业的思想,他主张"为政之道,必先田市",即首先从农业与商业入手,否则"农不安田,贾不安市,其国必贫",农、商并举,可见其对商人社会阶层与政治地位的重视。

第二,肯定商人的社会地位。在传统正统观念中,士、农、工、商,工、商业者尤其商人的社会地位是最低的。在法律制度的设置上,他们衣食住行的规格、教育机会、科举资格等与士、农阶层相比,都受到很多歧视性抑制,所以士人一般耻言经商,耻与商人为伍。但实际上,明代中后期以来,逐渐出现了儒商互动的新现象,不少儒生开始经营商业。明末清初的思想家在这一商品经济的发展过程中,在工商于日用民生上的重要性上,明确认识并充分肯定商人地位的重要性,如顾炎武慨叹:"关中多豪杰之士,其起家商贾为权利者,大抵崇孝义,尚节概,有古君子之风。"乃至像唐甄那样,坦然居于商人行列。唐甄因朝廷赋税之重而家道中落,晚年投身商业交易中的牙行事业,在传统贱商观念里,这在商业领域中也属于低级行当。但面对旁人的耻笑,唐甄认为,自己的经商不但使自己酒食无忧,而且可以用微利养活家人,这是"救死之术",没什么可笑的,他以辅佐周文王、周武王的姜子牙(吕尚)曾经买饭于孟津自比,毫无愧色地回答道:"吕尚买饭于孟津,唐甄为牙于孟津,其义一也。"可见,唐甄并不认为从事商业可耻,其背后支撑的信念就是商人有利于民生,其社会治理思想的重心就在富民、养民。

第三,在工矿业经营方式上主张私营。如顾炎武对盐、铁等重要行业由官营垄断的现实表示不满,从民生发展的角度出发,他主张应该改为私营,使利在民间。比如,他指出,私盐的质量不但不比官盐差,有的还比官盐好,因地利之便,私盐已经兴起,朝廷禁止私盐,不但不能解决问题,还会进一步影响国家的安定,所以他同意松江李雯的主张,放开私盐经营,则"国与民两利"。

因为重视商业,明末清初的这些社会思想家们还就货币的使用与流通问题展开了深入的分析与讨论。

从理论上说,早在东汉时期,王符就批判了正统的本末思想,南宋功利主义思想家陈亮、叶适等更明确主张农商并重,黄宗羲所师承的王学创始人王阳明,也曾在社会身份上肯定"四民异业而同道"。明末清初思想家群体性对工商业及其业者社会阶层地位的重视与肯定,不但是对传统歧视工、商阶层的思想的猛烈批判,而且首次鲜明提出工商皆本的观点,更是对传统社会阶层地位思想的重大突破。从历史发展的过程来看,这也是符合经济发展规律的合理认识。从时代背景来看,这也是对明代后期以来工商业经济繁荣的观照,代表着新兴富民阶层的要求与时代前进的合理方向。更值得注意的是,黄宗羲等人重视工商阶层地位的观念背后的思想基础乃是社会性的、民生性的,工商皆本的前提是有利于民生,切于日常民用,目的在谋天下苍生的共同福祉,应该说这是对孟子"民本"思想的进一步发展。黄宗羲等人以切于民用为前提,不但认为应禁止敬神礼佛、交接倡优等陋俗消费,而且对酒业、绸缎业等正常"奢侈"性消费也一并否定,这从明末民生日穷、民不聊生的历史背景来看,是值得肯定的。

四、社会问题与社会治理论

明末清初的社会思想家经历亡国巨痛,故注重实学,强调经世致用,对晚明以来的社会问题自然感触尤深。除共同深入批判了私天下的君主专制、宦官专权外,在具体社会问题上,赋税繁重、胥吏弄权、知识精英堕落、贫富分化严重、风俗日坏也几乎成为他们的共同话题。这里主要讨论社会风俗,学校、科举与生员,基层官员无权、吏胥弄权等问题。

(一)社会风俗问题

在顾炎武看来,"目击世趋,方知治乱之关必在人心风俗"。而当时社会精英人物的行为、心态令他深感忧虑。他观察到，为官者或优柔寡断，怯懦寡言；或明哲保身，八面玲珑；或沽名钓誉、立异为高。在财富问题上，视富人为豪杰，父子兄弟"相守崇财利"，毫无廉洁之意，以致数十年来"国维不张，人心大坏"。对此，顾炎武愤怒地指出："故士大夫之无耻，是谓国耻。"他还从地域的角度分析当时南北学者的消极举动与心态，如北方学者"饱食终日，无所用心"，北方士大夫"晚年多好学仙"；南方学者则是"群居终日，言不及义，好行小慧"，南方士大夫"晚年多好学佛"。从总体上看，南北风气也有严重问题：江南之士，"轻薄奢淫"，河北之人，"斗狠劫杀"。唐甄认为清初五十余年的社会现实是农、工、商业均空虚穷困，乃至当官者在去官后也难以持家，"农空、工空、市空、仕空"，他称为"四空"。因此社会风俗日坏，具体表现为"礼义绝灭"，普通百姓为争夺利益而不避刑法，士大夫也迷于财产而不知羞耻，谄媚享乐，道德水平甚至还不如戏子，人心沦陷如此，"此天下之大忧也"。黄宗羲指出即使轻徭薄赋，如果当下的一些陋风恶俗不去，依然不可能使民众富裕。这些陋俗就是婚、丧、宴会习俗中的繁琐礼节及相应的铺张浪费，礼佛崇巫中用于斋醮祈祷中的大量财物，还有用于娼妓、酒楼、绸缎等方面的奢侈性消费，在这些风气中，富人相互攀比，穷人大耗财富，乃至倾家荡产，所以"民仍不可使富也"。

（二）学校、科举与生员问题

除整个社会世风日下外，黄宗羲等人还特别关注社会精英人才的养成制度，即学校、科举制存在的问题及相应培养人才的缺陷与危害。在黄宗羲看来，学校本来不但是培养士人的机构，还是培养治理天下之人才的机构，而现在的学校却变成了大家"科举嚣争，富贵熏心"的场所。所以"学校之法废，民蚩蚩而失教"，即民众因失去了真正的学校教育而变得愚蠢，这就很可怕了。

黄宗羲进而指出，"取士之弊，至今日制科而极矣"。即只是靠背诵八股时文取胜的科举考试，其选拔人才的弊端如今已达到了极点。他还分析，即使明代最后一个皇帝为解决科举弊端，曾采取了拔贡、保举、准贡、特授、积分、换授等系列举措，但都离不开做解释经义的八股文章，而且其中还存在请托、贿赂、捐纳等问题，方法还不如科举制度严密。

如果说，黄宗羲主要是从制度设置上批判当时的学校、科举制度无法完成养成人才、选拔人才的任务的话，顾炎武则具体指陈科举选拔出来的学校精英群体——生员，给现实社会带来的种种严重危害。所谓生员，俗称"秀才"，是科举功名阶梯中的低级功名的拥有者，属于低级绅士，但也是通往高级绅士举人、进士的必经身份。在明代，生员即指中央国子监的学生，更主要是指地方政府官办学校的学生。明代中后期以来，生员数量大增，顾炎武估计当时全国约有50万之多（当代学者考证，实际有60余万之多），数量如此庞大，向上流动的途径却十分狭窄，自身社会身份又十分特殊，遂酿成严重社会问题。在顾炎武看来，生员本是国家储备的日后与君主共治天下的重要力量，但现在全国50余万生员，真正"通经知古今，可为天子用者，数千人不得一也"。因为生员有免除徭役、吏胥不得侵犯、以礼见于官长、行政官员不得鞭笞侮辱等特权，所以其中十之七八是用打通关节等非法途径取得生员身份的。顾炎武感叹，从这种群体中寻求未来"立国而治民"的公卿大夫，"是缘木而求鱼也"。更严重的是，这些生员群体在现实中已形成了四大危害：一、生员经常出入官府，直接干涉官府行政。他们倚势横行乡里，或与吏胥相勾结，或自身为吏胥等。二、生员将种种赋役转嫁给普通百姓，而一切考试科举的费用也取之于民，所以生员成了害民最严重的群体。三、生员通过考试，与考官、同学、同乡、同门等结成种种密切的师生关系与同学关系，结党营私，牢不可破，小者干政害民，大者党争乱政。四、生员舍圣人经典、先儒注疏与前代历史不读，只读八股时文，最终造就的只是无用之材。所以顾炎武愤懑地要求废除天下生员，称："废天下之生员而官府之政清，废天下之生员而百姓之困苏，废天下之生员而门户之习除，废天下之生员而用世之材出。"

（三）基层官员无权、吏胥弄权的问题

明代以来中央高度集权，由此而带来的弊端是，基层县令等小官无权，实际基层政权的操作却把持在具体办事人员吏胥手中，他们弄权乱法，民不聊生。顾炎武指出："自古及今，小官多者，其世盛；大官多者，其世衰。"在他看来，在一乡之中，只要具体办事的官员人数充足且治理法度详尽，社会治理自然有条不紊。现在的问题是君主担心大权旁落，而制定种种法令条例控制官员行为，不但自上而下的乡治秩序荡然无存，且县里具体办事官员（守令）也人数不够，却多设监督之官（监司），在监督官之上又多设州郡官员，层层领导控制官僚群体。因此，在上的大官多，位尊权重却不干实事，在下实干的小官少，人力有限难以承担各项治理职能，社会治理只能越来越乱。基层官员既然碌碌无为，那么基层事务实际由谁操控呢？是具体办事人员——吏胥。他们父子相传，如狼似虎，掌握州县实权，成为"天下之大害"。现在的基层行政实际是"夺百官之权而一切归之吏胥,是所谓百官者虚名,而柄国者吏胥而已"。这是非常危险的。

黄宗羲更是认为"吏胥之害天下,不可枚举",主要有四:一是吏胥多是惶惶求利之徒,基层种种规则制度,实际由他们制定。二是天下吏胥职位即为流氓无赖所占据,而州县的辅佐官也往往由吏胥升任,士人羞与为伍,所以基层为吏胥把持。三是吏部并不考察各个衙门的佐贰官,政权放任自流。四是中央权势部门的胥吏职位,价格高昂,往往父子兄弟相传。黄宗羲也不由感叹道:"是以今天下无封建之国,有封建之吏。"

和黄宗羲、顾炎武一样,唐甄也观察到官员们无所作为,相互敷衍塞责,"上以文责下,下以文蒙上",君臣上下隔绝不通,问题的关键不仅在部分不法官吏害民,还在官员们"忘民"(即漠视民众生死疾苦)的心态,所以他说:"夫攘民之害小,忘民之害大。攘民者不多人,忘民者遍天下,是举天下之民委弃之也。"他虽没有像顾炎武那样区分大官小官,但也意识到官多害民的问题,"官多,则禄不得不薄;禄薄,则侵上而虐下,为盗臣,为民贼"。所以,在他看来,养民之道,"必以省官为先务焉"。即废除一批无谓的官职,以节省俸禄开支。他认为宰相、太子之官、翰林、都御史、谏官、总兵等官就应废除,这实际上和顾炎武反对大官多的观点有类似之处。

明末以来社会问题甚多,作为经世致用的代表人物,明末清初的思想家们思考问题的重心自然是在如何重新治理社会,造福民生。纵观他们的论述,除轻徭薄赋、发展工商业等经济思想外,在社会思想层面,大致体现在如下几个方面。

第一,以"民本"为核心的社会治理观。

治理理念上,提出行"天下之法"、用"天下之私"、从"天下之言"的"民本"观。

黄宗羲等人在对君主专制制度的批判中,拓展了先秦时期的"民本"观。相应地,社会治理的关键不是一人一姓的兴亡,"而在万民之忧乐"。黄宗羲从制度设置的角度主张恢复三代以上的"天下之法"。因为三代以上的法都是为有益天下万民而制定出来的,如为解决老百姓的吃饭问题而授田于民,为解决穿衣问题而授地种桑,为教化民众而设学校,为防淫乱而定婚姻制度,为防动乱而收税养兵等,都不是为帝王一人私心、私利而设立的"天下之法",是把天下当做天下人的天下,即"藏天下于天下者也"。所以三代的法令制度越简略社会越稳定，这就是"无法之法"；后世以天下为帝王私人所有，结果这样的"一家之法"越密天下越乱，出现所谓"非法之法"的局面。所以黄宗羲提出，在社会治理的总体观念上，应采取变通的办法，恢复"井田、封建、学校"等三代之法，这样即使当政者不得其人，也难以为害社会，这就是黄宗羲坚信的"有治法而后有治人"。顾炎武从人人自私自利的常情欲望出发，也强调三代以上的帝王都是因为顺应、满足百姓的这种正常欲望，而促成了社会大治。因为治理社会的目的就在"万民之忧乐"，满足了天下之私就完成了天下之公。他说："用天下之私，以成一人之公，而天下治。""合天下之私以成天下之公，此所以为王政也。"唐甄也反复强调治理天下要以民心为导向，顺应百姓主流所崇尚的爱、恶，满足大众百姓的共同欲望，这样社会没有不能治理的。他说："民何爱恶？群尚则爱，群弃则恶；物何贵贱？群尚则贵，群弃则贱。""众欲不可拂也"，"以天下之言谋事，何事不宜；以天下之欲行事，何事不达"！他还将君与民的角色关系比喻为心与身的关系，百姓为身君为心，身心相连，身体有毛病，心自不安，"是故君之爱民，当如心之爱身也"。

第二，主张分权以调动多方力量参与社会治理。

主张分权制，注重自下而上的路径，发挥地方、民间的力量以治理社会。如强调恢复变通式的封建制，突出学校的独立、议政功能等。

黄宗羲等人认为专制社会动荡不安的根本原因在郡县制下的君主专权、地方无权、胥吏弄权，因此解决专制弊端的途径在处理好中央与地方权力的关系，分权于地方，充分调动地方积极性。在政治制度上，具体方法就是变通先秦时期的封建制度。从理论上看，他们都承认封建制、郡县制各有缺陷。黄宗羲认为封建制的问题是"强弱吞并，天子之政教有所不加"，郡县制的问题在使边境战乱"苦无已时"；顾炎武则指出，"封建之失，其专在下；郡县之失，其专在上"。所以问题的关键是如何去二者之弊而得二者之长，使二者并行不悖。基于这种理念，黄宗羲主张在沿边地区设置类似唐代的方镇，顾炎武主张"寓封建之意于郡县之中"。黄宗羲提出，在设立了方镇的边境地区，实行高度军政、民政自治，如钱粮自利，赋税自主，政教也不受朝廷节制等，但要一年一贡，三年一朝觐，如果边境安宁，兵马和睦，方镇首领还可世袭。这种在边疆地区实行封建制的方法，黄宗羲认为有节省开支，稳固边境，震慑朝廷，防止内乱等优势。顾炎武则在承认目前郡县制前提下，主张每一郡县可采取封建制度的运作模式。即"尊令长之秩，而予之以生财治人之权，罢监司之任，设世官之奖,行辟属之法"。简略说来,就是县令选用熟悉本地风土的本地人担任,经过多年考察如称职,可任职终身并职位世袭,世袭子弟同样经历考察过程。县令在治所有高度生财用人的自主权。县令之下除县丞由吏部任命以发挥监督作用外,自主薄以下均由县令选本县人担任。在顾炎武看来,这种由百姓自为的方法一定会使地方人士在自治地方事务中尽心尽力,这也是三代以上的优良传统。因此"二千年以来之敝可以复振","而天下治矣"。

除注重分君权于地方政府外,黄宗羲等人还高度重视民间社会在选贤举能,汇聚公论,限制君权、官权等方面的重要作用。如唐甄强调进用贤人在民生治理过程中至关重要,但如何识别贤人,任用贤人呢?他认为必须从基层广泛征求乡人、乡里士大夫意见,由下而上,逐步选拔,才能发现真贤人,所谓"有司欲进贤焉,何以知其贤而进之也?必也访之于乡人,访之于乡士大夫也"。顾炎武发挥孔子"天下有道,则庶民不议"的观点,进一步指出普通老百姓参与政治的重要性:"然则政教风俗苟非尽善,即许庶民之议也。"他还特别注重民间舆论在治理社会上的重要作用。考察两汉以来的清议传统,他认为民间清议能辅助刑罚的不足,官员一为清议所否定,终身为人不齿,所以清议具有控制社会,维持政治秩序的重要功能。官员官职的升降,也在乡间公共舆论的基础上予以定夺,这也是近古以来的传统。所以他认为"进乡评以扶国是",是天下大治不可或缺的因素。他还进而认为,"天下风俗最坏之地,清议尚存,犹足以维持一二,至于清议亡,而干戈至矣"。

其中最突出的要算黄宗羲对学校在自主独立、参政议政方面的主张。针对学校教育、科举制度的现实弊端,黄宗羲以学校为切入点,主张在诸多方面应发挥学校在治理天下方面的关键职能。其一,地方郡县学官(学校主持者)应独立于政治,由民间公推,各科教师由学官自行选拔。即"郡县学官,毋得出自选除。郡县公议,请名儒主之"。在中央的太学祭酒(太学主持者),也要推举当世大儒,地位"与宰相等"。其二,学校教育的独立性与天子、官员接受例行的学校教育。自天子至郡县官须定期接受学校教育,教育过程中,太学祭酒与天子、地方学官与郡县官为师生关系。即天子、郡县官的政治身份从属于祭酒、学官的教师身份。每月初一,天子率宰相等百官亲临太学听讲,"祭酒南面讲学,天子亦就弟子之列";在地方,则每月初一、十五,召集官员士子在学校集会,"郡县官就弟子列,北面再拜"。师生之间相互质疑问难,如官员以政务为借口不来参加,应受责罚。其三,学校是天下是非的最后裁判所,要充分体现参政议政的功能。他认为古代圣王都是使治理天下的手段出自学校，虽然日常政事的处理不必在学校，但朝野都应崇尚文化，濡染"诗书宽大志气"。对于天下事情是非对错的判断，决定权不在政治上层，不在天子，而在学校的公论。他旗帜鲜明地指出："天子之所是未必是，天子之所非未必非，天子亦遂不敢自为非是，而公其是非于学校。"这就意味着，不但在例行学校教育中，学官高于君臣；天下事情的是非判断标准与依据，最后也在学校的公论中。这就是说，从根本上学校的学统高于政府的政统。学校干政的具体表现是：在太学的讲学中，如天子政治有缺失，"祭酒直言无讳"；在地方，如郡县守令政事有缺失，事小就由学官告诫纠正，事大就由学校敲鼓聚众，将事情公布于众。即"郡县官政事缺失，小则纠绳，大则伐鼓号于众"。如此看来，在黄宗羲的观念中，应当弘扬学统，以学校、士人为社会舆论监督的中心，独立于与以天子为代表的行政系统之外，监督政府，汇集舆论，主持公议，与政府的行政系统一起治理社会。

第三，注重人才在社会治理中的价值及作用发挥。

他认为，精英人才的养成，注重人格培养与经世致用的目标，主张多途径的精英人才选拔机制，并注重官员基层实务的锻炼与相应地自下而上的逐步升迁机制。

儒家的社会治理理念是以精英治理为导向性的。如前所述，明末清初的思想家们认为，现实社会的学校教育培养的人才、科举考试所选拔的人才却多是功利性、钻营性的无用之材，且基层生员成为社会一大有害群体。因此，精英人才的养成至关重要。顾炎武对百余年来学人士子多空谈心性，而置天下百姓贫困于不顾的现象，进行了多方批判。他认为士人应经世致用，心系天下，为万民造福，所谓"今日者拯斯人于涂炭，为万世开太平，此吾辈之任也"。士人所著之书，也都是要有拨乱反正、移风易俗、有益日用人生等作用的，"而无益者不谈"。他借用《论语》的语句，提出学人士子追求的圣人之道为："博学于文，行己有耻"。但对这八个字赋予了新的时代内容，即："自一身以至天下国家，皆学之事也；自子臣弟友以至出入、往来、辞受、取与之间，皆有耻之事也。耻之于人大矣！不耻恶衣恶食，而耻匹夫匹妇之不被其泽。"也就是说，博学不光是博览群书，还包括广闻博见和从实践中获得的关于国家社会治理的知识，而羞耻也不光是体现在人际交往中，关键应该以没有为全社会的万民苍生、普通百姓谋福利而感到羞耻。他还论及耻与学的关系，强调知耻为根本:"士而不先言耻,则为无本之人;非好古而多闻,则为空虚之学。以无本之人而讲空虚之学,吾见其日是从事于圣人而去之弥远也。"顾炎武的这种圣人之道的新观念,既是明末清初经世致用思潮的充分体现,也是对传统儒家思想"士以天下为己任""为生民立命"观念的进一步发展,同时也是对知识精英提出的一种新的角色规范。

鉴于科举与学校的弊端,在具体人才选拔机制上,黄宗羲等人主张选拔途径多样化,人才任用注重基层实际才能的锻炼。如黄宗羲主张对人才采取"宽取严用"的原则,即多途径广泛选拔人才,而严格任用。具体"宽取"的途径有科举、荐举、太学、任子、辟召等方法。其"严用"准则,以太学法为例:州县每年向太学举荐有才能德艺的生员,名额不限,太学对这些举荐上来的生员考试,发现其才能德艺与呈报不符者即退回。而进入太学的士子也要多次考试,区分等级,其中下等者"罢归乡里"。顾炎武也与黄宗羲的思路类似,主张废除现有天下生员,取士不限于现有的学校、科举一途,还应该同时采用荐举制度("辟举之法"),汇集天下英才。选其中优秀者参加礼部的考试,中进士者,受以主薄、县尉之类的基层亲民官职,而不是骤然升迁,以平息官员贪婪急躁升迁的心态。同时郡县学校以乡贤为师,多方养成实学人才。

顾炎武的人才任用思路与黄宗羲主张胥吏由士人担任的想法有异曲同工之妙。针对封建性的胥吏之害,黄宗羲主张那些从事跑腿杂务的胥吏应当恢复差役制度,大家轮流充任,就不敢为害于民。而对那些掌管簿册文书、处理一般事务的胥吏,则承接其多途径养士、取士机制的思路,主张"则用士人"。大致来说,中央六部院寺之吏,由各官署实习的新进士等担任,期满后到地方任知州、知县等官职,无能力者免职;府县设六曹,由学校中生员充任,期满后升入国学,或任命为六部院寺的属吏,不合格者斥退。这样一来,既提升了胥吏自身的素质,而由吏到官的过程也切实提升了官的行政能力,更将原来官、吏这两个地位悬殊、隔绝封闭的阶层转换成开放性流动机制,应该说,这是行政体制改革上的一项具有创新性的方案设计。

唐甄也反复强调官员应该有亲民、养民、富民思想,施政过程要以民众意向为导向:"君子行法,为从为更,何常之有!行之而民悦,则行之;从其所欲也。行之而民不悦,则不行;更其所不欲也。"认为在国家、社会治理的问题上,注重的也应该首先是贤能人才的选拔,求贤当求于乡,访之于乡人。他注重从基层选拔实用人才，同时注重裁减冗官，取法周、汉较为精简的官僚制度。在社会治理对象上，认为要注重从社会精英、上层入手，应该"治民先治官"，实施惩罚应先贵后贱。如他说："是故善为政者，刑先于贵，后于贱；重于贵，轻于贱；密于贵，疏于贱；决于贵，假于贱；则刑约而能威。"这些思想多与黄宗羲、顾炎武有类似之处。不过，其治民的具体方法却较为消极。他认为防止官员疏于政事热衷媚上的办法是要求官员端正思想，要意识到自己的地位与享受是来自君主的赏赐，锦衣玉食，最终是来自百姓的劳作，所以在官场浑浊的现实中，官员可以以一半的精力来往于官场交际，但也要用一半的精力致力于劝农桑等具体事务，所谓"斯两得之道也"。

第四，宣扬社会平等在社会生活秩序建构中的意义。

如前所述，黄宗羲指出君与臣只是共同治理社会的不同的角色分工，所以臣子出来从政，不是为君，而是为天下百姓。如果没有与君共同治理社会的责任，那么臣与君就是彼此不相干的路人。依这样的逻辑，君民之间、官民之间自然也应该是人格平等的，在他崇尚的三代之法里，他认为就是"贵不在朝廷也，贱不在草莽也"。

唐甄在君臣平等关系上也有类似表述，但唐甄基于欲望论与民本观，在社会平等问题上提出的主张，其社会平等思想大致体现在三个方面：首先，从理论上认识到人是生而平等的，平等乃是天地之道。在他看来，天地大道的关键在人，人心虽然各异，但人情却是一样的。天地自然运行的基本原理就在于平等，"天地之道故平，平则万物各得其所"。如果厚此薄彼，此乐彼忧，就好比秤砣重于物就会掉下来，挑担前重后轻就会倾倒一样，是不平的缘故。社会严重失衡，就会天下大乱。尧舜之所以有天下，与民同甘共苦，就是怕因为不平等导致天下灭亡。其次，社会身份虽然不同，但社会人格是平等的。他说，由于人生来社会地位、身份不同，并有身份继承性，如生于差役之家为差役，生于乞丐之家为乞丐，生于蛮人之家为蛮人等，但人们没有必要因一时的贫贱而自卑，经过后天的努力，这些低贱之人都可以成为"圣人"，所以富贵人家无须以出身高贵而得意，贫贱人家也没必要因出身低下而自卑。再次，主张社会性别、角色的平等，如男女、君民、夫妇的平等。他认为，男女是生而平等的，从出生来看，"人之生也，无不同也"，"母不异于父"。因此，男女在丧服制度上也不应该有分别。既然男女平等、父母平等，从社会继替的角度来看，夫妻之间也应平等。在他看来，在五伦秩序中虽然妻子地位低于丈夫，但丈夫在道德准则上，应该有"下于妻"的心态与行为。男人无妻则无家，无子孙，难持家，现在的关键问题是夫妻规范不明。在夫为妻纲的传统观念下，虐待、贱视妻子者居多（"暴内者多"），所以应特别关注对女子的态度，认为夫妻之间"敬且和，夫妇之伦乃尽"，即夫妇之间要相敬而和睦。以儒家仁恕之道为立论前提，他进一步指出应该首先从"恕妻"开始实施仁道："五伦百姓，非恕不行；行之自妻始。不恕于妻而能恕人，吾不信也。"事实上，唐甄本人就因为夫妻相敬和睦而为友人所称道。他还认为君民之间、上下层之间，在日常生活、待人接物上应有平等的心态与行为。如古代贤君，贵为天子，却处身像农夫，住处、衣食也和农夫、贫士一样；接见普通百姓时，也和见公卿一样恭敬有礼。君子对待贫士，施行恩惠并不难，难在不傲慢的态度。所以在他看来，虽然社会行为规范有尊卑高低，但实际行动应该平等如一，所谓"仪有尊卑，实无厚薄也"。

"等贵贱，均贫富"是历代农民运动的口号和诉求，着眼点实际主要在分配的平等；孟子的"人人皆可以为尧舜"，王阳明的良知"愚夫愚妇与圣人同"等思想，则主要从修身的角度讨论人格的平等。唐甄在此基础上对社会平等观提出的较为系统的主张，是对平等思想的发展。这种社会思想的形成与发展，是与明清时期社会经济发展，富民阶层的崛起，城市市民阶层的扩张，经世实学的出现等时代背景分不开的。

五、理想社会模式

结合上述黄宗羲等人所揭示的社会问题，以及治理社会的种种主张，他们心中的理想社会模式也大略可见。

（一）这是一个民本、仁爱的以天下为中心的社会

在黄宗羲的理想社会中，"天下为主，君为客"，君主一心为公，社会是君主用"天下之法"来治理的公天下的社会。在顾炎武的理想社会中，帝王的使命也是以满足每个百姓的"天下之私"来成就"天下之公"的。他还明确提出，社会治理应该以天下为中心，即以天下民众、民众社会为中心，而不是以一姓一家的朝廷、国家为中心，所以，"天下兴亡，匹夫有责"。在理想的社会中，仁爱的君主"与天下同利"，用廉洁奉公的官员帮助民众积累财富，实施教化，明孝悌，则"人人亲其亲，长其长"，天下太平。在王夫之那里，理想的社会是以百姓日用"生民之生死"为核心的"大公"的社会。在唐甄的理想

社会中,"天下之官皆养民之官,天下之事皆养民之事"。君主应该视民众如子女,日夜思考的是民众的衣食足居处安的问题,臣子也用忠厚慈爱之人,与君王同具爱民心理,劝农桑,崇节俭,民众知廉耻礼义,天下呈现一派富强、安宁、和乐的局面:"于是富日益富,安日益安。中国之民,和乐相忘;远夷之君,慕义永服。"这是一个处处和平的社会,因此,武器都放入府库,良马也只供骑乘,良将也无所施展才能。后世帝王子孙,除非不肖,就可永守这一天下大治的理想社会。

(二)这是一个以农业为主、崇尚简朴的社会

尽管黄宗羲等人首次提出了"工商皆本"的观念,顾炎武等人也有工矿业私营等开明主张,但并不意味着,这些思想家欲以工商业为中心,主张未来社会走向商业社会或资本主义性质的社会。其实他们反对的只是传统的贬抑工商业者社会地位的观念,主张不要刻意压制工商业。在他们的理想社会中,农业依然是国家经济的根本,因此理想社会是以农村为本、崇尚简朴节约的农业社会,而不是工商业经济高度发达的商业社会。如黄宗羲的理想社会就是要以变通的方式,恢复先秦三代的"封建、井田、学校、卒乘"。在消费观上,以"切于民用"为标准,不但禁止礼佛敬巫的消费,还禁止倡优、酒肆、奢侈服装、奇技淫巧等奢侈性消费,以回到农业社会简朴安宁生活的轨道。尽管明代中后期以来城市数量增长,规模扩大,但在顾炎武的理想社会中,依然倾向以乡村为中心的生活方式,他认为"人聚于乡而治,聚于城而乱"。原因是民众聚集广阔乡村,治理田园,自然就像孟子所说的那样"有恒产者有恒心",自觉维护良性社会秩序;而民众聚集狭窄城市,徭役繁官司多,许多时间都浪费在与官府打交道上,自然人心紊乱,难以治理。相应地,他理想中寄寓封建之意的郡县社会是:"土地辟,田野治,树木蕃,沟洫修,城郭固,仓廪实,学校兴,盗贼屏,戎器完,而其大者则人民乐业而已。"是典型的传统农业小康社会的图景。在唐甄的理想民本社会中,经济上也是"劝农功,课农桑,厚蓄积,惩奢靡,虽有凶年,民不知灾,谷不可胜食,财不可胜用",于君主而言,即使民生厚富,也要居安思危,保持节俭习惯,为国人的表率:"卑前殿,陋后宫,布衣,蔬食,陶器,素舆。"也明显是以农为本,君民生活简朴,和睦同乐的社会。他还特别强调去奢的重要性,认为圣人化成天下的关键在"去奢而守朴",只有"尚素,弃文,反薄,归厚",才能形成"天下大治"的理想社会。

(三) 这是一个权力分散、天下共治的社会

如前所述，黄宗羲等人正是有感于专制的弊端，而从历史主义的角度指出天下是天下人的天下，而不是帝王一人一姓的家天下，所以，权力不能由君主一人独揽，而应是天下共治。黄宗羲指出君臣不是职位的高低，只是角色分工的不同。顾炎武强调应"以天下之权寄之于天下之人"。在具体措施上，黄宗羲主张变通封建制，在边境地区采取高度自治的方镇制度。此外，在政治与社会之间，突出学校独立于政治，并监督督促政治的养士、议政功能，首次提出了将行政权与社会监督评议权分立的社会治理思想。而顾炎武则提出"寓封建之意于郡县之中"的具体分权方案，凸显地方自治。王夫之在尊君的前提下，也主张天子与百官、中央与地方应该分权，共同治理社会。此外，唐甄没有像黄宗羲、顾炎武那样有明显的分权观念与公天下思想，但也主张保护地方富室，以之作为地方社会治理的中心。

(四) 这是一个回向三代，取法周、汉制度的社会

尽管黄宗羲等人鉴于专制之弊而猛烈批判了君主专制，进而拓展与丰富了传统的"民本"思想，然而作为儒家系统的思想家，他们依然与孔子一样，视夏、商、周三代为仁德、富足、安宁的美好黄金时代。因此，他们的理想社会，乃是取法三代，借鉴秦汉及以前时代相关制度的产物。在论述方式上，他们多从历史的角度展开，将三代以前与三代以下视为完全不同的两类社会类型，认为前者是美好社会，后者是混乱社会，前者就是理想社会取法的标准。黄宗羲在《明夷待访录》中，开宗明义就质疑为何三代以下有乱无治。但他相信，根据"一治一乱"的历史规律，在他成书的二十年后（即1683年），就可能进入治世，"则三代之盛犹未绝望也"，念兹在兹的是以三代盛世为榜样。事实上，《明夷待访录》在探讨君臣、学校、取士、田制、财政等具体问题时，也多是以三代作为应然目标展开论述的。如前所述，顾炎武所构想的封建意味的郡县社会，也是典型的儒家理想中的三代小康社会。此外，因为反专制，他们注重分权，注重社会公论，所以对秦汉以来历史上的相关制度也有所借鉴，如黄宗羲、顾炎武探讨养士、取士制度时，都主张采用汉代乡举里选的辟举法。唐甄观察到了官多害民的现实，故主张多多革除冗余的官吏与官职。在他心中，理想的官制，数量是周代的"九命之数"，官名用周、汉的官名替代，在官员的俸禄标准上，也是借鉴汉代制度而斟酌损益。所以，总的来看，黄宗羲等人的理想社会并非指向现代工商业社会，而是以三代为楷模的和谐

小农社会。在这个问题上，王夫之是个例外。他持一种朴素的历史进化观，从"势相激而理随以易"（《读通鉴论》）的理念出发，认为社会是逐渐进化的，上古时期，人与禽兽相差无几，以后才逐步开化，"治唐虞三代之民难，而治后世之民易"（《读通鉴论》）。因此认为以郡县制取代封建制是社会发展进步的必然结果，是不容随意取舍的。他不主张以三代社会为理想社会的榜样。

总的来看，与宋明以来侧重个体心性修养的主流思想相比，明末清初黄宗羲、顾炎武、王夫之、唐甄等一批思想家关注民生，主张经世致用，在社会思想史上展现了一幅清新的画面，将社会思想推向了一个新的阶段。他们激于君主专制的亡国之痛，从历史主义的角度思考君主的起源，指出天下为天下人的天下，天下为主，君为客，君主治世的关键在"万民之忧乐"，君主的职能在亲民、养民、富民，在满足天下人之私以成天下之公，这是对孟子"民贵君轻"思想的进一步丰富与发展。因为着眼于万民苍生，他们在欲望论上也有新的拓展，充分肯定私欲的合理性，认为合理的欲望就是天理的组成部分。相应地，在日用人生上，强调民生实用，反对重农抑商的传统思想，提出"工商皆本"的新观念，充分承认工商业者的合理性与必要性，目的都在富民、养民，满足"天下之私"，这也是符合时代发展的新思想，也是对传统社会思想的新发展。在社会治理问题上，着眼于君主专制的弊端，禀共治天下的理念，他们对地方无权、吏胥弄权、精英堕落、科举毁人等一列问题做了深入的揭露与批判，提出了分权于地方的新思想，在行政上或提出了边疆设方镇，或主张"寓封建之意于郡县之中"的新郡县制。尤其值得注意的是，他们还特别注重社会自身力量的培育，尤其明确主张将学校视为独立于政治，监督、制衡政府行为的关键组织，更是社会思想史上的精彩之笔。他们对社会精英群体高度关注，从着眼于民本、民生的角度，对孔子"博学于文""行己有耻"的思想做了全新的诠释，实际是对士人理想人格做了全新的规范，是对张载"为万世开太平"理想的进一步发展。在社会治理上，主张多途径选拔精英人才，胥吏选用士人担任，注重官吏的基层实际能力的培养，人才选拔、官吏考评注重自下而上的社会舆论等，都寄寓着注重实际能力、流动开放、社会参与等积极进步的新观念。从民本理念出发，他们还从平等起源、人格平等、性别平等等方面发展了传统零星的平等观念。凡此种种，都是社会思想史上的值得肯定的新思想。从社会背景来看，这也是对明代中后期以来社会经济发展、社会变革要求、社会关系新动向的充分体现。从社会阶层的角度来看,是符合新兴的富民、市民阶层的心声与要求的。内中诸多思想与近代西方的启蒙思想有类似之处,故这批思想家一度也被一些当代学者称为中国的启蒙思想家。

但要看到的是,黄宗羲等人的思想也是有明显的时代局限性的。就与西方启蒙思想相较而言,区别是明显的。他们尽管极力批判君主专制,呼吁公天下,但并不否认君主制度,也并不具有"民治民有民享"的现代民主观念,虽有不少反君主的愤激之言,但在根本上只是对传统"民本"思想的进一步拓展。他们主张的地方分权也还是在君主专制制度的体制内进行的。经济上,他们尽管提出了"工商皆本"的观念,但并没有朝着大力发展工商业,推进商品经济发展的路向前行,反而明确禁止酒楼、绸缎店等所谓奇技淫巧等娱乐性、精致性商业的发展,显然也只是将商业限定在日常必需的消费状态之中,自然是违背工商业经济发展规律的。所以他们只是不反对工商业的发展,显而易见是反对工商业压倒农业的,他们的理想社会还是以农为本的、以三代为楷模的小农社会,应该说这还是一种保守落后的思想,并不符合时代社会发展的应然方向。在社会平等观上,虽然注意到了人格平等、性别平等乃至身份平等的问题,但对经济平等或者说分配公正的问题极少关注,从而难以真正落实社会平等。在地方行政分权问题上,方镇制、新郡县制虽然拓展了中央与地方的观念,但采取世袭的办法治理社会显然是历史的倒退,且如何保证中央与地方和谐共处,如何避免地方专制等,他们也没有进一步的深入思考。在对社会力量的重视中,他们眼中的社会力量、参政民众,也还主要是指地方绅士与书院生员,还谈不上现代意义上普遍国民的参政权。从总体上看,在他们的思想中,问题解决的根本还是靠社会精英的民本理念、仁道修养,以上行下效的传统途径形成一个上下和谐共乐的美好社会。也就是说,他们还是典型的儒家社会思想家。

黄宗羲、顾炎武、王夫之等这批明末清初的思想家均为明代遗民,基本都拒绝与清朝合作,多隐于乡野,属于社会边缘群体,在当时不但未能在主流的程朱理学思想中产生影响,就是在民间,除有限的师友往来外,也没有产生真正的社会影响。与这些思想家的反专制期望相反,清朝的君主专制恰恰是传统专制统治的顶峰,因此,黄宗羲等人的思想在他们生前死后很长的一段时间内可以说默默无闻。直到晚清风云际会,西学东渐,环境大变,无论是革命派还是改革派,纷纷重新发掘这些明末清初思想家的著作,大加宣扬、阐释,服务于各自的政治、社会改革目标，影响至今。

第二节 "乡约"的社区治理思想

乡约思想始于北宋吕大忠、吕大钧等兄弟制定并在家乡陕西蓝田推行的《吕氏乡约》，该约提出了"德业相劝""过失相规""礼俗相交""患难相恤"的十六字乡村社会治理纲领，奠定了此后士林精英注重基层乡村治理、重建乡村社区秩序思想的基础。但在当时，这种乡约思想的社会影响并不大。南宋理学大儒朱熹在《吕氏乡约》的基础上增删修改为《增损吕氏乡约》，并提出增强社区保障功能的社仓法，从此乡约思想影响日广。到明清时期，乡约思想得到广泛关注，大致体现为两种路径：一是自上而下的路径。如明初，贫民出身的明太祖朱元璋就十分重视乡村基层良风美俗的建设，颁布了类似乡约的《教民榜文》，谕令在全国推行；明代中后期王阳明在江西、吕坤在山西以官员的身份先后颁布并推行了《南赣乡约》《乡甲约》等，行政介入性强。清初，更是将乡约纳入体制化的轨道，雍正帝就敕令各地结合定期宣讲"圣谕广训"与相关律条，在全国推行乡约制度，尽管后来流于形式，但直到清末，依然有不少官方推行乡约的行动。另一种是自下而上的途径，即以乡居官员、绅士为首，在本地宣传、推行乡约，如明代中后期胡直在川南推行的《求仁乡约》，唐达在浙江德清推行的《葬亲社约》，清初陈瑚在江苏太仓推行的《蔚村三约》等，此后，民间性的乡约实践始终存在。除了两种途径的乡约实践外，明代中后期出现了一批乡约文本，除上述乡约外，著名的有黄佐的《泰泉乡礼》、刘宗周的《乡约事宜》、章潢的《乡约总叙》、陆世仪的《治乡三约》等。

明代中后期以来乡约文本及乡约实践的纷纷出现，是与明初以来官方里甲制度的破坏密切相关的。里甲制始于洪武十四年（1381），方法是以110户为里，10户为甲，里甲长一起"管摄一里之事"，以里甲制为中心的基层社会，承担着社会教化、治安与保障等社会治理职能，这也是一个借中央集权、自上而下推行的综合性基层组织制度设置。明代中后期以来，随着中央威权的减弱、土地兼并与民众脱籍逃亡的日趋严重，原来理想化、封闭性的里甲制度多已名存实亡，乡村社会贫富分化、礼教废弛、以强欺弱、孤贫失养、匪盗横行等社会问题也日趋显著。因此在国家权力缺位的前提下，如何通过自身努力进行社区自救就成为乡绅精英普遍要面对的一个迫切问题。

正是在这样的背景下，我们可以看到，明末清初以陆世仪与陈瑚两人为代表的"乡约"思想与实践，在乡村建设史与"乡约"发展史上占有独特的地位，也产生了较为深远的历史影响。

陆世仪（1611—1672），字道威，晚年自号桴亭，江苏太仓人，出身理学世家，年青时曾从大儒刘宗周讲学，与同里陈瑚、江士韶、盛敬齐名，人称"太仓四先生"。明亡后，不应清朝科举，隐居读书、著述、讲学，足迹遍及江阴、无锡、常州、丹阳等地。陆世仪学问广博，注重实学，认为除"六艺"之外，天文、地理、河渠、兵法之类，都是于现实社会治理切实有用之学，不可不讲。曾上《救荒五议》《筹改折议》等书，谋划民生实际问题的解决，著有《思辨录》《书鉴》等。

陈瑚（1613—1675），字言夏，号确庵，太仓人，明崇祯十六年（1643）中举，父精于经学，故贯通五经，与友人陆世仪等，致力并提倡实学，曾上救荒书，明亡后，绝意仕进，隐居乡里。著有《娄东杂著》《确庵文稿》《圣学入门书》等。

陆世仪于崇祯十年（1637）写成的《治乡三约》，首次提出了较为完整系统的乡治理论体系。《治乡三约》指出：在乡约、社学、保甲、社仓乡村治理的四个要素中，乡约是"约一乡之众，而相与共趋于社学、共趋于保甲、共趋于社仓"。同一时期，陈瑚避居蔚村三年，从1647年开始，每年对村民宣讲《蔚村三约》，虽然内容只包括"孝悌""力田""为善"三方面，但在一个较为偏僻的小乡村，以陈瑚为社区领袖，得以切实推行，并取得了明显的积极效果。在"三约"之外，陈瑚还有相应的社会整合与保障思想，成为其乡村治理的重要内容，凡此，也为乡建实践提供了诸多重要启示。

一、乡约的组织设计

陆世仪的乡约是乡村的综合性治理系统，乡村事务分为教育、安全、经济保障三大部分，组织结构系统大致为约正领导下的三级直线职能制。具体说来，每乡立约正一人，为乡村领袖，按乡约总领全村事务。下辖三个职能部门，即三约："一曰教约，以训乡民；一曰恤约，以惠乡民；一曰保约，以卫乡民。"三约分别类似以往乡约制度中社学、社仓与保甲，三约的主持者分别为教长、恤长、保长，都是"约副"。在教长之下，又模仿《周礼》的族党制度，遍设联社。具体以十家为"联"，领导者为"联首"；十联合为一社，共一百一十户，领导者为"社师"。联社制实际就是明初官方推行的里甲制的形式，根本区别在里甲制为官办，联社制为民办。在"保长"之下，也参考《周礼》卒旅组织方式，将贫困而能劳动的乡民组织起来，五人为伍，伍伍为队，队的首领为"士"。乡约的领导系统简单来说，就是约正领导三约副，也就是三长（教长、恤长、保长），三长中教长领导各社师，每一社师领导下辖十联首。保长领导役民中的士长，各士长领导伍长。

具体的职能分工如下：约正总领全乡事务，每年正月及立春、立秋主持全乡的讲约大会，讲解乡约并彰善纠过。此外，平时还要传达并完成官府的钱粮税收等公事、处理民间纠纷、土田买卖转让以及年终向官府汇报全乡事务及三长的功过等。教长主管一乡的教化，包括"教孝、教友、教睦、教姻、教任、教恤"[1] 等，使全乡民众"相爱相和亲"，定期给本乡受教育的子女讲授孝友之道，教育乡民关于婚丧节庆等社会集体活动中的礼仪规范，在约正主持的讲约大会中担任执法者角色等。由于教长为乡里的文化精英，因此一乡的户籍登记、土地丈量、地形绘制等事务亦由教长领导各级社首社师共同完成。此外，社师还于每月初一、十五汇集本社童子，"歌诗习礼，拜先圣先贤"，并向上级推荐优秀者。恤长的职责主要是周济贫困、抚恤死丧之类："凡周贫乏恤死丧皆是。"主要是主持集常平仓、社仓优点于一身的"常平权法"（详下"社会救济"），甄别真正的鳏寡孤独者进入国家所设立的"养济院"，灾荒时期协助官府"设粥赈济"。可见，陆世仪的乡村治理并非完全的自治，即便日常中的一些保障救济工作也要求政府承担。保长的职责是负责一乡"水火盗贼"之类的事务，实际主要是管理一乡贫困而又有劳力者——"役民"，将这批人登记入册，领导这批役民习武及从事乡村防卫盗贼水火、筑城修庙、兴修水利等事宜。

因职能不一，约正、约副等领导者的选拔标准、角色能力要求也明显不同。其中约正要求为"本乡中廉平公正"的年长者。"教长以知书义者为之，恤长以富厚公廉者为之，保长以有智力者为之。"教长之下的"联首以诚实者为之，社师以学究知书者为之"。

---

[1] 陆世仪：《治乡三约》，见向燕南等编注：《劝孝·俗约》，中央民族大学出版社1996年版，第234页。陈瑚的《蔚村三约》亦见该书，本节引文出自该书者，不另注明。

各领导者的选拔方式均为"公举",以充分体现乡民的集体意见,体现乡约的自治性质。如约正的选拔要细心采访,"凭一乡之公举",并用差额选拔的方式,先推选三四位候选人,再"精加选择",被选者要在全乡大会的公开场合,在神灵前宣誓就职,以示庄严隆重。三长的选拔也是"皆听约正及一乡之人公举"。

与陆世仪的乡村建设组织设计相比,由于蔚村只是百来户人家的封闭乡村,且陈瑚的乡约只是以"和村众"的宣讲教化为中心,因此《蔚村三约》还谈不上组织系统,但在蔚村的治理实践中,陈瑚也针对该村不同的阶层设立了若干个以"会"为名称的组织。

二、社区组织与政府关系论

一般而言,乡约是因为国家、政府的缺位而出现的,因此在最初的《吕氏乡约》中,自发性的乡村治理组织与政府是没有直接主从关系的。而在后来由在职官员提倡实行的乡约中,乡约带有明显的政府强制性,如王阳明的《南赣乡约》。在陆世仪设计的乡约中,乡约虽然主要体现为自下而上的自主途径,但并非与政府无关。大体而言,政府对乡约处于一种间接领导与监督指导的位置,而乡约也代行部分政府职能,部分村庄事务由乡约与政府协作共同完成。

政府的间接领导体现在以下几点。(1)乡约领袖约正等人必须先到官府学习。具体是每年正月及立春、立秋两个社日,由约正带领三长到官府听讲约:"岁时正月及春秋二社为大会,约正率三长听讲约于官府。"(2)乡村诸多事务要上报官府备案。如乡村中的户籍、土地丈量、民事等具体情况,约正每年要汇集三约情况整理成册,上交官府,以便官府了解乡村实情。"凡乡之民事,年终一上于官府"。(3)涉及乡约组织的人事任免与奖惩问题。虽然教长、恤长、保长等三长由约正直接领导,但三长一年的表现,则由约正在年终以书面形式上报官府。三长如果不称职,约正即上报官府请求撤换。而约正若有问题,则由官府出面处理。"约正之邪正,官府治之"。但人事任免并不是由官府独断专行,而须依据"一乡之公评"而进行。(4)代行部分政府职能。如户口的造册登记、土地丈量与绘制地形、地貌图等事,本是政府治理社会的基础性职能,但在《治乡三约》中,都由约正率教长组织人员自动完成,上报官府。(5)有些事情,由官民共治、相互协作来完成。如纠纷诉讼,大事"决于官府",小事则由官府发回乡村由"约正与教长平之"。此外,合常平仓、义仓好处为一体的"常平权法"也主张始终由官府参与监督。送入官方的养济院的成员甄别、灾荒时期的"设粥赈济",也由乡约系统协助官方进行。

可以说,在具体乡村治理中,《治乡三约》是以乡村自治为主,官府为辅。陆世仪清醒地看到,许多事务由官府办理,"则奸弊百出"。在经济关系中"官民之间,不可为市,自古而已"。所以如户口登记、土地丈量、鳏寡孤独人员的甄选本是政府事务,但直接关系乡村治理的成败,就必须由乡约系统去主持完成。而为了防止自身的弊端,有些事务又主张由官府的监督或协助,如常平仓、社仓的实施。

陈瑚主持的蔚村是一个封闭性社区,他的乡约虽然在具体乡村事务中与官府没有关系,但也强调乡约是体制内的自我管理,如强调"本村有孝弟、力田、为善三约,这就是圣谕的道理"。

三、社区规范与控制观

乡村和谐秩序的形成,不但需要有道德有能力的乡村领袖主持村务,更需要在精英领导下,在积极方面形成共同认可与遵守的社会规范,在消极方面有一套明确的控制措施。其实,从乡约的历史来看,乡约历来侧重的就是文明的教化与规训。陆世仪、陈瑚的乡约在这方面也有较为明确与详细的规定。

他们乡约中的社会规范设计大致体现在三个方面。(1)认同并推广朝廷倡导的以儒家思想为主导的纲常伦理规范系统,以及法律制度等相应制度规范。如陆世仪的乡约就主张约正讲约前要率三长先到官府听官方讲"太祖圣谕、六言"。此外,乡村的宣讲中,还要"将大诰律令及孝顺事实与浅近格言等书"一一宣讲。陈瑚的乡约也强调他的三约"就是圣谕的道理"。期望民众"大家安分,不犯王法"。(2)在具体的价值规范上,陆世仪提倡孝、友、睦、姻、任、恤等《周礼》规定的六项道德规范。陈瑚提倡"孝弟"与"为善",即家庭内"孝顺父母",在家庭、家族、亲戚、乡党中"尊敬长上";在社会生活实践中,始终以善心做人:"一念而善则所为无不是善,日复一日,只管做了善人。"(3)在行为规范上,陆世仪主张恢复乡射饮酒礼,并在成年、婚姻、祭祀、丧葬等活动中,教导乡民遵循相应的礼仪规范。对就学的青少年,则要求在本社社师定期召集的聚会上,"歌诗习礼,拜先圣先贤"。陈瑚则要求对父母的孝"只是随你的力量,饥则奉食、寒则奉衣、早晚殷勤服侍",父母死后按风俗礼仪殡葬并按时以礼祭祀。对尊长,要礼让不争。在为善的行为规范上,有更具体的要求:"一村之中,出入相友,守望相助,疾病相扶持,患难相救援。不可以强而凌弱,不可以富而欺贫,不可奸淫,不可赌博偷盗。"

控制机制包括积极方面的表彰、激励与消极方面的告诫、惩罚。如果从群体来划分,则分对乡村领袖群与普通乡民的控制两类。对领袖群的控制:一方面,实行自官府至三长的逐级直线式控制,即"凡乡之教事责教长,恤事责恤长,保事责保长。三长非其人责约正,约正之邪正官府治之"。另一方面,明确规定给各乡约领导人一定的合法性报酬。如约正应有优厚待遇"优其廪给",在乡民的田产买卖中,手续费的一半要分给约正与三长,作为养廉费。此外,恤长在办理常平仓出售谷米,还本后有余利的,要将余利的三分之一作为恤长的养廉费。应该说,这是一个值得注意的新观念。因为在传统的乡约思想与实践中,乡约领袖的工作基本都是义务性的、无报偿的,因此,明确乡村领袖的常规性报酬,不但有利于充分调动乡村精英治理社会的积极性,还可避免部分乡村领袖因生计等原因中饱私囊的痼疾。

对乡民的控制,主要还是采取传统乡约中的彰善纠过的手段。如《治乡三约》中,约正主持讲约大会的一项重要职能就是劝德行、纠过恶。其奖惩程度也有高低之别:对小善、小过,采取当众表扬、训诫的方式;对大善、大过,"则闻于官府或于大会时行赏罚"。《蔚村三约》首先就强调,遵守乡约的善人,"与众共奖",违背乡约的恶人,"与众共罚之",严重的,还要当众驱逐出村。奖惩不管是口头上、精神上的,在实用理性较强的传统农业社会,主要还采取物质性的手段进行。如《治乡三约》的奖罚程度就以"银米布帛之类"来衡量。此外,惩罚还有当众的肉体性惩戒,如在讲约大会上,教长就可用棍棒之类当众"挞犯法之民"。

乡约的控制方式也有明显特点。首先,注重民意,形式公开、透明。如《治乡三约》在讲约大会上公开实施奖惩,其过程是讲约完毕后,由约正向各位父老乡亲广泛征求意见,然后参考众人的意见,决定该赏该罚的乡民。并由教长负责记录,上交约正备查。对涉及银米布帛的奖惩,约正还要根据具体情形再斟酌决定。其次,日常冲突采取以道德训诫、道德示范为主的柔性控制。《治乡三约》强调,民间纠纷由官府处理只能越来越乱,应该取法明初设立申明亭的做法,由德高望重的老人出面劝解处理。这种方式的目的最终使乡民没有诉讼。因此,乡间纠纷主要由约正、教长一起采取"教诲"的方式,而不是采取法律手段。如陈瑚为鼓励孝道,自己出资每年赠送蔚村七十岁以上老人一匹布，目的就是"只要感悟各位的孝心"。

四、公共事业与乡村救济

乡村的公共事业甚多，包括例行的讲约大会、国家赋税的征收、公共基础设施的建设、公共安全的保障等。从某种意义上可以说，乡村公共的经济救助也是公共事业。这里主要指乡村的公共基础设施建设与公共安全的保障。一般而言，维持公共事业建设所需要的人力、财力、物力，或是由乡村社区民众家家共同参与提供，或是部分精英或富民捐献财物，招募劳力来完成。《治乡三约》却采取了一种较为独特的方式，即专门由保长组织"役民"群体来完成。"役民"是指"一乡之贫而可役者"，即贫困而有劳力者，如菜贩、担夫、仆役等类人员，以什伍制的方式组织起来，由保长登记成册并统一领导。主要从事筑城、清理城壕、修葺庙宇、兴修水利、防火防盗、守御乡村等公共事务。只有在遇到需要较多人力的公共事务时，才让役民与普通民众共同参与。役民的收入并非全由乡村供养，只是在每年青黄不接的三个月，"每人日给米一升，三月共九斗，虽千人之众，每年不过千担"，在陆世仪看来，传统的保甲法令各户出壮丁实际有扰民、强弱不一等弊端，而上述的带有"以工代赈"性质的办法简单易行，且"所费少而所养多"，是可以持久办理的。

一般来说，真正的乡村自治包括乡村的自我保障与救济，主要通过乡村精英的捐献或乡村公产，来保障乡村鳏寡孤独等弱势群体的基本生存，应付意外的天灾人祸。在《蔚村三约》中，陈瑚就简略提到村民之间应"守望相助""患难相救援"。但在更为详尽的《治乡三约》中，却认为这些保障与救济事务，主要是应由官府来承担的，"凡有鳏寡孤独则闻于官府而养之"。恤长、约正的任务只是切实甄别应受保障的弱势乡民进入国家专设的"养济院"。在饥荒之年，也由官府实施"高粥赈济"，恤长的任务只是协助政府实施赈济。

乡村建设中的自我救济，主要是针对乡村社会民众生产生活中普遍存在的经济困境而设计的。如秋收时米多价贱，来年播种时却青黄不接，米价昂贵，民众困苦等。历来解决这类困境的办法主要是官府推行常平仓，民间自行设立社仓或义仓。但实际常平仓因官办而害民，社仓因择人不善也问题不少，所以陆世仪、陈瑚等各自设计一种新的方法来解决这一困局。

陆世仪提出"常平权法"，汇集常平仓、义仓的优点而去其缺陷，由政府协助、监督推行。方法大致为：将常平仓设于寺庙以节省经费，由恤长主持工作，由地方官员亲到寺庙宣传提倡，并提供赞助。恤长主要劝募本乡乡绅、富户、商家，秋收粮贱时买米入仓。到青黄不接时，恤长邀请官府及乡里乐善好义者来寺中开展赈粜工作（即平价出售谷米赈济乡民）。出售后将本钱还给那些乡绅富户，到秋收再劝募。出售谷米的差价或余利除一部分作为恤长的养廉费外，其余进入义仓。他还仿照古代子母仓的办法，以常平仓为母仓，以义仓为子仓，将每年常平仓剩余的谷米或获得的钱财进入子仓，此外，还将赎罪者交纳的米谷、愿意捐献财物为公田的，也设一公所，共同管理，作为乡村的公共财产，用于公共开支，并告知官府。陆世仪的这一"常平权法"，既解决了农村社会乡民季节性经济困境，还提供部分乡治的公共财产，从理论上看，确实是惠民而进步的。

陈瑚在"三约"在道德训诫之外，为解决实际的饥荒问题也曾设计了一个"周急法"。规定有八条，主要是秋冬米贱时，由自己存米于有专人主持的村庄粮仓，到春夏米贵时再从公家粮仓领回自己的储存。这样，"本人所借，即本人自领，则不忧中饱"（清陈溥《安道公年谱》卷上）。也就是在有威信的乡村精英的主持下，自存自借，方法简单易行，且避免了种种弊端。陈瑚实行这种做法的实际结果也相当成功。

五、乡村治理的理想模式

陆世仪等人乡约思想中理想的乡村社会，大致可归纳为四个方面：

第一，这是以贤人教化为核心的乡村社区。如上一节所述，明末清初的思想家多主张地方分权，提出变通三代的分封制，解决郡县制带来的中央专权的弊端。陆世仪、吕坤等乡约思想家也是这种地方自治的主张者。《治乡三约》"自序"开宗明义就宣称："天下不可不以三代之治治也，……以三代之治治天下，其要在于封建。"他主张恢复三代五等爵位，扩大地方行政权，郡县官吏自选，扩大地方人事权，人才选拔以廉洁能干为标准。更进一步的看法是："以三代之治治一邑，其要在化乡，……欲治一邑，亦治一乡而已矣。"即治理郡县的关键在教化乡民，所以治理地方关键就在治乡。认为周朝对乡、野的王道政治，就是起于乡治，所以在陆世仪设计的地方自治系统中，乡村治理就是最基层的一级封建制。如果说，郡县一级是变通的"封建制"，乡治也可以说是郡县下的小"封建"。正因为将这种封建式的乡治理想化，所以在陆世仪的乡村社会治理体系中，城乡治理是一致的，即将城市社会的治理，也依据乡约系统的模式进行。乡村既然为封建制的基层单位,是地方行政系统的最低一级。因此,乡村领袖即约正的社会身份应是官员而不是差役,"当使如古之大夫士"。但在当时耆正、地方、保甲等乡村领导者,不光为官府的差役,而且多由富民与无赖组成,这也是现实乡村秩序混乱的重要原因之一。就乡村领袖而言,理想的乡村治理之道是三代之治的"居敬行简"之道,即内心虔敬,行事简约,不扰民众。因此,与封建的关键在地方长官选贤与能一样,理想的乡治秩序的形成首先在"精于用人",在举贤才。乡治就是在本乡"廉平公正"的约正的领导下,以教化为纲领的、分工合作的综合性治理。

第二,这是封建系统下官民协作共治的乡村社区。本来乡约的自治应该是独立于乃至对立于政府或官府的自我治理,《治乡三约》也多处指出,官府涉及乡村事务实则扰民。如认为官府干预民间官司只是"相逐以利",毫无为民伸冤的观念;由官府主持的户口、土地册,结果"作奸滋弊";官民之间不能有经济交易活动,否则"奸弊百出"。但这是就现实社会而言。在理想的乡村社区中,则如前所述,乡村实际就是地方"封建"制度下的基层治理社区。这意味着乡村治理是附属于地方行政的,官府与乡村是主从关系,官府实为乡村治理的最终管理者与监督者。这似乎又回到了自上而下官府推行乡约的旧模式,其实不然。在陆世仪的设计方案中,因为有地方"封建"自治的前提,有民本治理地方的基本理念,他的乡村建设理想中的官府不再是郡县制下的专制官府,而是地方自治下的德治官府。县乡是共治一体的,官府不是现实中欺压百姓的官府,而是监督、帮助实施乡约思想的关键角色。如果说以往的政府是直接强制、干预乡村事务,其理想中的政府则主要是间接管理、协助乡约组织进行乡村建设的政府。由于县乡共治一体,官府在乡治中还替乡村承担了部分重要的公共职能,如设立收留乡村鳏寡孤独的"养济院",主持乡村灾荒赈济等。

第三,这是能较充分体现民意的、公开的、透明性较强的乡村社区。在陆世仪等乡约制度设计中,理想的乡治虽然是官乡共治,但具体的乡村治理则又是高度自主的,体现民意的。如约正及三长等乡村领导的选取既不是官府指定,也不是乡村权势人物的安排,而是"听一乡之公举"。约正的例行性的讲约都是公开性、全乡性的,在讲约大会上乡民公同讨论乡村道德、乡村教育、公共事业、乡村救济等乡村公共事务,在公开场合,征求多方意见,综合权衡,确定彰善纠过的具体标准。约正每年的功过赏罚,不是由乡村精英少数人决定，而是"合一乡之公评"而定。总的来看，乡治过程中体现的民意性、公开性、透明性，从某种意义上颇有些近代民主的意味。

第四，这是统一领导、全面治理的乡村社区。从社会治理的角度来看，乡村秩序的形成是涉及乡村经济、教化、公共安全、基础工程建设、社会保障与救济等方面的综合性系统。从乡约理论与实践来看，从明代中后期，乡约、保甲、社学、社仓这四种乡治的核心要素既有思想家的构想，也有政府的正式规条，相关论述也较细致深入。但最大的问题是这四者之间的关系、地位不清楚。有的以乡约为主保甲为辅，有的将乡约寓于保甲中，或乡约、保甲、社学、社仓各有一套独立的组织系统，乡村治理表面热闹，实际是四者之间各自为政，自说自话，顾此失彼，自然不可能形成真正协调一致的乡村建设实践。直到陆世仪的《治乡三约》才理顺了四者的关系，将乡约制度设置为一个完整的、全面治理的自治体系："乡约为纲而虚，社学保甲社仓为目而实。"也就是说，以乡约为中心，引领社学、保甲、社仓，在组织系统上，由约正统一领导，逐级控制，分工合作，将社会教化、社会控制与社会保障融为一体，真正体现乡村的自我管理、自我建设的自治性与一体性。

总的来看，陆世仪等人的乡约思想可以说是明末清初民本思潮的一个重要组成部分，是这一时期迅速发展起来的经世致用思想的具体体现。从理论上看，陆世仪的《治乡三约》也标志着自北宋《吕氏乡约》以来传统乡治理论的成熟与完善。所以社会学家杨开道认为，近代的乡治理论就是完成于陆世仪的《治乡三约》。内中诸多乡治思想与主张，对今天农村社会建设也不无启示意义，如乡村治理的民本思想、乡村领袖的贤能要求、乡村领袖选取与奖惩的乡民"公评"标准、乡村公共事务的公开性与透明性、乡村救济保障的自主措施等。此外，在政府与乡村自治的关系上，如何利用政府优势，又与政府保持一定的距离；如何调动乡民自身的自主性与积极性，又能在政府的监督下防止乡村领袖滥用职权，也是今日农村建设必须解决好的重大问题。当然，从今天的眼光来看，陆世仪等人的乡约思想，也有些明显的不足之处。如在理想社会模式上，与黄宗羲等人一样，还是向往三代的复古论，理想社会还是和谐安宁的小农社会；不但忽视乡村的工商业经济的发展，还期望城市市政也按乡村模式治理；所强调的"公平""公举"主要体现为乡村精英、富民的意见，似乎并未考虑底层民众的呼声，都体现了乡约思想的时代局限性。

从陆世仪等人的乡约思想的实际影响来看，陈瑚的《蔚村三约》在蔚村切实推行，取得了良好的治理效果，但三年后随着陈瑚的离开也无疾而终。由于蔚村是一个封闭的村庄，陈瑚的实践在当时并无广泛的社会影响。不过，陆世仪本人虽然未能实施《治乡三约》，而且在清代体制化的乡治实践中也无人问津，但其成熟的乡治思想颇为后来诸多乡建实践者所称许并加以实施，影响日广。如民国时期自上而下推行山西村政的阎锡山就认为王阳明的《南赣乡约》、陆世仪的《治乡三约》就是通向乡村治理的完美捷径；自下而上从事乡村建设运动的著名领导人梁漱溟更是认为陆世仪的乡约思想最佳，梁漱溟自己还曾说，他所从事的乡村建设运动，"不过是对于陆先生的《治乡三约》更补充一点而已"，即从态度上"改消极为积极"。①

思考题：

1. 如何评价明末清初社会思想家的欲望论？
2. 明末清初社会思想家对当时社会风气的批判，对当代社会建设有何启示？
3. 明末清初社会思想家的社会治理思想的特点是什么？
4. 明末清初的乡约思想对当代新农村建设有何借鉴意义？
5. 明末清初社会思想家对宋明时期社会思想有什么发展或创新？

▶ 答题要点

---

① 《梁漱溟全集》第 2 卷，山东人民出版社 1990 年版，第 330 页。

晚清民初编

西学东渐、文化碰撞下的社会思想巨变时代

引言　晚清民初社会思想的发展趋势与特点

　　明代的专制统治及以程朱理学为官方主导性社会思想的政策，已明显阻碍了思想的发展。虽然明代晚期已出现了对现行主导性社会思想进行反思的趋向，但1644年清军入关，建立清朝以后，采取了更加严格的控制思想言论的政策，大兴文字狱，使思想创新更加困难。结果官方仍以程朱理学为主导性社会思想，其他思想遭到压抑。很多知识分子因此而把精力转到对古籍的考据上，这虽带来了"朴学"的大发展，但在社会思想领域却形成"万马齐喑"的局面。1840年鸦片战争爆发之后，在西方殖民侵略者"坚船利炮"的威逼之下，传统中国开始经历"三千年未有之变局"，懵懵懂懂地被拉入世界现代化的体系之中。与以往不同的是，这次所遇到的外来侵略势力是强势的、代表资本主义工业化发展方向的欧美文明，中华传统农业文明已成弱势，在西力东侵步步紧逼的过程中，中国只有因时而变，学习西方，才有可能在强国林立的"丛林世界"中摆脱落后挨打、亡国灭种的厄运。近代中国社会的经济结构和阶级结构都开始发生剧烈变迁，在经济上，伴随着外国资本主义列强在华开办企业和洋务派官办、官督商办的近代企业的出现，西方近代机械化工业生产方式开始传入中国。至19世纪70年代，中国民族资本近代企业也宣告诞生，以近代中国社会经济结构的变迁为背景，社会阶级结构也随之发生了重大变化，出现了民族资产阶级和早期工人无产阶级等新的阶级力量。随着政治、社会、经济、文化逐步从农业社会向工业社会的转型，在短短八十余年的清末民初，社会思想也进入了一个崭新的时代。这一时期社会思想的基本特点体现为：

　　社会思想流派纷呈，这是一个新的类似于春秋战国时期的"百家争鸣"时期。秦汉以来，中国社会思想主要是以儒家思想为主导，佛家、道家思想为辅助的一主多元的格局。每一时期，虽然社会思想家辈出，但社会思想的主导倾向则是较为统一的。但到晚清民初，随着西学东渐及社会经济转型的逐步深入，社会思想的流派也越来越多，包括早期改良派、维新派、立宪派、开明官僚派、革命派等，且派内有派，社会思想的根本性分歧也较大。如早期改良派中龚自珍还是属于传统的地主阶级革新派的范畴，而郑观应则属于典型的"中体西用"派。在革命派里，章太炎、孙中山、刘师培的思想就有较大的区别。导致这一现象的原因之一，是各自所代表的阶级不同，所吸收的中西思想资源不一，导致其分析社会问题，探讨社会秩序的建构与治理的途径明显有别。

中西文化关系问题成为这一时期探讨社会思想的另一个重要主题。在迈向近代化的过程中，中国的仁人志士们开始思考社会秩序的重新建构与社会发展的方向，首先遇到的一个问题是如何在传统中国的文化体系中合理地融入现代西方的文化。于是如何处理中西文化的冲突与融汇，便成为近代以来许多思想家都必须面临与回应的重要问题。从早期冯桂芬的"中主西辅"，到维新时期孙家鼐的"中学为体，西学为用"、张之洞的"旧学为体，新学为用"等是一种回答；太平天国的举措也是一种答案；资产阶级革命派借欧美革命理论来改造中国是一种思路；资产阶级改良派借西方议会、宪政制改良中国也是一种路径。凡此都要回答援用西方文化改造中国文化的合理性、可行性、必要性、融合性等问题。

在社会变迁观上，社会整体论与进化论倾向明显。在近代反抗西方列强殖民侵略战争屡遭挫败的屈辱过程中，社会思想家们大多意识到中国的社会问题不是单个的具体问题，而是全局性的问题，需要一种总体性解决方案。而在开眼看世界的过程中，西方现代世界的发展又使得大多数思想家看到了未来中国振兴的希望与前景。以现代西方的"公理"代替传统中国的"天理"，以近代欧美为楷模的乐观的单线进化论代替了传统中国的治乱循环论。因此，近代社会思想家在现实层面是借鉴西方治理社会问题的经验，在理想层面是以工业物质文明为基础的、民主平等的资本主义宪政国家为典范的。

富强与平等是社会发展的主要内容。与传统农业国家耕读传家、以农为本的生活模式明显有别的是，现代社会工商业的发展才是富强的关键，因此不仅早期洋务派意识到"商战"重于"兵战"，太平天国的洪仁玕也极力主张发展资本主义工商业，到维新派、立宪派、革命派，无不意识到发展资本工商业，鼓励资本主义工商业的发展才是中国独立富强的根本，也是寻求社会进步和发展的关键前提之一。落后挨打使得这一时期的社会思想家很早就参照西方，从社会物质文化、制度文化及社会关系的角度探寻中国失败的社会原因。早在洋务时期对西方议会民主制的介绍中，国人就意识到君民不隔、上下一心是西方强盛的重要原因。因此，无论从救亡图存还是社会发展的角度，寻求君民平等、官民平等、角色平等、性别平等等社会平等路径成为这一时期社会思想家的共同指向，到20世纪初，更是强调如何养成具有独立、自由、进取、团结等鲜明时代特征的现代国民人格。

总之，清末民初的社会思想流派纷呈，繁杂多变，但总的发展趋势是随着社会政治经济转型的逐步推进与对西方文化认识的逐步全面与深入，在经济结构上注重资本主义工商业的发展；在文化上融合中西，立足本土，借鉴西方；在个人人格上，提出平等自由、合群进取，培育现代国家所需要的爱国精神与独立人格。在社会治理上，眼光向下，注重民生事业，注重社会基层的治理与改造。凡此种种，既有传统社会思想的传承，更有适应时代的现代性转换，民国时期的社会思想，就是在晚清民初思想基础上的继续发展。

值得特别提出的是，晚清民初时期兴起的近代中国社会思想及思潮，在"开眼看世界"，学习西方的过程中，经历了维新变法的勃兴与挫败、资产阶级"共和革命"等坎坷行程，虽然于1911年在政治上推翻了清王朝，结束了两千多年的封建君主专制制度，建立了"中华民国"，为探索中国新的前进道路，西方各种社会思想也被大量引入中国，如自由主义、实用主义、无政府主义、工团主义等，但均无力正确地解释中国社会阶级关系及社会秩序的新变化。而五四时期马克思主义社会思想的初期传播，则为中国进入新民主主义革命时期及后来社会主义新中国的建立，准备了重要的思想理论基础与条件。

第十三章　晚清改良派的社会思想

19世纪中叶，以1840年第一次鸦片战争的爆发为标志，中国社会开始步入半殖民地半封建社会时期。面对西方资本主义列强侵略的挑战，中国先是在"器物"和"技术"层面感到不足，继而又发现"制度"上的诸多不足，由此，通过维新改良途径以摆脱民族危机便成为当时"先进中国人"的必然选择。作为晚清时期最重要的社会思潮之一，维新改良思想主要包括19世纪四五十年代地主阶级改革派提出的"开眼看世界"和"师夷长技以制夷"思想；19世纪60年代到90年代中期由早期维新思想家提出的"器可变道不可变"的社会变革观和发展民族资本主义的"商战论"；1894年甲午战后，在民族危机日益严重的背景下，早期维新思想开始走向高潮，涌现出以康有为、严复、梁启超、谭嗣同等为代表的维新思想家群体，形成了系统的社会变迁和改革理论，并发动了戊戌维新运动，试图通过改良途径，使中国走上近代化道路。从"变器卫道"到"制度变革"，说明中国思想界已开始步入制度层面的社会改革阶段，体现出晚清社会思想进步的轨迹。但由于时代和阶级的局限，晚清改良思想往往表现出与封建思想和政治力量间复杂的关联，难以完成其政治目标和社会使命，从而不得不让位于后来崛起的革命风潮。

第一节　早期维新派的社会思想

在中国社会思想史上，广义的早期维新思想主要是指，从19世纪中叶到1894年甲午战争爆发前，由地主、资产阶级改良派所提出的关于变法维新的思想观点和理论体系。其中，19世纪四五十年代，由地主阶级改革派发起的，以"开眼看世界"为主要内容的社会改革思想，是早期维新思想的"前驱先路"，而七八十年代以开明士大夫、驻外公使为主体的维新思想家则是早期维新思想的主角。早期维新思想直接为19世纪90年代的戊戌维新提供了思想准备。

一、"开眼看世界"思想

在漫长的封建社会时代，由于中华文明长期居于东亚文明的中心地位，所形成的灿烂的文化成就，长期地成为周边诸国的榜样，这显然是值得中华民族骄傲的，但由于长期在经济实力与文化软实力处于领先地位，也形成了一种过度自信与自满自大的心理。使得中国传统的世界观念具有浓厚的"自我中心"色彩，产生出"中国中心"的地理观念、华尊夷卑的文化观念、封闭自足的经济观念、"六合之外，圣人存而不论"的对外认知观念及以朝贡制度为核心内容、以道德外交为主要特征的外交观念。上述观念虽非对世界格局的科学理性认识，但在当时的历史条件下，却有其存在的客观理由。但是，这些传统世界观念在地理大发现和工业革命后开始遇到空前的挑战，当时，面对西方资本主义文明咄咄逼人的挑战，每一个非西方国家如果要想自立于世界民族之林，都必须"开眼看世界"，确立新的近代世界秩序观，以更准确地认识评价剧烈变动的世界。因此，传统世界观念的转换和新的域外社会参照系的确立，便成为中国近代初期社会思想发展最为重要的内容。

在晚清"开眼看世界"的思潮中，比较突出的思想人物包括魏源、徐继畬、包世臣、冯桂芬、姚莹等，其中，最具代表性的人物当首推魏源和徐继畬。魏源（1794—1857），字默深，湖南邵阳人，生于濒临破产的地主家庭。15岁中秀才，开始醉心于王阳明的心学，受教于刘逢禄，学习公羊学，奠定了其经世致用的思想基础。19世纪二三十年代，面对严重的社会危机，魏源潜心经世致用之学，逐步形成了自己的改革思想。鸦片战争爆发后，魏源坚决主张抵抗英军入侵，曾入两江总督裕谦幕府，参与抗英斗争。战败后，魏源在林则徐组织编译《四洲志》的基础上，编写了《海国图志》等著述，提出了著名的"师夷之长技以制夷"的主张，成为近代中国向西方学习的首倡者。晚年弃官学佛，整理著述，著有《皇朝经世文编》《古微堂集》《元史新编》等。徐继畬（1795—1873），字健男，又字松龛，山西五台人。1826年进士。历任广西、福建巡抚，总理衙门大臣，同文馆事务大臣。在沿海任官期间，徐继畬与来华的各国外交官员、传教士、医生、商人等频繁接触，"每晤泰西人辄披册子考证之，于域外诸国地形时势稍稍得其涯略，乃依图立说，采诸书之可信者，衍之为篇，久之积成卷帙。每得一书，或有新闻，辄窜改补增，稿凡数十易。自癸卯至今，五阅寒暑，公事之余，唯以此为消遣，未尝一日辍也"。1848年完成的《瀛环志略》，被称为19世纪下半叶中国人了解世界的代表性读本。可见，在中国近代社会思想史上，作为早期维新思想的"前车先路"，魏源和徐继畬都是地主阶级改革派中对时代剧变最为敏感的人物之一。早在鸦片战争爆发前，他们便敏锐地察觉到清王朝的统治已面临严重的社会危机，力主改革。鸦片战争后，面对西方资本主义列强的挑战，他们更深刻地意识到一个剧烈的社会变革时代即将到来。正是在此背景下，系统地提出了其社会思想主张。

首先，抨击清政府的闭关政策，揭示西力东侵的严峻形势，初步意识到世界文明的中心已由东方开始向西方转移。

鸦片战争前，清政府以"天朝上国"自居，在经济上采取"闭关政策"，限制中外贸易往来；在文化上固守华夷观念，视中国以外的世界为不知人伦的"蛮夷之地"，认为根本不能与中国相提并论。在这种畸形的文化世界秩序观的影响下，一般朝野官僚士大夫都极度蔑视西方文化，不可能形成清醒的世界秩序观。鸦片战争失败后，屈辱的城下之盟极大地刺痛了国人的民族自尊心，中国大地上兴起了一股强劲的世界史地研究热潮，魏源的《海国图志》和徐继畬的《瀛环志略》两部著作根据全新的世界史地知识，提出了全新的中西文化观，为近代中国知识界分析理解中国社会提供了一个全新的"参照系"。

魏源运用中国古代哲学中的"气运"概念，预言西方资本主义文明崛起后世界文明格局的剧变，认为："天地之气，其至明而一变乎？沧海之运，随地环体，其自西而东乎？"[①] 并敏锐地意识到，中外交往乃大势所趋，不可逆转，"从古不通中国之地，披其山川，如阅《一统志》之图；览其风土，如读中国十七省之志；岂天地气运自西北而东南，将中外一家欤"？徐继畬则认为："天地之气，忽尔旁推交通，混为一体，倘亦运会使然耶？然天下从此多事矣。"[②] 在他们看来，19世纪中叶正是人类社会"气运"剧变的时期，西方侵略势力正是挟此自西而东，世界也由以往的中外分隔，开始向"中外一家"转变，可见，他们已经隐约地意识到人类文明由"分散"走向"一体化"的进程。

在上述观念主导下，魏源关注西方殖民侵略者在印度及南洋群岛的侵略扩张，指出："红夷东驶之舶，遇岸争岸，遇洲据洲，立城埠，设兵防，凡南洋之要津，已尽为西洋之都会。"对南洋地区的殖民地化趋向表示忧虑。徐继畬也意识到"自泰西据南洋群岛，……中土之多事，亦遂萌芽于此"，中国再想"求隔绝而不能"。

---

① 魏源：《海国图志·东南洋，新加坡》，岳麓书社2011年版。本节魏氏引文均引此书，不再加注。
② 徐继畬：《瀛环志略·南北亚墨利加图说》卷下，文海出版社1974年影印本。本节引徐说均自此本，后不赘注。

其次,描绘立体实证的世界文明全图,为近代中国人认识西方社会提供详细完备的资料。

在《海国图志》和《瀛环志略》的多种版本中,均按区分国,图文并茂地介绍了世界各国的地理、历史及其他情况,成为当时中国最为完备的世界知识总汇。其介绍和概括基本上反映了西洋文明的特性,再加上70多幅地图,构成了立体实证的世界文明全图。魏源在描述西洋各国的经济特征时曾指出:"自意大利裂为数国,教虽存而富强不竞,于是佛朗机、英吉利代兴,而英吉利尤炽。不务行教而专行贾,且佐行贾以行兵,兵贾相资,遂雄岛夷。"通过对英国资本主义经济兴起和海外扩张进程的描述,将以英国为代表的西方诸国的经济特征概括为"以商贾为本计",与中国传统的"以农为本"形成了鲜明的对照。在介绍英国政治制度时,指出:英国"有要务,则国王召议事百十三员会议……议国大小事"。并由此将西洋政治特征概括为国事取决于"会议",带有民主色彩。徐继畬称赞美国的民主共和制是值得后世师法的制度:"华盛顿,异人也。起事勇于胜、广,割据雄于曹、刘。既已提三尺剑,开疆万里,乃不僭位号,不传子孙,而创为推举之法,几于天下为公,骎骎乎三代之遗意。……呜呼,可不谓人杰矣哉!米利坚,合众国以为国,幅员万里,不设王侯之号,不循世及之规,公器付之公论,创古今未有之局,一何奇也!呈泰西古今人物,能不以华盛顿为称首哉!"

再次,打破了"中学独尊"观念,在近代中国首次提出"师夷之长技以制夷"的主张。

在《海国图志》"筹海篇"中,魏源针对清朝统治者长期闭关自守,对世界茫然无知的情况,特别强调"悉夷情",他说:"欲制外夷者,必先悉夷情始;欲悉夷情者,必先立夷馆翻夷书始","善师四夷者,能制四夷;不善师外夷者,外夷制之"。认为欲抵御外国侵略,就必须放弃闭关锁国政策,放眼世界,积极了解外国情况。他归纳出来的外国胜过中华的长技主要是:一、战舰;二、火器;三、养兵练兵之法。中国只有把外国的这些长技学到手,才能捍卫民族的独立。为此,他主张在广东设立造船厂、火器局各一个,聘请外国技师传授制造枪炮船舰的技术。上述工厂试办之后,不仅可以制造战舰武器,还可以制造商用航船和日常生活用品。另外"沿海商民,有自愿仿设厂局以造船械,或自用,或出售,听之"。即允许民间举办近代机器工业。魏源认为,只要按着上述建议去做,就一定会"尽得西人长技而为中国之长技",实现

"制夷"的目的。同时期，基于对西方社会的了解，徐继畬也明确提出了"以商制夷"的思想，1850 年，他在《揣度夷情密陈管见疏》中称：英国人远在六七万里之外，难于制伏；而我国有七千余里海疆，难于防守。但"彼以贸易为生……即使空我海滨数城，割而与之，彼亦不敢居不敢守也，而一绝其贸易，即如婴儿之断乳，有不可以终日之势"。

19 世纪五六十年代，地主阶级改革派的"开眼看世界"思想，实际上已经突破了古代华夷分界的传统文化观，开始承认西方文化在"器物"层面的价值，并主张大力学习摄取，这使得鸦片战争后的社会思潮具有了鲜明的时代主题，直接为 19 世纪下半叶中国学习西方文化提供了思想基础。值得提出的是，魏源和徐继畬虽然在中国近代史上率先倡议学习西洋"长技"，打破了"中国独尊"的传统格局，但就其整个思想体系而言，西学所占比例还是微乎其微，西学的价值还只是体现在"制夷"上，不过是捍卫中学的一种手段。究其本质而言，他们仍然是以传统儒家文化为出发点来看待西学、评价西学的，这正是其中西文化观的时代局限性所在。

二、发展经济整合社会的"商战"观

19 世纪七八十年代，随着洋务运动的勃兴，民族资本的产生以及中外的频繁接触，中国社会思想界发生了巨大的变化，一批兼通中外、学贯中西的开明士大夫成为维新思想的主角，他们已意识到西力东侵背景下中国的落后，主张在经济、社会、政治、文化等方面学习西方，实现富强。这一时期维新思想群体中集大成式的代表人物主要有郑观应、薛福成、马建忠等，他们在近代中国社会思想史上的突出贡献是，在对西方社会有了进一步的认识，并在中西社会比较研究的基础上，提出了发展经济以整合社会的"商战"观。

郑观应（1842—1922），本名官应，字正翔，号陶斋。广东香山县（今中山）人。1858 年，17 岁的郑观应科考落榜，弃学从商，在洋行帮办商务，充当买办。1878 年捐候补道员，开始与李鸿章相识，先后主持直隶、山西、河南的赈灾事务，因办事干练，集资甚巨，深得李的赏识。同年又被委任为上海机器织布局的会办，参与洋务民用企业的建设。1882 年，脱离太古洋行，结束了买办生涯，历任轮船招商局、汉阳铁厂总办等职务。可见，郑观应不是科举"正途"出身的封建官僚，而是由买办转化而来的民族资产阶级的代表人物。他在从事近代企业经营活动的同时，还写有不少著作，其代表著作是《盛世危言》，刊行于 1893 年。

薛福成（1838—1894），字叔耘，号庸庵。江苏无锡人。出生于书香门第、官宦之家。早年以副贡生入曾国藩幕府，以文章和识见崭露头角，名列"曾门四弟子"之一。后又随李鸿章办理洋务，以通达时务、力倡变法名于朝野。1889 年，被任命为出使英、法、意、比四国钦差大臣，在对欧洲各国进行系统考察的基础上，形成了比较系统的维新思想。著有《庸庵全集十种》、《筹洋刍议》十四卷、《出使四国日记》六卷等。

马建忠（1845—1900），别名乾，字眉叔，江苏丹徒（今镇江市丹徒区）人。19 世纪 60 年代，愤于外患日深，开始研习西学。1870 年，入李鸿章幕，随办洋务。后被派往法国学习，同时兼任中国驻法公使郭嵩焘的翻译，1880 年回到天津，重新在李鸿章幕下办理洋务。1890 年，马建忠撰写《富民说》，主张发展对外贸易、扶持民间工商业，以富民强国，成为早期维新思想的重要代表人物，主要著作有《适可斋记言记行》等。

首先，他们对中国传统社会中重农抑商观念展开激烈批判。

众所周知，秦汉以来，中国历代封建王朝多实行重农抑商政策。作为封建王朝重农抑商政策的对外表现，历代统治者多从维护自然经济出发，否定对外贸易的必要性。认为中国地大物博，物质生活所需无待外求，唯有外人对中国有所需求。同时，渲染"洋货无用论"，称舶来品为"奇技淫巧"，严禁入口。在这种封闭自足、蔑视洋货的陈腐观念支配下，即使是封建官僚地主阶级阵营中比较开明的人士也很难意识到对外贸易的重要性，树立近代外贸观念。

早期维新思想家则从动态的历史发展进程出发，宏观概括了 19 世纪下半叶人类社会剧烈变迁的特点。他们认为古代社会是封闭自足的，百姓各安生业，老死不相往来，而到了 19 世纪，随着西方各国制造业的兴起和商务的日益发展，中外开始联为一个整体。由于"中国以农立国，外洋以商立国"（郑观应《盛世危言·商务三》），二者间势必存在着严重的不平衡，"泰西各国商务日振，国势日强，民生日富。然各国工力悉敌，出入损益，厥势维均，则不得不以亚洲各国为取财之地，牟利之场，此亦必然之势也"。面对西方资本主义列强的压力，中国要想振兴商务，必须"先通格致、精制造"，"论商务之原，以制造为急；而制造之法，以机器为先"。由此，19 世纪下半叶的人类社会已经告别了孤立封闭时代，开始走向"华夷联属之天下"。因西洋各国的机器文明率先发展起来，势必对包括中国在内的非西方国家的生存构成严重威胁。

早期维新思想家在对西方资本主义工商业发展初步认识的基础上,对传统的重农抑商观念展开了激烈的批判,强调振兴商务的重要性。

中国以农立国,外洋以商立国。农之利,本也,商之利,末也,此尽人而能言之也。古之时,小民各安生业,老死不相往来,故粟布交易而止矣。今也不然,各国并兼,各图利己,藉商以强国,藉兵以卫商,其订盟立约,聘问往来,皆为通商而设。英之君臣,又以商务开疆拓土,辟美洲,占印度,据缅甸,通中国,皆商人为之先导。彼不患我之练兵讲武,特患我之夺其利权,凡致力于商务者,在所必争。(《盛世危言·商务三》)

昔商君之论富强也,以耕战为务,而西人之谋富强也,以工商为先;耕战植其基,工商扩其用也。然论西人致富之术,非工不足以开商之源,而工又为基而商为其用。"(薛福成《筹洋刍议·商政》)

他们还从官商关系阻滞的视角剖析了中国商务不振的内因,"官不能护商,而反能病商",商人则"愚者多而智者寡,虚者多而实者寡,分者多而合者寡,因者多而创者寡,欺诈者多而信义者寡,贪小利者多而顾大局者寡,此疆彼界,畛域攸分,厚己薄人,忮求无定"。他们"心不齐,力不足",于是形成"合股份而股本亏,集公司而公司倒"的局面。另一方面"官商隔阂,情意不通,官不谙商情,商惮与官接",可见,官商隔阂既是重农抑商政策的表现,也是中国工商业难以发展的根本原因。

其次,提出商战思想。

"商战"一词最早由曾国藩于1862年提出,是与"耕战"相对的概念,并认为西方"以商战二字为国……断无能久之理"(《复毛寄云中丞》)。早期维新思想家则与曾氏蔑视西方"商战"的思想相反,强调商战在近代世界以国家为中心的竞争舞台上具有重要意义。如郑观应说:

国立于地球之上,咸以战争自存者也。战之具有三,教以夺其民,兵以夺其地,商以夺其财。是故未通商之前,商与商自为战,既通商之后,则合一国之商,以与他国之商相战。自中外通商以来,彼族动肆横逆,我民日受欺凌……兵之并吞,祸之易觉,商之掊克,敝国无形,我之商务一日不兴，则彼之贪谋亦一日不辍，纵令猛将如云，舟师林立，而彼族谈笑而来，鼓舞而去，称心餍欲，孰得而谁何之哉？吾故得一言断之曰：习兵战不如习商战。（郑观应《商战》）

商战与兵战之不同，如果说"兵战"是暂时的、局部的，那么，商战则基本上处于一种恒常的状态："且商之为事常，兵之为事暂；商之为事繁，兵之为事寡；商所赴之地多，兵所赴之地少；兵者备而不必用者也，商者无日不用者也。"（汪康年《商战论》）

对于19世纪后期的中国而言，所谓商战，实质上就是振兴商务，从洋人的手中收回中国的利权。对此，薛福成指出：

中国之于商政也，彼此可共获之利，则从而分之，中国所自有之利，则从而扩之，外洋所独擅之利，则从而夺之。然则为中国计者，既不能禁各国通商，惟有自理其商务而已……中国多出一分之货，则外洋少获一分之利，而吾民得自食一分之力，夺外利以润我民，无逾此者矣。（薛福成《筹洋刍议·商政》）

马建忠也认为：

中外通商而后，彼易我银之货岁益增，我易彼银之货岁益减，而各省之购炮械，购船只，又有加无已。于是进口货之银浮于出口货之银岁不下三千万……民曷不贫哉！（马建忠《适可斋记言》）

由此不难看出，这批早期的维新思想家，已经跳出传统重农抑商的思想藩篱，面对西方资本主义列强的挑战，比明末清初思想们倡导提高工商者社会地位的思想更进一步，将工商业及与西方列强开展商战提到当务之急的地位。

再次，从分层论的角度，抬高商人的社会地位。

在封建王朝传统的重农抑商政策体系下，商人的社会地位极其低下，早期维新思想家则从商战论出发，重新界定了"商"在"四民"中的地位，突出地强调商贾在社会中的特殊作用。如郑观应就指出："商以贸迁有无，平物价，济急需，有益于民，有利于国，与士农工互相表里。士无商则格致之学不宏；

农无商则种植之类不广；工无商则制造之物不能销。是商贾具生财之大道，而握四民之纲领也。商之义大矣哉！"（郑观应《盛世危言·商务二》）薛福成也认为："夫商为中国四民之殿，而西人则恃商以为创国、造家、开物、成务之命脉，迭著神奇之效者，何也？盖有商，则士可行其所学而学益精，农可通其所植而植益盛，工可售其所作而作益盛；是握四民之纲者，商也。"（薛福成《英吉利用商务辟荒地说》）

他们认为，传统中国是以农为本，以商为末的社会，而欧美诸国是以商为中心的社会："西人以商为战，士、农、工为商助也，公使为商遣也，领事为商立也，兵船为商置也。国家不惜巨资，备加保护商务者，非但有益民生，且能为国拓土开疆也。"（郑观应《盛世危言·商战下》）因此，必须重新评价商人在社会阶层体系中的作用，只有以工商为中心重建中国社会，方能实现富强。商战论体现了早期维新思想家对以工商为中心的现代社会的新认识，在中国近代民族资本主义经济发展的进程中发挥了积极的作用。

三、社会批判思想

与古代社会思想家的社会批判思想相比，早期维新思想家的社会批判是在把握 19 世纪中叶后世界发展大势的基础上提出的，他们往往从比较的角度探讨中西强弱盛衰原由，其批判视角大多具有比较性。

（一）对社会救助制度批判

19 世纪五六十年代，随着中西方国家间进一步的接触和交流，一些得风气之先的封建士大夫率先突破了"坚船利炮"的认识范围，敏锐地意识到中国的落后绝不仅仅表现在"器物"领域，开始把目光投向"社会"层面。较早从社会视角展开批判的思想家是冯桂芬，他曾撰文专门评述介绍荷兰的社会福利保障制度，写道："荷兰国有养贫、教贫二局，途有乞人，官若绅辄收之，老幼残疾入养局，廪之而已。"（《收贫民议》）在他看来，向来被传统士大夫视为落后野蛮的"夷狄之邦"，除了手中的"利炮坚船"外，还有"制度"因素在起作用，前述的收养贫民的社会福利制度就是其中的一种。

稍后，郑观应也针对中国传统宗族福利保障模式的狭隘性提出了激烈批判，他认为，西洋慈善机构的建立，有其现实的思想基础和社会条件。一方面，西方民众信奉基督教，主张"兼爱"，这为民间慈善机构的建立奠定了思想基础；另一方面，西方社会素有慈善捐赠的社会风气，有些富翁往往独自捐资数十万,以行善事。他发现:"西人遗嘱捐资数万至百数十万者颇多。闻英人密尔登云:英国有富家妇,夫亡遗资甚多,其创立大小学堂、工艺书院及置穷人贩卖零星物件之地,共费银一千五百万镑。"而相比之下,"中国富翁不少,虽身受国恩,而竟未闻遗嘱有捐资数万至数十万创一善事者,宁愿留为子孙花费,殊可慨也"。

薛福成在《出使日记续刻》中,曾将西方富强的原因归因于"通民气""保民生""牖民衷""养民耻""阜民财"等五端,其中,"保民生"主要是指"凡人身家田产器用财贿,绝无意外之虞。告退官员,赡以半俸;老病弁兵,养之终身;老幼废疾,阵亡子息,皆设局教育之"。力倡给民以充足的社会福利保障。在他看来,要想强国,必先富民,很难想象一个哀鸿遍野、乞丐遍地的国家能成为富国强国,这表明早期维新思想家对西方资本主义文明有了较为深入的认识。

值得注意的是,早期维新思想家在肯定西方社会福利制度的同时,都情不自禁地以"西学中源"的思维模式,将其视为中国古代圣人的社会理想在西洋的翻版。晚清驻英公使薛福成在英国曾赴一贫孩院参观,他发现"院中男女孩凡三百余人。……俾能自给衣食,无饥寒之虑焉。吾不意古圣先王慈幼之道,保赤之经,乃于海外遇之也"。据此,薛福成称西洋社会"绰有三代以前遗风","不甚背乎圣人之道"。郑观应也认为西方的福利慈善事业"意美法良,实有中国古人之遗意"。在当时的历史条件下,上述这种"西学中源"说,客观上减缓了中国学习西方的阻力,但其立论牵强,缺少充分的证据。

(二) 对社会制度与科举制度的批判

由于时代条件的局限,早期维新思想家的政治批判不甚激烈,但仍曲折地表达出其政治批判的观点,认为"西洋之享国长久,君民兼主国政故也"(《郭嵩焘日记》)。这种君民共治制度的优越性在于,扩大了社会的政治基础,使君民关系形成良性互动,"行政务求便民,而因取民之有余以济国用。故其所设各官,皆以为民治事也,而委屈繁密;所以利国者,即寓于便民之中。……此西洋之所以日致富强也"(《郭嵩焘日记》)。

此外,早期维新思想家还对封建君主控制下的科举制度展开批判,薛福成在其撰著的《选举论》中,将八股取士制度等同于秦始皇的焚书坑儒,加以严厉批判,认为"遂创谓秦皇以不读书愚黔首,明祖以读书愚黔首,殆有为言之也。且时文至今日,非独其文之谫陋,无足尚也"。为了克服八股取士的诸多弊端，建议进行改革，"为今之计，其必取之以征辟，而试之以策论乎。黜浮靡，崇实学，奖荐贤，去一切防闲，破累朝积习，则庶乎可以得人矣"。在他看来，这种"以读书愚黔首"的做法，只能使中国社会愈发落后。很显然，近代早期维新思想家们对科举取士制度的反思与批判比明末清初的思想家们更前进了一大步，成为了清末新政时期废除科举制度主张之滥觞。

四、"器可变道不可变"的社会变革观

置身19世纪人类文明巨变的背景下，早期维新思想家强烈地意识到中国正面临亘古未见的文明变局，并已初步确立起社会变革意识，但他们所主张的是一种"器可变道不可变"的社会变革观。

首先，早期维新思想家从时代变迁的高度考察了人类文明的演化进程和现实特征，认为人类社会是发展的、变易的，"世变小则治世法因之小变，世变大则治世法因之大变"（薛福成《筹洋刍议·变法》）。从"道主器从""器由道出"的传统论点出发，他们一方面坚信自伏羲、神农、黄帝、尧、舜、禹、汤、文、武、孔子以来，传承着一个"弥纶宇宙，涵盖古今，成人成物、生天生地"的天道；另一方面又提出"天道"是会改变的（郑观应《盛世危言·道器》）。"天道数百年小变，数千年大变。"（薛福成《筹洋刍议·变法》）就当时的社会剧变的具体形态而言，是由传统的"郡县之天下"，变化为"华夷联属之天下"，即由彼此隔绝、互不往来的封闭社会，转变为中外频繁往来的开放社会。"华夷隔绝之天下，一变为中外联属之天下。"（薛福成《筹洋刍议·变法》）

在社会发展的动力问题上，他们认为世界经历了由游猎时代变为农耕时代，再变为格致时代（工业化时代）的过程，其中变化自有其天地自然之理。在分析描述世界各国发展兴替的规律时他们曾说："横览环球各邦，其国运之隆替莫不系乎人材，而人材之盛衰莫不关乎教化。其教养有道者勃然以兴，教养失道者忽然以亡。"（郑观应《盛世危言·教养》）很显然，在这里早期维新思想家是把教育看作国家兴亡的原因，社会发展的动力。这种"教育决定论"观点虽然夸大了教育的作用，但在当时的历史条件下，他们用这一理论来说明废八股、设学校、兴西学，培养人才的必要性，具有积极意义。

其次，提出了"器可变道不可变"的社会变革观。

早期维新思想家虽然确立了明确而清晰的社会变革观，但其变革意识基本

上是在"器可变道不可变"的观念主导下展开的。"道器"这对范畴是中国古代思想家、政治家最常使用的概念。19世纪五六十年代，冯桂芬较早使用道器范畴来解析中西社会变革，他强调社会变革发生的必然性，但同时指出，社会变革的原则应是"以中国之伦常名教为原本，辅以诸国富强之术"（《校邠庐抗议》）。此后，这种分析模式成为一种延续的传统。如薛福成说："今诚取西人器、数之学，以卫吾尧、舜、禹、汤、文、武、周、孔之道。"（薛福成《筹洋刍议·变法》）郑观应也主张："中学其体也，西学其末也；主以中学，辅以西学。""道为本，器为末；器可变，道不可变。庶知所变者，富强之权术而非孔孟之常经也。""法可变而道不可变。"（《盛世危言》）

维新思想家还运用"道器""本末"概念来区分和调和中学与西学：

> 器则取诸西国，道则备自当躬，盖万世不变者，孔子之道也。
>
> 中，体也，本也，所谓不易者，圣之经也。西，用也，末也，所谓变易者，圣之权也。
>
> 道为本，器为末，器可变，道不可变，庶知所变者，富强之权术，而非孔孟之常经也。
>
> 我变者乃富强之术，非孔孟三纲五常之道也。（《盛世危言》）

甲午战争爆发前，早期维新思想家所表达出来的"器可变道不可变"的社会变革观，力倡在捍卫中国传统的以儒家社会思想为主导的社会价值体系的前提下，引进西学先进科学技术，对于近代中国结束闭关锁国状态，认识西方社会，学习西方，具有积极意义。其局限性在于，因对西学的认识尚处于初级阶段，故其对中国传统主导性社会思想中所存在的问题还没有清晰认识，对中西学间的交融之道也还没有做出更加明确清晰的概括。

第二节 维新、立宪派的社会思想

甲午战争后，在民族危机日益严重的背景下，自19世纪五六十年代以来勃兴的早期维新思想开始走向高潮。从总体上看，维新思想的高涨主要表现在以下几个方面：第一，维新思想开始与变法维新的政治运动相结合；第二，形成了系统的社会变迁理论体系；第三，出现了以康有为、严复、梁启超、谭嗣同等为代表的维新思想家群体。到 20 世纪初，当革命风潮成为中国社会的主导力量时，以康、梁为代表的维新思想家继续持改良立宪的立场，他们与张謇等民族资产阶级的代表人物，构成立宪派，成为 20 世纪早期与革命派并立的一种政治势力和思想力量。

一、社会进化与社会变迁思想

社会进化与社会变迁思想是 19 世纪 90 年代晚期中国社会思想体系的中心主题。甲午战后，面对日益严重的民族危机和顽固派"天不变道亦不变"的保守思想，维新思想家挖掘中国传统思想中"变易"的理论资源，同时努力引进西学中的进化论思想，系统而全面地阐述了其社会进化与社会变迁思想，为维新变法提供了理论基础。在此方面最具代表性的思想家是康有为和严复。

康有为（1858—1927），又名祖诒，字广厦，自号长素，广东南海县人。甲午战争失败后，康有为发动"公车上书"，成为维新变法的领军人物。1898 年戊戌政变发生后，流亡海外，继续从事保皇和君主立宪运动。晚年在政治上渐趋保守，鼓吹孔教救国论。主要著作有《新学伪经考》《孔子改制考》《大同书》等。严复（1854—1921），原名宗光，字又陵，后改名复，字几道，福建侯官（今福州市）人。曾任北洋水师学堂总教习，翻译《天演论》等多部西方著作，创办《国闻报》，系统地介绍西方进化论思想，宣传维新变法思想，将西学系统地介绍到中国，是中国近代著名的资产阶级启蒙思想家、翻译家和教育家。他们的社会进化及社会变迁思想主要有以下几个方面：

首先，汲取中国传统社会变革思想资源和西方进化论思想，论证社会变革的必然性。

在系统接受西方进化论思想之前，康有为的社会变迁思想主要是从中国传统的今文经学中演绎出来的。他认为世界的本体为"元"。"元者，气也。""凡物皆始于气，既有气，然后有理，生人生物者气也。""有气即有阴阳，其热者为阳，冻者为阴。"（《万木草堂口说》）在他看来，事物内部的矛盾是其变化的动力，天下万物都具有阴、阳，"物必有两，而后有争"，正是这种对立面之间的竞争，构成了事物发展的动力。进而以此为理论基础，论证社会变迁与进化的必然性与合理性。他说：

> 夫天，不变者也，然朝夕之昬，无刻不变矣。况昼夜之显有明晦，冬夏之显有寒暑乎？如使天有昼而无夜，有夏而无冬，万物何从而生？故天惟能变通而后万物成焉。……夫天久而不弊者，为能变也。地，不变者也，然沧海可以成田，平陆可以为湖，火山忽流，川水忽涸，故至变者莫如地。夫以天地，不变且不能久，而况于人乎？
>
> 故千年一大变，百年一中变，十年一小变。三代之文明不得不变太古，秦、汉之郡县不得不变三代，此千年之大变者也。（《变则通通则久论》）

据此，他明确提出自然界和人类社会是不断变易发展的，"变者，天道也"，无论是自然界的寒暑更替、沧海成田，还是人类的由童幼到壮老，都是"变易进化"的，"变"是自然和人类进化的一种普遍现象。可见，康有为是中国近代思想史上较早通过对中国传统思想资源的阐发，论证社会变迁必然性的思想家。

康有为还通过对今文经学独特的阐释和演绎，将孔子打扮成改制变革的古代圣王，论证了变法维新的合理性：

> 孔子所以为圣人，以其改制，而曲成万物、范围万世也……《春秋》所以宜独尊者，为孔子改制之迹在也。《公羊》《繁露》所宜专信者，为孔子改制之说在也。能通《春秋》之制，则六经之说，莫不同条而共贯，而孔子之大道可明矣。（《南海师承记》）

与康有为的论证思路不同，严复则主要是通过引入西方进化论来展开其社会变迁思想论证的。众所周知，19世纪50年代达尔文的《物种起源》出版后，其进化论思想很快成为最具影响力的学说。以斯宾塞和赫胥黎为代表的西方社会思想家将进化论思想应用于社会领域，形成所谓社会达尔文主义，产生了较大影响。19世纪90年代，在甲午海战惨败、中华民族危亡的关头，严复翻译英国生物学家赫胥黎的《天演论》，将社会进化论引入中国。社会达尔文主义"物竞天择""优胜劣汰"的思想在中国思想界引起强烈震撼：

> 达尔文者，英之讲动植之学者也……垂数十年而著一书曰《物种探

源》。……其一篇曰《物竞》，又其一曰《天择》。物竞者，物争自存也。天择者，存其宜种也。意谓民物于世，樊然并生，同食天地自然之利矣，然与接为构民物，各争有以自存。其始也种与种争，群与群争，弱者常为强肉，愚者常为智役。及其有以自存而遗种也，则必强忍魁桀，趫捷巧慧，而与其一时之天时地利人事最其相宜者也。……动植如此，民人亦然。民人者，固动物之类也。（《原强》）

在上文中，严复将进化论思想置于19世纪末叶中国空前的民族危机的背景之下，大声疾呼，在弱肉强食的世界体系中，弱者必然被强者鱼肉和奴役。欲保中华民族不致灭种，必须全民自强。由此，严复从进化论的理论高度论证了社会变革的必然性。

在严复看来，"天演"是一个自然变迁的过程，"一气之理，物自为变。以近世学者所谓天演也"（《庄子评语》）。他借用荀子"群"的观念，探讨了社会通过变革走向富强的逻辑，指出："不能群则不胜物，不胜物则养不足。群而不足，争心将作。""天演之事，将使能群者存，不群者灭，善群者存，不善群者灭。""早夜孜孜，合同志之力，谋所以转祸为福，因害为利。""吾愿与普天下有心人，共矢斯志也。"（《天演论》）

其次，根据变易进化的观点分析观察人类社会的进化发展历程，形成了"公羊三世说"的历史发展观，描述了人类社会进化发展的具体进程：

> 世有三：曰乱世，曰升平世，曰太平世。必拨乱世，反之正，升于平世，而后能仁。盖太平世行大同之政，乃为大仁，小康之世犹未也。（《论语注》）

在这里，康有为把人类社会历史的发展过程描述为一个沿着"据乱世"至"升平世"再至"太平世"的轨道向前进化的，认为这是人类社会进化发展的普遍规律。他还把《春秋公羊传》的"三世"与《礼记·礼运篇》的"大同""小康"相糅合，说："读至《礼运》，乃浩然而叹曰：孔子三世之变、大道之真在是矣。"（《礼运注》）又说："大道者何？人理至公，太平世大同之道也。三代之英，升平世小康之道也。"（《礼运注》）很显然，康有为在这里是把儒家理想的"大同之世"比作"太平世"，把"小康"比作"升平世"。这样便把他表述的人类社会的进化历程与目标与传统儒家的大同、小康社会理想紧密地联系起来了,说明从当下的"据乱世"进而为"升平世",达到小康,再进而为"太平世",达到大同,这是人类社会进化的普遍规律。

结合世界文明的演进过程和中国社会历史的发展特点,康有为还把"据乱世""升平世""太平世"的"三世",与"君主专制""君主立宪""民主共和"这三种制度联系起来,界定了"三世"进化模式的性质,他说:孔子作《春秋》,"分据乱、升平、太平三世。据乱则内其国,君主专制世也;升平则立宪法,定君民之权之世也;太平则民主,平等大同之世也"(《答南北美洲诸华商论中国只可行宪不可行革命书》)。很明显,康有为是以封建君主专制时代为"据乱世",以资本主义君主立宪制为"升平世",而以资本主义民主共和制为"太平世"。这三种政治制度,是人类社会进化的三个不同阶段,它构成了人类社会由低级向高级的进化过程。康有为的这种划分尽管并不科学,但他确认人类社会是不断向前发展的,并指出当时中国社会的剧烈变动究其实质是由君主专制(据乱世)向君主立宪(升平世)过渡,为维新变法提供了理论依据。

再次,强调"渐变"的社会进化思想。

康有为在将"三世"与"三制"联系起来的同时,还特别强调"三世"或"三制"的发展演化都必须循序渐进,不可超越,他说:"凡君主专制、立宪、民主三法,必当一一循序行之,若紊其序,则必大乱,法国其已然者矣。"(《答南北美洲诸华商论中国只可行宪不可行革命书》)在他看来,"三世"的演进,只能是"进化有渐"式的循序渐进,反对突变和骤进。严复则从西方社会进化思想出发,阐释了渐变的世界观。他把人类社会视为一个生物有机体,一般说来,"天演"是一个自然的过程,"人力"在其中显得非常渺小,"其演进也,有迟速之异,而无超越之时"(《政治讲义》)。不仅自然界如此,人类社会也应如此,"当循途渐进,任天演之自然,不宜以人力强为迁变"(《与熊纯如书十六》)。认为人类社会"如生物之初,其体必先分内外部。外部所以接物,内部所以存生。而社会亦然,稍进则有交通俵散之机,于生物则有血脉,于社会则有道路商贾;再进则有统治机关,于生物则有脑海神经,于社会则有法律政府"(《政治讲义》)。这种"有渐循序"的社会进化论,是在强调社会进化发展是一个有秩序的过程,应该说其观点符合事物发展的一般过程。但如果仅仅强调按其秩序渐进发展,否认社会进化发展中的革命性突变,实际上坠入庸俗进化论的泥潭。

总之，作为戊戌维新派的"精神领袖"，以康有为和严复为代表的维新思想家，为了论证变法维新的合理性，继承了中国古代传统的变易思想，同时又学习借鉴西方进化论及自然科学、社会理论的研究成果，积极主张变易进化，并创造出"三世说"的历史进化论，系统地提出了其社会变迁思想。其社会变迁论打破了中国封建社会中长期占统治地位的"天不变，道亦不变"的传统思想，也打破了美化"三代"，贵古贱今的传统观念。认为封建专制之"天"，将要变为资产阶级君主立宪之"天"，极大地解放了人们的思想。虽然"三世"说的进化理论体系采取了"托古"的手法，披上了传统儒家社会思想的外衣，还有不少主观推想成分，但它终究传播了资产阶级的新文化和新思想，为戊戌维新运动提供了思想理论基础。

二、社会批判与体制改革思想

置身于严重的民族危机背景之下，维新思想家的社会批判思想也自然异常激烈，他们首先将批判的矛头指向了君主专制制度，同时也对19世纪60年代发端的洋务运动展开了系统的批判质疑，并在此基础上阐述了较为系统的体制变革思想。

首先，是对君主专制的批判。

维新思想家认为，中国自秦朝以来，便建立起以皇帝一人专制为特征的王朝统治，在人治主义统治下，中国社会发展必然运行不畅，充满了偶然性。自秦以来，"无所谓天下也，无所谓国也，皆家而已。一姓之兴，则亿兆为之臣妾。其兴也，此一家之兴也；其亡也，此一家之亡也。天子之一身，兼宪法、国家、王者三大物，其家亡，则一切与之俱亡，而民人特奴婢之易主者耳，乌有所谓长存者乎！"（严复《法意按语》）在一人专制之下，皇帝以一人的知识和智力统治天下，故天下的"治"都是偶然的，而"乱"实为必然："所谓其人存则政举，其人亡则政息。盛衰兴亡几系在一人，此所以东洋诸国常不振也。"（梁启超《国家思想变迁异同论》）

维新思想家还从比较的视角，分析政治制度的优劣高下，认为民主分权体制显然优于君主集权体制："欲观政理程度之高下，视其中分功之繁简。今泰西文明之国，其治柄概分三权：曰刑法、曰议制、曰行政。譬如一法之立，其始则国会议而著之；其行政之权，自国君以至于百执事，皆行政而责其法之必

行者也。"（严复《读新译甄克思社会通论》）

在对封建君主专制权力和传统儒家的纲常名教对国民的严酷束缚问题的批判中，谭嗣同表现得最为激烈。谭嗣同（1864—1898），湖南浏阳人，是戊戌维新时期著名的思想家和政治家。1898年参与戊戌变法，失败后被杀。代表作品有《仁学》等。谭嗣同认为：

> 俗学陋行，动言名教，敬若天命而不敢渝，畏若国宪而不敢议。嗟乎！以名为教，则其教已为实之宾，而决非实也。又况名者，由人创造，上以制其下，而不能不奉之，则数千年来，三纲五伦之惨祸烈毒，由是酷焉矣。君以名桎臣，官以名轭民，父以名压子，夫以名困妻，兄弟朋友各挟一名以相抗拒，而仁尚有少存焉者得乎？

梁启超也对专制权力禁锢思想，使学术沉寂如死海，导致民族丧失了思想活力的问题进行了激烈的批判。他说："我中国于周秦之间，诸子并起，实为东洋思想之渊海。视西方之希腊，有过之无不及。……中世以还，国势统一，无外国之比较。加以历代君相，以愚民为术，阻思想之自由。故学风顿衰息，诚有如欧洲之所谓黑暗时代者。"（梁启超《论中国人种之将来》）

既然专制制度具有如此严重的社会危害，就必须加以摒弃。于是，维新思想家正本清源，批判了韩非子"圣人创制天下"的思想：

> 如韩子之言，则彼圣人者，其身与其先祖父必皆非人焉而后可，必皆有羽毛、鳞介而后可，必皆有爪牙而后可。使圣人与其先祖父而皆人也，则未及其生，未及成长，其被虫蛇、禽兽、寒饥、木土之害而夭死者，固已久矣，又乌能为之礼乐刑政，以为他人防备患害也哉？（严复《辟韩》）

这是严复以对传统的"圣人创制天下"说的批判为由头，对封建社会的君主专制制度进行的激烈批判。

其次，对中国传统宗族社会的狭隘性展开批判。

维新思想家对中国传统社会结构展开了初步的研究，认为"吾中国社会之组织，以家族为单位，不以个人为单位，所谓家齐然后国治是也。周代宗法之制，在今日其形式虽废，其精神犹存也"（梁启超《新大陆游记》）。这种社会结构在组织上往往表现为宗法家族制，使得中国的传统社会固然有其温情的一面，但也有其狭隘的缺陷。表现在：

（1）中国人重宗族而轻国家，而欧美人则重国家而轻宗族。康有为在其《大同书》中指出："欧美人以所游为家，而中国人久游异国，莫不思归于其乡，诚以其祠墓宗族之法有足系人思者，不如各国人之所至无亲，故随地卜居，无合群之道，无相收之理也。"中西民族的社会团结模式不同，中国人是以宗族为凝聚单位，而西方人则是以国家、民族为凝聚单位。这种概括虽然未必严谨，但却大体反映了中西民族对家庭、国家问题的基本理解。

（2）正因为欧美人重国家轻宗族，所以欧美人才会捐千百万金钱，建立学校、医院、恤贫、养老院等社会福利机构，使整个国家中的贫穷者受益。而由于中国人重宗族而轻国家，其社会福利善举只局限于捐祖堂、义田、义庄以恤贫兴学，只是荫其宗族而他族难受其惠，抚恤对象是宗族而不是国人。导致"人各私其家，则不能多得公费以多养医生，以求人之健康，而疾病者多，人种不善"。"人各私其家，则无从以私产归公产，无从公养全世界之人而多贫穷困苦之人。""人各私其家，则不能多抽公费而办公益，以举行育婴、慈幼、养老、恤贫诸事。""人各私其家，则不能多得公费而治道路、桥梁、山川、宫室，以求人生居处之乐。"（康有为《大同书》）这种宗族福利保障救助模式的直接流弊，便是中国人手足不能相救，造成了中国社会的贫弱。

基于上述认识，维新思想家批判了中国传统宗族福利保障模式的狭隘性。康有为认为："就收族之道，则西不如中，就博遍之广，则中不如西。是二道者果孰愈乎？夫行仁者，小不如大，狭不如广；以是决之，则中国长于自殖其种，自亲其亲，然于行仁狭矣，不如欧美之广大矣。仁道既因族制而狭，至于家制则亦然。"（《大同书》）在他们看来，植根于家族本位的中国传统社会行"仁爱"不够广博，只是局限于"自亲其亲"的范围内，并且认为在这一意义上，中国应该向西方学习。

再次，提出体制变革的思想。

维新思想家在系统阐述其社会批判思想的基础上，提出了较为系统的体制变革思想。

（1）对洋务运动局限性的批判。维新思想家还把批判的矛头指向了洋务运动，认为洋务官僚虽然开启了中国"师夷长技"的进程，但其并未触及深层次的体制变革，是"变事"而不是"变法"。"今天下之言变者，曰铁路，曰矿务，曰学堂，曰商务，非不然也。然若是者，变事而已，非变法也。"（康有为《敬谢天恩并统筹全局折》）维新思想家认为，洋务派推行的这种仅停留在器物技术层面的社会改革，实际上不可能使中国走向富强。"夫自海禁既开以还，中国之仿行西法也，亦不少矣：总署，一也；船政，二也；招商局，三也；制造局，四也；海军，五也；海军衙门，六也；矿务，七也；学堂，八也；铁道，九也；纺织，十也；电报，十一也；出使，十二也。凡此皆西洋至美之制，以富以强之机，而迁地弗良，若亡若存，辄有淮橘为枳之叹。"（严复《原强》）维新派由此认为，洋务运动及洋务派思想家是"不识国民之原理，不通世界之大势，不知政治之本原，当此十九世纪竞争进化之世，而惟弥缝补苴，偷一时之安，不务扩养国民实力，置其国于威德完盛之域，而仅撷拾泰西皮毛，汲流忘源，遂乃自足"（梁启超《李鸿章》），因而是注定会走向失败的。

（2）主张进行政治体制变革。既然西方民主体制远优于中国君主集权体制，那么，中国的维新变法，就必然实施政治体制的变革。维新思想家以西方国家和通过变法走上富强的日本为模板，积极推动政治制度层面的变革。

> 民主者，法制之极盛也，使五洲而有郅治之一日，其民主乎！虽然，其制有至难用者，何则？斯民之智、德、力常不逮此制也。（严复《法意》）

> 泰西之强，在其政体之善也。其言政权有三：其一立法官，其一行法官，其一司法官。立法官，论议之官，主造作制度，撰定章程者也。行法官主承宣布政，率作兴事者也。司法官主执宪掌律纠愆谬者也。三官立而政体立，三官不相侵而政事举。……今欲行新法，非定三权未可行也。（康有为《日本变政考》）

维新思想家还将批判的矛头集中指向了八股取士的科举制度。指出八股之害，害在使天下无人才，具体来说，其有大害三："其一害曰锢智慧，……其二害曰坏心术，……其三害曰滋游手。"认为："八股取士使天下消磨岁月于无用之地，堕坏志节于冥昧之中，长人虚骄，昏人神智，上不足以辅国家，下不足以资事畜。破坏人才，国随贫弱，此之不除，徒补苴罅漏，张皇幽眇，无益也。"（严复《同上救亡决论》）

为此，他们主张废科举，倡新学，实现人才遴选体制的变革。

（3）主张进行社会体制改革。维新思想家清楚地意识到社会体制变革与政治体制变革的关联性，强调社会体制变革的基础性作用。在"公车上书"中，维新派即将"恤穷"与务农、劝工、惠商并列为救国的四大要政，提出救国必从"扶贫济弱"开始，他们坚信只有国民走出"穷弱"，国家才能变得强大起来。在《大同书》中，更在批判现实社会的基础之上，指出中国传统的宗族福利保障模式的狭隘性，认为只有将生育、教养、老病、死丧等事都归于社会公共福利事业，建立"公养""公教""公恤"的社会保障制度，中国社会才能真正走向大同。

三、开民智、做新民的国民改造思想

在日益高涨的维新变法进程中，维新思想家无论是从传统儒家思想中的重民思想出发，还是循着西方进化论的思想逻辑，都必然把"开民智""新民"置于空前重要的位置上。在新民思想的阐释过程中，梁启超发挥了重要作用。梁启超（1873—1929），字任甫，号任公，广东新会人。青年时期追随康有为，倡导变法维新，并称"康梁"。变法失败后，逃亡海外，继续推动君主立宪。是近代中国维新派和立宪派代表人物，亦是著名的思想家和政治家，其著作合编为《饮冰室合集》。

维新派关于开民智、做新民的思想主要体现在以下几个方面：

首先，强调了开民智的必要性。在民族危机日益严重的背景下，维新派将开民智、新民与救亡图存的政治运动紧密地结合在一起，认为在国贫民弱的形势下，欲使中国走向富强，必须新民。

> 夫所谓富强云者，质而言之，不外利民云尔。然政欲利民，必自民各能自利始。民各能自利，又必自皆得自由始。欲听其皆得自由，尤必自其各能自治始，反是且乱。顾彼民之能自治而自由者，皆其力、其智、其德诚优者也。（严复《原强》）

很显然，在维新派看来，国家民族的盛衰，最终取决于国民的素质。

但现实的民智情况却不容乐观："今夫民智已下矣，民德已衰矣，民力已困矣。有一二人焉，谓能旦暮为之，无是理也。何则？有一倡而无群和也。是故虽有善政，莫之能行。善政如草木，置其地而能发生滋大者，必其天地人三

者与之合也，否则立槁而已。"（严复《原强》）认为当时在西方列强面前任人欺凌的中华民族，一般国民在民智、民德、民力等方面都存在着一些严重的缺点，主要表现在"知家族而不知国家"，缺乏公共心，"我国人所以至今不振者，一言蔽之，曰公共心缺乏而已。私家之事，成绩可观者往往而有，一涉公字，其事立败。……公林无不斩伐，公路无不芜梗，公田无不侵占，公园无不毁坏"（梁启超《国民浅训》）。由此，要使中华民族复兴，改造国民的缺点，成为迫在眉睫的事情。

此外，他们还从文化比较的角度指出，国民存在一些劣根性亟待改造。如：中国最重三纲，而西人首明平等；中国亲亲而西人尚贤；中国以孝治天下，而西人以公治天下；中国尊主而西人隆民；中国贵一道而同风，而西人喜党居而州处；中国多忌讳而西人重讥评；其于财用也，中国重节流而西人重开源，中国追淳朴，而西人求欢虞；其接物也，中国美谦屈而西人务发舒，中国尚节文而西人乐简易；其于为学也，中国夸多识而西人尊新知；其于祸灾也，中国委天数而西人恃人力。（严复《论世变之亟》）上述这种中西国民素质的比较，虽然基本上停留在宏观的命题式概括层面，但在中华民族面临空前危机的背景下，其思想观点直接为国民性改造提供了比较充分的必要性论证。

其次，指出了新民的路径。在推进做新民的具体路径问题上，维新思想家主张应从国民总体和个体两个方面展开和推进。他们认为，所谓新民，首先是作为群体意义上的国民总体启蒙任务。"凡物性质，视其质点之何如，自人为团体至于天生动植乃及人群莫不如此。是故，欲觇其国，先观其民，此定例也。"（严复《群学肄言》）他们多次强调"群"对于新民的重要性：

> 道莫善于群，莫不善于独。独故塞，塞故愚，愚故弱；群故通，通故智，智故强。星地相吸而成世界，质点相切而成形体。数人群而成家，千百人群而成族，亿万人群而成国，兆京陔秭壤人群而成天下。无群焉，曰鳏寡孤独，是谓无告之民。（梁启超《变法通议》）

他们进而指出，只有提高人民德、智、体三方面的基本素质，才能增进提高人民的自治能力，从而使国家走向富强。

此外，他们还明确指出，个体国民素质也极其重要：

一私人而无所私有之德性，则群此百千万亿之私人，而必不能成公有之德性……一私人对于一私人之交涉而不忠，而欲其忠于团体，无有是处……故欲铸国民，必以培养个人之私德为第一义。（梁启超《新民说·论公德》）

及今而图自强，非标本并治焉，固不可也。不为其标，则无以救目前之溃败；不为其本，则虽治其标，而不久亦将自废。标者何？收大权、练军实，如俄国所为是已。至于其本，则亦于民智、民力、民德三者加之意而已。果使民智日开，民力日奋，民德日和，则上虽不治其标，而标将自立。（严复《原强》）

总之，维新派关于"新民"问题的阐述，触及中国社会现代化最为关键的基础性问题，揭开了近代以来中国社会思想界"国民性改造"思潮的序幕，对于将群体的、个体的国民从封建束缚中解放出来，具有积极的进步作用。

四、《大同书》的社会理想

维新思想家不仅系统地阐述了维新变法的条理本末，参与了戊戌百日维新，而且还提出了一个具有空想社会主义性质的"大同"理想方案，体现了其对人类文明未来的深沉思考。康有为的大同思想酝酿较早，早在1884年他就开始推演大同之义。1885年撰写《人类公理》，并口授给梁启超、陈千秋等亲信弟子，但原稿却始终秘不示人。戊戌变法失败后，康有为周游世界，有机会亲眼目睹西方资本主义社会的危机，使他对人类文明的现实和未来命运的思考更加深刻。1901年至1902年间，康有为在印度完成了全稿，但直到1935年，全书才得以出版。《大同书》的主要内容是批判现实、规划人类社会未来。康有为吸收了中国儒家的"公羊三世"说、《礼运》篇的"大同""小康"社会理想和西方进化论、天赋人权论以及空想社会主义思想，并在此基础上，精心设计了一个人类未来社会的美好蓝图。

首先，对现实社会进行了深刻的揭露和批判。

《大同书》以《入世界观众苦》为全书的开篇，着力揭示了人类社会的种种苦难，指出造成这些苦难的根源是世界上存在着"九界"，即国界、级界、种界、形界、家界、产界、乱界、类界、苦界。人类要想真正地摆脱苦难，必须铲除上述这些苦难的根源。

通过对人类苦难生活的描述，康有为揭露控诉了封建社会的种种不合理现象。他描述封建剥削压迫下的农民之苦，说："农民穷苦，胼胝手足以经营之，而终岁之勤，一粒无获，宜其怨苍苍之大憾，而嗟上帝之不仁也。"他还指出社会下层民众"饥渴不得自由，劳动不得休职，冒风而跋征，穷昼夜不获少息"，而社会上层贵族则居于高堂深厦，对下层民众进行肆无忌惮地剥削劫掠。他还对现实社会严重存在的男尊女卑问题进行批判，认为妇女受苦最深、她们不仅"不得仕宦，不得科举，不得为议员，不得为公民，不得为学者"，而且"不得自立，不得自由"，"甚至为囚，为刑，为奴，为私，为玩"，对于妇女在社会中这种极端低下的非人境遇，康有为深有感触地说："不平至此，耗矣哀哉！"

值得特别提出的是，康有为在《大同书》中还对资本主义社会严重的贵贱贫富对立等不合理现象，进行了无情的揭露和批判。他说：资本主义社会的富者、贵者，虽然号称文明，但社会上却是贫者愈贫，乞丐盗贼遍地，整个社会充满了尔虞我诈和勾心斗角。至于资本主义社会的国与国关系，更是强国凌弱，大国吞小国，给弱小国家的百姓民众带来了无尽的苦难。

其次，在批判现实社会的基础上，提出大同社会构想。他描述的理想社会形态有以下几个方面：

(1) 物质文明和精神文明高度发达。康有为设想的"大同"极乐世界，物质文明高度发达，工业、交通、服务等行业都实现了自动化、电气化、机械化。人民生活极端幸福，人人在物质（衣、食、住、行）和精神（文化、教育、娱乐）方面都是尽善尽美，人们的精神境界也非常高尚。

(2) 废除私有财产，实行财产公有。他提出：要想实现大同社会，"必去人之私产而后可；凡农工商之业，必归之公"，就是说物质生产高度发达的大同社会，必须是以公有制为基础的社会。其具体办法是："公农"，即将天下的土地皆变为公有，不得私有买卖；"公工"，即将工厂、铁路、轮船等行业皆归公有，不许私人拥有产业；"公商"，即将所有商业划归政府统一公营，不得有私商；此外还有银行归公，货币公铸等措施。在社会公有制的基础上，农部、工部、商部都必须根据人口的需要和各地物产情况，制定相应的计划进行生产和消费。在消费方面实行工资制，按照人们的资历、才能、劳动成果和社会的贡献，发放不同等级的工资。

(3) 消灭阶级，人人平等。在他构想的大同世界，社会结构是既无帝王君长,又无官爵科第,人人平等的。社会实行自治制度,一切重要事情均要交给人民公议。全世界合为一个公政府,只有议员,没有行政官员,"举世界之人公营全世界之事,如以一家之父子兄弟,无有官也"。在大同世界里没有刑罚,最严厉的刑罚是"警惰"。总之,大同之世是一个天下为公,无有阶级,一切平等的美好社会。

(4)政府机关实行民主管理。康有为设计的大同世界,实行三级管理体制:全球设立公政府;地球划分100度,每度设度政府;度政府下面再分设若干个地方自治局,属基层行政单位。这三级行政机构只是社会的经济文化管理机关,而不是具有强制压迫性质的国家机器。在三级政府中实行真正、彻底的民主制,公政府的首脑是总统,由上下议员选举产生,任期一年,不得连任。总之,大同世界的政治原则无一不贯彻和体现着反对专制独裁的民主精神,是一个消灭了阶级、国家和私有财产,消灭了剥削压迫的极乐世界。

再次,实行广泛的社会福利。

在《大同书》中,康有为还把西方的"人道"与儒家的"仁道"结合在一起,抨击了中国传统的宗族保障模式,构想了"公养""公教""公恤"的理想社会的福利保障体系。康有为把中国传统儒家思想的"仁"与西方的人道主义结合在一起,构成了颇具中国特色的"仁道主义"。他认为:"人之所以为人者,仁也。""舍仁不得为人。"仁是爱的本质,人与人惟有相爱、相亲,才能达到"仁道"的理想境界。在其"仁道论"中,康有为颠覆了明清以来奉为社会主导地位的程朱理学的"存天理,灭人欲"说教,将"人欲"置于理学的"天理"之上,充分肯定了人的欲望的合理性。他说:"民之欲富而恶贫,则为开其利源,厚其生计,如农工商矿机器制造之门是也;民之欲乐而恶劳,则休息燕飨,歌舞游会是也;……民乐则推张与之,民欲自由则与之。"(《孟子微·仁不仁》)

康有为的"仁道论"和社会批判思想体现了他对贫苦劳动者的深切同情,既然百姓"欲富恶贫"的欲望是合理的,就应该予以保障,这实际上为其"大同世界"的社会保障论提供了理论依据。在激烈批判现实社会苦乐不均、贫富悬殊等不平等现象的基础上,提出只有去国、去种、去家、去产,以完全自由自主的个人作为社会的基本构成单位,将生育、教养、老病、死丧等事都归于社会公共事业,才能达到理想的"大同世界"。为此,他设计了一个大胆的空想方案:

> 大同无邦国，故无有军法之重律，无君主则无有犯上作乱之悖事，……无私产，则无有田宅、工商、产业之讼，……故太平之世不立刑，但有各职业之规则。……（人们）无仰事、俯畜之累，无病苦、身后之忧，无田宅、什器之需，无婚姻、祭祀、丧葬之费，孑然独立之一身，少有二十年学校之教，长有专门生计之学，老疾皆有所养。（《大同书》）

在这一理想的"大同"社会中，所有的社会福利事业都由公共机构来承担，主要包括"公养""公教""公恤"三个方面：

（1）公养机构。大同社会中的成年男女，自由结合，定期同居，届时需易人。妇女怀孕后入公立政府组建的"人本院"赡养，实施胎教。婴儿出生后一律由公立的"育婴院""慈幼院"抚养。

（2）公教机构。在大同社会中，儿童六岁入"小学院"，十一岁入"中学院"，十六岁入"大学院"，二十岁毕业。这样经过长达十四年的义务教育，使每一个青年人都受到良好的教育和专门的技术训练，可以凭借其专长去为社会服务。而且在他的描述中，大同社会所设立的，"人本院""育婴院""慈幼院""小学院"等公共福利机构的设施极为高级、完备，生活在其中的人们可得到超过家庭的、最高级的享乐。

（3）公恤机构。在其大同社会中，人如果患病或因工作受伤致残，可以进入社会举办的"医疾院"，得到精心高超的治疗。人到了晚年，则可进入社会举办的"养老院""恤贫院"，受到"公恤"，在这里老人可以欢快地安度晚年。"医疾院"和"养老院"的设备也非常高级，人们可以尽情地享用。人死了，还可以进入"化人院"火化，火葬场的旁边是肥料工厂。

通过上述的"公养""公教""公恤"等社会福利机构，人类社会便可达到孔子所描述的"老有所终，壮有所用，幼有所长，矜寡孤独废疾者皆有所养"的幸福快乐的大同之世。

最后，探讨实现大同社会的路径。

他认为，"去九界"是人类通向大同社会的道路。所谓"去九界"，即去国界、去级界、去种界、去形界、去家界、去产界、去乱界、去类界、去苦界，换句话说，就是消灭国家，消灭阶级，同化人种，解放妇女，消灭家庭，消灭私有，达到极乐的境界。而"去九界"的关键在"去家界""去形界"，即消灭家庭，实行男女平等。他设计出一个惊世骇俗的空想方案：男女自由同居，所生子女由社会"公养公教",这样才能使人去"家界",以独立自由的个人为主体,组成理想的大同社会。

受康有为大同思想的影响,谭嗣同、严复等维新思想家也曾表达出强烈的大同思想情结,如谭嗣同指出:"夫以欧美治化之隆,犹有均贫富之党,轻生命以与富室为难。"因此,"以心挽劫者,不惟发愿救本国,并彼极强盛之西国,与夫含生之类,一切皆度之",使中国和西方各国均进入更高的"大同之治"(《仁学》)。严复也认为,西洋各国"垄断既兴,则民贫富贵贱之相悬滋益远矣。……于是均贫富之党兴"(《原强》),因而提出了"致太平"达"至治极盛"的高级理想社会目标。

以康有为"大同"思想为核心的理想社会论,勇敢地揭露抨击了封建主义和资本主义社会的种种问题和弊端,并以丰富的想象力虚构了高于资本主义的未来理想社会。他把大同社会建立在生产力高度发展的基础上,堪称是前无古人的。从历史上看,康有为的大同学说曲折地反映了下层民众渴望平等、自由的愿望,对于解放处于封建枷锁束缚下的人们的思想,具有积极作用,虽然它只是一种不能付诸实现的乌托邦。

第三节 开明官僚的社会思想

19世纪五六十年代,以鸦片战争的冲击和封建统治的内部危机为背景,统治阶级阵营开始发生分化,一部分是坚持"天不变道亦不变"传统信条的顽固派,他们固守华夷观念,拒斥西学,反对改革;另一部分则是由开明官僚构成的改革派和洋务派,他们较早地意识到,在西方资本主义列强侵略扩张的背景下,中国正面临"数千年未有之变局"的挑战,他们继承了中国传统思想体系中的变革思想,力主通过改革的途径,在不根本改变封建统治制度的前提下,实现"求强""求富",以维护封建统治的稳定和延续。

一、"中体西用"的社会变革观

"中体西用"是"中学为体、西学为用"的缩语,作为19世纪后期中国社会思想界最具影响力的社会思潮,其主要是指以中国固有的传统儒家文化为根本,在不动摇中国既有的占主导性地位的儒家社会思想和基本制度的前提下,学习和应用西方的声光电化等实用的先进技术和社会制度。"中体西用"思想产生后，基本上沿着两条线索发展和演进：其一是以洋务派为主体的开明官僚的"中体西用观"，其二是具有资产阶级改革倾向的改良派思想，二者之间既有联系，也存在原则性的区别。以开明官僚为主体的洋务派和改革派，基本上是循着"学而优则仕"的路径，通过科举之路，跻身于统治阶级行列的。他们的社会思想，已先入为主地具有了维护传统儒家社会价值体系的倾向，但同时又面对西方列强的入侵对激变的世界有着比较清醒的认识，意识到摄取西学，学习西方先进技术，改革封建弊政的必要性。他们在其所推行的洋务运动及社会改良实践过程中，主张在不根本改变封建制度的前提下，通过改革达到"求强""求富"的目的，其所奉行的社会变革理念即是典型的"中体西用"原则。

19世纪六七十年代，在洋务派早期代表人物的思想言论中，我们可以发现很多关于"中体西用"变革理念的清晰表述：

> 欲求自强之道，总以修政事，求贤才为急务，以学作炸炮，学造轮舟等具为下手。（《曾文正公全集》）
> 中国文武制度，事事远出于西人之上，独火器万不能及。……中国欲自强，则莫如学习外国利器。（《李文忠公全集》）

在主张并实行引进西方坚船利炮，学习其科学技术及其近代企业制度的同时，洋务派开明官僚们还试图把"中体西用"作为调节中西学之间关系，阐明西学价值所应遵循的原则，认为：

> 尝谓自有天地以来，所以弥纶于不敝者，道与器二者而已。……中国所尚者道为重，而西人所精者器为多。……欲求驭外之术，唯有力图自治，修明前圣制度，勿使有名无实；而于外人所长，亦勿设藩篱以自隘，斯乃道器兼备，不难合四海为一家。盖中国人民之众，物产之丰，才力聪明，礼义纲常之盛，甲于地球诸国，既为天地精灵所聚，则诸国之络绎而来合者，亦理之固然。（薛福成《代李伯答彭孝廉书》）

可见，与封建顽固派闭关锁国的保守落后观念不同，以曾国藩、李鸿章等为代表的洋务派开明官僚们，初步形成了新的世界秩序观，他们已开始承认器物、技术层面上西学的价值，认为西方诸国在"器物"和技术上高于中国，值得学习。另一方面，在器物、技术层面接受和吸纳西学，对于捍卫"中体"亦具有重要意义。故无论是从实学的角度，还是基于维护封建统治的工具性角度，都应该引进器物技术层面上的西学。

到19世纪90年代，"中学为体，西学为用"的观念为更多的开明官僚所接受，如1895年4月，沈寿康的《匡时策》指出："夫中西学问，本自互有得失。为华人计，宜以中学为体，西学为用。"但此时期"中体西用"观点最为典型的表述还应首推后期洋务派代表人物张之洞。张之洞（1837—1909），号香涛，早年是清流首领，历任山西巡抚、两广总督、湖广总督、两江总督，是后期洋务派的主要代表人物，其著作被汇编为《张文襄公全集》。在《劝学篇》中，张之洞的"中体西用"思想得到了充分的展开和论证。

首先，强调捍卫"中体"的必要性与迫切性。

张之洞在变法维新走向高涨之际，提出"中体西用"说，其重要目的在于防止民权思想的传播，认为该社会思想如发展下去，会导致"邪说暴行、横流天下"，因此，必须捍卫中体，维护中国传统的纲常名教和统治秩序。提出"近日摭拾西说者甚至谓人人有自主之权，益为怪妄。此语出于彼教之书，其意言上帝予人以灵性，人人各有智虑聪明，皆可有为耳。译者竟释为人人有自主之权，尤大误矣"。同时强调"君为臣纲、父为子纲、夫为妻纲……此其不可得与民变革者也。五伦之要，百行之原，相传数千年更无异义，圣人所以为圣人，中国所以为中国，实在于此"。鉴此，必须要固守中学，"今欲强中学，存中学，则不得不讲西学。然不先以中学固其根柢，端其识趣，则强者为乱首，弱者为人奴，其祸更烈于不通西学者矣"。

其次，把"西用"扩大到"西方政艺"领域。

早期洋务派将"西用"限于枪炮兵船、天文历算、声光化电等"器物技艺"层面，张之洞将其概括为"西艺"，而并非"西政"。他认为后者对中国更为重要。为此张之洞将"西用"的范畴扩大到了"西政"领域，这是《劝学篇》外篇重点阐述的思想。认为"西艺非要，西政为要"。"学校、地理、度支、赋税、武备、律例、劝工、通商，西政也。……大抵救时之计、谋国之方，政尤急于艺。""夫政刑兵食，国势邦交，士之智也；种宜土化，农具粪料，农之智也；机器之用，物化之学，工之智也；访新地，创新货，察人国之好恶，较各国之息耗，商之智也；船械营垒，测绘工程，兵之智也。此教养富强之实政也，非所谓奇技淫巧也。"将"西用"扩大到制度层面，这是对早期洋务派"中体西用"观的重大突破。但值得注意的是，其所说的"西政"，并不包括设议院和倡民权的内容，表现出其与资产阶级维新派的根本分歧。

再次，提倡中学与西学之间会通。

在《劝学篇·会通》中，探讨了中学与西学之间的"会通"问题。认为在学术源流上，中学与西学存在着天然的关联，早在三代之时，中国学术政教已经"东渐西被"。后来，"中西僧徒、水陆商贾，来往愈数，声教愈通"。此外，承认西学的特殊价值，"中学为内学，西学为外学；中学治身心，西学应世事。不必尽索之于经文，而必无悖于经义。如其心圣人之心，行圣人之行，以孝弟忠信为德，以尊主庇民为政，虽朝运汽机，夕驰铁路，无害为圣人之徒也"。所以，"西政西学果其有益于中国，无损于圣教者，虽于古无征，为之固亦不嫌"。强调中学西学各有其定位和作用，不能"糅杂之以为中西无别"，而且必须以"无悖于经义"为前提，将"以孝弟忠信为德，以尊"。

"中体西用"是19世纪后期地主阶级开明官僚中兴起的一种旨在提倡西学，处理好中西学关系的思潮，其观点在反对顽固派锁国闭关、守旧排外思想，采借西学上发挥了重要作用。它通过"体用""本末"关系的论证，告诉世人，中西文化可以互补和相容，通过采纳西学，中国固有文化可以焕发出新的活力。中体西用思潮对于19世纪后期中国早期现代化的启动，发挥了积极的作用。而其局限性则在于其先肯定了中国传统主导性社会思想及其社会价值系统的核心地位，而将西学视为补充中学的工具，从而限制了对传统文化中之弊端的反思与批判，抑制了西方新思想文化在中国的传播，因此其仍具文化保守的性质。

二、废科举、兴新学的教育改革思想

早在19世纪中叶，包括龚自珍、林则徐、包世臣在内的一些开明士大夫即意识到清朝封建统治正面临着严重的人才危机，并开始积极寻找解决对策。到19世纪末20世纪初，在西学进一步传播普及和维新变法、实施新政的背景下，一些开明官僚围绕着废科举，倡新学，提出了更加系统的改革主张，并展开了初步的实践，在近代中国社会思想史上占有重要地位。

首先，指出了废科举、兴新学的迫切性。

早在 19 世纪六七十年代的洋务运动初期，一些开明官僚已意识到中国通过科举取士选拔人才方式的落后性，发出了"所用非所学，人才何由出"（李鸿章《筹议海防折》）的疑问，作为洋务运动中后期代表人物之一的张之洞在其 1898 年发表的《劝学篇》中，则更为明确地指出，作为一种选才方式，科举已渐趋保守僵化，难以选拔出真正优秀的人才，"中国仕宦出于科举，虽有他途，其得美官者、膺重权者，必于科举乎取之。自明至今行之已五百余年，文胜而实衰，法久而弊起。……近今数十年，文体日益佻薄，非惟不通古今、不切经济，并所谓时文之法度、文笔而俱亡之"（张之洞《劝学篇》）。

一些开明官僚鉴于科举的诸种弊端，提出在不改变现行科举制的原则下实施改革，建议在文科举中"特设一科，专取博通掌故、练达时务之士"，试以有用之学；而武科举中"亦可别设水师一科，凡有能造战舰、炮台、火器及熟悉风涛、沙线、驾驶、测量并用枪炮有准者，由各省考取，咨送总理衙门验试，如有成效，即以擢补海防各职"。① 但其建议未被采纳。中法战争期间，两广总督张树声也建议清廷开设"特殊科"，以弥补科举选才的缺憾，指出"方今事故日殷，筹边筹海皆数千年未有之变，其不能专恃数百年不变之法以应之也，明矣……若仍例举乡会常科取章句讲论之士，恐未足以上副德意宏济艰难也。以臣之愚谓宜上法祖制斟酌百王，特开制举，分为数科"，建议将"精通图算、深明机器堪胜营造者"，列为一科。（《张靖达公奏议》卷二）可见，开明官僚对科举制度的批评虽然不如维新思想家的言辞激烈，但其认识问题的角度独特，且具有较强的务实性。

其次，提出了废科举、兴新学过程中的新旧对接方案。

20 世纪初，在清末新政启动之际，一些开明官僚将废科举提到议事日程，提出："欲补救时艰，必自推广学校始；欲推广学校，必自先停科举始。"（《光绪政要》卷三一）他们认为科举制度与新学堂不可并立，"由科举未停，天下士林谓朝廷之意并未专重学堂也。然则科举若不变通裁减，则从情不免观望，绅富孰肯筹捐，经费断不能筹，学堂断不能多。……窃思就事理而论，必须科举立时停罢，学堂办法方有起色，学堂经费方可设筹"。② 但他们在推进废科举

---

① 陈学恂主编：《中国近代教育史教学参考资料》上册，人民教育出版社 1986 年版，第 212 页。
② 《光绪二十九年十一月二十六日张百熙、荣庆、张之洞奏请递减科举注重学堂折》，《中国近代学制史料》第二辑上册，华东师范大学出版社 1989 年版，第 107 页。

的改革进程中,很快发现,由科举向学堂的转变存在着比较复杂的制约因素。建议在科举学堂并存的时期,将科场递减的名额,转移到学堂使用:"今不入学堂,而亦能得科举,且入学堂反不能如此之骤得科举,又孰肯舍近而图远,避易而求难。……是科举一日不废,即学校一日不能大兴;将士子永远无实在之学问,国家永远无救时之人才;中国永远不能进于富强,即永远不能争衡于各国,……以科场递减之额,酌量移作学堂取中之额,俾天下士子,舍学堂一途,别无进身之阶,则学堂指顾而可以普兴,人才接踵而不胜用。"①

此外,也可以通过给学堂培养出的精通西学的人才以秀才、举人名分的方法,来减缓新旧转换过程中的矛盾,"于通商各埠设立学堂,延师教习,是亦广收博取之道。如得变通科举章程,不取文艺之末,而于士子之习西学能精通者,一体给予秀才、举人,同于正途,则人情益形鼓舞矣"(刘坤一《遵议廷臣条陈时务折》)。通过上述这种新旧交错的方式,推进由科举到学堂的变革。

再次,力倡大兴新式学堂,并具体分析了学堂优于科举之处。

19世纪末20世纪初,在维新变法和新政改革的过程中,一般开明官僚普遍意识到新式学堂的重要性和诸多优越性,认为"自强生于力,力生于智,智生于学",并指出:"智以救亡,学以益智,士以导农工商兵;士不智,农工商兵不得而智也。政治之学不讲,工艺之学不得而行也。大抵国之智者,势虽弱,敌不能灭其国;民之智者,国虽危,不能残其种。"主张"天下广设学堂","各省、各道、各府、各州县皆宜有学,京师、省会为大学堂,道府为中学堂,州县为小学堂,中小学以备升入大学堂之选。府县有人文盛物力充者,府能设大学,县能设中学尤善"(张之洞《劝学篇》)。

开明官僚还强调,与科举相比,新式学堂具有极为明显的优长:"科举文字,每多剽窃;学堂功课,务在实修。科举只凭一日之短长,学堂必尽累年之研究。科举但取词章,其品谊无从考见;学堂兼重行检,其心术尤可灼知。"同时还批驳了有关废科举,兴学堂,就会使"士人竞谈西学,中学将无人肯讲"的责难,认为现拟定各学堂课程,于中学尤为重要,包括了中国原有的经学、史学、文学、理学,所以"凡科举之所讲习者,学堂无不优为,学堂之所兼通者,科举皆所未备。是则取材于科举,不如取材于学堂"(张之洞《请试办递减科举折》)。

---

① 陈学恂:《中国近代教育大事记》,上海教育出版社1981年版,第121、126页。

在人才培养和选拔制度改革的问题上,新式学堂的教学内容为"中学西学兼习",而"中国书院专以八股、试帖、词赋教人,使天下士子趋于浮薄,人才安得不坏?然将各处书院尽改设西学,并置经义于不讲,则中学偏废矣。夫大学首重格致,礼经亦有考工,其余星象、卜筮、树艺、农桑何一不垂诸训典为儒者所应知?固不得谓中学尽属虚文,亦不得视西学均是末技"(刘坤一《遵议廷臣条陈时务折》)。其观点一方面批判了八股取士的空疏弊端,另一方面则更加重视以技术为核心的西学,并将西学与中学置于同等的地位之上,从而推进了西学在新学中的地位。

值得注意的是,此时期开明官僚也注意到出洋留学的特殊价值,如张之洞即认为,"出洋一年胜于读西书五年","入外国学堂一年胜于中国学堂三年"(张之洞《劝学篇·游学》)。这种教育思想对推动清末官派留学生制度的发展,发挥了重要作用。

三、地方自治的社会治理思想

19世纪八九十年代以来,伴随着中外接触交流的增多,统治阶级阵营中的开明官僚对国外地方社会的治理体制有了更多的了解,开始意识到,在中央集权体制下,因地方缺少自主性,地方社会自然难以焕发出应有的活力。他们以国外民主体制下的地方自治为样板,主张在中国实施地方自治改革,以加强基层社会治理。

晚清开明官僚地方自治的思想及实践活动,始于19世纪末的戊戌变法时期。1894年,湖南巡抚陈宝箴与梁启超、谭嗣同等维新思想家合作,展开了近代中国历史上的地方自治实践活动。当时,梁启超在《上陈宝箴书》中提出,在德国强据胶州湾,帝国主义列强瓜分中国之说甚嚣尘上的背景下,"非变法,万无可以图存之理",但是,在封建专制体制下,如果把变法之事全部拜托于"政府诸贤",就是"东海可涸,南山可移",变法也终难成功。在民族危亡的紧急关头,唯一使变法能尽快成功的办法是:"必有腹地一二省可以自立,然后中国有一线之生路。"稍后,梁启超在为"南学会"所做的序文中提出了湖南地方自治的行动计划,他号召湖南维新志士像日本明治维新时萨摩、长州诸藩的维新志士那样,在建立带有地方自治特色的变法基地之后,乘胜前进、把维新之火燃遍全国。他写道:"吾闻日本末叶,诸侯拥土者数十,而惟萨、长、土、肥四落者,其士气横滋,热气备发,风气已成,浸假遍于四岛。今以中国之大，积弊之久，欲一旦而联合之，吾知其难矣。其能如日本之已事，先自数省起，此数省者，其风气成，其规模立，然后浸淫披靡，以及于他省，苟万夫一心，万死一生以图之，以力戴王室，保全圣教，或者犹可为也。"（《湖南广东情形》）

1898年6月11日，以光绪帝下《明定国是诏》为起点，戊戌变法走向了它的高潮——百日维新。百日维新过程中，光绪帝虽明诏累下，责成督抚实行，但是除了湖南巡抚陈宝箴外，其他省份的督抚多袖手旁观，视诏书为具文，拒不执行。而新政诏书之所以在湖南执行得比较顺利，与陈宝箴带有地方自治色彩的思想及维新活动有着直接的关系。1898年9月，戊戌政变发生，皇帝被囚，"变法六君子"被杀，康梁逃往日本，变法失败。湖南维新运动也被取消，陈宝箴与维新派合力推动的模仿日本明治维新，惨淡经营的"地方自治"计划宣告失败。严酷的历史事实证明，先在地方建立自治性质的变法基地，然后扩展至全国的维新方略，在日本虽然早在30年前已经成为成功的经验，但在当时的中国政治社会环境下却是行不通的。

20世纪初期，迫于革命风潮的压力及王朝面临的严重的统治危机，清王朝开始实施所谓"新政"，并于1906年9月颁布《宣示预备立宪谕》，加快了社会政治改革步伐。在此背景下，部分开明官僚力倡地方自治，希图通过社会治理体制的变革，帮助王朝度过统治危机。此时期开明官僚的地方自治思想主张主要表现在以下几个方面：

第一，认识到地方自治的意义与紧迫性。

在推行预备立宪的过程中，多数开明官僚已认识到地方自治是实施宪政最为重要的体制性和社会性的基础，是增强社会活力的重要途径。

> 自列强均势，凡政治学家之言，皆曰非立宪无以自存，非地方自治无以植立宪之基本。（《两江总督端方等奏江宁等办地方自治局情形折》）
> 地方自治，实宪政之根基，自治苟不完成，宪政仍难确立。（《广西巡抚张鸣岐奏广西筹办地方自治情形折》）

有些开明官僚还从政治地理学角度，论述分权与地方自治的必要性。如江苏学政唐景崇即认为：

立宪之国，行政须从小部分起。又曰平衡广多之国，有中央统治主义，山岳罗列之国，有地方分治主义。中国幅员面积有四百余万英里之多，全国山脉为阿尔泰、昆仑、希马拉亚三大山，故所在皆多山岳，当以分治为宜。夫分治者，并非侵越中央政府，贸然上揽其柄权也。譬如一市焉，一乡焉，一县焉，利当兴者兴，弊当革者革，而国力、官力有所未逮者，则分力于个人，分之既多，合无数之聪明材力，兴办一方之公事，结成巩固之范围……夫中国今日凡关于地方自治殊乏起色。窃以为及今施行宪法，请先酌定区域之广狭，饬下地方兴设议会，凡各项应办事宜，许民间开会集议。(《江苏学政唐景崇奏预筹立宪大要四条折》)

第二，提出了处理"自治"与"官治"关系的主张。

在地方自治设计与推进的过程中，存在着"自治"与"官治"的关系问题。宪政编查馆大臣在奏折中围绕着《城乡地方自治章程》中关于"官治"与"自治"的关系问题展开了较为系统的阐述：

自治之事渊源于国权，国权所许，而自治之基乃立。由是而自治规约，不得抵牾国家之法律，由是而自治事宜，不得抗违官府之监督，故自治者，乃与官治并行不悖之事，绝非离官治而孤行不顾之词。惟立宪国之所异者，彼于官治、自治之限阈，郑重剖析，勒为法典，上下相信，守之不渝，民固不得奋私智以上渎，而官亦不得擅威福以下侵，用能相互系属，而龃龉不生，各守分限，而责任亦无所贷，于是特立地方自治之名，使与官治相倚相成，而自治与官治，乃有合则双美，离则两伤之势矣。(《宪政编查馆奏核议城镇乡地方自治章程并另拟选举章程折》)

认为自治与官治是并行不悖的关系，二者合则双美，离则两伤：

自治云者，对乎官治而言。近世之国家，其行政之机关，大别之为二：一曰官府，一曰自治体。官府为国家直接之行政机关，以直接维持国权为目的，如外交、军事、财政之类，皆官府所司之政务也。自治体为国家间接之行政机关，以地方之人治地方之事，而间接以达国家行政之目的，如教育、警察及凡关乎地方人民之安宁幸福之事皆是也。直接之行政名曰官治，间接之行政名曰自治。此行政法上常用语，而近世文明诸国皆行之有其实例者也。自治之制，盖所以补官治之不足，而与官治相辅而行。是故其国官治不振者，则事无统一；其国自治不备者，则事必废弛。（攻法子《敬告我乡人》）

可见，在开明官僚看来，地方自治可与官治是一种相辅相成的关系。

第三，讨论了地方自治的本土性与地方性问题。

在一般开明官僚看来，地方自治概念虽然源于国外，但其制度却是古已有之的：

查地方自治之名，虽近沿于泰西，而其实则早已根荄于中古，周礼比间、族党、州乡之制，即名为有地治者，实为地方自治之权舆。下逮两汉三老、啬夫，历代保甲乡约，相沿未绝。即今京外各处水会、善堂、积谷、保甲诸事，以及新设之教育会、商会等，皆无非使人民各就地方聚谋公益，遇事受成于官，以上辅政治而下图辑和，故言其实，则自治者，所以助官治之不足也。"（《两江总督端方等奏江宁筹办地方自治局情形折》）

这种淡化地方自治概念与西学关联的方法，有混淆中国传统自治和近代地方自治本质区别之嫌，但其目的实际上却是试图将地方自治建立在本土文化的基础之上，注意寻找地方自治的本土思想渊源，而尽力淡化其欧美文化色彩，在地方自治实践中具有积极作用。

汉代以来，中国的官员任职制度中即形成了一套回避制度。一直发展到清朝，且更为完备，包括任职的亲族回避、地区回避、职务回避等都有规定。其中地区回避是规定本地人不得在本地为官，如外官回避本省，教职回避本府，以防营私偏袒等腐败行为。但到清末为了推动地方自治，认为地方自治不能仅仅停留在行政体制变革的层面，还必须植根于地方性关系的基础之上，因此提出了让一定数量的本省籍官员在本地任职的主张，即所谓"以本省之人，任本省之州县各官"，并认为其利有四：

生长于斯，必周知地方利弊，则人不能欺，而易于兴革。其便一。言语既同，风气相近，民情自易于上达，且桑梓恭敬之心，邻境亲睦之谊，人熟无良，必思振作，以为宗族交游光宠。其便二。人容有不爱全国，未有不爱本省者，容有不畏舆论，未有不畏乡评者，西人谓名誉重于生命，若本省为官，则父母之督责，里老之讥评，稍知自好必不敢任意妄作。其便三。现在直隶、江苏已试办地方自治，本省为官与地方自治相辅而适相成。其便四。（《举人阎毓善条陈预备立宪应先别除吏治积弊八策折》）

在他们看来，风气相近，桑梓恭敬之心，邻境亲睦之谊这些乡土元素有助于地方自治的推进和展开。

总之，19世纪末20世纪初，清政府内部一些开明官僚关于地方自治的讨论和设计，介绍了国外地方自治的条例及运行机制，同时也探讨了官治与民治、地方自治与地域社会等中国本土背景下地方自治所面临的关键问题，虽然并未付诸实施，但其对社会治理思想的发展具有一定的价值。

思考题：

1. 如何理解"开眼看世界"思潮在早期维新思想体系中的"前驱先路"作用？
2. 试比较分析早期维新派与洋务派"中体西用"观的异同，并做简单评价。
3. 试分析维新派的社会变迁思想。
4. 试评述康有为的"大同之世"社会理想。
5. 晚清改良派社会思想家们有什么共同特点？

▶ 答题要点

第十四章　晚清民初革命派和早期马克思主义者的社会思想

　　自1840年鸦片战争爆发以来，中国进入半殖民地半封建社会时期。在内忧外患、亡国灭种的民族危机的刺激下，中国国民开始觉醒，渐渐产生关注国事的观念。社会改革、社会革命的思想均蓬勃发展起来。以洪秀全为代表的太平天国农民起义，在农民战争中形成了一套代表近代中国农民的社会革命思想，并颁布《天朝田亩制度》，构想了自己的理想社会。甲午战争作为一个分水岭，促使中国国民进一步觉醒，思想界随后出现了急剧的变化。而戊戌变法的失败，则意味着通过清政府自上而下改革的道路根本走不通。由此，资产阶级革命思潮勃然而兴。1911年爆发的辛亥革命，推翻了封建帝制，建立了资产阶级共和国。虽然资产阶级的软弱性导致革命的最终失败，但通过辛亥革命前后的一系列社会变革，"民主和科学"理念得到一定程度的传播，代表中国民族资产阶级民主革命的"三民主义"社会思想进一步完善。五四运动前后，以资产阶级革命失败和十月革命的胜利为背景，中国的早期马克思主义者开始传播马克思主义，并在与无政府主义的论战中不断壮大、为新民主主义革命的到来奠定了思想基础。

第一节　太平天国的社会思想

　　洪秀全（1814—1864），太平天国起义的领袖，原名火秀，广东花县（今广州花都）人。出身于一个普通的农民家庭，十六岁时因为贫困而辍学，在家中帮父兄种地，后又做了几年农村教师。从1828年起多次参加科举考试均未得中。因此，他痛恨政治腐败与科场的黑暗，从此与仕途决裂，对清王朝不再抱任何幻想。

　　1843年，洪秀全最后一次参加科举考试，仍遭落榜，便重读七年前获赠的宣传基督教的小册子《劝世良言》，深受启发而开始信教，并创立拜上帝教。1844年，他与好友冯云山一起到广西传教，发动群众，为农民起义做了充分准备。1851年1月，由洪秀全、杨秀清、萧朝贵、冯云山、韦昌辉、石达开等组成的领导集团率领广大群众在广西桂平县金田村正式起义。起义军挥师北上，屡败清军，于 1853 年 3 月率师攻克南京，改称天京，建立了与清王朝对峙的太平天国政权。洪秀全所领导的太平天国与清王朝及西方殖民主义侵略者进行了长期斗争，几百万起义军转战南北十多个省，消灭了大量清军、地主武装和"洋枪队"之流的反动武装，摧毁了很多封建地方政权，没收地主土地，获得了广大农民的拥护，沉重打击了中外反动势力。

1856 年，"天京事变"的爆发，成为太平天国运动由盛转衰的分水岭。1859 年，洪秀全的族弟洪仁玕到达天京，此时太平天国政权正面临着空前的政治危机，可谓是"朝中无将，国中无人"。在这种形势下，洪仁玕被封为干王、军师，总理朝政。洪仁玕就任后不久，便向洪秀全提出《资政新篇》，提倡借鉴西方资本主义的发展经验，对太平天国统治地区开展全面改革，但因诸多原因，洪仁玕的很多主张并未实现。1864 年，洪秀全在天京病故，不久天京陷落，太平天国运动在中外反动势力的联合绞杀下以失败而告终。

洪秀全不仅是一位农民起义领袖，也是中国近代史上颇有影响的社会思想家，其主要著作有《原道救世歌》《原道醒世训》《原道觉世训》等，均传达了他的社会思想。其社会思想在他所领导颁布的《天朝田亩制度》当中也有集中体现。

一、社会平等观

太平天国运动发生在中国封建社会开始沦入半殖民地半封建社会的初期，是中国近代史上一次规模巨大的、波澜壮阔的反封建反侵略的农民战争，也是我国历史上农民战争发展的最高峰。太平天国所主张的平等思想，是中国历代农民起义军的主要指导思想之一，是对历代农民战争中平等思想的继承和发展。

太平天国的平等思想，不仅有具体的口号、纲领，而且有指导这些口号、纲领的理论基础。① 从理论来源来看，太平天国所主张的社会平等思想是在综合吸收西方基督教的平等思想和中国传统儒家文化中的大同思想基础上产生的。② 洪秀全本人受基督教的影响，他的主要代表作《原道救世歌》《原道醒

---

① 陈定闳：《中国社会思想史》，北京大学出版社 1990 年版，第 617 页。
② 王处辉：《中国社会思想史》，中国人民大学出版社 2002 年版，第 583 页。

世训》和《原道觉世训》都有着浓厚的宗教色彩。

在太平天国起义酝酿时期,洪秀全在《太平诏书》等著作中,通过宗教的形式,阐发了平均平等思想。他说:"天父上帝人人共,天下一家自古传","天人一气理无二,何得君王私自专"。这就是说,天下是大家的天下,不是封建君王专有的天下。"普天之下皆兄弟","上帝视之皆赤子"。这是对封建等级制的否定,主张人与人在政治上应该平等。洪秀全从基督教的基本教义中摘取了"上帝面前人人平等"的思想,并给基督教中的"上帝"加上了中国文化原素称为"皇上帝",说"皇上帝"是"天下凡间大众之父",极具本土化味道。洪秀全认为,在上帝面前,人与人之间的关系是平等的,如兄弟姐妹之间的关系,应彼此相亲相爱,不应该生邪念,互相斗争,互相残杀。

"天下多男人,尽是兄弟之辈;天下多女子,尽是姊妹之群。何得存此疆彼界之私,何可起尔吞我并之念?"同时,他还说:"天下凡间,分言之则有万国,统言之则实一家。"主张国与国之间平等。

值得注意的是,在洪秀全的宗教实践中,虽然他将儒家典籍和诸子百家等书一概贬为"妖书邪说",尽行焚毁,但其言论中仍然保留了大量传统儒家内容。在洪秀全的主要著作中,引用了大量的孔孟格言和儒家典籍,将基督教中"上帝面前人人平等"的思想与中国传统中的"有无相恤,患难相救""天下为公"的大同思想相结合。他在《原道觉世训》中强调:

> 天下总一家,凡间皆兄弟,何也?自人肉身论,各有父母姓氏,似有此疆彼界之分,而万姓同出一姓,一姓同出一祖,其原亦未始不同。若自人灵魂论,其各灵魂从何以生,从何以出,皆禀皇上帝一元之气以生,所谓一本散为万殊,万殊总归一本。

从以上论述中可以看出,洪秀全在阐述其平等观时,不仅借用了基督教教义中的"上帝"概念,而且结合了中国古典哲学中的"元气"说,及宋明理学社会思想中的"理一分殊"说,用以证明"天下总一家,凡间皆兄弟"的道理。

从内容上来看,作为太平天国政权的施政原则,洪秀全的社会平等观主要体现在以下几个方面:

第一,人民宗教信仰意义上的平等。即凡是上帝的子民,在"上帝面前人人平等",这是洪秀全社会平等思想的出发点。这一思想落实到地上之国,便是在他所说的"天父""皇上帝"面前人人平等，亲如一家。洪秀全讲的"天下多男人，尽是兄弟之辈；天下多女子，尽是姊妹之群"，与张载所说"民吾同胞，物吾与也"（《西铭》）有本质上的区别，张载把老百姓与君主的关系看成是宗子与别子的关系，实际上是不平等的，而洪秀全把人与人之间的关系当成兄弟姊妹的关系，是人人平等的，这反映了洪秀全社会平等观的巨大进步。

第二，农民经济要求上的平等。这是太平天国社会平等思想的核心内容。集中体现为：分配上的平均主义原则，所谓"务使天下共享，有田同耕，有饭同食，有衣同穿，有钱同使，无处不均匀，无人不饱暖也"。为了满足农民的这一要求，太平天国在分田原则上实行绝对的平均主义；在农业收入的分配上，务求一切产品归公，一切由公家进行平均分配；对于军人的战时缴获，也规定不得私藏，一切缴获要归天朝圣库统一管理、统一分配。

第三，男女平等。在太平天国中，男女平等的思想不仅被作为宗教理念加以宣传，而且在具体的经济社会政策中得到了充分体现。首先，《天朝田亩制度》在设计土地分配方案时就考虑到了这一点，作出了男女平等分配土地的规定："凡分田，照人口，不论男妇，算其家口多寡，人多则多分，人寡则寡分。"其次，太平天国允许妇女参加科举考试，可以得到官职，参加政府管理，在军事战斗中，还将女子编入战队，同男人并肩作战。再次，打破传统的包办婚姻，实行自愿婚姻，命令女子放脚不许缠足，从身体上解放妇女等。

就历史进步意义而言，太平天国的社会平等思想，大大超越了中国历代农民运动中提出的平等思想，极具近代启蒙意义；通过推翻地主阶级的统治，废除封建土地所有制，将土地收归太平天国政权所有，并实行按人口平均分配土地的政策，包含了近代中国反封建的革命民主主义内容；另外，太平天国颁布的突破封建夫权束缚，解放妇女，提倡男女平等的理念和政策，在中国社会思想发展史上都具有革命性的意义。

然而，太平天国提出的以上社会平等思想是不彻底的，具有明显的局限性。首先，洪秀全将"上帝面前人人平等"的思想，根据其统治的需要，解释成"皇上帝面前人人平等"，封建皇权残留思想严重；其次，太平天国根据绝对平均主义的原则，分配土地与生活资料，克服不了农民小生产者狭隘性，随着统治阶层内部腐败的滋长，太平天国在实际上又不得不倒退到承认封建地主土地所有制的立场上去；最后，洪秀全男女平等的思想也不彻底，伴随太平军定都天京后的封建化过程，其男女平等思想也开始退步，他又重新开始用"妻道在三从，无违尔夫主"（《幼学诗》）等封建伦理来束缚妇女，这标志着洪秀全反封建思想的衰退。

二、《天朝田亩制度》的社会理想

1853年2月，太平天国建都天京，并于同年11月颁布了《天朝田亩制度》。这是太平天国运动中农民起义斗争实践的产物，是中国历史上最为完整的代表农民等小生产者的大同理想方案，体现了太平天国所追求的理想社会思想。《天朝田亩制度》以土地问题的解决方案为核心，涉及了经济、政治、军事、教育、宗教、组织和社会治理等各个方面，平分土地是这个纲领的核心。其社会理想主要体现在以下几个方面：

第一，建立一个能够满足广大劳动人民基本生活需要的温饱社会。人类自从进入阶级社会以来，阶级剥削和政治压迫就如两把利剑悬在劳动人民的头上，时时刻刻威胁着贫苦百姓的生存。历代的农民起义运动都代表着广大贫苦劳动者反抗剥削压迫，获得生存机会的努力。《天朝田亩制度》中所描述的理想天国，是一个天下人"有田同耕，有饭同食，有衣同穿，有钱同使，无处不均匀，无人不饱暖"的社会，这些都反映了广大贫苦劳动者为摆脱饥寒的生存状况，获得满足生存的基本物质资料，争取生存权利的强烈愿望。

第二，建立一个消灭私有制的公有制社会。在土地所有制上，《天朝田亩制度》规定："凡天下田，天下人同耕，此处不足，则迁彼处；彼处不足，则迁此处。凡天下田，丰荒相通，此处荒则移彼丰处，以赈此荒处；彼处荒则移此丰处，以赈彼荒处。""天下田，天下人同耕"就是土地为太平天国政权所有，没有私田。

在土地分配上，《天朝田亩制度》根据天下"人人不受私，物物归上主"的公有原则，在中国农民战争史上第一次以纲领的形式提出了废除封建土地私有制，重新平均分配一切土地的办法。规定将一切土地按照平均主义的原则分配给各农户耕种，计口授田。不仅生产资料是公有的，消费资料也是公有的。《天朝田亩制度》规定：农业收入，除留下各人口粮外，一律上缴国库，由上主统一调配使用，保证每户每口处处平均。

太平天国所设计的农业社会主义理想社会，以一家一户为基本生产单位，在农户所分得的小块土地上进行男耕女织的自给自足的农业生产，一切所需手工业品也是由农民在闲时生产，所不同的是，在太平天国里，一切产品都要归公，一切由公重新分配。这仍然是古老的自然经济图景，代表着千百年来祖辈贫苦农民们辛勤劳作、努力实现的社会理想。

第三，建立一个"公平正直"的大同社会。洪秀全在《原道醒世训》中特别提到《礼运》中的大同思想，他理想中的太平天国是一个"有无相恤，患难相救，门不闭户，道不拾遗，男女别途，选举上德"的社会；这是一个"公平正直之世"，没有人以强凌弱、以众暴寡、以智诈愚、以勇苦怯，没有人互相斗杀；这是一个没有剥削没有压迫，各人安享太平的社会。

第四，建立一个有保障的福利社会。在生活物资分配大体归公的前提下，百姓的生活福利主要由国库来承担。每二十五家设一国库，由两司马负责管理，二十五家中所有的婚娶、弥月、喜事所需费用都由国库支付，设定额度，不得多用。对于"鳏寡孤独废疾"者，也都由国库出资供养。

《天朝田亩制度》中设计的理想天国，虽然在生产力水平低下的农业社会难以实现，但它却代表了广大贫苦农民们追求幸福自由生活的美好理想，是值得肯定的。

《天朝田亩制度》所提出的社会理想，集中反映了广大农民群众的利益和要求，这种社会理想不仅表现出废除整个剥削制度的强烈愿望，而且触及了中国近代民主革命的基本问题——土地问题，从这个意义上来讲，它揭开了近代民主革命的序幕[1]。由于该制度表达出广大农民对于土地的强烈要求，所以这一社会理想也鼓舞和推动了农民群众反封建的斗争。

然而《天朝田亩制度》及其社会理想也有其无法避免的局限性。首先，《天朝田亩制度》认为，只要平均分配土地，按照规定领取生活必需品，就可以消灭贫困，实现没有阶级剥削和压迫的社会理想，但这在当时的条件下是不可能实现的。这主要是因为：第一，传统的小农经济将不断造成阶级的分化和贫富的对立，不可能从根本上消灭剥削和压迫；第二，按照规定领取生活必需品，实质上是一种禁欲主义的平均原则，从长远来讲会影响农民群众的生产积极性及其自身的利益。

其次，从时代潮流来看，《天朝田亩制度》出现在中国半殖民地半封建社会的初期，封建的自然经济开始解体，这已经是历史的发展趋势。在这种形势

---

[1] 侯外庐：《中国思想史纲》，中国青年出版社1981年版，第202页。

下,《天朝田亩制度》所憧憬的建立在自然经济基础上的农业社会主义社会,忽视了商品货币的作用,违背了客观的经济发展规律,其结果只能是空想,不符合时代的发展潮流。

太平天国的农民起义者在《天朝田亩制度》中所追求的社会理想,最终变成空想,也并非偶然。太平天国运动时期,中国的民族资产阶级尚未出现,无产阶级还没有登上历史的舞台。在这样的背景下,科学地揭示人类社会历史的发展规律,正确地制定人民群众的革命斗争纲领,尚不具备阶级基础和物质条件。太平天国的领导者们终究只能以空想的社会主义形式去表达他们反封建的愿望,却不能承担起近代中国民主革命的领导任务。带领广大人民群众完成这一社会理想的重担,只能落在更加先进的社会阶级的代表者肩上。

三、《资政新篇》的社会治理方案

《资政新篇》是继《天朝田亩制度》后,由太平天国提出的在政治、经济、文化和外交等方面进行改革的社会治理方案,是1859年洪仁玕到达天京担任军师时提出的,后经洪秀全批准颁布。《资政新篇》的核心是要在中国发展资本主义,是中国人最早提出的在中国发展资本主义的方案,或者说是中国第一个近代化纲领。

与《天朝田亩制度》的农业社会主义空想不同,洪仁玕在《资政新篇》中所阐述的基本思想是全面学习西方资本主义,在中国建立和发展资本主义,实现资本主义的近代化。他在《资政新篇》中写道:

> 事有常变,理有穷通,故事有今不可行而可豫定者,为后之福;有今可行而不可永定者,为后之祸,其理在于审时度势与本末强弱耳。然本末之强弱适均,视乎时势之变通为律……其要在于因时制宜,审势而行而已。

洪仁玕曾于1852年至1858年间,在香港外国传教士处学习西方近代知识,这对他思想和眼界上的影响极大。他认为,在人类文明的剧变时代,应该审时度势,适当变通。在资本主义在世界范围内得到迅速发展,并不断走向繁荣昌盛的形势下,太平天国要想重新走向辉煌,就应当顺应历史的发展潮流,学习西方资本主义的各种优秀思想文化及其制度安排。

从内容上来看，《资政新篇》主要包括用人察失类、风风类、法法类、刑刑类四个部分。用人察失类针对太平天国的分散主义倾向而强调统一领导；风风类针对社会上的种种恶习而力求移风易俗；法法类包括所有关于政治、经济改革的各项立法和政策，是整个方案的主要部分；刑刑类，效仿西方国家进行刑法改革。

首先，洪仁玕强调"审势"和"立法"，主张进行政治制度改革，学习英、美等国的社会治理体制。在《资政新篇》的政治改革方案中，法制思想占有突出的位置，提倡法制，反对人治。他说："国家以法制为先，……有法制而后有国家，此千秋不易之大经。"因此，洪仁玕在《资政新篇》中具体阐述了法制的重要性：

> 所谓以法法之者，其事大关世道之心，如纲常伦纪，教养大典，则宜立法以为准焉。是下有所趋，庶不陷于僻矣。

在法律施行方面，为保证法的执行力，特别强调奉法执法者要不畏权贵，刚直不阿，对那些敢于破坏法制的人，要严厉处置；在司法方面，主张废弃封建主义的酷刑峻法，重视审判程序，体现了资本主义法制的特点；在加强政府法制建设方面，主张在太平天国政权下面"设新闻馆以收民心公议"，强调新闻机构搜集与反映民意的职能，发挥对政府管理人员的监督作用，推进国家政治的民主化进程。

其次，洪仁玕致力于推进经济制度改革，他所提出的带资本主义性质的改革较之政治领域里的改革更加突出，包括以下几个方面：

第一，学习西方先进的科学技术。认为中国的经济之所以落后于西方诸国，主要是由于科学技术的落后。指出俄罗斯原是落后挨打的国家，自经向西方学习，也强盛起来："俄罗斯……屡为英、佛、瑞、罗、日耳曼等国所迫，故遣其长子伪装凡民，到佛兰西邦学习邦法，火船技艺，数年回邦，……大兴政教，百余年来，声威日著，今亦为北方冠冕之邦也。"且对日本崛起的态势作出准确的预见："日本邦近与花旗邦通商，得有各项技艺，以为法则，将来亦必出于巧焉。"为了学习西方科学技术，他建议，"凡外国人技精艺巧，国法宏深，宜先许其通商"，允许有技艺的外国人进入内地，大量引进人才。在对外政策上，《资政新篇》批评了清朝政府的闭关锁国的政策，主张对外开放，以引进科学技术，吸收各国之长。此外，为了促进科学发明，洪仁玕对西方资本主义国家的专利制度推崇备至，力主实施。

第二，发展资本主义性质的近代企业。《资政新篇》中提出了不少兴办近代企业的具体方案，并明确赞成资本主义性质的雇佣关系。洪仁玕主张采用资本主义雇佣劳动制和工资制，准许富人请人雇工。为鼓励富民积极投资兴办实业，他还建议采取资本主义利润制度，如对兴办银行的"富民"，可准许其每两取3厘。除此之外，还主张发展近代交通运输业，制造火车、轮船；发展近代工矿业，准民"采获"；发展近代工艺技术，"兴器皿技艺"；发展近代金融事业，"兴银行"等。

第三，发展商品市场经济关系。与洪秀全描绘的基于自给自足的自然经济基础上的大同社会图景不同，《资政新篇》提出了促进商品流通的种种措施，重视并积极发展商品市场经济关系。比如强调新闻馆亦有"报时事常变，物价低昂"的功能，以供"商农览之，得以通有无"。

第四，积极主张学习西方资本主义国家的社会福利制度。提出了一系列具有近代意义的社会福利思想：

首先，着手设计规划兴建新式医院，引进西医，以缓解百姓的疾病之苦；兴建"跛盲聋哑院"，作为残疾人的教育机构，使残疾人不因劳动能力和生活能力的丧失而被社会所抛弃；兴建"鳏寡孤独院"，将这些无依无靠的弱势群体纳入社会保障的范围。

其次，提出以西方资本主义社会的慈善事业为蓝本，动员社会力量来发展社会福利事业。这也就是将社会福利事业的主要承担者放在民间社会力量上，由私人捐献施舍来兴办社会福利机构。《天朝田亩制度》中提出了"鳏寡孤独废疾"者都由国库抚恤养助的思想，虽已是很大进步，但仍与传统大同社会理想中所谓的"鳏寡孤独废疾者皆有所养"异曲同工。

再次，为保证社会福利事业的正常运行，洪仁玕还介绍了西方负责监督社会福利执行情况的机构，即"士民公会"，以保障社会慈善福利捐款不被冒领、不被滥用、落到实处。

另外，在洪仁玕的社会治理方案中，还有不少涉及加强思想文化建设方面的内容。如他特别强调社会教化在国家社会近代化进程中的作用，通过统治者的表率，正面引导和对百姓善举的鼓励，以形成良好的社会风气；通过"设学馆"改革旧观念和旧习俗，"拯民出于迷昧之途，入于光明之途也"。

上述内容都表明,《资政新篇》是近代中国历史上第一个系统的带有鲜明资本主义色彩的社会发展和治理的方案,它突破了封建地主阶级与农民小生产者社会思想的局限,为中国近代社会的发展指出了符合客观规律的方向,反映了太平天国领导人向西方寻找真理,探寻国家出路的努力,为后世留下了珍贵的思想史料。但是由于《资政新篇》的很多发展资本主义的主张与太平天国政权的农民性质不符,且与《天朝田亩制度》中的大同理想背道而驰,这也就限定了《资政新篇》缺乏实现的阶级基础和物质基础,注定了其不能实施的命运。

第二节 资产阶级革命派的社会思想

孙中山(1866—1925),名文,字载之,号日新,又号逸仙,化名中山,广东香山县(今广东中山)人。他是中国民主革命的伟大先行者,资产阶级革命派的领袖和思想家。

孙中山一生的革命活动跨越了中国民主革命的两个不同阶段。在旧民主主义革命阶段,他第一个举起了反清革命的大旗,系统地提出了"三民主义"的资产阶级革命理论,以鲜明的革命民主立场,同资产阶级改良派作了尖锐的斗争。孙中山先后组建兴中会、同盟会等革命团体和政党,确立了"驱除鞑虏,恢复中华,创立民国,平均地权"的政纲。多次举行反清武装起义,经过多年的奋斗,终于推翻了清王朝的统治,结束了中国两千多年来的封建帝制,创建了中华民国。

虽然清王朝的统治已经结束,但却并没有改变近代中国半殖民地半封建社会的状况,中国人民依然处于帝国主义和封建主义的压迫之下。孙中山同帝国主义支持下的封建军阀势力继续展开斗争,组建了中华革命党,发动了二次革命、护国运动和护法运动。护法运动的失败,标志着旧式的资产阶级民主革命的彻底失败,孙中山开始寻找新的革命出路。在新民主主义革命阶段,孙中山在十月革命的影响和中国共产党的帮助下,发展自己的革命思想,将旧三民主义发展为"联俄、联共、扶助农工"的新三民主义,建立国共合作革命统一战线,推动了中国革命的进程。

以孙中山为代表的资产阶级革命派的社会思想,主要体现在"民族、民权、民生"的三民主义理论和新三民主义理论当中。

一、"五族共和"的国族一体观

民族主义是孙中山三民主义学说的主要内容之一，是他在近代中国民众内受满洲封建贵族统治压迫，外遭帝国主义侵略的历史背景下提出的。随着革命形势的发展，孙中山民族主义的内容也经历了一个逐渐调整和深化的过程。

辛亥革命前，孙中山的民族主义最初的纲领性口号是"驱除鞑虏，恢复中华"，把"推翻满洲政府""还我主权"作为民族革命的基本任务，它反映了半殖民地半封建的中国国内外错综复杂的民族矛盾。虽然孙中山的民族主义是以推翻清朝政府的统治，摆脱帝国主义的压迫为其根本出发点，但由于中国民族资产阶级的软弱性和妥协性，孙中山的民族主义纲领还不敢把斗争的对象直接指向帝国主义，而只能把民族革命的主要矛头对准帝国主义的"鹰犬"——满洲政府。孙中山曾明确说过：

> 今有满清政府为之鹰犬，则彼外国者，欲取我土地，有予取予携之便矣。故欲免瓜分，非先倒满清政府，别无挽救之法也。（《总理全集》第一集）

辛亥革命的胜利，推翻了清王朝的封建统治，标志着孙中山民族主义纲领中"驱除鞑虏"任务的基本实现。同时，孙中山也清醒地认识到：中国依然遭受着帝国主义殖民瓜分的统治，中华民族依然没有摆脱民族灭亡的危险。在这种社会背景下，如何实现民族统一，维护民族团结，争取民族独立，成为孙中山民族主义革命纲领所要必须回答的问题。

1912年1月1日，孙中山在其发表的《中华民国临时大总统宣言书》中，阐述了"五族共和"论："国家之本，在于人民，合汉、满、蒙、回、藏诸地方为一国，即合汉、满、蒙、回、藏诸族为一人。……是曰民族之统一。"孙中山在三民主义中，首倡民族主义，其基本观念是：如果民族不能强盛，国家便会灭亡。所以他大力倡导民族主义即"国族主义"，并认为由于中国往昔没有"国族主义"的观念，只有家族主义和宗族主义，故只是一盘散沙。孙中山认为：

> 中国人最崇拜的是家族主义和宗族主义，所以中国只有家族主义和宗族主义，没有国族主义……中国人对于家族和宗族的团结力，非常强大，往往为保护宗族起见，宁肯牺牲身家性命……至于说到对于国家，从没有一次具极大精神去牺牲的，所以中国人的团结力，只能及于宗族而止，还没有扩张到国族。(《三民主义》)

同时他也强调，民族主义即国族主义的论断，仅在中国范围内是适用的，在外国，情况便不一样，民族和国家有分别。国家是用武力造成的，而民族则是基于包括血统、生活、语言、宗教、风俗习惯等五种力量在内的天然力造成的，这五种力量合而为一，凝固为一个民族国体。因此，鉴于古今中外民族生存的道理，要拯救中华民族于危亡之险境，避免亡国，必须提倡国族主义。

从孙中山"五族共和"论的内容中可以看出：辛亥革命胜利以后，孙中山在其革命斗争实践和民族政策主张里，已经淡化了驱满排满情绪，着重强调民族平等和团结的思想。在他看来，辛亥革命既是种族革命，又是政治革命，种族之间不平等，自然政治上也不能平等，其结果惟有革命。《中华民国临时约法》明确规定："中华民国之主权，属于国民全体……中华民国人民一律平等，无种族、阶级、宗教之区别。"由此可见，在处理国内民族关系问题上，孙中山的"五族共和"论有着显著的进步意义。

需要指出的是，中国传统社会思想中虽有"华夏"之称谓，并没有近代的"民族"称谓，而是以血缘、生活习惯、生活方式及文化上的不同，分为不同的人群或族群，如"汉人""唐人""匈奴人""党项人""鲜卑人"之类。"民族"概念是西学东渐以后引进的。"中华民族"概念也是一百多年前才出现的。孙中山的"五族共和"的多民族一体观，对"中华民族"概念的形成产生了重要的影响。"中华民族"是一个政治概念和民族概念的统称，最早于1902年由梁启超在《论中国学术思想变迁之大势》一文中提出。从最初的强调满汉之辨和驱满排满，到梁启超主张的"变法必自平满汉之界始"，再经过孙中山的"五族共和"论的发展，终于使得"中华民族"的概念得以形成，并成为了全体中国社会中的各个民族的共同的民族属性认知概念。奠定了近现代意义上国人"民族统一、民族平等、民族团结"等民族意识的基础，影响深远。

二、自由平等的人权观

孙中山三民主义中的政治革命任务是"推翻帝制，建立民国"，通过国民革命，建立一个人人自由平等的资产阶级共和国。所谓国民革命，实际上就是资产阶级的民主革命，与"前代革命"有着本质的区别。在孙中山看来，"前代革命"虽然可以导致一个政权对另一个政权的颠覆，但封建君主专制政体并没有改变；而国民革命在政治上的任务，不仅是要推翻满清政府的统治，进行民族革命，而且要推翻中国数千年来的君主专制政体，建立一个资产阶级共和政体。他在《同盟会宣言》中指出，

> 惟前代革命如有明及太平天国，只以驱除光复自任，此外无所转移。我等今日与前代殊，于驱逐鞑虏，恢复中华之外，国体民生，尚当与民变革，虽经纬万端，要其一贯之精神，则为自由、平等、博爱。（《孙中山选集》上）

人人自由平等思想不仅是孙中山民权主义的核心思想，也是其民族主义、民生主义和共和思想的重要内容。孙中山三民主义学说下的自由平等的人权观主要包括以下内容：

第一，自由作为一种诉求是孙中山在学习西方近代社会思想和批判封建专制制度的过程中建立起来的。他认为秦汉以来的历代专制统治延续到清王朝时更是变本加厉，政治腐败黑暗、赋税沉重、民生凋敝，人民"无以为生，且无以为死"。孙中山面对时代所提出的紧迫要求，在批判封建专制制度的基础上，引入了西方的自由观念。他对自由概念的使用却格外谨慎，特别强调自由在政治生活中的相对性，强调按照"维持秩序"的标准来界定自由的使用界限。在孙中山看来，无论是个人的自由，民族的自由，还是地方相对于中央的自由，都要在维持社会秩序、维护统一的范围内才可以自由地伸张。自由的放任发展就会走向自由的对立面，而必要的社会秩序和国家的统一却可以为自由提供更广阔的发展空间。

所以，孙中山一方面主张废除各种封建的尊卑贵贱关系，建立自由平等的社会关系，主张保护私人财产，实行民族自治、地方自治，保证人民的集会、结社、言论、出版、居住、信仰等自由权；另一方面又认为政治里面如果自由太多，便会走向无政府，因而他强调给予人民有限的自由权，这反映出其主权在民的思想是有限度的。

孙中山对政治自由的论述相对较少，而对社会自由的论述则较多。在给自由下定义时，孙中山解释道："自由的解释，简单言之，在一个团体中，能够

活动,往来自如,便是自由。因为中国没有这个名词,所以大家都莫名其妙……所以外国人批评中国人,一面说没有结合能力,既然如此,当然是散沙,是很自由的;又一面说中国人不懂自由,殊不知大家都有自由,便是一片散沙。"(《民权主义》第二讲)因此做出了"中国人自由太多,并非太少"的判断。他认为,中国历代帝王对于人民的社会自由干预很少,因之中国自古以来就并非"组织社会"①。所以,孙中山这里强调更多的自由,是人们社会生活行为的自由,而非政治生活中的自由。

第二,论平等。孙中山把人类社会的平等现象分为三种:不平等、假平等和真平等。认为不平等是社会中的特殊阶级为了维护自身的利益而人为造成的,"因为有这种人为的不平等,在特殊阶级的人过于暴虐无道,被压迫的人民无地自容,所以发生革命的风潮来打不平"(《民权主义》第三讲)。

所谓假平等,指的是不分社会成员中不同个体存在着的"圣、贤、才、智、平、庸、愚、劣"之别一律使之平等,即不考虑各人起点上的差异,而力求达到终点上的一致。真平等则不然,真平等是在承认各人的聪明才智等天赋存在差异基础上,冲破限制其发挥才能的任何社会阻力,让各人凭借自身才能去争取地位的机会平等。

在孙中山看来,只有保证了人民政治地位上的平等,至少个人在向上流动的机会上是平等的,才是真平等。他充分肯定了人民在政治权利上的平等。此外,孙中山也强调民族平等,对内实现"五族共和",对外争取民族独立,同世界上其他民族平等相处。

三、民生主义社会建设观

作为中国资产阶级民主革命的领袖和思想家,孙中山不仅提出了丰富的民族革命和政治革命方案,而且也系统地提出了围绕民生建设的社会革命方案。从演化轨迹来看,孙中山的民生建设方案经历了一个从抽象的社会革命"口号"到具体的社会革命纲领和实施办法的细化过程;经历了一个按照资本主义的思路解决民生问题转到打破与资本主义的制度联系②,向社会主义寻求解决办法的变化过程。在孙中山看来:

---

① 张承汉:《中国社会思想史》,三民书局1995年版,第179页。
② 王处辉:《中国社会思想史》,中国人民大学出版社2002年版,第616页。

民生就是人民的生活——社会的生存、国民的生计、群众的生命便是。……故民生主义就是社会主义，又名共产主义，即是大同主义。(《孙中山全集》第九卷)

从孙中山对"民生"概念的解释中，可以很明显地看到中国古代传统中的大同思想和西方社会主义思想的痕迹。一方面，孙中山延续着古代先贤们构建"大同世界"的梦想和努力，他曾经多次说过，真正的民生主义，就是先贤们所理想的大同社会。"近日社会学说，虽大昌明，而国家界限尚严。国与国之间，不能无争。道德家必愿世界大同，永无战争之一日。我辈亦须存此心理，感受此学说。将来世界上总有和平之望，总有大同之一日，此吾人无穷之希望，最伟大之思想。"(《孙中山全集》第三卷)

另一方面，孙中山的民生思想也受到了欧美各种非科学社会主义思想的影响。其中，美国经济学家和政论家亨利·乔治的"单税社会主义"、俾斯麦的"国家社会主义"、英国的"费边社会主义"等思想对孙中山的民生思想影响极大。例如，孙中山民生主义所提倡的"平均地权"，很大程度上是来自亨利·乔治的"单税理论"；他通过运用国家权力以限制大资本家的垄断，救济贫困者的思想，则是深受俾斯麦"国家社会主义"思想的影响，孙中山曾论述到："民生主义并非均贫富之主义，乃以国家之力，发达天然实利，防资本家之专制。德国俾斯麦反对社会主义，提倡国家社会主义，十年以来，举世风靡。……中国十年以后，必至有十万人以上之大资本家，此时杜渐防微，惟有提倡国家社会主义，此则兄弟提倡国家社会主义之微意也。"(《孙中山全集》第二卷)

孙中山民生主义的社会建设观的核心内容是通过"平均地权"来解决土地问题。孙中山民生主义的目的即在于解决一系列社会问题，特别是因为生产、分配不均所造成的经济性问题，而经济性问题中，又以土地不均问题最为突出。这种土地不均问题较传统土地问题更为复杂之处在于：随着近代工商业和城市化的迅速发展，位于都市和郊区的土地，开始脱离原有的直接生产功能，迅速增值。因此，新形势下出现的土地位于何处和历代都普遍存在的土地有无问题，就成为贫富的根本问题。孙中山根据其"中国今日没有那种大地主，一般小地主的权力，还不甚大，现在就来解决，还容易做到"(《民生主义》第二讲)的判断，提出了采用平均地权的办法来解决土地问题的方案。

在孙中山亲自主持制定的同盟会宣言中，他对平均地权的方法作了如下解释和规定：

> 文明之福祉，国民平等以享之。当改良社会经济组织，核定天下地价。其现有之地价，仍属原主所有；其革命后社会改良进步之增价，则归于国家，为国民所共享。（《孙中山全集》第一卷）

结合上述规定，孙中山设想的"平均地权"的具体实施办法分为四个步骤：首先，核定地价，即在国民政府建立后，在换发地契时，要求人民自己上报地价，政府将地主自报之地价写入地契；其次，照价收税，即把从量地税改为从价地税；再次，照价收买，在核定天下地价时应明确规定，当国家需要用地时，随时可以按照地契的价格将之收购，并将所收购之土地分配给无地少地的农民；最后，涨价归公，自报地价后，如果因为社会发展进步而造成地价上涨，那么所涨的部分，应当归为公有，为国民所共享。通过以上四个步骤，就可以实现"平均地权"的目标，同时实现土地国有化，消灭贫富分化。

在中国封建生产关系占绝对支配地位的背景下，孙中山提出的平均地权的土地纲领，为中国民族资本主义的发展创造了有利条件，也反映了广大劳动群众要求从根本上消灭封建剥削的愿望。但是这种平均地权的土地解决措施，实际上是不采用革命的手段来废除封建的土地所有制，而是采取由国家核定地价来征收土地税的办法以限制地主对于土地的垄断，同时通过国家收购政策来逐步实现土地国有和"耕者有其田"的目标，满足广大劳动人民的土地要求。

孙中山所提出的"举政治革命、社会革命毕其功于一役"的宏大设想，是一种不切实际的小资产阶级的幻想。[①] 但它在客观上已经触及了中国近代史上民主革命与社会主义革命的联结问题。资产阶级革命民主主义者虽然没能顺利解决土地问题，却为后来中国无产阶级的社会主义革命提供了解决这一问题的历史借鉴。

四、新三民主义社会理想

辛亥革命时期，孙中山确立的以"驱除鞑虏，恢复中华，创立民国，平均地权"为主要内容的民族、民权、民生三民主义，充分表达了中国民族资产阶

---

① 侯外庐：《中国思想史纲》下册，中国青年出版社1981年版，第324页。

级所提出的发展资本主义和建立资产阶级政权的强烈要求。孙中山三民主义的提出，使资产阶级有了较为明确的政治纲领，推动着中国旧民主主义革命的进程。然而该时期的三民主义有很大的局限性，它缺乏明确的反帝反封建的纲领，缺乏广泛的人民群众基础等。辛亥革命虽然推翻了清朝腐朽的封建统治，结束了两千多年的封建君主专制制度，但中国仍处于帝国主义和封建主义的压迫之下，反帝反封建的革命任务还远未完成。

辛亥革命后，孙中山又继续领导反封建反专制的斗争，历经挫折，残酷的现实让他在不断总结经验教训的基础上，探索拯救中国的新的革命道路。十月革命胜利后，孙中山的思想发生转变，他开始把目光投向社会主义。五四运动轰轰烈烈的开展和中国共产党的成立，让他看到了中国革命新的曙光。1924年1月，在共产国际和中国共产党的帮助下，中国国民党第一次代表大会顺利召开。在会上，孙中山依据"联俄、联共、扶助农工"的三大政策精神，重新解释了三民主义，将旧三民主义发展成新三民主义。在国民党一大闭幕式上，孙中山认为大会就是"重新来解释三民主义"（《孙中山选集》）。

相比较孙中山早期提出的三民主义，其新三民主义在内容上有以下几个方面的变化：

第一，提出明确的"反对帝国主义"的口号。国民党"一大"宣言中，明确提出了"对外反对帝国主义、联合世界上以平等待我之民族共同奋斗，对内主张各民族一律平等，实行民族自决"。孙中山在接下来的《北伐宣言》中又特别强调，北伐"不仅在推倒军阀，尤在推倒军阀所赖以生存之帝国主义"。

第二，提出民权"为一般平民所共有，非少数者所得而私也"的主张。"近世各国所谓民权制度，往往为资产阶级所专有，适应为平民之工具。若国民党之民权主义，则为一般平民所共有，非少数人所得而私也。"孙中山的民权主义的核心问题是建立一个什么样政体的国家，人民在其中居于何种地位，享有何种权利。新三民主义中所规定的民权归工人、农民、小资产阶级、民族资产阶级和知识分子等"平民"所有，这较之孙中山早期对民权主义的解释实乃巨大的进步。

第三，提出"耕者有其田"和"节制资本"的民生主张。在新三民主义的解释中仍然保留了平均地权的口号，但特别强调"耕者有其田"的主张，更加明确了广大农民的土地要求。在实现"耕者有其田"的方法上，孙中山主张采取国家授田的办法，即"农民之缺乏田地，沦为佃户者，国家当给以土地，资其耕作"。此外，他还把国有田地租给农民使用，作为实现耕者有其田的辅助形式。为了保障劳动者的社会生活和基本福利，孙中山排斥按照西方资本制度操纵国民之生计，而主张使用国家资本来掌握国计民生的发展方向。

第四，制定"救济工农"的社会救济措施。孙中山出生于一个贫苦的农民家庭，幼年时参加过农业生产劳动，这样的经历使得他非常同情工农大众的苦难境况。在《中国国民党第一次代表大会宣言》中，孙中山特别强调了对劳苦农民的救济政策：

> 中国以农立国，而全国各阶级所受痛苦，以农民为尤甚。国民党之主张，则以为农民之缺乏田地沦为佃户者，国家当给以土地，资其耕作，并为之整顿水利，移植荒徼，以均地力。农民之缺乏资本至于高利贷以负债终身者，国家为之筹设调剂机关，如农民银行等，供其匮乏，然后农民得享人生应有之乐。

另外《中国国民党第一次代表大会宣言》中也阐述了对于工人的救济政策：

> 中国工人之生活绝无保障，国民党之主张，则以为工人之失业者，国家当为之谋救济之道，尤当为之制定劳工法，以改良工人之生活。

以上这些"救济工农"的措施与新三民主义中"扶助工农"的精神相一致，而且这也反映了中国共产党的一贯主张，夯实了国共两党合作的基础。

孙中山根据形势的发展，对其早期提出的三民主义做出新的解释，是中国民主革命开始作为世界民族解放运动一部分的时代产物，顺应了广大人民的需要。它与中国共产党民主革命阶段中的最低纲领基本相同，是国共两党第一次合作的基础，具有顽强的生命力，掀起了国民大革命的高潮。

第三节 无政府主义者与早期马克思主义者的社会思想

无政府主义是19世纪后半期流行于欧美各国的小资产阶级的社会思潮，其主要代表人物有英国的霍德文，德国的施蒂纳，法国的蒲鲁东，俄国的巴枯宁、克鲁泡特金等。无政府主义者反对一切形式的国家和政府，反对一切强权，强调绝对的自由和平等，致力于建立一个无国家、无政府、无法律、无军队、无监狱，各尽其能，各取所需的理想社会。

20世纪初无政府主义作为社会主义学说被引入中国。资产阶级改良派和革命派都曾先后介绍或宣传过无政府主义的部分观点，但并不系统。1907年，清政府驻法国使馆参赞李石曾、吴稚晖等人在巴黎创办《新世纪》周刊，发起成立世界社，宣扬蒲鲁东、巴枯宁、克鲁泡特金等人的无政府主义思想学说。同年，刘师培、张继、何震等人在日本发起成立"社会主义讲习会"，并出版了宣传无政府主义的刊物——《天义报》，这两个刊物的出现，是近代中国无政府主义产生的标志。两派分别以《新世纪》与《天义报》为阵地宣传无政府主义，由此形成了中国传播无政府主义的两个中心。传统观点认为，新世纪派受欧洲无政府主义思潮的影响更为直接，更具有正统性，而天义派宣传的无政府主义则较多地受到日本社会思潮的影响。

这里所说的早期马克思主义者，主要指五四时期以《新青年》杂志及一些进步社团为依托，以李大钊、陈独秀、李达等为代表的进步知识分子群体。他们深受俄国十月革命的影响，有感于辛亥革命后建立起来的中华民国的政治和社会秩序的混乱，发出了思想革命和改造社会的强劲呼声，并开始在批判传统社会的基础上，探索改造中国社会的新途径。

对很多早期马克思主义者而言，他们最早是从接受和传播无政府主义思想开始的。十月革命以后，马克思主义开始在中国传播，虽然它比无政府主义传入中国较晚，但很快便被一些先进的知识分子所接受。在这个过程中无政府主义思潮受到冲击，其反动性也日益开始暴露，他们将攻击的矛头由封建主义转向马克思主义，成为马克思主义在中国传播的主要障碍之一。早期的马克思主义宣传者李大钊、陈独秀、李达等人，分别就无政府主义者提出的国家学说、生产和分配、自由等一系列问题进行了反击，从理论上批判了无政府主义的谬论，进一步宣传了马克思主义。

第一次国共合作统一战线建立之后，工农运动迅速高涨，全国掀起了轰轰烈烈的国民大革命。这时期的无政府主义者，公开反共反工农革命，完全站在了帝国主义、封建主义一边，渐渐为人民所抛弃，至此，无政府主义开始走向破产。

一、无政府主义者与早期马克思主义者的社会批判论

在中国早期马克思主义者的社会思想形成过程中，他们在接受马克思主义

之前，大多数人都或多或少受到过无政府主义思潮的影响。

李大钊是中国早期的马克思主义代表者之一，他在《阶级竞争与互助》和《"少年中国"的少年运动》两篇文章中，都对克鲁泡特金的《互助论》格外赞赏，认为"互助"和马克思的"阶级竞争"同样都是"改造社会组织的手段"和"改造人类的精神信条"。作为中国早期马克思主义者中另一代表性人物的陈独秀，在1919年的《新青年》上发表《欧洲七女杰》一文，对俄国虚无党人苏菲亚"为人牺牲之信念"和为革命而"祸福非所计"的精神更是大为赞赏。在1920以后全国各地陆续成立的共产主义小组中，无政府主义思想被作为社会主义思想的一个派别，得到认可和接受。

20世纪初，文化界对传统社会思想文化的批判在五四时期达到高潮，无政府主义以其整体性的社会否定观和彻底的社会改造论，加入到了社会批判的阵营，对推动"五四"新文化运动的发展发挥了一定作用。无政府主义者张继在《无政府主义·序》一文中所表达的思想，较为充分地体现了无政府主义者的社会批判思想的特点。他说：

> 吾愿杀尽满洲人，以张复仇大义，而养成复仇之壮烈国民。吾愿杀尽亚洲特产之君主，以洗亚人之羞辱，为亚人增光。吾愿杀尽政府官吏，以去一切特权之毒根。吾愿杀尽财产家资本家，使一国经济均归平均，无贫富之差。吾愿杀尽结婚者，以自由恋爱为万事之公共之基础。吾愿杀尽孔孟教之徒，使人人各现其真性，无复有伪道德之迹。

从批判的内容来看，中国早期的无政府主义者，不仅与欧洲无政府主义者一样，将批判的矛头对准一切的国家和政府，反对一切的强权，而且由于中国半殖民地半封建的特殊社会历史背景，他们的社会批判论还具有自己的特点。

首先，无政府主义者将批判的直接矛头直指满清王朝的残酷统治，不仅如此，他们还将仇恨的种子指向整个满族民众。这种整体性的否定态度，表达了晚清以来日益兴起的中国狭隘民族主义者的反满复仇情绪。

其次，无政府主义者对整个封建专制制度进行了彻底的批判。《新世纪》指责历代封建皇帝"称天为治，操握一国之政权，以肆行专制"，国政民事，无一定之准则，全凭"独夫民贼之私意，……从之则免，犯之则罪，顺之则生，逆之则死。而无数之贪官污吏，从而逸法作弊，暴虐人民，不遗余力，其无人道极矣"。因此必须彻底摧毁封建专制政体。《天义报》则将清政府斥责为"恶政府",说清朝统治者们不仅实行专制统治,更造成满族和汉族之间权利和义务的极端不平等,因此主张"覆其君统,废其政府"。

再次,无政府主义者主张摧毁作为封建专制统治基础的封建思想文化,对维护专制统治的封建道德和儒家社会思想进行揭露和批判。认为儒家所宣扬的"君礼,臣忠,父慈,子孝,兄爱,弟敬,夫贤,妇贞,长幼有序,尊卑有别,贫贱在命,富贵在天"尽是些"虚伪之道德",提出要杀尽孔孟教之徒,认为孔子学说是"砌专制政府之基",号召人们对其一生的言行进行分门著论,"痛加驳斥"。

最后,无政府主义者抨击资本主义制度,揭露西方各国资产阶级政府的殖民与剥削实质。指责它们"牺牲大多数人民之性命财产,以供独夫民贼及少数之大资本家之淫逸,蹂躏大多数人之天职权利"。西方所谓的民主议会制度,"均以有财产者充其选",而造成大多数的贫民百姓虽然名义上有选举和被选举的权利,但实质上仍处于无权的状态。

以上无政府主义者所提出的社会思想,在早期马克思主义者身上也可以找到一些痕迹。如早在1915年,恽代英就不满于既定条条框框的束缚,对传统的习俗、信仰和社会规范进行过怀疑和批判。新文化运动期间,李大钊提出:"……介在我与世界中间的家园、阶级、族界,都是进化的障碍,生活的烦累,应该逐渐废除。"(《我与世界》)陈独秀则将宗教、君主、国家等斥之为"无用的东西",申明都"应该破坏"(《藏晖室札记》)。

二、无政府主义者的社会理想

十月革命胜利之后,无政府主义思潮在欧洲便开始走向没落,在传入半殖民地半封建社会的中国后,竟然又延续了二十多年的时间,并且在五四时期一度成为主要社会思潮之一,影响深远。这种奇特的现象绝非偶然,它有着深刻的社会历史背景,并且可以在中国传统社会思想里找到一些理论支持。

第一,中国是一个有着两千多年封建君主专制统治历史的国家,缺乏民主的基础和传统,人们对国家的强权统治容易产生极端的不满。辛亥革命后,中国的封建势力与帝国主义相互勾结,加深了中国的民族危机,使得中国社会更加黑暗腐败,腐朽的封建思想仍然紧紧禁锢着人们的思想。无政府主义者主张绝对的自由平等,建立一个没有压迫、剥削,惟有自由、互助、工作的空想社会，为生活在水深火热当中的中国人民所憧憬和向往。

第二，欧美无政府主义思潮主要产生在小资产阶级占优势的国家，又易于在小资产阶级众多的国家生根发芽。当时的中国正好是小资产阶级力量日益壮大的时期，当无政府主义的主张传入中国后，代表小资产阶级的知识分子不仅欣然接受，而且大力宣扬与传播。

第三，中国无政府主义思潮的兴起，固然有西方无政府主义思想的引入，但也有传统社会思想尤其是老、庄、杨、朱等思想家的社会思想的影响，无为而治一直都是中国人所向往的理想社会之一。在中国无政府主义者看来，中国古代许多思想家，都曾表达过类似于无政府主义的思想，因此他们认为中国学术、政治以及国民性格中都富有悠久的无政府主义传统，无政府主义思想很容易在中国施行。

在刘师培与何震合作发表的《论种族革命与无政府革命之得失》一文中，他们就把道家如老庄诸人所主张的废除一切人治，纯任天行之自然，抛弃一切形式的制度规范等做法，视作个人无政府主义的典范。更有部分无政府主义者，把古今中外许多的思想家拉扯到无政府主义的旗帜下，加以发挥和宣传。

在中国近代社会思想史上，无政府主义不仅以其绝对的自由平等观、整体的社会否定态度、彻底的社会改造观得到一批知识分子的支持，其勾勒的理想社会也在特定时期对一些知识分子产生了较大影响。清末至民国初期中国的无政府主义者的社会理想主要包括以下几个方面：

第一，废灭国家，不设政府。欧美无政府主义者认为包括政府、军队、法庭等在内的国家制度与个人的自由相冲突，他们从个人主义世界观出发，对国家和政府进行了尖锐的批判，认为国家和政府是维护霸权和压迫的工具。中国的无政府主义者也对国家和政府进行激烈的抨击，认为国家和政府是万恶之源，"政府者，吾平民之蟊贼也"[①]。

刘师培通过强者欺凌弱者的现象来分析国家和政府存在的弊端，认为国家和政府的存在是产生不平等的根源。国家的存在，使欧美帝国主义依仗其强大的国力，侵略其他各弱族，导致各国人民之间互相仇恨。军队、警察、监狱等暴力机构只捍卫政府的权力，对公众的利益却漠不关心，他说"今日之政府，

---

① 葛懋春等：《无政府主义思想资料选》，北京大学出版社1984年版，第305页。

均残民之政府，亦即舞弊之政府也。故吾等谓既设政府，即不啻授以杀人之具，与以贪财之机，安得谓政府非万恶之源也"①。

第二，废除私有制，主张实行共产制。在无政府主义者看来，"私有财产权者，乃世界罪恶之根源。凡人类自有生以来，所罹极端之罪恶及灾害，此其连锁之第一环也"②。认为私有制导致人类贫富差距拉大，使人们失去平等权，特别是土地的私有化，造成强者对弱者的掠夺。

刘师培认为在废除私有制之后，要实行共产制。只有实行"共产"，才能"使人人不以财物自私，则相侵相害之事将绝于世界"③。在他理想的共产社会里，不需要贸易，也不需要货币，"凡所制之器，置于公共市场，为人民所有"④，"于民生日用之物，合众人之力以为之，即为众人所共用"⑤。

第三，废除家庭，主张男女平等。刘师培在《毁家论》一文中，对家庭进行了猛烈的抨击，"自有家而后人各有私，自有家而后女子日受男子羁縻，自有家而后无益有损之琐事因是丛生，自有家而后世界公共之人类，乃得私于一人，自有家而后世界公共之婴孩乃使女子一人肩其任"⑥。在他看来，家庭的存在使人们产生利己之心，导致女子屈从于男子，造成了人与人之间的不平等，妨碍了人们的自由，因此必须予以摧毁。刘师培还强调指出，废除家庭不仅是为了实现男女平等，更重要是彻底摧毁封建专制社会的基石，毁家就是要消灭夫权、父权、君权。

同为无政府主义信徒的刘师培之妻何震在《女子复仇论》一文中，对妇女问题格外关注，宣传男女平等的思想。认为传统伦理中"夫为妻纲"的观念导致了重男轻女的恶习，"吾女子之死于其中者，遂不知凡几。故儒家之学术，均杀人之学术也"⑦。废除家庭，实现男女平等的主张，也为李石曾、刘师复等无政府主义者一贯坚持。新世纪派也认为家庭是封建专制统治的基础，他们反复强调"家庭者，家亦专制之胚胎也"⑧。刘师复更是在实践上发起成立"心

---

① 万仕国：《刘申叔遗书补遗》，广陵书社2008年版，第726页。
② 万仕国：《刘申叔遗书补遗》，广陵书社2008年版，第1098页。
③ 万仕国：《刘申叔遗书补遗》，广陵书社2008年版，第760页。
④ 万仕国：《刘申叔遗书补遗》，广陵书社2008年版，第706页。
⑤ 万仕国：《刘申叔遗书补遗》，广陵书社2008年版，第695页。
⑥ 高军：《无政府主义在中国》，湖南人民出版社1984年版，第108页。
⑦ 万仕国：《刘申叔遗书补遗》，广陵书社2008年版，第670页。
⑧ 曹世铉：《清末民初无政府派的文化思想》，社会科学文献出版社2003年版，第141页。

社"，明确制定不婚姻、不称族姓等戒约，宣传其废家主义的主张。

三、早期马克思主义者对无政府主义的批判

马克思主义在中国早期的传播和发展史，就是一部与各种非马克思主义思潮斗争的历史。从 1919 年到 1922 年，中国早期马克思主义者与胡适的社会改良主义，张东荪的基尔特社会主义以及黄凌霜、区声白的无政府主义展开了三次论战。通过这些论战，早期的马克思主义者划清了与各种非马克思主义思潮的界限，促进了马克思主义在中国的进一步传播和发展。

在这三次论战中，早期马克思主义者与无政府主义者的论战格外引人注目。1919 年 2 月，黄凌霜在《进化》月刊上发表《评〈新潮〉杂志所谓今日世界之潮流》一文，把马克思主义理解成"集产社会主义"加以攻击。同年 5 月，他又在《新青年》上发表《马克思学说批评》一文，以伯恩斯坦和克鲁泡特金的理论攻击马克思主义，公开挑起了与马克思主义者的论战。1920 年 1 月，易家钺、郭梦良等人发起成立"奋斗社"，并创办《奋斗》旬刊，作为反对马克思主义的舆论阵地。

1920 年 8 月，中国共产党上海发起组成立后，早期马克思主义者开始对无政府主义的攻击进行有组织的反击。同年 9 月，陈独秀发表《谈政治》一文，公开批判无政府主义，无政府主义者郑贤宗予以反驳，论战开始公开化。1921 年 1 月，陈独秀在广州法政学校演讲时，对无政府主义主张绝对自由的观点进行了批判。在此后一年多的时间里，李达、蔡和森、周恩来、周佛海、施存统、张闻天等人发表了一系列批判无政府主义者的文章，论战以马克思主义的胜利而告终。

此次论战中，早期马克思主义者与无政府主义者双方论战的焦点主要集中在以下三个方面：一是关于无产阶级专政的问题，二是关于自由和纪律的问题，三是关于生产与分配的问题。早期马克思主义者的社会理想充分地体现在其对以上三个问题的论述中。

第一，致力于建立一个无产阶级专政的国家。无政府主义者从其反对一切强权的自由观出发，强调国家和政府是万恶之源，以此来攻击马克思主义的无产阶级专政学说，认为无产阶级专政的国家与封建剥削阶级和资产阶级专政的国家在本质上是一致的，甚至无产阶级专政的国家要比资产阶级专政的国家更加专制。

早期马克思主义者则强调无产阶级专政国家与一切剥削阶级专政国家的本质区别，阐明无产阶级在夺取政权后必须实行无产阶级专政，以消灭阶级，为过渡到共产主义社会作准备的思想主张。李达引用了马列经典著作对国家的论述："国家是阶级支配的一个机关，是一阶级压迫他阶级，因此造出法律，使这种压迫继续持久，借以缓和阶级冲突的机关，……是一定发展阶段之中的社会的一个产物；是阶级的冲突和经济的利益不能和协的一个证据。"① 陈独秀批判了无政府主义者不分政权性质，反对一切国家、一切政府的观点，强调无产阶级政权的正义性质，认为"强权所以可恶，是因为有人拿他来拥护强者无道者，压迫弱者与正义。若是倒转过来，拿他来救护弱者与正义，排除强者与无道，就不见得可恶了"。②

对于国家在当下阶段存在的必要性问题，早期马克思主义者认为，在阶级没有消灭以前，成立国家是非常紧迫的，而且是要一个强有力的无产阶级专政的国家。在早期马克思主义者最终的革命目的和理想社会中，国家也是不存在的，因为随着阶级一步一步趋于消灭，国家便会一天一天失其效用。从早期马克思主义者对国家问题的回答中，可以看出，在马克思主义传入中国不久，部分思想先进的中国马克思主义者就已经开始运用马克思主义的一些基本原理来对中国革命的现实问题进行具体分析了，并且初步描绘了他们心中理想的社会蓝图，为了马克思主义在中国的更广泛传播做出了突出贡献。

第二，批判了无政府主义者"绝对自由"的主张，指出自由的相对性和组织纪律的重要性。反对强权和全国统一组织的建立，鼓吹个人的"绝对自由"，是无政府主义者的一贯主张。客观地讲，在无政府主义早期的传播过程中，这一主张强烈地震撼了封建专制制度的统治基础，起到了反封建和思想解放的作用，这也是无政府主义思潮最初能够吸引早期马克思主义者的主要原因。但随着革命形势的发展，无政府主义者"绝对自由"的主张，逐渐成为马克思主义传播的障碍，而遭到早期马克思主义者们的彻底批判。

李大钊指出，一个人如果"绝对自由"，其实是没有任何自由可言的，"试想一个人自有生以来，即离开社会的环境，完全自度一种孤立而岑寂的生活。那个人断没有一点自由可以选择"③。因此，在他看来，个人的"绝对自由"

---

① 《李达文集》第1卷，人民出版社1980年版，第102页。
② 《陈独秀著作选》第2卷，上海人民出版社1993年版，第157页。
③ 《李大钊文集》下卷，人民出版社1984年版，第437页。

是根本不存在的,虽然无政府主义者高喊每个人都是"绝对自由"的,但这并不能掩盖在现存的阶级社会中,广大劳动人民遭受反动统治阶级压迫的事实,在阶级社会中,只有统治者的自由,毫无劳动人民的自由可言。

第三,论述了社会主义的生产和分配原则。早期马克思主义者驳斥了无政府主义者建立无政府共产社会的错误理论,认为社会的生产分配原则应该和社会发展阶段及生产力的发展状况相适应,在生产力还不发达的阶段,社会生产物仍需要借助货币来进行分配。

在生产和分配的问题上,无政府主义者主张将一切生产机关委诸自由人的联合管理,反对任何形式的集中。黄凌霜、区声白等人奉行无政府共产主义,鼓吹共同生产、共同消费,实行"各尽其能,各取所需"的生产分配原则。在无政府主义者理想的社会里,人们根据契约自由地联合,共同制定和遵守规范,按照"互助"的原则,互相分工,互相合作,将所得生产物以供所有人自由分享。李达就此批评道:"新社会都是继承旧社会的生产力,继续发展的,这生产力是有一定限制的,生产力既有限制,生产物当然也有限制了,以这有限的生产,听各人消费的自由得其平等,是绝对办不到的。若果社会的生产力发达到无限制的程度,生产物十分丰富,取之不尽,用之不竭,这'按需分配'的原则是很可行的。"[①]

与无政府主义者构想的按照"各尽其能,各取所需"的分配原则来满足广大人民丰富的物质文化和精神文化需求的理想社会相比,早期马克思主义者所提出的,在生产力水平还不发达的阶段实行"各尽所能,按劳分配"的原则,则更加符合中国的实际,离马克思主义者所追求的共产主义理想社会又前进了一步。总之,中国早期马克思主义者,在与形形色色的不适合中国社会实况的思潮的论战与斗争中,逐渐发展与成熟。

四、早期马克思主义者的文化自觉思想

五四前后,早期马克思主义者在学习、接受和传播马克思主义文化的同时,逐渐运用先进的科学的马克思主义文化观指导中国的具体革命实践。在中西文化的激烈碰撞下,在马克思主义的指导下,逐步走上了文化自觉的道路。

第一,在理性批判和辩证分析的基础上提高对中国传统文化的自觉认识。

---

① 《李达文集》第1卷,人民出版社1980年版,第51页。

近代中国社会的曲折发展进程，促使中国早期马克思主义者逐渐认识到导致近代中国落后挨打的总根源是封建专制文化，中国富强的必要条件是文化的觉醒。陈独秀认为要建设一种新文化清除中国传统文化之弊端。他对中国传统文化的认识有一个从激烈批判到理性认识的过程，开始是对传统文化进行猛烈批判，认为封建礼教和皇权思想是中国衰亡的主要根源。后来在不断的争论和理性分析中，对传统文化形成了比较客观的认识，他说："就历史上评论中国之文明，固属世界文明之一部分，而非其全体。儒家又属中国文明之一部分，而非其全体。所谓君道臣节，名教纲常，不过儒家之主要部分而亦非其全体。此种过去之事实，无论何人，均难加以否定也。"① "孔教乃中华之国粹。然旧教九流，儒居其一耳。阴阳家明历象，法家非人治，名家辨名实，墨家有兼爱节葬非命诸说，制器敢战之风，农家之并耕食力：此皆国粹之优于儒家孔子者也。"② 他辩证地指出，纲常名教虽然对当今社会作用日渐衰落，但是对古代社会还是有相当价值的。李大钊清晰地看到了文化自觉对于社会发展和变革的必要性，在对传统文化的态度方面没有表现出激烈的批判态度，提出要辩证地看待传统文化，他强调对文化的规律要有清醒的认识，儒家文化的历史价值不能否认，指出我们要批判儒家文化中不适应当代社会发展的方面，肯定儒家思想的历史作用，应该对其合理的内容继承发扬，不合理的应该剔除："我们若在现今为孔子作传，必要注重产生他这思想的社会背景，而把那些荒正［诞］不经的神话一概删除"③ "即孔子之说，今日有其真价，吾人亦绝不敢蔑视。惟取孔子之说以助益其自我之修养，俾孔子为我之孔子可也。"④ 表现出对传统文化要去粗取精，去伪存真的思想。面对部分知识分子过分宣扬和推崇西方文化的不正常现象，明确提出实现民族的文化自主，抵制外来文化入侵，促使传统文化适应现代世界是中国社会文化发展的历史要求。

第二，深刻反思和批判西方资本主义文化。

第一次世界大战，暴露了西方国家的政治和文化的弊端，引起了世界思想界的反思和自省。战争不仅造成了大量的人员伤亡和财富的浪费，而且降低了整个世界文明的标准，中国早期马克思主义者对此有清醒的认识。

---

① 《陈独秀文集》第1卷，人民出版社2013年版，第404页。
② 《陈独秀文集》第1卷，人民出版社2013年版，第178页。
③ 《李大钊全集》第4卷，人民出版社2013年版，第524页。
④ 《李大钊全集》第1卷，人民出版社2013年版，第403页。

陈独秀在以唤醒民众、救国图存为目标的思想指导下，以发展的眼光考察了东西文化的差异。他对西方文化的认知开始是向往、宣传，后来通过对比和研究，其态度逐渐转变为怀疑和批判。他在《法兰西人与近世文明》一文中认为"法兰西文明"是世界上最先进的文明，在发起的新文化运动中一度把推行资本主义制度作为政治目标。在《东西民族根本思想之差异》一文中，认为：（一）西洋民族以战争为本位，东洋民族以安息为本位；（二）西洋民族以个人为本位，东洋民族以家庭为本位；（三）西洋民族以法治为本位，以实力为本位；东洋民族以感情为本位，以虚文为本位。认为东洋民族为"爱平和尚安息雍容文雅"的民族，认为中国的宗族制度是造成种种弊端、社会卑劣不法、残酷衰微之原因。后来随着马克思主义理论水平的不断提高，陈独秀的东西文化观发生了质的变化，清醒地指出，中国文化有其阻碍社会进步的方面，但是西方文化也有令人不能满意的地方，主张通过激烈的文化革命彻底改造中国的旧文化，争取中国的文艺复兴，在《新文化运动是什么？》一文中进一步明确强调，新文化运动要注重创造精神，我们不但对于东方文化不满足，对西方文化也要不满足才好，不满足才有创造的余地，我们尽可能前无古人，却不可后无来者。但是第一次世界大战结束后的巴黎和会上中国外交的失败，使其认清了西方制度的本质，逐渐对西方资本主义进行了深刻的反思和文化批判。他明确指出，我们相信世界上的军国主义和金力主义，已经造了无穷罪恶，现在是应该抛弃的了。五四运动后期，陈独秀已深刻认识到西方的"私有制度之下的旧道德"造成了众多不良社会现象，"世界各国里面最不平最痛苦的事，不是别的，就是少数游惰的消费的资产阶级，利用国家、政治、法律等机关，把多数勤苦的生产的劳动阶级压在资本势力底下，当做牛马机器还不如"[①]。陈独秀认为西方文化导致了西方社会风气败坏，认识到西方文化并不是最先进的文化，资本主义在欧洲、美洲、日本能够发展教育及工业的同时，也表现出贪鄙、欺诈、刻薄和没有良心。

1918年李大钊在《东西文化根本异同》一文中认为东洋文明主静，西洋文明主动。东洋文明与西洋文明为世界进步之两大枢纽，正如车之两轮，鸟之双翅，缺一不可。又指出，中国文明之疾病已达到炎热最高之度，中国民族之命运已臻奄奄垂死之期，需竭力以受西方文明之特长，以济吾静止文明之穷。李

---

① 《陈独秀文集》第2卷，人民出版社2013年版，第33页。

大钊对西方民主、博爱精神表示赞扬，同时也表现出强烈的反帝精神，他认为马尔萨斯人口论的本质是一种强权理论，进一步质疑西方资本主义文化中恃强凌弱的合理性。激烈地批评西方资本国家的侵略行为："我们且看巴黎会议所议决的事，那一件有一丝一毫人道、正义、平和、光明的影子！那一件不是拿着弱小民族的自由、权利，作几大强盗国家的牺牲！"①

第一次世界大战爆发及以后的社会发展，把西方文明的劣根性也暴露无遗，引发了他们对资本主义的文化进行深层次的反思，意识到没有道德力量束缚的科学和民主会成为阻碍社会发展、造成社会混乱的力量。李大钊指出，要先进文明，但不要西方列强的殖民文化，并清醒地认识到西方文化的消极作用，反对西方文化中诸如"物竞天择、优胜劣汰"的思想主张。瞿秋白明确指出，西方文化并不是真理，"现时两种文化，代表过去时代的，都有危害的病状，一病资产阶级的市侩主义，一病'东方式'的死寂"②。西方表面上宣扬和平、民主等价值理念，实际上为了满足自己的贪婪，常常是通过不正当的手段对中国人民掠夺和侵略。帝国主义无空不钻地渗入中国的经济生活之中。"你爱和平，他却不爱；你讲诚意，他却不讲；你自己老实，他却不老实呢。"③

第三，追寻科学的大众的马克思主义文化。

20世纪之初，中国知识界的社会思想呈现出异彩纷呈的特点，各种西方思想都在中国思想界流布，既有对西方文化盲目崇拜的全盘西化激进思想，又有为保护传统拒绝西方文化的保护国粹复古思想，当然还存在社会改革思想。中国早期马克思主义者把思考的重心转向讨论中国传统文化、资本主义文化及社会主义文化之间的关系，深入探索中国文化发展的方向和前途，通过比较后最终选择了科学的大众的马克思主义文化。

毛泽东在《论人民民主专政》一文中曾说："十月革命一声炮响，给我们送来了马克思列宁主义。"以李大钊、陈独秀、瞿秋白等人为代表的早期马克思主义者在文化的内涵、性质及其发展规律等方面开始运用马克思主义原理结合中国社会实际进行科学分析，逐渐形成了马克思主义文化观。他们从历史唯物主义出发，较为系统地探讨了中国社会及其本质，阐释文化的变动现象。李

---

① 《李大钊全集》第2卷，人民出版社2013年版，第457页。
② 瞿秋白：《赤都心史》，上海三联书店2012年版，第87页。
③ 《瞿秋白文集》政治理论编第2卷，人民出版社2013年版，第21页。

大钊是最早用中国社会系统介绍马克思主义理论的,在《我的马克思主义观》一文中,把社会分成"基础构造"和"表面构造"两部分,并对基本内容和相互关系进行了分析。他认为,人类社会生产关系的总和,构成社会经济的构造,这就是社会的基础构造。而社会上的精神构造如政治的、法制的、伦理的、哲学的,都是随着经济构造的变化而变化的,我们可以称这些精神的构造为表面构造。表面构造常以基础构造为转移,基础构造内部变动和进化的最高动因,就是生产力①。在《由经济上解释中国近代思想变动的原因》一文中指出:"凡一时代,经济上若发生了变动,思想上也必发生变动。换句话说,就是经济的变动,是思想变动的重要原因。"文章认为,中国的农业经济因受到世界工业经济的压迫,从而使中国社会发生巨大变化;这变化中显著的一点是大家族制的崩颓,于是风俗、礼教、政治、伦理也都跟着发生变化,种种"思潮运动""解放运动"均由此而起。

1919年前后,瞿秋白系统地学习和接受马克思主义后,其世界观发生了根本变化,逐步转向用历史唯物主义的观点对待中西文化,认为中西方文化都不能改造社会,明确提出社会主义文明是全人类都适用的一种文化,强调"社会主义的文明是热烈的斗争和光明的劳动所能得到的;人类什么时候能从必然世界跃入自由世界,——那时科学的技术文明便能进于艺术的技术文明"②。在《社会科学概论》一书中,将社会结构分为两大部分,即"社会基础"和"社会建筑"。社会基础包括生产力和经济关系,生产力含有劳力、技术和自然,经济关系含有劳动组织和阶级结构;社会建筑部分包括社会制度、社会心理和社会思想等内容,其中社会心理和社会思想包括宗教、艺术、道德、风俗、哲学和科学。他又进一步指出,经济的流变可以生出政治、法律、道德、宗教、哲学等,可是亦能消灭之;经济的流变能生长社会制度、风俗、艺术、科学,更能变更之。经济上的变革往往先于政治等方面,"初只是数量上的积聚渐变,积聚到一定的程度,才使政治突变其性质"。所以,经济基础决定上层建筑。社会思想是社会心理的反映,它是"时代逻辑",是每一时代普通民众的思想方法以及宇宙观和人生观。五四运动以后,陈独秀逐渐开始运用唯物史观分析物质与文化的关系。他说:只有客观的物质原因可以变动社会,可以解释历

---

① 《李大钊全集》第3卷,人民出版社2013年版,第14页。
② 《瞿秋白文集》政治理论编第2卷,人民出版社2013年版,第280页。

史，可以支配人生观，这便是"唯物的历史观"。

新文化运动不断深入的过程，就是中国的早期马克思主义者在对中西文化不断地对比中，结合中国社会实际，找寻一条建设中国特色的新文化体系的道路用以指导社会革命的过程。他们已经清醒地认识到，全面运用西方文化不是明智之举，要在继承、吸收和批判的过程中，改造旧文化，创造新文化，充分发挥文化应有的社会功能，最后达成具有中国特色的新民主主义文化。而且他们还逐渐认识到仅仅采取文化运动来改造中国社会是不可行的，还必须发动无产阶级革命彻底打破和改变固有的社会秩序、制度和文化，最终实现社会主义的目标。

五、早期马克思主义者的社会改造思想

近代以来，中国开始了一次又一次的力图改造社会的行动，每一次行动又进一步促进了思想的解放和深层次思考。特别是在五四运动时期及以后，中国思想界发生了重要的转变，由原来侧重于新文化的探讨，转向社会改造。先进的知识分子对社会改造的方法、途径、目标和指导理论进行了激烈的争论。中国早期马克思主义者们在马克思主义指导下，形成了自己的中国社会改造思想。其中最为核心的思想有以下两个方面。

第一，认为制度改造是中国进行社会改造的关键。

五四运动以后，受到第一次世界大战后国际上掀起的对资本主义制度重新评估的思潮影响，中国早期马克思主义者们认为要从根本上解决中国社会问题，就必须进行社会改造，其中最为重要的是社会制度的改造问题。他们认为资本主义制度的弊端暴露无遗，其合法性存在严重危机，中国社会也危机四伏，制度改造势在必行。

早期马克思主义者们认识到，制度因素是导致劳动者不可避免的、无法掩饰的、绝对不可抗拒的贫困的根源，脱离被剥削的贫困状态仅仅靠勤劳和节俭是无法达到的。要想使劳动者真正获得自己的劳动应得，就必须首先要有做"人"的权利，就必须推翻吃人的制度。恽代英认为，中国"一切政治经济上的罪恶，与其说是人的罪恶，不如说是制度环境的不良"[①]。陈独秀认为："要想改革社会，非从社会一般制度上着想不可，增加一两个善的分子，不能够使

[①] 《恽代英全集》第6卷，人民出版社2014年版，第160页。

社会变为善良，除去一两个恶的分子，也不能够使社会变为不恶。"①

李达指出，只有依靠社会主义制度劳动问题才能得到根本解决。陈独秀提出解决劳动问题要分两步走的观点：第一步觉悟是要求待遇改良，第二步觉悟是要求管理权。待遇改良与管理权问题也已经触及制度。瞿秋白明确指出："社会一切罪恶都由私有制产生，要免除这种邪恶，只有打破私有制，实行共产。""中国的劳动问题不是单单劳动界本身的问题，是中华民国全民族的问题。"② 要彻底解决中国的劳动问题，就必须摆脱吃掉劳动成果的制度。

制度性的剥夺使得劳动人民失去大部分应得，剩余价值被资本家榨取，劳动所得仅仅只能养家糊口，甚至处于贫困状态。李大钊认为："劳动者还应当有权管理社会，改造社会。改造社会将由哪一种人担任呢？……我们以为，劳动阶级占全世界人类的最大多数，而且都能尽互助、劳动的责任；但是生活的苦痛唯他们受得最甚，所以我们以为改造的责任不能不由劳动者担任。"③ 他说："一个智识的发见，技术的发明，乃至把是等发见发明致之于实用，都是像我们一样的社会上的人人劳作的结果。这种生活技术的进步，变动了社会的全生活，改进了历史的阶段。"④ 人民促进了生产力的发展，生产力的发展又必然引起生产关系的变革，生产关系的变革和政治革命又都是人民群众斗争的结果。"自由的花是经过革命的血染，才能发生的。"⑤ 因此，劳动者联合起来推翻吃人的制度，是解决劳动问题的唯一手段。社会主义是改造社会的一种法则，促进社会改良的制度。

中国早期马克思主义者认为，只有社会主义制度才能为人的价值实现提供制度性保障，因为社会主义制度是公正公平，为大多数人谋取幸福的，具有很强的社会整合功能，能够保证良好的社会秩序。"社会主义是由个人生产变为社会的生产，由手工的生产变为机器的生产，其进步是一线的，故社会主义不是破坏生产，是求进步的、适合的生产，即整理生产，使归统一，免呈纷乱之象。分配平均，使生产不致过度，社会上遂现一种新秩序。"⑥ 社会主义的生产使生产秩序更加合理，避免了资本主义的混乱现象。陈独秀认为，现代生产有

---

① 《陈独秀文集》第2卷，人民出版社2013年版，第108页。
② 《瞿秋白文集》政治理论编第1卷，人民出版社2013年版，第30页。
③ 李大钊：《浙江新潮》发刊词，1919年11月1日。
④ 《李大钊全集》第4卷，人民出版社2013年版，第568页。
⑤ 《李大钊全集》第3卷，人民出版社2013年版，第367—368页。
⑥ 《李大钊全集》第4卷，人民出版社2013年版，第247页。

两大缺陷,一是私有资本,二是生产过剩,这是资本主义社会问题的根源,他们不能对社会资源进行优化配置。只有社会主义才能改变不合理现象,消灭私有制,做到公平,资源合理配置。李大钊认为:"我们想得到真的自由,极平等的自由,更该实现那'社会主义的制度',而打倒现在的'资本主义的制度'。"①

关于社会改造的步骤,他们认为,首先要推翻旧政权,摧毁旧制度,建立新政权,确立新制度,为发展经济创造必要条件。他们对资本主义制度进行了无情的批判,认为资本主义制度的缺陷是非常明显的,只能给社会造成无尽的混乱和无序,只有社会主义制度才能消除不公平,实现自由和平等,高呼未来的时代将是社会主义时代。

第二,认为中国社会改造的形式是形成多数人的运动和革命运动。

中国早期马克思主义者在社会改造的方式和手段方面,与以胡适为代表的实验主义者展开了争论,出现了著名的"问题与主义之争"。胡适根据杜威的实验主义,提出了"少谈一些纸上的主义",要"解决具体问题"②。1919年7月20日,胡适在《每周评论》第三十一号上发表《多研究些问题,少谈些主义》,认为:第一,空谈好听的"主义",是极容易的事。第二,着重外来进口的"主义"对解决中国的实际问题,是没有用处的。……第三,偏向纸上的"主义"是很危险的,这种口头禅很容易被无耻的政客利用来做种种自私害人的事。他认为,"主义"的最大危险是能使人心满意足的,自以为寻着包医百病的"根本解决",从此用不着费心力去解决这个或那个具体问题了。在他看来,中国的问题有很多,都是火烧眉毛的紧急问题,高谈"主义"是没用的。要求大家多研究这个问题如何解决,那个问题如何解决,不要高谈这种主义如何新奇,那种主义如何奥妙。

中国早期马克思主义者在五四以前,并不是决然反对改良的手段,认为改良与主义可以互补,针对当时青年中普遍存在的空谈主义的倾向,曾警告他们要切切实实地研究社会实际问题的解决方案,不要空谈主义和理想。陈独秀说:"我们改造社会是要在实际上把他的弊病一点一滴、一桩一桩、一层一层

---

① 《李大钊全集》第4卷,人民出版社2013年版,第459页。
② 《胡适文集》第2卷,北京大学出版社1998年版,第251页。

渐渐的消灭去，不是用一个根本改造底方法，能够叫他立时消灭的。"① 但是随着改良主义的失败，加上俄国革命的示范，他们开始认清改造中国社会的手段只能是社会革命。

李大钊发表了《再论问题与主义》，对胡适的文章和论点进行反驳。认为，问题和主义是不可分离的，任何问题的解决必须有一个绝大多数人民支持的伟大的运动。通过运动，使社会问题的解决变成多数人的共同活动，实际的问题才能解决。而要造就多数人的支持的运动，就必须宣传理想的主义，并使之成为一个多数人共同趋向的理想。如果没有主义的指导，那么任何具体的社会问题就永远也不会得到解决。中国社会必须进行根本的改造，只有来一个根本的解决，一个一个具体问题才能有解决的希望。指出经济问题解决的重要性，认为在经济组织没有改造之前，一切问题丝毫不能解决。经济问题的解决必须与阶级斗争相结合，形成工人运动，这样才能求得根本问题的解决。

他们依据唯物主义观点，认为经济改造是社会改造的基础。陈独秀说，唯物史观明确告诉我们，历史上一切制度的变化是随着经济制度的变化而变化的，对于社会改造，不可蔑视经济基础的事实，改造社会首先应从改造经济制度入手。不能只凭主观意志，要客观上观察社会的物质条件有何改造的可能，依据唯物历史观，不能陷入唯心思想。

他们对社会改造提出了两大方法，一是废除私有制，二是用社会主义的方法发展实业。恽代英认为，我们要改造社会就要全部改造，把不良的经济制度彻底改造，把私有制侧头侧尾地打破。陈独秀认为，要在资本主义还未发达的时候，用社会主义发展教育和工业，以避免资本主义的错误道路。李大钊认为，在社会主义制度下，资本可以集中，劳力可以普及，有利于开发公有土地资源，如果中国要振兴实业，就必须实行社会主义。

蔡和森认为："世界革命运动自俄革命成功以来已经转了一个大方向，这方向就是'无产阶级获得政权来改造社会'。""其方法在无产阶级专政，以政权来改建社会经济制度。"② 李大钊认为，要改良社会，必须靠政治力量："社会主义的实现，必须经过三阶段：一、政权的夺取；二、生产及交换机关的社

---

① 陈独秀：《警告广州青年》，《陈独秀文章选编》中册，生活·读书·新知三联出版社1984年版，第35页。
② 《蔡和森文集》，人民出版社2013年版，第75、56—57页。

会化；三、生产分配及一般执行事务的组织。"① 面对中国社会存在的救亡图存的危机，他们在改造中国社会的思路上不断探索，结合社会实际情况进行调整，明确提出要进行国民革命，推翻和打倒帝国主义和封建主义对中国的掠夺和剥削，从根本上改变中国社会落后挨打的现状，使人民成为国家主人，才能进行制度和经济的改造，才能实现社会主义。

中国早期马克思主义者坚持历史唯物主义观点改造社会，把马克思主义与中国社会实际相结合，发展和丰富了中国特色的马克思主义，提出了要统一思想认识，以国民革命的方式推翻旧政权旧制度，形成一个大多数人的社会运动，对中国社会进行全面改造，认为打碎旧有的社会制度是社会改造的前提，经济的改造是一切社会改造的基础，中国社会改造的方向是走社会主义道路。中国早期马克思主义者们艰难探索所取得的成果，为后来中国无产阶级革命斗争的胜利和毛泽东思想的形成奠定了理论基础。

思考题：

1. 试比较洪秀全、康有为理想社会论之异同。
2. 试述孙中山民生主义思想的时代特征及其主要观点。
3. 试分析资产阶级革命派社会思想的主要特征。
4. 试评述无政府主义者的社会思想。
5. 试评早期马克思主义者对中国社会思想发展的贡献。

▶ 答题要点

---

① 《李大钊全集》第 4 卷，人民出版社 2013 年版，第 165 页。

阅读文献

- 马克思、恩格斯:《共产党宣言》,人民出版社2018年版。

- 恩格斯:《家庭、私有制和国家的起源》,人民出版社2018年版。

- 马克思、恩格斯:《德意志意识形态》(节选本),人民出版社2018年版。

- 恩格斯:《社会主义从空想到科学的发展》,人民出版社2018年版。

- 毛泽东:《毛泽东农村调查文集》,人民出版社1983年版。

- 中共中央宣传部:《习近平新时代中国特色社会主义思想三十讲》,学习出版社2018年版。

- 侯外庐:《中国思想史》(五卷),人民出版社1957—1960年版。

- 钱穆:《中国文化史导论》,商务印书馆1994年版。

- 王处辉:《中国社会思想早熟轨迹》,人民出版社1996年版。

- 周积明、宋德全:《中国社会史论》(上、下),湖北教育出版社2000年版。

- 张岱年等:《中国观念史》,中州古籍出版社2005年版。

- 徐复观:《中国人性论史》,华东师范大学出版社2005年版。

- 陆学艺、王处辉主编:《中国社会思想史资料选辑》(六卷),广西人民出版社2007年版。

- 刘泽华、张分田:《思想的门径——中国政治思想史研究方法论》,天津古籍出版社2007年版。

- 张德胜:《儒家伦理与社会秩序——社会学的诠释》,上海人民出版社2008年版。

- 费正清:《中国的思想与制度》,世界知识出版社2008年版。

- 王尔敏:《先民的智慧》,广西师范大学出版社2008年版。

- 杨联陞:《中国文化中的"报""保""包"之意义》,贵州人民出版社2009

年版。

▪ 潘光旦：《儒家的社会思想》，北京大学出版社 2010 年版。

▪ 梁漱溟：《中国文化要义》，上海人民出版社 2011 年版。

▪ 王汎森：《中国近代思想与学术的系谱》，吉林出版集团有限责任公司 2011 年版。

▪ 孟天运：《先秦社会思想研究》（上、下），人民出版社 2012 年版。

▪ 费孝通：《文化的生与死》，上海人民出版社 2013 年版。

▪ 葛兆光：《中国思想史》（第二版），复旦大学出版社 2013 年版。

▪ 许纪霖编选：《现代中国思想史论》（上、下），上海人民出版社 2014 年版。

▪ 梁庚尧：《中国社会史》，东方出版中心 2016 年版。

▪ 钱新祖：《中国思想史讲义》，东方出版中心 2016 年版。

▪ [美] 本杰明·史华兹：《古代中国的思想世界》，程钢译，江苏人民出版社 2008 年版。

▪ [美] 孟旦：《早期中国"人"的观念》，丁栋、张兴东译，北京大学出版社 2009 年版。

▪ [日] 沟口雄三：《中国的思维世界》，刁榴等译，生活·读书·新知三联书店 2014 年版。

后　记

《中国社会思想史》是马克思主义理论研究和建设工程重点教材，由教育部组织编写，经国家教材委员会审核通过。

在教材编写过程中，得到了国家教材委员会高校哲学社会科学（马工程）专家委员会、思想政治审议专家委员会以及教育部原马工程重点教材审议委员会的指导。同时，广泛听取了高校教师和学生的意见建议。

本教材由王处辉主持编写，桂胜、田毅鹏任副主编。绪论，王处辉撰写；第一章，王利撰写；第二章，孟天运撰写；第三章，熊开万、桂胜撰写；第四章，桂胜撰写；第五章，孟天运撰写；第六章，曾亦撰写；第七章，胡翼鹏撰写；第八章，夏当英撰写；第九章，刘肇阳、王处辉撰写；第十章，宣朝庆撰写；第十一章第一节，夏当英、刘肇阳撰写；第十一章第二节、第三节，邹千江、鞠春彦撰写；第十二章，刘集林撰写；第十三章，田毅鹏撰写；第十四章，娄章胜撰写。

2021 年 6 月

郑重声明

高等教育出版社依法对本书享有专有出版权。任何未经许可的复制、销售行为均违反《中华人民共和国著作权法》，其行为人将承担相应的民事责任和行政责任；构成犯罪的，将被依法追究刑事责任。为了维护市场秩序，保护读者的合法权益，避免读者误用盗版书造成不良后果，我社将配合行政执法部门和司法机关对违法犯罪的单位和个人进行严厉打击。社会各界人士如发现上述侵权行为，希望及时举报，我社将奖励举报有功人员。

反盗版举报电话　（010）58581999　58582371
反盗版举报邮箱　dd@hep.com.cn
通信地址　北京市西城区德外大街4号
　　　　　高等教育出版社法律事务部
邮政编码　100120

读者意见反馈

为收集对教材的意见建议，进一步完善教材编写并做好服务工作，读者可将对本教材的意见建议通过如下渠道反馈至我社。

咨询电话　400-810-0598
读者服务邮箱　gjdzfwb@pub.hep.cn
通信地址　北京市朝阳区惠新东街4号富盛大厦1座
　　　　　高等教育出版社总编辑办公室
邮政编码　100029

防伪查询说明

用户购书后刮开封底防伪涂层，使用手机微信等软件扫描二维码，会跳转至防伪查询网页，获得所购图书详细信息。

防伪客服电话　（010）58582300